宁夏调查年鉴

Ningxia Survey Yearbook

2021

国家统计局宁夏调查总队 编

Compiled by

Survey Office of the National Bureau of Statistics in Ningxia

中国统计出版社
China Statistics Press

图书在版编目（CIP）数据

宁夏调查年鉴. 2021 = Ningxia Survey Yearbook 2021 : 汉英对照 / 国家统计局宁夏调查总队编. -- 北京 : 中国统计出版社, 2021.10
ISBN 978-7-5037-9620-3

Ⅰ. ①宁… Ⅱ. ①国… Ⅲ. ①统计资料－宁夏－2021－年鉴－汉、英 Ⅳ. ①C832.43-54

中国版本图书馆 CIP 数据核字(2021)第 164270 号

宁夏调查年鉴-2021

作　　者/ 国家统计局宁夏调查总队
责任编辑/ 李　冲
编　　辑/ 张　洁
封面设计/ 黄　晨
出版发行/ 中国统计出版社有限公司
地　　址/ 北京市丰台区西三环南路甲 6 号　邮政编码/100073
发行电话/ 邮购（010）63376909　书店（010）68783171
网　　址/ http://www.zgtjcbs.com
印　　刷/ 河北鑫兆源印刷有限公司
经　　销/ 新华书店
开　　本/ 890mm×1240mm　1/16
字　　数/ 1132 千字
印　　张/ 34.75　0.75 彩页
版　　别/ 2021 年 10 月第 1 版
版　　次/ 2021 年 10 月第 1 次印刷
定　　价/ 380.00 元

The Grain Output in Main Years

主要年份粮食产量

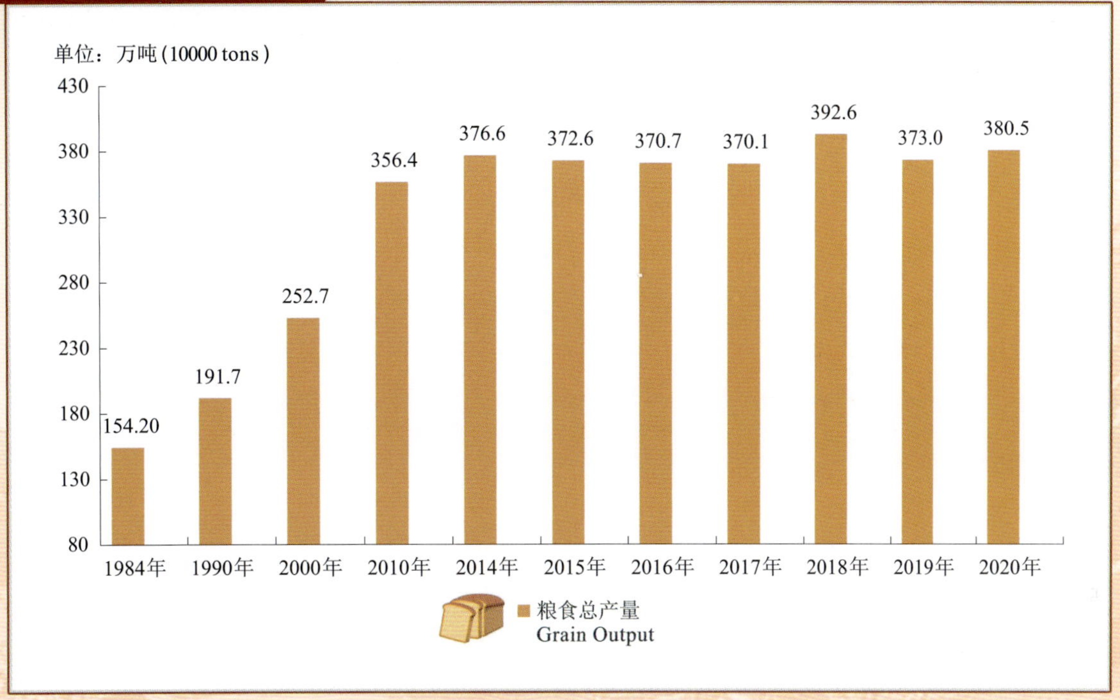

The Grain Output of Summer and Autumn in Main Years

主要年份夏、秋粮产量

2010–2020年主要牲畜存栏

Number of Livestock in Stock（2010-2020）

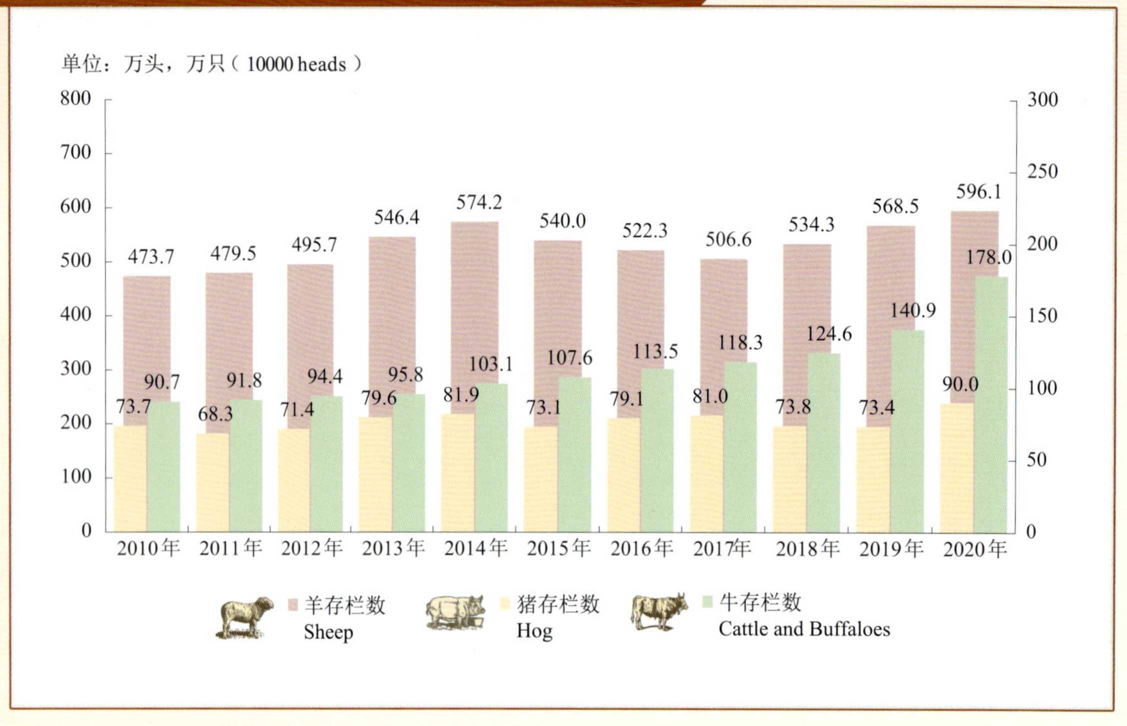

2010–2020年主要牲畜出栏

Number of Slaughtered Livestock（2010-2020）

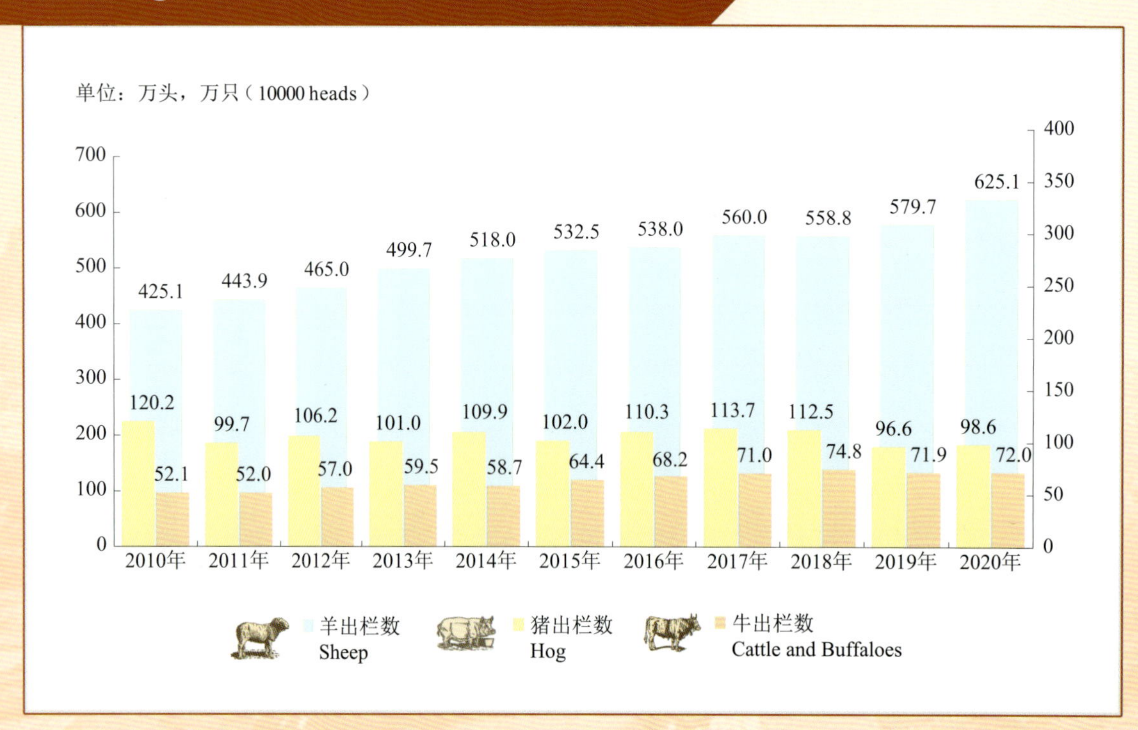

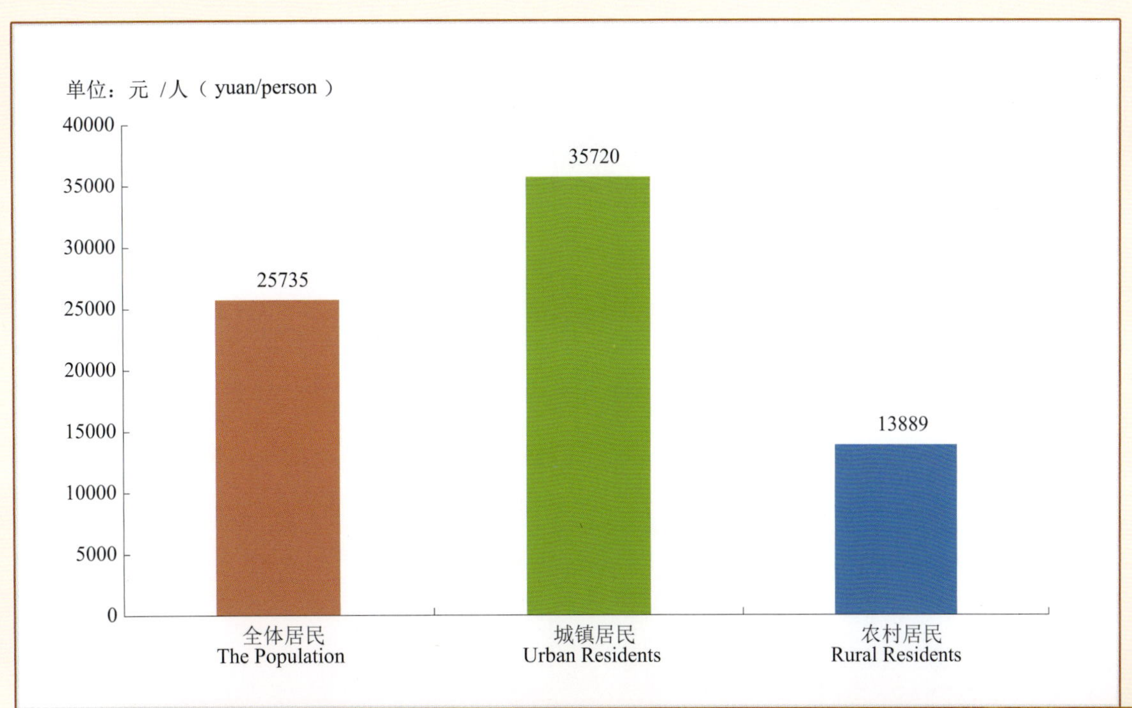

2020年宁夏居民人均可支配收入

Per Capita Disposable Income of Residents in Ningxia （2020）

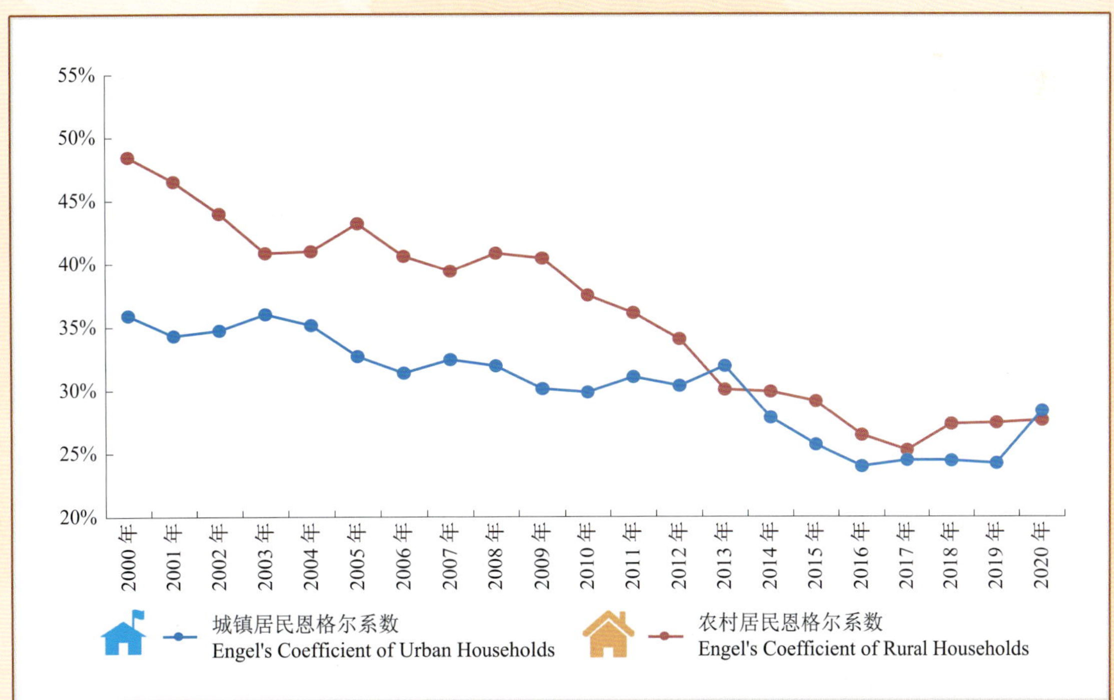

主要年份居民家庭恩格尔系数

Household's Engle's Coefficient in Main Years

主要年份城镇居民人均可支配收入

Per Capita Disposable Income of Urban Households in Main Years

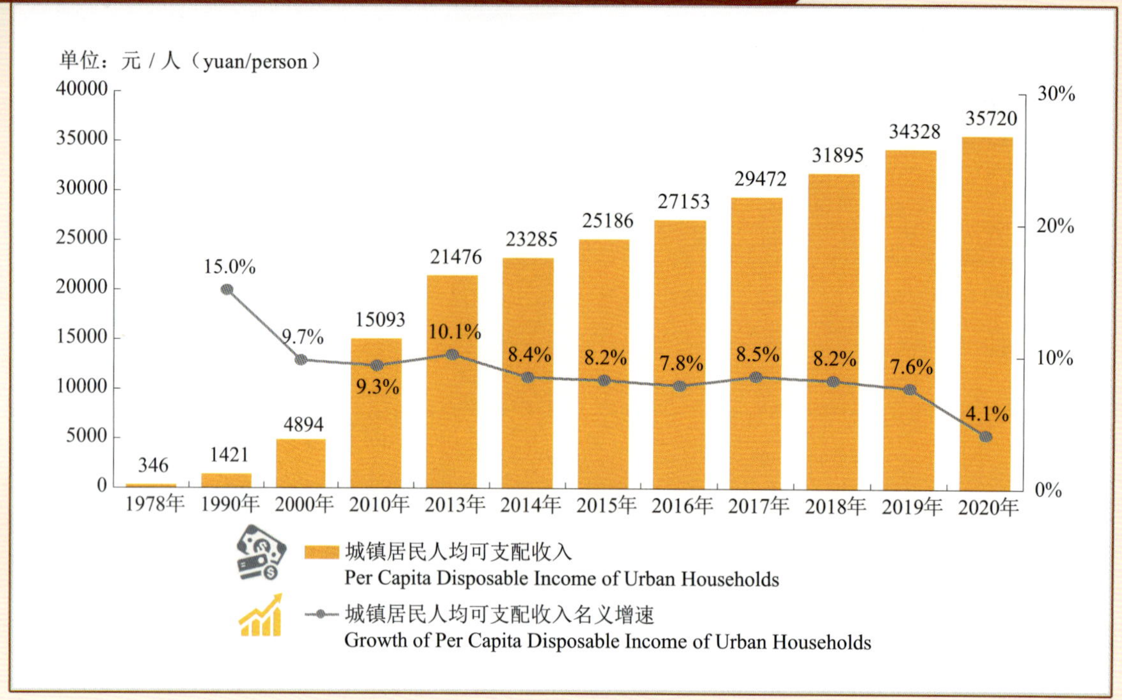

主要年份农村居民人均可支配收入

Per Capita Disposable Income of Rural Households in Main Years

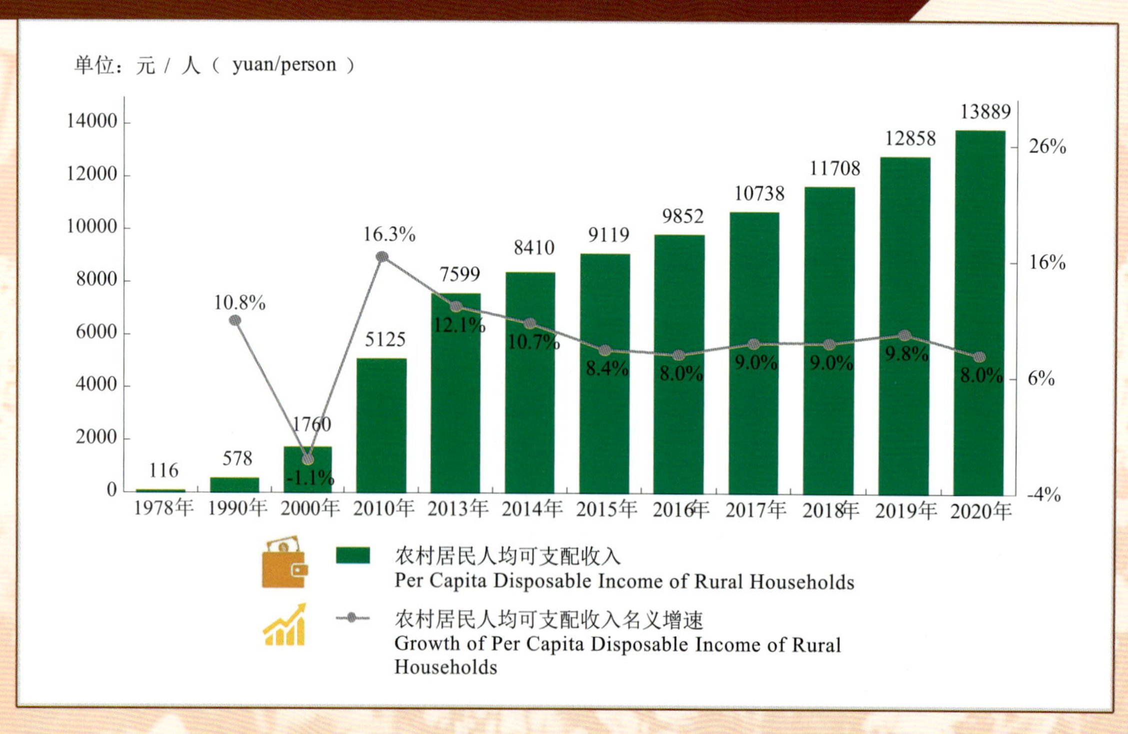

主要年份城镇居民人均消费支出

Per Capita Consumption Expenditure of Urban Households in Main Years

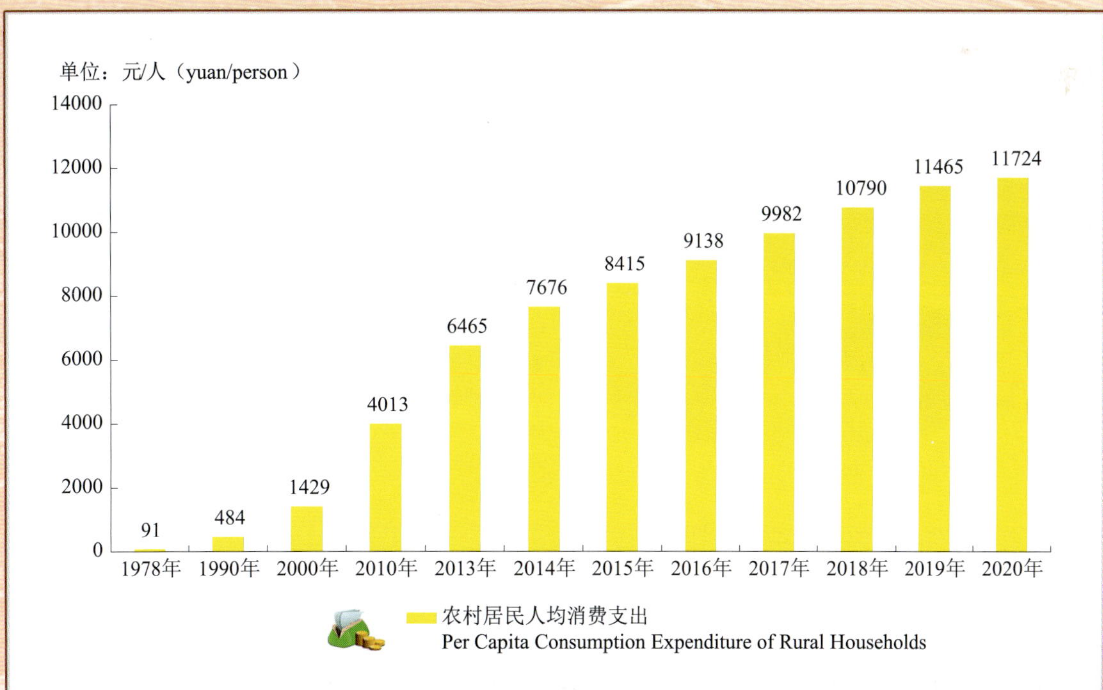

主要年份农村居民人均消费支出

Per Capita Consumption Expenditure of Rural Households in Main Years

城镇居民生活消费支出构成情况

The Composition of Expenditure of Urban Households

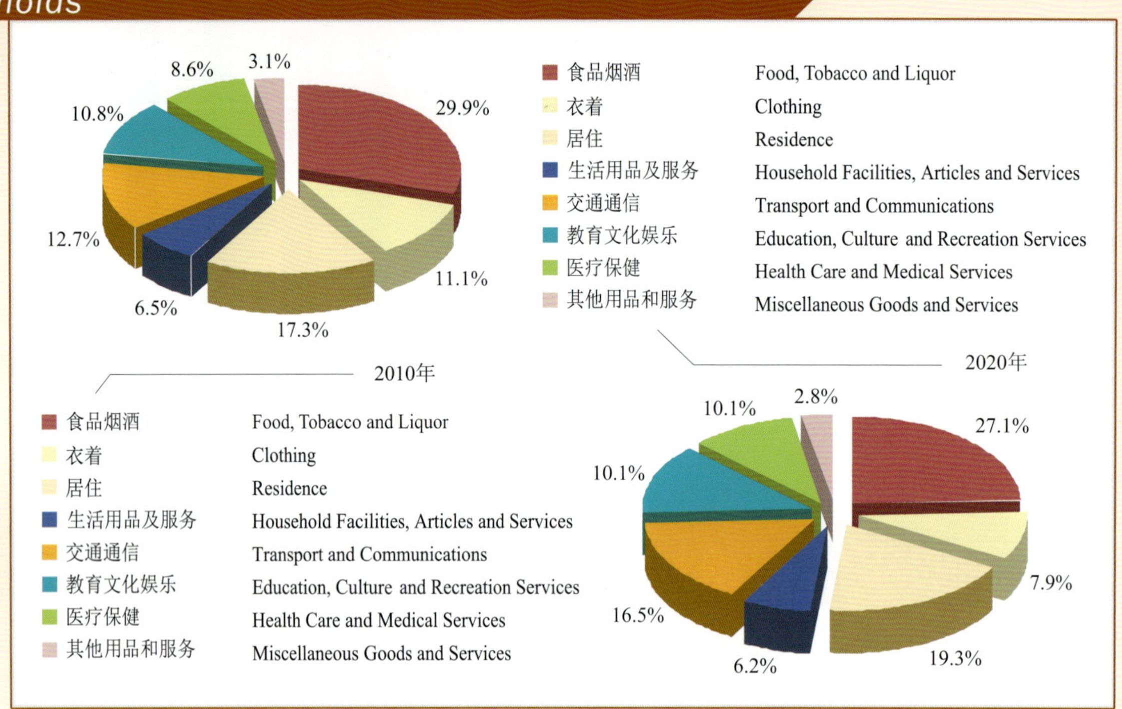

农村居民生活消费支出构成情况

The Composition of Expenditure of Rural Households

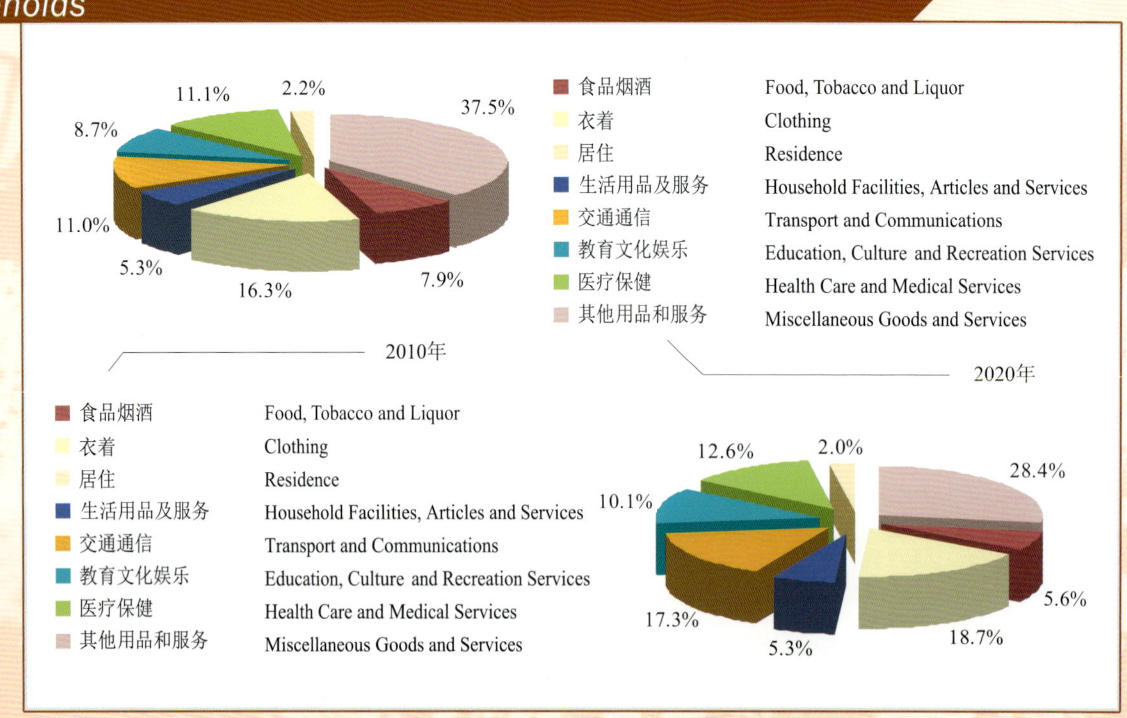

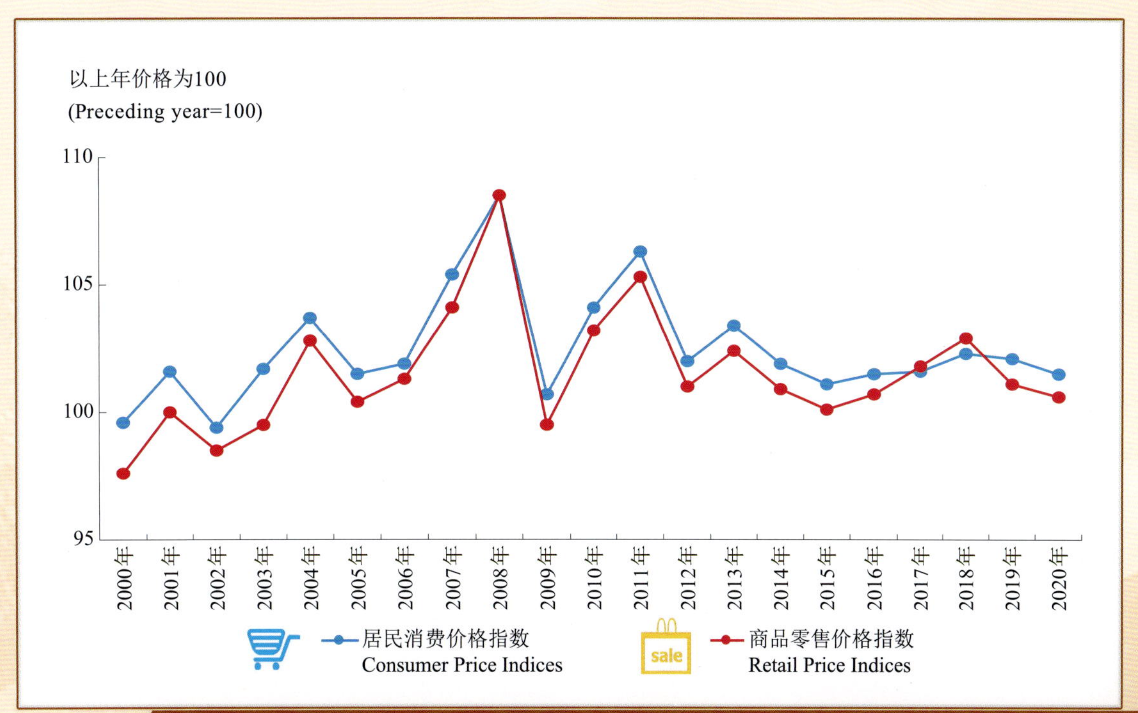

主要年份流通消费价格指数

Circulation Consumer Price Indices in Main Years

主要年份工业生产者价格指数

Producer Price Indices for Industry in Main Years

2020年银川市新建商品住宅和二手住宅价格指数

Price Indices for Newly Built Commercial House and Second-Hand House in Yinchuan (2020)

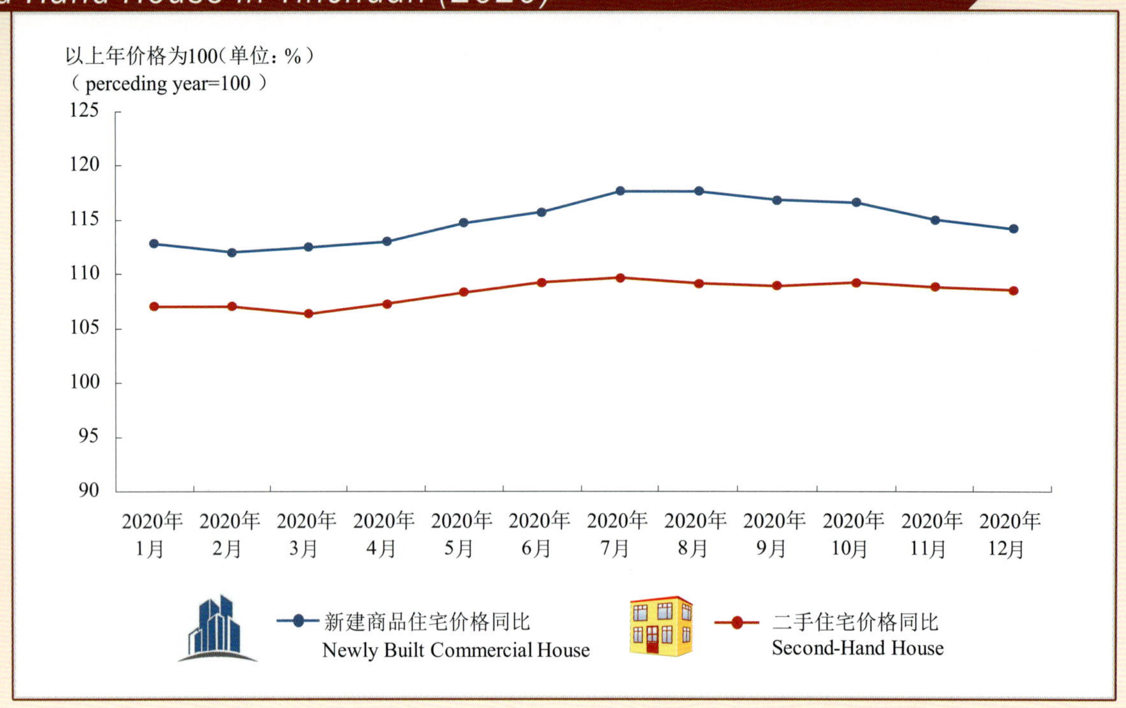

主要年份农产品生产者价格与农业生产资料价格指数

Producer Price Indices for Farm Products and Price Indices for Means of Agricultural Production in Main Years

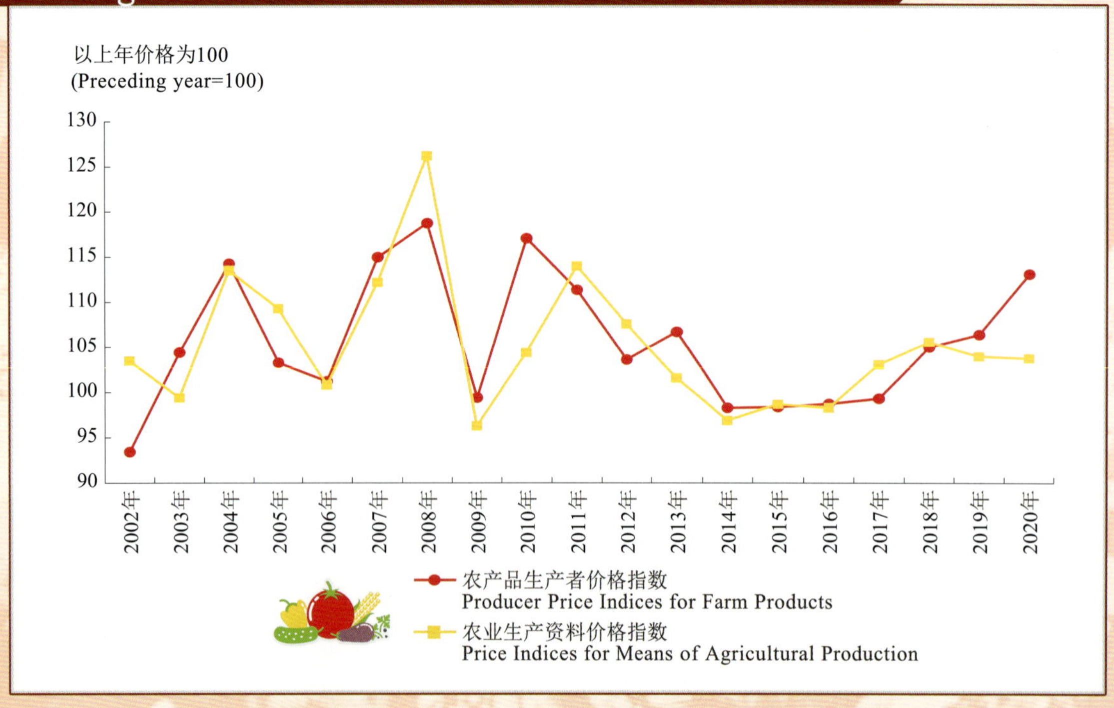

《宁夏调查年鉴-2021》
编委会和编辑人员

NINGXIA SURVEY YEARBOOK-2021
EDITORIAL BOARD AND EDITORIAL STAFF

编者说明

一、《宁夏调查年鉴—2021》是国家统计局宁夏调查总队编辑的集调查分析报告和统计调查数据于一体的资料性书籍。

二、《宁夏调查年鉴—2021》系统收录了宁夏全区及沿黄地区、中南部地区和各市、县（区）2020年城乡居民收入、物价、粮食产量、畜禽产品产量、农民工就业、农村贫困等统计调查数据，同时还整理了历史重要年份全国、全区主要统计调查数据，是一部从不同侧面反映宁夏经济和社会发展情况的资料性年刊。

三、本书正文内容分为七大篇章，即，1. 综合；2. 住户调查；3. 价格调查；4. 农业调查；5.农民工调查；6. 农村贫困调查；7. 附录。为方便读者使用，每篇调查数据前后分别附简要说明和主要指标解释，对本项调查的数据来源、主要指标口径变动情况、主要指标涵义等作了说明和解释。

四、本书所涉及的调查数据有的是调查样本数据超级汇总的结果，有的是根据调查样本数据计算的平均数，有的是根据调查样本数据计算的结构数，有的是根据调查样本数据加权推算的总体数据，在每篇数据前附有具体说明。

五、根据宁夏区情特点，本书除提供全区、市、县（市、区）调查数据外，还根据调查样本数据推算出沿黄地区、中南部地区汇总数据。沿黄地区包括兴庆区、西夏区、金凤区、永宁县、贺兰县、灵武市、大武口区、惠农区、平罗县、利通区、青铜峡市、沙坡头区、中宁县。中南部地区包括红寺堡区、盐池县、同心县、原州区、西吉县、隆德县、泾源县、彭阳县、海原县。银川市辖区包括：兴庆区、金凤区、西夏区。石嘴山市辖区包括：大武口区、惠农区。

六、本书中有些历史数据由于制度方法的改革，调查指标口径、范围、涵义等发生变化，为了便于可比，有的指标按现行方案规定作了调整，有的指标口径无法调整仍沿用过去口径。有的指标最近几年有，而过去没有；有的指标过去有，而现行指标体系已经取消。使用时要注意。

七、本书所使用的度量衡单位，均采用国际统一标准计量单位。

八、本书中部分数据合计数或相对数由于单位取舍不同而产生的计算误差，均未作机械调整。

九、符号使用说明：表中的“空格”表示该项统计指标数据不足本表最小单位数、不详或无该项数据；“#”表示其中的主要项；“*”或“①”表示本表下有注解。

Editor's Notes

Ⅰ. *Ningxia Survey Yearbook 2021* is an annual statistical publication compiled by Survey Office of the National Bureau of Statistics in Ningxia, which reflects comprehensively investigation analysis report and statistical data.

Ⅱ. *Ningxia Survey Yearbook 2021* covers income of urban and rural residents, price, grain yield, livestock and poultry yield, employment in migrant, rural poverty, etc of Ningxia, Plain Areas, Mountain Areas and Counties in 2020. It digested statistical data from historically important years at the national and the district, is an informative publication yearly which reflected Ningxia economic and social development from different aspects.

Ⅲ.The Yearbook contains 7 chapters: 1.General Survey; 2.Household Survey; 3.Price Survey; 4.Agriculture Survey; 5.Migrant Workers Survey; 6.Rural Poverty Survey; 7.Appendix. Brief description and explanatory note on main statistical indicators before and after each chapter is attached to the readers to use, it elaborates on the data source, the main indicators caliber changes in meaning, main index of the survey.

Ⅳ. The survey data of the Yearbook have a plenty of the super summary results, have a plenty of the average, have a plenty of the sample data structure, have a plenty of the weighted overall data, with details before each data.

Ⅴ. According to provincial characteristics of Ningxia, the Yearbook provides the survey data in addition to district, city and county (city, area), and calculates the summary data according to the sample data of Plain Areas and Mountain Areas. Plain Areas include Xingqing, Xixia, Jinfeng, Yongning, Helan, Lingwu, Dawukou, Huinong, Pingluo, Litong, Qingtongxia, Shapotou, Zhongning. Mountain Areas include Hongsipu, Yanchi, Tongxin, Yuanzhou, Xiji, Longde, Jingyuan, Pengyang, Haiyuan. Yinchuan area includes Xingqing, Jinfeng, Xixia district. Shizuishan area includes Dawukou, Huinong district.

Ⅵ. Some historical data as the reform of the system method, survey indicators caliber, scope, meaning, etc, in order to facilitate comparable, some indexes have adjusted on the current system, some indicators caliber are still using the past as failing adjust. Some indicators are in recent years, but not in the past; some index in the past and the current index system has been cancelled. Pay attention when using.

Ⅶ. The units of measurement used in this Yearbook are internationally standard measurement units.

Ⅷ. Statistical discrepancies on total and relative figures due to rounding are not adjusted in the Yearbook.

Ⅸ. Notations used in the Yearbook: (blank space) indicates that the figure is not large enough to be measured with the smallest unit in the table, or data are unknown, or are not available; "#" indicates a major breakdown of the total; and "*"or"①" indicates footnotes at the end of the table.

目　　录

Contents

第一篇　综　合

General Survey

第二篇　住户调查

Household Survey

第三篇 价格调查
Price Survey

第四篇 农业调查

Agriculture Survey

第五篇　农民工调查
Migrant Workers Survey

第六篇　农村贫困调查
Rural Poverty Survey

第七篇　附　录
Appendix

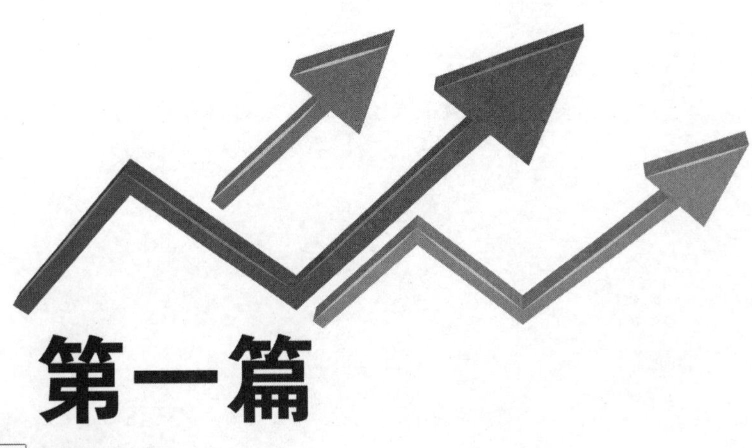

第一篇

综合

General Survey

宁夏回族自治区2020年国民经济和社会发展统计公报[1]

宁夏回族自治区统计局　国家统计局宁夏调查总队

2021年5月23日

2020年，面对复杂严峻的国内外环境特别是新冠肺炎疫情的严重冲击，在自治区党委和政府的坚强领导下，全区上下坚持以习近平新时代中国特色社会主义思想为指导，深入学习贯彻习近平总书记视察宁夏重要讲话精神，坚决落实党中央、国务院各项决策部署，扎实做好“六稳”工作，全面落实“六保”任务，统筹疫情防控和经济社会发展取得重大成果，经济运行稳步回升、持续向好，主要指标增长好于预期，发展动能不断增强，转型升级加快推进，质量效益明显改善，民生保障更加有力，高质量发展迈出新的步伐。

一、综合

初步核算，全年全区实现生产总值[2]3920.55亿元，按不变价格计算，比上年增长3.9%。其中，第一产业增加值338.01亿元，增长3.3%；第二产业增加值1608.96亿元，增长4.0%；第三产业增加值1973.58亿元，增长3.9%。第一产业增加值占地区生产总值的比重为8.6%，第二产业增加值比重为41.0%，第三产业增加值比重为50.4%，比上年提高0.2个百分点。

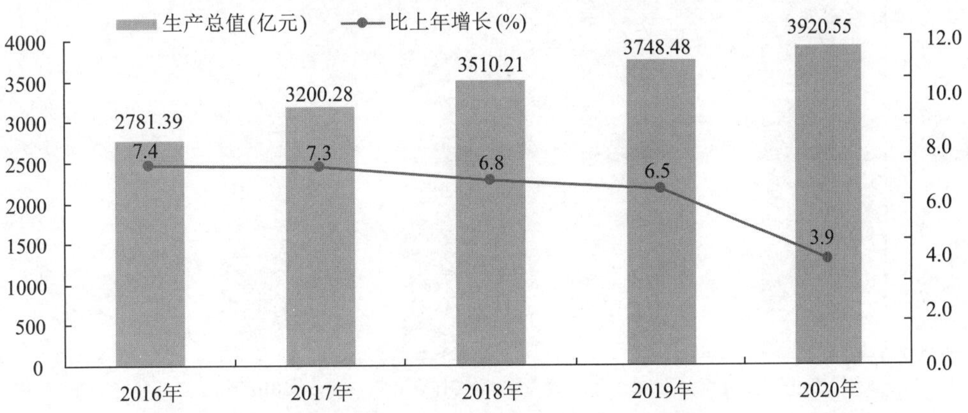

图1　2016—2020年全区生产总值及其增长速度

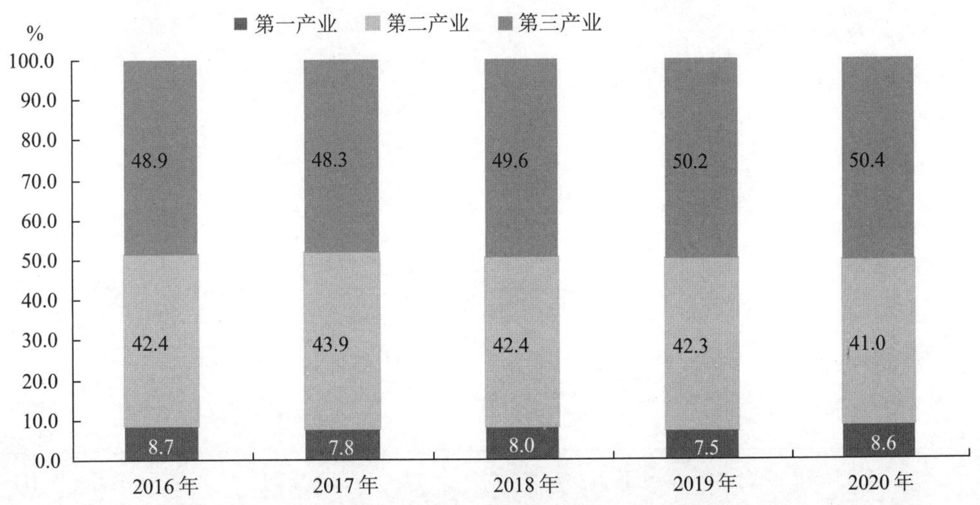

图2　2016—2020年全区三次产业增加值占地区生产总值比重

表 1　2020 年全区生产总值及其增长速度

指　　标	绝对值（亿元）	比上年增长（%）
全区生产总值	3920.55	3.9
农林牧渔业	356.18	3.2
工业	1283.69	4.2
建筑业	326.78	3.5
批发和零售业	194.34	-3.3
交通运输、仓储和邮政业	181.88	4.4
住宿和餐饮业	50.13	-9.7
金融业	321.07	3.4
房地产业	175.86	4.2
其他服务业	1030.63	6.4
第一产业	338.01	3.3
第二产业	1608.96	4.0
第三产业	1973.58	3.9

全年全区城镇新增就业人员 7.3 万人，农村劳动力转移就业 80.27 万人，年末全区城镇登记失业率为 3.92%。全年全区农民工[3]总量为 98.1 万人，比上年减少 8.0 万人，下降 7.5%。其中，外出农民工 76.9 万人，比上年减少 5.8 万人，下降 7.0%；本地农民工 21.2 万人，减少 2.2 万人，下降 9.4%。

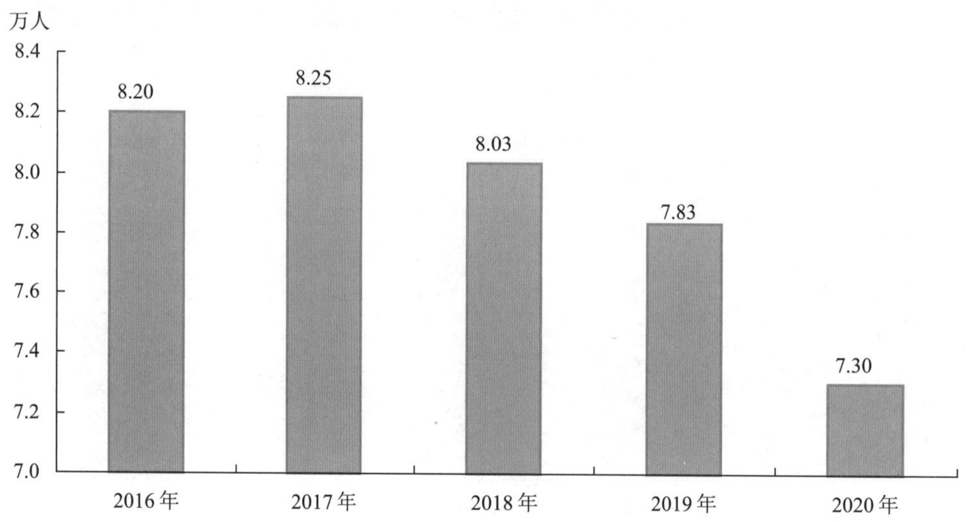

图 3　2016—2020 年全区城镇新增就业人数

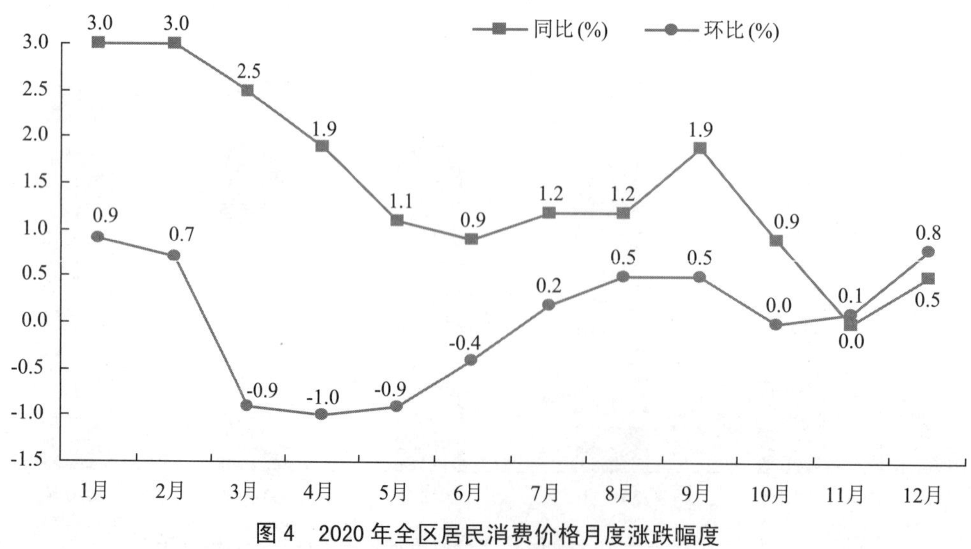

图 4　2020 年全区居民消费价格月度涨跌幅度

全年全区居民消费价格比上年上涨 1.5%，工业生产者出厂价格下降 3.1%，工业生产者购进价格下降 5.3%，农产品生产者价格[4]上涨 13.1%。

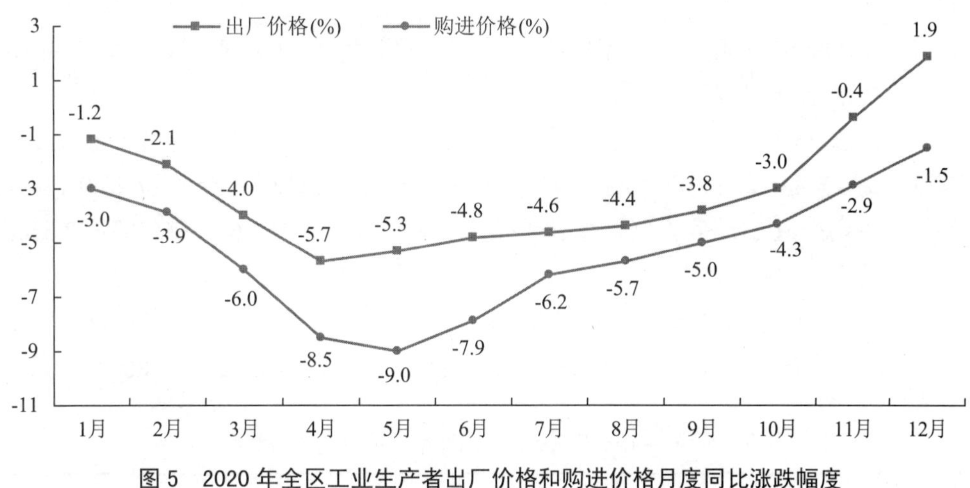

图 5　2020 年全区工业生产者出厂价格和购进价格月度同比涨跌幅度

表 2　2020 年 12 月份全区居民消费价格指数

指　　标	环比	同比	1-12 月累计
居民消费价格总指数	100.8	100.5	101.5
其中：食品烟酒	102.5	102.9	105.4
衣着	100.1	96.8	98.9
居住	100.0	99.7	100.3
生活用品及服务	100.2	99.4	99.6
交通和通信	99.9	97.4	96.9
教育文化和娱乐	99.9	100.4	101.0
医疗保健	100.0	100.5	100.6
其他用品和服务	98.6	102.9	103.2

三大攻坚战夺取重大胜利。“十三五”末，全区 9 个贫困县全部摘帽，1100 个贫困村全部出列，现行标准下 62.4 万农村贫困人口全部脱贫。生态环境 9 项约束性指标超额完成，蓝天碧水净土保卫战成效显著，全区空气优良天数比 2015 年增加 15 天，森林覆盖率由 11.9%提高到 15.8%。处置化解一批风险隐患，守住了不发生系统性风险的底线。

新产业新业态新模式加快成长。全年全区规模以上工业中，高技术制造业增加值比上年增长 9.9%。全年水电、风电、太阳能等可再生能源发电量 352.4 亿千瓦时，增长 9.4%。全年变压器产量增长 8.2%，数控金属切割机床产量增长 36.7%，工业机器人产量增长 26.5%。全年全区工业技术改造投资[5]增长 18.0%。全年全区网上零售额[6]按卖家所在地分，实现零售额 209.4 亿元，增长 10.3%，其中实物商品零售额 63.2 亿元，增长 39.5%。

二、农业

全年全区粮食种植面积 1018.75 万亩，比上年增加 2.70 万亩。其中，小麦种植面积 139.39 万亩，减少 22.27 万亩；水稻种植面积 91.22 万亩，减少 10.86 万亩；玉米种植面积 484.09 万亩，增加 34.42 万亩；薯类种植面积 142.66 万亩，增加 3.59 万亩。油料种植面积 49.92 万亩，减少 8.55 万亩。蔬菜种植面积 202.51 万亩，增加 5.72 万亩。瓜果种植面积 95.13 万亩，减少 3.47 万亩。园林水果种植面积 157.04 万亩，增加 2.58 万亩。

全年全区粮食总产量 380.49 万吨，比上年增产 7.34 万吨，增长 2.0%，连续十七年实现丰收。其中，夏粮产量 29.05 万吨，下降 19.7%；秋粮产量 351.45 万吨，增长 4.3%。全年全区小麦产量 27.79 万吨，下降 19.7%；水稻产量 49.39 万吨，下降 10.3%；玉米产量 249.07 万吨，增长 8.1%；马铃薯产量（折粮）41.54 万吨，增长 5.3%。

全年全区蔬菜产量 568.61 万吨，比上年增长 0.5%；红枣产量 8.20 万吨，增长 15.5%；枸杞产量 9.80 万吨，下降 4.0%；油料产量 6.73 万吨，下降 12.2%。

全年全区肉类总产量 33.77 万吨，比上年增长 0.7%。其中，猪肉产量 8.01 万吨，增长 2.5%；牛肉产量 11.44 万吨，下降 0.2%；羊肉产量 11.09 万吨，增长 6.6%；禽肉产量 2.89 万吨，下降 19.0%。禽蛋产量 13.86 万吨，与上年持平。牛奶产量 215.34 万吨，增长 17.4%。水产品产量 16.16 万吨，增长 2.5%。年末全区生猪存栏 90.02 万头，增长 22.7%；肉牛存栏 120.65 万头，增长 24.2%；奶牛存栏 57.38 万头，增长 31.2%；羊存栏 596.11 万只，增长 4.9%；活家禽存栏 1181.82 万只，下降 8.0%。全年生猪出栏 98.60 万头，增长 2.1%；肉牛出栏 71.99 万头，增长 0.1%；羊出栏 625.13 万只，增长 7.8%；活家禽出栏 1386.70 万只，下降 19.6%。

表 3　2020 年全区主要农林牧渔业产品产量及其增长速度

指　　标	产　量（万吨）	比上年增长（%）
粮食	380.49	2.0
小麦	27.79	-19.7
水稻	49.39	-10.3
玉米	249.07	8.1
油料	6.73	-12.2
蔬菜	568.61	0.5
瓜果	157.18	-4.7
枸杞	9.80	-4.0
肉类总产量	33.77	0.7
其中：猪、牛、羊肉产量	30.54	2.9
禽蛋	13.86	0.0
牛奶	215.34	17.4
水产品	16.16	2.5

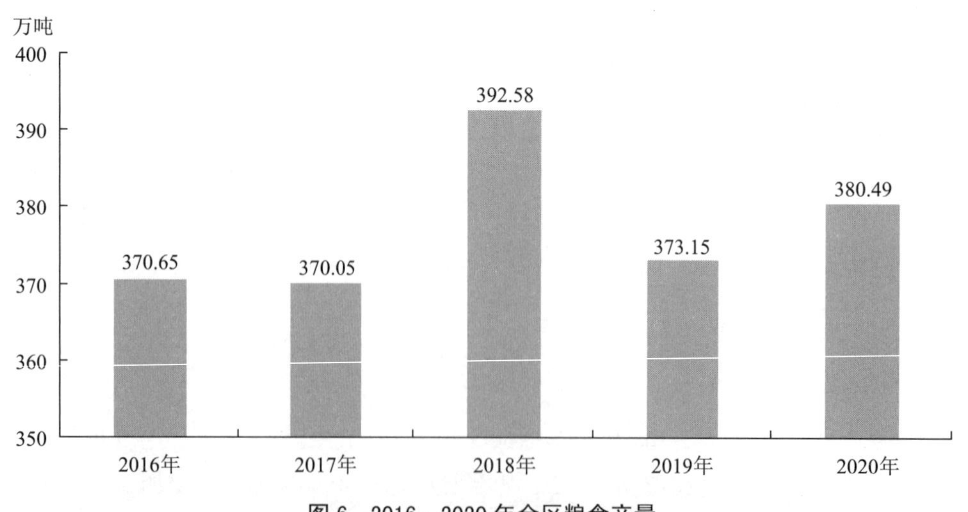

图 6　2016—2020 年全区粮食产量

三、工业和建筑业

全年全区全部工业增加值 1283.69 亿元，比上年增长 4.2%。规模以上工业增加值增长 4.3%。在规模以上工业中，分轻重工业看，轻工业增加值下降 0.7%，重工业增长 5.0%。分经济类型看，国有控股企业增加值下降 1.0%；股份制企业增长 3.7%，外商及港澳台商投资企业增长 9.0%；非公有工业增长 10.1%，其中私营企业增长 10.5%。分门类看，采矿业增加值下降 1.9%，制造业增长 5.4%，电力、热力、燃气及水生产和供应业增长 6.0%。

全年全区规模以上工业中，电力行业增加值增长 4.6%、化工行业增长 1.5%、冶金行业增长 1.7%、有色行业增长 2.9%、轻纺行业下降 2.8%、机械行业增长 29.4%、建材行业下降 0.9%、医药行业增长 5.1%、其他行业增长 23.7%。工业产品销售率为 97.4%。

年末全区发电装机容量 5942.7 万千瓦，比上年末增长 12.2%。其中，火电装机容量 3326.4 万千瓦，增长 3.3%；水电装机容量 42.6 万千瓦，增长 0.1%；风电装机容量 1376.6 万千瓦，增长 23.3%；太阳能发电装机容量 1197.1 万千瓦，增长 30.4%。

全年全区规模以上工业企业利润 203.9 亿元，比上年下降 9.0%。分经济类型看，国有控股企业利润 37.6 亿元，下降 50.3%；股份制企业 145.0 亿元，下降 19.1%；外商及港澳台商投资企业 57.3 亿元，增长 35.4%。分门类看，采矿业亏损 5.7 亿元，同比盈转亏 39.0 亿元；制造业利润 152.2 亿元，增长 16.9%；电力、热力、燃气及水生产和供应业 57.4 亿元，下降 5.3%。

表 4　2020 年全区主要工业产品产量及其增长速度

指　　标	单位	产量	比上年增长（%）
原　煤	万吨	8151.6	9.1
发电量	亿千瓦时	1882.4	6.6
焦　炭	万吨	920.8	11.3
原铝（电解铝）	万吨	119.2	-4.9
农用化肥（折纯）	万吨	67.9	49.6
精甲醇	万吨	788.8	18.8
电石（碳化钙）	万吨	405.1	-0.9
水　泥	万吨	1977.5	4.8
铁合金	万吨	322.6	-16.4
乳制品	万吨	147.0	12.9
金属切削机床	台	1932.0	31.5

全区具有资质的总承包和专业承包建筑业企业 748 家，全年完成建筑业总产值 641.81 亿元，比上年增长 6.7%。建筑业企业房屋建筑施工面积 2107.74 万平方米，下降 6.4%；房屋竣工面积 756.98 万平方米，增长 11.5%；竣工产值 320.07 亿元，增长 6.7%。按建筑业总产值计算的劳动生产率 30.26 万元/人，比上年增长 3.0%。

四、固定资产投资

全年全区全社会固定资产投资比上年增长 4.8%。其中，固定资产投资（不含农户）增长 4.0%。

在固定资产投资（不含农户）中，第一产业投资比上年增长 15.6%，第二产业投资增长 15.6%，第三产业投资下降 5.3%。工业投资增长 15.7%，占固定资产投资（不含农户）的比重为 45.5%。基础设施投资[7]下降 15.3%，占固定资产投资（不含农户）的比重为 17.4%。民间固定资产投资[8]增长 7.8%，占固定资产投资（不含农户）的比重为 56.9%。

全年全区房地产开发投资 433.27 亿元，比上年增长 7.5%。其中，住宅投资 308.59 亿元，增长 9.5%；办公楼投资 4.08 亿元，下降 40.8%；商业营业用房投资 61.87 亿元，下降 0.1%。

表 5　2020 年全区房地产开发和销售主要指标及其增长速度

指　　标	单位	绝对数	比上年增长（%）
房地产开发投资	亿元	433.27	7.5
房屋施工面积	万平方米	5562.65	-6.3
其中：住宅	万平方米	3633.11	-4.1
其中：本年新开工面积	万平方米	1039.16	-12.4
房屋竣工面积	万平方米	772.25	-23.6
其中：住宅	万平方米	513.53	-28.5
商品房销售面积	万平方米	1095.49	8.5
其中：住宅	万平方米	971.87	9.5
商品房待售面积	万平方米	993.05	3.7
其中：住宅	万平方米	330.83	-4.0
商品房销售额	亿元	698.39	21.7
其中：住宅	亿元	626.26	25.6
本年实际到位资金	亿元	708.28	21.7
其中：国内贷款	亿元	52.01	-19.4
自筹资金	亿元	114.99	-8.7
其他资金来源	亿元	541.28	38.3

五、国内贸易

全年全区实现社会消费品零售总额 1301.39 亿元，比上年下降 7.0%。按经营地统计，城镇消费品零售额 1123.81 亿元，下降 7.1%；乡村消费品零售额 177.58 亿元，下降 6.7%。按消费类型统计，商品零售额 1137.04 亿元，下降 7.0%；餐饮收入额 164.35 亿元，下降 7.2%。

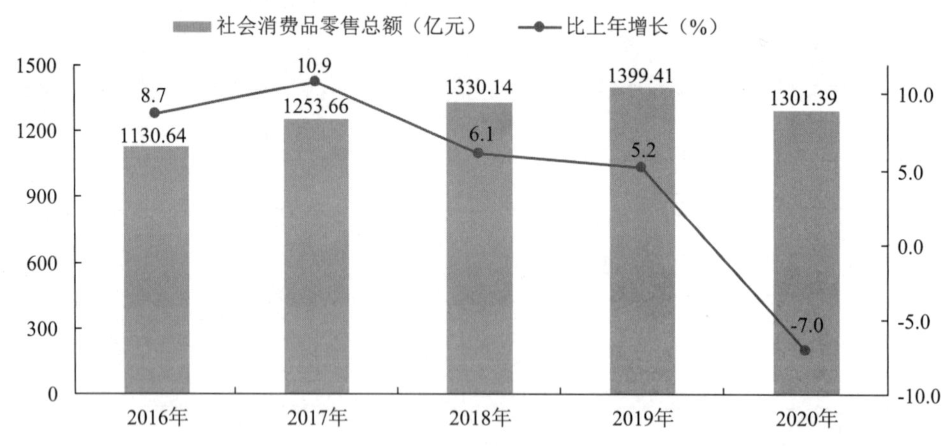

图 7　2016—2020 年全区社会消费品零售总额及其增长速度

在限额以上单位商品零售额中，粮油、食品类零售额比上年增长 14.1%，饮料类增长 2.7%，烟酒类下降 2.7%，服装、鞋帽、针纺织品类下降 16.7%，化妆品类下降 10.8%，金银珠宝类下降 18.5%，日用品类下降 10.6%，家用电器和音像器材类下降 15.8%，中西药品类增长 10.8%，文化办公用品类下降 16.0%，通讯器材类下降 24.5%，石油及制品类下降 13.3%，汽车类下降 1.3%。

六、对外经济[9]

全年全区货物贸易进出口总额 123.17 亿元，比上年下降 48.8%。其中，出口 86.68 亿元，下降 41.8%；

进口 36.49 亿元，下降 60.3%。货物贸易进出口差额（出口减进口）50.19 亿元。对“一带一路”沿线国家和地区进出口总额 39.06 亿元，下降 43.2%。其中，出口 35.02 亿元，下降 31.4%；进口 4.04 亿元，下降 77.3%。

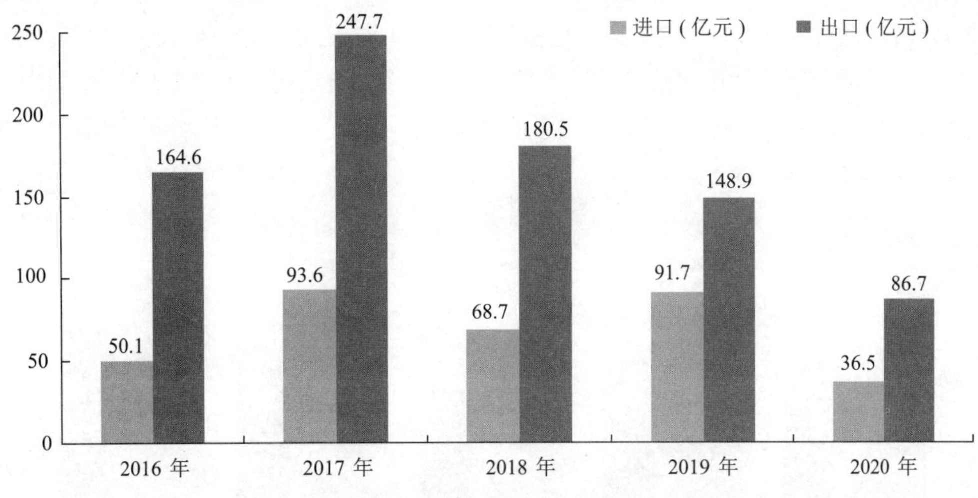

图 8　2016—2020 年全区货物进出口总额

表 6　2020 年全区主要商品出口金额及其增长速度

商品名称	出口值（亿元）	比上年增长（%）
枸杞	2.7	21.0
泰乐菌素	6.4	41.4
维生素 C	2.0	16.0
双氰胺	7.0	10.3
金属锰	4.0	-22.4
钽铌铍制品	3.3	-9.7
机床及铸件	3.7	-21.1

全年全区实际使用外商直接投资 2.72 亿美元，比上年增长 8.4%。全区新设外商投资企业 22 个，合同外资金额 6.15 亿美元，下降 88.2%。其中，信息传输、软件和信息技术服务业签订利用外商直接投资合同额 1.90 亿美元，增长 137.7%。

七、交通和邮电

全年全区货物运输总量 4.40 亿吨，比上年增长 0.8%；货物运输周转量 764.75 亿吨公里，增长 7.7%。全年全区旅客运输总量 0.38 亿人，下降 37.5%；旅客运输周转量 99.76 亿人公里，下降 37.1%。

表 7　2020 年全区各种运输方式完成运输量及其增长速度

运输方式	货物				旅客			
	运输总量		运输周转量		运输总量		运输周转量	
	绝对值（万吨）	比上年增长（%）	绝对值（亿吨公里）	比上年增长（%）	绝对值（万人）	比上年增长（%）	绝对值（亿人公里）	比上年增长（%）
总 计	44024.91	0.83	764.75	7.66	3807.64	-37.50	99.76	-37.09
铁 路	8633.61	5.93	214.62	0.48	557.58	-16.33	24.23	-40.81
公 路	34216.62	-0.42	483.67	10.58	2902.38	-40.83	28.22	-38.66
航 空	2.97	-10.80	0.37	-8.49	347.68	-33.26	47.31	-33.95
管 道	1171.71	2.08	66.09	12.18	—	—	—	—

年末全区民用汽车保有量171.50万辆，比上年末增长8.1%。其中，私人汽车保有量155.60万辆，增长8.2 %。民用轿车保有量81.07万辆，增长6.4%。其中，私人轿车77.52万辆，增长6.9%。

全年全区完成邮政业务总量[10]24.98亿元，比上年增长25.0%。邮政业完成邮政函件业务240.06万件；包裹业务8.82万件；快递业务量7317.77万件，快递业务收入11.83亿元。全年全区完成电信业务总量[11]924.4亿元，增长24.2%。年末全区电话用户总数890.6万户，其中移动电话用户839.2万户。（固定）互联网宽带接入用户283.6万户，比上年增加24.5万户。移动互联网用户712.7万户，比上年增加26.8万户；移动互联网接入流量115767.2万GB，增长32.3%。

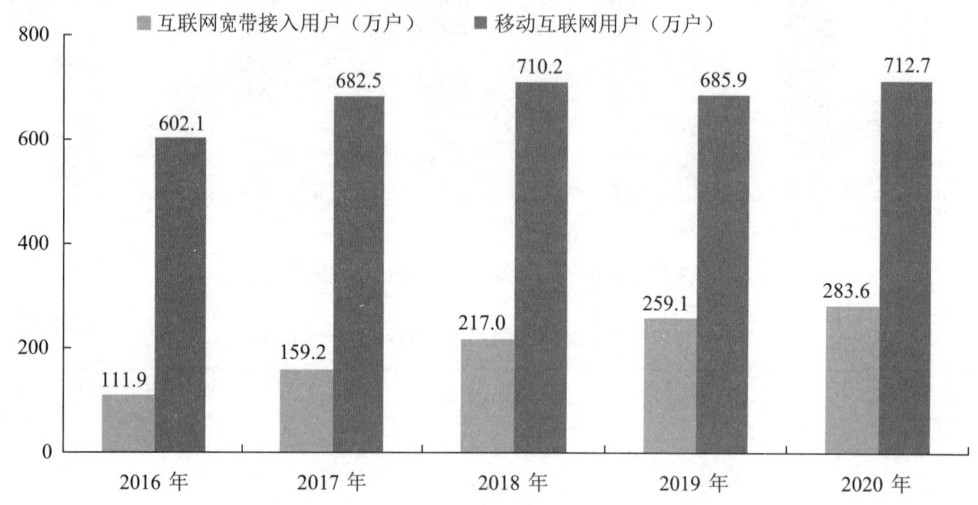

图9　2016—2020年年末全区互联网宽带接入用户数和移动互联网用户数

八、财政金融

全年全区一般公共预算总收入704.1亿元，比上年下降5.8%。其中，地方一般公共预算收入419.4亿元，下降1.0%。在地方一般公共预算收入中，税收收入263.8亿元，下降1.4%，占地方一般公共预算收入的62.9%。

年末全区金融机构本外币各项存款余额7136.24亿元，比年初增加675.82亿元。其中，人民币各项存款余额7121.31亿元，比年初增加677.89亿元。金融机构本外币各项贷款余额7981.87亿元，比年初增加656.00亿元。其中，人民币各项贷款余额7782.59亿元，比年初增加615.31亿元。

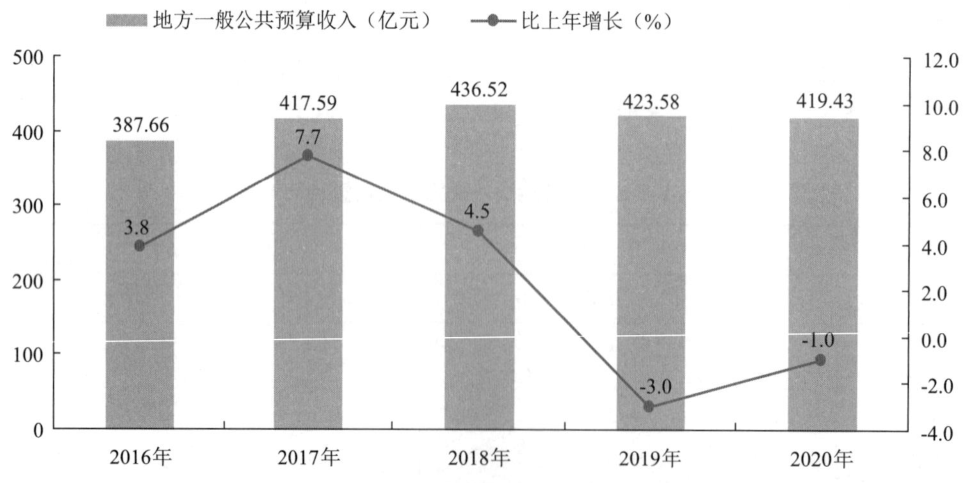

图10　2016—2020年全区地方一般公共预算收入及其增长速度[12]

表 8　2020 年年末全区金融机构存贷款余额及其增长速度

指　　标	年末数（亿元）	当年新增（亿元）	比上年末增长（%）
本外币各项存款余额	7136.24	675.82	10.5
人民币存款余额	7121.31	677.89	10.5
其中：住户存款	3943.84	497.70	14.4
非金融企业存款	1498.88	121.28	8.8
机关团体及财政性存款	1511.17	3.9	0.3
本外币各项贷款余额	7981.87	656.00	7.5
人民币贷款余额	7782.59	615.31	7.8
其中：短期贷款	2107.74	154.67	6.7
中长期贷款	4928.56	342.19	8.0
票据融资	731.69	69.40	10.5

年末全区上市公司 14 家，总股本 206.15 亿股，总市值 1357.41 亿元，比上年末增长 6.7%。其中，流通市值 723.20 亿元，增长 26.0%。全年证券交易额 12737.98 亿元，增长 46.0%。年末全区在全国中小企业股份转让系统[13]挂牌公司 48 家，比上年末下降 11.1%。

年末全区省级营业性保险分公司 23 家，全年实现保费收入 210.71 亿元，比上年增长 6.6%。其中，财产险收入 67.85 亿元，下降 0.5%；寿险收入 96.66 亿元，增长 10.2%；健康险收入 39.93 亿元，增长 10.2%；意外伤害险收入 6.27 亿元，增长 12.6%。支付各类赔款和给付 66.12 亿元，增长 4.0%。其中，财产险赔款 38.37 亿元，增长 3.4%；寿险业务给付 17.42 亿元，增长 6.3%；健康险给付 8.66 亿元，增长 3.5%；意外伤害险赔款 1.66 亿元，降低 1.8%。

九、居民收入消费和社会保障

全年全区全体居民人均可支配收入 25735 元，比上年增长 5.4%。按常住地分，城镇居民人均可支配收入 35720 元，增长 4.1%；农村居民人均可支配收入 13889 元，增长 8.0%。

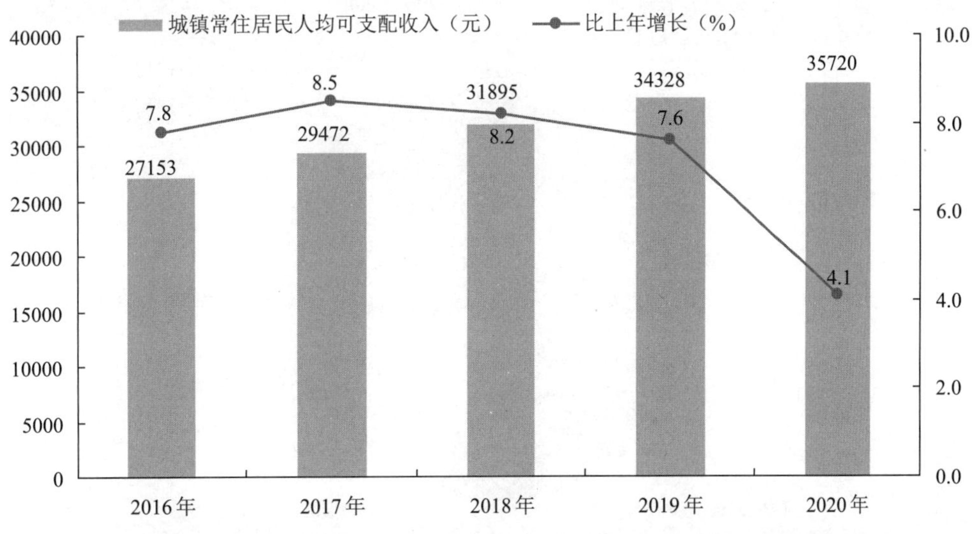

图 11　2016—2020 年全区城镇居民人均可支配收入及其增长速度

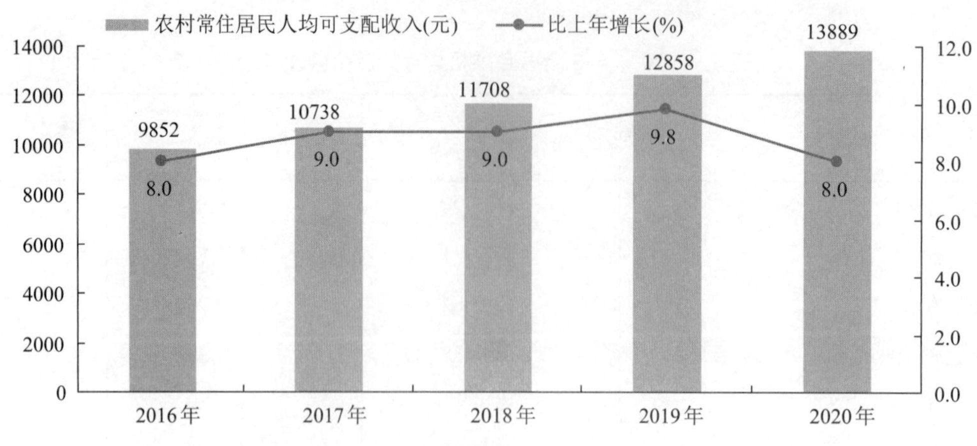

图 12　2016—2020 年全区农村居民人均可支配收入及其增长速度

全年全区居民人均消费支出 17506 元，比上年下降 4.3%。按常住地分，城镇居民人均消费支出 22379 元，下降 7.4%；农村居民人均消费支出 11724 元，增长 2.3%。

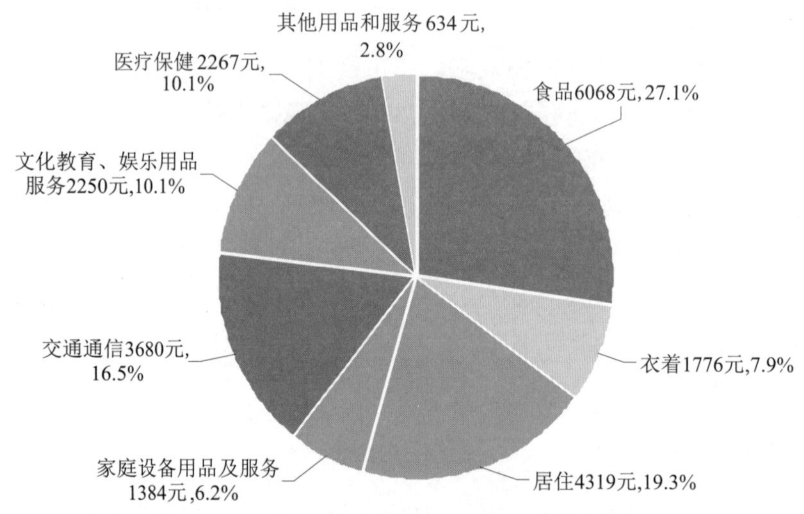

图 13　2020 年全区城镇居民人均消费支出及其构成

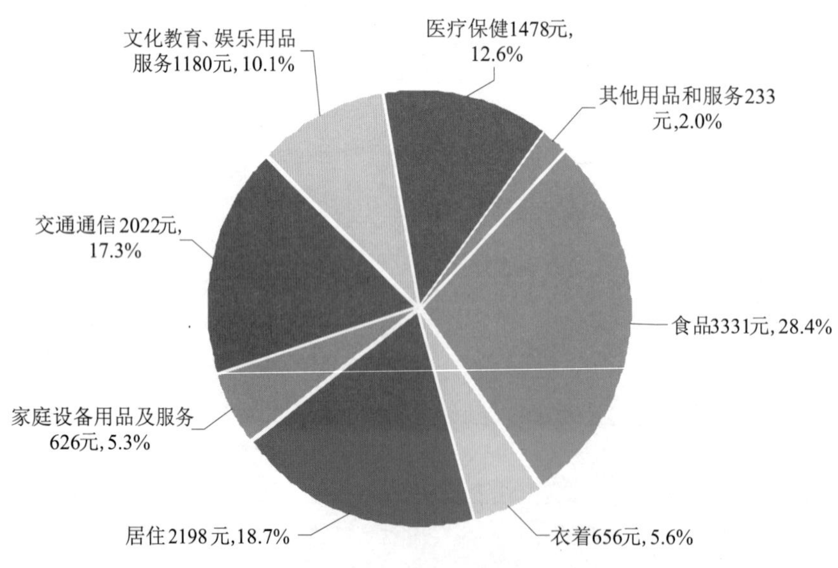

图 14　2020 年全区农村居民人均消费支出及其构成

年末全区参加城镇职工基本养老保险人数 240.11 万人，比上年末增加 13.51 万人。参加城乡居民基本养老保险人数 238.65 万人，增加 43.99 万人。参加基本医疗保险人数 658.76 万人，增加 25.02 万人。其中，参加城镇职工基本医疗保险 152.95 万人，增加 11.84 万人；参加城乡居民基本医疗保险 505.81 万人，增加 13.18 万人。参加失业保险人数 102.73 万人，增加 5.37 万人。参加工伤保险人数 132.56 万人，增加 12.98 万人。参加生育保险人数 105.37 万人，增加 10.68 万人。

十、教育、科学技术和文化体育

年末全区各级各类学校 3476 所（含小学教学点 484 所），教职工 111351 人。全年全区学前教育毛入园率为 88.51%，小学学龄人口入学率为 100%，初中阶段毛入学率为 112.9%，高中阶段毛入学率为 93.0%，高等教育毛入学率为 54.7%，小学六年巩固率为 100.3%，初中三年巩固率为 99.6%。

表 9　2020 年全区各级教育招生、在校、毕业生人数

类　　别	校数（所）	招生数（人）	在校学生数（人）	毕业学生数（人）
普通高等学校	20	51782	156142	36352
#研究生	4	4228	9463	2218
成人高等学校	1	10991	30811	12418
中等职业教育学校	29	26444	75524	22446
普通中学	314	149185	453421	146780
#高　中（含完全中学）	67	56778	160796	49120
初　中（含完全中学）	247	92407	292625	97660
普通小学（含教学点）	1633	100918	592434	93604
幼儿园	1464	130730	256213	115587
特殊教育学校	15	1319	7473	1125

全年全区登记自治区级科技成果 399 项，比上年增长 71.0%。其中，基础理论成果 54 项，应用技术成果 324 项，软科学成果 21 项。全年申请专利量 12924 件，增长 39.4%。其中，发明专利 3049 件，增长 20.8%。专利授权量 7709 件，增长 38.9%。其中，发明专利授权量 703 件，增长 17.6%。全年共签订技术合同 1874 项，技术合同成交金额 22.52 亿元。

年末全区拥有国家级工程技术研究中心 3 个，自治区级工程技术研究中心 72 个；国家级重点实验室 3 个，自治区级重点实验室 38 个（含省部共建国家重点实验室培育基地 2 个）；自治区级产业技术协同创新中心 5 个，自治区临床医学研究中心 25 个，自治区技术创新中心 304 个；国家级企业（集团）技术中心（含分中心）12 个，自治区级企业（集团）技术中心 86 个；国家地方联合工程研究中心 26 个，自治区工程研究中心 19 个。

年末全区文化系统共有艺术表演团体 11 个，博物馆 75 个。全区共有公共图书馆 27 个，文化馆 27 个。预计[14]有线电视在册用户数 128.04 万户，其中，有线数字电视在册用户 110.8 万户。年末全区广播节目综合人口覆盖率为 99.82 %；电视节目综合人口覆盖率为 99.94%。全区出版各类报纸 13 种，出版期刊 35 种，出版图书 2855 种。2019 年，全区文化及相关产业增加值 101.65 亿元，比上年增长 12.4%（未扣除价格因素）；占全区地区生产总值的比重为 2.71%，比上年提高 0.13 个百分点。

全年全区运动员参加国际国内比赛共取得金牌 5 枚、银牌 8 枚、铜牌 7 枚。全年有 139 人达国家一级运动员等级标准，603 人达国家二级运动员等级标准，84 人获得国家一级裁判员等级称号。

十一、卫生和社会服务

年末全区共有医疗卫生机构 4574 个，其中医院 218 个；基层医疗卫生机构 4247 个，其中卫生院 205 个，城市社区卫生服务机构 231 个，村卫生室 2172 个；专业公共卫生机构 94 个，其中疾病预防控制中心 25 个，卫生监督机构 24 个。年末全区卫生技术人员 58627 人，其中执业医师和执业助理医师 22240 人，注册护士 25972 人。全区医疗卫生机构实有床位 41261 张，其中医院 35565 张，基层医疗卫生机构 4094 张。全年全区总诊疗人次[15]3969.83 万人次，入院人数[16]106.89 万人次。

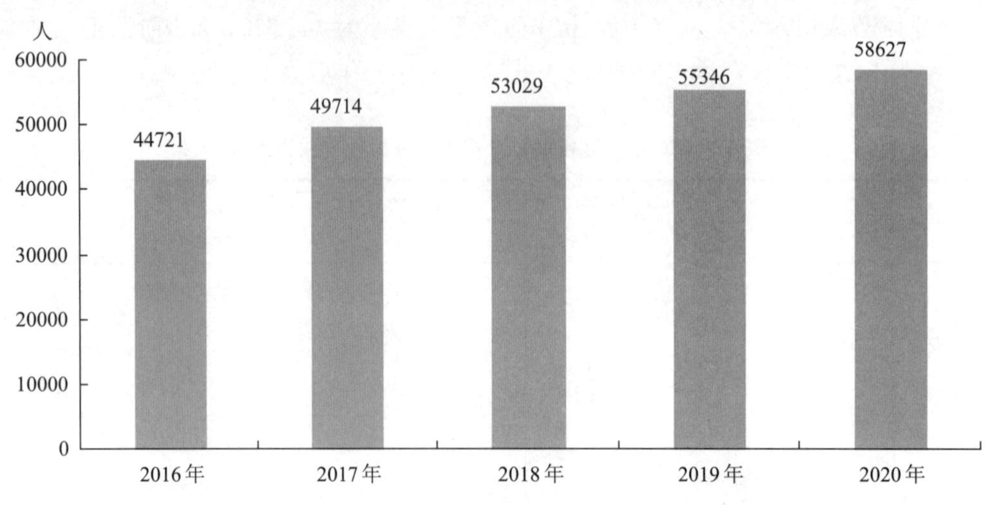

图 15　2016—2020 年年末全区卫生技术人员人数

年末[17]全区共有各类提供住宿的社会服务机构 132 个，其中养老服务机构 108 个，儿童收养救助服务机构 9 个。社会服务床位[18]21429 张（不包括社区床位数），其中养老机构床位 18900 张（不包括社区日间照料床位 4765 张、社区全托服务床位 2197 张），儿童福利和救助机构床位 996 张。年末全区共有社区服务机构和设施 2787 个，其中社区服务中心 62 个，社区服务站 2047 个。

十二、资源、环境和应急管理

全年全区水资源总量 11.04 亿立方米。平均降水量 310 毫米，比上年下降 10.4%。总用水量 70.20 亿立方米，增长 0.43%。其中，生活用水 3.71 亿立方米，增长 8.6 %；工业用水 4.19 亿立方米，下降 5.3%；农业用水 58.64 亿立方米，下降 1.7%。万元地区生产总值用水量[19]199.7 立方米，下降 3.33%；万元工业增加值用水量 34.3 立方米，下降 9.12%。

全年全区完成营造林面积 122.62 万亩，其中人工营造林面积 49.17 万亩。森林抚育面积 40.9 万亩。年末全区自然保护区 14 个，其中国家级自然保护区 9 个，自治区级自然保护区 5 个。

预计[20]全年全区供水普及率为 98.90%，比上年提高 0.57 个百分点；燃气普及率为 91.54%，比上年提高 0.64 个百分点；建成区绿地率为 38.69%，比上年提高 0.65 个百分点；生活垃圾处理率为 99.86%，比上年提高 0.26 个百分点。

全年[21]黄河干流宁夏段入境至出境断面水质均为Ⅱ类优，地表水国控考核断面达到或好于Ⅲ类水质比例为 93.3%。5 个地级城市环境空气质量平均优良天数为 311 天，比例为 85.1%，细微颗粒（$PM_{2.5}$）平均浓度为 33 微克/立方米，比上年上升 13.8%；可吸入颗粒物（PM_{10}）平均浓度为 65 微克/立方米，下降 1.5%。全区 5 地市城市区域昼间噪声等效声级为 53.5 分贝，与上年持平，昼间区域声环境质量等级为二级，总体水平评价为较好。

全年全区累计发生各类生产经营性事故 196 起，比上年下降 11.3%，死亡 168 人，下降 1.8%。亿元 GDP 生产安全事故死亡人数为 0.043 人，下降 6.5%。道路交通万车死亡率为 2.275，上升 11.96%。煤矿百万吨死亡人数为 0.111 人，上升 65.7%。

注释：

[1] 本公报中数据均为初步统计数，正式数据以《宁夏统计年鉴-2021》为准。部分数据因四舍五入的原因，存在总计与分项合计不等的情况。

[2] 地区生产总值、各产业增加值绝对数按现价计算，增长速度按不变价格计算。

[3] 年度农民工数量包括年内在本乡镇以外从业 6 个月及以上的外出农民工和在本乡镇内从事非农产业 6 个月及以上的本地农民工两部分。

[4] 农产品生产者价格是指农产品生产者直接出售其产品时的价格。

[5] 工业技术改造投资是指工业企业利用新技术、新工艺、新设备、新材料对现有设施、工艺条件及生产服务等进行改造提升，实现内涵式发展的投资活动。

[6] 网上零售额是指通过公共网络交易平台（主要从事实物商品交易的网上平台，包括自建网站和第三方平台）实现的商品和服务零售额。

[7] 基础设施投资包括交通运输、邮政业，电信、广播电视和卫星传输服务业，互联网和相关服务业，水利、环境和公共设施管理业投资。

[8] 民间固定资产投资是指具有集体、私营、个人性质的内资调查单位以及由其控股（包括绝对控股和相对控股）的调查单位在中华人民共和国境内建造或购置固定资产的投资。

[9] 货物进出口采用人民币计价。实际使用外商直接投资由于技术原因仍主要沿用美元计价。

[10] 邮政行业业务总量按 2010 年价格计算。

[11] 电信业务总量按 2015 年价格计算。

[12] 2020 年数据为初步数，正式数据以自治区财政厅决算数据为准。

[13] 全国中小企业股份转让系统又称“新三板”，是 2012 年经国务院批准设立的全国性证券交易场所。

[14] 此数据为自治区广播电视局预计数，正式数据以自治区广播电视局正式公布数据为准。

[15] 总诊疗人次指所有诊疗工作的总人次数，包括门诊、急诊、出诊、预约诊疗、单项健康检查、健康咨询指导（不含健康讲座）人次。

[16] 入院人数指报告期内经门诊或急诊医生签发住院证并办理入院手续的住院病人。

[17] 此部分数据为民政厅预计数，正式数据以民政厅公布数据为准。

[18] 社会服务床位数除收养性机构外，还包括救助类机构、社区类机构以及军休所、军供站等机构的床位。

[19] 万元地区生产总值用水量、万元工业增加值用水量按 2015 年价格计算。

[20] 此数据为住房和城乡建设厅预计数，正式数据以 2020 年城乡建设统计年报数据为准。

[21] 数据来源于《2020 年宁夏环境质量状况》。地表水达到或好于Ⅲ类水体比例为 15 个国控断面监测统计结果；环境空气质量优良天数及比例为未剔除沙尘天气数据，PM_{10}、$PM_{2.5}$ 平均浓度均为剔除沙尘天气后数据。

资料来源：

本公报中城镇新增就业、登记失业率、社会保障数据来自自治区人力资源和社会保障厅；财政数据来自自治区财政厅；水资源数据来自自治区水利厅；林业数据来自自治区林业和草原局；发电装机容量数据来自国网宁夏电力公司；铁路运输数据来自中国铁路兰州局集团有限公司；公路运输数据来自自治区交通运输厅；民航数据来自西部机场集团宁夏机场有限公司；电信业务总量、电话用户、宽带用户、移动互联网接入流量、互联网普及率等数据来自宁夏通信管理局；供水普及率、燃气普及率、建成区绿地率、生活垃圾处理率等数据来自自治区住房和城乡建设厅；货物进出口数据来自银川海关；外商直接投资等数据来自自治区商务厅；民用汽车数据来自自治区公安厅；管道数据来自中石油管道长庆输油气分公司和中石油东部管道有限公司银川管理处；邮政业务数据来自宁夏邮政管理局；货币金融数据来自人民银行银川中心支行；上市公司数据来自宁夏证监局；保险业数据来自宁夏银保监局；社会服务数据来自自治区民政厅；教育数据来自自治区教育厅；国家工程研究中心、国家工程实验室、企业技术中心等数据来自自治区科技厅；专利数据来自自治区市场监管厅（自治区知识产权局）；艺术表演团体、博物馆、公共图书馆、文化馆数据来自自治区文化和旅游厅；报纸、期刊、图书数据来自自治区党委宣传部；广播电视数据来自自治区广播电视局；体育数据来自自治区体育局；卫生数据来自自治区卫生健康委员会；环境监测数据来自自治区生态环境厅；安全生产数据来自自治区应急管理厅；其他数据均来自自治区统计局和国家统计局宁夏调查总队。

第二篇
住户调查
Household Survey

简要说明

为满足城乡统筹发展，更加全面准确地反映居民收入分配格局，国家统计局对长期分开进行的城镇住户调查和农村住户调查实施了一体化改革，建立了城乡一体化住户收支调查制度，并于 2013 年起在全国统一实施。从 2014 年开始，本年鉴中增加了宁夏全区、5 个地级市及 22 个县（市、区）全体居民可支配收入及来源数据，增加了全体居民消费情况数据。同时为了和历史数据对比，在城乡一体化住户调查改革完成后，再统一对指标口径和历史数据进行调整。

城乡居民收支调查数据是根据抽样方法随机抽取的，分布在全区 22 个市县（区）范围的 328 个调查小区，3280 户城乡居民家庭记账资料得到的。全区及银川市、石嘴山市、吴忠市、固原市、中卫市 5 个地级市、22 个县（市、区）城乡可比的全体居民可支配收入与消费等数据，是根据城乡住户收支与生活状况调查记账数据和城镇化率加权汇总计算得出，住户人口特征、就业情况、住房情况、耐用消费品拥有情况等数据通过问卷方式获取。

Brief Description

In order to satisfy development of urban and rural as a whole, reflect the residents income distribution pattern more comprehensively and accurately, the National Bureau of Statistics carried out reform on the integration of urban and rural household survey, set up a unified survey system, and implemented throughout the whole country from 2013. Since 2014, the yearbook has added all the residents' disposable income and the source data of Ningxia district, 5 cities and 22 counties (city, area) in it, and added all the residents' consumption data. At the same time in order to contrast the historical data, after the completion of the integration of urban and rural household survey, uniformly adjust indicators caliber and historical data.

The survey data of urban and rural residents are based on random sampling method, distributed in 22 counties (districts) range of 328 survey area, from accounting information of 3280 urban and rural residents families. All the residents' disposable income and consumption data are weighted and summed according to the urban and rural residents and living conditions and urbanization rate of Ningxia district and 5 cities, 22 counties (cities, districts), the data of resident population characteristics, employment, housing, consumer durables are obtained through the questionnaire survey.

2020 年宁夏城乡居民收入报告

2020 年，自治区党委政府统筹推进疫情防控和经济社会发展，扎实做好“六稳”工作，全面落实“六保”任务，积极出台增收措施，宁夏居民人均可支配收入增幅呈现逐季回升的良好态势。据居民收支调查结果显示：2020 年宁夏居民人均可支配收入 25735 元，比上年增加 1323 元，增长 5.4%。分季度看，一季度下降 4.4%，上半年由负转正增长 1.3%，前三季度增幅扩大，增长 4.1%，全年增长 5.4%，呈现逐季回升的良好态势。其中：城镇居民人均可支配收入 35720 元，比上年增加 1391 元，增长 4.1%；农村居民人均可支配收入 13889 元，比上年增加 1031 元，增长 8.0%。主要增收特点：

一、工资性收入是城乡居民收入增长的“压舱石”

城镇居民人均工资性收入 24273 元，比上年增加 867 元，增长 3.7%，占可支配收入的比重高达 68.0%，对收入增长的贡献率 62.3%，拉动可支配收入增长 2.5 个百分点。2020 年自治区出台落实了机关事业单位平时考核奖、银川市、石嘴山市、中卫市、原州区发放国家及自治区级文明城市奖、提高乡镇工作人员待遇、机关事业单位工作人员晋级晋档、落实新冠肺炎疫情防控医务人员相关薪酬待遇政策等 13 项措施，是城镇居民工资性收入增长的主要动力。

农村居民人均工资性收入 5150 元，比上年增加 187 元，增长 3.8%，占可支配收入的比重为 37.1%，对收入增长的贡献率 18.1%，拉动农民可支配收入增长 1.5 个百分点。各县区积极组织线上线下招聘会、“点对点”劳务输出、落实稳岗就业补贴政策等，多措并举落实“稳就业”保障农民增收。同时，加大农民工工资清欠力度，效果明显。

二、农牧业收入是农村居民收入增长的“助推器”

2020 年宁夏农村居民人均农牧业收入 3597 元，比上年增加 520 元，增长 16.9%，拉动可支配收入增长 4.0 个百分点。一是主要农牧产品价格大幅上涨。据调查，2020 年全区农产品生产价格同比上涨 13.1%，其中：种植业产品价格上涨 10.7%；畜牧业产品价格上涨 16.2%，猪上涨 63.7%，牛上涨 16.2%，羊上涨 8.8%，仅猪牛羊价格上涨拉动农村居民可支配收入增加 300 元左右。二是畜牧业产业发展迅猛。近年来，宁夏各地大力发展畜牧养殖，落实畜牧业扶持政策，建设养殖园区，产业扩增明显，在前期牧业投入大幅增加之后大多数养殖户进入了养殖收益期。2020 年，农户出售猪牛羊数量增加拉动农村居民人均可支配收入增加 277 元左右，农村居民牧业收入持续增长。三是种植产业结构调整初见成效。玉米及青储玉米种植面积增加，降低农牧业生产成本的同时，增加农民收入。

三、转移净收入是城乡居民收入增长的“稳压器”

城镇居民人均转移净收入 6689 元，比上年增加 718 元，增长 12.0%，占可支配收入的比重为 18.7%，对收入增长的贡献率为 51.6%；农村居民人均转移净收入 2796 元，比上年增加 265 元，增长 10.5%，占可支配收入的比重为 20.1%，对收入增长的贡献率为 25.7%。转移净收入分别拉动城乡居民收入增长 2.1 个百分点，一是离退休基础养老金、城乡居民养老金、城乡居民最低生活保障、离退休人员取暖补贴、失业保险待遇等标准提升。二是发放临时物价补贴、特困人员生活补贴、特困补助金，保障低收入群体及困难家庭收入。三是脱贫攻坚扶持政策持续发挥作用作用。

（哈　婷）

2020 年宁夏农民收入持续增长　农牧业是主动力

2020 年，宁夏各级党委政府紧紧围绕“六稳”工作，落实“六保”任务，坚持统筹疫情防控和民生发展，采取多种措施，力促农村居民收入增加，全年农村居民人均可支配收入 13889 元，增长 8.0%，好于预期目标。

一、农村居民增收的有利因素

农牧产品量价齐增，是农民增收的主力。粮食蔬菜价格普遍上涨，主要农产品产量稳中有增；牛羊价格持续增加，生猪价格较快上涨，猪、羊出栏增加较多。主要农牧产品量价齐增，拉动农村居民收入增加较多。2020 年，宁夏农村居民家庭经营净收入 5549 元，增长 11.5%，其中农业和牧业净收入分别为 2445 元、1152 元，分别增长 14.7%和 21.9%，农牧业拉动农村居民增收 4 个百分点，是“十三五”以来最高，成为 2020 年农民增收的主动力。

保底政策发挥作用，带动居民收入稳定增长。新冠肺炎疫情对农村低收入群体影响较大，各级党委政府发挥转移性收入保底的作用，加大最低生活保障、社会救济、临时救助力度，确保低收入群体生活不受影响，加之养老金、退休金标准提高，2020 年宁夏农村居民人均转移净收入 2796 元，增长 10.5%，其中居民人均养老金和离退休金增长 9.5%，社会救济和补助收入增长 32.5%，政策性生活补贴收入增长 30.3%。转移净收入带动农村居民增收 2.1 个百分点。

稳就业与劳务输出结合，促进了工资收入回升。新冠肺炎疫情防控常态化以来，自治区党委政府积极应对，通过增加公益性岗位、实施稳岗就业补贴政策、“点对点”劳务输出和增加本地务工等措施，鼓励农村劳动力就业，稳定农村居民务工收入。2020 年，宁夏农村居民人均工资性收入 5150 元，增长 3.8%，分别比一季度、上半年和前三季度增速提高 13.4、5.9 和 1.7 个百分点。工资性收入逐季回升，成为稳定农村居民增收的重要因素，带动农村居民增收 1.5 个百分点。

二、需要关注的问题

一是农产品生产价格上涨，畜产品养殖成本增加。2020 年，玉米价格同比上涨了 20%左右，近期更是突破了 1.3 元/斤，作为饲料和饲料原料的玉米价格风向标作用十分明显，其价格变动影响其他饲料价格，直接推高畜牧产品养殖成本。2020 年肉牛、奶牛、生猪存栏两位数增长，必然推高 2021 年饲草料价格继续上涨，应引起高度重视。

二是畜牧业养殖方式转变，养殖周期拉长。受仔幼畜和育肥周转畜价格上涨影响，部分农户采用购买产品畜进行自繁自育的方式扩大养殖规模，2020 年人均购买产品畜增长 2.3 倍。自繁自育养殖虽然会降低部分养殖成本，但养殖周期也相应拉长，养殖风险有所加大。

三是就业渠道受限，务工收入难保证。受新冠肺炎疫情影响，餐饮业、批发零售业、旅游业等能带动大批就业的行业恢复较为缓慢，部分正常经营户也减少了用工，农民转移就业渠道变窄；各级政府提供的公益性岗位也不能完全满足务工需求，农民工资性收入增长的困难依然存在。

（贺俊峰）

政策持续发力　居民消费水平稳步回升

2020 年面对突如其来的疫情，宁夏党委政府坚决贯彻落实党中央各项决策部署，在保证疫情防控常态化不放松的同时，紧紧围绕深化供给侧结构性改革主线，切实把促进消费作为落实“六稳”“六保”的重要举措，增强经济内生动力，激活消费市场，促进居民消费恢复性增长。据宁夏调查总队居民收支调查数据显示，2020 年宁夏全体居民人均生活消费支出 17506 元，比上年下降 4.3%，降幅较上半年收窄 7.0 个百分点。其中城镇居民人均生活消费支出 22379 元，同比下降 7.4%，降幅较上半年收窄 5.8 个百分点；农村居民人均生活消费支出 11724 元，扭转前三季度负增长趋势，增长 2.3%。

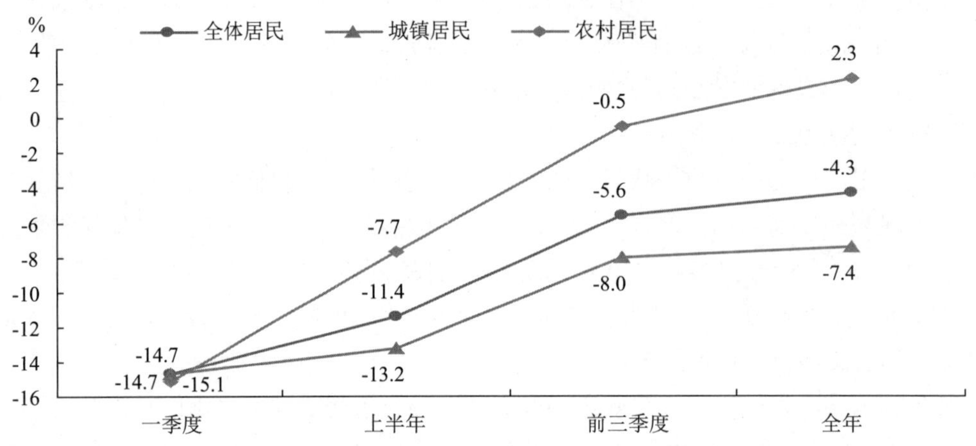

图 1　2020 年宁夏居民消费情况趋势图

一、居民生活消费支出特点

（一）消费八大类呈现“两增六降”态势

其中食品烟酒和居住消费呈正增长，其余六类均呈不同程度的下降。食品烟酒消费增长主要以各类食品消费增长为主。受粮油价格及肉类、果蔬价格全面上涨因素影响，居民粮油、肉、蛋、奶消费均增加；受疫情管控影响，居民在外饮食服务及酒类消费分别下降 11.3%和 6.4%。由于宁夏 2019 年起全面调整居民暖气费收费标准，2020 年居民水电燃料及其他消费较上年上涨 12.4%，成为拉动居民居住类消费增加的主要增长点。

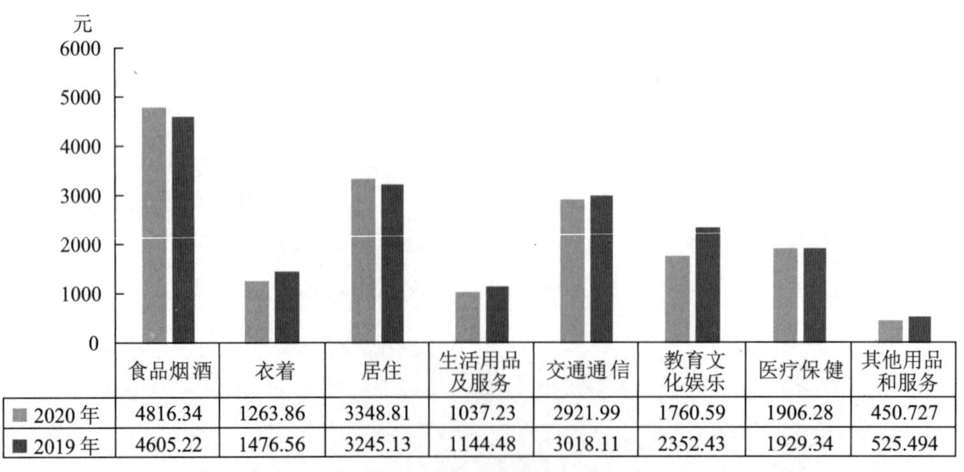

	食品烟酒	衣着	居住	生活用品及服务	交通通信	教育文化娱乐	医疗保健	其他用品和服务
2020 年	4816.34	1263.86	3348.81	1037.23	2921.99	1760.59	1906.28	450.727
2019 年	4605.22	1476.56	3245.13	1144.48	3018.11	2352.43	1929.34	525.494

图 2　2019—2020 年居民消费八大类情况

（二）服务性消费是拉低消费支出的主因

数据显示，居民服务性消费支出 7041 元，同比下降 10.7%，商品性消费 10464 元，与上年相比持平略增 0.5%，服务性消费支出下降是导致居民消费支出下降的主要因素。

（三）消费结构性变化较大

分析数据来看，2020 年居民生存型消费（食品烟酒、衣着、居住）占比由上年的 51%上升至 53.9%，增加 2.9 个百分点；发展型消费（交通通信、教育、医疗保健）占比 35.2%，较上年减少 0.5 个百分点，趋于稳定；享受型消费（文化娱乐、生活用品、其他用品及服务）占比由上年 13.3%下降至 10.9%，减少 2.4 个百分点。其中城镇居民生存型消费占比上升 3.5 个百分点，发展型消费和享受型消费占比分别减少 1.0 和 2.5 个百分点；农村居民消费结构相对城镇居民较稳定，生存型消费和发展型消费占比分别上升 1.5 和 0.3 个百分点，享受型消费占比减少 1.8 个百分点。

（四）与全国平均水平差距进一步扩大

宁夏居民消费支出下降 4.3%，大于全国平均 1.6%的降幅，水平值与全国差距进一步拉大，由 2019 年的 3262 元扩大至 3704 元。

（五）收入消费比仍在扩大

2020 年宁夏居民人均可支配收入 35735 元，比上年增长 5.4%，居民收入消费比由 2015 年的 1.25∶1 扩大至 2019 年的 1.33∶1，2020 年进一步扩大至 1.47∶1。

二、抑制居民消费的因素分析

从数据结构及变化走向分析来看，抑制居民消费增长的因素主要有以下几点。

（一）疫情影响

目前国内疫情虽然得到有效控制，但潜在风险依然存在，按照疫情防控常态化要求及个人自我保护意识增强，居民外出旅游、购物、聚餐等公众活动减少，抑制居民享受型消费。

（二）物价上涨

2020 年宁夏居民消费价格指数累计上涨 1.5%，而居民人均可支配收入涨幅较上年回落 3.6 个百分点，致使居民实际购买力下降，抑制消费。

（三）消费心理变化

受疫情冲击，居民对未来不可预料风险的防范意识进一步增强。据人行银川中心支行统计，2020 年 1-11 月，住户存款 3877 亿元，同比增长 14.9%。储蓄需求增加，抑制居民消费。

（四）新型消费市场不成熟

疫情影响下，线上交易优势凸显，自助贩售模式受到青睐，但随之而来的品质保障、售后服务等风险进一步显现，消费市场信誉难以维持，居民对线上消费信心不足，新型消费市场发展面临挑战。

三、刺激消费相关建议

2020 年在疫情防控的艰难形势下，宁夏党委政府精准发力，一系列促消政策推动居民消费稳步回升，2021 年，在巩固现有成果的基础上，建议进一步加大政策刺激，培育新型消费模式，挖掘消费潜能，推动经济全面高质量发展，确保“十四五”实现良好开局。

一要稳就业、保民生，切实提高居民收入，稳定物价，不断增强居民获得感、安全感，提高居民消费能力。

二要有效利用“春节”关键节点，鼓励支持各大商市开展多种形式的营销活动，刺激商品流通，同时促进消费。

三要加大宣传力度，引导居民消费本地名特优农产品，推动重点特色优势产业做大做强。

四要强化线上经济监管，完善线上市场管理及服务制度，保障居民消费权益，优化新型消费市场环境，不断提升新型消费市场的硬实力，推动新型消费扩容提质，增强居民消费信心。

（马仙蓉）

2-1 全体居民家庭基本情况

指标名称	Item	单位	Unit	2013
一、户主文化程度	**Cultural Level of Head of a Household**	—	—	
(一)未上过学	No Schooling	%	%	6.1
(二)小学	Primary School	%	%	21.3
(三)初中	Junior Secondary School	%	%	35.9
(四)高中	Senior Secondary School	%	%	18.5
(五)大学专科	Junior College	%	%	11.2
(六)大学本科	Undergraduate College	%	%	6.8
(七)研究生	Postgraduate	%	%	0.3
二、按家庭规模分的住户类型	**Households Type Divided by Family Size**	—	—	
(一)一人户	One Person	%	%	3.3
(二)二人户	Two Persons	%	%	18.8
(三)三人户	Three Persons	%	%	30.5
(四)四人户	Four Persons	%	%	23.7
(五)五人户	Five Persons	%	%	13.6
(六)六人及以上户	Six Persons and over	%	%	10.1
三、按世代分的住户类型	**Households Type Divided by Generation**	—	—	
(一)一代户	One-Generation Households	%	%	11.8
(二)二代户	Two-Generation Households	%	%	30.4
(三)三代户	Three-Generation Households	%	%	8.9
(四)四代及以上户	Four-Generation Households and over	%	%	0.2
四、住户特征	**Household Characteristics**	—	—	
(一)纯老人户	Households of only the old	%	%	12.2
(二)家中有未成年子女户	Households of Couple with Minor Children	%	%	81.8
(三)年轻夫妻无子女户	Households of Young Couple without Children	%	%	
(四)无劳动力户	Households without Labour Force	%	%	6.0
五、住户经营情况	**Household Business Situation**	—	—	
(一)生产经营户	Production Business Households	%	%	50.5
农业户	Agriculture	%	%	43.2
农业兼业户	Agriculture and Business Households	%	%	
非农兼业户	Non-agriculture and Business Households	%	%	
非农业户	Non-agriculture Households	%	%	15.6
(二)非生产经营户	Non-production Business Households	%	%	49.6
六、参加医疗保险情况	**Medical Insurance Participation**	—	—	
(一)参加城乡居民基本医疗保险	Basic Medical Insurance for Urban and Rural Residents	%	%	74.2
(二)参加城镇职工基本医疗保险	Basic Medical Insurance for Urban Employee	%	%	18.5
(三)商业及其他医疗保险	Commercial and Other Health Insurance	%	%	1.9
(四)没有参加任何医疗保险	Non-joined any Medical Insurance	%	%	5.4

Basic Statistics of Urban and Rural Households

2014	2015	2016	2017	2018	2019	2020
5.8	4.9	4.1	4.2	4.0	4.1	4.3
19.9	20.5	20.6	20.3	20.2	19.8	20.1
36.8	37.5	37.9	38.1	36.6	37.2	37.1
18.4	17.4	18.7	18.8	17.9	17.5	17.1
11.0	11.9	10.8	10.8	11.0	11.3	11.9
7.9	7.6	7.6	7.6	9.6	9.4	9.1
0.3	0.1	0.2	0.2	0.6	0.8	0.5
3.0	2.7	3.3	3.1	3.4	4.0	3.7
19.4	20.7	26.2	27.6	28.0	28.9	30.5
31.3	29.6	31.4	31.4	28.7	27.6	28.1
23.8	24.9	21.5	20.7	21.5	21.8	20.7
12.9	12.8	10.7	10.3	10.4	9.4	8.9
9.6	9.3	6.9	7.0	7.9	8.3	8.1
23.0	24.3	24.2	24.9	26.4	26.6	27.9
60.3	59.6	59.8	59.9	58.0	57.7	57.7
16.3	15.7	15.6	14.8	15.6	15.5	14.0
0.4	0.4	0.4	0.5		0.2	0.4
13.3	15.1	15.1	17.4	15.5	17.9	20.1
79.8	78.1	79.7	78.5	80.6	78.8	78.3
1.1	1.2	0.7	0.8	1.8	1.2	0.9
5.8	5.6	4.5	3.3	2.1	2.2	0.8
52.0	49.3	36.7	48.4	72.0	49.6	51.5
81.8	83.3	60.3	59.5	53.2	59.7	56.8
		7.3	7.6	3.6	6.9	5.4
		10.0	9.3	4.4	7.1	7.6
10.2	10.4	33.4	32.6	38.9	34.6	30.7
48.0	50.7	63.3	51.6	28.0	50.4	48.5
75.9	77.5	77.9	77.5	80.3	78.5	77.9
17.9	16.7	17.5	17.7	17.2	18.6	19.3
4.3	1.6	2.2	2.1	3.0	5.0	5.8
5.2	4.8	4.1	4.2	2.1	2.3	2.3

2-2 全体居民家庭就业年龄及学历构成情况

指标名称	Item	单位	Unit
一、基本情况	**Basic Statistics of Households Surveyed**	—	—
(一)户均常住人口	Average Number of Permanent Residents per Household	人/户	person/household
(二)户均常住从业人口	Average Number of Employed Persons per Household	人/户	person/household
(三)平均每户家庭从业人口比重	Proportion of Employed Persons per Household	%	%
(四)平均每一从业人口负担人数	Average Number of Dependency Coefficient per Employed Persons	人	person
(五)由本户供养的在校学生	Supported Students in School by the Family	人/户	person/household
(六)户均整半劳动力人口	Whole and Half Labor Force per Household	人/户	person/household
(七)平均每户家庭整半劳动力人口比重	Proportion of Whole and Half Labor Force per Household	%	%
二、家庭劳动力年龄构成	**Age Composition of Permanent Employed Persons**	—	—
(一)16-19岁	Aged 16-19	%	%
(二)20-24岁	Aged 20-24	%	%
(三)25-29岁	Aged 25-29	%	%
(四)30-34岁	Aged 30-34	%	%
(五)35-40岁	Aged 35-40	%	%
(六)41-50岁	Aged 41-50	%	%
(七)51-60岁	Aged 51-60	%	%
(八)61-65岁	Aged 61-65	%	%
(九)66岁及以上	Aged 66 and over	%	%
三、家庭劳动力文化程度构成	**Composition of Education Level for Labor Force**	—	—
(一)未上过学	No Schooling	%	%
(二)小学	Primary School	%	%
(三)初中	Junior Secondary School	%	%
(四)高中	Senior Secondary School	%	%
(五)大学专科	Junior College	%	%
(六)大学本科及以上	Bachelor Degree or above	%	%
(七)研究生	Graduate Student	%	%
四、常住从业人员就业类型	**Type of Employment of Permanent Employed Persons**	—	—
(一)雇主	Employer	%	%
(二)公职人员	Civil Servants	%	%
(三)事业单位人员	Institution Officers	%	%
(四)国有企业雇员	State-owned Enterprises Employees	%	%
(五)其他雇员	Other Employees	%	%
(六)农业自营	Self-employed of Agriculture	%	%
(七)非农自营	Self-employed of Non-Agriculture	%	%
五、常住从业人员从事主要行业	**Type of Industry for Permanent Employed Persons**	—	—
(一)第一产业	Primary Industry	%	%
(二)第二产业	Secondary Industry	%	%
(三)第三产业	Tertiary Industry	%	%

Composition Statistics of Employment Age and Education for Urban and Rural Households

2013	2014	2015	2016	2017	2018	2019	2020
3.4	3.4	3.4	3.4	3.3	3.4	3.3	3.3
1.7	1.8	1.7	1.7	1.7	1.7	1.7	1.6
51.2	53.3	51.4	51.7	51.0	49.6	49.6	48.5
2.0	1.9	1.9	1.9	2.0	2.0	2.0	2.1
0.7	0.8	0.8	0.8	0.7	0.7	0.7	0.7
2.2	2.2	2.2	2.2	2.2	2.2	2.2	2.2
63.4	63.9	64.4	66.0	66.6	65.9	66.0	67.7
2.2	2.1	2.0	1.9	1.4	1.3	0.9	0.7
7.6	6.0	5.5	6.1	4.9	5.0	4.6	4.6
8.8	7.9	7.9	7.0	6.8	8.7	7.6	5.9
10.1	10.4	8.7	7.8	7.2	9.7	9.6	9.4
15.7	15.7	15.6	14.5	13.3	13.3	13.1	12.2
29.6	30.5	30.9	31.8	32.3	29.7	29.2	27.6
16.4	17.5	18.7	20.6	22.2	19.8	21.2	23.0
5.3	5.5	5.5	5.4	5.8	7.1	7.5	7.5
4.3	4.3	5.1	5.0	6.1	5.5	6.3	8.9
8.5	8.2	8.3	7.6	7.5	8.9	8.6	9.3
22.4	21.4	20.9	20.4	20.2	20.6	20.7	20.8
35.0	35.4	36.3	36.9	36.4	33.8	33.5	33.2
16.5	16.4	16.1	16.5	16.7	16.0	15.9	15.5
11.2	11.2	11.3	11.0	11.3	11.4	11.7	12.2
6.3	7.1	6.7	7.3	7.7	9.0	8.8	8.6
0.2	0.2	0.4	0.3	0.3	0.5	0.6	0.4
2.1	1.3	0.4	0.3	0.1	0.5	0.4	0.4
2.7	3.0	2.3	2.4	2.2	2.1	1.9	1.9
6.7	6.5	5.5	5.7	5.9	5.4	5.2	4.7
7.4	6.8	6.9	6.6	6.4	4.3	4.6	4.2
39.2	40.5	45.4	46.6	48.4	52.2	50.7	52.0
31.4	30.1	27.9	25.6	24.9	23.1	24.7	24.5
10.6	11.9	11.6	12.8	12.1	12.4	12.5	12.2
33.4	32.0	30.5	28.9	28.8	26.4	28.3	28.7
25.2	24.7	25.7	25.1	24.1	24.4	22.5	21.9
41.4	43.3	43.8	46.0	47.1	49.2	49.2	49.4

2-3 全体居民家庭房屋基本情况

指标名称	Item	单位	Unit
一、期末现住房情况	**Current House Condition of Term End**	--	--
(一)人均现住房面积	Per Capita Current Housing Area	平方米/人	sq.m/person
人均自有现住房面积	Per Capita Self-owned Current Housing Area	平方米/人	sq.m/person
户均现住房面积	Per Household Current Housing Area	平方米/户	sq.m/household
户均自有现住房面积	Per Household Self-owned Current Housing Area	平方米/户	sq.m/household
(二)现住房市场价月租金	Monthly Rent of Current Housing	元/人	yuan/person
自有现住房市场价月租金	Monthly Rent of Self-owned Current Housing	元/人	yuan/person
二、期内新购建住房情况	**Newly Bought or Built Residential Buildings Condition During Period**	--	--
(一)新建住房竣工建筑面积	Completing Floor Space of Newly Built Residential Buildings	平方米/人	sq.m/person
(二)新建住房总费用	Total Cost of Newly Built Residential Buildings	元/人	yuan/person
(三)新建住房价值	Value of Newly Built Residential Buildings	元/平方米	yuan/sq.m
三、期末现住房构成	**Current Housing Constitute of Term End**	--	--
(一)本住户居住类型	Residence Type	--	--
其中：普通住宅	General Residence	%	%
(二)本住户居住空间样式	House Construction Space Style	--	--
1.单栋楼房	Single Building	%	%
2.单栋平房	Single Bungalow	%	%
3.四居室及以上单元房	House with Four Bedrooms and Above	%	%
4.三居室单元房	House with Three Bedrooms	%	%
5.二居室单元房	House with Two Bedrooms	%	%
6.一居室单元房	House with One Bedrooms	%	%
7.其他	Others	%	%
(三)主要建筑材料	Main Building Materials	--	--
1.钢筋混凝土	Reinforced Concrete	%	%
2.砖混材料	Brick and Concrete	%	%
3.砖瓦砖木	Brick and Wood	%	%
4.竹草土坯	Bamboo Grass Adobe	%	%
5.其他	Others	%	%
(四)现住房房屋来源	Current Housing Source	--	--
1.租赁公房	Public House Leasing	%	%
2.租赁私房	Private House Leasing	%	%
3.自建住房	Self-built Housing	%	%
4.购买商品房	Commercial Residential Building	%	%
5.购买房改住房	Reformed Housing	%	%
6.购买保障性住房	Security Housing	%	%
7.拆迁安置房	Removal Settlement Housing	%	%
8.继承或获赠住房	Inheritance or Gift Housing	%	%
9.免费借用房	Borrow Housing for Free	%	%
10.其他	Others	%	%
(五)现住房建筑面积	Current Residential Buildings Area	--	--
1.10平方米以内	Less than 10 sq.m	%	%
2.10-20平方米	10-20 sq.m	%	%
3.20-30平方米	20-30 sq.m	%	%
4.30-60平方米	30-60 sq.m	%	%
5.60-90平方米	60-90 sq.m	%	%
6.90-120平方米	90-120 sq.m	%	%
7.120-200平方米	120-200 sq.m	%	%
8.200平方米以上	200 sq.m above	%	%

Basic Statistics of House for Urban and Rural Households

2013	2014	2015	2016	2017	2018	2019	2020
28.4	29.8	30.5	31.7	32.0	31.7	32.5	33.5
26.7	28.4	29.3	30.6	30.9	30.7	31.5	32.5
97.0	100.7	102.7	106.2	106.6	106.5	108.4	110.8
90.9	96.1	98.5	102.6	102.8	102.9	105.0	107.6
136.5	154.1	162.0	170.9	177.6	178.5	183.7	184.7
124.4	144.7	154.0	163.4	169.6	171.9	176.8	178.5
0.9	1.1	0.7	0.6	0.9	0.4	0.4	0.6
662.9	806.4	584.7	6553.7	746.0	419.3	343.0	529.8
744.7	702.9	790.2	10459.7	868.1	1076.6	859.7	870.2
98.6	99.4	98.8	99.3	99.6	100.0	100.0	100.0
1.8	1.4	2.7	3.2	2.7	1.6	1.3	0.7
47.6	48.1	46.6	44.2	43.4	40.7	43.8	43.1
1.2	1.6	1.0	1.8	1.9	1.5	1.2	1.1
15.1	16.2	17.7	19.6	20.6	24.6	25.0	25.7
29.2	29.6	28.8	29.7	29.7	26.5	27.6	28.1
3.5	1.6	2.1	1.0	1.1	1.1	1.0	1.2
1.5	1.5	1.1	0.5	0.5	4.1	0.0	0.2
7.8	10.0	11.5	18.2	18.7	36.2	36.1	36.5
51.2	50.2	51.0	49.0	48.6	34.6	35.8	36.5
33.9	34.0	33.0	30.5	30.5	28.0	27.1	26.4
6.5	5.2	3.7	2.1	1.9	1.0	0.8	0.4
0.6	0.6	0.9	0.3	0.3	0.2	0.2	0.2
1.0	0.5	0.9	1.1	1.0	0.8	0.7	0.8
6.7	5.1	3.2	2.3	2.3	2.3	2.3	2.1
45.8	45.4	44.4	43.0	42.1	43.8	42.9	42.2
27.8	31.1	33.1	35.5	36.7	39.5	40.0	40.9
9.0	8.5	8.4	8.5	8.3	2.8	2.7	2.7
3.5	3.2	2.9	2.5	2.6	2.0	1.7	1.6
4.0	4.1	3.9	4.6	4.7	7.3	8.2	8.3
0.3	0.5	0.6	0.4	0.4	0.4	0.5	0.5
1.7	1.2	1.2	1.0	1.0	0.8	0.7	0.8
0.3	0.6	1.3	1.1	1.0	0.3	0.2	0.2
0.2							
1.5	1.1	1.3	0.6	0.2			
0.8	0.8	0.4	0.2	0.2	0.1	0.1	0.0
14.7	12.3	11.7	11.6	11.4	8.4	7.0	6.0
33.6	32.2	31.2	29.4	28.8	30.0	28.4	27.9
32.9	34.8	34.0	33.8	35.0	36.6	38.2	36.7
14.2	15.7	18.1	20.7	20.8	22.7	23.9	26.6
2.3	3.1	3.3	3.6	3.5	2.2	2.4	2.8

2-3 续表

指标名称	Item	单位	Unit
(六)住宅有管道供水情况	Pipeline Water Supplying of Residential Buildings	%	%
1.住宅内管道取水	Pipeline Water Supplying in the Home	%	%
2.住宅内其他方式取水	Other Ways Water Supplying in the Residence	%	%
3.院内管道取水	Pipeline Water Supplying to Public Water Intaking Spot	%	%
4.院内其他方式取水	Other Ways Water Supplying in the Courtyard	%	%
5.其他位置取水	Water Supplying from other locations	%	%
(七)住户厕所类型	Residence Toilet Type	%	%
1.水冲式卫生厕所	Water Flushing Sanitary Toilet	%	%
2.水冲式非卫生厕所	Water Flushing Insanitary Toilet	%	%
3.卫生旱厕	Sanitary Pit Latrine	%	%
4.普通旱厕	General Pit Latrine	%	%
5.无厕所	No Toilet	%	%
(八)住户厕所使用情况	Using Condition of Residence Toilet	%	%
1.本住户独用	Exclusive Use	%	%
2.几户合用	Sharing with Several Households	%	%
3.公用厕所	Public Toilet	%	%
(九)住户洗澡设施情况	Residence Shower Equipment Condition	%	%
1.统一供热水	Unified Supply Hot Water	%	%
2.家庭自装热水器	House Self-Installing Water Heater	%	%
3.其他	Others	%	%
4.无洗澡设施	No Shower Equipment	%	%
(十)住户主要取暖设备状况	Residence Main Heating Equipment Condition	%	%
1.由市政或小区集中供暖	Central Heating by Government or Housing Estate	%	%
2.自行供暖	Self Heating	%	%
3.无取暖设备	No Heating Equipment	%	%
(十一)住户主要取暖用能源状况	Residence Main Heating Energy Condition	%	%
1.柴草	Firewood	%	%
2.煤炭	Coal	%	%
3.罐装液化石油气	Canned Liquefied Petroleum Gas	%	%
4.管道液化石油气	Pipeline Liquefied Petroleum Gas	%	%
5.管道煤气	Pipeline Coal Gas	%	%
6.管道天然气	Pipeline Natural Gas	%	%
7.电	Electricity	%	%
8.燃料用油	Fuel Oils	%	%
9.沼气	Biogas	%	%
10.其他	Others	%	%
11.无取暖行为	No Heating Behavior	%	%
(十二)主要炊用能源状况	Main Condition of Cooking Energy	%	%
1.柴草	Firewood	%	%
2.煤炭	Coal	%	%
3.罐装液化石油气	Canned Liquefied Petroleum Gas	%	%
4.管道液化石油气	Pipeline Liquefied Petroleum Gas	%	%
5.管道煤气	Pipeline Coal Gas	%	%
6.管道天然气	Pipeline Natural Gas	%	%
7.电	Electricity	%	%
8.燃料用油	Fuel Oils	%	%
9.沼气	Biogas	%	%
10.其他	Others	%	%
11.无炊用行为	No Heating Behavior	%	%

continued

2013	2014	2015	2016	2017	2018	2019	2020
100.0							
80.9	81.8	86.6	90.8	91.5	94.8	88.9	90.0
						1.0	0.9
0.2	0.3	0.1	0.2	0.2	0.3	7.8	7.6
						0.9	1.4
18.9	18.0	13.2	9.1	8.3	4.9	0.1	0.1
100.0							
52.4	52.6	54.2	56.2	57.2	56.9	62.6	64.8
0.8	0.7	0.4	0.4	0.4	1.1	2.9	2.4
2.6	2.9	4.0	3.8	3.7	6.7	3.6	4.2
43.3	43.1	40.9	39.4	38.5	35.2	30.8	28.5
0.9	0.7	0.4	0.2	0.2	0.1	0.1	0.1
100.0							
96.3	97.4	96.6	97.8	98.2	99.0	99.1	99.3
2.5	1.6	2.4	1.5	1.1	0.7	0.8	0.5
1.2	1.0	1.0	0.7	0.7	0.3	0.2	0.2
100.0							
3.4	3.2	2.7	3.1	2.9	3.0	1.1	1.3
53.7	55.7	63.6	73.6	76.7	89.1	91.3	91.4
8.7	8.2	6.1	3.5	3.2	1.8	2.9	2.8
34.3	33.0	27.6	19.9	17.2	6.0	4.6	4.4
100.0							
49.3	49.5	49.8	50.2	51.7	47.1	47.4	48.3
46.1	45.9	47.6	47.5	46.5	51.9	52.0	51.2
4.7	4.6	2.6	2.2	1.8	1.0	0.6	0.4
100.0							
1.4	1.0	0.9	0.8	0.8	0.2	0.1	
93.7	47.9	47.8	48.2	42.5	44.6	42.2	41.8
0.6	0.3	0.1	0.0	0.0			
0.1	0.1	0.0	0.2	0.2	0.2		
0.2	0.1	0.0			0.2		
3.0	1.1	3.5	3.1	3.3	8.6	8.7	8.8
0.6	4.5	0.4	1.7	0.8	0.6	1.1	0.9
0.0							
0.1	2.3	5.6	3.4	7.3	13.5	0.1	0.0
0.3	42.7	41.6	42.6	45.1	32.0	47.7	48.5
100.0							
9.5	8.6	5.4	3.5	4.0	4.2	1.8	1.1
18.3	18.8	18.1	16.6	15.2	13.4	9.9	8.4
15.6	11.2	12.3	11.7	10.8	9.3	9.3	9.8
0.2	0.2	0.2	0.2	0.2	0.1	0.1	0.1
0.2	0.1	0.1	0.1	0.1	0.4	0.4	0.1
30.2	34.1	35.4	38.2	39.4	44.6	46.0	46.9
25.8	26.8	28.4	29.0	30.0	27.8	32.3	33.4
					0.1	0.1	
0.0	0.0	0.0			0.0	0.0	0.0
0.1	0.1		0.0		0.1		
0.1	0.1		0.6	0.3	0.1	0.2	0.1

2-4　全体居民年末拥有生产性固定资产情况

指标名称	Item	单位	Unit
年末生产性固定资产原价	**Original Price of Productive Fixed Assets Year-end**	**元/户**	**yuan/household**
(一)第一产业固定资产原价	**The Primary Industry**	**元/户**	**yuan/household**
1.农业固定资产原价	Agricultural	元/户	yuan/household
2.林业固定资产原价	Forestry	元/户	yuan/household
3.牧业固定资产原价	Animal Husbandry	元/户	yuan/household
4.渔业固定资产原价	Fishery	元/户	yuan/household
5.农林牧渔专业及辅助性活动固定资产原价	Agriculture, Forestry, Animal Husbandry, Fishery and Auxiliary Activities	元/户	yuan/household
(二)第二产业固定资产原价	**The Secondary Industry**	**元/户**	**yuan/household**
1.采矿业固定资产原价	Mining Industry	元/户	yuan/household
2.制造业固定资产原价	Manufacturing Industry	元/户	yuan/household
3.电力热力燃气及水生产和供应业	Production and Supply of Electric, Heat, Gas and Water	元/户	yuan/household
4.建筑业固定资产原价	Construction Industry	元/户	yuan/household
(三)第三产业固定资产原价	**The Tertiary Industry**	**元/户**	**yuan/household**
1.批发和零售业	Wholesales and Retail Trade	元/户	yuan/household
2.交通运输仓储和邮政业	Transportation, Warehousing and Postal Services	元/户	yuan/household
3.住宿和餐饮业	Hotel and Catering Sectors	元/户	yuan/household
4.房地产业	Real Estate	元/户	yuan/household
5.租赁和商务服务业	Leasing and Business Service	元/户	yuan/household
6.居民服务修理和其他服务业	Residential Services, Repair and Other Services	元/户	yuan/household
7.其他行业	Others	元/户	yuan/household
年末主要生产性固定资产数量	**Quantity of Main Productive Fixed Assets Year-end**	--	--
1.农业生产性用房及建筑物	House and Buildings for Agricultural Production	平方米/百户	sq.m/100 households
2.大中型农用拖拉机	Large and Medium Agrimotor	辆/百户	unit/100 households
3.小型农用拖拉机	Small Agrimotor	辆/百户	unit/100 households
4.农用排灌动力机械	Drainage and Irrigation Power Machinery for Agriculture	台/百户	unit/100 households
5.插秧机	Rice Transplanter	台/百户	unit/100 households
6.收割机	Harvesting Implements	台/百户	unit/100 households
7.脱粒机	Threshing Machine	台/百户	unit/100 households
8.产品畜	Livestock Products	头/百户	unit/100 households
9.其他农业机械	Other Agricultural Machinery	台/百户	unit/100 households

Ownership of Productive Fixed Assets for Urban and Rural Households Year-end

2013	2014	2015	2016	2017	2018	2019	2020
20521.6	**20078.5**	**22091.8**	**23002.5**	**23541.9**	**34362.9**	**35413.0**	**37625.6**
7389.8	**8695.4**	**7570.6**	**7696.7**	**8742.4**	**11139.4**	**14139.7**	**14582.6**
4929.6	5933.0	5289.7	5378.8	5635.4	5406.1	6022.6	5386.1
8.6	39.7	7.4	1.6	3.8	14.4	59.9	68.8
2290.7	2581.1	1953.2	1947.7	2755.9	4707.0	6338.4	7638.2
			10.3	10.3			
160.8	141.6	320.4	358.3	337.1	1011.9	1718.7	1489.6
1060.9	**1139.5**	**1680.2**	**1378.6**	**872.8**	**3346.0**	**3602.0**	**4149.4**
	120.3	4.0	20.8	20.9	257.5	212.2	323.9
341.5	243.1	121.5	414.9	370.5	140.1	128.2	113.2
0.9						1.2	
718.5	776.1	1554.6	942.8	481.4	2948.4	3260.4	3712.2
12070.9	**10243.6**	**12841.0**	**13927.3**	**13926.7**	**19877.6**	**17671.4**	**18893.6**
4397.7	2963.2	5714.8	2755.5	3358.5	3387.9	3340.9	3978.8
6326.1	5949.6	5606.5	7852.3	7776.5	7926.3	8770.8	9199.2
357.5	115.0	376.6	463.0	655.4	5853.5	2890.6	2829.6
26.7	15.1	10.2	178.4	1073.3			
248.4	320.1	371.8	1894.2	113.5	559.9	109.6	97.7
581.8	769.5	734.2	770.4	813.3	1316.1	1597.5	1963.4
132.8	111.0	26.9	13.6	136.2	833.8	961.9	824.8
2017.6	2307.2	3672.3	3045.1	2948.0	2900.3	3284.4	3207.2
2.3	2.9	2.2	2.6	2.9	2.6	2.4	1.9
25.3	25.7	24.5	24.3	23.1	19.3	19.2	18.3
0.7	1.1	0.5	0.6	0.8	0.3	0.4	0.3
0.3	0.3	0.2	0.1	0.1			
0.9	1.5	1.7	1.7	1.7	1.0	0.7	0.5
1.6	1.9	1.8	1.3	1.6	2.1	1.9	2.0
22.9	17.7	10.0	8.1	29.3	38.1	62.1	157.9
-	-	6.5	10.1	10.5	13.5	16.1	17.0

2-5 全体居民家庭经营土地及农作物种植情况

指标名称	Item	单位	Unit
期末实际经营的土地面积	**Area of Cultivated Land at Year-end**	**亩/人**	**mu/person**
耕地	Arable Land	亩/人	mu/person
有效灌溉面积	Effective Irrigated Area	亩/人	mu/person
林地、园地	Woodland, Garden	亩/人	mu/person
牧草地	Grass Land	亩/人	mu/person
养殖水面	Aquaculture	亩/人	mu/person
粮食播种面积	**Grain Sown Area**	**亩/人**	**mu/person**
小麦	Wheat	亩/人	mu/person
水稻	Rice	亩/人	mu/person
玉米	Corn	亩/人	mu/person
豆类	Soybeans	亩/人	mu/person
薯类	Tubers	亩/人	mu/person
经济作物播种面积	**Sown Area of Economy Crops**	**亩/人**	**mu/person**
油料	Bearing	亩/人	mu/person
蔬菜	Vegetable	亩/人	mu/person
设施蔬菜设施蔬菜	Facilities Vegetables	亩/人	mu/person
水果	Fruits	亩/人	mu/person
设施水果	Facilities Fruit	亩/人	mu/person
机耕面积	**Machine-cultivated Area**	**亩/人**	**mu/person**
机播面积	**Mechanical Sowing Area**	**亩/人**	**mu/person**
机收面积	**Mechanical Harvesting Area**	**亩/人**	**mu/person**
机电灌溉面积	**Electromechanical Irrigation Area**	**亩/人**	**mu/person**
主要农产品产量	**Output of Major Agricultural Products**	--	--
谷物产量	Cereal	公斤/人	kg/person
小麦产量	Wheat	公斤/人	kg/person
稻谷产量	Rice	公斤/人	kg/person
玉米产量	Corn	公斤/人	kg/person
薯类产量	Tubers	公斤/人	kg/person
豆类产量	Soybeans	公斤/人	kg/person
油料产量	Bearing	公斤/人	kg/person

Basic Statistics of Land Managed and Farm Crop Planting for Urban and Rural Households

2013	2014	2015	2016	2017	2018	2019	2020
2.32	**2.56**	**2.29**	**2.40**	**2.23**	**2.31**	**2.43**	**2.23**
1.86	1.83	1.80	2.01	1.90	1.96	2.01	1.77
0.97	0.95	1.00	1.06	1.03	1.03	1.16	0.99
0.16	0.22	0.16	0.31	0.25	0.22	0.27	0.26
0.30	0.51	0.33	0.08	0.08	0.13	0.16	0.19
		0.00	0.00	0.00			
1.22	**1.23**	**1.35**	**1.37**	**1.26**	**1.25**	**1.39**	**1.25**
0.21	0.22	0.20	0.24	0.22	0.20	0.19	0.13
0.26	0.19	0.21	0.30	0.26	0.14	0.15	0.09
0.63	0.68	0.81	0.71	0.65	0.80	0.95	0.92
0.01	0.01	0.02	0.02	0.04	0.02	0.02	0.01
0.12	0.12	0.10	0.11	0.10	0.08	0.08	0.11
0.17	**0.19**	**0.14**	**0.20**	**0.26**	**0.30**	**0.29**	**0.25**
0.08	0.08	0.06	0.09	0.05	0.08	0.05	0.05
0.04	0.04	0.04	0.05	0.05	0.11	0.10	0.07
0.02	0.01	0.02	0.01	0.01	0.01	0.01	0.01
0.04	0.06	0.04	0.05	0.15	0.11	0.14	0.13
0.01	0.02	0.01	0.00	0.01	0.00	0.00	0.00
1.35	**1.35**	**1.37**	**1.55**	**1.38**	**1.63**	**1.72**	**1.52**
1.08	**1.09**	**1.14**	**1.26**	**1.15**	**1.22**	**1.50**	**1.30**
0.67	**0.62**	**0.73**	**0.92**	**0.82**	**0.94**	**1.12**	**0.83**
0.08	**0.02**	**0.15**	**0.15**	**0.21**	**0.22**	**0.16**	**0.17**
588.35	626.40	610.67	657.71	564.86	725.84	809.59	790.16
39.34	42.94	48.07	49.66	48.77	46.53	46.20	34.93
153.33	102.44	96.50	183.64	148.06	83.79	86.88	46.86
388.36	469.42	453.20	411.84	356.32	568.68	666.54	702.87
30.57	39.38	24.69	21.47	25.73	16.28	21.72	34.30
2.33	2.69	5.45	5.13	4.72	2.30	2.57	1.38
7.81	9.32	6.83	11.01	5.65	5.88	5.46	4.02

2-6 全体居民家庭主要食品消费数量

单位：公斤/人

指标名称	Item	2013	2014
一、粮食消费量	**Grain**	**150.4**	**136.8**
(一)谷物消费量	Cereal	143.8	129.9
1.小麦	Wheat	89.7	78.8
2.稻谷	Rice	49.8	47.3
3.玉米	Corn	1.5	1.5
4.其他谷物	Others	2.8	2.3
(二)薯类消费量	Tubers	3.0	2.8
1.红薯	Sweet Potato	0.2	0.3
2.马铃薯	Potato	2.4	2.2
3.其他薯类	Others	0.4	0.3
(三)豆类消费量	Beans	3.6	4.1
1.大豆	Soybeans	0.2	0.1
2.其他豆类	Others	3.5	4.0
二、蔬菜及菜制品消费量	**Vegetables and Processed Products**	**88.2**	**87.8**
其中：鲜菜	Fresh Vegetables	86.9	86.2
三、肉禽及其制品	**Meat, Poultry and Processed Products**	**21.1**	**22.9**
1.猪肉	Pork	8.4	8.3
2.牛肉	Beef	3.4	3.2
3.羊肉	Mutton	3.8	4.0
4.家禽	Poultry	5.5	6.5
5.其他肉禽及制品	Others	-	1.1
四、蛋类及蛋制品	**Eggs and Processed Products**	**4.6**	**5.1**
五、奶和奶制品	**Milk and Processed Products**	**17.0**	**17.1**
六、水产品	**Aquatic Products**	**2.7**	**2.6**
其中：鱼类	Fish	2.2	2.1
七、油脂类消费量	**Grease**	**10.6**	**10.5**
1.植物油	Vegetable Oil	10.5	10.4
2.动物油	Animal Oil	0.1	0.1
八、糖果糕点类	**Confection and Pastry**	**-**	**4.1**
九、干鲜瓜果类	**Melon and Fruits**	**27.8**	**62.6**
1.鲜瓜果	Melons	27.8	58.5
2.瓜果制品	Watermelon	-	0.7
3.坚果类	Nuts	-	3.4
十、消费茶叶	**Tea Leaves**	**0.2**	**0.2**
十一、酒	**Liquor**	**3.6**	**3.9**
1.白酒	White Spirit	0.7	0.7
2.啤酒	Beer	2.8	3.1
3.果酒	Fruit Wine	0.1	0.1

Consumption Quantity of Major Foods for Urban and Rural Households

(kg/person)

2015	2016	2017	2018	2019	2020
131.1	**123.1**	**111.2**	**112.1**	**106.7**	**115.6**
123.9	115.3	104.4	105.4	99.7	107.9
76.4	70.0	62.5	63.8	60.4	65.7
44.3	41.0	39.3	37.6	35.6	38.9
1.1	0.9	0.5	1.0	1.1	1.1
2.1	3.3	2.2	3.0	2.5	2.2
3.0	3.1	2.5	2.7	2.5	2.7
0.3	0.3	0.3	0.3	0.4	0.4
2.2	2.3	1.9	2.0	1.7	1.9
0.5	0.4	0.4	0.4	0.4	0.4
4.2	4.7	4.3	4.0	4.6	5.0
0.1	0.1	0.1	0.1	0.1	0.1
4.1	4.6	4.2	3.9	4.5	4.9
87.6	**89.4**	**87.2**	**87.5**	**88.8**	**88.8**
85.8	87.4	85.4	85.8	86.9	86.8
23.1	**22.7**	**21.7**	**23.0**	**24.0**	**24.7**
7.1	6.7	6.3	7.0	6.3	5.8
3.5	3.5	3.6	4.1	4.8	4.9
5.4	5.3	4.7	4.1	4.1	4.4
6.0	6.1	6.0	6.8	7.7	8.4
1.2	1.2	1.1	1.0	1.1	1.1
6.0	**5.5**	**5.5**	**5.9**	**6.2**	**7.4**
15.5	**14.4**	**13.4**	**13.5**	**14.6**	**13.5**
2.6	**2.8**	**2.6**	**2.5**	**3.0**	**2.9**
1.9	2.1	1.9	1.9	2.1	2.0
8.7	**8.3**	**7.7**	**7.2**	**7.6**	**8.5**
8.6	8.2	7.6	7.1	7.5	8.4
0.0	0.0	0.0	0.1	0.1	0.1
4.1	**4.0**	**3.7**	**4.2**	**4.2**	**4.2**
64.9	**72.0**	**71.2**	**78.7**	**79.2**	**73.3**
60.3	66.8	66.8	74.0	74.7	69.2
0.9	1.1	1.0	1.1	1.0	1.0
3.7	4.1	3.4	3.6	3.5	3.2
0.2	**0.2**	**0.2**	**0.2**	**0.3**	**0.3**
3.9	**3.3**	**2.9**	**2.4**	**2.5**	**2.6**
0.7	0.6	0.5	0.5	0.6	0.5
3.1	2.6	2.3	1.8	1.8	2.0
0.2	0.1	0.1	0.1	0.1	0.1

2-7 全体居民家庭主要产品出售情况

指标名称		Item		单位	Unit	2013
谷物	数量	Cereal	Quantity	公斤/人	kg/person	391.5
	金额		Amount	元/人	yuan/person	873.4
小麦	数量	Wheat	Quantity	公斤/人	kg/person	14.5
	金额		Amount	元/人	yuan/person	35.3
稻谷	数量	Rice	Quantity	公斤/人	kg/person	121.7
	金额		Amount	元/人	yuan/person	312.6
玉米	数量	Corn	Quantity	公斤/人	kg/person	244.7
	金额		Amount	元/人	yuan/person	502.5
薯类	数量	Soybeans	Quantity	公斤/人	kg/person	22.1
	金额		Amount	元/人	yuan/person	114.7
豆类	数量	Tubers	Quantity	公斤/人	kg/person	5.1
	金额		Amount	元/人	yuan/person	17.7
油料	数量	Bearing	Quantity	公斤/人	kg/person	3.5
	金额		Amount	元/人	yuan/person	17.5
蔬菜及食用菌	数量	Vegetables and Edible Fungi	Quantity	公斤/人	kg/person	100.7
	金额		Amount	元/人	yuan/person	211.6
瓜类	数量	Melons	Quantity	公斤/人	kg/person	94.0
	金额		Amount	元/人	yuan/person	104.3
园林水果	数量	Fruits	Quantity	公斤/人	kg/person	16.3
	金额		Amount	元/人	yuan/person	57.0
中药材	数量	Medicinal Materials	Quantity	公斤/人	kg/person	5.0
	金额		Amount	元/人	yuan/person	127.9
林木种苗	数量	Wood and Germchit	Quantity	公斤/人	kg/person	10.4
	金额		Amount	元/人	yuan/person	44.4
肉猪	头数(头)	Hog	Count (head)	头/人	head/person	0.1
	毛重		Gross Weight	公斤/人	kg/person	6.8
	金额		Amount	元/人	yuan/person	108.4
自宰猪	数量	Homestead Hog	Quantity	公斤/人	kg/person	0.4
	金额		Amount	元/人	yuan/person	10.5
肉牛	头数(头)	Cattle	Count (head)	头/人	head/person	0.0
	毛重		Gross Weight	公斤/人	kg/person	13.9
	金额		Amount	元/人	yuan/person	398.0
自宰牛	数量	Homestead Cattle	Quantity	公斤/人	kg/person	0.2
	金额		Amount	元/人	yuan/person	6.6
菜羊	只数(只)	Sheep	Count (head)	只/人	head/person	0.3
	毛重		Gross Weight	公斤/人	kg/person	7.8
	金额		Amount	元/人	yuan/person	218.2
自宰羊	数量	Homestead Sheep	Quantity	公斤/人	kg/person	0.1
	金额		Amount	元/人	yuan/person	7.0
家禽	重量	Poultry	Weight	公斤/人	kg/person	0.6
	金额		Amount	元/人	yuan/person	14.6
蛋类	数量	Eggs	Quantity	公斤/人	kg/person	3.1
	金额		Amount	元/人	yuan/person	24.0
畜皮	数量(张)	Fur	Quantity (piece)	张/人	piece/person	0.0
	金额		Amount	元/人	yuan/person	2.3
毛绒	数量	Wool	Quantity	公斤/人	kg/person	0.3
	金额		Amount	元/人	yuan/person	3.3
奶类	数量	Milk	Quantity	公斤/人	kg/person	73.8
	金额		Amount	元/人	yuan/person	241.6
鱼类	数量	Fish	Quantity	公斤/人	kg/person	1.5
	金额		Amount	元/人	yuan/person	12.6

Basic Statistics of Sales of Main Products for Urban and Rural Households

2014	2015	2016	2017	2018	2019	2020
396.3	384.2	600.8	427.0	475.0	452.5	416.7
873.1	860.2	1120.1	861.2	933.1	900.0	844.1
8.1	13.4	21.5	24.8	20.8	16.4	17.3
20.8	37.8	51.5	61.7	51.3	39.6	44.5
99.4	93.9	149.8	121.2	70.2	78.7	15.1
251.6	270.8	389.6	336.8	181.4	192.3	40.5
280.5	268.8	422.5	276.5	380.7	334.7	379.7
578.1	525.8	660.9	450.9	692.4	602.8	743.1
22.9	19.8	12.6	13.9	14.5	13.3	21.2
100.6	80.4	67.9	52.9	58.2	67.8	109.1
2.8	5.2	4.9	2.1	2.6	2.5	1.4
11.0	16.0	16.2	7.7	11.1	8.6	5.3
4.2	3.4	5.4	1.9	4.6	1.8	0.8
16.3	16.7	17.6	6.6	20.4	7.6	3.1
111.5	137.4	152.4	154.8	195.7	252.2	212.5
167.0	273.8	217.2	235.0	294.2	310.7	406.4
136.8	104.2	137.2	149.2	142.8	154.3	131.6
121.1	110.1	129.6	102.2	159.6	125.3	126.8
31.8	29.5	44.2	16.7	17.6	57.3	18.0
71.9	68.3	97.0	99.1	48.0	127.1	71.9
6.4	6.7	6.7	22.0	3.2	2.2	1.6
181.9	205.1	173.2	154.0	70.8	59.8	33.8
8.6	13.5	6.6	3.6	10.6	8.8	10.7
27.2	58.9	44.8	40.1	65.2	83.7	45.1
0.1	0.1	0.1	0.1	0.1	0.1	0.1
9.7	10.5	6.1	7.4	17.9	19.6	12.5
132.1	166.5	113.0	114.9	255.1	327.3	392.6
0.5	0.5	0.5	1.0	2.6	1.1	0.8
12.0	12.3	14.5	30.6	89.5	39.9	44.6
0.0	0.0	0.0	0.0	0.1	0.1	0.1
14.6	13.3	13.4	18.0	24.1	30.7	34.4
426.7	365.9	375.0	480.8	644.2	907.0	1141.6
0.1	0.2	1.0	0.3	0.6	0.4	0.2
2.6	7.5	52.0	16.7	27.1	23.5	15.9
0.2	0.3	0.6	0.5	0.4	0.5	0.3
5.4	7.4	17.4	15.5	13.4	13.2	14.4
150.3	159.1	334.8	322.7	331.0	368.3	448.5
0.1	0.1	0.5	0.3	0.4	0.5	0.3
5.6	4.0	20.3	13.7	20.8	29.0	17.0
2.6	1.4	1.3	2.2	11.0	4.3	5.4
24.2	26.9	19.2	27.9	147.4	72.4	100.1
6.8	20.0	10.6	6.8	1.3	0.9	3.8
63.3	144.2	74.4	43.5	10.6	7.5	24.5
0.0	0.0	0.0	0.0	0.1	0.0	0.0
1.3	0.8	0.9				
0.3	0.4	0.5	0.2	0.4	0.4	0.6
4.2	2.7	3.9	2.1	13.9	20.1	10.3
70.9	12.7	1.8	2.4	0.3		
236.2	24.4	4.2	5.9	0.7		
	0.1	2.6	4.6	0.3		
	0.9	29.2	50.2	4.7		

2-8 全体居民家庭平均每人购买主要商品数量

指标名称	Item	单位	Unit	2013
粮食	Grain	公斤	kg	316.7
蔬菜和食用菌	Vegetables and Edible Fungi	公斤	kg	78.1
食用植物油	Edible Vegetable Oil	公斤	kg	7.6
猪肉	Pork	公斤	kg	5.4
牛羊肉	Beef and Mutton	公斤	kg	6.4
禽类	Poultry	公斤	kg	4.9
鲜蛋	Fresh Eggs	公斤	kg	4.0
鱼	Fish	公斤	kg	2.2
糖果糕点类	Candy and Cake	公斤	kg	3.4
卷烟	Cigarette	盒	pack	20.3
酒类	Liquor	公斤	kg	3.6
水	Water	吨	ton	16.8
电	Electricity	度	kWh	359.7
煤炭	Coal	公斤	kg	211.0
液化石油气	Liquefied Petroleum Gas	公斤	kg	3.5
管道天燃气	Pipeline Natural Gas	立方米	cu.m	19.3

注：1.从2010年起粮食包括大米、面粉和其他粮食及制品。
2.从2010年起禽类包括鸡、鸭和其他禽类及制品。
3.从2010年起鲜蛋不包含蛋制品。
4.从2010年起酒类包括白酒、果酒、啤酒和其他酒。

Per Capita Annual Purchases of Major Commodities for Urban and Rural Households

2014	2015	2016	2017	2018	2019	2020
354.9	381.8	365.9	341.5	364.3	365.0	398.7
79.9	81.2	82.2	79.3	82.0	83.1	82.7
8.1	8.1	7.7	7.2	6.7	7.1	8.1
5.7	5.7	5.5	5.5	6.0	5.4	5.0
6.4	7.9	8.0	7.5	7.7	8.3	8.4
5.4	5.3	5.3	5.1	6.0	6.8	7.4
4.8	5.4	5.2	5.1	5.6	5.8	6.9
2.1	1.9	2.1	1.9	1.9	2.1	2.0
4.1	4.1	4.0	3.7	4.2	4.2	4.2
21.4	20.4	20.6	20.6	21.8	24.3	24.9
3.9	3.9	3.3	2.9	2.4	2.5	2.6
18.7	20.3	20.4	19.7	20.2	18.5	21.8
391.4	406.1	416.8	436.4	412.3	401.3	423.9
238.6	241.8	222.3	217.9	244.2	225.4	220.5
2.8	3.7	2.7	2.9	1.8	1.6	1.7
20.7	24.6	33.5	34.0	40.8	43.9	45.8

Notes: a)Data in the table of Grain includes rice and flour since 2010.
b)Data in the table of Poultry includes chickens and ducks since 2010.
c)Data in the table of Fresh Eggs does not include egg products since 2010.
d)Data in the table of Liquor includes liquor, fruit wine and beer since 2010.

2-9 全体居民家庭分行业人均可支配收入情况

单位：元/人

指标名称	Item	2013
可支配收入	**Disposable Income**	**14565.8**
(一)工资性收入	Income from Wages and Salaries	8836.3
(二)经营净收入	Net Business Income	2991.7
1.第一产业经营净收入	The Primary Industry	1456.4
(1)农业	Agriculture	1055.3
(2)林业	Forestry	23.6
(3)牧业	Animal Husbandry	313.8
(4)渔业	Fishery	11.3
2.第二产业经营净收入	The Secondary Industry	245.2
(1)工业	Industry	40.7
(2)建筑业	Construction Industry	204.5
3.第三产业经营净收入	The Tertiary Industry	1290.2
(1)交通运输业	Transportation Industry	402.2
(2)批发零售和住宿餐饮业	Wholesales, Retail Trade, Hotel and Catering Sectors	672.5
(3)社会服务业	Social Services	171.0
(4)其他家庭经营	Others	44.5
(三)财产净收入	Net Income from Property	474.1
1.红利收入	Dividend Income	10.7
#2.转让承包土地经营权租金收入	Rental Income from the Management Rights Transfer of Land Contracted	37.5
(四)转移净收入	Net Income from Transfer	2263.6
#1.养老金或离退休金	Pension or Retirement Benefits	2240.0
2.报销医疗费	Reimbursement of Medical Expenses	86.1
3.政策性惠农补贴	Political Subsidy Supporting Agriculture	142.3
现金可支配收入	**Cash Disposable Income**	
实物可支配收入	**Physical Disposable Income**	

Basic Statistics of Disposable Income for Urban and Rural Households by Sector

(yuan/person)

2014	2015	2016	2017	2018	2019	2020
15906.8	**17329.1**	**18832.3**	**20561.7**	**22400.4**	**24411.9**	**25734.9**
9612.7	10395.5	11238.9	12270.3	13440.8	14887.5	15526.3
3161.0	3255.8	3359.7	3628.2	3958.2	4198.0	4418.4
1446.2	1473.7	1416.6	1474.2	1578.4	1625.9	1889.4
1126.6	1124.1	1032.5	1056.1	1141.3	1099.7	1280.7
13.1	51.1	39.1	33.0	36.5	51.9	34.0
306.5	297.7	337.5	375.3	395.8	474.3	574.7
0.0	0.7	7.6	9.7	4.7		0.0
274.7	293.0	335.8	358.2	407.0	441.3	417.9
62.4	68.5	51.2	48.4	48.9	51.2	29.7
212.3	224.6	284.7	309.8	358.1	390.2	388.2
1440.1	1489.1	1607.2	1795.8	1972.8	2130.7	2111.1
440.3	316.2	387.6	438.4	476.6	548.8	581.3
761.5	826.7	955.0	1070.1	1032.0	1073.8	1048.5
145.4	232.4	214.1	197.2	340.9	363.1	373.2
92.9	113.7	50.5	90.0	123.2	145.0	108.1
589.9	645.5	792.0	819.8	885.1	944.0	881.7
11.9	15.0	29.1	14.1	142.5	133.9	66.8
51.4	83.3	119.1	123.2	167.6	185.2	201.8
2543.2	3032.3	3441.7	3843.3	4116.3	4382.4	4908.5
2532.1	3132.3	3657.3	4138.9	4162.3	4456.0	4950.4
82.2	82.5	87.3	367.0	563.4	528.3	505.6
176.0	196.1	281.3	240.9	311.5	326.0	373.1
15051.9	**16549.0**	**18231.1**	**19840.5**	**21773.2**	**23631.2**	**24941.6**
854.9	**780.1**	**601.2**	**721.2**	**627.2**	**780.7**	**793.3**

2-10 全体居民人均生活消费支出情况

单位：元/人

指标名称	Item	2013
生活消费支出	**Living Expenditure**	**11292.0**
(一)食品烟酒	Food, Tobacco and Liquor	3226.2
#粮食	Grain	490.5
油脂	Oil and Fats	133.4
肉禽及制品	Meat, Poultry and Processed Products	677.8
蛋	Eggs	41.4
水产品	Aquatic Products	46.1
蔬菜	Vegetables	316.1
烟草	Tobacco	171.1
酒和饮料	Liquor and Beverages	119.2
奶及奶制品	Milk and Processed Products	154.8
(二)衣着	Clothing	1022.9
#服装	Garments	790.6
(三)居住	Residence	2036.2
#住房维修及管理	Housing Maintenance and Management	416.8
水电燃料及其他	Water, Electricity, Fuels and Others	568.8
(四)生活用品及服务	Household Facilities, Articles and Services	762.9
#家用器具	Home Appliances	170.5
家具及室内装饰品	Articles for Interior Decoration	189.4
家用纺织品	Bed Articles	69.8
家庭日用杂品	Household Articles for Daily Use	169.0
(五)交通通信	Transport and Communications	1577.3
#交通	Transport	1127.7
通信	Communications	448.4
(六)教育文化娱乐	Education, Cultural and Recreation	1273.0
文化娱乐	Cultural and Recreation	304.3
#教育	Education	759.4
(七)医疗保健	Health Care and Medical Services	1066.1
#医疗器具及药品	Medical Instrument and Medicine	373.1
(八)其他用品及服务	Other Commodities and Services	327.5
服务性消费支出	**Consumption Expenditure for Service**	
商品性消费支出	**Consumption Expenditure for Commodity**	

Per Capita Living Expenditure for Urban and Rural Residents

(yuan/person)

2014	2015	2016	2017	2018	2019	2020
12484.5	**13815.6**	**14965.4**	**15350.3**	**16715.1**	**18296.8**	**17505.8**
3555.6	3694.8	3701.3	3796.4	4234.1	4605.2	4816.3
518.0	527.4	494.5	487.3	502.7	492.8	536.4
140.5	139.7	127.8	121.5	116.6	122.6	138.9
723.7	738.0	743.9	742.0	830.6	941.0	1149.5
52.6	56.2	48.9	46.0	60.4	65.9	71.7
48.8	51.0	56.6	58.1	66.3	78.0	84.1
310.6	315.0	327.5	322.5	327.8	330.9	378.6
188.3	208.0	219.3	234.8	263.9	293.2	302.9
140.5	151.9	143.3	141.9	164.9	194.2	188.7
170.6	170.6	164.7	177.4	217.6	220.4	216.0
1170.0	1237.9	1219.9	1268.9	1388.2	1476.6	1263.9
900.0	967.2	962.7	1004.7	1137.4	1189.4	1008.1
2214.4	2607.3	2741.7	2861.5	3014.3	3245.1	3348.8
365.9	594.6	624.9	630.3	638.5	706.3	694.4
659.7	733.8	703.5	754.7	783.1	813.2	914.0
797.9	885.4	924.6	932.4	1067.1	1144.5	1037.2
208.6	213.2	204.8	174.0	231.9	217.6	217.5
145.3	187.1	211.2	230.2	213.6	215.0	150.4
74.5	85.1	84.1	87.3	112.8	107.4	88.4
198.4	191.8	187.5	192.6	213.6	210.3	207.9
1763.5	1806.1	2748.6	2616.8	2724.4	3018.1	2922.0
1259.3	1222.1	2090.8	1977.7	2116.8	2395.8	2195.7
504.2	584.0	657.8	639.1	607.6	622.3	726.3
1416.4	1707.9	1772.1	1955.6	2139.5	2352.4	1760.6
342.8	381.7	393.5	409.7	431.5	423.6	452.9
878.0	1095.3	1119.7	1311.8	1384.6	1585.5	1331.7
1239.9	1482.9	1473.2	1553.6	1727.1	1929.3	1906.3
463.6	494.0	505.8	541.3	552.0	577.0	557.9
326.7	393.4	384.1	365.1	420.4	525.5	450.7
			6266.3	**7050.8**	**7887.5**	**7041.4**
			9084.0	**9664.3**	**10409.2**	**10464.4**

2-11 全体居民家庭总收入情况

单位：元/人

指标名称	Item	2013
全年总收入	**Total Revenue**	**17690.3**
1.工资性收入	Income from Wages and Salaries	8836.1
2.经营性收入	Business Income	5361.7
(1)第一产业收入	The Primary Industry	3302.5
农业收入	Agriculture	1935.6
林业收入	Forestry	48.1
牧业收入	Animal Husbandry	1238.5
渔业收入	Fishery	11.4
(2)第二产业收入	The Secondary Industry	286.2
工业收入	Industry	55.6
建筑业收入	Construction Industry	230.7
(3)第三产业收入	The Tertiary Industry	1773.0
交通运输业收入	Transportation Industry	636.7
批发零售和住宿餐饮业收入	Wholesales ,Retail Rrade,Hotel and Catering Sectors	840.8
社会服务业收入	Social Services	198.6
其他家庭经营收入	Others	96.9
3.财产性收入	Income from Property	478.9
红利收入	Dividend Income	10.7
#转让承包土地经营权租金收入	Rental Income from the Management Rights Transfer of Land Contracted	37.5
4.转移性收入	Income from Transfer	3013.7
#养老金或离退休金	Pension or Retirement Benefits	2240.0
报销医疗费	Reimbursement of Medical Expenses	219.6
政策性惠农补贴	Political Subsidy Supporting Agriculture	142.3
5.非收入所得	Non-income Revenue	871.3
(1)出售资产所得	Proceeds from Sale of Assets	379.2
(2)非经常性转移所得	Income from Non-recurrent Transfers	489.3
(3)其他非收入所得	Other Non-income Revenue	2.9
6.借贷性所得	Borrowing Income	4745.4
(1)提取储蓄存款	Dissaving	3591.1
(2)借入款	Borrowed	634.0
(3)收回借出款	Recall the Loan	118.9
(4)收回储蓄性保险本金	Redemption of Deposit Insurance Principal	
(5)银行信用社得到的贷款	Bank Loan	384.5

Basic Statistics of Total Income for Urban and Rural Households

(yuan/person)

2014	2015	2016	2017	2018	2019	2020
19670.1	**21378.4**	**23668.9**	**25473.7**	**28634.4**	**31135.4**	**33326.9**
9612.7	10395.5	11238.9	12270.3	13440.8	14887.5	15526.3
6000.3	6110.2	6682.1	6888.6	8349.4	8925.9	9726.6
3588.9	3391.3	3379.1	3356.2	4113.9	4617.2	5291.8
2168.6	2158.2	2073.2	1963.3	2221.9	2385.0	2469.0
33.9	78.9	49.7	44.5	73.1	92.3	54.6
1386.4	1147.4	1225.5	1295.9	1814.3	2139.9	2768.1
0.0	6.8	30.8	52.6	4.7		0.0
377.0	477.3	646.0	576.3	862.0	869.5	1024.7
102.7	101.3	86.2	77.5	105.1	95.6	154.1
274.3	376.0	559.9	498.8	756.9	773.8	870.6
2034.3	2241.6	2656.9	2956.1	3373.5	3439.2	3410.1
838.9	619.8	979.8	1019.4	1123.6	1343.2	1367.7
890.0	1144.0	1260.2	1521.1	1522.0	1349.2	1370.1
182.7	317.8	276.2	265.5	468.6	431.1	441.2
122.6	160.0	140.7	150.1	259.4	315.6	231.0
689.8	783.8	952.1	968.7	1127.9	1198.0	1159.5
11.9	15.0	29.1	14.1	142.5	133.9	66.8
51.4	83.3	119.1	123.2	167.6	185.2	201.8
3367.3	4089.0	4795.8	5346.1	5716.2	6124.1	6914.5
2532.1	3132.3	3657.3	4138.9	4162.3	4456.0	4950.4
232.7	299.9	340.1	367.0	563.4	528.3	505.6
176.0	196.1	281.3	240.9	311.5	326.0	373.1
1028.4	1840.4	3162.9	3449.9	3058.2	3490.8	2630.7
265.5	572.8	1855.9	2110.4	1100.1	1399.7	1006.4
754.8	1266.3	1295.4	1332.1	1955.0	2083.0	1611.5
8.1	1.2	11.6	7.4	3.1	8.1	12.8
2758.6	3064.3	2604.2	2721.0	3601.4	4390.6	4463.2
1622.8	1497.4	1114.4	1034.0	1176.0	1165.8	1000.9
532.7	571.8	557.5	567.3	734.1	1061.7	683.8
128.5	136.2	153.7	220.8	242.4	577.4	89.4
1.5	0.9	0.4	2.3	8.5	6.3	1.6
460.7	825.0	692.1	858.5	1376.8	1550.0	2627.5

2-12 全体居民家庭总支出情况

单位：元/人

指标名称	Item	2013
全年总支出	**Total Expenditure**	**21576.0**
1.生活消费支出	Living Expenditure	11292.0
食品烟酒	Food Tobacco Liquor	3226.2
衣着	Clothing	1022.9
居住	Residence	2036.2
生活用品及服务	Articles and Services for Daily Use	762.9
医疗保健	Health Care	1066.1
交通通信	Transportation Communication	1577.3
教育文化娱乐	Education, Culture and Entertainment	1273.0
其他用品及服务	Other Supplies and Services	327.5
2.生产经营费用支出	Expenditure for Household Business	1949.2
(1)第一产业生产支出	The Primary Industry	1711.6
农业生产支出	Agricultural	790.3
林业生产支出	Forestry	24.4
牧业生产支出	Animal Husbandry	883.4
渔业生产支出	Fishery	0.1
(2)第二产业生产支出	The Secondary Industry	19.2
工业生产支出	Industrial	6.0
建筑业生产支出	Construction Industry	13.1
(3)第三产业生产支出	The Tertiary Industry	218.4
交通运输业生产支出	Transportation Industry	108.5
批发零售和住宿餐饮业生产支出	Wholesales, Retail Trade, Hotel and Catering Sectors	77.7
社会服务业生产支出	Social Services	17.1
其他家庭经营生产支出	Others	15.1
3.财产性支出	Property Expenditure	89.6
4.转移性支出	Transfer Expenditure	749.7
5.部分商业保险支出	Commercial Insurance Expenditure	139.3
6.购置资产及非经常性转移支出	Acquisition of Assets and Non-recurrent Transfer Expenses	2694.2
(1)建造住房支出	Build Housing	298.7
(2)购买住房支出	Purchase Housing	410.6
(3)购建第一产业生产性固定资产	Purchase and Build the Productive Fixed Assets of the Primary Industry	248.9
#购买或建造农业生产性用房	Purchase or Build Agricultural Productive Housing	27.4
购买产品畜	Purchase Stock	101.1
购买或建造农业设施	Purchase or Build Agricultural Facilities	14.5
购买农业机械	Purchase Agricultural Machinery	96.5
(4)购建第二产业生产性固定资产支出	Purchase and Build the Productive Fixed Assets of the Secondary Industry	7.7
(5)购建第三产业生产性固定资产支出	Purchase and Build the Productive Fixed Assets of the Tertiary Industry	74.2
(6)非经常性转移支出	Non-recurrent Transfer Expenditures	1633.3
7.借贷性支出	Borrowing Expenditure	4661.9
(1)归还银行信用社贷款	Repay the Loan to the Bank or Credit Union	517.0
(2)归还借款	Pay off the Loan	294.5
(3)存入银行款	Bank Deposit	3736.3

Basic Statistics of Total Expenses for Urban and Rural Households

(yuan/person)

2014	2015	2016	2017	2018	2019	2020
22594.6	**24687.5**	**26174.3**	**27345.7**	**30573.5**	**34727.4**	**33447.2**
12484.5	13815.6	14965.4	15350.3	16715.1	18296.8	17505.8
3555.6	3694.8	3701.3	3796.4	4234.1	4605.2	4816.3
1170.0	1237.9	1219.9	1268.9	1388.2	1476.6	1263.9
2214.4	2607.3	2741.7	2861.5	3014.3	3245.1	3348.8
797.9	885.4	924.6	932.4	1067.1	1144.5	1037.2
1239.9	1482.9	1473.2	1553.6	1727.1	1929.3	1906.3
1763.5	1806.1	2748.6	2616.8	2724.4	3018.1	2922.0
1416.4	1707.9	1772.1	1955.6	2139.5	2352.4	1760.6
326.7	393.4	384.1	365.1	420.4	525.5	450.7
2449.9	2416.6	2868.4	2810.9	3708.4	4020.3	4550.4
1974.1	1773.9	1816.5	1713.9	2334.3	2743.1	3138.6
925.1	929.2	933.7	794.4	973.1	1165.0	1079.8
20.0	27.7	10.6	11.4	36.3	39.2	19.2
1028.9	811.0	849.2	865.4	1324.9	1538.9	2039.6
0.0	6.0	23.0	42.6	0.1		0.0
79.8	150.9	282.8	200.6	388.5	356.1	523.3
33.1	30.3	26.4	21.2	48.3	37.7	115.6
46.7	120.6	256.4	179.4	340.2	318.5	407.7
396.0	491.8	769.1	896.4	985.6	921.0	888.4
281.2	192.5	435.9	425.4	489.4	619.2	601.2
67.8	196.5	241.3	370.8	306.3	150.9	184.5
22.2	70.8	46.8	52.0	101.5	36.1	28.5
24.8	32.0	45.1	48.3	88.3	114.9	74.3
93.6	138.3	160.1	148.9	242.9	254.0	277.9
824.2	1056.8	1354.1	1502.7	1599.9	1741.7	2006.0
162.0	155.6	222.8	248.0	402.5	430.4	392.6
3274.4	4475.4	4876.3	5827.9	5243.5	6835.1	6248.9
319.3	380.6	326.6	416.0	299.3	319.2	389.1
567.7	1283.5	1461.0	2013.3	1111.8	1992.5	2321.9
280.3	285.6	281.8	210.9	348.9	292.0	507.5
56.0	84.5	55.8	55.4	80.0	64.7	111.1
54.3	41.6	54.6	49.1	71.3	62.1	208.0
28.4	34.2	17.6	40.7	14.6	51.2	10.2
127.9	122.2	153.8	65.6	181.7	113.9	176.6
50.3	5.2	12.7	0.4	25.8	114.3	9.4
150.8	177.2	234.4	526.6	441.4	693.1	710.4
1899.7	2326.8	2544.7	2646.7	3004.7	3303.3	2281.1
3306.0	2629.1	1727.1	1457.1	2661.3	3149.2	2465.7
577.5	819.1	975.3	874.4	1726.6	1936.3	1832.4
377.4	343.6	342.2	358.7	742.7	845.3	483.4
2260.2	1374.7	322.6	97.5	55.0	190.6	72.4

2-13 全体居民家庭现金收入情况

单位：元/人

指标名称	Item	2013
全年现金收入	**Annual Cash Income**	**16487.7**
1.工资性收入	Income from Wages and Salaries	8806.5
2.经营性收入	Business Income	4792.9
(1)第一产业收入	The Primary Industry	2733.7
农业收入	Agriculture	1464.3
林业收入	Forestry	47.8
牧业收入	Animal Husbandry	1144.0
渔业收入	Fishery	11.4
(2)第二产业收入	The Secondary Industry	286.2
工业收入	Industry	55.6
建筑业收入	Construction Industry	230.7
(3)第三产业收入	The Tertiary Industry	1773.0
交通运输业收入	Transportation Industry	636.7
批发零售和住宿餐饮业收入	Wholesales, Retail Trade, Hotel and Catering Sectors	840.8
社会服务业收入	Social Services	198.6
其他家庭经营收入	Others	96.9
3.财产性收入	Income from Property	157.8
红利收入	Dividend Income	10.7
#转让承包土地经营权租金收入	Rental Income from the Management Rights Transfer of Land Contracted	37.5
4.转移性收入	Income from Transfer	2730.5
#养老金或离退休金	Pension or Retirement Benefits	2240.0
报销医疗费	Reimbursement of Medical Expenses	27.6
政策性惠农补贴	Political Subsidy Supporting Agriculture	142.3
5.非收入所得	Non-income Revenue	871.3
(1)出售资产所得	Proceeds from Sale of Assets	379.2
(2)非经常性转移所得	Income from Non-recurrent Transfers	489.3
(3)其他非收入所得	Other Non-income Revenue	2.9
6.借贷性所得	Borrowing Income	4745.4
(1)提取储蓄存款	Dissaving	3591.1
(2)借入款	Borrowed	634.0
(3)收回借出款	Recall the Loan	118.9
(4)收回储蓄性保险本金	Redemption of Deposit Insurance Principal	
(5)银行信用社得到的贷款	Bank Loan	384.5

Basic Statistics of Cash Income for Urban and Rural Households

(yuan/person)

2014	2015	2016	2017	2018	2019	2020
18230.7	**20029.5**	**22489.8**	**24111.0**	**27076.5**	**29369.5**	**31444.0**
9584.5	10368.4	11214.3	12246.7	13407.9	14836.2	15450.7
5351.5	5622.4	6433.4	6466.7	7805.6	8191.1	8888.2
2940.1	2903.5	3130.4	2934.3	3570.2	3882.4	4453.4
1611.3	1742.4	1884.8	1591.5	1729.3	1711.5	1700.9
33.3	69.4	49.6	44.0	68.2	91.6	53.3
1295.5	1084.9	1165.4	1246.3	1768.0	2079.4	2699.1
	6.8	30.6	52.5	4.7		0.0
377.0	477.3	646.0	576.3	862.0	869.5	1024.7
102.7	101.3	86.2	77.5	105.1	95.6	154.1
274.3	376.0	559.9	498.8	756.9	773.8	870.6
2034.3	2241.6	2656.9	2956.1	3373.5	3439.2	3410.1
838.9	619.8	979.8	1019.4	1123.6	1343.2	1367.7
890.0	1144.0	1260.2	1521.1	1522.0	1349.2	1370.1
182.7	317.8	276.2	265.5	468.6	431.1	441.2
122.6	160.0	140.7	150.1	259.4	315.6	231.0
219.3	300.6	436.7	452.1	742.2	781.7	738.2
11.9	15.0	29.1	14.1	142.5	133.9	66.8
51.4	83.3	119.1	123.2	167.6	185.2	201.8
3075.4	3738.1	4405.3	4945.4	5120.8	5560.5	6367.0
2532.1	3132.3	3657.3	4138.9	4162.3	4456.0	4950.4
37.9	37.2	34.0	37.7	59.6	85.1	156.7
176.0	196.1	281.3	240.9	311.5	326.0	373.1
1028.4	1840.4	3162.9	3449.9	3058.2	3490.8	2630.7
265.5	572.8	1855.9	2110.4	1100.1	1399.7	1006.4
754.8	1266.3	1295.4	1332.1	1955.0	2083.0	1611.5
8.1	1.2	11.6	7.4	3.1	8.1	12.8
2758.6	3064.3	2604.2	2721.0	3601.4	4390.6	4463.2
1622.8	1497.4	1114.4	1034.0	1176.0	1165.8	1000.9
532.7	571.8	557.5	567.3	734.1	1061.7	683.8
128.5	136.2	153.7	220.8	242.4	577.4	89.4
1.5	0.9	0.4	2.3	8.5	6.3	1.6
460.7	825.0	692.1	858.5	1376.8	1550.0	2627.5

2-14 全体居民家庭现金支出情况

单位：元/人

指标名称	Item	2013
全年现金支出	**Annual Cash Expenditure**	**19876.1**
1.生活消费支出	Living Expenditure	9785.4
食品烟酒	Food Tobacco Liquor	2946.0
衣着	Clothing	1022.6
居住	Residence	1085.0
生活用品及服务	Articles and Services for Daily Use	745.6
医疗保健	Health Care	843.2
交通通信	Transportation Communication	1576.1
教育文化娱乐	Education, Culture and Entertainment	1271.9
其他用品及服务	Other Supplies and Services	294.9
2.生产经营费用支出	Expenditure for Household Business	1755.9
(1)第一产业生产支出	The Primary Industry	1518.3
农业生产支出	Agriculture	742.3
林业生产支出	Forestry	24.4
牧业生产支出	Animal Husbandry	740.8
渔业生产支出	Fishery	0.1
(2)第二产业生产支出	The Secondary Industry	19.2
工业生产支出	Industry	6.0
建筑业生产支出	Construction Industry	13.1
(3)第三产业生产支出	The Tertiary Industry	218.4
交通运输业生产支出	Transportation Industry	108.5
批发零售和住宿餐饮业生产支出	Wholesales, Retail Trade, Hotel and Catering Sectors	77.7
社会服务业生产支出	Social Services	17.1
其他家庭经营生产支出	Others	15.1
3.财产性支出	Property Expenditure	89.6
4.转移性支出	Transfer Expenditure	749.7
5.部分商业保险支出	Commercial Insurance Expenditure	139.3
6.购置资产及非经常性转移支出	Acquisition of Assets and Non-recurrent Transfer Expenses	2694.2
(1)建造住房支出	Build Housing	298.7
(2)购买住房支出	Purchase Housing	410.6
(3)购建第一产业生产性固定资产	Purchase and Build the Productive Fixed Assets of the Primary Industry	248.9
#购买或建造农业生产性用房	Purchase or Build Agricultural Productive Housing	27.4
购买产品畜	Purchase Stock	101.1
购买或建造农业设施	Purchase or Build Agricultural Facilities	14.5
购买农业机械	Purchase Agricultural Machinery	96.5
(4)购建第二产业生产性固定资产支出	Purchase and Build the Productive Fixed Assets of the Secondary Industry	7.7
(5)购建第三产业生产性固定资产支出	Purchase and Build the Productive Fixed Assets of the Tertiary Industry	74.2
(6)非经常性转移支出	Non-recurrent Transfer Expenditures	1633.3
7.借贷性支出	Borrowing Expenditure	4661.9
(1)归还银行信用社贷款	Repay the Loan to the Bank or Credit Union	517.0
(2)归还借款	Pay off the Loan	294.5
(3)存入银行款	Bank Deposit	3736.3

Basic Statistics of Cash Expenses for Urban and Rural Households

(yuan/person)

2014	2015	2016	2017	2018	2019	2020
20794.6	**22815.3**	**24177.1**	**25188.9**	**28056.5**	**32095.9**	**30703.2**
10873.5	12074.6	13092.2	13385.4	14446.0	15942.9	15093.6
3331.6	3504.1	3528.8	3626.2	4066.5	4418.2	4602.0
1169.9	1237.1	1219.8	1268.8	1387.7	1476.4	1263.6
1104.1	1405.5	1411.5	1451.2	1490.6	1623.7	1670.0
783.0	871.8	913.6	923.3	1058.5	1140.4	1034.2
1006.0	1179.2	1139.9	1186.7	1168.2	1399.9	1400.5
1759.6	1793.1	2747.7	2613.9	2722.5	3015.2	2917.3
1416.1	1707.8	1771.9	1955.6	2139.2	2352.0	1759.3
303.2	375.9	359.2	359.8	413.0	517.1	446.8
2260.9	2285.5	2744.4	2618.9	3460.5	3742.6	4218.6
1785.1	1642.8	1692.5	1521.9	2086.4	2465.5	2806.8
867.9	898.5	901.9	752.0	937.9	1134.2	1048.4
20.0	27.7	10.6	11.4	36.3	39.2	19.2
897.1	710.6	757.0	715.9	1112.1	1292.1	1739.2
0.0	6.0	23.0	42.6	0.1		0.0
79.8	150.9	282.8	200.6	388.5	356.1	523.3
33.1	30.3	26.4	21.2	48.3	37.7	115.6
46.7	120.6	256.4	179.4	340.2	318.5	407.7
396.0	491.8	769.1	896.4	985.6	921.0	888.4
281.2	192.5	435.9	425.4	489.4	619.2	601.2
67.8	196.5	241.3	370.8	306.3	150.9	184.5
22.2	70.8	46.8	52.0	101.5	36.1	28.5
24.8	32.0	45.1	48.3	88.3	114.9	74.3
93.6	138.3	160.1	148.9	242.9	254.0	277.9
824.2	1056.8	1354.1	1502.7	1599.9	1741.7	2006.0
162.0	155.6	222.8	248.0	402.5	430.4	392.6
3274.4	4475.4	4876.3	5827.9	5243.5	6835.1	6248.9
319.3	380.6	326.6	416.0	299.3	319.2	389.1
567.7	1283.5	1461.0	2013.3	1111.8	1992.5	2321.9
280.3	285.6	281.8	210.9	348.9	292.0	507.5
56.0	84.5	55.8	55.4	80.0	64.7	111.1
54.3	41.6	54.6	49.1	71.3	62.1	208.0
28.4	34.2	17.6	40.7	14.6	51.2	10.2
127.9	122.2	153.8	65.6	181.7	113.9	176.6
50.3	5.2	12.7	0.4	25.8	114.3	9.4
150.8	177.2	234.4	526.6	441.4	693.1	710.4
1899.7	2326.8	2544.7	2646.7	3004.7	3303.3	2281.1
3306.0	2629.1	1727.1	1457.1	2661.3	3149.2	2465.7
577.5	819.1	975.3	874.4	1726.6	1936.3	1832.4
377.4	343.6	342.2	358.7	742.7	845.3	483.4
2260.2	1374.7	322.6	97.5	55.0	190.6	72.4

2-15 全体居民家庭主要耐用品每百户拥有情况

单位：百户均

指标名称	Item	2013	2014
家用汽车	Automobile	15.18	20.37
摩托车	Motorcycle	48.21	51.30
助力车	Powered Bicycle	37.75	45.15
洗衣机	Washing Machine	91.05	95.09
电冰箱(柜)	Refrigerator	77.29	85.95
微波炉	Microwave Oven	27.42	30.09
彩色电视机	Color TV Set	105.90	108.66
空调	Air Conditioner	6.35	7.97
热水器	Water Heater	57.38	63.36
洗碗机	Dishwasher	0.20	0.29
排油烟机	Smoke Exhaust Ventilator	43.39	46.59
固定电话	Telephone	33.53	34.42
移动电话	Mobile Telephone	230.95	249.94
其中：接入互联网	Internet Mobile Telephone	68.88	93.52
计算机	Computer	42.84	49.27
其中：接入互联网	Internet Computer	32.04	31.33
照相机	Camera	14.41	16.23
中高档乐器	Secondary and Top Grade Musical Instrument	2.49	3.14
健身器材	Body-building Apparatus	0.77	1.40
空气净化器(含新风系统)	Air Purifier (Include Fresh Air System)		
吸尘器	Vacuum Cleaner		

Ownership of Major Durable Consumer Goods per 100 Urban and Rural Households

(per 100 households)

2015	2016	2017	2018	2019	2020
25.15	30.12	33.55	38.31	39.79	40.54
47.29	42.45	38.55	34.67	30.42	29.73
47.59	53.15	58.19	58.17	61.65	67.27
96.51	98.91	100.13	101.39	102.66	103.19
89.97	94.50	96.23	98.79	100.53	101.19
31.73	34.19	35.92	35.71	40.15	40.68
108.41	107.67	107.43	104.47	105.26	105.73
7.93	8.68	9.41	12.62	13.68	13.94
73.50	82.56	89.08	98.26	99.87	102.00
0.28	0.25	0.28	0.24	0.40	0.48
47.33	51.23	54.44	61.33	64.91	67.81
25.69	15.49	9.65	3.93	2.46	2.20
255.88	265.14	269.00	265.50	270.71	271.00
125.33	154.01	184.20	233.21	246.69	259.59
47.28	50.12	52.12	48.93	51.30	52.69
34.00	37.81	40.07	40.10	41.57	43.24
13.57	12.95	12.35	8.79	9.31	8.87
2.57	3.20	4.47	4.78	6.77	7.17
1.27	2.07	2.48	3.11	4.26	4.71
		0.32	2.32	2.74	2.84
		2.50	5.37	6.69	7.68

2-16　2020年各市县全体居民家庭基本情况

指标名称	Item	单位	Unit	全区 Total	沿黄地区 Plain	中南部地区 Mountain Area
一、户主文化程度	**Cultural Level of Head of a Household**	--	--			
(一)未上过学	No Schooling	%	%	4.3	1.9	7.4
(二)小学	Primary School	%	%	20.1	14.1	29.9
(三)初中	Junior Secondary School	%	%	37.1	37.6	35.4
(四)高中	Senior Secondary School	%	%	17.1	20.5	12.6
(五)大学专科	Junior College	%	%	11.9	13.1	7.4
(六)大学本科	Undergraduate College	%	%	9.1	11.8	7.2
(七)研究生	Postgraduate	%	%	0.5	0.9	0.1
二、按家庭规模分的住户类型	**Households Type Divided by Family Size**	--	--			
(一)一人户	One Person	%	%	3.7	5.1	2.8
(二)二人户	Two Persons	%	%	30.5	34.3	20.9
(三)三人户	Three Persons	%	%	28.1	32.0	18.4
(四)四人户	Four Persons	%	%	20.7	19.3	27.8
(五)五人户	Five Persons	%	%	8.9	5.8	14.6
(六)六人及以上户	Six Persons and over	%	%	8.1	3.5	15.5
三、按世代分的住户类型	**Households Type Divided by Generation**	--	--			
(一)一代户	One-Generation Households	%	%	27.9	33.5	16.2
(二)二代户	Two-Generation Households	%	%	57.7	56.6	61.8
(三)三代户	Three-Generation Households	%	%	14.0	9.8	21.1
(四)四代及以上户	Four-Generation Households and over	%	%	0.4	0.1	0.9
四、住户特征	**Household Characteristics**	--	--			
(一)纯老人户	Households of only the Old	%	%	20.1	23.4	10.9
(二)家中有未成年子女户	Households of Couple with Minor Children	%	%	78.3	74.3	87.8
(三)年轻夫妻无子女户	Households of Young Couple without Children	%	%	0.9	1.5	0.2
(四)无劳动力户	Households without Labor Force	%	%	0.8	0.9	1.1
五、住户经营情况	**Household Business Situation**	--	--			
(一)生产经营户	Production Business Households	%	%	51.5	40.8	61.2
农业户	Agriculture	%	%	56.8	51.5	74.1
农业兼业户	Agriculture and Business Households	%	%	5.4	4.4	7.1
非农兼业户	Non-agriculture and Business Households	%	%	7.6	6.4	6.5
非农业户	Non-agriculture Households	%	%	30.7	44.5	20.5
(二)非生产经营户	Non-production Business Households	%	%	48.5	59.2	38.8
六、参加医疗保险情况	**Medical Insurance Participation**	--	--			
(一)参加城乡居民基本医疗保险	Basic Medical Insurance for Urban and Rural Residents	%	%	77.9	68.3	91.6
(二)参加城镇职工基本医疗保险	Basic Medical Insurance for Urban Employee	%	%	19.3	27.3	7.4
(三)商业及其他医疗保险	Commercial and Other Health Insurance	%	%	5.8	8.5	0.3
(四)没有参加任何医疗保险	Non-joined any Medical Insurance	%	%	2.3	3.6	0.9

Basic Statistics of Urban and Rural Households by City and County (2020)

银川市 Yinchuan	兴庆区 Xingqing	西夏区 Xixia	金凤区 Jinfeng	永宁县 Yongning	贺兰县 Helan	灵武市 Lingwu	**石嘴山市** Shizuishan	大武口区 Dawukou	惠农区 Huinong	平罗县 Pingluo	**吴忠市** Wuzhong
1.1	0.1	0.6	0.8	0.7	0.8	5.9	**2.4**	4.7	1.3	0.8	**4.0**
10.6	7.0	8.6	6.0	19.8	15.2	22.0	**15.1**	12.4	10.6	21.6	**26.3**
28.4	18.1	28.9	18.2	50.2	44.5	41.7	**43.0**	28.3	47.3	56.9	**44.1**
22.4	27.2	30.0	22.7	11.1	13.8	18.1	**22.3**	28.5	23.9	13.8	**11.9**
17.5	20.8	21.9	21.8	11.0	11.5	4.9	**9.8**	11.0	13.9	5.2	**7.4**
18.2	24.4	10.1	26.3	7.2	13.5	7.4	**7.4**	15.2	3.0	1.9	**6.1**
1.7	2.5		4.3		0.9						**0.2**
5.1	5.4	5.5	8.0	1.5	4.1	3.5	**8.1**	10.1	11.2	3.4	**2.6**
34.6	39.6	35.3	31.4	42.1	26.9	25.7	**37.7**	40.2	32.5	40.5	**26.3**
34.4	40.7	32.3	36.9	21.4	34.5	23.4	**33.6**	29.1	43.2	30.2	**23.2**
18.6	12.6	19.6	16.8	22.9	24.5	30.7	**14.7**	13.4	10.0	19.3	**27.1**
4.5	1.0	5.2	4.5	9.4	5.4	9.2	**4.7**	5.6	3.1	5.0	**12.1**
2.7	0.8	2.3	2.4	2.7	4.6	7.5	**1.1**	1.6		1.6	**8.6**
33.7	40.3	33.3	32.8	31.1	27.6	26.6	**39.5**	40.5	36.2	42.7	**23.6**
57.7	55.4	58.0	60.8	56.1	56.1	60.7	**54.8**	51.1	62.1	51.4	**61.5**
8.6	4.3	8.7	6.5	12.9	16.3	12.7	**5.7**	8.4	1.8	5.9	**14.6**
											0.2
24.4	33.8	22.6	18.6	22.9	20.2	17.1	**27.4**	35.0	20.3	26.4	**14.9**
73.3	62.3	73.8	79.2	77.1	78.3	82.9	**70.5**	62.5	77.5	72.5	**82.1**
2.3	3.8	3.6	2.3		1.6						**0.7**
							2.1	2.5	2.2	1.2	**2.3**
33.8	25.4	23.4	20.1	41.7	57.1	55.8	**40.7**	24.8	30.5	69.0	**54.0**
38.3	19.7	15.3	22.4	56.1	64.9	41.6	**54.3**	19.5	42.7	74.8	**64.0**
4.2	1.2	3.8	5.1	2.6	6.6	5.8	**3.9**		1.7	5.9	**4.6**
5.6	1.4	3.5	3.3	6.8	5.3	11.5	**5.9**	2.6	1.6	9.1	**7.2**
58.2	79.3	82.4	71.1	41.9	30.6	51.9	**42.8**	80.5	56.6	20.6	**31.7**
66.2	74.6	76.6	79.9	58.4	42.9	44.2	**59.3**	75.2	69.5	31.0	**46.0**
57.1	38.0	46.3	49.3	82.3	83.2	81.0	**66.5**	49.4	59.8	89.6	**89.5**
36.3	52.6	45.6	40.8	12.8	16.6	17.7	**30.0**	43.2	38.5	9.7	**8.5**
11.3	18.0	10.4	15.1	2.3	9.6	2.3	**3.2**	7.2	0.1	1.5	**4.8**
5.3	7.6	7.1	7.4	4.7	0.3	0.6	**3.1**	6.2	1.8	0.7	**1.6**

2-16 续表

指标名称	Item	单位	Unit	利通区 Litong	红寺堡区 Hongsipu	盐池县 Yanchi
一、户主文化程度	**Cultural Level of Head of a Household**	--	--			
(一)未上过学	No Schooling	%	%	5.3	10.2	2.5
(二)小学	Primary School	%	%	22.4	38.1	25.9
(三)初中	Junior Secondary School	%	%	43.3	28.9	48.3
(四)高中	Senior Secondary School	%	%	13.3	9.5	7.0
(五)大学专科	Junior College	%	%	7.7	5.6	12.3
(六)大学本科	Undergraduate College	%	%	7.3	7.9	4.0
(七)研究生	Postgraduate	%	%	0.6		
二、按家庭规模分的住户类型	**Households Type Divided by Family Size**	--	--			
(一)一人户	One Person	%	%	4.8	1.2	2.0
(二)二人户	Two Persons	%	%	26.5	18.1	39.2
(三)三人户	Three Persons	%	%	22.6	22.9	19.4
(四)四人户	Four Persons	%	%	28.6	27.9	28.5
(五)五人户	Five Persons	%	%	10.5	16.7	6.0
(六)六人及以上户	Six Persons and over	%	%	7.0	13.3	4.8
三、按世代分的住户类型	**Households Type Divided by Generation**	--	--			
(一)一代户	One-Generation Households	%	%	26.8	16.1	33.0
(二)二代户	Two-Generation Households	%	%	55.5	69.5	54.6
(三)三代户	Three-Generation Households	%	%	17.4	14.4	12.3
(四)四代及以上户	Four-Generation Households and over	%	%	0.3		
四、住户特征	**Household Characteristics**	--	--			
(一)纯老人户	Households of only the Old	%	%	16.3	4.8	24.3
(二)家中有未成年子女户	Households of Couple with Minor Children	%	%	78.8	93.4	74.1
(三)年轻夫妻无子女户	Households of Young Couple without Children	%	%	1.1	0.9	1.6
(四)无劳动力户	Households without Labour Force	%	%	3.8	1.0	
五、住户经营情况	**Household Business Situation**	--	--			
(一)生产经营户	Production Business Households	%	%	46.8	62.0	59.9
农业户	Agriculture	%	%	45.4	72.0	59.8
农业兼业户	Agriculture and Business Households	%	%	6.0	7.5	5.1
非农兼业户	Non-agriculture and Business Households	%	%	3.9	8.1	6.5
非农业户	Non-agriculture Households	%	%	51.0	24.1	31.7
(二)非生产经营户	Non-production Business Households	%	%	53.2	38.0	40.1
六、参加医疗保险情况	**Medical Insurance Participation**	--	--			
(一)参加城乡居民基本医疗保险	Basic Medical Insurance for Urban and Rural Residents	%	%	83.7	92.0	92.2
(二)参加城镇职工基本医疗保险	Basic Medical Insurance for Urban Employee	%	%	13.9	5.4	5.8
(三)商业及其他医疗保险	Commercial and Other Health Insurance	%	%	8.7	1.0	0.3
(四)没有参加任何医疗保险	Non-joined any Medical Insurance	%	%	1.6	1.8	2.0

continued

同心县 Tongxin	青铜峡市 Qingtongxia	**固原市 Guyuan**	原州区 Yuanzhou	西吉县 Xiji	隆德县 Longde	泾源县 Jingyuan	彭阳县 Pengyang	**中卫市 Zhongwei**	沙坡头区 Shapotou	中宁县 Zhongning	海原县 Haiyuan
3.0	0.6	**8.3**	7.5	6.2	9.1	3.8	14.8	**5.0**	3.9	2.0	9.9
39.8	15.4	**28.2**	29.7	25.5	19.0	37.1	31.0	**22.3**	18.6	18.9	30.8
36.8	60.3	**33.8**	29.0	37.0	43.8	39.2	26.9	**46.6**	47.3	51.6	39.8
10.1	15.4	**14.9**	9.8	20.6	18.6	7.2	18.2	**15.0**	18.4	14.4	10.8
5.5	5.2	**6.6**	12.4	3.7	5.4	6.4	1.6	**7.8**	9.5	8.1	5.7
4.8	3.2	**8.0**	11.7	7.0	3.7	6.4	7.0	**3.2**	2.3	5.0	2.7
		0.2			0.4		0.4	**0.1**			0.3
1.6	1.3	**3.4**	3.4	0.8	6.6	3.3	5.1	**2.8**	2.3	3.7	2.7
27.7	23.2	**18.8**	16.2	16.0	26.2	10.9	25.9	**30.8**	36.4	34.6	18.4
10.8	37.1	**19.7**	18.3	19.7	14.8	28.8	22.3	**23.1**	28.9	22.4	16.2
27.8	22.5	**27.8**	34.7	23.5	26.7	27.6	24.0	**21.6**	19.5	23.5	22.5
18.4	9.6	**13.8**	12.9	12.3	15.4	21.3	13.5	**10.4**	7.0	8.7	17.0
13.6	6.4	**16.5**	14.6	27.8	10.4	8.2	9.2	**11.3**	5.9	7.2	23.2
21.4	21.1	**13.8**	16.1	5.8	23.8	4.9	17.5	**26.6**	30.1	33.3	14.4
66.2	61.7	**57.9**	58.8	57.3	50.3	75.4	56.5	**57.8**	56.4	54.2	64.0
11.8	17.2	**26.8**	24.2	34.3	24.0	19.7	24.4	**15.2**	12.6	12.5	21.6
0.7		**1.5**	0.9	2.7	1.9		1.5	**0.4**	0.9		
16.5	11.4	**8.6**	10.7	3.6	10.3	7.7	10.6	**18.8**	18.1	23.5	14.7
79.7	88.6	**90.8**	89.3	96.4	89.7	92.3	86.9	**79.7**	79.8	75.4	84.1
3.8		**0.5**					2.5	**1.5**	2.1	1.2	1.2
67.3	47.2	**61.8**	48.5	74.5	71.0	56.8	62.8	**57.4**	50.9	57.3	64.9
83.8	65.0	**76.2**	53.0	83.9	91.9	81.4	80.0	**72.2**	67.2	69.5	79.0
2.4	4.0	**9.2**	8.2	10.7	3.8	6.1	13.7	**5.4**	2.1	8.0	6.0
5.8	13.0	**6.6**	6.1	8.9	1.8	5.7	6.9	**6.5**	6.4	6.9	6.1
14.7	28.6	**18.0**	39.7	7.6	8.0	14.2	16.1	**22.5**	30.6	23.6	14.1
32.7	52.8	**38.2**	51.5	25.5	29.0	43.2	37.2	**42.6**	49.1	42.7	35.1
94.9	91.7	**91.4**	87.3	92.9	92.7	93.8	94.1	**89.8**	87.5	87.6	93.5
5.1	5.8	**7.8**	10.8	7.0	7.2	6.2	5.6	**9.8**	12.2	12.4	5.5
	9.9	**0.2**	0.4	0.1			0.5	**2.7**		9.1	
	2.5	**0.7**	1.9		0.1		0.3	**0.5**	0.4		1.0

2-17 2020年各市县全体居民家庭就业情况

指标名称	Item	单位	Unit	全区 Total
一、基本情况	**Basic Statistics of Households Surveyed**	--	--	--
(一)户均常住人口	Average Number of Permanent Residents per Household	人/户	person/household	**3.3**
(二)户均常住从业人口	Average Number of Employed Persons per Household	人/户	person/household	**1.6**
(三)平均每户家庭从业人口比重	Proportion of Employed Persons per Household	%	%	**48.5**
(四)平均每一从业人口负担人数	Average Number of Dependency Coefficient per Employed Persons	人	person	**2.1**
(五)由本户供养的在校学生	Supported Students in School by the Family	人/户	person/household	**0.7**
(六)户均整半劳动力人口	Whole and Half Labor Force per Household	人/户	person/household	**2.2**
(七)平均每户家庭整半劳动力人口比重	Proportion of Whole and Half Labor Force per Household	%	%	**67.7**
二、家庭劳动力年龄构成	**Age Composition of Permanent Employed Persons**	--	--	
(一)16-19岁	Aged 16-19	%	%	**0.7**
(二)20-24岁	Aged 20-24	%	%	**4.6**
(三)25-29岁	Aged 25-29	%	%	**5.9**
(四)30-34岁	Aged 30-34	%	%	**9.4**
(五)35-40岁	Aged 35-40	%	%	**12.2**
(六)41-50岁	Aged 41-50	%	%	**27.6**
(七)51-60岁	Aged 51-60	%	%	**23.0**
(八)61-65岁	Aged 61-65	%	%	**7.5**
(九)66岁及以上	Aged 66 and over	%	%	**8.9**
三、家庭劳动力文化程度构成	**Composition of Education Level for Labor Force**	--	--	
(一)未上过学	No Schooling	%	%	**9.3**
(二)小学	Primary School	%	%	**20.8**
(三)初中	Junior Secondary School	%	%	**33.2**
(四)高中	Senior Secondary School	%	%	**15.5**
(五)大学专科	Junior College	%	%	**12.2**
(六)大学本科及以上	Bachelor Degree or above	%	%	**8.6**
(七)研究生	Graduate Student	%	%	**0.4**
四、常住从业人员就业类型	**Type of Employment of Permanent Employed Persons**	--	--	
(一)雇主	Employer	%	%	**0.4**
(二)公职人员	Civil Servants	%	%	**1.9**
(三)事业单位人员	Institution Officers	%	%	**4.7**
(四)国有企业雇员	State-owned Enterprises Employees	%	%	**4.2**
(五)其他雇员	Other Employees	%	%	**52.0**
(六)农业自营	Self-employed of Agriculture	%	%	**24.5**
(七)非农自营	Self-employed of Non-Agriculture	%	%	**12.2**
五、常住从业人员从事主要行业	**Type of Industry of Permanent Employed Persons**	--	--	
(一)第一产业	Primary Industry	%	%	**28.7**
(二)第二产业	Secondary Industry	%	%	**21.9**
(三)第三产业	Tertiary Industry	%	%	**49.4**

Statistics of Employment for Urban and Rural Households by City and County (2020)

沿黄地区 Plain	中南部地区 Mountain Area	银川市 Yinchuan	兴庆区 Xingqing	西夏区 Xixia	金凤区 Jinfeng	永宁县 Yongning	贺兰县 Helan	灵武市 Lingwu	石嘴山市 Shizuishan	大武口区 Dawukou	惠农区 Huinong	平罗县 Pingluo	吴忠市 Wuzhong
--	--	--	--	--	--	--	--	--	--	--	--	--	--
3.0	3.9	2.9	2.7	2.9	2.9	3.1	3.2	3.4	2.7	2.7	2.6	2.9	3.5
1.5	1.9	1.4	1.3	1.3	1.3	1.5	1.7	1.6	1.4	1.2	1.3	1.7	1.8
49.7	48.1	47.3	47.6	43.5	45.4	49.0	54.1	46.3	50.5	43.3	51.5	58.2	51.1
2.0	2.1	2.1	2.1	2.3	2.2	2.0	1.8	2.2	2.0	2.3	1.9	1.7	2.0
0.6	1.1	0.6	0.5	0.4	0.5	0.6	0.6	0.9	0.5	0.5	0.6	0.5	0.8
2.2	2.3	2.1	2.0	2.2	2.0	2.3	2.3	2.3	2.0	2.0	1.9	2.1	2.3
72.2	60.0	72.7	75.4	74.6	70.3	73.5	73.4	66.5	73.4	73.1	73.4	74.0	65.8
0.5	0.9	0.6	0.3	0.3	0.5	0.6	0.7	1.3	0.4	0.1	0.1	1.2	0.7
3.7	5.5	3.5	2.3	4.4	2.0	3.5	5.9	5.4	2.6	1.2	2.7	4.1	6.3
5.4	6.9	5.3	3.0	6.8	10.6	3.6	4.8	5.4	3.3	3.7	1.7	3.9	7.1
9.1	10.3	10.3	6.6	14.3	14.2	11.9	12.0	6.5	6.5	6.3	5.6	6.7	10.1
12.3	14.1	14.1	14.1	13.4	17.0	10.5	9.1	19.0	10.8	10.8	8.3	12.3	11.2
28.0	27.2	26.9	30.0	19.0	21.7	30.8	24.8	32.0	30.7	33.3	39.4	21.7	29.0
24.7	21.7	20.8	21.3	21.8	17.7	21.9	26.3	17.3	31.0	29.8	29.8	34.0	24.3
7.1	6.4	7.9	8.9	9.4	5.9	7.5	7.9	6.3	8.1	7.0	9.0	8.5	5.5
9.2	6.9	10.6	13.4	10.6	10.4	9.6	8.4	6.8	6.6	7.9	3.4	7.6	5.8
4.7	14.8	3.0	0.3	3.5	1.9	5.4	3.6	8.4	4.8	5.3	0.9	7.9	8.2
15.0	31.1	12.2	8.9	8.8	7.7	20.6	19.2	20.7	14.1	9.8	9.6	21.8	26.2
35.9	28.5	28.4	20.5	25.1	20.9	45.4	42.1	37.1	40.4	30.1	44.6	48.3	38.9
18.9	10.2	20.4	24.1	30.2	18.1	10.4	12.9	18.8	21.9	27.2	28.4	11.4	11.6
13.5	8.1	17.9	20.3	19.7	25.6	13.2	10.8	8.2	10.9	13.1	11.9	7.7	8.1
11.0	7.1	16.0	22.6	12.2	21.6	5.0	10.6	6.8	7.8	14.4	4.6	3.1	6.9
1.0	0.2	2.0	3.4	0.5	4.3		0.7						0.1
0.5	0.6	0.8	2.0		0.8			0.3	0.2	0.2		0.5	
2.3	1.6	3.2	3.4	0.8	6.2	1.8	3.6	0.6	3.1	7.0	1.3	1.1	1.4
5.0	7.5	5.9	8.9	3.9	2.9	3.1	4.8	6.8	3.9	7.7	3.5	1.1	5.2
7.1	1.0	10.1	17.0	9.6	10.5	0.3	0.5	11.9	7.8	22.5	0.5	0.7	1.8
56.8	38.1	57.5	50.9	71.0	65.3	69.9	60.2	40.6	53.3	50.2	72.3	41.0	54.2
14.9	41.8	7.5	4.2	1.0	2.9	9.8	18.0	16.3	20.2	0.8	9.4	45.9	24.9
13.3	9.4	15.0	13.6	13.6	11.5	15.0	12.9	23.5	11.4	11.6	13.0	9.7	12.5
18.9	45.0	10.1	5.8	2.2	4.0	11.1	29.3	17.7	21.1	1.3	11.6	45.9	30.7
26.5	14.9	24.4	23.9	38.5	20.1	28.3	15.0	24.8	32.1	37.9	41.7	21.2	21.8
54.6	40.2	65.5	70.4	59.3	75.9	60.6	55.6	57.5	46.9	60.8	46.6	32.8	47.4

2-17 续表

指标名称	Item	单位	Unit	利通区 Litong
一、基本情况	**Basic Statistics of Households Surveyed**	--	--	--
(一)户均常住人口	Average Number of Permanent Residents per Household	人/户	person/household	3.4
(二)户均常住从业人口	Average Number of Employed Persons per Household	人/户	person/household	1.6
(三)平均每户家庭从业人口比重	Proportion of Employed Persons per Household	%	%	48.6
(四)平均每一从业人口负担人数	Average Number of Dependency Coefficient per Employed Persons	人	person	2.1
(五)由本户供养的在校学生	Supported Students in School by the Family	人/户	person/household	0.7
(六)户均整半劳动力人口	Whole and Half Labor Force per Household	人/户	person/household	2.3
(七)平均每户家庭整半劳动力人口比重	Proportion of Whole and Half Labor Force per Household	%	%	69.3
二、家庭劳动力年龄构成	**Age Composition of Permanent Employed Persons**	--	--	
(一)16-19岁	Aged 16-19	%	%	1.0
(二)20-24岁	Aged 20-24	%	%	5.8
(三)25-29岁	Aged 25-29	%	%	7.8
(四)30-34岁	Aged 30-34	%	%	9.1
(五)35-40岁	Aged 35-40	%	%	8.0
(六)41-50岁	Aged 41-50	%	%	33.8
(七)51-60岁	Aged 51-60	%	%	24.4
(八)61-65岁	Aged 61-65	%	%	4.3
(九)66岁及以上	Aged 66 and over	%	%	5.8
三、家庭劳动力文化程度构成	**Composition of Education Level for Labor Force**	--	--	
(一)未上过学	No Schooling	%	%	5.9
(二)小学	Primary School	%	%	21.7
(三)初中	Junior Secondary School	%	%	42.9
(四)高中	Senior Secondary School	%	%	13.0
(五)大学专科	Junior College	%	%	9.0
(六)大学本科及以上	Bachelor Degree or above	%	%	7.2
(七)研究生	Graduate Student	%	%	0.3
四、常住从业人员就业类型	**Type of Employment of Permanent Employed Persons**	--	--	
(一)雇主	Employer	%	%	
(二)公职人员	Civil Servants	%	%	2.1
(三)事业单位人员	Institution Officers	%	%	7.2
(四)国有企业雇员	State-owned Enterprises Employees	%	%	3.5
(五)其他雇员	Other Employees	%	%	59.5
(六)农业自营	Self-employed of Agriculture	%	%	10.6
(七)非农自营	Self-employed of Non-Agriculture	%	%	17.1
五、常住从业人员从事主要行业	**Type of Industry of Permanent Employed Persons**	--	--	
(一)第一产业	Primary Industry	%	%	17.7
(二)第二产业	Secondary Industry	%	%	25.2
(三)第三产业	Tertiary Industry	%	%	57.1

continued

红寺堡区 Hongsipu	盐池县 Yanchi	同心县 Tongxin	青铜峡市 Qingtongxia	**固原市 Guyuan**	原州区 Yuanzhou	西吉县 Xiji	隆德县 Longde	泾源县 Jingyuan	彭阳县 Pengyang	**中卫市 Zhongwei**	沙坡头区 Shapotou	中宁县 Zhongning	海原县 Haiyuan
--	--	--	--	--	--	--	--	--	--	--	--	--	--
3.9	3.1	3.9	3.4	**3.9**	3.9	4.3	3.7	3.9	3.6	**3.5**	3.1	3.3	4.2
2.0	1.8	1.7	2.1	**1.9**	1.9	2.2	1.9	1.8	1.7	**1.7**	1.7	1.6	2.0
50.9	57.6	43.1	61.7	**48.5**	47.3	50.8	51.0	46.0	47.2	**50.0**	53.6	48.8	47.1
2.0	1.7	2.3	1.6	**2.1**	2.1	2.0	2.0	2.2	2.1	**2.0**	1.9	2.1	2.1
1.2	0.6	1.1	0.6	**1.0**	0.9	1.2	0.9	1.1	1.0	**0.8**	0.6	0.7	1.2
2.1	2.3	2.3	2.5	**2.4**	2.4	2.5	2.3	2.3	2.1	**2.3**	2.3	2.2	2.5
55.0	72.5	58.0	74.2	**60.1**	61.5	58.7	63.1	60.4	57.0	**66.5**	73.4	65.5	60.0
0.4	0.3	1.3	0.2	**1.0**	1.7	0.9		0.9	0.2	**0.5**	0.2	0.7	0.8
6.9	3.3	5.7	9.2	**5.2**	6.7	4.4	4.8	5.6	2.6	**3.6**	2.1	1.6	7.5
5.9	7.1	7.1	7.0	**6.1**	7.3	6.9	4.6	7.2	2.9	**7.0**	5.9	6.4	9.2
12.6	10.3	12.5	7.9	**9.4**	14.0	7.5	4.1	9.7	6.6	**9.6**	6.7	12.5	10.9
17.8	13.3	12.0	8.7	**12.7**	12.6	12.5	13.0	13.4	13.9	**12.6**	11.7	13.3	13.4
35.2	23.8	23.9	25.2	**29.1**	28.2	26.6	26.3	31.6	35.8	**25.4**	27.6	26.7	21.2
15.6	24.3	22.5	32.5	**23.7**	18.8	26.1	31.2	18.6	27.0	**23.9**	29.8	20.4	19.3
2.5	9.6	9.8	2.9	**6.0**	4.9	6.3	6.8	6.5	6.4	**6.7**	6.5	7.2	6.5
3.2	8.1	5.2	6.5	**7.0**	5.7	8.8	9.2	6.6	4.6	**10.6**	9.4	11.2	11.4
17.5	8.5	11.0	4.8	**17.4**	12.5	23.5	17.8	6.5	22.6	**10.6**	8.2	10.0	14.0
34.6	28.5	41.7	15.5	**28.4**	27.4	22.8	27.2	37.8	36.8	**24.7**	20.3	19.1	35.2
29.2	37.9	27.1	50.2	**27.5**	27.7	27.7	29.9	34.0	19.9	**39.8**	43.5	45.4	29.6
7.0	7.7	9.1	15.9	**11.1**	9.5	13.9	12.4	7.6	10.6	**13.1**	15.4	13.7	9.9
4.7	10.1	5.1	8.6	**8.0**	12.2	6.0	5.7	8.5	4.5	**7.6**	8.2	6.8	7.9
7.0	7.3	6.0	5.0	**7.3**	10.3	5.9	6.8	5.7	5.4	**4.0**	4.4	5.1	2.9
				0.2	0.4	0.2	0.2		0.2	**0.1**			0.4
				1.2	2.3	1.5				**0.5**		1.4	0.2
0.9	2.3	1.2		**1.7**	2.4	1.3	0.7	3.8	1.4	**0.6**	0.7	0.8	0.3
6.7	3.3	3.7	2.4	**7.9**	11.3	7.0	5.7	6.4	6.7	**4.6**	3.4	5.3	5.5
0.6	0.5	0.7	1.5	**1.0**	1.3	0.5	1.7	0.6	1.0	**1.8**	3.2	1.1	0.8
37.3	45.1	50.3	65.7	**34.4**	37.9	23.9	39.1	46.9	37.8	**46.6**	51.0	55.0	33.9
44.2	34.7	35.0	21.3	**45.1**	32.8	59.7	49.2	31.0	44.2	**35.8**	30.4	23.7	52.5
10.4	14.1	9.2	9.0	**8.7**	12.1	6.2	3.5	11.3	8.9	**10.1**	11.3	12.5	6.8
48.4	36.5	38.1	31.7	**48.1**	34.9	60.6	52.1	35.7	53.3	**41.5**	36.5	30.8	56.1
17.1	9.7	17.8	30.1	**15.2**	18.9	11.5	15.1	17.2	13.7	**20.2**	23.1	25.8	11.7
34.6	53.8	44.2	38.1	**36.7**	46.2	27.9	32.9	47.1	33.0	**38.4**	40.5	43.3	32.2

2-18　2020年各市县全体居民家庭房屋基本情况

指标名称	Item	单位	Unit	全区 Total
一、期末现住房情况	**Current House Condition of Term End**	--	--	--
(一)人均现住房面积	Per Capita Current Housing Area	平方米/人	sq.m/person	**33.5**
人均自有现住房面积	Per Capita Self-owned Current Housing Area	平方米/人	sq.m/person	**32.5**
户均现住房面积	Per Household Current Housing Area	平方米/户	sq.m/household	**110.8**
户均自有现住房面积	Per Household Self-owned Current Housing Area	平方米/户	sq.m/household	**107.6**
(二)现住房市场价月租金	Monthly Rent of Current Housing	元/人	yuan/person	**184.7**
自有现住房市场价月租金	Monthly Rent of Self-owned Current Housing	元/人	yuan/person	**178.5**
二、期内新购建住房情况	**Newly Bought or Built Residential Buildings Condition During Period**			
(一)新建住房竣工建筑面积	Completing Floor Space of Newly Built Residential Buildings	平方米/人	sq.m/person	**0.6**
(二)新建住房总费用	Total Cost of Newly Built Residential Buildings	元/人	yuan/person	**529.8**
(三)新建住房价值	Value of Newly Built Residential Buildings	元/平方米	yuan/sq.m	**870.2**
三、期末现住房构成	**Current Housing Constitute of Term End**	--	--	
(一)本住户居住类型	Residence Type	%	%	**100.0**
其中：普通住宅	General Residence	%	%	**100.0**
(二)本住户居住空间样式	House Construction Space Style	%	%	**100.0**
1.单栋楼房	Single Building	%	%	**0.7**
2.单栋平房	Single Bungalow	%	%	**43.1**
3.四居室及以上单元房	House with Four Bedrooms and Above	%	%	**1.1**
4.三居室单元房	House with Three Bedrooms	%	%	**25.7**
5.二居室单元房	House with Two Bedrooms	%	%	**28.1**
6.一居室单元房	House with One Bedrooms	%	%	**1.2**
7.其他	Others	%	%	**0.2**
(三)主要建筑材料	Main Building Materials	%	%	**100.0**
1.钢筋混凝土	Reinforced Concrete	%	%	**36.5**
2.砖混材料	Brick and Concrete	%	%	**36.5**
3.砖瓦砖木	Brick and Wood	%	%	**26.4**
4.竹草土坯	Bamboo Grass Adobe	%	%	**0.4**
5.其他	Others	%	%	**0.2**
(四)现住房房屋来源	Current Housing Source	%	%	**100.0**
1.租赁公房	Public House Leasing	%	%	**0.8**
2.租赁私房	Private House Leasing	%	%	**2.1**
3.自建住房	Self-built Housing	%	%	**42.2**
4.购买商品房	Commercial Residential Building	%	%	**40.9**
5.购买房改住房	Reformed Housing	%	%	**2.7**
6.购买保障性住房	Security Housing	%	%	**1.6**
7.拆迁安置房	Removal Settlement Housing	%	%	**8.3**
8.继承或获赠住房	Inheritance or Gift Housing	%	%	**0.5**
9.免费借用房	Borrow Housing for Free	%	%	**0.8**
10.其他	Others	%	%	**0.2**
(五)现住房建筑面积	Current Residential Buildings Area	%	%	**100.0**
1.10平方米以内	Less than 10 sq.m	%	%	
2.10-20平方米	10-20 sq.m	%	%	
3.20-30平方米	20-30 sq.m	%	%	**0.0**
4.30-60平方米	30-60 sq.m	%	%	**6.0**
5.60-90平方米	60-90 sq.m	%	%	**27.9**
6.90-120平方米	90-120 sq.m	%	%	**36.7**
7.120-200平方米	120-200 sq.m	%	%	**26.6**
8.200平方米以上	200 sq.m above	%	%	**2.8**

Basic Statistics of House for Urban and Rural Households by City and County (2020)

沿黄地区 Plain	中南部地区 Mountain Area	银川市 Yinchuan	兴庆区 Xingqing	西夏区 Xixia	金凤区 Jinfeng	永宁县 Yongning	贺兰县 Helan	灵武市 Lingwu	石嘴山市 Shizuishan	大武口区 Dawukou	惠农区 Huinong	平罗县 Pingluo	吴忠市 Wuzhong
--	--	--	--	--	--	--	--	--	--	--	--	--	--
34.8	31.4	35.9	39.2	29.0	40.2	32.4	31.2	35.0	33.6	34.4	30.4	35.2	35.1
33.2	30.7	34.1	36.0	26.5	39.5	32.3	31.1	34.3	32.0	31.6	28.9	34.8	33.6
104.2	122.3	105.1	105.2	84.8	115.4	99.9	98.4	119.9	92.3	93.0	79.4	101.6	123.4
99.6	119.6	99.9	96.6	77.8	113.2	99.5	98.3	117.5	87.9	85.4	75.6	100.3	118.3
232.6	117.7	324.6	479.3	247.9	456.8	144.4	145.6	137.0	157.4	192.5	146.2	121.8	114.2
221.7	115.4	307.5	440.0	228.3	451.2	143.6	145.6	136.5	151.3	183.1	137.7	120.4	110.2
0.1	1.0	0.0		0.0		0.2							0.4
83.1	818.6	12.6		18.4		62.0							384.3
923.2	784.7	391.5		500.0		297.3							859.9
100.0	100.0	100.0	100.0	100.0	100.0	100.0	100.0	100.0	100.0	100.0	100.0	100.0	100.0
100.0	100.0	100.0	100.0	100.0	100.0	100.0	100.0	100.0	100.0	100.0	100.0	100.0	100.0
100.0	100.0	100.0	100.0	100.0	100.0	100.0	100.0	100.0	100.0	100.0	100.0	100.0	100.0
0.6	1.2	0.2	0.3			0.5			1.7	3.1	1.1	0.6	1.4
29.2	69.0	17.7	4.6	6.8	8.3	21.7	56.5	47.1	26.6	9.1	14.4	61.3	52.9
1.6	0.8	2.6	2.6	1.0	7.2			1.3	0.7		1.8	0.6	0.7
29.8	21.1	37.7	44.4	19.9	37.4	44.6	21.0	38.0	26.9	35.6	21.7	18.4	22.1
37.3	6.8	40.1	45.5	69.3	46.1	32.7	22.5	12.4	42.6	52.3	60.9	15.0	21.1
1.4	0.9	1.7	2.6	3.0	1.0	0.5		1.3	1.1			2.5	1.6
0.1	0.2	0.0	0.0	0.0	0.0	0.0	0.0	0.0	0.4	0.0	0.0	1.5	0.3
100.0	100.0	100.0	100.0	100.0	100.0	100.0	100.0	100.0	100.0	100.0	100.0	100.0	100.0
42.3	20.8	45.5	39.7	4.5	81.6	58.0	37.0	49.5	49.7	46.3	79.2	26.6	29.1
41.7	28.9	45.6	59.4	91.9	17.0	29.6	36.4	19.3	31.8	50.6	8.7	29.3	38.7
15.8	48.9	8.7	0.8	3.6	1.4	12.4	26.1	30.3	18.5	3.1	12.0	44.2	30.4
0.1	1.2	0.1					0.5						1.5
0.1	0.2	0.1						1.0					0.3
100.0	100.0	100.0	100.0	100.0	100.0	100.0	100.0	100.0	100.0	100.0	100.0	100.0	100.0
0.8	0.6	0.1						1.3	1.2	0.2	1.3	1.9	1.7
3.4	1.3	4.4	6.9	8.1	2.2	0.5			3.1	4.9	3.8	0.8	2.2
28.5	67.6	17.5	4.6	6.8	8.3	22.0	55.3	44.8	25.6	7.7	10.9	62.5	51.1
48.0	26.5	54.9	65.1	50.1	65.9	29.7	43.4	39.0	52.5	51.3	72.5	33.5	32.8
6.1	0.3	9.6	14.4	33.8	0.9	0.5		1.0	2.4	6.2			0.3
1.7	0.2	2.7	0.6		9.4	1.3		3.8	2.8	3.9	4.3		0.1
9.7	2.1	9.2	5.3	0.2	13.3	45.9	0.8	7.4	9.2	18.6	5.9	0.6	9.6
0.6		0.5	1.2					1.0	1.7	3.0	1.3	0.6	
1.1	0.4	0.9	1.9	1.0			0.5	1.0	1.5	4.0			0.4
0.1	1.0	0.1	0.0	0.0	0.0		0.0	0.7	0.0	0.0	0.0	0.0	1.9
100.0	100.0	100.0	100.0	100.0	100.0	100.0	100.0	100.0	100.0	100.0	100.0	100.0	100.0
	0.1												0.1
0.0	0.1	0.0					0.5						0.1
6.7	5.2	6.7	6.4	20.9	1.3	2.3	6.0	5.6	8.8	9.4	12.7	5.7	4.9
33.5	15.1	29.9	33.5	40.8	23.0	33.5	41.0	11.4	47.2	44.5	66.9	35.4	21.1
36.5	38.8	36.2	30.9	28.4	38.9	48.9	34.7	44.5	34.2	37.5	16.0	42.8	35.2
21.6	36.3	26.0	28.0	9.9	33.6	15.3	17.5	35.0	8.9	7.0	4.4	15.3	31.1
1.6	4.5	1.1	1.2		3.2		0.4	3.5	0.9	1.7		0.8	7.4

2-18 续表 1

指标名称	Item	单位	Unit	利通区 Litong
一、期末现住房情况	**Current House Condition of Term End**	--	--	--
(一)人均现住房面积	Per Capita Current Housing Area	平方米/人	sq.m/person	32.2
人均自有现住房面积	Per Capita Self-owned Current Housing Area	平方米/人	sq.m/person	31.3
户均现住房面积	Per Household Current Housing Area	平方米/户	sq.m/household	109.2
户均自有现住房面积	Per Household Self-owned Current Housing Area	平方米/户	sq.m/household	106.1
(二)现住房市场价月租金	Monthly Rent of Current Housing	元/人	yuan/person	163.1
自有现住房市场价月租金	Monthly Rent of Self-owned Current Housing	元/人	yuan/person	157.6
二、期内新购建住房情况	**Newly Bought or Built Residential Buildings Condition During Period**			
(一)新建住房竣工建筑面积	Completing Floor Space of Newly Built Residential Buildings	平方米/人	sq.m/person	
(二)新建住房总费用	Total Cost of Newly Built Residential Buildings	元/人	yuan/person	
(三)新建住房价值	Value of Newly Built Residential Buildings	元/平方米	yuan/sq.m	
三、期末现住房构成	**Current Housing Constitute of Term End**	--	--	
(一)本住户居住类型	Residence Type	%	%	100.0
其中：普通住宅	General Residence	%	%	100.0
(二)本住户居住空间样式	House Construction Space Style	%	%	100.0
1.单栋楼房	Single Building	%	%	
2.单栋平房	Single Bungalow	%	%	32.8
3.四居室及以上单元房	House with Four Bedrooms and above	%	%	
4.三居室单元房	House with Three Bedrooms	%	%	23.7
5.二居室单元房	House with Two Bedrooms	%	%	42.2
6.一居室单元房	House with One Bedrooms	%	%	1.2
7.其他	Others	%	%	0.0
(三)主要建筑材料	Main Building Materials	%	%	100.0
1.钢筋混凝土	Reinforced Concrete	%	%	31.6
2.砖混材料	Brick and Concrete	%	%	50.8
3.砖瓦砖木	Brick and Wood	%	%	17.6
4.竹草土坯	Bamboo Grass Adobe	%	%	
5.其他	Others	%	%	
(四)现住房房屋来源	Current Housing Source	%	%	100.0
1.租赁公房	Public House Leasing	%	%	1.2
2.租赁私房	Private House Leasing	%	%	2.7
3.自建住房	Self-built Housing	%	%	32.8
4.购买商品房	Commercial Residential Building	%	%	34.2
5.购买房改住房	Reformed Housing	%	%	
6.购买保障性住房	Security Housing	%	%	
7.拆迁安置房	Removal Settlement Housing	%	%	29.0
8.继承或获赠住房	Inheritance or Gift Housing	%	%	
9.免费借用房	Borrow Housing for Free	%	%	
10.其他	Others	%	%	0.0
(五)现住房建筑面积	Current Residential Buildings Area	%	%	100.0
1.10平方米以内	Less than 10 sq.m	%	%	
2.10-20平方米	10-20 sq.m	%	%	
3.20-30平方米	20-30 sq.m	%	%	
4.30-60平方米	30-60 sq.m	%	%	3.5
5.60-90平方米	60-90 sq.m	%	%	32.6
6.90-120平方米	90-120 sq.m	%	%	42.3
7.120-200平方米	120-200 sq.m	%	%	17.5
8.200平方米以上	200 sq.m above	%	%	4.1

continued 1

红寺堡区 Hongsipu	盐池县 Yanchi	同心县 Tongxin	青铜峡市 Qingtongxia	**固原市 Guyuan**	原州区 Yuanzhou	西吉县 Xiji	隆德县 Longde	泾源县 Jingyuan	彭阳县 Pengyang	**中卫市 Zhongwei**	沙坡头区 Shapotou	中宁县 Zhongning	海原县 Haiyuan
--	--	--	--	--	--	--	--	--	--	--	--	--	--
36.3	34.3	40.9	32.9	**28.8**	28.2	27.4	29.7	27.4	33.3	**33.5**	36.1	35.3	29.1
35.8	29.0	40.7	30.7	**28.2**	27.3	27.3	29.4	26.5	32.2	**32.8**	35.0	34.1	29.1
141.1	106.6	159.4	111.3	**113.4**	111.0	116.9	108.9	106.6	121.4	**116.6**	112.2	117.0	121.4
139.3	90.0	158.5	104.0	**110.9**	107.7	116.5	107.6	103.1	117.5	**114.1**	108.9	112.9	121.4
113.8	120.4	69.8	72.8	**129.3**	181.2	55.4	146.9	126.2	142.9	**131.8**	164.2	137.2	98.2
112.4	112.9	69.8	66.9	**126.5**	177.7	54.6	144.7	124.6	138.4	**130.1**	163.3	132.6	98.2
0.8	0.7	1.2		**1.1**	0.6	2.2	0.5	1.1	0.3	**0.9**		1.0	1.7
272.1	837.8	1120.1		**719.9**	475.3	1287.3	394.1	999.4	172.7	**846.2**		1013.3	1543.8
357.4	1172.7	973.3		**675.9**	855.4	583.2	772.9	948.1	625.0	**948.2**		1031.6	904.6
100.0	100.0	100.0	100.0	**100.0**	100.0	100.0	100.0	100.0	100.0	**100.0**	100.0	100.0	100.0
100.0	100.0	100.0	100.0	**100.0**	100.0	100.0	100.0	100.0	100.0	**100.0**	100.0	100.0	100.0
100.0	100.0	100.0	100.0	**100.0**	100.0	100.0	100.0	100.0	100.0	**100.0**	100.0	100.0	100.0
0.6	9.3	0.7		**0.5**		1.5		1.0		**0.9**	1.4	1.2	
70.4	51.1	84.9	51.4	**67.6**	46.9	79.1	79.1	74.6	78.6	**67.5**	56.8	59.9	87.5
0.6		1.3	1.4	**0.7**	1.7	0.4		1.0		**0.9**	1.8		0.6
21.2	25.5	12.5	20.7	**20.6**	32.4	14.4	13.4	15.3	15.7	**16.9**	16.8	24.0	10.9
5.9	8.9	0.7	23.8	**9.3**	18.6	4.7	6.6	5.6	2.3	**13.2**	22.5	14.3	1.0
0.6	3.5		2.7	**1.3**	0.4		0.9	2.6	3.4	**0.5**	0.7	0.7	
0.7	1.6	0.0	0.0	**0.0**	0.0	0.0	0.0	0.0	0.0	**0.0**	0.0	0.0	0.0
100.0	100.0	100.0	100.0	**100.0**	100.0	100.0	100.0	100.0	100.0	**100.0**	100.0	100.0	100.0
2.3	47.2	5.6	48.6	**23.7**	29.9	22.1	21.8	22.1	17.8	**25.6**	29.9	38.5	8.5
27.2	25.5	27.2	47.8	**29.6**	27.6	29.6	23.4	29.4	37.5	**29.1**	29.6	24.9	32.1
70.5	24.8	59.8	3.6	**46.4**	42.5	48.3	54.8	48.4	43.0	**45.0**	40.0	36.6	58.8
		7.4		**0.3**					1.8	**0.2**	0.5		
	2.5									**0.2**			0.6
100.0	100.0	100.0	100.0	**100.0**	100.0	100.0	100.0	100.0	100.0	**100.0**	100.0	100.0	100.0
	0.9		4.7	**1.2**	0.4		0.9	5.7	2.1	**0.7**	1.2	0.7	
1.3	2.7		3.8	**1.7**	2.5	0.4	1.4		2.5	**0.9**		2.7	
71.0	45.3	85.4	45.6	**65.8**	41.7	80.6	78.1	75.6	76.1	**67.3**	57.2	59.4	86.8
24.7	38.2	11.4	44.0	**28.7**	50.3	19.0	18.7	17.7	16.0	**25.4**	32.5	33.9	9.5
		1.0								**0.6**	1.2		0.4
		0.7		**0.1**					0.4	**0.1**			0.3
1.7	1.3	0.8		**1.9**	3.7		0.8	0.5	2.5	**3.7**	6.3	1.3	3.0
										0.1		0.4	
0.7			1.3	**0.6**	1.3			0.5	0.4	**0.9**	1.1	1.6	
0.6	11.8	0.8	0.7	**0.0**	0.0	0.0	0.0	0.0	0.0	**0.2**	0.6	0.0	0.0
100.0	100.0	100.0	100.0	**100.0**	100.0	100.0	100.0	100.0	100.0	**100.0**	100.0	100.0	100.0
0.7													
0.9													
1.5	11.1	1.5	8.1	**5.2**	6.0	3.0	3.9	10.3	5.0	**4.6**	3.3	3.7	7.5
9.1	20.5	7.7	24.5	**17.3**	15.7	14.6	23.9	21.4	17.2	**24.1**	28.7	25.6	16.7
33.6	44.0	16.5	39.1	**45.3**	43.3	46.6	48.0	42.4	46.1	**36.4**	37.6	41.7	29.6
39.5	23.6	57.1	25.6	**31.3**	35.0	35.0	23.3	23.9	28.9	**32.9**	30.4	25.7	43.2
14.7	0.8	17.1	2.7	**0.9**		0.7	1.0	1.9	2.7	**1.9**		3.2	3.0

2-18 续表 2

指标名称	Item	单位	Unit	全区 Total
(六)住宅有管道供水情况	Pipeline Water Supplying of Residential Buildings	%	%	**100.0**
1.住宅内管道取水	Pipeline Water Supplying in the Home	%	%	**90.0**
2.住宅内其他方式取水	Other Ways Water Supplying in the Residence	%	%	**0.9**
3.院内管道取水	Pipeline Water Supplying to Public Water Intaking Spot	%	%	**7.6**
4.院内其他方式取水	Other Ways Water Supplying in the Courtyard	%	%	**1.4**
5.其他位置取水	Water Supplying from Other Locations	%	%	**0.1**
(七)住户厕所类型	Residence Toilet Type	%	%	**100.0**
1.水冲式卫生厕所	Water Flushing Sanitary Toilet	%	%	**64.8**
2.水冲式非卫生厕所	Water Flushing Insanitary Toilet	%	%	**2.4**
3.卫生旱厕	Sanitary Pit Latrine	%	%	**4.2**
4.普通旱厕	General Pit Latrine	%	%	**28.5**
5.无厕所	No Toilet	%	%	**0.1**
(八)住户厕所使用情况	Using Condition of Residence Toilet	%	%	**100.0**
1.本住户独用	Exclusive Use	%	%	**99.3**
2.几户合用	Sharing with Several Households	%	%	**0.5**
3.公用厕所	Public Toilet	%	%	**0.2**
(九)住户洗澡设施情况	Residence Shower Equipment Condition	%	%	**100.0**
1.统一供热水	Unified Supply Hot Water	%	%	**1.3**
2.家庭自装热水器	House Self-Installing Water Heater	%	%	**91.4**
3.其他	Others	%	%	**2.8**
4.无洗澡设施	No Shower Equipment	%	%	**4.4**
(十)住户主要取暖设备状况	Residence Main Heating Equipment Condition	%	%	**100.0**
1.由市政或小区集中供暖	Central Heating by Government or Housing Estate	%	%	**48.3**
2.自行供暖	Self Heating	%	%	**51.2**
3.无取暖设备	No Heating Equipment	%	%	**0.4**
(十一)住户主要取暖用能源状况	Residence Main Heating Energy Condition	%	%	**100.0**
1.柴草	Firewood	%	%	
2.煤炭	Coal	%	%	**41.8**
3.罐装液化石油气	Canned Liquefied Petroleum Gas	%	%	
4.管道液化石油气	Pipeline Liquefied Petroleum Gas	%	%	
5.管道煤气	Pipeline Coal Gas	%	%	
6.管道天然气	Pipeline Natural Gas	%	%	**8.8**
7.电	Electricity	%	%	**0.9**
8.燃料用油	Fuel Oils	%	%	
9.沼气	Biogas	%	%	
10.其他	Others	%	%	**0.0**
11.无取暖行为	No Heating Behavior	%	%	**48.5**
(十二)主要炊用能源状况	Main Condition of Cooking Energy	%	%	**100.0**
1.柴草	Firewood	%	%	**1.1**
2.煤炭	Coal	%	%	**8.4**
3.罐装液化石油气	Canned Liquefied Petroleum Gas	%	%	**9.8**
4.管道液化石油气	Pipeline Liquefied Petroleum Gas	%	%	**0.1**
5.管道煤气	Pipeline Coal Gas	%	%	**0.1**
6.管道天然气	Pipeline Natural Gas	%	%	**46.9**
7.电	Electricity	%	%	**33.4**
8.燃料用油	Fuel Oils	%	%	
9.沼气	Biogas	%	%	**0.0**
10.其他	Others	%	%	
11.无炊用行为	No Heating Behavior	%	%	**0.1**

continued 2

沿黄地区 Plain	中南部地区 Mountain Area	银川市 Yinchuan	兴庆区 Xingqing	西夏区 Xixia	金凤区 Jinfeng	永宁县 Yongning	贺兰县 Helan	灵武市 Lingwu	石嘴山市 Shizuishan	大武口区 Dawukou	惠农区 Huinong	平罗县 Pingluo	吴忠市 Wuzhong
100.0	100.0	100.0	100.0	100.0	100.0	100.0	100.0	100.0	100.0	100.0	100.0	100.0	100.0
100.0	99.7	100.0	100.0	100.0	100.0	100.0	100.0	100.0	100.0	100.0	100.0	100.0	99.9
	0.3												0.1
100.0	100.0	100.0	100.0	100.0	100.0	100.0	100.0	100.0	100.0	100.0	100.0	100.0	100.0
79.0	37.3	86.1	95.9	93.2	91.7	81.1	44.8	82.7	83.0	96.4	93.7	55.1	57.6
3.7	4.9	1.5	0.4			7.0	2.3	4.7	0.4	0.5		0.8	3.0
2.6	7.6	2.2	2.4			8.5		1.8	0.1	0.2			7.1
14.7	50.0	10.2	1.2	6.8	8.3	3.5	52.9	10.8	16.4	2.8	6.3	44.1	32.1
0.1	0.2								0.1	0.2			0.2
100.0	100.0	100.0	100.0	100.0	100.0	100.0	100.0	100.0	100.0	100.0	100.0	100.0	100.0
99.5	98.5	99.7	99.9	100.0	100.0	99.2	100.0	98.1	98.9	97.8	100.0	99.2	99.1
0.5	1.1	0.3	0.1			0.8		1.9	1.1	2.2		0.8	0.4
	0.4												0.5
100.0	100.0	100.0	100.0	100.0	100.0	100.0	100.0	100.0	100.0	100.0	100.0	100.0	100.0
2.0	2.6	2.5	1.9		2.2	2.9	8.7	0.4	1.6	3.1	0.7	0.7	3.4
92.1	89.0	93.6	98.0	96.1	97.8	91.4	72.4	92.5	90.1	93.7	95.4	83.8	88.0
2.4	1.9	2.0		2.1		0.8	14.2	2.5	4.1		1.3	9.2	3.6
3.5	6.6	1.9	0.1	1.8		5.0	4.7	4.7	4.2	3.2	2.6	6.3	5.0
100.0	100.0	100.0	100.0	100.0	100.0	100.0	100.0	100.0	100.0	100.0	100.0	100.0	100.0
60.9	29.5	65.6	88.9	83.8	58.4	44.6	43.5	30.7	68.5	90.7	90.6	24.1	44.1
38.6	69.6	34.2	11.1	16.2	41.6	52.8	56.5	68.9	31.5	9.3	9.4	75.9	54.8
0.5	0.9	0.2				2.6		0.4					1.1
100.0	100.0	100.0	100.0	100.0	100.0	100.0	100.0	100.0	100.0	100.0	100.0	100.0	100.0
0.1	0.1												
27.4	67.6	17.2	4.6	6.6	6.9	20.2	56.1	44.8	24.1	9.1	8.9	58.1	49.3
	0.1												
0.0													
	0.1												0.1
10.7	0.7	16.7	6.4	9.5	34.7	33.8		21.9	6.4	0.2		15.4	2.9
0.5	1.1	0.4	0.1				0.4	2.5	0.7			2.4	2.3
0.1	0.1	0.1				0.8			0.2		0.6		0.2
61.2	30.2	65.7	88.9	83.8	58.4	45.3	43.5	30.7	68.5	90.7	90.6	24.1	45.2
100.0	100.0	100.0	100.0	100.0	100.0	100.0	100.0	100.0	100.0	100.0	100.0	100.0	100.0
0.3	3.1	0.0				0.6			0.1	0.3			3.1
6.8	9.0	3.8	0.6	3.2	0.2	4.5	2.3	14.6	5.2	2.8	4.8	7.7	4.8
12.0	6.5	10.0	5.6	2.0	2.7	10.3	45.3	13.9	15.3	2.8	6.1	39.6	10.6
0.2	0.1	0.1						1.0	0.4	1.0			0.2
0.0	0.4	0.0						0.4					0.4
64.2	7.9	78.3	89.4	90.0	88.8	78.4	41.3	48.3	67.5	82.7	85.5	32.6	32.5
16.4	72.3	7.5	4.4	4.8	8.3	6.3	11.0	19.9	11.3	10.2	3.6	20.0	47.6
0.1	0.0								0.1	0.3			0.1
	0.1												0.1
0.1	0.6	0.2						1.9					0.6

2-18 续表 3

指标名称	Item	单位	Unit	利通区 Litong
(六)住宅有管道供水情况	Pipeline Water Supplying of Residential Buildings	%	%	100.0
1.住宅内管道取水	Pipeline Water Supplying in the Home	%	%	100.0
2.住宅内其他方式取水	Other Ways Water Supplying in the Residence	%	%	
3.院内管道取水	Pipeline Water Supplying to Public Water Intaking Spot	%	%	
4.院内其他方式取水	Other Ways Water Supplying in the Courtyard	%	%	
5.其他位置取水	Water Supplying from other locations	%	%	
(七)住户厕所类型	Residence Toilet Type	%	%	100.0
1.水冲式卫生厕所	Water Flushing Sanitary Toilet	%	%	80.3
2.水冲式非卫生厕所	Water Flushing Insanitary Toilet	%	%	1.8
3.卫生旱厕	Sanitary Pit Latrine	%	%	8.3
4.普通旱厕	General Pit Latrine	%	%	9.6
5.无厕所	No Toilet	%	%	
(八)住户厕所使用情况	Using Condition of Residence Toilet	%	%	100.0
1.本住户独用	Exclusive Use	%	%	100.0
2.几户合用	Sharing with Several Households	%	%	
3.公用厕所	Public Toilet	%	%	
(九)住户洗澡设施情况	Residence Shower Equipment Condition	%	%	100.0
1.统一供热水	Unified Supply Hot Water	%	%	2.4
2.家庭自装热水器	House Self-Installing Water Heater	%	%	93.8
3.其他	Others	%	%	3.8
4.无洗澡设施	No Shower Equipment	%	%	
(十)住户主要取暖设备状况	Residence Main Heating Equipment Condition	%	%	100.0
1.由市政或小区集中供暖	Central Heating by Government or Housing Estate	%	%	67.9
2.自行供暖	Self Heating	%	%	32.1
3.无取暖设备	No Heating Equipment	%	%	
(十一)住户主要取暖用能源状况	Residence Main Heating Energy Condition	%	%	100.0
1.柴草	Firewood	%	%	
2.煤炭	Coal	%	%	30.3
3.罐装液化石油气	Canned Liquefied Petroleum Gas	%	%	
4.管道液化石油气	Pipeline Liquefied Petroleum Gas	%	%	
5.管道煤气	Pipeline Coal Gas	%	%	
6.管道天然气	Pipeline Natural Gas	%	%	1.5
7.电	Electricity	%	%	0.3
8.燃料用油	Fuel Oils	%	%	
9.沼气	Biogas	%	%	
10.其他	Others	%	%	
11.无取暖行为	No Heating Behavior	%	%	67.9
(十二)主要炊用能源状况	Main Condition of Cooking Energy	%	%	100.0
1.柴草	Firewood	%	%	
2.煤炭	Coal	%	%	9.6
3.罐装液化石油气	Canned Liquefied Petroleum Gas	%	%	13.7
4.管道液化石油气	Pipeline Liquefied Petroleum Gas	%	%	0.4
5.管道煤气	Pipeline Coal Gas	%	%	
6.管道天然气	Pipeline Natural Gas	%	%	58.6
7.电	Electricity	%	%	17.7
8.燃料用油	Fuel Oils	%	%	
9.沼气	Biogas	%	%	
10.其他	Others	%	%	
11.无炊用行为	No Heating Behavior	%	%	

continued 3

红寺堡区 Hongsipu	盐池县 Yanchi	同心县 Tongxin	青铜峡市 Qingtongxia	**固原市 Guyuan**	原州区 Yuanzhou	西吉县 Xiji	隆德县 Longde	泾源县 Jingyuan	彭阳县 Pengyang	**中卫市 Zhongwei**	沙坡头区 Shapotou	中宁县 Zhongning	海原县 Haiyuan
100.0	100.0	100.0	100.0	**100.0**	100.0	100.0	100.0	100.0	100.0	**100.0**	100.0	100.0	100.0
97.7	100.0	100.0	100.0	**100.0**	100.0	100.0	100.0	100.0	100.0	**100.0**	100.0	100.0	100.0
2.3													
100.0	100.0	100.0	100.0	**100.0**	100.0	100.0	100.0	100.0	100.0	**100.0**	100.0	100.0	100.0
30.1	61.2	13.8	74.4	**42.0**	54.9	25.6	56.0	46.4	30.0	**41.6**	52.6	53.3	16.2
0.9	6.3	6.8		**2.7**			1.0	21.7	3.7	**15.4**	28.2	2.2	11.9
	28.5		5.9	**11.1**	10.7	21.2	4.0	2.3	4.3	**2.8**	6.7		0.4
68.9	2.0	79.4	19.7	**44.1**	34.4	53.2	39.0	28.6	61.2	**39.9**	11.8	44.6	71.6
	1.9			**0.2**				1.0	0.8	**0.3**	0.7		
100.0	100.0	100.0	100.0	**100.0**	100.0	100.0	100.0	100.0	100.0	**100.0**	100.0	100.0	100.0
98.6	95.2	99.4	100.0	**98.5**	100.0	100.0	100.0	99.0	91.2	**99.3**	98.8	100.0	99.3
1.4	0.9	0.6		**1.2**				1.0	7.2	**0.6**	1.2		0.3
	3.8			**0.2**					1.6	**0.1**			0.4
100.0	100.0	100.0	100.0	**100.0**	100.0	100.0	100.0	100.0	100.0	**100.0**	100.0	100.0	100.0
3.4	1.2	6.0	2.2	**0.7**	0.5		1.0	2.0	1.4	**1.2**	1.7		1.7
87.6	84.0	77.0	93.1	**93.3**	96.8	100.0	87.9	83.5	85.7	**88.0**	82.7	93.7	89.8
3.0	1.0	5.5	3.9	**1.1**	1.3		1.0	0.5	2.3	**0.6**		0.6	1.5
6.0	13.8	11.5	0.7	**4.9**	1.4		10.2	14.0	10.5	**10.2**	15.6	5.7	7.0
100.0	100.0	100.0	100.0	**100.0**	100.0	100.0	100.0	100.0	100.0	**100.0**	100.0	100.0	100.0
29.5	37.9	14.4	40.7	**30.6**	51.8	19.4	20.4	24.9	18.0	**28.5**	45.0	24.0	13.2
70.5	53.4	85.6	59.3	**68.9**	48.2	80.6	79.6	73.9	79.1	**69.9**	51.2	76.0	86.8
	8.7			**0.6**				1.2	2.8	**1.5**	3.8		
100.0	100.0	100.0	100.0	**100.0**	100.0	100.0	100.0	100.0	100.0	**100.0**	100.0	100.0	100.0
				0.1					0.8	**0.5**	1.1		
68.9	34.8	85.3	48.9	**67.5**	46.0	80.6	78.1	75.1	77.4	**64.5**	49.8	60.3	86.0
				0.1			1.0						
										0.2	0.6		
		0.3											
	1.9		9.7	**1.4**	1.8				3.0	**4.7**		15.7	
	16.8		0.7	**0.2**	0.4		0.4			**0.7**	1.1		0.8
1.6										**0.2**	0.5		
29.5	46.6	14.4	40.7	**30.7**	51.8	19.4	20.4	24.9	18.8	**29.3**	47.0	24.0	13.2
100.0	100.0	100.0	100.0	**100.0**	100.0	100.0	100.0	100.0	100.0	**100.0**	100.0	100.0	100.0
14.4	3.5		4.3	**3.7**		4.3	13.0		5.1	**0.2**	0.5		
0.9	12.0	0.7	1.5	**13.9**	10.9	0.4	27.6	13.7	34.2	**15.9**	6.3	40.5	0.3
1.5	7.0	4.8	20.7	**8.1**	9.3	8.4	9.5	4.4	6.9	**6.8**	4.6	13.2	3.2
		0.3											
		1.6											
1.4	24.5		45.2	**10.7**	24.4	3.9		4.6	4.8	**16.8**	29.0	18.5	0.4
81.2	47.5	92.7	28.3	**63.7**	55.4	83.0	50.0	77.3	49.0	**60.1**	59.6	27.2	96.2
	0.6									**0.2**		0.6	
0.6													
	4.9												

2-19　2020年各市县全体居民年末拥有生产性固定资产情况

指标名称	Item	单位	Unit	全区 Total
年末生产性固定资产原价	**Original Price of Productive Fixed Assets Year-end**	元/户	**yuan/household**	**37625.6**
(一)第一产业固定资产原价	**The Primary Industry**	元/户	**yuan/household**	**14582.6**
1.农业固定资产原价	Agricultural	元/户	yuan/household	**5386.1**
2.林业固定资产原价	Forestry	元/户	yuan/household	**68.8**
3.牧业固定资产原价	Animal Husbandry	元/户	yuan/household	**7638.2**
4.渔业固定资产原价	Fishery	元/户	yuan/household	
5.农林牧渔专业及辅助性活动固定资产原价	Agriculture, Forestry, Animal Husbandry ,Fishery and Auxiliary Activities	元/户	yuan/household	**1489.6**
(二)第二产业固定资产原价	**The Secondary Industry**	元/户	**yuan/household**	**4149.4**
1.采矿业固定资产原价	Mining Industry	元/户	yuan/household	**323.9**
2.制造业固定资产原价	Manufacturing Industry	元/户	yuan/household	**113.2**
3.电力热力燃气及水生产和供应业	Production and Supply of Electric, Heat, Gas and Water	元/户	yuan/household	
4.建筑业固定资产原价	Construction Industry	元/户	yuan/household	**3712.2**
(三)第三产业固定资产原价	**The Tertiary Industry**	元/户	**yuan/household**	**18893.6**
1.批发和零售业	Wholesales and Retail Trade	元/户	yuan/household	**3978.8**
2.交通运输仓储和邮政业	Transportation, Warehousing and Postal Services	元/户	yuan/household	**9199.2**
3.住宿和餐饮业	Hotel and Catering Sectors	元/户	yuan/household	**2829.6**
4.房地产业	Real Estate	元/户	yuan/household	
5.租赁和商务服务业	Leasing and Business Service	元/户	yuan/household	**97.7**
6.居民服务修理和其他服务业	Residential Services, Repair and Other Services	元/户	yuan/household	**1963.4**
7.其他行业	Others	元/户	yuan/household	**824.8**
年末主要生产性固定资产数量	**Quantity of Main Productive Fixed Assets Year-end**	--	--	
1.农业生产性用房及建筑物	House and Buildings for Agricultural Production	平方米/百户	sq.m/100 households	**3207.2**
2.大中型农用拖拉机	Large and Medium Agrimotor	辆/百户	unit/100 households	**1.9**
3.小型农用拖拉机	Small Agrimotor	辆/百户	unit/100 households	**18.3**
4.农用排灌动力机械	Drainage and Irrigation Power Machinery for Agriculture	台/百户	unit/100 households	**0.3**
5.插秧机	Rice Transplanter	台/百户	unit/100 households	
6.收割机	Harvesting Implements	台/百户	unit/100 households	**0.5**
7.脱粒机	Threshing Machine	台/百户	unit/100 households	**2.0**
8.产品畜	Livestock Products	头/百户	unit/100 households	**157.9**
9.其他农业机械	Other Agricultural Machinery	台/百户	unit/100 households	**17.0**

Ownership of Productive Fixed Assets for Urban and Rural Households Year-end by City and County (2020)

沿黄地区 Plain	中南部地区 Mountain Area	**银川市 Yinchuan**	兴庆区 Xingqing	西夏区 Xixia	金凤区 Jinfeng	永宁县 Yongning	贺兰县 Helan	灵武市 Lingwu	**石嘴山市 Shizuishan**	大武口区 Dawukou	惠农区 Huinong	平罗县 Pingluo	**吴忠市 Wuzhong**
40223.2	**44133.4**	**28360.3**	**30785.8**	**3067.2**	**7524.6**	**25114.9**	**44062.0**	**76373.5**	**38208.6**	**14984.6**	**15640.4**	**87467.9**	**38270.3**
14075.3	**23983.5**	**4654.1**	**939.4**	**100.2**	**362.2**	**4657.9**	**16581.7**	**19094.6**	**14709.4**	**2653.1**	**7205.9**	**35256.3**	**22507.3**
5601.8	**7963.4**	**2113.0**	739.5	77.6	278.6	3747.7	8418.7	4448.5	**6489.5**	670.1	5600.7	14060.1	**6300.5**
19.2	**31.3**	**6.6**	19.0						**86.8**	183.3		30.9	**8.4**
7095.8	**15521.0**	**2456.1**	166.2	13.4	83.6	903.4	7787.4	14370.6	**3932.2**	79.3	1605.2	10840.7	**16113.3**
13.8		**28.1**	14.7				202.6						
1344.7	**467.8**	**50.4**		9.3		6.8	173.0	275.5	**4201.0**	1720.5		10324.6	**85.0**
7316.1	**3403.8**	**2634.5**	**1761.6**	**349.0**	**260.3**	**1645.9**	**1783.6**	**13372.2**	**12823.3**	**708.6**	**168.6**	**42424.9**	**1420.5**
398.3		**829.5**		82.3				6924.4					
3864.5	**449.1**	**34.3**		237.0				38.7	**12150.4**	122.6	90.3	41078.7	**327.8**
3053.3	**2954.6**	**1770.7**	1761.6	29.7	260.3	1645.9	1783.6	6409.2	**672.9**	585.9	78.3	1346.2	**1092.7**
18831.9	**16746.2**	**21071.7**	**28084.8**	**2618.1**	**6902.1**	**18811.1**	**25696.7**	**43906.7**	**10675.9**	**11622.9**	**8265.9**	**9786.7**	**14342.6**
4454.7	**3681.6**	**4814.1**	10823.9	178.3	267.6	3997.1	1112.3	2925.8	**2135.0**	1698.7	1192.5	3318.0	**3488.1**
7247.9	**8583.2**	**7430.2**	387.6	1515.4	734.2	13170.6	18006.5	34467.0	**7222.5**	9768.2	2644.2	6152.6	**6954.0**
3398.8	**2532.2**	**4725.7**	9828.9	29.5	1051.6	897.2	3915.9	5112.0	**687.8**		2548.9	124.2	**2183.5**
35.4									**169.7**		681.5		
111.2	**125.3**	**208.9**	601.8										
2371.6	**1217.6**	**2163.4**	3822.5	689.3	919.3	694.7	2662.1	1401.8	**453.4**	156.1	1198.8	166.6	**1697.4**
1212.4	**606.3**	**1729.4**	2620.1	205.5	3929.4	51.4			**7.4**			25.2	**19.6**
1944.9	**6216.2**	**898.8**	155.6	41.0	71.4	165.8	3246.0	4150.5	**2800.9**	100.2	2462.4	6487.7	**3920.7**
2.4	**3.3**	**0.5**			0.7	3.2	1.3	0.8	**3.3**	1.1	1.3	7.8	**1.4**
15.0	**26.9**	**5.9**	0.7		1.9	7.7	35.0	13.3	**23.3**	0.8	14.1	60.6	**15.0**
1.0	**0.3**	**0.1**					0.9		**0.2**			0.8	**1.4**
0.1		**0.0**					0.4						
0.5	**0.9**								**1.0**	0.2	0.6	2.5	**0.3**
0.4	**4.0**	**0.2**		0.2				0.9	**0.8**		0.2	2.4	**1.3**
72.5	**350.0**	**68.7**	0.3		0.3	8.9	89.4	557.3	**21.1**	2.8	0.4	65.2	**78.8**
11.1	**27.3**	**4.4**	1.7		1.2	10.5	17.3	7.9	**19.5**		13.1	50.4	**10.7**

2-19 续表

指标名称	Item	单位	Unit	利通区 Litong
年末生产性固定资产原价	**Original Price of Productive Fixed Assets Year-end**	**元/户**	**yuan/household**	**46145.8**
(一)第一产业固定资产原价	**The Primary Industry**	**元/户**	**yuan/household**	**19614.8**
1.农业固定资产原价	Agricultural	元/户	yuan/household	5553.8
2.林业固定资产原价	Forestry	元/户	yuan/household	
3.牧业固定资产原价	Animal Husbandry	元/户	yuan/household	13767.9
4.渔业固定资产原价	Fishery	元/户	yuan/household	
5.农林牧渔专业及辅助性活动固定资产原价	Agriculture, Forestry, Animal Husbandry, Fishery and Auxiliary Activities	元/户	yuan/household	293.1
(二)第二产业固定资产原价	**The Secondary Industry**	**元/户**	**yuan/household**	**3745.0**
1.采矿业固定资产原价	Mining Industry	元/户	yuan/household	
2.制造业固定资产原价	Manufacturing Industry	元/户	yuan/household	358.7
3.电力热力燃气及水生产和供应业	Production and Supply of Electric, Heat, Gas and Water	元/户	yuan/household	
4.建筑业固定资产原价	Construction Industry	元/户	yuan/household	3386.3
(三)第三产业固定资产原价	**The Tertiary Industry**	**元/户**	**yuan/household**	**22786.0**
1.批发和零售业	Wholesales and Retail Trade	元/户	yuan/household	5428.0
2.交通运输仓储和邮政业	Transportation, Warehousing and Postal Services	元/户	yuan/household	8509.2
3.住宿和餐饮业	Hotel and Catering Sectors	元/户	yuan/household	5287.8
4.房地产业	Real Estate	元/户	yuan/household	
5.租赁和商务服务业	Leasing and Business Service	元/户	yuan/household	
6.居民服务修理和其他服务业	Residential Services, Repair and Other Services	元/户	yuan/household	3561.0
7.其他行业	Others	元/户	yuan/household	
年末主要生产性固定资产数量	**Quantity of Main Productive Fixed Assets Year-end**	--	--	
1.农业生产性用房及建筑物	House and Buildings for Agricultural Production	平方米/百户	sq.m/100 households	5133.4
2.大中型农用拖拉机	Large and Medium Agrimotor	辆/百户	unit/100 households	0.4
3.小型农用拖拉机	Small Agrimotor	辆/百户	unit/100 households	8.3
4.农用排灌动力机械	Drainage and Irrigation Power Machinery for Agriculture	台/百户	unit/100 households	4.5
5.插秧机	Rice Transplanter	台/百户	unit/100 households	
6.收割机	Harvesting Implements	台/百户	unit/100 households	
7.脱粒机	Threshing Machine	台/百户	unit/100 households	
8.产品畜	Livestock Products	头/百户	unit/100 households	65.2
9.其他农业机械	Other Agricultural Machinery	台/百户	unit/100 households	14.7

continued

红寺堡区 Hongsipu	盐池县 Yanchi	同心县 Tongxin	青铜峡市 Qingtongxia	**固原市** Guyuan	原州区 Yuanzhou	西吉县 Xiji	隆德县 Longde	泾源县 Jingyuan	彭阳县 Pengyang	**中卫市** Zhongwei	沙坡头区 Shapotou	中宁县 Zhongning	海原县 Haiyuan
	42439.2	**15913.3**	**74039.8**	**53376.7**	**53618.2**	**58008.8**	**51164.5**	**27540.9**	**63494.4**	**63843.0**	**76767.8**	**46679.9**	**64639.9**
	13131.0	**5790.6**	**68236.1**	**30317.7**	**25542.5**	**32653.3**	**39543.3**	**13690.1**	**38523.0**	**26335.8**	**15099.8**	**27246.4**	**39748.9**
	7779.4	1389.6	16868.3	**11776.1**	4867.7	21594.9	13592.4	1500.2	13498.9	**11048.3**	7992.3	16367.0	8698.3
		41.7		**53.3**				600.7					
	5351.5	4359.3	51367.8	**17560.2**	19992.5	8794.0	25951.0	11589.1	24717.4	**12992.3**	7026.4	4042.8	30982.8
				928.1	682.3	2264.4			306.6	**2295.2**	81.1	6836.6	67.9
	9.9	**871.7**		**5124.9**	**10903.2**	**6233.9**	**885.2**			**13417.9**	**28546.8**	**5055.9**	**2112.0**
		871.7		**640.7**	1121.9	868.2				**5014.5**	12510.6		
	9.9			**4484.2**	9781.3	5365.7	885.2			**8403.4**	16036.2	5055.9	2112.0
	29298.3	**9251.0**	**5803.7**	**17934.1**	**17172.5**	**19121.7**	**10736.0**	**13850.8**	**24971.4**	**24089.3**	**33121.2**	**14377.6**	**22779.0**
	6150.8	1644.2	2296.8	**5009.2**	2866.0	9669.2	2240.0	3981.1	3618.2	**5005.3**	9137.0	3108.5	1706.6
	17591.1	5830.0	3244.7	**6518.0**	9883.8	6177.9	4313.1	4379.4	3050.4	**11318.2**	6213.0	9843.1	19765.2
	3283.4	102.0	125.9	**3011.6**	154.0	3254.6		1158.7	14473.9	**1974.2**	4213.4	95.7	923.8
				240.0					1384.3	**1.9**		5.8	
	2125.5	1674.8	136.3	**1675.5**	44.1	19.9	4182.9	4331.6	2444.5	**4044.3**	9203.0	1324.5	383.3
	147.5			**1479.8**	4224.6					**1745.5**	4354.8		
	9106.9	4047.9	2294.1	**6583.6**	3977.8	9729.4	5201.9	3634.4	9462.3	**4886.5**	1834.5	3074.6	10992.5
	2.5		4.7	**5.3**	0.4	13.8	4.4	0.9	4.2	**6.0**	3.5	11.3	3.1
	21.9	2.4	46.4	**42.6**	22.3	81.1	25.3	26.9	40.8	**23.1**	12.4	34.3	24.4
			0.6	**0.1**					1.0	**2.8**	3.5	3.3	1.2
										0.2	0.5		
	2.5			**1.7**		5.0			1.7	**1.2**		3.8	
	6.8	1.5	0.8	**7.0**	4.0	17.0		1.0	4.2	**0.7**		2.1	
	12.1	6.5	278.3	**492.7**	138.6	35.2	3199.0	36.4	155.7	**179.2**	83.6	35.5	468.7
	8.9	12.9	12.7	**45.2**	22.5	77.3	78.8	25.7	19.9	**16.7**	18.1	17.2	13.6

2-20 2020年各市县全体居民家庭经营土地及农作物种植情况

指标名称	Item	单位	Unit	全区 Total	沿黄地区 Plain	中南部地区 Mountain Area
期末实际经营的土地面积	**Area of Cultivated Land at Year-end**	**亩/人**	**mu/person**	**2.23**	**1.80**	**3.39**
耕地	Arable Land	亩/人	mu/person	**1.77**	**1.37**	**2.81**
有效灌溉面积	Effective Irrigated Area	亩/人	mu/person	**0.99**	**1.37**	**0.81**
林地、园地	Woodland, Garden	亩/人	mu/person	**0.26**	**0.41**	**0.22**
牧草地	Grassland	亩/人	mu/person	**0.19**	**0.00**	**0.36**
养殖水面	Aquaculture	亩/人	mu/person		**0.01**	
粮食播种面积	**Grain Sown Area**	**亩/人**	**mu/person**	**1.25**	**1.19**	**1.69**
小麦	Wheat	亩/人	mu/person	**0.13**	**0.12**	**0.17**
水稻	Rice	亩/人	mu/person	**0.09**	**0.25**	
玉米	Corn	亩/人	mu/person	**0.92**	**0.79**	**1.26**
豆类	Soybeans	亩/人	mu/person	**0.01**	**0.03**	**0.01**
薯类	Tubers	亩/人	mu/person	**0.11**	**0.00**	**0.26**
经济作物播种面积	**Sown Area of Economy Crops**	**亩/人**	**mu/person**	**0.25**	**0.42**	**0.25**
油料	Bearing	亩/人	mu/person	**0.05**	**0.02**	**0.09**
蔬菜	Vegetable	亩/人	mu/person	**0.07**	**0.07**	**0.06**
设施蔬菜	Facilities Vegetables	亩/人	mu/person	**0.01**	**0.01**	**0.00**
水果	Fruits	亩/人	mu/person	**0.13**	**0.33**	**0.10**
设施水果	Facilities Fruit	亩/人	mu/person	**0.00**	**0.01**	
机耕面积	**Machine-cultivated Area**	**亩/人**	**mu/person**	**1.52**	**1.28**	**2.42**
机播面积	**Mechanical Sowing Area**	**亩/人**	**mu/person**	**1.30**	**1.20**	**2.00**
机收面积	**Mechanical Harvesting Area**	**亩/人**	**mu/person**	**0.83**	**1.24**	**0.94**
机电灌溉面积	**Electromechanical Irrigation Area**	**亩/人**	**mu/person**	**0.17**	**0.21**	**0.41**
主要农产品产量	**Output of Major Agricultural Products**	--	--	--	--	--
谷物产量	Cereal	公斤/人	kg/person	**790.16**	**761.68**	**801.62**
小麦产量	Wheat	公斤/人	kg/person	**34.93**	**46.25**	**35.50**
稻谷产量	Rice	公斤/人	kg/person	**46.86**	**128.45**	
玉米产量	Corn	公斤/人	kg/person	**702.87**	**586.72**	**751.93**
薯类产量	Tubers	公斤/人	kg/person	**34.30**		**77.97**
豆类产量	Soybeans	公斤/人	kg/person	**1.38**	**1.62**	**1.99**
油料产量	Bearing	公斤/人	kg/person	**4.02**	**2.64**	**6.53**

Basic Statistics of Land Managed and Farm Crop Planting for Urban and Rural Households by City and County (2020)

银川市 Yinchuan	兴庆区 Xingqing	西夏区 Xixia	金凤区 Jinfeng	永宁县 Yongning	贺兰县 Helan	灵武市 Lingwu	石嘴山市 Shizuishan	大武口区 Dawukou	惠农区 Huinong	平罗县 Pingluo	吴忠市 Wuzhong
0.96	**0.56**	**0.16**	**0.30**	**3.61**	**2.15**	**0.80**	**2.58**	**0.10**	**3.10**	**5.05**	**3.03**
0.81	0.29	0.14	0.30	3.44	1.95	0.75	**2.51**	0.09	2.89	5.01	**2.62**
0.81	0.29	0.14	0.30	3.44	1.94	0.75	**2.51**	0.09	2.88	5.01	**1.65**
0.12	0.26	0.02		0.17	0.01	0.05	**0.05**	0.01	0.16	0.01	**0.27**
							0.03		0.05	0.03	**0.13**
0.03	0.02				0.19						
0.75	**0.28**	**0.11**	**0.28**	**3.37**	**1.79**	**0.61**	**2.30**	**0.08**	**2.27**	**4.93**	**1.16**
0.05	0.01	0.01	0.13	0.05	0.33	0.02	**0.45**	0.03	0.57	0.82	**0.07**
0.19	0.10		0.06	0.42	0.55	0.36	**0.64**		0.15	1.87	**0.02**
0.44	0.03	0.10	0.09	2.89	0.91	0.22	**1.17**	0.05	1.55	2.17	**1.04**
0.07	0.14				0.01		**0.03**		0.00	0.08	
											0.03
0.07	**0.01**	**0.01**	**0.01**	**0.05**	**0.29**	**0.18**	**0.21**	**0.01**	**0.28**	**0.36**	**0.29**
0.00					0.02		**0.09**		0.23	0.06	**0.03**
0.06	0.01	0.01	0.01	0.04	0.26	0.13	**0.11**	0.01	0.06	0.30	**0.05**
0.02	0.01	0.00	0.00	0.00	0.06	0.01	**0.00**	0.01		0.00	**0.00**
0.01		0.00	0.00	0.01	0.01	0.05	**0.00**	0.00		0.00	**0.21**
0.00			0.00	0.00			**0.00**	0.00			**0.03**
0.79	**0.29**	**0.11**	**0.30**	**3.37**	**1.93**	**0.70**	**2.46**	**0.08**	**2.89**	**4.86**	**2.13**
0.75	**0.28**	**0.11**	**0.29**	**3.35**	**1.70**	**0.62**	**2.40**	**0.08**	**2.89**	**4.69**	**1.97**
0.71	**0.28**	**0.11**	**0.29**	**3.17**	**1.69**	**0.53**	**2.78**	**0.08**	**4.35**	**4.79**	**1.50**
0.32	**0.29**	**0.11**	**0.30**		**0.95**	**0.15**	**0.06**	**0.06**		**0.10**	**0.39**
--	--	--	--	--	--	--	--	--	--	--	--
408.01	69.20	73.09	108.62	2212.10	979.51	386.21	**1383.77**	35.72	718.37	3546.28	**918.33**
18.81	2.09	3.68	29.11	20.05	131.95	1.42	**179.53**	10.85	168.01	370.48	**6.01**
94.80	59.59		38.40	156.36	218.89	216.64	**340.45**			1074.55	**16.15**
294.41	7.52	69.41	41.11	2035.69	628.67	168.15	**863.19**	23.45	550.37	2101.24	**883.91**
											2.87
2.65	5.02	0.08			0.08	0.06	**2.93**		0.41	9.02	**0.54**
0.57		0.01			5.38		**15.67**		34.56	12.02	**0.52**

2-20 续表

指标名称	Item	单位	Unit	利通区 Litong	红寺堡区 Hongsipu	盐池县 Yanchi
期末实际经营的土地面积	**Area of Cultivated Land at Year-end**	**亩/人**	**mu/person**	**0.73**		**9.01**
耕地	Arable Land	亩/人	mu/person	0.68		9.00
有效灌溉面积	Effective Irrigated Area	亩/人	mu/person	0.68		3.05
林地、园地	Woodland, Garden	亩/人	mu/person	0.05		0.00
牧草地	Grassland	亩/人	mu/person			
养殖水面	Aquaculture	亩/人	mu/person			
粮食播种面积	**Grain Sown Area**	**亩/人**	**mu/person**	**0.34**		**1.88**
小麦	Wheat	亩/人	mu/person			
水稻	Rice	亩/人	mu/person	0.01		
玉米	Corn	亩/人	mu/person	0.33		1.85
豆类	Soybeans	亩/人	mu/person			
薯类	Tubers	亩/人	mu/person			0.03
经济作物播种面积	**Sown Area of Economy Crops**	**亩/人**	**mu/person**	**0.18**		**0.30**
油料	Bearing	亩/人	mu/person			0.25
蔬菜	Vegetable	亩/人	mu/person	0.02		0.05
设施蔬菜	Facilities Vegetables	亩/人	mu/person	0.01		
水果	Fruits	亩/人	mu/person	0.16		0.00
设施水果	Facilities Fruit	亩/人	mu/person	0.12		
机耕面积	**Machine-cultivated Area**	**亩/人**	**mu/person**	**0.49**		**7.11**
机播面积	**Mechanical Sowing Area**	**亩/人**	**mu/person**	**0.44**		**6.82**
机收面积	**Mechanical Harvesting Area**	**亩/人**	**mu/person**	**0.48**		**6.04**
机电灌溉面积	**Electromechanical Irrigation Area**	**亩/人**	**mu/person**	**0.47**		**1.30**
主要农产品产量	**Output of Major Agricultural Products**	--	--	--	--	--
谷物产量	Cereal	公斤/人	kg/person	281.29	1208.67	1002.35
小麦产量	Wheat	公斤/人	kg/person		8.48	
稻谷产量	Rice	公斤/人	kg/person	6.07		
玉米产量	Corn	公斤/人	kg/person	275.22	1195.79	942.19
薯类产量	Tubers	公斤/人	kg/person			4.65
豆类产量	Soybeans	公斤/人	kg/person	0.09	3.70	
油料产量	Bearing	公斤/人	kg/person		1.09	3.44

continued

同心县 Tongxin	青铜峡市 Qingtongxia	**固原市** Guyuan	原州区 Yuanzhou	西吉县 Xiji	隆德县 Longde	泾源县 Jingyuan	彭阳县 Pengyang	**中卫市** Zhongwei	沙坡头区 Shapotou	中宁县 Zhongning	海原县 Haiyuan
4.79	**3.73**	**3.46**	**2.20**	**5.25**	**3.39**	**2.33**	**3.37**	**3.16**	**2.74**	**3.61**	**3.11**
3.21	3.54	**2.75**	1.64	4.21	3.31	0.75	3.03	**1.80**	0.37	2.08	2.99
1.74	3.54	**0.24**	0.17	0.35	0.57		0.02	**1.32**	0.35	2.07	1.60
1.00	0.18	**0.17**	0.01	0.07	0.03	1.58	0.10	**1.33**	2.37	1.53	0.02
0.58		**0.53**	0.56	0.96	0.05		0.25	**0.03**			0.09
1.75	**2.31**	**1.94**	**1.41**	**2.33**	**2.84**	**0.34**	**2.57**	**1.38**	**0.36**	**1.96**	**1.89**
0.29	0.04	**0.25**	0.07	0.55	0.37		0.11	**0.03**	0.00	0.05	0.03
	0.10							**0.05**	0.03	0.13	
1.35	2.17	**1.30**	1.16	0.94	2.10	0.27	2.38	**1.18**	0.32	1.77	1.49
		0.01			0.07		0.01	**0.00**	0.00		
0.10	0.00	**0.38**	0.18	0.84	0.31	0.07	0.07	**0.13**			0.37
0.50	**0.33**	**0.21**	**0.09**	**0.51**	**0.15**	**0.02**	**0.05**	**1.30**	**2.12**	**1.55**	**0.16**
		0.13	0.07	0.28	0.12		0.04	**0.04**			0.10
0.07	0.14	**0.08**	0.01	0.23	0.01	0.02	0.01	**0.06**	0.05	0.10	0.03
	0.00	**0.00**	0.00			0.00		**0.02**	0.03	0.04	0.00
0.44	0.19	**0.00**		0.00	0.00			**1.20**	2.07	1.45	0.02
								0.00	0.00		
2.68	**2.98**	**2.50**	**1.48**	**3.74**	**3.03**	**0.72**	**2.90**	**1.52**	**0.24**	**2.06**	**2.31**
2.31	**2.79**	**1.95**	**0.97**	**3.17**	**1.49**	**0.58**	**2.87**	**1.28**	**0.05**	**1.92**	**1.94**
1.26	**2.09**	**0.53**	**0.22**	**1.03**	**1.16**	**0.00**		**1.13**	**0.21**	**2.01**	**1.27**
0.39	**0.13**	**0.16**	**0.16**	**0.36**				**0.42**			**1.24**
--	--	--	--	--	--	--	--	--	--	--	--
934.36	1757.19	**716.99**	605.68	611.42	797.57	121.97	1486.18	**828.51**	277.69	1435.02	824.44
7.51	15.80	**65.60**	18.24	126.81	131.06		32.56	**8.75**	1.63	19.28	6.29
	74.74							**27.79**	14.78	72.71	
906.55	1664.16	**635.73**	584.44	440.08	663.66	121.97	1449.87	**790.24**	261.28	1343.02	813.11
10.54		**134.82**	43.76	349.20	76.30	11.93	15.46	**24.56**			71.55
		2.46		2.09	13.96		1.05	**1.57**	1.97		2.50
		9.46	4.74	21.20	7.34		3.47	**3.20**			9.32

2-21 2020年各市县全体居民家庭主要食品消费数量

单位：公斤/人

指标名称	Item	全区 Total	沿黄地区 Plain	中南部地区 Mountain Area	银川市 Yinchuan
一、粮食消费量	**Grain**	**115.6**	**102.5**	**127.8**	**92.9**
(一)谷物消费量	Cereal	**107.9**	**95.2**	**118.9**	**85.6**
1.小麦	Wheat	**65.7**	**51.4**	**81.7**	**44.5**
2.稻谷	Rice	**38.9**	**41.2**	**32.3**	**38.3**
3.玉米	Corn	**1.1**	**0.5**	**2.1**	**0.5**
4.其他谷物	Others	**2.2**	**2.2**	**2.8**	**2.3**
(二)薯类消费量	Tubers	**2.7**	**0.8**	**5.7**	**1.0**
1.红薯	Sweet Potato	**0.4**	**0.5**	**0.3**	**0.6**
2.马铃薯	Potato	**1.9**	**0.0**	**4.8**	**0.0**
3.其他薯类	Others	**0.4**	**0.3**	**0.5**	**0.4**
(三)豆类消费量	Beans	**5.0**	**6.5**	**3.3**	**6.4**
1.大豆	Soybeans	**0.1**	**0.1**	**0.1**	**0.0**
2.其他豆类	Others	**4.9**	**6.4**	**3.2**	**6.4**
二、蔬菜及菜制品消费量	**Vegetables and Processed Products**	**88.8**	**100.7**	**67.1**	**100.9**
其中：鲜菜	Fresh Vegetables	**86.8**	**98.1**	**65.7**	**97.9**
三、肉禽及其制品	**Meat, Poultry and Processed Products**	**24.7**	**24.4**	**23.1**	**24.0**
1.猪肉	Pork	**5.8**	**6.3**	**5.3**	**6.0**
2.牛肉	Beef	**4.9**	**4.0**	**5.5**	**3.9**
3.羊肉	Mutton	**4.4**	**4.8**	**3.2**	**4.8**
4.家禽	Poultry	**8.4**	**7.9**	**8.2**	**7.8**
5.其他肉禽及制品	Others	**1.1**	**1.5**	**0.8**	**1.6**
四、蛋类及蛋制品	**Eggs and Processed Products**	**7.4**	**8.4**	**6.1**	**9.2**
五、奶和奶制品	**Milk and Processed Products**	**13.5**	**15.7**	**10.0**	**18.9**
六、水产品	**Aquatic Products**	**2.9**	**3.9**	**1.5**	**4.6**
其中：鱼类	Fish	**2.0**	**2.6**	**1.1**	**3.0**
七、油脂类消费量	**Grease**	**8.5**	**7.8**	**9.3**	**7.3**
1.植物油	Vegetable Oil	**8.4**	**7.7**	**9.2**	**7.3**
2.动物油	Animal Oil	**0.1**	**0.0**	**0.1**	**0.1**
八、糖果糕点类	**Confection and Pastry**	**4.2**	**4.8**	**3.0**	**5.5**
九、干鲜瓜果类	**Melon and Fruits**	**73.3**	**78.5**	**67.0**	**80.2**
1.鲜瓜果	Melons	**69.2**	**73.7**	**63.6**	**75.3**
2.瓜果制品	Watermelon	**1.0**	**1.1**	**0.9**	**1.1**
3.坚果类	Nuts	**3.2**	**3.7**	**2.6**	**3.8**
十、消费茶叶	**Tea Leaves**	**0.3**	**0.2**	**0.3**	**0.2**
十一、酒	**Liquor**	**2.6**	**3.0**	**2.0**	**3.2**
1.白酒	White Spirit	**0.5**	**0.7**	**0.4**	**0.7**
2.啤酒	Beer	**2.0**	**2.2**	**1.6**	**2.3**
3.果酒	Fruit Wine	**0.1**	**0.1**	**0.0**	**0.1**

Consumption Quantity of Major Foods for Urban and Rural Households by City and County (2020)

(kg/person)

兴庆区 Xingqing	西夏区 Xixia	金凤区 Jinfeng	永宁县 Yongning	贺兰县 Helan	灵武市 Lingwu	**石嘴山市** Shizuishan	大武口区 Dawukou	惠农区 Huinong	平罗县 Pingluo	**吴忠市** Wuzhong
76.2	**83.6**	**62.8**	**130.9**	**139.4**	**114.8**	**108.8**	**101.2**	**88.1**	**136.8**	**114.9**
67.2	75.5	57.1	120.4	132.8	111.2	**100.4**	91.1	79.0	130.4	**109.2**
35.3	47.2	33.2	60.6	71.5	40.3	**67.7**	60.3	55.3	87.6	**54.4**
29.1	25.6	21.8	57.3	55.6	69.4	**29.9**	27.2	20.2	41.5	**50.5**
	0.0		0.1	3.8	0.2	**0.0**	0.1			**1.9**
2.8	2.6	2.2	2.4	1.9	1.4	**2.7**	3.5	3.5	1.3	**2.3**
1.3	1.3	0.7	0.6	1.0	0.6	**0.5**	0.4		0.9	**1.7**
0.9	0.9	0.4		0.4	0.3	**0.2**			0.6	**0.4**
0.0				0.3	0.0	**0.0**			0.0	**1.0**
0.4	0.4	0.3	0.6	0.3	0.3	**0.3**	0.4		0.4	**0.4**
7.7	6.8	4.9	10.0	5.6	2.9	**8.0**	9.7	9.1	5.5	**4.0**
0.0			0.0	0.1	0.1	**0.3**	0.3	0.5	0.4	**0.1**
7.7	6.8	4.9	9.9	5.5	2.8	**7.6**	9.4	8.6	5.2	**3.9**
110.7	**103.8**	**85.8**	**126.1**	**87.4**	**87.8**	**113.8**	**125.6**	**118.8**	**100.2**	**81.0**
107.1	100.2	83.2	123.0	85.0	86.4	**110.6**	121.4	115.1	98.2	**79.5**
23.9	**22.8**	**21.2**	**29.5**	**23.9**	**26.0**	**26.8**	**28.4**	**23.5**	**28.6**	**27.6**
6.3	7.9	4.9	9.3	5.5	3.3	**7.1**	9.3	5.2	6.3	**4.5**
3.9	2.9	4.0	3.0	2.8	6.3	**3.8**	3.1	4.0	4.6	**7.0**
4.9	3.3	3.9	4.0	5.1	7.2	**6.1**	5.1	4.6	8.3	**5.9**
6.8	6.9	7.0	11.2	9.3	8.6	**8.0**	7.7	8.1	8.9	**9.4**
2.0	1.7	1.4	1.9	1.2	0.5	**1.8**	3.2	1.7	0.5	**0.8**
10.8	**10.4**	**8.2**	**10.1**	**6.8**	**6.9**	**10.1**	**12.8**	**11.1**	**6.5**	**5.7**
21.9	**19.5**	**19.6**	**18.4**	**12.0**	**16.1**	**12.9**	**16.4**	**15.9**	**7.3**	**12.9**
6.0	**5.2**	**4.5**	**4.4**	**2.7**	**2.8**	**4.3**	**6.2**	**5.2**	**1.7**	**2.2**
3.6	3.0	2.9	3.5	1.8	2.0	**2.8**	3.6	3.9	1.3	**1.7**
7.3	**6.0**	**5.2**	**10.1**	**9.4**	**7.5**	**8.1**	**7.1**	**6.5**	**10.5**	**9.0**
7.3	6.0	5.1	10.1	9.2	7.5	**8.1**	7.1	6.5	10.5	**8.9**
0.1	0.0	0.0	0.0	0.2	0.0	**0.0**	0.0	0.0	0.0	**0.1**
6.4	**5.5**	**4.7**	**5.7**	**6.5**	**3.3**	**6.2**	**5.6**	**7.5**	**6.3**	**3.0**
88.2	**73.9**	**69.5**	**87.4**	**77.9**	**77.8**	**94.3**	**91.2**	**105.4**	**93.5**	**75.5**
82.1	69.4	65.5	82.0	72.5	74.1	**88.6**	85.1	98.2	89.0	**71.7**
1.6	0.8	1.0	1.0	1.3	0.5	**1.4**	1.4	2.2	0.8	**0.8**
4.4	3.6	2.9	4.5	4.1	3.1	**4.4**	4.7	5.0	3.7	**3.0**
0.2	**0.2**	**0.2**	**0.3**	**0.3**	**0.2**	**0.3**	**0.2**	**0.3**	**0.5**	**0.2**
2.6	**3.6**	**4.5**	**5.2**	**2.9**	**1.3**	**3.9**	**4.3**	**5.8**	**2.3**	**1.6**
1.0	0.9	0.6	0.7	0.7	0.3	**1.0**	1.1	1.5	0.5	**0.3**
1.4	2.5	3.9	4.3	2.1	1.0	**2.9**	3.2	4.1	1.7	**1.3**
0.2	0.2	0.1	0.1	0.1	0.0	**0.1**	0.1	0.2	0.0	**0.1**

2-21 续表

单位：公斤/人

指标名称	Item	利通区 Litong	红寺堡区 Hongsipu	盐池县 Yanchi	同心县 Tongxin	青铜峡市 Qingtongxia
一、粮食消费量	**Grain**	**93.7**	**129.5**	**112.6**	**128.4**	**128.1**
(一)谷物消费量	Cereal	89.2	119.5	105.8	124.9	121.9
1.小麦	Wheat	41.7	70.0	49.2	64.3	56.5
2.稻谷	Rice	46.0	37.0	49.3	58.8	61.3
3.玉米	Corn		9.0	0.8	0.4	2.5
4.其他谷物	Others	1.5	3.5	6.5	1.4	1.6
(二)薯类消费量	Tubers	0.7	6.5	2.5	0.6	0.7
1.红薯	Sweet Potato	0.4	0.3	0.4	0.3	0.4
2.马铃薯	Potato		5.6	1.8	0.0	0.0
3.其他薯类	Others	0.4	0.6	0.3	0.3	0.3
(三)豆类消费量	Beans	3.8	3.5	4.3	2.8	5.5
1.大豆	Soybeans	0.2	0.2	0.1	0.0	0.1
2.其他豆类	Others	3.6	3.3	4.2	2.8	5.4
二、蔬菜及菜制品消费量	**Vegetables and Processed Products**	**79.9**	**70.6**	**86.5**	**76.1**	**92.9**
其中：鲜菜	Fresh Vegetables	78.4	68.4	85.3	75.0	91.0
三、肉禽及其制品	**Meat, Poultry and Processed Products**	**29.2**	**31.6**	**33.1**	**24.2**	**23.6**
1.猪肉	Pork	1.7	3.9	12.2	1.7	8.0
2.牛肉	Beef	9.7	7.0	1.2	9.9	2.6
3.羊肉	Mutton	8.1	5.5	11.4	3.4	3.3
4.家禽	Poultry	9.1	14.1	7.6	8.6	8.5
5.其他肉禽及制品	Others	0.6	1.1	0.8	0.5	1.1
四、蛋类及蛋制品	**Eggs and Processed Products**	**5.8**	**5.0**	**9.9**	**4.4**	**5.3**
五、奶和奶制品	**Milk and Processed Products**	**10.8**	**9.2**	**14.2**	**10.7**	**18.3**
六、水产品	**Aquatic Products**	**2.9**	**2.0**	**1.7**	**1.4**	**2.3**
其中：鱼类	Fish	2.4	1.5	1.1	1.2	1.7
七、油脂类消费量	**Grease**	**8.2**	**11.6**	**6.5**	**11.0**	**7.4**
1.植物油	Vegetable Oil	8.2	11.6	6.0	11.0	7.4
2.动物油	Animal Oil	0.0	0.0	0.5	0.0	0.0
八、糖果糕点类	**Confection and Pastry**	**3.1**	**3.4**	**2.6**	**2.0**	**3.6**
九、干鲜瓜果类	**Melon and Fruits**	**76.3**	**92.2**	**75.3**	**69.7**	**67.4**
1.鲜瓜果	Melons	72.4	87.8	71.4	66.8	63.2
2.瓜果制品	Watermelon	0.7	1.1	1.1	0.6	0.8
3.坚果类	Nuts	3.2	3.2	2.8	2.2	3.4
十、消费茶叶	**Tea Leaves**	**0.2**	**0.2**	**0.1**	**0.2**	**0.1**
十一、酒	**Liquor**	**1.1**	**2.0**	**3.2**	**0.5**	**2.5**
1.白酒	White Spirit	0.2	0.3	0.5	0.1	0.4
2.啤酒	Beer	0.8	1.6	2.7	0.4	2.0
3.果酒	Fruit Wine	0.1	0.0	0.0	0.1	0.1

continued

(kg/person)

固原市 Guyuan	原州区 Yuanzhou	西吉县 Xiji	隆德县 Longde	泾源县 Jingyuan	彭阳县 Pengyang	**中卫市** Zhongwei	沙坡头区 Shapotou	中宁县 Zhongning	海原县 Haiyuan
130.6	**116.7**	**147.9**	**140.9**	**112.4**	**128.0**	**123.9**	**117.3**	**114.7**	**137.4**
120.0	109.7	134.1	122.7	102.2	121.5	**115.7**	107.7	109.6	127.8
95.5	79.8	113.9	100.8	81.1	95.6	**65.7**	54.3	60.7	80.8
19.6	25.3	17.5	17.4	15.5	15.9	**47.4**	51.7	46.7	43.2
1.7	1.8	1.5	2.1	3.8	0.6	**1.1**	0.1	0.7	2.5
3.2	2.9	1.2	2.4	1.9	9.4	**1.5**	1.6	1.6	1.4
7.4	2.6	12.2	13.6	7.3	3.9	**2.7**	0.9	0.5	6.4
0.3	0.4	0.3	0.4	0.4	0.2	**0.3**	0.5	0.2	0.3
6.5	1.6	11.2	12.7	6.5	3.1	**1.9**	0.0		5.4
0.6	0.6	0.6	0.5	0.4	0.6	**0.4**	0.4	0.3	0.6
3.2	4.4	1.6	4.6	2.8	2.6	**5.5**	8.7	4.5	3.2
0.1	0.1		0.2		0.3	**0.1**	0.1	0.1	0.1
3.1	4.3	1.6	4.4	2.8	2.2	**5.5**	8.6	4.5	3.1
63.1	**62.7**	**55.0**	**68.7**	**68.9**	**71.5**	**86.8**	**104.8**	**89.5**	**65.6**
61.7	61.1	54.2	66.1	67.8	70.5	**85.1**	102.3	88.2	64.5
21.0	**21.2**	**23.1**	**18.1**	**15.6**	**22.4**	**20.4**	**22.1**	**16.9**	**21.6**
6.8	4.9	10.3	8.4	1.4	5.4	**6.1**	8.2	7.1	2.9
4.1	5.8	3.5	1.7	4.7	3.8	**3.3**	1.8	1.7	6.3
1.7	1.3	2.0	0.8	0.1	3.6	**2.8**	2.9	1.4	3.9
7.4	7.8	6.4	6.2	8.9	8.8	**7.1**	7.5	5.7	8.0
1.0	1.4	0.8	1.1	0.6	0.7	**1.0**	1.7	1.0	0.4
6.7	**7.0**	**6.2**	**8.1**	**4.6**	**7.2**	**6.0**	**7.0**	**6.1**	**4.8**
7.3	**10.9**	**5.9**	**4.1**	**9.7**	**4.1**	**11.6**	**12.2**	**9.1**	**13.2**
1.4	**1.6**	**1.6**	**1.5**	**0.9**	**0.7**	**1.8**	**2.4**	**1.7**	**1.2**
1.0	1.1	1.2	0.9	0.6	0.5	**1.3**	1.6	1.3	0.9
9.0	**10.4**	**7.1**	**7.9**	**10.2**	**9.5**	**8.7**	**9.6**	**7.1**	**9.3**
8.9	10.4	6.9	7.9	10.1	9.5	**8.7**	9.5	7.0	9.2
0.1	0.0	0.2	0.0	0.1		**0.1**	0.1	0.1	0.1
3.3	**3.9**	**3.0**	**4.2**	**2.3**	**2.6**	**2.6**	**3.0**	**2.1**	**2.7**
60.9	**66.4**	**57.8**	**58.3**	**54.2**	**62.1**	**62.7**	**61.4**	**60.1**	**66.5**
57.2	62.6	54.8	54.4	49.5	58.3	**59.3**	57.3	56.8	63.7
0.9	1.0	0.6	1.0	1.0	1.2	**0.7**	0.8	0.6	0.6
2.7	2.8	2.4	3.0	3.7	2.5	**2.7**	3.3	2.7	2.1
0.4	**0.3**	**0.5**	**0.6**	**0.3**	**0.4**	**0.2**	**0.1**	**0.1**	**0.3**
2.3	**1.8**	**3.0**	**3.4**	**0.7**	**1.8**	**2.3**	**3.6**	**1.5**	**1.7**
0.5	0.4	0.3	1.0	0.3	0.9	**0.4**	0.7	0.3	0.1
1.7	1.4	2.7	2.3	0.4	0.9	**1.9**	2.9	1.1	1.5
0.0	0.0	0.0	0.0	0.0	0.0	**0.0**	0.1	0.0	0.0

2-22 2020年各市县全体居民家庭主要产品出售情况

品种		Item		单位	Unit	全区 Total	沿黄地区 Plain	中南部地区 Mountain Area
谷物	数量	Cereal	Quantity	公斤/人	kg/person	416.7	508.2	387.4
	金额		Amount	元/人	yuan/person	844.1	857.7	725.1
小麦	数量	Wheat	Quantity	公斤/人	kg/person	17.3	31.4	3.5
	金额		Amount	元/人	yuan/person	44.5	79.8	7.9
稻谷	数量	Rice	Quantity	公斤/人	kg/person	15.1	88.9	
	金额		Amount	元/人	yuan/person	40.5	149.8	
玉米	数量	Corn	Quantity	公斤/人	kg/person	379.7	387.8	376.5
	金额		Amount	元/人	yuan/person	743.1	627.9	691.0
薯类	数量	Soybeans	Quantity	公斤/人	kg/person	21.2		35.6
	金额		Amount	元/人	yuan/person	109.1		198.8
豆类	数量	Tubers	Quantity	公斤/人	kg/person	1.4	1.5	1.3
	金额		Amount	元/人	yuan/person	5.3	6.2	4.7
油料	数量	Bearing	Quantity	公斤/人	kg/person	0.8	1.3	0.4
	金额		Amount	元/人	yuan/person	3.1	5.5	2.7
蔬菜及食用菌	数量	Vegetables and Edible Fungi	Quantity	公斤/人	kg/person	212.5	255.9	85.9
	金额		Amount	元/人	yuan/person	406.4	540.5	175.9
瓜类	数量	Melons	Quantity	公斤/人	kg/person	131.6	294.2	15.0
	金额		Amount	元/人	yuan/person	126.8	278.9	48.1
园林水果	数量	Fruits	Quantity	公斤/人	kg/person	18.0	24.5	1.2
	金额		Amount	元/人	yuan/person	71.9	85.0	3.9
中药材	数量	Medicinal Materials	Quantity	公斤/人	kg/person	1.6	3.9	6.0
	金额		Amount	元/人	yuan/person	33.8	104.4	46.3
林木种苗	数量	Wood and Germchit	Quantity	公斤/人	kg/person	10.7	8.3	9.3
	金额		Amount	元/人	yuan/person	45.1	40.1	57.9
肉猪	头数(头)	Hog	Count (head)	头/人	head/person	0.1	0.7	21.3
	毛重		Gross Weight	公斤/人	kg/person	12.5	32.2	23.1
	金额		Amount	元/人	yuan/person	392.6	730.5	665.3
自宰猪	数量	Homestead Hog	Quantity	公斤/人	kg/person	0.8	0.8	0.8
	金额		Amount	元/人	yuan/person	44.6	33.3	37.6
肉牛	头数(头)	Cattle	Count (head)	头/人	head/person	0.1	0.0	0.1
	毛重		Gross Weight	公斤/人	kg/person	34.4	13.2	63.4
	金额		Amount	元/人	yuan/person	1141.6	326.8	1935.3
自宰牛	数量	Homestead Cattle	Quantity	公斤/人	kg/person	0.2	0.2	0.1
	金额		Amount	元/人	yuan/person	15.9	13.0	8.9
菜羊	只数(只)	Sheep	Count (head)	只/人	head/person	0.3	0.2	0.6
	毛重		Gross Weight	公斤/人	kg/person	14.4	9.2	25.5
	金额		Amount	元/人	yuan/person	448.5	235.1	722.1
自宰羊	数量	Homestead Sheep	Quantity	公斤/人	kg/person	0.3	0.7	0.8
	金额		Amount	元/人	yuan/person	17.0	39.7	45.5
家禽	重量	Poultry	Weight	公斤/人	kg/person	5.4	3.1	3.1
	金额		Amount	元/人	yuan/person	100.1	16.4	48.3
蛋类	数量	Eggs	Quantity	公斤/人	kg/person	3.8		9.3
	金额		Amount	元/人	yuan/person	24.5		60.9
畜皮	数量(张)	Fur	Quantity(piece)	张/人	piece/person	0.0	0.0	0.1
	金额		Amount	元/人	yuan/person			
毛绒	数量	Wool	Quantity	公斤/人	kg/person	0.6	0.5	1.7
	金额		Amount	元/人	yuan/person	10.3	9.0	21.9
奶类	数量	Milk	Quantity	公斤/人	kg/person			
	金额		Amount	元/人	yuan/person			
鱼类	数量	Fish	Quantity	公斤/人	kg/person		1.6	
	金额		Amount	元/人	yuan/person			

Basic Statistics of Sales of Main Products for Urban and Rural Households by City and County (2020)

银川市 Yinchuan	兴庆区 Xingqing	西夏区 Xixia	金凤区 Jinfeng	永宁县 Yongning	贺兰县 Helan	灵武市 Lingwu	**石嘴山市** Shizuishan	大武口区 Dawukou	惠农区 Huinong	平罗县 Pingluo
263.5	30.6	53.7	77.6	1386.5	831.5	120.2	**1025.1**	4.2	636.0	2686.5
398.7	80.4	100.9	191.4	872.8	1783.6	323.1	**1584.0**	9.8	1377.1	3812.5
11.7	1.6	1.1	43.3	8.8	85.0		**109.9**	2.0	120.8	218.9
29.6	3.9	3.2	106.4	19.0	216.4		**280.9**	5.8	305.8	561.9
51.9	20.7		23.2	65.6	228.8	80.2	**285.0**			898.0
137.9	57.2		62.3	82.2	630.5	243.1	**328.9**			1046.9
199.9	8.4	52.6	11.1	1312.1	517.6	40.0	**630.2**	2.2	515.2	1569.6
231.2	19.2	97.6	22.7	771.5	936.7	80.0	**974.2**	4.0	1071.2	2203.6
1.4	1.7	0.1			1.9	2.3	**2.6**		0.0	8.5
6.8	8.8	0.4			9.2	8.5	**9.5**		0.2	30.4
0.8		0.0			5.3	2.1	**5.6**		10.6	6.2
3.1		0.1			25.6	2.8	**24.4**		47.2	26.3
277.8	70.9	21.3	9.5	422.3	1152.8	594.0	**152.5**	6.6	67.7	409.9
554.0	200.2	54.8	30.4	396.9	2619.0	932.2	**149.1**	27.5	56.0	377.5
7.7	0.3		1.5	8.6	4.4	47.3				
15.4	1.9		1.8	13.5	24.1	79.9				
5.1	0.0	0.6		23.6		19.7	**0.3**	0.7		
19.9	0.0	1.2		98.2		72.7	**4.5**	10.8		
1.1	1.1	0.9		0.1	1.1		**4.4**			14.3
57.4	18.9	110.9		7.9	17.1		**66.0**			214.0
13.8	19.9			84.7	2.8	1.4	**1.3**		3.7	1.5
69.1	199.2			20.3	23.0	14.1	**20.3**		62.1	18.0
0.1		0.0		0.0	0.0	0.4	**2.9**		0.2	9.1
6.5		0.2		0.3	0.2	51.3	**76.9**		22.0	209.5
198.9		8.5		17.3	6.4	1561.1	**1051.1**		341.8	2794.5
0.4	0.2	0.2		1.7	1.4		**1.8**	0.2	0.4	4.9
21.5	9.3	6.1		86.1	66.9		**22.6**	10.6	22.3	33.8
0.0	0.0		0.0		0.0		**0.0**		0.0	0.0
0.7	0.1		1.6		5.8		**5.9**		7.2	11.6
34.7	6.2		104.3		281.7		**116.5**		115.1	266.9
0.1						0.6	**0.2**		0.1	0.5
5.4						43.8	**14.4**		6.0	39.9
0.1	0.0	0.0	0.0	0.0	0.1	0.7	**0.5**		0.6	0.9
4.4	0.1	0.2	0.9	0.3	3.2	31.5	**13.9**		9.6	34.4
144.4	5.5	9.4	43.7	14.0	131.2	985.2	**128.9**		61.2	349.3
0.4	0.4			0.0	0.4	0.8	**2.0**		2.9	3.1
25.0	27.7			1.3	31.8	58.3	**78.2**		149.9	85.5
1.4	1.6	0.0	0.0	0.3	0.7	3.7	**11.5**	0.0	0.1	37.2
33.8	41.1	0.5	0.5	8.6	18.8	76.3	**1.8**	0.4	1.9	3.2
0.0	0.0				0.0	0.1	**0.1**		0.1	0.1
0.6	0.0		0.0	0.1	0.2	4.5	**0.6**		1.0	1.0
4.3	0.3		0.3	0.4	9.0	25.6	**30.5**		22.3	73.8
3.4	2.1				22.3					

2-22 续表

品种		Item		单位	Unit	吴忠市 Wuzhong	利通区 Litong	红寺堡区 Hongsipu	盐池县 Yanchi
谷物	数量	Cereal	Quantity	公斤/人	kg/person	**433.1**	269.9	579.0	139.3
	金额		Amount	元/人	yuan/person	**891.4**	569.4	1062.1	229.4
小麦	数量	Wheat	Quantity	公斤/人	kg/person	**4.5**			
	金额		Amount	元/人	yuan/person	**11.3**			
稻谷	数量	Rice	Quantity	公斤/人	kg/person	**4.7**			
	金额		Amount	元/人	yuan/person	**11.9**			
玉米	数量	Corn	Quantity	公斤/人	kg/person	**418.3**	269.9	578.3	111.7
	金额		Amount	元/人	yuan/person	**849.4**	569.4	1057.9	157.0
薯类	数量	Tubers	Quantity	公斤/人	kg/person	**1.1**		0.2	0.1
	金额		Amount	元/人	yuan/person	**5.4**		0.3	0.8
豆类	数量	Soybeans	Quantity	公斤/人	kg/person	**0.7**	0.2	2.8	1.9
	金额		Amount	元/人	yuan/person	**3.4**	1.6	12.9	10.2
油料	数量	Bearing	Quantity	公斤/人	kg/person	**0.1**		0.2	0.2
	金额		Amount	元/人	yuan/person	**0.3**		0.9	1.3
蔬菜及食用菌	数量	Vegetables and Edible Fungi	Quantity	公斤/人	kg/person	**159.2**	89.7	65.2	48.1
	金额		Amount	元/人	yuan/person	**320.9**	280.8	382.6	28.2
瓜类	数量	Melons	Quantity	公斤/人	kg/person	**14.8**			7.2
	金额		Amount	元/人	yuan/person	**16.3**			20.9
园林水果	数量	Fruits	Quantity	公斤/人	kg/person	**24.6**	44.9	0.8	0.2
	金额		Amount	元/人	yuan/person	**101.8**	235.5	2.1	0.7
中药材	数量	Medicinal Materials	Quantity	公斤/人	kg/person	**6.5**		3.1	53.6
	金额		Amount	元/人	yuan/person	**58.5**		90.3	391.1
林木种苗	数量	Wood and Germchit	Quantity	公斤/人	kg/person				
	金额		Amount	元/人	yuan/person				
肉猪	头数(头)	Hog	Count (head)	头/人	head/person	**0.3**	0.4	0.0	0.1
	毛重		Gross Weight	公斤/人	kg/person	**46.1**	53.8	0.4	11.3
	金额		Amount	元/人	yuan/person	**1367.9**	1323.1	13.1	343.2
自宰猪	数量	Homestead Hog	Quantity	公斤/人	kg/person	**0.5**		0.2	2.5
	金额		Amount	元/人	yuan/person	**22.9**		8.6	106.7
肉牛	头数(头)	Cattle	Count (head)	头/人	head/person	**0.1**	0.1	0.1	
	毛重		Gross Weight	公斤/人	kg/person	**42.1**	62.9	28.3	
	金额		Amount	元/人	yuan/person	**1064.5**	1017.0	928.2	
自宰牛	数量	Homestead Cattle	Quantity	公斤/人	kg/person	**0.5**	1.1		
	金额		Amount	元/人	yuan/person	**37.2**	74.7		
菜羊	只数(只)	Sheep	Count (head)	只/人	head/person	**0.8**	0.7	0.1	3.1
	毛重		Gross Weight	公斤/人	kg/person	**32.1**	27.7	4.6	108.2
	金额		Amount	元/人	yuan/person	**994.4**	880.1	148.0	3454.2
自宰羊	数量	Homestead Sheep	Quantity	公斤/人	kg/person	**1.6**	0.0	2.5	11.2
	金额		Amount	元/人	yuan/person	**93.3**	0.1	145.1	644.4
家禽	重量	Poultry	Weight	公斤/人	kg/person	**1.1**	0.5	3.9	3.1
	金额		Amount	元/人	yuan/person	**26.9**	10.9	83.5	84.5
蛋类	数量	Eggs	Quantity	公斤/人	kg/person	**0.1**			1.2
	金额		Amount	元/人	yuan/person	**1.5**			14.3
畜皮	数量(张)	Fur	Quantity (piece)	张/人	piece/person	**0.1**	0.0	0.2	0.5
	金额		Amount	元/人	yuan/person				
毛绒	数量	Wool	Quantity	公斤/人	kg/person	**1.8**	0.0	1.3	6.0
	金额		Amount	元/人	yuan/person	**33.6**	0.1	60.4	73.9
奶类	数量	Milk	Quantity	公斤/人	kg/person				
	金额		Amount	元/人	yuan/person				
鱼类	数量	Fish	Quantity	公斤/人	kg/person				
	金额		Amount	元/人	yuan/person				

continued

同心县 Tongxin	青铜峡市 Qingtongxia	**固原市 Guyuan**	原州区 Yuanzhou	西吉县 Xiji	隆德县 Longde	泾源县 Jingyuan	彭阳县 Pengyang	**中卫市 Zhongwei**	沙坡头区 Shapotou	中宁县 Zhongning	海原县 Haiyuan
556.5	673.0	**159.3**	105.5	95.9	351.5	11.6	349.6	**734.8**	276.8	902.0	1037.8
1058.2	1603.0	**309.8**	191.3	256.7	626.8	13.9	615.6	**1428.6**	547.2	1812.2	1953.7
1.0	22.2	**6.3**		8.1	31.5		0.5	**5.1**		15.8	0.5
2.9	55.2	**14.4**		22.7	60.7		1.1	**14.3**		44.0	1.6
	24.1							**12.8**	6.6	33.7	
	61.6							**34.0**	18.2	88.8	
543.9	626.6	**144.2**	104.3	64.4	316.5	11.6	344.3	**715.4**	270.2	851.6	1033.8
1009.1	1486.1	**262.3**	188.7	140.8	556.6	13.9	598.0	**1376.3**	529.0	1677.6	1942.1
4.8		**64.0**	0.4	187.0	41.9	3.2	8.7	**11.0**			32.0
23.6		**361.7**	2.2	1073.9	203.4	17.3	37.4	**59.9**			174.4
	0.0	**1.5**		1.9	8.0			**1.8**	3.0	0.9	1.3
	0.2	**5.2**		6.4	27.5			**7.5**	14.4	3.6	3.6
		0.7		2.3							
		5.4		17.8							
1.5	616.2	**115.9**	4.2	345.6	0.0		53.9	**197.2**	110.7	344.9	145.3
6.1	955.1	**211.6**	13.4	574.4	0.1		206.7	**710.4**	458.3	1438.0	283.4
39.0	13.3	**6.7**	19.3				0.6	**1157.5**	2440.8	892.8	11.1
37.7	15.4	**51.6**	148.3				4.5	**1091.3**	2218.7	902.4	41.5
4.2	55.2	**0.6**	0.1		3.0		1.3	**56.8**	102.5	63.4	2.0
8.4	172.9	**3.1**	1.1		3.7		15.6	**164.8**	409.4	56.7	5.6
1.3		**5.3**	0.1	0.8	8.2		27.8	**11.1**	11.2	20.9	1.8
17.7		**23.7**	6.3	1.8	140.4		30.3	**325.4**	420.1	512.8	45.3
		18.4		2.0	0.5	197.1	4.7				
		114.4		10.0	2.6	1272.5	11.0				
0.0	1.1	**34.4**	99.9	0.1	0.4		0.0	**0.0**		0.0	0.0
0.7	145.5	**38.2**	78.0	16.7	52.3		0.3	**0.7**		1.8	0.5
16.5	4762.8	**1098.1**	2216.0	485.9	1563.3		12.6	**22.5**		51.2	19.1
0.3	0.7	**0.9**	0.2	0.3	3.6		2.1	**1.3**	2.5		1.2
15.5	35.0	**38.9**	7.6	11.3	173.8		84.3	**84.2**	184.4		52.8
0.1	0.1	**0.2**	0.2	0.1	0.1	0.3	0.3	**0.1**	0.1	0.0	0.1
61.9	34.8	**78.3**	88.2	45.4	64.4	124.2	107.4	**35.2**	37.5	3.3	60.4
1897.5	1168.3	**2490.2**	2945.2	1533.6	2209.9	2913.7	3377.0	**931.8**	1124.0	107.9	1445.0
1.0								**0.0**		0.1	
73.2								**2.2**		6.9	
1.0	0.2	**0.2**	0.2	0.1	0.1	0.1	0.4	**0.6**	0.1	0.2	1.4
47.2	8.1	**7.1**	6.6	4.7	6.0	5.1	15.6	**27.1**	5.1	8.9	65.5
1373.1	260.7	**221.2**	212.0	128.8	193.8	159.5	494.9	**710.2**	144.2	289.3	1655.7
0.2	0.0	**0.1**		0.3			0.1	**1.0**		3.0	0.0
14.3	1.4	**6.8**		20.4			3.4	**70.3**		222.5	2.4
0.0	0.4	**4.0**	11.7	0.0	0.0	0.0		**0.3**	0.3	0.1	0.4
0.4	13.1	**50.7**	146.5	0.7	1.6	0.3		**15.6**	7.2	2.9	35.3
		14.9	43.2				0.2				
		97.2	282.2				2.3				
0.0	0.0	**0.0**	0.0	0.0			0.0	**0.0**		0.0	0.0
3.8	0.4	**0.3**	0.2	0.5	0.3		0.1	**1.6**	0.0	0.6	4.2
75.6	1.9	**1.9**	1.9	3.2	1.3		0.7	**12.6**	0.4	11.8	25.7

2-23 2020年各市县全体居民人均可支配收入情况

单位：元/人

指标名称	Item	全区 Total	沿黄地区 Plain	中南部地区 Mountain Area	银川市 Yinchuan
可支配收入	**Disposable Income**	**25734.9**	**28782.9**	**16613.4**	**33547.0**
(一)工资性收入	Income from Wages and Salaries	**15526.3**	**17954.9**	**9742.1**	**21627.6**
(二)经营净收入	Net Business Income	**4418.4**	**4814.8**	**4528.1**	**4645.5**
1.第一产业经营净收入	The Primary Industry	**1889.4**	**1897.9**	**2970.2**	**1261.9**
(1)农业	Agriculture	**1280.7**	**1372.6**	**1406.6**	**966.2**
(2)林业	Forestry	**34.0**	**35.2**	**56.4**	**66.6**
(3)牧业	Animal Husbandry	**574.7**	**481.9**	**1507.2**	**212.9**
(4)渔业	Fishery	**0.0**	**8.3**	**0.0**	**16.2**
2.第二产业经营净收入	The Secondary Industry	**417.9**	**387.3**	**192.4**	**555.0**
(1)工业	Industry	**29.7**	**129.4**	**43.6**	**244.6**
(2)建筑业	Construction Industry	**388.2**	**257.9**	**148.8**	**310.4**
3.第三产业经营净收入	The Tertiary Industry	**2111.1**	**2529.5**	**1365.5**	**2828.5**
(1)交通运输业	Transportation Industry	**581.3**	**588.2**	**374.7**	**534.5**
(2)批发零售和住宿餐饮业	Wholesales, Retail Trade, Hotel and Catering Sectors	**1048.5**	**1377.6**	**772.4**	**1632.1**
(3)社会服务业	Social Services	**373.2**	**438.0**	**133.4**	**562.5**
(4)其他家庭经营	Others	**108.1**	**125.7**	**85.0**	**99.6**
(三)财产净收入	Net Income from Property	**881.7**	**985.3**	**265.3**	**1370.3**
1.红利收入	Dividend Income	**66.8**	**42.2**	**32.3**	**49.9**
#2.转让承包土地经营权租金收入	Rental Income from the Management Rights Transfer of Land Contracted	**201.8**	**129.5**	**52.8**	**107.4**
(四)转移净收入	Net Income from Transfer	**4908.5**	**5028.0**	**2077.9**	**5903.5**
#1.养老金或离退休金	Pension or Retirement Benefits	**4950.4**	**5981.3**	**1193.8**	**7423.1**
2.报销医疗费	Reimbursement of Medical Expenses	**505.6**	**408.0**	**194.4**	**492.8**
3.政策性惠农补贴	Political Subsidy Supporting Agriculture	**373.1**	**98.2**	**590.9**	**51.4**
现金可支配收入	**Cash Disposable Income**	**24941.6**	**28250.8**	**16381.3**	**32505.9**
实物可支配收入	**Physical Disposable Income**	**793.3**	**532.1**	**232.0**	**1041.0**

Basic Statistics of Disposable Income for Urban and Rural Households by City and County (2020)

(yuan/person)

兴庆区 Xingqing	西夏区 Xixia	金凤区 Jinfeng	永宁县 Yongning	贺兰县 Helan	灵武市 Lingwu	**石嘴山市 Shizuishan**	大武口区 Dawukou	惠农区 Huinong	平罗县 Pingluo	**吴忠市 Wuzhong**
40956.0	**30367.4**	**37776.7**	**22670.6**	**24782.3**	**26786.2**	**28906.5**	**35959.1**	**28145.9**	**21726.5**	**20608.0**
25988.2	20061.8	26137.8	13674.0	15261.1	16348.7	**16885.7**	23036.1	18080.5	9155.7	**11950.6**
3525.1	2321.4	3209.4	6565.5	5150.6	9242.0	**4659.5**	2747.3	3109.7	7847.7	**5549.3**
583.7	268.1	217.4	2739.6	2693.8	2846.2	**2099.5**	65.9	1234.3	5046.8	**2784.4**
320.1	262.6	168.0	2598.9	2855.3	1235.2	**1516.7**	62.4	989.2	3634.1	**1280.2**
191.6			16.8	25.0	13.9	**3.0**	-5.3	0.1	16.8	**-1.1**
67.2	5.5	49.4	124.0	-317.8	1597.2	**579.8**	8.7	245.0	1396.0	**1505.4**
4.7	0.0			131.3						
386.6	390.3	124.9	393.5	325.6	2137.4	**220.0**	111.6	65.3	417.7	**197.7**
	274.0				1493.3	**29.6**	35.7	5.2	41.8	**65.2**
386.6	116.3	124.9	393.5	325.6	644.1	**190.4**	75.9	60.1	375.9	**132.4**
2554.8	1663.1	2867.1	3432.4	2131.2	4258.3	**2340.0**	2569.8	1810.1	2383.2	**2567.3**
119.6	168.9	134.2	2142.9	123.2	1646.7	**936.4**	1474.1	457.1	651.1	**509.1**
1837.7	579.8	1989.3	819.8	1225.8	2412.0	**1064.8**	907.8	776.6	1380.1	**1617.5**
289.8	905.7	811.2	464.1	667.7	183.2	**150.3**	80.2	258.2	116.9	**378.7**
307.7	8.6	-67.6	5.5	114.5	16.4	**188.5**	107.7	318.3	235.1	**61.9**
2174.9	861.7	1659.3	705.4	918.3	380.4	**750.9**	977.5	512.9	625.5	**450.8**
153.0		4.8		8.6		**29.7**	20.9	91.6		**46.1**
39.3	35.1	57.1	335.1	281.7	92.1	**128.3**	34.0	181.6	176.7	**100.9**
9267.8	7122.5	6770.2	1725.7	3452.2	815.1	**6610.4**	9198.2	6442.8	4097.5	**2657.3**
11665.8	8874.4	8043.0	1959.9	3777.2	2433.4	**7344.5**	10796.3	6795.8	4110.7	**2124.1**
791.2	393.1	429.1	167.0	413.4	303.8	**360.0**	489.3	199.1	356.5	**205.8**
13.6	8.8	12.4	83.1	196.2	95.4	**80.8**	1.3	39.1	217.8	**352.4**
39224.4	**29227.6**	**36380.4**	**21346.2**	**24940.7**	**27156.5**	**28716.0**	**35280.7**	**28413.8**	**21894.3**	**20156.2**
1731.6	**1139.8**	**1396.3**	**1324.3**	**-158.4**	**-370.2**	**190.5**	**678.4**	**-267.9**	**-167.9**	**451.8**

2-23 续表

单位：元/人

指标名称	Item	利通区 Litong	红寺堡区 Hongsipu	盐池县 Yanchi	同心县 Tongxin
可支配收入	**Disposable Income**	**24864.1**	**14951.6**	**21115.6**	**14772.9**
(一)工资性收入	Income from Wages and Salaries	14907.4	9454.3	9788.0	7215.7
(二)经营净收入	Net Business Income	5696.8	3870.4	8139.7	4766.4
1.第一产业经营净收入	The Primary Industry	2359.7	2098.7	4612.5	3217.9
(1)农业	Agricultural	700.7	1393.2	1059.9	1237.9
(2)林业	Forestry		-7.5		8.2
(3)牧业	Animal Husbandry	1659.0	713.0	3552.6	1971.8
(4)渔业	Fishery				
2.第二产业经营净收入	The Secondary Industry	403.3	103.8	142.9	181.8
(1)工业	Industrial	54.0			181.8
(2)建筑业	Construction Industry	349.2	103.8	142.9	
3.第三产业经营净收入	The Tertiary Industry	2933.8	1667.8	3384.2	1366.7
(1)交通运输业	Transportation Industry	382.4	206.3	865.3	429.2
(2)批发零售和住宿餐饮业	Wholesales, Retail Trade, Hotel and Catering Sectors	2128.0	1266.6	1714.1	774.5
(3)社会服务业	Social Services	406.7	71.3	675.3	109.2
(4)其他家庭经营	Others	16.6	123.7	129.6	53.8
(三)财产净收入	Net Income from Property	690.2	180.9	575.8	163.0
1.红利收入	Dividend Income	86.4	25.7	138.9	0.4
#2.转让承包土地经营权租金收入	Rental Income from the Management Rights Transfer of Land Contracted	64.7	28.4	169.7	17.2
(四)转移净收入	Net Income from Transfer	3569.7	1446.0	2612.2	2627.9
#1.养老金或离退休金	Pension or Retirement Benefits	3434.6	680.8	1220.9	1525.6
2.报销医疗费	Reimbursement of Medical Expenses	213.3	157.0	124.5	215.9
3.政策性惠农补贴	Political Subsidy Supporting Agriculture	79.7	491.2	1236.9	458.6
现金可支配收入	**Cash Disposable Income**	**25042.8**	**13847.7**	**20069.9**	**14059.7**
实物可支配收入	**Physical Disposable Income**	**-178.7**	**1103.9**	**1045.7**	**713.2**

continued

(yuan/person)

青铜峡市 Qingtongxia	**固原市 Guyuan**	原州区 Yuanzhou	西吉县 Xiji	隆德县 Longde	泾源县 Jingyuan	彭阳县 Pengyang	**中卫市 Zhongwei**	沙坡头区 Shapotou	中宁县 Zhongning	海原县 Haiyuan
22127.2	**16708.4**	**20484.6**	**14755.6**	**14705.8**	**14581.0**	**15194.6**	**17864.2**	**21086.4**	**19916.5**	**13172.7**
13563.9	**9862.2**	13964.0	6839.0	8645.9	9384.0	8102.5	**10834.1**	13949.8	11203.0	7713.4
6267.3	**4532.3**	4021.7	5721.3	3385.7	3716.3	4920.6	**4308.9**	3991.5	5619.0	3416.5
3137.5	**3405.0**	2457.5	4580.1	2854.5	2888.7	3871.7	**2766.2**	2551.9	3185.7	2502.8
2527.2	**1682.0**	938.3	2824.6	1512.8	275.1	1976.8	**2043.2**	1902.5	2877.5	1353.8
-10.0	**107.8**	6.5	18.4	4.0	1010.2	86.5	**2.0**	3.4		2.4
620.3	**1615.2**	1512.7	1737.1	1337.7	1603.5	1808.8	**720.9**	645.9	308.2	1146.6
	0.0					-0.3	**0.0**			0.0
	188.3	263.0	422.0	64.8			**125.0**	37.0	357.6	17.1
	17.9	21.0	34.2				**4.2**	11.9		
	170.3	241.9	387.8	64.8			**120.8**	25.2	357.6	17.1
3129.7	**939.1**	1301.2	719.2	466.4	827.6	1048.9	**1417.7**	1402.5	2075.8	896.6
742.4	**208.2**	276.2	325.7	64.1	161.2	80.5	**465.1**	263.5	624.4	530.1
1676.2	**577.5**	833.6	342.6	322.0	682.4	599.9	**518.1**	571.3	769.4	258.9
670.2	**67.6**	79.7	61.2	26.6	-16.0	114.1	**300.2**	293.8	600.1	76.7
40.8	**85.8**	111.7	-10.3	53.7	0.0	254.4	**134.4**	274.0	81.9	30.9
426.5	**288.3**	529.8	113.9	186.8	230.5	149.2	**402.0**	562.4	515.9	151.4
3.0	**52.1**	132.0		40.5	11.2		**11.0**	2.3	29.6	2.8
258.9	**41.6**	70.7	9.4	51.6	29.3	28.2	**144.7**	121.5	260.8	60.6
1869.5	**2025.6**	1969.1	2081.4	2487.4	1250.2	2022.3	**2319.2**	2582.7	2578.6	1891.3
1879.2	**1016.1**	1498.1	746.4	1192.9	475.1	682.4	**2364.4**	3404.6	2515.7	1269.2
233.3	**247.1**	290.7	184.8	253.2	193.3	249.2	**265.1**	265.1	473.8	81.8
97.2	**593.5**	636.1	649.7	535.7	486.4	469.9	**379.9**	279.5	230.9	607.3
21875.3	**16322.9**	**20163.6**	**14036.6**	**14780.9**	**14462.0**	**14954.8**	**18354.5**	**21971.1**	**19093.3**	**14408.0**
251.9	**385.5**	**321.0**	**719.0**	**-75.1**	**119.0**	**239.8**	**-490.2**	**-884.7**	**823.1**	**-1235.3**

2-24 2020年各市县全体居民人均生活消费支出情况

单位：元/人

指标名称	Item	全区 Total	沿黄地区 Plain	中南部地区 Mountain Area	银川市 Yinchuan
生活消费支出	**Living Expenditure**	17505.8	19189.0	12246.7	23261.0
(一)食品烟酒	Food, Tobacco and Liquor	4816.3	5510.4	3620.3	6459.2
#粮食	Grain	536.4	507.6	562.1	507.5
油脂	Oil and Fats	138.9	130.2	140.2	127.5
肉禽及制品	Meat, Poultry and Processed Products	1149.5	1142.1	970.8	1206.7
蛋	Eggs	71.7	79.9	59.7	92.7
水产品	Aquatic Products	84.1	117.2	33.0	156.2
蔬菜	Vegetables	378.6	483.0	253.1	549.6
烟草	Tobacco	302.9	334.9	253.9	353.1
酒和饮料	Liquor and Beverages	188.7	222.2	142.7	291.8
奶及奶制品	Milk and Processed Products	216.0	258.5	150.3	338.1
(二)衣着	Clothing	1263.9	1539.5	965.3	1859.0
#服装	Garments	1008.1	1242.5	749.6	1498.7
(三)居住	Residence	3348.8	3714.5	2269.3	4718.8
#住房维修及管理	Housing Maintenance and Management	694.4	590.5	367.6	668.9
水电燃料及其他	Water, Electricity, Fuels and Others	914.0	1031.0	663.4	1207.0
(四)生活用品及服务	Household Facilities, Articles and Services	1037.2	1174.7	738.1	1443.7
#家用器具	Home Appliances	217.5	242.9	124.8	299.7
家具及室内装饰品	Articles for Interior Decoration	150.4	142.9	104.6	153.7
家用纺织品	Bed Articles	88.4	95.8	73.5	110.0
家庭日用杂品	Household Articles for Daily Use	207.9	237.4	170.5	292.7
(五)交通通信	Transport and Communications	2922.0	2879.2	1903.0	3462.5
#交通	Transport	2195.7	2083.1	1391.1	2526.9
通信	Communications	726.3	796.1	511.9	935.6
(六)教育文化娱乐	Education, Culture and Recreation	1760.6	1944.5	1427.2	2438.4
文化娱乐	Culture and Recreation	452.9	514.1	347.9	604.1
#教育	Education	1331.7	1376.9	1191.4	1665.2
(七)医疗保健	Health Care and Medical Services	1906.3	1937.6	1112.4	2249.4
#医疗器具及药品	Medical Instrument and Medicine	557.9	638.2	400.2	725.7
(八)其他用品及服务	Other Commodities and Services	450.7	488.6	211.1	630.0
服务性消费支出	**Consumption Expenditure for Service**	7041.4	8078.0	4514.0	10347.3
商品性消费支出	**Consumption Expenditure for Commodity**	10464.4	11111.0	7732.6	12913.6

Per Capita Living Expenditure for Urban and Rural Residents by City and County (2020)

(yuan/person)

兴庆区 Xingqing	西夏区 Xixia	金凤区 Jinfeng	永宁县 Yongning	贺兰县 Helan	灵武市 Lingwu	石嘴山市 Shizuishan	大武口区 Dawukou	惠农区 Huinong	平罗县 Pingluo	吴忠市 Wuzhong
29113.8	20261.1	25935.9	16678.2	18158.4	16865.3	16865.2	21170.0	15564.0	13203.9	13432.0
8017.6	6649.4	6594.9	4882.1	5013.5	4624.6	5447.3	6952.2	5301.5	3997.7	4087.4
525.8	614.3	380.2	552.4	552.3	458.0	544.9	684.9	447.7	474.9	484.0
134.8	111.7	103.0	151.2	155.2	120.0	139.8	143.2	104.1	166.1	138.4
1348.7	1185.4	1135.0	974.3	1053.5	1261.5	1250.3	1511.0	1091.9	1098.7	1155.5
114.4	117.0	88.1	73.8	62.0	61.7	87.4	115.5	97.5	50.8	54.3
229.5	162.5	184.5	87.3	73.9	61.1	124.1	204.6	130.7	38.6	44.7
620.9	940.5	464.5	459.6	388.4	336.2	488.2	582.8	488.9	393.8	306.9
381.4	359.7	343.5	279.1	392.6	273.9	369.1	517.2	325.2	241.3	261.4
434.2	279.4	312.2	196.9	173.8	103.0	214.4	294.0	220.6	129.0	119.3
343.6	375.9	467.3	277.5	239.9	202.8	209.8	268.0	209.2	144.6	157.3
2187.0	1394.6	2226.3	1342.0	1601.6	1547.1	1538.0	2104.7	1341.2	1065.0	1134.7
1800.9	1109.4	1746.8	1016.4	1311.5	1273.2	1243.3	1758.9	1027.6	837.3	909.6
6420.0	3273.9	6048.4	3180.0	2937.8	2871.2	2738.7	3407.3	1993.7	2497.9	2572.8
642.1	221.2	840.4	864.2	488.1	753.5	601.5	812.5	302.2	583.8	472.9
1631.9	1029.3	1215.4	822.6	945.7	839.5	920.1	1056.3	841.4	832.1	775.5
1813.8	1029.7	1656.6	1135.6	1213.7	917.3	1078.6	1375.8	1137.3	763.2	807.0
423.7	121.6	275.2	182.2	306.5	254.4	231.1	304.1	211.4	181.6	160.9
125.6	124.2	283.3	142.0	79.3	71.2	148.9	173.6	157.6	134.2	100.8
135.4	79.9	136.6	95.2	85.2	76.4	99.6	157.6	63.4	67.0	80.2
374.5	309.3	276.5	222.0	271.4	162.0	234.3	290.8	285.1	144.8	155.2
3817.2	3350.5	3799.5	2597.2	3221.8	2748.5	2321.9	2704.8	2259.3	1876.8	2042.7
2666.7	2460.6	2918.7	1829.2	2485.4	1976.6	1654.4	1788.3	1745.7	1367.1	1469.8
1150.5	889.9	880.8	768.1	736.4	771.9	667.5	916.6	513.6	509.7	572.9
3402.7	1564.8	2531.1	1641.5	1878.5	1953.7	1678.3	2119.7	1659.8	1209.8	1384.2
726.0	557.8	609.1	554.6	464.3	489.8	450.2	595.5	364.1	355.8	353.7
2333.3	909.6	1599.9	1198.4	1267.2	1636.1	1199.4	1518.8	1066.2	944.2	1092.7
2588.9	2625.0	2352.9	1423.9	1813.1	1891.1	1707.9	1972.8	1582.2	1572.7	1140.9
905.5	761.6	683.1	524.4	614.7	526.1	710.6	1029.8	497.2	532.0	380.1
866.5	373.3	726.1	475.8	478.4	311.8	354.6	532.6	289.1	220.8	262.3
14179.3	7995.4	12324.2	6235.2	7033.0	6790.6	6030.7	7627.9	5615.4	4604.8	5044.3
14934.4	12265.8	13611.7	10443.0	11125.4	10074.6	10834.5	13542.0	9948.6	8599.1	8387.6

2-24 续表

单位：元/人

指标名称	Item	利通区 Litong	红寺堡区 Hongsipu	盐池县 Yanchi	同心县 Tongxin
生活消费支出	**Living Expenditure**	**15354.7**	**12739.5**	**13040.4**	**11172.9**
(一)食品烟酒	Food, Tobacco and Liquor	4797.2	3895.7	4103.7	3413.5
#粮食	Grain	432.0	520.4	505.3	520.4
油脂	Oil and Fats	132.5	144.9	110.0	175.2
肉禽及制品	Meat, Poultry and Processed Products	1310.3	1085.7	1246.0	1162.8
蛋	Eggs	56.4	44.2	77.1	49.0
水产品	Aquatic Products	57.1	38.1	44.9	26.1
蔬菜	Vegetables	354.4	253.2	257.7	281.4
烟草	Tobacco	314.9	221.4	292.6	169.2
酒和饮料	Liquor and Beverages	116.3	160.8	160.4	83.6
奶及奶制品	Milk and Processed Products	160.5	132.3	175.9	135.8
(二)衣着	Clothing	1306.7	998.6	1332.2	907.7
#服装	Garments	1057.9	795.9	1039.9	713.9
(三)居住	Residence	2891.2	2231.6	2453.1	2550.7
#住房维修及管理	Housing Maintenance and Management	350.2	455.0	500.1	570.5
水电燃料及其他	Water, Electricity, Fuels and Others	945.7	497.5	766.7	742.6
(四)生活用品及服务	Household Facilities, Articles and Services	867.8	720.8	760.5	699.4
#家用器具	Home Appliances	183.7	97.6	188.1	116.2
家具及室内装饰品	Articles for Interior Decoration	99.2	71.4	48.6	94.2
家用纺织品	Bed Articles	85.0	93.4	71.9	89.0
家庭日用杂品	Household Articles for Daily Use	139.9	176.4	182.9	152.5
(五)交通通信	Transport and Communications	2303.2	2148.4	1831.0	1369.0
#交通	Transport	1551.6	1598.6	1203.8	1056.0
通信	Communications	751.6	549.8	627.2	313.0
(六)教育文化娱乐	Education, Culture and Recreation	1600.4	1331.0	1290.3	1179.8
文化娱乐	Culture and Recreation	465.9	352.8	393.1	199.2
#教育	Education	1132.1	1117.2	994.2	1042.2
(七)医疗保健	Health Care and Medical Services	1251.6	1228.9	973.1	924.9
#医疗器具及药品	Medical Instrument and Medicine	401.2	376.1	403.4	378.0
(八)其他用品及服务	Other Commodities and Services	336.7	184.6	296.4	127.9
服务性消费支出	**Consumption Expenditure for Service**	**6298.0**	**4775.4**	**4358.9**	**3705.9**
商品性消费支出	**Consumption Expenditure for Commodity**	**9056.7**	**7964.1**	**8681.5**	**7466.9**

continued

(yuan/person)

青铜峡市 Qingtongxia	**固原市 Guyuan**	原州区 Yuanzhou	西吉县 Xiji	隆德县 Longde	泾源县 Jingyuan	彭阳县 Pengyang	**中卫市 Zhongwei**	沙坡头区 Shapotou	中宁县 Zhongning	海原县 Haiyuan
12871.0	**12680.4**	**15613.8**	**11207.7**	**12783.7**	**9442.7**	**10987.8**	**13097.4**	**15158.9**	**14251.0**	**10133.5**
3726.0	**3722.6**	4430.0	3458.9	3710.0	2828.3	3243.9	**3515.2**	4181.7	3430.5	2945.0
487.0	**601.2**	535.2	701.3	702.9	500.7	528.7	**519.2**	527.2	461.4	560.2
117.5	**131.1**	157.0	112.1	119.4	131.2	121.4	**134.9**	144.9	108.8	146.9
889.5	**872.7**	1005.8	907.6	710.9	528.8	868.7	**872.9**	954.5	725.3	920.2
51.1	**67.6**	69.3	66.9	87.0	48.5	61.5	**52.3**	60.2	50.5	46.0
47.2	**33.3**	47.6	29.6	31.6	18.2	18.7	**41.5**	61.7	36.6	25.9
314.4	**245.6**	275.5	193.6	288.5	266.7	234.9	**320.0**	422.9	297.0	236.6
285.1	**298.6**	280.3	339.8	424.0	169.5	260.4	**243.7**	329.3	245.4	154.0
102.5	**168.2**	149.3	180.6	213.9	108.4	180.0	**114.1**	147.0	100.8	92.3
165.5	**161.6**	239.1	140.8	111.2	171.3	84.0	**150.6**	161.3	209.6	94.1
974.0	**896.6**	1232.8	731.9	691.1	802.2	751.3	**945.8**	1139.1	912.3	797.4
792.1	**696.2**	962.9	564.0	517.9	626.8	595.7	**741.4**	921.9	726.5	587.3
2301.3	**2234.4**	2660.1	1836.6	2364.8	1837.9	2243.6	**2570.1**	3230.0	2625.0	1876.5
527.7	**265.9**	292.8	220.4	281.3	199.8	321.1	**544.0**	719.1	518.5	382.0
740.1	**681.0**	760.9	660.1	702.9	528.7	662.1	**707.7**	839.7	750.0	541.0
839.7	**731.6**	953.7	632.7	676.0	574.5	578.6	**800.7**	926.7	793.8	688.4
198.4	**129.3**	147.9	123.0	115.6	81.2	129.5	**139.6**	153.1	161.2	107.2
149.2	**110.9**	129.3	111.1	156.6	83.1	43.5	**147.1**	199.5	113.3	123.9
57.4	**64.7**	87.0	51.4	52.2	55.4	58.3	**74.5**	78.9	63.1	79.6
139.5	**175.2**	196.9	159.4	184.0	149.0	170.7	**161.5**	184.8	141.0	156.8
2313.9	**2163.8**	2957.6	1758.6	2299.6	1291.8	1687.1	**2047.5**	2262.7	2705.4	1283.8
1735.2	**1585.0**	2224.6	1184.3	1948.2	863.8	1166.0	**1487.4**	1566.8	2116.3	879.9
578.7	**578.8**	733.0	574.3	351.4	428.0	521.1	**560.1**	695.9	589.1	403.9
1226.8	**1500.0**	1592.6	1568.9	1432.1	1136.3	1423.4	**1287.4**	1193.7	1373.3	1319.1
336.9	**413.1**	507.0	435.9	222.6	310.9	370.0	**361.0**	440.9	387.1	262.6
1000.7	**1260.4**	1270.4	1364.1	1212.4	1005.4	1224.1	**1029.1**	916.0	1132.4	1062.7
1174.6	**1181.1**	1375.7	1050.9	1397.3	850.9	923.9	**1616.1**	1754.1	2047.4	1101.5
310.7	**411.9**	535.0	306.6	433.8	350.8	340.4	**504.6**	560.3	562.7	406.2
314.7	**250.2**	411.3	169.2	212.9	120.8	135.9	**314.6**	471.0	363.2	121.8
4830.3	**4903.3**	**6156.9**	**4271.2**	**4602.0**	**3746.6**	**4214.9**	**5055.9**	**5906.3**	**5931.4**	**3497.6**
8040.8	**7777.0**	**9456.9**	**6936.5**	**8181.7**	**5696.1**	**6772.8**	**8041.5**	**9252.7**	**8319.6**	**6635.9**

2-25 2020年各市县全体居民家庭总收入情况

单位：元/人

指标名称	Item	全区 Total	沿黄地区 Plain	中南部地区 Mountain Area	银川市 Yinchuan
全年总收入	**Total Revenue**	**33326.9**	**34521.7**	**22327.0**	**38401.5**
1.工资性收入	Income from Wages and Salaries	15526.3	17954.9	9742.1	21627.6
2.经营性收入	Business Income	9726.6	8491.1	9335.1	6826.2
(1)第一产业收入	The Primary Industry	5291.8	4393.3	6552.7	2343.7
农业收入	Agriculture	2469.0	2523.7	2307.3	1531.0
林业收入	Forestry	54.6	40.6	71.5	69.4
牧业收入	Animal Husbandry	2768.1	1808.3	4173.9	693.9
渔业收入	Fishery	0.0	20.7		49.4
(2)第二产业收入	The Secondary Industry	1024.7	714.3	405.1	907.5
工业收入	Industry	154.1	321.7	74.9	460.1
建筑业收入	Construction Industry	870.6	392.6	330.2	447.5
(3)第三产业收入	The Tertiary Industry	3410.1	3383.5	2377.2	3575.0
交通运输业收入	Transportation Industry	1367.7	1054.1	800.1	938.2
批发零售和住宿餐饮业收入	Wholesales, Retail Trade, Hotel and Catering Sectors	1370.1	1587.7	1206.8	1859.3
社会服务业收入	Social Services	441.2	509.1	198.2	628.4
其他家庭经营收入	Others	231.0	232.6	172.1	149.2
3.财产性收入	Income from Property	1159.5	1197.2	382.1	1665.7
红利收入	Dividend Income	66.8	42.2	32.3	49.9
#转让承包土地经营权租金收入	Rental Income from the Management Rights Transfer of Land Contracted	201.8	129.5	52.8	107.4
4.转移性收入	Income from Transfer	6914.5	6878.5	2867.8	8281.9
#养老金或离退休金	Pension or Retirement Benefits	4950.4	5981.3	1193.8	7423.1
报销医疗费	Reimbursement of Medical Expenses	505.6	408.0	194.4	492.8
政策性惠农补贴	Political Subsidy Supporting Agriculture	373.1	98.2	590.9	51.4
5.非收入所得	Non-income Revenue	2630.7	3121.2	2133.3	3470.8
(1)出售资产所得	Proceeds from Sale of Assets	1006.4	1345.6	616.7	1551.4
(2)非经常性转移所得	Income from Non-recurrent Transfers	1611.5	1775.6	1496.0	1919.5
(3)其他非收入所得	Other Non-income Revenue	12.8	0.0	20.6	0.0
6.借贷性所得	Borrowing Income	4463.2	4141.7	4675.7	6051.7
(1)提取储蓄存款	Dissaving	1000.9	1729.8	220.6	2853.0
(2)借入款	Borrowed	683.8	393.7	1037.7	451.7
(3)收回借出款	Recall the Loan	89.4	64.3	128.3	65.2
(4)收回储蓄性保险本金	Redemption of Deposit Insurance Principal	1.6	4.7		
(5)银行信用社得到的贷款	Bank Loan	2627.5	1917.5	3187.3	2620.2

Basic Statistics of Total Income for Urban and Rural Households by City and County (2020)

(yuan/person)

兴庆区 Xingqing	西夏区 Xixia	金凤区 Jinfeng	永宁县 Yongning	贺兰县 Helan	灵武市 Lingwu	**石嘴山市 Shizuishan**	大武口区 Dawukou	惠农区 Huinong	平罗县 Pingluo	**吴忠市 Wuzhong**
46325.3	**33142.5**	**40593.8**	**25549.5**	**30142.9**	**36855.0**	**34151.4**	**39580.7**	**31411.3**	**30745.2**	**26815.8**
25988.2	20061.8	26137.8	13674.0	15261.1	16348.7	**16885.7**	23036.1	18080.5	9155.7	**11950.6**
4680.6	2590.0	3744.1	8561.6	9254.8	16887.8	**8376.1**	3851.9	5405.3	15979.8	**10873.8**
988.6	382.4	437.2	4001.9	5989.8	5757.7	**4578.5**	130.3	2852.6	11281.4	**6977.4**
558.8	350.5	271.7	3642.0	4864.3	2009.7	**2661.6**	107.9	1958.9	6288.0	**2331.8**
199.2			20.3	25.4	14.1	**20.3**		62.1	18.0	**2.9**
177.3	32.0	165.6	339.5	892.7	3733.9	**1896.7**	22.4	831.6	4975.4	**4642.7**
53.3				207.4						
437.0	398.2	130.9	442.8	455.9	4462.7	**552.8**	146.8	70.7	1435.4	**291.5**
	281.2				3089.9	**328.1**	45.6	8.7	992.2	**88.9**
437.0	117.0	130.9	442.8	455.9	1372.7	**224.7**	101.2	62.1	443.2	**202.6**
3255.1	1809.3	3176.0	4116.9	2809.1	6667.4	**3244.8**	3574.8	2481.9	3263.0	**3604.9**
129.9	280.8	269.2	2641.5	587.5	3774.2	**1501.1**	2377.5	848.3	913.8	**1009.2**
2351.4	584.6	2020.0	925.6	1357.1	2623.5	**1238.0**	949.7	1010.4	1629.0	**2038.5**
386.0	930.1	848.7	541.6	724.6	235.2	**172.5**	93.2	295.1	132.8	**483.0**
387.9	13.9	38.1	8.2	139.9	34.6	**333.1**	154.3	328.1	587.4	**74.1**
2783.9	1020.1	1943.5	767.4	974.7	495.6	**855.0**	1191.1	566.9	656.6	**539.9**
153.0		4.8		8.6		**29.7**	20.9	91.6		**46.1**
39.3	35.1	57.1	335.1	281.7	92.1	**128.3**	34.0	181.6	176.7	**100.9**
12872.6	9470.6	8768.4	2546.5	4652.3	3122.8	**8034.6**	11501.5	7358.7	4953.0	**3451.5**
11665.8	8874.4	8043.0	1959.9	3777.2	2433.4	**7344.5**	10796.3	6795.8	4110.7	**2124.1**
791.2	393.1	429.1	167.0	413.4	303.8	**360.0**	489.3	199.1	356.5	**205.8**
13.6	8.8	12.4	83.1	196.2	95.4	**80.8**	1.3	39.1	217.8	**352.4**
5122.6	1947.4	2232.6	4556.9	2473.8	2904.6	**2935.0**	3299.8	1958.5	2993.2	**2461.6**
3049.2	32.7	810.6	2231.6	211.3	1374.6	**1241.1**	774.5	524.8	1928.7	**823.5**
2073.3	1914.8	1422.0	2325.3	2262.3	1530.1	**1693.9**	2525.3	1433.8	1064.5	**1636.7**
				0.2						**1.3**
7552.1	2426.4	5425.5	2602.3	5654.1	10262.7	**1171.0**	429.4	1101.7	1568.1	**3417.9**
3908.5	1596.7	4609.4	1334.5	1485.9	1976.5	**26.4**	2.8	21.6	52.4	**981.9**
174.1	761.1	534.1	383.9	798.9	307.2	**114.0**	67.7	21.5	269.7	**460.4**
29.0	65.7	25.5	213.8	0.7	5.5	**86.1**		327.3		**121.9**
						7.2			23.3	**10.9**
3361.3	2.9	256.5	670.1	3173.6	7973.5	**937.4**	359.0	731.3	1222.7	**1821.2**

2-25 续表

单位：元/人

指标名称	Item	利通区 Litong	红寺堡区 Hongsipu	盐池县 Yanchi	同心县 Tongxin
全年总收入	**Total Revenue**	**30419.0**	**20462.1**	**28330.4**	**19350.6**
1.工资性收入	Income from Wages and Salaries	14907.4	9454.3	9788.0	7215.7
2.经营性收入	Business Income	10144.2	8487.6	14639.7	8731.9
(1)第一产业收入	The Primary Industry	6034.0	5265.8	8345.6	6170.7
农业收入	Agriculture	1405.5	2616.5	2357.9	1791.6
林业收入	Forestry		2.3		11.3
牧业收入	Animal Husbandry	4628.5	2646.9	5987.7	4367.9
渔业收入	Fishery				
(2)第二产业收入	The Secondary Industry	505.0	416.6	143.1	237.2
工业收入	Industry	89.2			237.2
建筑业收入	Construction Industry	415.8	416.6	143.1	
(3)第三产业收入	The Tertiary Industry	3605.1	2805.2	6151.0	2324.0
交通运输业收入	Transportation Industry	618.9	1178.1	2345.5	604.8
批发零售和住宿餐饮业收入	Wholesales, Retail Trade, Hotel and Catering Sectors	2404.2	1332.5	2667.7	1488.8
社会服务业收入	Social Services	553.3	124.9	992.9	176.7
其他家庭经营收入	Others	28.8	169.8	144.9	53.8
3.财产性收入	Income from Property	853.8	295.3	727.6	174.1
红利收入	Dividend Income	86.4	25.7	138.9	0.4
#转让承包土地经营权租金收入	Rental Income from the Management Rights Transfer of Land Contracted	64.7	28.4	169.7	17.2
4.转移性收入	Income from Transfer	4513.6	2224.8	3175.2	3228.9
#养老金或离退休金	Pension or Retirement Benefits	3434.6	680.8	1220.9	1525.6
报销医疗费	Reimbursement of Medical Expenses	213.3	157.0	124.5	215.9
政策性惠农补贴	Political Subsidy Supporting Agriculture	79.7	491.2	1236.9	458.6
5.非收入所得	Non-income Revenue	2261.5	3532.7	3374.3	2130.4
(1)出售资产所得	Proceeds from Sale of Assets	493.4	1129.0	1846.0	317.9
(2)非经常性转移所得	Income from Non-recurrent Transfers	1768.1	2394.8	1527.4	1812.5
(3)其他非收入所得	Other Non-income Revenue		8.9	0.9	
6.借贷性所得	Borrowing Income	1236.6	4406.7	5420.6	4326.8
(1)提取储蓄存款	Dissaving	640.8		2381.3	72.1
(2)借入款	Borrowed		1032.6	1677.2	395.2
(3)收回借出款	Recall the Loan	32.8	129.8	453.2	11.9
(4)收回储蓄性保险本金	Redemption of Deposit Insurance Principal	34.6			
(5)银行信用社得到的贷款	Bank Loan	528.4	3244.3	881.0	3764.5

continued

(yuan/person)

青铜峡市 Qingtongxia	固原市 Guyuan	原州区 Yuanzhou	西吉县 Xiji	隆德县 Longde	泾源县 Jingyuan	彭阳县 Pengyang	中卫市 Zhongwei	沙坡头区 Shapotou	中宁县 Zhongning	海原县 Haiyuan
31740.6	23008.8	29980.7	18598.3	21813.0	17876.2	20195.0	24149.8	28606.2	26632.6	17686.7
13563.9	9862.2	13964.0	6839.0	8645.9	9384.0	8102.5	10834.1	13949.8	11203.0	7713.4
15035.5	9790.7	11857.0	9004.4	9330.8	6407.8	9208.4	9233.9	9506.8	10990.2	7194.9
11453.4	7375.6	7705.9	7041.8	8417.7	5171.3	7666.5	6328.4	6324.6	6617.8	5838.6
4618.1	2639.6	1540.0	4061.5	2916.0	430.4	3291.2	4196.0	4512.1	5769.6	2283.9
0.5	134.7	6.5	21.9	23.6	1282.2	87.8	2.7	3.6		4.2
6834.8	4601.2	6159.3	2958.5	5478.1	3458.8	4287.4	2129.6	1808.9	848.2	3550.5
	497.9	932.6	731.2	96.2			453.0	648.6	687.3	50.8
	71.3	108.5	107.7				100.3	279.9		
	426.7	824.1	623.5	96.2			352.7	368.7	687.3	50.8
3582.1	1917.2	3218.5	1231.4	816.9	1236.4	1541.9	2452.5	2533.7	3685.1	1305.4
1106.7	521.5	907.6	508.5	193.3	332.1	136.2	1028.7	432.9	1895.6	853.9
1751.5	1023.0	1675.4	609.8	407.0	844.0	930.4	674.5	880.7	877.6	305.5
683.1	111.6	106.8	68.9	141.1	60.3	158.7	384.8	498.8	641.2	83.3
40.8	261.0	528.7	44.2	75.5	0.0	316.6	364.5	721.2	270.7	62.7
451.8	482.9	984.4	159.0	281.9	301.1	203.1	514.6	798.3	587.6	175.8
3.0	52.1	132.0		40.5	11.2		11.0	2.3	29.6	2.8
258.9	41.6	70.7	9.4	51.6	29.3	28.2	144.7	121.5	260.8	60.6
2689.4	2873.1	3175.2	2595.9	3554.4	1783.3	2680.9	3567.1	4351.4	3851.8	2602.5
1879.2	1016.1	1498.1	746.4	1192.9	475.1	682.4	2364.4	3404.6	2515.7	1269.2
233.3	247.1	290.7	184.8	253.2	193.3	249.2	265.1	265.1	473.8	81.8
97.2	593.5	636.1	649.7	535.7	486.4	469.9	379.9	279.5	230.9	607.3
1764.9	2069.4	2699.9	2228.2	1221.3	1803.3	1266.6	2430.0	3237.9	3306.5	904.5
939.1	465.5	660.1	643.1	157.7	404.5	146.4	1025.7	1637.1	1330.7	174.0
825.9	1571.7	1948.1	1585.2	1063.5	1391.0	1120.2	1404.2	1600.8	1975.5	730.5
	32.2	91.7			7.7		0.1		0.3	
4152.4	5207.2	6012.2	6357.4	3047.4	5142.8	3484.1	3479.0	3576.7	3329.4	3487.2
2505.8	176.7	287.7	71.7	22.8	330.5	165.7	309.3	258.7	706.0	4.2
201.4	1028.5	1234.6	862.3	437.1	1278.4	1218.8	1134.9	468.7	1260.7	1679.9
197.2	163.0	226.4	158.7	248.2	18.2	68.6	45.6	37.1	83.0	20.5
1248.1	3679.1	3943.1	5103.1	2339.2	3515.7	2030.9	1959.1	2795.5	1202.2	1782.6

2-26　2020年各市县全体居民家庭总支出情况

单位：元/人

指标名称	Item	全区 Total	沿黄地区 Plain	中南部地区 Mountain Area
全年总支出	**Total Expenditure**	**33447.2**	**34016.4**	**25856.5**
1.生活消费支出	Living Expenditure	**17505.8**	**19189.0**	**12246.7**
食品烟酒	Food Tobacco Liquor	**4816.3**	**5510.4**	**3620.3**
衣着	Clothing	**1263.9**	**1539.5**	**965.3**
居住	Residence	**3348.8**	**3714.5**	**2269.3**
生活用品及服务	Articles and Services for Daily Use	**1037.2**	**1174.7**	**738.1**
医疗保健	Health Care	**1906.3**	**1937.6**	**1112.4**
交通通信	Transportation Communication	**2922.0**	**2879.2**	**1903.0**
教育文化娱乐	Education, Culture and Entertainment	**1760.6**	**1944.5**	**1427.2**
其他用品及服务	Other Supplies and Services	**450.7**	**488.6**	**211.1**
2.生产经营费用支出	Expenditure for Household Business	**4550.4**	**2782.3**	**4052.1**
(1)第一产业生产支出	The Primary Industry	**3138.6**	**2212.2**	**3180.3**
农业生产支出	Agriculture	**1079.8**	**1026.5**	**764.4**
林业生产支出	Forestry	**19.2**	**5.0**	**14.6**
牧业生产支出	Animal Husbandry	**2039.6**	**1168.6**	**2401.3**
渔业生产支出	Fishery	**0.0**	**12.1**	**0.0**
(2)第二产业生产支出	The Secondary Industry	**523.3**	**164.2**	**154.5**
工业生产支出	Industry	**115.6**	**97.4**	**23.7**
建筑业生产支出	Construction Industry	**407.7**	**66.8**	**130.9**
(3)第三产业生产支出	The Tertiary Industry	**888.4**	**405.9**	**717.2**
交通运输业生产支出	Transportation Industry	**601.2**	**304.7**	**278.6**
批发零售和住宿餐饮业生产支出	Wholesales, Retail Trade, Hotel and Catering Sectors	**184.5**	**35.3**	**328.1**
社会服务业生产支出	Social Services	**28.5**	**18.3**	**44.0**
其他家庭经营生产支出	Others	**74.3**	**47.6**	**66.6**
3.财产性支出	Property Expenditure	**277.9**	**211.9**	**116.8**
4.转移性支出	Transfer Expenditure	**2006.0**	**1850.5**	**789.9**
5.部分商业保险支出	Commercial Insurance Expenditure	**392.6**	**516.1**	**120.3**
6.购置资产及非经常性转移支出	Acquisition of Assets and Non-recurrent Transfer Expenses	**6248.9**	**7224.5**	**5836.9**
(1)建造住房支出	Build Housing	**389.1**	**143.7**	**454.4**
(2)购买住房支出	Purchase Housing	**2321.9**	**3522.5**	**1436.3**
(3)购建第一产业生产性固定资产	Purchase and Build the Productive Fixed Assets of the Primary Industry	**507.5**	**402.5**	**1046.1**
#购买或建造农业生产性用房	Purchase or Build Agricultural Productive Housing	**111.1**	**36.0**	**261.3**
购买产品畜	Purchase Stock	**208.0**	**258.7**	**479.6**
购买或建造农业设施	Purchase or Build Agricultural Facilities	**10.2**	**14.7**	**21.7**
购买农业机械	Purchase Agricultural Machinery	**176.6**	**93.1**	**283.6**
(4)购建第二产业生产性固定资产支出	Purchase and Build the Productive Fixed Assets of the Secondary Industry	**9.4**	**49.9**	**126.5**
(5)购建第三产业生产性固定资产支出	Purchase and Build the Productive Fixed Assets of the Tertiary Industry	**710.4**	**705.3**	**745.4**
(6)非经常性转移支出	Non-recurrent Transfer Expenditures	**2281.1**	**2352.3**	**2021.5**
7.借贷性支出	Borrowing Expenditure	**2465.7**	**2242.1**	**2693.9**
(1)归还银行信用社贷款	Repay the Loan to the Bank or Credit Union	**1832.4**	**1814.0**	**1930.1**
(2)归还借款	Pay off the Loan	**483.4**	**296.8**	**673.5**
(3)存入银行款	Bank Deposit	**72.4**	**69.8**	**2.9**

Basic Statistics of Total Expenses for Urban and Rural Households (2020)

(yuan/person)

银川市 Yinchuan	兴庆区 Xingqing	西夏区 Xixia	金凤区 Jinfeng	永宁县 Yongning	贺兰县 Helan	灵武市 Lingwu	石嘴山市 Shizuishan	大武口区 Dawukou	惠农区 Huinong	平罗县 Pingluo	吴忠市 Wuzhong
37852.1	45225.9	27175.5	34602.9	26744.1	35969.3	44792.9	30849.6	36142.2	24518.1	31083.3	27392.3
23261.0	29113.8	20261.1	25935.9	16678.2	18158.4	16865.3	16865.2	21170.0	15564.0	13203.9	13432.0
6459.2	8017.6	6649.4	6594.9	4882.1	5013.5	4624.6	5447.3	6952.2	5301.5	3997.7	4087.4
1859.0	2187.0	1394.6	2226.3	1342.0	1601.6	1547.1	1538.0	2104.7	1341.2	1065.0	1134.7
4718.8	6420.0	3273.9	6048.4	3180.0	2937.8	2871.2	2738.7	3407.3	1993.7	2497.9	2572.8
1443.7	1813.8	1029.7	1656.6	1135.6	1213.7	917.3	1078.6	1375.8	1137.3	763.2	807.0
2249.4	2588.9	2625.0	2352.9	1423.9	1813.1	1891.1	1707.9	1972.8	1582.2	1572.7	1140.9
3462.5	3817.2	3350.5	3799.5	2597.2	3221.8	2748.5	2321.9	2704.8	2259.3	1876.8	2042.7
2438.4	3402.7	1564.8	2531.1	1641.5	1878.5	1953.7	1678.3	2119.7	1659.8	1209.8	1384.2
211.1	866.5	373.3	726.1	475.8	478.4	311.8	354.6	532.6	289.1	220.8	262.3
1535.5	390.2	198.8	359.8	1453.0	3174.4	6157.5	2792.4	734.9	1913.8	6108.5	4598.8
977.0	381.5	112.3	211.4	1161.7	2949.8	2544.8	2223.7	41.4	1434.5	5657.8	3767.8
516.7	220.3	86.1	97.2	962.1	1831.4	687.8	987.2	28.9	826.8	2328.6	932.2
2.6	7.1			3.6	0.5	0.2	15.2	0.7	62.0	0.5	3.9
425.1	106.0	26.2	114.2	196.0	1046.1	1856.7	1221.3	11.8	545.6	3328.6	2831.7
32.5	48.2	0.0			71.9						
292.6	6.6			13.7	92.6	2064.6	21.2	17.7	1.1	36.1	66.9
195.8						1460.9	3.3	6.9	1.1		17.5
96.8	6.6			13.7	92.6	603.7	18.0	10.8		36.1	49.5
265.9	2.1	86.5	148.4	277.6	132.0	1548.1	547.4	675.7	478.2	414.6	764.0
234.6	0.6	77.4	117.9	213.8	84.3	1455.7	389.2	662.4	323.7	120.4	368.2
10.1	0.3				25.3	54.9	104.6		138.4	169.3	313.5
16.7	1.2	8.7	16.1	62.4	0.7	24.6	11.2	9.1	6.3	12.1	72.1
4.4	0.1	0.4	14.4	1.4	21.7	12.8	42.4	4.2	9.8	112.9	10.2
295.4	608.9	158.4	284.1	62.0	56.4	115.2	104.1	213.6	54.0	31.1	89.1
2378.4	3604.8	2348.1	1998.2	820.8	1200.1	2307.6	1424.2	2303.3	915.9	855.5	794.2
610.3	702.1	343.7	660.8	470.3	744.9	566.3	474.7	491.0	631.6	343.3	259.9
7315.1	8679.5	1901.2	1901.1	4551.0	10693.7	15866.6	8008.2	9984.8	4078.5	9614.9	6005.8
12.3				62.0		55.2	22.6	1.2	17.8	47.0	213.0
4253.3	5972.2	88.1	355.4	1364.2	7590.8	9112.5	4203.9	6802.7	843.8	4265.2	2140.1
123.1	36.1	7.7	13.9	2.9	697.4	221.8	670.4	45.3	148.9	1829.7	673.3
2.3					21.6		131.4	0.1	27.4	347.5	78.7
87.0	18.7		8.2		507.9	191.9	387.8		3.8	1179.4	435.4
5.5	2.3				31.4	8.2					32.1
28.3	15.0	7.7	5.8	2.9	136.4	21.7	151.2	45.2	117.7	302.8	127.0
3.5					27.4		235.5		30.0	740.4	6.6
644.1		25.3		991.3	15.6	3717.4	100.1		97.0	244.3	425.7
2213.7	2671.3	1508.1	1433.0	2071.7	2310.6	2757.6	2766.5	3135.6	2941.0	2458.7	2508.5
2456.4	2126.5	1964.1	3463.1	2708.8	1941.5	2914.4	1180.8	1244.6	1360.3	926.2	2212.6
2071.1	1923.0	1715.0	3045.4	2363.1	1837.8	1841.5	885.9	857.0	992.9	790.6	1560.2
229.2	171.1	131.2	206.6	163.7	89.3	642.0	183.9	95.8	367.4	134.0	432.6
49.4	12.5	42.7	12.4	141.7	0.9	86.3	103.9	273.0		1.6	100.7

2-26 续表

单位：元/人

指标名称	Item	利通区 Litong	红寺堡区 Hongsipu	盐池县 Yanchi
全年总支出	**Total Expenditure**	**27543.0**	**31050.0**	**27099.2**
1.生活消费支出	Living Expenditure	15354.7	12739.5	13040.4
食品烟酒	Food Tobacco Liquor	4797.2	3895.7	4103.7
衣着	Clothing	1306.7	998.6	1332.2
居住	Residence	2891.2	2231.6	2453.1
生活用品及服务	Articles and Services for Daily Use	867.8	720.8	760.5
医疗保健	Health Care	1251.6	1228.9	973.1
交通通信	Transportation Communication	2303.2	2148.4	1831.0
教育文化娱乐	Education, Culture and Entertainment	1600.4	1331.0	1290.3
其他用品及服务	Other Supplies and Services	336.7	184.6	296.4
2.生产经营费用支出	Expenditure for Household Business	3539.7	4617.2	5589.7
(1)第一产业生产支出	The Primary Industry	3294.2	3167.0	3451.4
农业生产支出	Agriculture	595.6	1223.4	1131.1
林业生产支出	Forestry		9.8	
牧业生产支出	Animal Husbandry	2698.7	1933.9	2320.3
渔业生产支出	Fishery			
(2)第二产业生产支出	The Secondary Industry	28.1	312.8	
工业生产支出	Industry	28.1		
建筑业生产支出	Construction Industry		312.8	
(3)第三产业生产支出	The Tertiary Industry	217.4	1137.4	2138.3
交通运输业生产支出	Transportation Industry	69.1	971.8	1102.9
批发零售和住宿餐饮业生产支出	Wholesales, Retail Trade, Hotel and Catering Sectors	65.4	65.9	751.3
社会服务业生产支出	Social Services	76.5	53.6	272.0
其他家庭经营生产支出	Others	6.5	46.1	12.1
3.财产性支出	Property Expenditure	163.6	114.4	151.8
4.转移性支出	Transfer Expenditure	943.9	778.9	562.9
5.部分商业保险支出	Commercial Insurance Expenditure	367.9	147.5	389.7
6.购置资产及非经常性转移支出	Acquisition of Assets and Non-recurrent Transfer Expenses	5062.4	9303.5	4227.7
(1)建造住房支出	Build Housing		343.4	715.0
(2)购买住房支出	Purchase Housing	1208.9	3341.6	367.9
(3)购建第一产业生产性固定资产	Purchase and Build the Productive Fixed Assets of the Primary Industry	927.2	758.9	671.5
#购买或建造农业生产性用房	Purchase or Build Agricultural Productive Housing		357.0	161.1
购买产品畜	Purchase Stock	880.4	244.7	
购买或建造农业设施	Purchase or Build Agricultural Facilities		0.7	224.4
购买农业机械	Purchase Agricultural Machinery	46.7	156.5	286.0
(4)购建第二产业生产性固定资产支出	Purchase and Build the Productive Fixed Assets of the Secondary Industry		42.0	
(5)购建第三产业生产性固定资产支出	Purchase and Build the Productive Fixed Assets of the Tertiary Industry		1716.9	992.1
(6)非经常性转移支出	Non-recurrent Transfer Expenditures	2926.3	3054.7	1476.3
7.借贷性支出	Borrowing Expenditure	2110.8	3349.0	3137.0
(1)归还银行信用社贷款	Repay the Loan to the Bank or Credit Union	1704.0	2208.3	1348.4
(2)归还借款	Pay off the Loan	188.6	1101.9	892.6
(3)存入银行款	Bank Deposit	209.0		44.0

continued

(yuan/person)

同心县 Tongxin	青铜峡市 Qingtongxia	**固原市 Guyuan**	原州区 Yuanzhou	西吉县 Xiji	隆德县 Longde	泾源县 Jingyuan	彭阳县 Pengyang	**中卫市 Zhongwei**	沙坡头区 Shapotou	中宁县 Zhongning	海原县 Haiyuan
19647.3	**33301.7**	**26946.7**	**34509.5**	**24653.5**	**23383.1**	**21438.6**	**22054.9**	**27155.2**	**33269.7**	**26378.8**	**21668.1**
11172.9	12871.0	**12680.4**	15613.8	11207.7	12783.7	9442.7	10987.8	**13097.4**	15158.9	14251.0	10133.5
3413.5	3726.0	**3722.6**	4430.0	3458.9	3710.0	2828.3	3243.9	**3515.2**	4181.7	3430.5	2945.0
907.7	974.0	**896.6**	1232.8	731.9	691.1	802.2	751.3	**945.8**	1139.1	912.3	797.4
2550.7	2301.3	**2234.4**	2660.1	1836.6	2364.8	1837.9	2243.6	**2570.1**	3230.0	2625.0	1876.5
699.4	839.7	**731.6**	953.7	632.7	676.0	574.5	578.6	**800.7**	926.7	793.8	688.4
924.9	1174.6	**1181.1**	1375.7	1050.9	1397.3	850.9	923.9	**1616.1**	1754.1	2047.4	1101.5
1369.0	2313.9	**2163.8**	2957.6	1758.6	2299.6	1291.8	1687.1	**2047.5**	2262.7	2705.4	1283.8
1179.8	1226.8	**1500.0**	1592.6	1568.9	1432.1	1136.3	1423.4	**1287.4**	1193.7	1373.3	1319.1
127.9	314.7	**250.2**	411.3	169.2	212.9	120.8	135.9	**314.6**	471.0	363.2	121.8
3693.1	7309.1	**4354.5**	6928.2	2375.3	5014.0	2219.3	3128.0	**3701.8**	3870.8	4431.1	2744.4
2853.7	6971.1	**3473.0**	4827.8	1986.1	4843.5	2047.9	3096.7	**3101.6**	3451.0	3021.1	2701.1
529.9	1758.4	**758.2**	519.4	898.9	1155.8	129.6	1067.8	**1941.1**	2438.4	2562.5	790.9
2.3	10.5	**26.0**		3.5	19.6	261.7	1.4	**0.7**	0.1		1.8
2321.4	5202.1	**2688.7**	4308.3	1083.8	3668.1	1656.6	2027.1	**1159.8**	1012.4	458.6	1908.3
		0.0					0.3	**0.0**			0.0
40.5		**222.9**	485.2	211.6	15.3			**70.9**		227.9	
40.5		**42.5**	68.5	59.9							
		180.4	416.7	151.7	15.3			**70.9**		227.9	
798.9	338.0	**658.7**	1615.2	177.5	155.1	171.3	31.3	**529.3**	419.8	1182.1	43.3
75.7	300.3	**202.9**	464.2	86.0	50.7	95.8		**346.8**	36.4	1072.9	7.6
684.4	27.5	**309.7**	790.7	65.0	44.2	73.5		**22.7**	23.4	43.7	4.5
38.8	10.2	**15.6**	26.3	7.4	38.4	2.1		**7.1**	7.9	14.4	0.5
0.0	0.0	**130.4**	334.0	19.0	21.8	0.0	31.3	**152.7**	352.1	51.0	30.6
11.2	25.3	**194.6**	454.6	45.0	95.1	70.6	54.0	**112.7**	235.8	71.7	24.4
601.0	820.0	**847.5**	1206.1	514.5	1067.0	533.1	658.6	**1247.9**	1768.6	1273.3	711.2
27.5	334.8	**106.4**	146.1	122.5	42.8	24.3	91.6	**315.4**	496.6	412.7	65.5
3109.3	9491.7	**5468.7**	5737.1	7681.0	2634.6	6186.8	3690.1	**6229.6**	8662.4	3631.8	6075.6
395.9		**554.7**	517.0	869.5	170.5	505.0	293.0	**662.6**	760.2	832.2	381.2
418.6	5545.0	**1306.9**	828.6	3582.9	777.7	4.2	49.8	**842.7**	1767.5	123.1	513.9
204.3	945.4	**1028.7**	1295.2	817.2	717.0	1869.2	596.0	**1010.6**	192.9	652.3	2155.5
35.8	13.6	**262.6**	380.8	187.4	76.2		459.1	**187.2**	35.2	95.5	421.9
35.2	761.4	**427.8**	683.0	58.0	212.8	1680.5	20.2	**480.6**	4.5	98.7	1305.7
29.1	7.0	**15.9**	4.9			126.9	21.4	**44.1**	68.4	69.1	
104.2	163.4	**322.4**	226.5	571.8	428.1	61.8	95.3	**298.6**	84.7	388.9	427.9
		227.7	648.9	16.2							
116.2	81.1	**443.3**	388.6	792.0	59.1	1105.1		**1832.8**	3727.5	614.7	1089.9
1965.1	2770.8	**1905.7**	2058.8	1601.8	910.2	2686.4	2751.3	**1877.4**	2209.8	1403.3	1935.1
1032.4	2449.9	**3294.7**	4423.6	2707.5	1745.9	2961.9	3445.0	**2450.4**	3076.4	2307.2	1913.5
797.1	1829.3	**2374.0**	3575.1	1812.2	765.6	2292.3	2149.1	**1879.5**	2356.5	1614.0	1606.6
217.9	361.2	**856.5**	763.7	784.1	970.9	650.3	1272.4	**552.0**	678.9	680.3	305.1
	192.9	**0.0**			0.2						

2-27 2020年各市县全体居民家庭现金收入情况

单位：元/人

指标名称	Item	全区 Total	沿黄地区 Plain	中南部地区 Mountain Area
全年现金收入	**Annual Cash Income**	**31444.0**	**32974.5**	**20775.6**
1.工资性收入	Income from Wages and Salaries	15450.7	17876.8	9719.7
2.经营性收入	Business Income	8888.2	7995.8	8180.4
(1)第一产业收入	The Primary Industry	4453.4	3898.0	5398.1
农业收入	Agriculture	1700.9	2064.2	1278.6
林业收入	Forestry	53.3	40.6	69.6
牧业收入	Animal Husbandry	2699.1	1772.5	4049.9
渔业收入	Fishery	0.0	20.7	
(2)第二产业收入	The Secondary Industry	1024.7	714.3	405.1
工业收入	Industry	154.1	321.7	74.9
建筑业收入	Construction Industry	870.6	392.6	330.2
(3)第三产业收入	The Tertiary Industry	3410.1	3383.5	2377.2
交通运输业收入	Transportation Industry	1367.7	1054.1	800.1
批发零售和住宿餐饮业收入	Wholesales, Retail Trade, Hotel and Catering Sectors	1370.1	1587.7	1206.8
社会服务业收入	Social Services	441.2	509.1	198.2
其他家庭经营收入	Others	231.0	232.6	172.1
3.财产性收入	Income from Property	738.2	641.8	226.7
红利收入	Dividend Income	66.8	42.2	32.3
#转让承包土地经营权租金收入	Rental Income from the Management Rights Transfer of Land Contracted	201.8	129.5	52.8
4.转移性收入	Income from Transfer	6367.0	6460.1	2648.8
#养老金或离退休金	Pension or Retirement Benefits	4950.4	5981.3	1193.8
报销医疗费	Reimbursement of Medical Expenses	156.7	60.4	90.6
政策性惠农补贴	Political Subsidy Supporting Agriculture	373.1	98.2	590.9
5.非收入所得	Non-income Revenue	2630.7	3121.2	2133.3
(1)出售资产所得	Proceeds from Sale of Assets	1006.4	1345.6	616.7
(2)非经常性转移所得	Income from Non-recurrent Transfers	1611.5	1775.6	1496.0
(3)其他非收入所得	Other Non-income Revenue	12.8	0.0	20.6
6.借贷性所得	Borrowing Income	4463.2	4141.7	4675.7
(1)提取储蓄存款	Dissaving	1000.9	1729.8	220.6
(2)借入款	Borrowed	683.8	393.7	1037.7
(3)收回借出款	Recall the Loan	89.4	64.3	128.3
(4)收回储蓄性保险本金	Redemption of Deposit Insurance Principal	1.6	4.7	
(5)银行信用社得到的贷款	Bank Loan	2627.5	1917.5	3187.3

Basic Statistics of Cash Income for Urban and Rural Households by City and County (2020)

(yuan/person)

银川市 Yinchuan	兴庆区 Xingqing	西夏区 Xixia	金凤区 Jinfeng	永宁县 Yongning	贺兰县 Helan	灵武市 Lingwu	石嘴山市 Shizuishan	大武口区 Dawukou	惠农区 Huinong	平罗县 Pingluo	吴忠市 Wuzhong
36664.1	43825.4	31930.0	39016.5	23669.5	29009.2	35663.5	32776.1	38526.7	31005.3	28393.6	25390.0
21571.9	25938.7	20024.7	26114.2	13520.6	15232.3	16291.5	16837.7	22938.4	18049.9	9147.9	11856.9
6526.0	4568.0	2557.2	3689.6	7125.2	8910.3	16284.1	7614.0	3781.0	5283.1	14087.2	9928.9
2043.4	875.9	349.6	382.7	2565.5	5645.3	5154.0	3816.4	59.4	2730.5	9388.9	6032.5
1254.9	451.1	322.0	223.6	2247.5	4584.4	1482.0	1962.0	48.3	1877.1	4538.5	1500.7
69.4	199.2			20.3	25.4	14.1	20.3		62.1	18.0	2.9
669.7	172.4	27.7	159.1	297.7	828.1	3657.9	1834.1	11.1	791.3	4832.3	4528.9
49.4	53.3				207.4						
907.5	437.0	398.2	130.9	442.8	455.9	4462.7	552.8	146.8	70.7	1435.4	291.5
460.1		281.2				3089.9	328.1	45.6	8.7	992.2	88.9
447.5	437.0	117.0	130.9	442.8	455.9	1372.7	224.7	101.2	62.1	443.2	202.6
3575.0	3255.1	1809.3	3176.0	4116.9	2809.1	6667.4	3244.8	3574.8	2481.9	3263.0	3604.9
938.2	129.9	280.8	269.2	2641.5	587.5	3774.2	1501.1	2377.5	848.3	913.8	1009.2
1859.3	2351.4	584.6	2020.0	925.6	1357.1	2623.5	1238.0	949.7	1010.4	1629.0	2038.5
628.4	386.0	930.1	848.7	541.6	724.6	235.2	172.5	93.2	295.1	132.8	483.0
149.2	387.9	13.9	38.1	8.2	139.9	34.6	333.1	154.3	328.1	587.4	74.1
779.5	1237.5	272.4	873.9	649.0	634.5	274.1	653.7	799.1	518.0	563.5	365.9
49.9	153.0		4.8		8.6		29.7	20.9	91.6		46.1
107.4	39.3	35.1	57.1	335.1	281.7	92.1	128.3	34.0	181.6	176.7	100.9
7786.7	12081.3	9075.7	8338.8	2374.6	4232.2	2813.8	7670.7	11008.2	7154.3	4594.9	3238.4
7423.1	11665.8	8874.4	8043.0	1959.9	3777.2	2433.4	7344.5	10796.3	6795.8	4110.7	2124.1
55.1	49.8	85.4	93.0	21.2	5.5	57.8	54.7	33.7	101.9	56.5	73.3
51.4	13.6	8.8	12.4	83.1	196.2	95.4	80.8	1.3	39.1	217.8	352.4
3470.8	5122.6	1947.4	2232.6	4556.9	2473.8	2904.6	2935.0	3299.8	1958.5	2993.2	2461.6
1551.4	3049.2	32.7	810.6	2231.6	211.3	1374.6	1241.1	774.5	524.8	1928.7	823.5
1919.5	2073.3	1914.8	1422.0	2325.3	2262.3	1530.1	1693.9	2525.3	1433.8	1064.5	1636.7
0.0					0.2						1.3
6051.7	7552.1	2426.4	5425.5	2602.3	5654.1	10262.7	1171.0	429.4	1101.7	1568.1	3417.9
2853.0	3908.5	1596.7	4609.4	1334.5	1485.9	1976.5	26.4	2.8	21.6	52.4	981.9
451.7	174.1	761.1	534.1	383.9	798.9	307.2	114.0	67.7	21.5	269.7	460.4
65.2	29.0	65.7	25.5	213.8	0.7	5.5	86.1		327.3		121.9
							7.2			23.3	10.9
2620.2	3361.3	2.9	256.5	670.1	3173.6	7973.5	937.4	359.0	731.3	1222.7	1821.2

2-27 续表

单位：元/人

指标名称	Item	利通区 Litong	红寺堡区 Hongsipu	盐池县 Yanchi
全年现金收入	**Annual Cash Income**	**29606.7**	**18938.2**	**25901.9**
1.工资性收入	Income from Wages and Salaries	14657.0	9430.2	9710.9
2.经营性收入	Business Income	10074.9	7251.6	12657.6
(1)第一产业收入	The Primary Industry	5964.8	4029.7	6363.5
农业收入	Agriculture	1357.3	1560.0	796.8
林业收入	Forestry		2.3	
牧业收入	Animal Husbandry	4607.5	2467.4	5566.7
渔业收入	Fishery			
(2)第二产业收入	The Secondary Industry	505.0	416.6	143.1
工业收入	Industry	89.2		
建筑业收入	Construction Industry	415.8	416.6	143.1
(3)第三产业收入	The Tertiary Industry	3605.1	2805.2	6151.0
交通运输业收入	Transportation Industry	618.9	1178.1	2345.5
批发零售和住宿餐饮业收入	Wholesales, Retail Trade, Hotel and Catering Sectors	2404.2	1332.5	2667.7
社会服务业收入	Social Services	553.3	124.9	992.9
其他家庭经营收入	Others	28.8	169.8	144.9
3.财产性收入	Income from Property	578.0	194.3	482.8
红利收入	Dividend Income	86.4	25.7	138.9
#转让承包土地经营权租金收入	Rental Income from the Management Rights Transfer of Land Contracted	64.7	28.4	169.7
4.转移性收入	Income from Transfer	4296.8	2062.1	3050.6
#养老金或离退休金	Pension or Retirement Benefits	3434.6	680.8	1220.9
报销医疗费	Reimbursement of Medical Expenses	94.4	96.9	98.5
政策性惠农补贴	Political Subsidy Supporting Agriculture	79.7	491.2	1236.9
5.非收入所得	Non-income Revenue	2261.5	3532.7	3374.3
(1)出售资产所得	Proceeds from Sale of Assets	493.4	1129.0	1846.0
(2)非经常性转移所得	Income from Non-recurrent Transfers	1768.1	2394.8	1527.4
(3)其他非收入所得	Other Non-income Revenue		8.9	0.9
6.借贷性所得	Borrowing Income	1236.6	4406.7	5420.6
(1)提取储蓄存款	Dissaving	640.8		2381.3
(2)借入款	Borrowed		1032.6	1677.2
(3)收回借出款	Recall the Loan	32.8	129.8	453.2
(4)收回储蓄性保险本金	Redemption of Deposit Insurance Principal	34.6		
(5)银行信用社得到的贷款	Bank Loan	528.4	3244.3	881.0

continued

(yuan/person)

同心县 Tongxin	青铜峡市 Qingtongxia	**固原市 Guyuan**	原州区 Yuanzhou	西吉县 Xiji	隆德县 Longde	泾源县 Jingyuan	彭阳县 Pengyang	**中卫市 Zhongwei**	沙坡头区 Shapotou	中宁县 Zhongning	海原县 Haiyuan
18257.7	**29561.7**	**20857.8**	**28161.6**	**15989.9**	**19509.9**	**17091.6**	**17635.6**	**23301.8**	**27801.5**	**24787.8**	**17673.4**
7197.8	13555.0	**9841.2**	13906.9	6838.1	8644.8	9384.0	8097.6	**10756.8**	13879.6	11032.0	7706.9
7997.1	13152.7	**8110.9**	10659.3	6694.2	7510.7	6078.9	7053.4	**8979.4**	9429.9	10110.0	7334.6
5435.9	9570.6	**5695.8**	6508.2	4731.6	6597.5	4842.5	5511.4	**6073.9**	6247.7	5737.6	5978.4
1159.3	2808.5	**1064.0**	374.6	1954.9	1134.0	144.7	1288.8	**4021.2**	4461.1	4923.0	2598.0
11.0	0.5	**131.4**	6.5	19.5	23.1	1282.2	70.3	**2.7**	3.6		4.2
4265.7	6761.6	**4500.4**	6127.1	2757.2	5440.5	3415.6	4152.3	**2050.0**	1783.1	814.6	3376.2
237.2		**497.9**	932.6	731.2	96.2			**453.0**	648.6	687.3	50.8
237.2		**71.3**	108.5	107.7				**100.3**	279.9		
		426.7	824.1	623.5	96.2			**352.7**	368.7	687.3	50.8
2324.0	3582.1	**1917.2**	3218.5	1231.4	816.9	1236.4	1541.9	**2452.5**	2533.7	3685.1	1305.4
604.8	1106.7	**521.5**	907.6	508.5	193.3	332.1	136.2	**1028.7**	432.9	1895.6	853.9
1488.8	1751.5	**1023.0**	1675.4	609.8	407.0	844.0	930.4	**674.5**	880.7	877.6	305.5
176.7	683.1	**111.6**	106.8	68.9	141.1	60.3	158.7	**384.8**	498.8	641.2	83.3
53.8	40.8	**261.0**	528.7	44.2	75.5	0.00	316.6	**364.5**	721.2	270.7	62.7
69.8	402.8	**317.6**	758.6	72.2	116.8	100.1	59.3	**296.1**	410.4	364.1	115.0
0.4	3.0	**52.1**	132.0		40.5	11.2		**11.0**	2.3	29.6	2.8
17.2	258.9	**41.6**	70.7	9.4	51.6	29.3	28.2	**144.7**	121.5	260.8	60.6
2993.0	2451.2	**2588.0**	2836.8	2385.6	3237.7	1528.5	2425.4	**3269.6**	4081.6	3281.7	2516.9
1525.6	1879.2	**1016.1**	1498.1	746.4	1192.9	475.1	682.4	**2364.4**	3404.6	2515.7	1269.2
84.3	4.4	**77.3**	75.8	52.5	169.3	9.1	103.2	**97.7**	48.8	116.2	131.6
458.6	97.2	**593.5**	636.1	649.7	535.7	486.4	469.9	**379.9**	279.5	230.9	607.3
2130.4	1764.9	**2069.4**	2699.9	2228.2	1221.3	1803.3	1266.6	**2430.0**	3237.9	3306.5	904.5
317.9	939.1	**465.5**	660.1	643.1	157.7	404.5	146.4	**1025.7**	1637.1	1330.7	174.0
1812.5	825.9	**1571.7**	1948.1	1585.2	1063.5	1391.0	1120.2	**1404.2**	1600.8	1975.5	730.5
		32.2	91.7			7.7		**0.1**		0.3	
4326.8	4152.4	**5207.2**	6012.2	6357.4	3047.4	5142.8	3484.1	**3479.0**	3576.7	3329.4	3487.2
72.1	2505.8	**176.7**	287.7	71.7	22.8	330.5	165.7	**309.3**	258.7	706.0	4.2
395.2	201.4	**1028.5**	1234.6	862.3	437.1	1278.4	1218.8	**1134.9**	468.7	1260.7	1679.9
11.9	197.2	**163.0**	226.4	158.7	248.2	18.2	68.6	**45.6**	37.1	83.0	20.5
3764.5	1248.1	**3679.1**	3943.1	5103.1	2339.2	3515.7	2030.9	**1959.1**	2795.5	1202.2	1782.6

2-28　2020年各市县全体居民家庭现金支出情况

单位：元/人

指标名称	Item	全区 Total	沿黄地区 Plain
全年现金支出	**Annual Cash Expenditure**	30703.2	31322.9
1.生活消费支出	Living Expenditure	15093.6	16616.4
食品烟酒	Food Tobacco Liquor	4602.0	5357.4
衣着	Clothing	1263.6	1539.3
居住	Residence	1670.0	1709.9
生活用品及服务	Articles and Services for Daily Use	1034.2	1172.4
医疗保健	Health Care	1400.5	1529.3
交通通信	Transportation Communication	2917.3	2876.8
教育文化娱乐	Education, Culture and Entertainment	1759.3	1943.6
其他用品及服务	Other Supplies and Services	446.8	487.7
2.生产经营费用支出	Expenditure for Household Business	4218.6	2661.3
(1)第一产业生产支出	The Primary Industry	2806.8	2091.2
农业生产支出	Agriculture	1048.4	1021.0
林业生产支出	Forestry	19.2	5.0
牧业生产支出	Animal Husbandry	1739.2	1053.1
渔业生产支出	Fishery	0.0	12.1
(2)第二产业生产支出	The Secondary Industry	523.3	164.2
工业生产支出	Industry	115.6	97.4
建筑业生产支出	Construction Industry	407.7	66.8
(3)第三产业生产支出	The Tertiary Industry	888.4	405.9
交通运输业生产支出	Transportation Industry	601.2	304.7
批发零售和住宿餐饮业生产支出	Wholesales, Retail Trade, Hotel and Catering Sectors	184.5	35.3
社会服务业生产支出	Social Services	28.5	18.3
其他家庭经营生产支出	Others	74.3	47.6
3.财产性支出	Property Expenditure	277.9	211.9
4.转移性支出	Transfer Expenditure	2006.0	1850.5
5.部分商业保险支出	Commercial Insurance Expenditure	392.6	516.1
6.购置资产及非经常性转移支出	Acquisition of Assets and Non-recurrent Transfer Expenses	6248.9	7224.5
(1)建造住房支出	Build Housing	389.1	143.7
(2)购买住房支出	Purchase Housing	2321.9	3522.5
(3)购建第一产业生产性固定资产	Purchase and Build the Productive Fixed Assets of the Primary Industry	507.5	402.5
#购买或建造农业生产性用房	Purchase or Build Agricultural Productive Housing	111.1	36.0
购买产品畜	Purchase Stock	208.0	258.7
购买或建造农业设施	Purchase or Build Agricultural Facilities	10.2	14.7
购买农业机械	Purchase Agricultural Machinery	176.6	93.1
(4)购建第二产业生产性固定资产支出	Purchase and Build the Productive Fixed Assets of the Secondary Industry	9.4	49.9
(5)购建第三产业生产性固定资产支出	Purchase and Build the Productive Fixed Assets of the Tertiary Industry	710.4	705.3
(6)非经常性转移支出	Non-recurrent Transfer Expenditures	2281.1	2352.3
7.借贷性支出	Borrowing Expenditure	2465.7	2242.1
(1)归还银行信用社贷款	Repay the Loan to the Bank or Credit Union	1832.4	1814.0
(2)归还借款	Pay off the Loan	483.4	296.8
(3)存入银行存款	Bank Deposit	72.4	69.8

Basic Statistics of Cash Expenses for Urban and Rural Households by City and County (2020)

(yuan/person)

中南部地区 Mountain Area	银川市 Yinchuan	兴庆区 Xingqing	西夏区 Xixia	金凤区 Jinfeng	永宁县 Yongning	贺兰县 Helan	灵武市 Lingwu	石嘴山市 Shizuishan	大武口区 Dawukou	惠农区 Huinong	平罗县 Pingluo	吴忠市 Wuzhong
23624.7	34489.6	40510.8	24859.8	30179.1	24875.9	33511.2	42952.9	28869.9	34022.4	23076.1	28897.8	25407.3
10579.4	19949.6	24401.7	17948.3	21518.2	14822.5	16062.7	15098.6	15146.1	19056.0	14414.2	11514.2	11695.1
3349.9	6354.5	7961.7	6603.9	6553.6	4719.5	4787.5	4389.7	5269.6	6833.5	5202.2	3675.2	3853.3
964.9	1858.8	2187.0	1392.7	2226.3	1342.0	1601.6	1547.1	1537.9	2104.7	1340.9	1065.0	1134.6
1076.3	2015.6	2560.8	1404.1	2101.9	1697.3	1488.6	1651.6	1559.5	1903.0	1148.4	1487.4	1276.4
737.2	1440.2	1808.6	1027.7	1655.9	1134.7	1207.2	912.4	1077.8	1374.4	1136.2	763.1	806.6
918.0	1756.3	1797.7	2231.9	1923.8	1256.5	1399.7	1585.2	1347.8	1483.5	1383.1	1216.2	935.1
1901.9	3456.9	3817.2	3350.5	3799.5	2559.3	3221.7	2748.5	2321.9	2704.8	2259.3	1876.8	2042.7
1427.1	2438.0	3402.7	1564.8	2531.1	1638.8	1878.5	1953.7	1678.3	2119.7	1659.8	1209.8	1384.2
204.1	629.3	865.9	372.7	726.1	474.5	477.8	310.5	353.3	532.2	284.2	220.8	262.3
3487.5	1484.4	387.2	195.9	353.7	1440.5	2812.1	6084.1	2531.8	729.1	1621.6	5612.6	4350.6
2615.8	925.9	378.5	109.4	205.3	1149.1	2587.5	2471.4	1963.1	35.6	1142.2	5161.9	3519.6
725.7	515.0	220.3	85.9	95.6	962.1	1817.7	686.7	962.6	28.4	796.2	2282.1	929.4
14.6	2.6	7.1			3.6	0.5	0.2	15.2	0.7	62.0	0.5	3.9
1875.4	375.7	102.9	23.5	109.8	183.5	697.5	1784.5	985.3	6.5	284.0	2879.3	2586.3
0.0	32.5	48.2	0.0			71.9						
154.5	292.6	6.6			13.7	92.6	2064.6	21.2	17.7	1.1	36.1	66.9
23.7	195.8						1460.9	3.3	6.9	1.1		17.5
130.9	96.8	6.6			13.7	92.6	603.7	18.0	10.8		36.1	49.5
717.2	265.9	2.1	86.5	148.4	277.6	132.0	1548.1	547.4	675.7	478.2	414.6	764.0
278.6	234.6	0.6	77.4	117.9	213.8	84.3	1455.7	389.2	662.4	323.7	120.4	368.2
328.1	10.1	0.3				25.3	54.9	104.6		138.4	169.3	313.5
44.0	16.7	1.2	8.7	16.1	62.4	0.7	24.6	11.2	9.1	6.3	12.1	72.1
66.6	4.4	0.1	0.4	14.4	1.4	21.7	12.8	42.4	4.2	9.8	112.9	10.2
116.8	295.4	608.9	158.4	284.1	62.0	56.4	115.2	104.1	213.6	54.0	31.1	89.1
789.9	2378.4	3604.8	2348.1	1998.2	820.8	1200.1	2307.6	1424.2	2303.3	915.9	855.5	794.2
120.3	610.3	702.1	343.7	660.8	470.3	744.9	566.3	474.7	491.0	631.6	343.3	259.9
5836.9	7315.1	8679.5	1901.2	1901.1	4551.0	10693.7	15866.6	8008.2	9984.8	4078.5	9614.9	6005.8
454.4	12.3				62.0		55.2	22.6	1.2	17.8	47.0	213.0
1436.3	4253.3	5972.2	88.1	355.4	1364.2	7590.8	9112.5	4203.9	6802.7	843.8	4265.2	2140.1
1046.1	123.1	36.1	7.7	13.9	2.9	697.4	221.8	670.4	45.3	148.9	1829.7	673.3
261.3	2.3					21.6		131.4	0.1	27.4	347.5	78.7
479.6	87.0	18.7		8.2		507.9	191.9	387.8		3.8	1179.4	435.4
21.7	5.5	2.3				31.4	8.2					32.1
283.6	28.3	15.0	7.7	5.8	2.9	136.4	21.7	151.2	45.2	117.7	302.8	127.0
126.5	3.5					27.4		235.5		30.0	740.4	6.6
745.4	644.1		25.3		991.3	15.6	3717.4	100.1		97.0	244.3	425.7
2021.5	2213.7	2671.3	1508.1	1433.0	2071.7	2310.6	2757.6	2766.5	3135.6	2941.0	2458.7	2508.5
2693.9	2456.4	2126.5	1964.1	3463.1	2708.8	1941.5	2914.4	1180.8	1244.6	1360.3	926.2	2212.6
1930.1	2071.1	1923.0	1715.0	3045.4	2363.1	1837.8	1841.5	885.9	857.0	992.9	790.6	1560.2
673.5	229.2	171.1	131.2	206.6	163.7	89.3	642.0	183.9	95.8	367.4	134.0	432.6
2.9	49.4	12.5	42.7	12.4	141.7	0.9	86.3	103.9	273.0		1.6	100.7

2-28 续表

单位：元/人

指标名称	Item	利通区 Litong	红寺堡区 Hongsipu
全年现金支出	**Annual Cash Expenditure**	**25461.7**	**28949.6**
1.生活消费支出	Living Expenditure	13356.8	11059.1
食品烟酒	Food Tobacco Liquor	4589.5	3615.5
衣着	Clothing	1306.5	998.6
居住	Residence	1314.5	989.4
生活用品及服务	Articles and Services for Daily Use	867.7	719.9
医疗保健	Health Care	1038.3	1071.8
交通通信	Transportation Communication	2303.2	2148.4
教育文化娱乐	Education, Culture and Entertainment	1600.4	1331.0
其他用品及服务	Other Supplies and Services	336.7	184.6
2.生产经营费用支出	Expenditure for Household Business	3456.4	4197.2
(1)第一产业生产支出	The Primary Industry	3210.9	2747.0
农业生产支出	Agriculture	595.6	1213.7
林业生产支出	Forestry		9.8
牧业生产支出	Animal Husbandry	2615.3	1523.5
渔业生产支出	Fishery		
(2)第二产业生产支出	The Secondary Industry	28.1	312.8
工业生产支出	Industry	28.1	
建筑业生产支出	Construction Industry		312.8
(3)第三产业生产支出	The Tertiary Industry	217.4	1137.4
交通运输业生产支出	Transportation Industry	69.1	971.8
批发零售和住宿餐饮业生产支出	Wholesales, Retail Trade, Hotel and Catering Sectors	65.4	65.9
社会服务业生产支出	Social Services	76.5	53.6
其他家庭经营生产支出	Others	6.5	46.1
3.财产性支出	Property Expenditure	163.6	114.4
4.转移性支出	Transfer Expenditure	943.9	778.9
5.部分商业保险支出	Commercial Insurance Expenditure	367.9	147.5
6.购置资产及非经常性转移支出	Acquisition of Assets and Non-recurrent Transfer Expenses	5062.4	9303.5
(1)建造住房支出	Build Housing		343.4
(2)购买住房支出	Purchase Housing	1208.9	3341.6
(3)购建第一产业生产性固定资产	Purchase and Build the Productive Fixed Assets of the Primary Industry	927.2	758.9
#购买或建造农业生产性用房	Purchase or Build Agricultural Productive Housing		357.0
购买产品畜	Purchase Stock	880.4	244.7
购买或建造农业设施	Purchase or Build Agricultural Facilities		0.7
购买农业机械	Purchase Agricultural Machinery	46.7	156.5
(4)购建第二产业生产性固定资产支出	Purchase and Build the Productive Fixed Assets of the Secondary Industry		42.0
(5)购建第三产业生产性固定资产支出	Purchase and Build the Productive Fixed Assets of the Tertiary Industry		1716.9
(6)非经常性转移支出	Non-recurrent Transfer Expenditures	2926.3	3054.7
7.借贷性支出	Borrowing Expenditure	2110.8	3349.0
(1)归还银行信用社贷款	Repay the Loan to the Bank or Credit Union	1704.0	2208.3
(2)归还借款	Pay off the Loan	188.6	1101.9
(3)存入银行款	Bank Deposit	209.0	

continued

(yuan/person)

盐池县 Yanchi	同心县 Tongxin	青铜峡市 Qingtongxia	**固原市 Guyuan**	原州区 Yuanzhou	西吉县 Xiji	隆德县 Longde	泾源县 Jingyuan	彭阳县 Pengyang	**中卫市 Zhongwei**	沙坡头区 Shapotou	中宁县 Zhongning	海原县 Haiyuan
24769.3	**17936.5**	**31446.7**	**24270.1**	**31936.2**	**21962.4**	**20011.9**	**19843.4**	**19138.3**	**25263.5**	**31192.8**	**24150.7**	**20232.7**
11182.9	9569.3	11483.9	**10865.5**	13631.4	9498.1	10859.6	8040.8	9230.9	**11320.7**	13126.8	12104.5	8912.7
3554.4	3249.9	3537.0	**3394.8**	4294.4	2861.4	3334.9	2707.2	2949.8	**3298.6**	4033.4	3141.1	2722.3
1332.2	907.7	974.0	**896.2**	1232.8	730.5	691.1	802.2	751.3	**945.5**	1139.1	912.3	796.5
1269.4	1326.6	1337.7	**1009.6**	1142.9	911.1	1069.6	750.3	1038.7	**1282.9**	1614.8	1261.2	962.6
760.5	699.4	838.4	**730.4**	950.4	632.5	675.4	574.5	578.6	**799.5**	925.6	791.9	687.7
848.6	709.0	941.4	**934.0**	1085.0	866.1	1144.1	657.7	674.7	**1350.7**	1489.0	1572.8	1019.6
1831.0	1369.0	2313.9	**2161.6**	2954.8	1758.6	2299.5	1291.8	1679.2	**2045.9**	2262.7	2699.9	1283.8
1290.3	1179.8	1226.8	**1500.0**	1592.6	1568.9	1432.1	1136.3	1423.4	**1284.1**	1193.7	1362.6	1318.4
296.4	127.9	314.7	**238.8**	378.5	169.2	212.9	120.8	135.3	**313.6**	468.6	362.5	121.8
5117.3	3585.8	6841.2	**3492.8**	6337.3	1393.8	3566.9	2025.8	1968.2	**3586.8**	3825.9	4349.5	2529.7
2979.0	2746.4	6503.3	**2611.2**	4236.8	1004.6	3396.5	1854.5	1936.9	**2986.6**	3406.1	2939.5	2486.4
1122.8	528.2	1757.6	**680.4**	499.8	712.0	1092.8	68.1	1062.7	**1940.8**	2437.9	2561.9	790.9
	2.3	10.5	**26.0**		3.5	19.6	261.7	1.4	**0.7**	0.1		1.8
1856.3	2215.8	4735.1	**1904.7**	3737.0	289.1	2284.0	1524.7	872.5	**1045.1**	968.0	377.6	1693.6
			0.0					0.3	**0.0**			0.0
	40.5		**222.9**	485.2	211.6	15.3			**70.9**		227.9	
	40.5		**42.5**	68.5	59.9							
			180.4	416.7	151.7	15.3			**70.9**		227.9	
2138.3	798.9	338.0	**658.7**	1615.2	177.5	155.1	171.3	31.3	**529.3**	419.8	1182.1	43.3
1102.9	75.7	300.3	**202.9**	464.2	86.0	50.7	95.8		**346.8**	36.4	1072.9	7.6
751.3	684.4	27.5	**309.7**	790.7	65.0	44.2	73.5		**22.7**	23.4	43.7	4.5
272.0	38.8	10.2	**15.6**	26.3	7.4	38.4	2.1		**7.1**	7.9	14.4	0.5
12.1	0.0	0.0	**130.4**	334.0	19.0	21.8	0.0	31.3	**152.7**	352.1	51.0	30.6
151.8	11.2	25.3	**194.6**	454.6	45.0	95.1	70.6	54.0	**112.7**	235.8	71.7	24.4
562.9	601.0	820.0	**847.5**	1206.1	514.5	1067.0	533.1	658.6	**1247.9**	1768.6	1273.3	711.2
389.7	27.5	334.8	**106.4**	146.1	122.5	42.8	24.3	91.6	**315.4**	496.6	412.7	65.5
4227.7	3109.3	9491.7	**5468.7**	5737.1	7681.0	2634.6	6186.8	3690.1	**6229.6**	8662.4	3631.8	6075.6
715.0	395.9		**554.7**	517.0	869.5	170.5	505.0	293.0	**662.6**	760.2	832.2	381.2
367.9	418.6	5545.0	**1306.9**	828.6	3582.9	777.7	4.2	49.8	**842.7**	1767.5	123.1	513.9
671.5	204.3	945.4	**1028.7**	1295.2	817.2	717.0	1869.2	596.0	**1010.6**	192.9	652.3	2155.5
161.1	35.8	13.6	**262.6**	380.8	187.4	76.2		459.1	**187.2**	35.2	95.5	421.9
	35.2	761.4	**427.8**	683.0	58.0	212.8	1680.5	20.2	**480.6**	4.5	98.7	1305.7
224.4	29.1	7.0	**15.9**	4.9			126.9	21.4	**44.1**	68.4	69.1	
286.0	104.2	163.4	**322.4**	226.5	571.8	428.1	61.8	95.3	**298.6**	84.7	388.9	427.9
			227.7	648.9	16.2							
992.1	116.2	81.1	**443.3**	388.6	792.0	59.1	1105.1		**1832.8**	3727.5	614.7	1089.9
1476.3	1965.1	2770.8	**1905.7**	2058.8	1601.8	910.2	2686.4	2751.3	**1877.4**	2209.8	1403.3	1935.1
3137.0	1032.4	2449.9	**3294.7**	4423.6	2707.5	1745.9	2961.9	3445.0	**2450.4**	3076.4	2307.2	1913.5
1348.4	797.1	1829.3	**2374.0**	3575.1	1812.2	765.6	2292.3	2149.1	**1879.5**	2356.5	1614.0	1606.6
892.6	217.9	361.2	**856.5**	763.7	784.1	970.9	650.3	1272.4	**552.0**	678.9	680.3	305.1
44.0		192.9	**0.0**			0.2						

2-29 2020年各市县全体居民家庭主要耐用品每百户拥有情况

单位：百户均

指标名称	Item	全区 Total	沿黄地区 Plain	中南部地区 Mountain Area	银川市 Yinchuan
家用汽车	Automobile	40.54	43.95	42.31	49.18
摩托车	Motorcycle	29.73	20.83	47.04	11.04
助力车	Powered Bicycle	67.27	72.85	54.69	53.50
洗衣机	Washing Machine	103.19	103.64	102.51	101.55
电冰箱(柜)	Refrigerator	101.19	102.28	99.40	100.93
微波炉	Microwave Oven	40.68	49.71	24.58	61.17
彩色电视机	Color TV Set	105.73	106.45	105.73	103.70
空调	Air Conditioner	13.94	19.96	4.05	28.18
热水器	Water Heater	102.00	101.38	99.43	100.65
洗碗机	Dishwasher	0.48	0.59	2.55	0.87
排油烟机	Smoke Exhaust Ventilator	67.81	78.53	47.11	87.84
固定电话	Telephone	2.20	3.49	1.32	5.85
移动电话	Mobile Telephone	271.00	255.43	290.33	253.90
其中：接入互联网	Internet Mobile Telephone	259.59	242.25	289.17	244.24
计算机	Computer	52.69	60.47	45.77	73.06
其中：接入互联网	Internet Computer	43.24	49.74	32.29	62.94
照相机	Camera	8.87	12.30	4.39	18.45
中高档乐器	Secondary and Top Grade Musical Instrument	7.17	8.85	5.33	12.05
健身器材	Body-building Apparatus	4.71	5.92	2.34	8.20
空气净化器(含新风系统)	Air Purifier (Include Fresh Air System)	2.84	4.10	1.54	5.15
吸尘器	Vacuum Cleaner	7.68	10.24	4.59	13.28

Ownership of Major Durable Consumer Goods per 100 Urban and Rural Households by City and County (2020)

(per 100 households)

兴庆区 Xingqing	西夏区 Xixia	金凤区 Jinfeng	永宁县 Yongning	贺兰县 Helan	灵武市 Lingwu	**石嘴山市 Shizuishan**	大武口区 Dawukou	惠农区 Huinong	平罗县 Pingluo	**吴忠市 Wuzhong**
49.04	40.93	57.04	42.92	58.81	41.35	**36.09**	41.01	32.46	31.46	**41.44**
7.15	3.28	6.27	21.96	9.07	34.82	**18.87**	9.67	11.16	38.06	**37.61**
41.21	43.45	34.70	74.09	85.94	87.88	**76.06**	66.28	67.76	92.47	**80.70**
99.93	98.93	99.36	103.75	104.78	108.63	**104.35**	100.71	101.01	111.38	**103.73**
99.96	100.14	96.57	103.07	106.37	106.97	**103.26**	102.98	101.29	104.67	**103.61**
75.26	41.42	75.67	42.75	49.10	43.96	**34.20**	44.41	32.19	21.63	**36.65**
105.27	98.36	99.74	101.45	106.40	111.55	**102.82**	101.82	99.98	105.84	**108.96**
39.55	14.77	42.56	6.26	13.04	13.88	**17.26**	32.48	14.68	1.90	**7.35**
101.69	99.03	100.99	96.67	96.61	105.39	**99.51**	102.61	105.86	92.77	**103.16**
1.27		0.99	0.52		1.46	**0.28**			0.66	
95.95	91.95	91.50	87.52	71.64	67.70	**73.83**	91.14	73.57	50.73	**67.89**
14.25	1.06	2.88	1.08	0.43	0.44	**1.00**	2.01		0.79	**0.99**
244.50	241.49	243.00	269.47	281.43	264.48	**240.02**	238.37	239.16	242.15	**278.62**
235.99	236.53	242.06	259.22	259.42	243.45	**230.13**	230.31	230.54	227.93	**266.74**
90.08	66.66	88.10	46.89	50.66	42.09	**47.89**	68.39	43.41	26.07	**45.82**
80.43	59.22	81.44	34.46	38.20	25.81	**39.28**	58.39	35.88	19.51	**35.58**
31.70	10.01	14.25	6.62	8.97	13.04	**5.84**	12.49	1.56	1.31	**6.04**
21.67	6.01	4.78	4.53	8.32	11.45	**5.97**	10.18	6.04	1.50	**3.99**
13.17	1.03	7.74	7.08	5.43	4.24	**3.33**	3.11	4.58	2.76	**3.57**
8.75	2.01	3.87	3.02	4.37	2.35	**2.36**	6.15			**1.78**
20.18	5.96	9.55	6.04	12.69	11.56	**7.26**	14.51	4.65	1.50	**6.29**

2-29 续表

单位：百户均

指标名称	Item	利通区 Litong	红寺堡区 Hongsipu	盐池县 Yanchi	同心县 Tongxin
家用汽车	Automobile	43.34	45.00	44.34	27.85
摩托车	Motorcycle	29.98	28.54	19.98	76.81
助力车	Powered Bicycle	88.46	73.25	78.91	66.57
洗衣机	Washing Machine	108.12	97.03	100.06	99.31
电冰箱(柜)	Refrigerator	105.92	101.93	99.90	98.61
微波炉	Microwave Oven	46.48	39.92	32.33	28.87
彩色电视机	Color TV Set	116.61	102.98	100.76	99.44
空调	Air Conditioner	9.21	3.36	7.94	4.73
热水器	Water Heater	109.54	101.22	90.58	97.70
洗碗机	Dishwasher				
排油烟机	Smoke Exhaust Ventilator	76.46	50.44	69.57	60.21
固定电话	Telephone	1.77			1.94
移动电话	Mobile Telephone	276.80	275.52	267.12	284.94
其中：接入互联网	Internet Mobile Telephone	253.96	253.37	265.10	283.25
计算机	Computer	60.04	39.92	35.48	30.42
其中：接入互联网	Internet Computer	45.97	27.37	30.18	24.17
照相机	Camera	9.47	2.60	6.42	1.02
中高档乐器	Secondary and Top Grade Musical Instrument	5.48	2.38	4.89	1.47
健身器材	Body-building Apparatus	7.67	0.57	1.23	2.23
空气净化器(含新风系统)	Air Purifier (Include Fresh Air System)	2.96	0.57	1.90	1.34
吸尘器	Vacuum Cleaner	12.11	3.08	2.06	3.51

continued

(per 100 households)

青铜峡市 Qingtongxia	**固原市 Guyuan**	原州区 Yuanzhou	西吉县 Xiji	隆德县 Longde	泾源县 Jingyuan	彭阳县 Pengyang	**中卫市 Zhongwei**	沙坡头区 Shapotou	中宁县 Zhongning	海原县 Haiyuan
46.52	**46.01**	57.04	45.79	33.25	32.92	41.78	**37.89**	34.09	43.91	36.62
31.05	**47.67**	30.02	60.20	63.04	33.73	58.99	**47.12**	31.77	61.75	50.84
92.14	**43.69**	47.29	52.19	17.52	43.21	42.57	**98.64**	112.70	121.34	55.42
109.36	**104.83**	104.03	111.26	101.92	103.95	99.97	**104.35**	101.98	108.94	102.42
109.50	**98.67**	97.71	103.76	98.09	95.70	95.43	**100.40**	97.47	103.71	100.95
26.28	**21.23**	28.29	22.86	17.36	18.16	8.85	**36.40**	40.42	50.81	16.62
118.02	**111.32**	103.35	125.77	109.67	112.90	103.38	**108.04**	107.65	114.09	101.32
7.86	**4.01**	0.68	1.55	2.59	23.01	5.03	**6.99**	7.64	13.17	
109.33	**99.28**	99.48	117.82	104.59	52.22	90.46	**100.26**	92.85	105.85	104.60
	4.94	0.68	0.40		51.10	1.61	**0.54**	0.98	0.47	
66.35	**38.03**	56.66	31.20	32.90	22.61	23.64	**54.66**	58.98	62.33	42.55
	1.73	0.79		1.74	12.22	1.22	**0.65**		1.28	0.91
289.58	**304.20**	284.10	379.48	284.45	148.67	315.00	**266.62**	260.84	260.28	281.44
284.21	**309.24**	274.09	365.02	282.45	308.40	309.64	**246.07**	231.15	239.23	274.48
45.62	**59.03**	50.99	54.22	43.01	177.16	34.48	**37.05**	42.35	46.72	20.26
36.67	**38.93**	37.94	49.06	39.92	24.45	30.90	**25.99**	21.93	38.97	18.35
6.61	**5.83**	6.11	4.79	4.35	12.71	3.86	**3.36**	4.16	4.05	1.69
4.01	**7.25**	9.24	11.00	6.59	1.48	2.17	**4.15**	6.07	3.71	2.27
1.23	**2.21**	3.31	1.56	2.17	1.43	1.60	**2.93**	4.00	2.40	2.28
0.62	**1.14**	1.83	0.80	2.13	0.47		**3.75**	5.23	4.04	1.73
3.17	**5.56**	10.91	4.74	2.24	2.01	0.89	**5.29**	8.60	3.55	3.09

2-30 主要年份各市县全体居民人均可支配收入情况

单位：元/人

年 份 Year	全区 Total	沿黄地区 Plain	中南部地区 Mountain Area	银川市 Yinchuan	兴庆区 Xingqing	西夏区 Xixia	金凤区 Jinfeng
2010	**9863.6**	**12366.4**	**5925.8**	**14036.3**	17917.0	12523.9	15139.7
2011	**11479.5**	**14178.8**	**6813.3**	**16017.0**	20430.6	14295.3	17271.9
2012	**13104.3**	**15986.2**	**7795.4**	**18063.9**	22912.0	16208.0	19487.4
2013	**14565.8**	**17637.8**	**8734.3**	**19914.3**	25010.9	18028.4	21829.1
2014	**15906.8**	**19226.0**	**9625.0**	**21749.9**	27346.1	19682.8	23911.6
2015	**17329.1**	**20803.0**	**10499.2**	**23551.0**	29541.9	21322.3	25960.3
2016	**18832.3**	**22410.0**	**11447.0**	**25397.0**	31738.6	23032.8	27994.8
2017	**20561.7**	**24305.9**	**12622.6**	**27516.9**	34323.0	25026.1	30182.8
2018	**22400.4**	**26014.0**	**13745.0**	**29722.9**	36981.0	26906.2	32920.4
2019	**24411.9**	**27796.0**	**15319.0**	**32023.4**	39776.8	29069.5	35633.1
2020	**25734.9**	**28782.9**	**16613.4**	**33547.0**	40956.0	30367.4	37776.7

2-30 续表

单位：元/人

年 份 Year	利通区 Litong	红寺堡区 Hongsipu	盐池县 Yanchi	同心县 Tongxin	青铜峡市 Qingtongxia	固原市 Guyuan	原州区 Yuanzhou
2010	9953.4	5189.8	7314.9	5265.9	8732.9	**5826.7**	7219.3
2011	11411.0	5958.6	8305.6	6025.0	10172.9	**6709.1**	8316.1
2012	12902.2	6806.9	9453.8	6914.9	11574.3	**7688.1**	9485.0
2013	14259.2	7741.4	10569.7	7811.1	12733.3	**8675.9**	10678.0
2014	15570.6	8529.1	11615.6	8634.7	13924.2	**9590.7**	11761.3
2015	16840.7	9306.9	12719.8	9459.8	15024.3	**10409.2**	12792.1
2016	18149.5	10198.2	13919.0	10329.5	16144.0	**11330.0**	13898.4
2017	19727.5	11250.2	15362.4	11278.8	17445.5	**12484.5**	15193.7
2018	21421.1	12329.6	16957.4	12266.4	18941.1	**13958.1**	16803.6
2019	23379.0	13752.5	19219.5	13706.5	20615.5	**15323.1**	18826.7
2020	24864.1	14951.6	21115.6	14772.9	22127.2	**16708.4**	20484.6

Basic Statistics of Disposable Income for Urban and Rural Households by City and County in Main Year

(yuan/person)

永宁县 Yongning	贺兰县 Helan	灵武市 Lingwu	**石嘴山市 Shizuishan**	大武口区 Dawukou	惠农区 Huinong	平罗县 Pingluo	**吴忠市 Wuzhong**
9373.7	9953.5	10840.7	**11987.2**	14646.5	11509.6	8866.0	**7800.7**
10674.1	11405.6	12413.8	**13879.7**	16970.4	13330.0	10142.9	**8912.2**
12154.2	12968.2	14113.1	**15733.8**	19195.1	15000.8	11536.6	**10135.5**
13482.4	14314.2	15652.6	**17293.9**	21302.6	16523.5	12785.7	**11240.8**
14721.7	15665.8	17076.7	**18748.4**	23125.3	17888.0	13923.0	**12321.9**
16017.3	16955.2	18460.4	**20220.3**	25081.6	19306.2	14973.8	**13373.3**
17239.2	18294.6	19906.5	**21747.0**	27033.2	20745.0	16101.9	**14510.0**
18682.1	19846.0	21661.4	**23621.6**	29437.3	22454.2	17473.7	**15847.9**
19845.9	21464.2	23362.1	**25638.5**	32000.3	24202.0	18999.9	**17416.1**
21451.5	23211.4	25217.1	**27725.5**	34576.4	26341.5	20527.5	**19164.7**
22670.6	24782.3	26786.2	**28906.5**	35959.1	28145.9	21726.5	**20608.0**

continued

(yuan/person)

西吉县 Xiji	隆德县 Longde	泾源县 Jingyuan	彭阳县 Pengyang	**中卫市 Zhongwei**	沙坡头区 Shapotou	中宁县 Zhongning	海原县 Haiyuan
4951.8	5055.1	5031.3	5125.0	**7009.8**	8833.4	8290.4	4536.4
5715.3	5831.6	5810.3	5928.2	**8055.5**	10117.9	9308.9	5271.9
6569.2	6704.6	6709.0	6811.6	**9140.8**	11429.6	10538.1	6054.3
7444.8	7586.8	7600.1	7741.5	**10139.7**	12630.2	11738.7	6899.7
8261.6	8409.8	8414.3	8590.3	**11093.6**	13778.0	12816.7	7641.1
9016.6	9102.2	9107.4	9360.9	**12011.0**	14912.3	13900.4	8284.3
9846.5	9937.0	9921.0	10210.4	**12941.0**	15992.6	14997.6	9046.2
10802.7	11001.8	10883.0	11293.7	**14066.9**	17356.0	16333.5	10006.9
11808.1	12050.7	12052.9	12490.5	**15333.9**	18825.2	17659.8	10773.2
13218.0	13417.2	13419.7	13919.4	**16904.3**	20376.3	19167.9	12188.4
14755.6	14705.8	14581.0	15194.6	**17864.2**	21086.4	19916.5	13172.7

2-31 主要年份各市县全体居民人均生活消费支出情况

单位：元/人

年 份 Year	全区 Total	沿黄地区 Plain	中南部地区 Mountain Area	银川市 Yinchuan	兴庆区 Xingqing	西夏区 Xixia	金凤区 Jinfeng
2013	**14565.8**			**19807.0**	25010.8	18028.4	21829.1
2014	**12484.5**	**14769.5**	**7913.5**	**17350.0**	21634.9	16348.4	20652.6
2015	**13815.6**	**15943.0**	**8579.2**	**18507.9**	23333.5	17944.9	21000.1
2016	**14965.4**	**17174.6**	**9353.6**	**19958.6**	23670.9	19533.1	21312.9
2017	**15350.3**	**17080.1**	**9534.0**	**19933.8**	24206.6	19789.2	21636.5
2018	**16715.1**	**18371.0**	**10233.0**	**21898.0**	28428.5	21056.6	23384.4
2019	**18296.8**	**19697.0**	**11235.0**	**23733.6**	30996.6	21231.6	25450.4
2020	**17505.8**	**19189.0**	**12246.7**	**23261.0**	29113.8	20261.1	25935.9

2-31 续表

单位：元/人

年 份 Year	利通区 Litong	红寺堡区 Hongsipu	盐池县 Yanchi	同心县 Tongxin	青铜峡市 Qingtongxia	固原市 Guyuan	原州区 Yuanzhou
2013	14280.4	7752.7	10583.1	7722.8	12754.4	**8643.6**	10704.7
2014	11815.0	7431.5	9499.5	7474.2	10892.0	**7720.8**	9300.2
2015	13015.3	7871.4	10111.4	8359.1	11510.1	**8287.0**	10600.0
2016	13586.6	8560.2	11229.5	8918.1	10569.0	**9020.1**	11689.6
2017	14165.9	9763.7	11678.2	9447.3	11465.5	**9755.1**	12949.3
2018	15764.0	10572.9	11751.2	9671.5	11770.1	**10555.4**	13599.4
2019	16280.2	11835.1	13600.5	10589.6	12829.6	**11554.6**	14663.9
2020	15354.7	12739.5	13040.4	11172.9	12871.0	**12680.4**	15613.8

Per Capita Living Expenditure for Urban and Rural Residents by City and County in Main Year

(yuan/person)

永宁县 Yongning	贺兰县 Helan	灵武市 Lingwu	**石嘴山市 Shizuishan**	大武口区 Dawukou	惠农区 Huinong	平罗县 Pingluo	**吴忠市 Wuzhong**
13261.4	13912.9	15656.5	**17334.5**	21312.2	16563.5	12888.0	**11253.2**
11065.5	13035.9	11309.5	**12297.5**	13738.5	11558.4	11043.6	**9725.6**
12182.6	13859.5	13195.7	**13370.5**	15425.5	11768.5	12083.3	**10626.6**
13058.9	14671.1	14132.4	**14379.9**	16565.8	12494.9	12768.8	**11529.8**
14819.5	15249.0	15148.2	**15048.0**	17791.7	13199.5	13656.3	**11436.2**
14902.2	16345.6	16404.7	**16598.9**	20023.4	13993.4	13778.2	**12292.5**
15690.8	17589.2	17156.1	**17119.7**	21565.9	14877.8	13395.7	**13426.7**
16678.2	18158.4	16865.3	**16865.2**	21170.0	15564.0	13203.9	**13432.0**

continued

(yuan/person)

西吉县 Xiji	隆德县 Longde	泾源县 Jingyuan	彭阳县 Pengyang	**中卫市 Zhongwei**	沙坡头区 Shapotou	中宁县 Zhongning	海原县 Haiyuan
7451.4	7586.6	7609.7	7745.4	**10153.3**	12635.3	11872.7	6921.3
6701.1	7682.8	7147.1	6606.7	**9537.8**	11279.1	10720.1	6851.6
6851.1	7983.2	7393.2	7060.4	**10349.7**	12149.8	11970.9	7740.9
7188.8	8796.7	7958.7	7344.1	**11151.0**	13490.0	13041.1	7879.0
7734.0	10500.7	8423.6	7996.4	**11505.8**	13950.5	14409.4	8396.2
8346.2	11718.3	8214.4	8925.8	**12261.8**	14974.1	13999.4	8672.7
9408.0	12385.7	8953.9	10059.8	**13222.1**	16156.5	14682.2	9821.1
11207.7	12783.7	9442.7	10987.8	**13097.4**	15158.9	14251.0	10133.5

2-32 城镇居民家庭基本情况

指标名称	Item	单位	Unit	2013
一、户主文化程度	**Cultural Level of Head of a Household**	--	--	--
(一)未上过学	No Schooling	%	%	3.8
(二)小学	Primary School	%	%	12.7
(三)初中	Junior Secondary School	%	%	28.9
(四)高中	Senior Secondary School	%	%	24.1
(五)大学专科	Junior College	%	%	18.4
(六)大学本科	Undergraduate College	%	%	11.7
(七)研究生	Postgraduate	%	%	0.4
二、按家庭规模分的住户类型	**Households Type Divided by Family Size**	--	--	--
(一)一人户	One Person	%	%	5.4
(二)二人户	Two Persons	%	%	24.0
(三)三人户	Three Persons	%	%	42.8
(四)四人户	Four Persons	%	%	17.1
(五)五人户	Five Persons	%	%	8.7
(六)六人及以上户	Six Persons and over	%	%	2.0
三、按世代分的住户类型	**Households Type Divided by Generation**	--	--	--
(一)一代户	One-Generation Households	%	%	15.7
(二)二代户	Two-Generation Households	%	%	34.0
(三)三代户	Three-Generation Households	%	%	5.4
(四)四代及以上户	Four-Generation Households and over	%	%	0.0
四、住户特征	**Household Characteristics**	--	--	--
(一)纯老人户	Households of only the old	%	%	16.0
(二)家中有未成年子女户	Households of Couple with Minor Children	%	%	75.8
(三)年轻夫妻无子女户	Households of Young Couple without Children	%	%	
(四)无劳动力户	Households without Labor Force	%	%	8.2
五、住户经营情况	**Household Business Situation**	--	--	
(一)生产经营户	Production Business Households	%	%	17.6
农业户	Agriculture	%	%	7.1
农业兼业户	Agriculture and Business Households	%	%	
非农兼业户	Non-agriculture and Business Households	%	%	
非农业户	Non-agriculture Households	%	%	12.0
(二)非生产经营户	Non-production Business Households	%	%	82.4
六、参加医疗保险情况	**Medical Insurance Participation**	--	--	
(一)参加城乡居民基本医疗保险	Basic Medical Insurance for Urban and Rural Residents	%	%	53.9
(二)参加城镇职工基本医疗保险	Basic Medical Insurance for Urban Employee	%	%	35.0
(三)商业及其他医疗保险	Commercial and Other Health Insurance	%	%	3.1
(四)没有参加任何医疗保险	Non-joined any Medical Insurance	%	%	8.0

Basic Statistics of Urban Households

2014	2015	2016	2017	2018	2019	2020
--	--	--	--	--	--	--
3.6	3.1	2.7	2.8	1.1	1.3	1.4
11.2	12.7	12.1	12.2	9.7	9.3	9.5
28.9	29.4	31.3	31.1	31.9	32.6	32.5
24.1	21.9	23.6	23.6	22.3	21.8	21.7
18.3	19.8	17.6	17.6	18.0	18.2	19.2
13.6	12.9	12.5	12.4	16.0	15.5	15.0
0.4	0.2	0.3	0.3	1.0	1.4	0.8
--	--	--	--	--	--	--
4.7	4.2	5.2	4.5	5.0	5.4	4.8
25.0	25.7	29.5	29.8	29.5	29.7	30.9
43.3	40.1	38.1	38.1	35.1	34.0	34.9
17.0	20.7	19.9	19.7	21.6	22.3	21.4
7.9	6.8	5.6	6.2	6.6	5.9	5.7
2.1	2.6	1.8	1.6	2.2	2.7	2.3
--	--	--	--	--	--	--
28.4	29.7	29.5	29.1	30.2	30.3	31.1
63.2	62.2	61.9	62.5	60.5	60.9	60.9
8.3	7.9	8.4	8.3	9.3	8.8	8.0
0.0	0.2	0.2	0.1			
--	--	--	--	--	--	--
17.3	20.6	20.4	22.9	18.7	21.1	23.3
72.2	69.8	72.6	71.9	75.6	74.3	74.7
1.9	2.0	1.2	1.2	2.7	1.7	1.2
8.6	7.6	5.8	4.0	3.0	2.9	0.8
20.7	18.8	23.8	26.3	56.2	30.4	30.0
33.6	37.0	27.3	25.6	19.4	27.7	28.5
		2.0	2.3	0.6	1.1	1.5
		4.7	5.1	2.1	3.2	3.0
4.7	3.9	70.4	69.5	78.0	71.1	67.3
79.3	81.2	76.2	73.7	43.8	69.6	70.0
56.8	58.8	59.8	59.9	65.5	62.8	61.7
34.0	31.6	32.3	32.4	30.5	32.4	33.5
5.5	2.5	3.6	3.7	4.2	7.3	8.8
7.6	7.8	6.9	6.6	3.3	3.8	3.8

2-33 城镇居民家庭就业年龄及学历构成情况

指标名称	Item	单位	Unit
一、基本情况	**Basic Statistics of Households Surveyed**	--	--
(一)户均常住人口	Average Number of Permanent Residents per Household	人/户	person/household
(二)户均常住从业人口	Average Number of Employed Persons per Household	人/户	person/household
(三)平均每户家庭从业人口比重	Proportion of Employed Persons per Household	%	%
(四)平均每一从业人口负担人数	Average Number of Dependency Coefficient per Employed Persons	人	person
(五)由本户供养的在校学生	Supported Students in School by the Family	人/户	person/household
(六)户均整半劳动力人口	Whole and Half Labor Force per Household	人/户	person/household
(七)平均每户家庭整半劳动力人口比重	Proportion of Whole and Half Labor Force per Household	%	%
二、家庭劳动力年龄构成	**Age Composition of Permanent Employed Persons**	**%**	**%**
(一)16-19岁	Aged 16-19	%	%
(二)20-24岁	Aged 20-24	%	%
(三)25-29岁	Aged 25-29	%	%
(四)30-34岁	Aged 30-34	%	%
(五)35-40岁	Aged 35-40	%	%
(六)41-50岁	Aged 41-50	%	%
(七)51-60岁	Aged 51-60	%	%
(八)61-65岁	Aged 61-65	%	%
(九)66岁及以上	Aged 66 and over	%	%
三、家庭劳动力文化程度构成	**Composition of Education Level for Labor Force**	**%**	**%**
(一)未上过学	No Schooling	%	%
(二)小学	Primary School	%	%
(三)初中	Junior Secondary School	%	%
(四)高中	Senior Secondary School	%	%
(五)大学专科	Junior College	%	%
(六)大学本科及以上	Bachelor Degree or above	%	%
(七)研究生	Graduate Student	%	%
四、常住从业人员就业类型	**Type of Employment of Permanent Employed Persons**	**%**	**%**
(一)雇主	Employer	%	%
(二)公职人员	Civil Servants	%	%
(三)事业单位人员	Institution Officers	%	%
(四)国有企业雇员	State-owned Enterprises Employees	%	%
(五)其他雇员	Other Employees	%	%
(六)农业自营	Self-employed of Agriculture	%	%
(七)非农自营	Self-employed of Non-Agriculture	%	%
五、常住从业人员从事主要行业	**Type of Industry for Permanent Employed Persons**	**%**	**%**
(一)第一产业	Primary Industry	%	%
(二)第二产业	Secondary Industry	%	%
(三)第三产业	Tertiary Industry	%	%

Composition Statistics of Employment Age and Education for Urban Households

2013	2014	2015	2016	2017	2018	2019	2020
--	--	--	--	--	--	--	--
3.0	3.0	3.0	3.0	3.0	3.0	3.0	3.0
1.4	1.5	1.4	1.4	1.4	1.5	1.5	1.4
48.8	50.8	48.3	48.3	47.6	48.0	48.0	46.4
2.0	2.0	2.1	2.1	2.1	2.1	2.1	2.2
0.6	0.6	0.6	0.6	0.6	0.6	0.6	0.6
2.0	2.0	2.0	2.0	2.1	2.1	2.1	2.1
66.9	67.1	67.8	68.7	69.5	68.9	69.1	70.6
100.0	**100.0**	**100.0**	**100.0**	**100.0**	**100.0**	**100.0**	**100.0**
0.8	0.7	1.0	0.7	0.7	0.6	0.5	0.3
5.5	4.3	3.9	4.7	3.5	4.0	3.8	3.5
8.8	7.1	7.8	6.4	6.0	8.6	7.3	5.5
10.7	11.2	9.5	9.2	8.2	10.6	10.5	10.3
17.2	17.9	16.6	15.5	14.0	15.0	14.3	13.6
30.0	30.7	31.3	31.3	32.6	30.4	30.9	30.0
15.9	16.7	17.0	20.0	21.0	17.3	18.2	20.1
5.6	6.4	6.3	5.8	6.3	7.7	7.8	8.0
5.5	5.0	6.5	6.5	7.7	5.9	6.6	8.8
100.0	**100.0**	**100.0**	**100.0**	**100.0**	**100.0**	**100.0**	**100.0**
4.4	4.2	4.5	3.8	3.7	3.1	3.3	3.6
12.8	11.0	11.6	11.6	11.6	10.3	10.2	10.4
29.1	29.0	30.8	31.3	31.0	31.0	30.6	31.1
22.8	23.1	21.6	22.1	21.9	21.0	21.2	20.5
19.3	19.5	19.4	18.3	18.5	18.6	18.8	19.2
11.3	12.8	11.4	12.3	12.8	15.0	14.7	14.5
0.3	0.4	0.7	0.5	0.5	0.9	1.1	0.8
100.0	**100.0**	**100.0**	**100.0**	**100.0**	**100.0**	**100.0**	**100.0**
3.8	2.3	0.8	0.4	0.2	0.7	0.5	0.6
5.5	6.2	4.6	4.5	4.1	4.1	3.7	3.7
13.1	12.7	10.4	10.3	10.7	9.9	9.3	9.0
14.6	13.7	14.0	13.4	12.9	8.2	8.7	8.0
46.0	45.9	51.8	52.7	54.7	58.4	57.2	59.4
4.9	4.8	4.5	4.2	3.9	4.8	5.9	5.1
12.2	14.4	13.8	14.5	13.5	13.9	14.6	14.1
100.0	**100.0**	**100.0**	**100.0**	**100.0**	**100.0**	**100.0**	**100.0**
6.5	6.0	5.3	5.3	5.0	5.9	7.4	7.0
27.3	26.6	29.3	28.2	27.2	26.6	25.3	25.3
66.1	67.4	65.4	66.5	67.8	67.4	67.4	67.8

2-34 城镇居民家庭房屋基本情况

指标名称	Item	单位	Unit
一、期末现住房情况	**Current House Condition of Term End**	--	--
(一)人均现住房面积	Per Capita Current Housing Area	平方米/人	sq.m/person
人均自有现住房面积	Per Capita Self-owned Current Housing Area	平方米/人	sq.m/person
户均现住房面积	Per Household Current Housing Area	平方米/户	sq.m/household
户均自有现住房面积	Per Household Self-owned Current Housing Area	平方米/户	sq.m/household
(二)现住房市场价月租金	Monthly Rent of Current Housing	元/人	yuan/person
自有现住房市场价月租金	Monthly Rent of Self-owned Current Housing	元/人	yuan/person
二、期内新购建住房情况	**Newly Bought or Built Residential Buildings Condition During Period**	--	--
(一)新建住房竣工建筑面积	Completing Floor Space of Newly Built Residential Buildings	平方米/人	sq.m/person
(二)新建住房总费用	Total Cost of Newly Built Residential Buildings	元/人	yuan/person
(三)新建住房价值	Value of Newly Built Residential Buildings	元/平方米	yuan/sq.m
三、期末现住房构成	**Current Housing Constitute of Term End**	--	--
(一)本住户居住类型	Residence Type	%	%
其中：普通住宅	General Residence	%	%
(二)本住户居住空间样式	House Construction Space Style	%	%
1.单栋楼房	Single Building	%	%
2.单栋平房	Single Bungalow	%	%
3.四居室及以上单元房	House with Four Bedrooms and above	%	%
4.三居室单元房	House with Three Bedrooms	%	%
5.二居室单元房	House with Two Bedrooms	%	%
6.一居室单元房	House with One Bedrooms	%	%
7.其他	Others	%	%
(三)主要建筑材料	Main Building Materials	%	%
1.钢筋混凝土	Reinforced Concrete	%	%
2.砖混材料	Brick and Concrete	%	%
3.砖瓦砖木	Brick and Wood	%	%
4.竹草土坯	Bamboo Grass Adobe	%	%
5.其他	Others	%	%
(四)现住房房屋来源	Current Housing Source	%	%
1.租赁公房	Public House Leasing	%	%
2.租赁私房	Private House Leasing	%	%
3.自建住房	Self-built Housing	%	%
4.购买商品房	Commercial Residential Building	%	%
5.购买房改住房	Reformed Housing	%	%
6.购买保障性住房	Security Housing	%	%
7.拆迁安置房	Removal Settlement Housing	%	%
8.继承或获赠住房	Inheritance or Gift Housing	%	%
9.免费借用房	Borrow Housing for Free	%	%
10.其他	Others	%	%
(五)现住房建筑面积	Current Residential Buildings Area	%	%
1.10平方米以内	Less than 10 sq.m	%	%
2.10-20平方米	10-20 sq.m	%	%
3.20-30平方米	20-30 sq.m	%	%
4.30-60平方米	30-60 sq.m	%	%
5.60-90平方米	60-90 sq.m	%	%
6.90-120平方米	90-120 sq.m	%	%
7.120-200平方米	120-200 sq.m	%	%
8.200平方米以上	200 sq.m above	%	%

Basic Statistics of House for Urban Households

2013	2014	2015	2016	2017	2018	2019	2020
--	--	--	--	--	--	--	--
29.6	31.0	30.7	31.3	31.3	34.0	34.0	34.5
26.2	28.6	28.5	29.4	29.5	32.2	32.4	32.9
87.7	91.5	90.9	93.3	93.8	102.9	103.1	103.8
77.7	84.4	84.4	87.5	88.4	97.5	98.2	99.0
226.2	252.2	259.1	268.2	273.9	279.0	280.6	280.0
202.6	235.5	244.5	254.3	261.3	266.6	268.0	269.1
0.3	0.4	0.1	0.1	0.2	0.1	0.0	0.1
372.4	329.0	83.7	56.1	105.7	76.1	12.1	83.2
1237.1	772.4	669.4	521.8	602.8	1473.2	830.7	1002.6
100.0	100.0	100.0	100.0	100.0	100.0	100.0	100.0
97.6	99.0	97.9	98.7	99.4	100.0	100.0	100.0
100.0	100.0	100.0	100.0	100.0	100.0	100.0	100.0
1.4	1.2	2.9	2.7	2.5	1.0	0.6	0.3
13.4	13.5	12.3	11.3	10.7	9.4	10.2	9.0
1.9	2.6	1.7	2.9	3.1	2.4	2.0	1.9
26.2	28.1	29.8	31.5	32.8	41.1	41.2	42.0
50.3	51.0	49.1	49.6	48.9	43.2	44.4	44.9
6.0	2.8	3.5	1.6	1.8	1.7	1.6	1.8
0.8	0.9	0.7	0.4	0.3	1.1	0.0	0.0
100.0	100.0	100.0	100.0	100.0	100.0	100.0	100.0
12.6	16.3	19.0	29.1	29.2	56.9	56.8	57.1
78.9	75.7	72.1	63.7	64.1	37.1	37.1	37.1
8.1	7.8	8.6	7.2	6.5	5.6	5.9	5.6
0.3	0.2	0.1		0.2	0.2	0.2	0.2
0.2		0.2	0.0	0.0	0.1	0.1	0.1
100.0	100.0	100.0	100.0	100.0	100.0	100.0	100.0
1.7	0.8	1.4	1.8	1.6	1.2	1.0	1.2
10.9	6.7	4.7	4.0	3.5	3.8	3.8	3.2
9.6	10.1	9.1	8.3	8.1	8.9	8.9	8.6
46.8	52.5	54.7	57.0	58.1	65.5	65.7	66.4
15.5	14.7	14.4	14.3	14.0	4.7	4.6	4.5
5.8	5.4	5.0	4.1	4.3	3.2	2.7	2.7
6.0	6.3	5.6	6.6	6.8	10.7	11.6	11.3
0.5	0.7	1.0	0.6	0.7	0.7	0.7	0.7
2.7	1.9	2.0	1.5	1.6	1.3	1.0	1.2
0.4	1.0	2.1	1.7	1.4	0.1	0.1	0.2
100.0	100.0	100.0	100.0	100.0	100.0	100.0	100.0
0.3							
2.2	0.9	2.1	1.0	0.4			
0.8	0.7	0.4	0.2	0.2	0.1		
16.4	14.4	14.2	15.7	15.7	6.7	6.4	6.2
40.0	39.0	38.5	36.4	36.0	32.9	32.0	32.4
29.8	32.5	32.4	32.6	33.4	38.0	39.0	37.7
9.9	11.6	11.1	12.1	12.4	20.8	21.1	22.2
0.9	1.0	1.3	2.0	1.9	1.5	1.5	1.6

2-34 续表

指标名称	Item	单位	Unit
(六)住宅有管道供水情况	Pipeline Water Supplying of Residential Buildings	%	%
1.住宅内管道取水	Pipeline Water Supplying in the Home	%	%
2.住宅内其他方式取水	Other Ways Water Supplying in the Residence	%	%
3.院内管道取水	Pipeline Water Supplying to Public Water Intaking Spot	%	%
4.院内其他方式取水	Other Ways Water Supplying in the Courtyard	%	%
5.其他位置取水	Water Supplying from Other Locations	%	%
(七)住户厕所类型	Residence Toilet Type	%	%
1.水冲式卫生厕所	Water Flushing Sanitary Toilet	%	%
2.水冲式非卫生厕所	Water Flushing Insanitary Toilet	%	%
3.卫生旱厕	Sanitary Pit Latrine	%	%
4.普通旱厕	General Pit Latrine	%	%
5.无厕所	No Toilet	%	%
(八)住户厕所使用情况	Using Condition of Residence Toilet	%	%
1.本住户独用	Exclusive Use	%	%
2.几户合用	Sharing with Several Households	%	%
3.公用厕所	Public Toilet	%	%
(九)住户洗澡设施情况	Residence Shower Equipment Condition	%	%
1.统一供热水	Unified Supply Hot Water	%	%
2.家庭自装热水器	House Self-Installing Water Heater	%	%
3.其他	Others	%	%
4.无洗澡设施	No Shower Equipment	%	%
(十)住户主要取暖设备状况	Residence Main Heating Equipment Condition	%	%
1.由市政或小区集中供暖	Central Heating by Government or Housing Estate	%	%
2.自行供暖	Self Heating	%	%
3.无取暖设备	No Heating Equipment	%	%
(十一)住户主要取暖用能源状况	Residence Main Heating Energy Condition	%	%
1.柴草	Firewood	%	%
2.煤炭	Coal	%	%
3.罐装液化石油气	Canned Liquefied Petroleum Gas	%	%
4.管道液化石油气	Pipeline Liquefied Petroleum Gas	%	%
5.管道煤气	Pipeline Coal Gas	%	%
6.管道天然气	Pipeline Natural Gas	%	%
7.电	Electricity	%	%
8.燃料用油	Fuel Oils	%	%
9.沼气	Biogas	%	%
10.其他	Others	%	%
11.无取暖行为	No Heating Behavior	%	%
(十二)主要炊用能源状况	Main Condition of Cooking Energy	%	%
1.柴草	Firewood	%	%
2.煤炭	Coal	%	%
3.罐装液化石油气	Canned Liquefied Petroleum Gas	%	%
4.管道液化石油气	Pipeline Liquefied Petroleum Gas	%	%
5.管道煤气	Pipeline Coal Gas	%	%
6.管道天然气	Pipeline Natural Gas	%	%
7.电	Electricity	%	%
8.燃料用油	Fuel Oils	%	%
9.沼气	Biogas	%	%
10.其他	Others	%	%
11.无炊用行为	No Heating Behavior	%	%

continued

2013	2014	2015	2016	2017	2018	2019	2020
100.0	100.0	100.0	100.0	100.0	100.0	100.0	100.0
95.3	95.9	97.9	99.0	99.2	97.8	97.9	98.6
							0.0
0.1	0.2				0.1	1.6	1.0
						0.3	0.3
4.5	3.9	2.1	1.0	0.8	2.2	0.1	0.1
100.0	100.0	100.0	100.0	100.0	100.0	100.0	100.0
88.7	89.1	90.4	91.3	91.8	91.0	92.8	93.2
1.3	1.2	0.7	0.5	0.4	0.8	1.0	0.8
0.5	0.7	0.7	1.4	1.3	1.0	0.3	1.0
8.7	8.5	7.8	6.6	6.3	7.1	5.9	4.9
0.7	0.5	0.4	0.3	0.1	0.1		0.1
100.0	100.0	100.0	100.0	100.0	100.0	100.0	100.0
95.6	97.3	96.1	97.7	98.5	99.3	99.5	99.4
3.2	1.8	3.0	1.7	0.9	0.4	0.5	0.5
1.1	0.9	0.8	0.6	0.6	0.3		0.1
100.0	100.0	100.0	100.0	100.0	100.0	100.0	100.0
5.4	5.0	4.1	4.8	4.6	3.8	1.9	1.9
77.9	80.8	83.6	87.0	88.2	91.7	94.5	94.4
2.3	2.1	1.1	1.2	1.1	1.3	1.4	1.3
14.4	12.1	11.1	7.1	6.1	3.2	2.2	2.5
100.0	100.0	100.0	100.0	100.0	100.0	100.0	100.0
84.2	84.7	84.8	84.1	84.4	78.9	78.4	78.9
15.1	14.6	14.8	15.8	15.5	21.0	21.5	20.9
0.7	0.7	0.4	0.1	0.1	0.2	0.1	0.2
100.0	100.0	100.0	100.0	100.0	100.0	100.0	100.0
0.6	0.1	0.1	0.1	0.0	0.1		
91.6	12.7	13.3	17.2	9.6	10.3	8.5	8.3
0.6	0.1	0.0	0.0	0.0			
0.1			0.2	0.2	0.2		
0.4	0.1	0.1			0.4		
5.0	2.0	5.3	4.5	4.6	12.3	12.8	12.5
1.0	7.7	0.6	2.6	1.3	0.2	0.1	0.1
0.2	3.7	9.6	5.9	11.7	22.7		
0.6	73.5	71.1	69.7	72.6	53.9	78.6	79.0
100.0	100.0	100.0	100.0	100.0	100.0	100.0	100.0
0.5	0.3	0.4	0.2	0.2	0.8	0.1	0.1
5.9	4.8	5.4	3.6	3.1	2.6	2.1	1.9
21.0	15.4	14.3	11.3	11.8	8.1	6.4	6.7
0.3	0.4	0.3	0.2	0.2	0.1	0.1	0.1
0.3	0.1	0.2	0.1	0.1	0.5	0.5	0.1
52.2	59.1	60.1	63.8	64.6	73.0	74.4	75.4
19.4	19.5	19.3	19.8	19.7	14.8	16.1	15.5
					0.1	0.1	
0.2	0.2						
0.2	0.2		1.1	0.5		0.2	0.2

2-35 城镇居民年末拥有生产性固定资产情况

指标名称	Item	单位	Unit
年末生产性固定资产原价	**Original Price of Productive Fixed Assets Year-end**	**元/户**	**yuan/household**
(一)第一产业固定资产原价	The Primary Industry	元/户	yuan/household
1.农业固定资产原价	Agriculture	元/户	yuan/household
2.林业固定资产原价	Forestry	元/户	yuan/household
3.牧业固定资产原价	Animal Husbandry	元/户	yuan/household
4.渔业固定资产原价	Fishery	元/户	yuan/household
5.农林牧渔专业及辅助性活动固定资产原价	Agriculture, Forestry, Animal Husbandry ,Fishery and Auxiliary Activities	元/户	yuan/household
(二)第二产业固定资产原价	The Secondary Industry	元/户	yuan/household
1.采矿业固定资产原价	Mining Industry	元/户	yuan/household
2.制造业固定资产原价	Manufacturing Industry	元/户	yuan/household
3.电力热力燃气及水生产和供应业	Production and Supply of Electric, Heat, Gas and Water	元/户	yuan/household
4.建筑业固定资产原价	Construction Industry	元/户	yuan/household
(三)第三产业固定资产原价	The Tertiary Industry	元/户	yuan/household
1.批发和零售业	Wholesales and Retail Trade	元/户	yuan/household
2.交通运输仓储和邮政业	Transportation, Warehousing and Postal Services	元/户	yuan/household
3.住宿和餐饮业	Hotel and Catering Sectors	元/户	yuan/household
4.房地产业	Real Estate	元/户	yuan/household
5.租赁和商务服务业	Leasing and Business Service	元/户	yuan/household
6.居民服务修理和其他服务业	Residential Services, Repair and Other Services	元/户	yuan/household
7.其他行业	Others	元/户	yuan/household
年末主要生产性固定资产数量	**Quantity of Main Productive Fixed Assets Year-end**	--	--
1.农业生产性用房及建筑物	House and Buildings for Agricultural Production	平方米/百户	sq.m/100 households
2.大中型农用拖拉机	Large and Medium Agrimotor	辆/百户	unit/100 households
3.小型农用拖拉机	Small Agrimotor	辆/百户	unit/100 households
4.农用排灌动力机械	Drainage and Irrigation Power Machinery for Agriculture	台/百户	unit/100 households
5.插秧机	Rice Transplanter	台/百户	unit/100 households
6.收割机	Harvesting Implements	台/百户	unit/100 households
7.脱粒机	Threshing Machine	台/百户	unit/100 households
8.产品畜	Livestock Products	头/百户	unit/100 households
9.其他农业机械	Other Agricultural Machinery	台/百户	unit/100 households

Ownership of Productive Fixed Assets for Urban Households Year-end

2013	2014	2015	2016	2017	2018	2019	2020
15981.8	**13062.4**	**14093.2**	**13317.7**	**11605.2**	**30150.6**	**28604.0**	**31527.7**
1842.2	1593.8	1053.6	1139.3	1092.6	3045.3	5574.9	4662.9
766.8	834.6	434.6	761.0	698.3	1421.7	2065.0	1329.4
0.2	0.2				3.9	13.4	3.8
929.3	590.0	619.0	350.8	390.7	798.0	1816.3	1879.1
145.9	168.9		27.5	3.6	821.7	1680.2	1450.7
843.0	1825.0	2345.4	1252.6	692.3	4359.6	4765.0	6581.3
	208.4	7.0	35.6	35.8	222.5	252.1	511.4
521.5	352.3	105.1	68.9	28.3	48.3	57.9	161.5
321.5	1264.2	2233.3	1148.1	628.2	4088.8	4455.0	5908.5
13296.6	9643.6	10694.2	10925.8	9820.3	22745.7	18264.1	20283.5
6049.2	3392.3	8011.5	3487.8	4019.6	3814.9	4066.0	4580.6
6413.6	5001.9	1377.7	3413.4	4411.2	8081.9	8636.1	8482.9
119.4	130.7	198.2	106.3	419.7	7696.4	2770.9	3625.4
	26.2	17.5	68.0	368.9			
329.2	554.8	638.9	3245.5	2.0	553.2	161.6	163.9
224.4	534.3	443.2	604.9	599.0	1700.5	1796.0	2629.4
160.9	3.4	7.2			898.8	833.6	801.3
365.4	594.1	317.9	408.0	345.2	505.4	974.9	828.8
0.7	0.6	0.3	0.5	0.5	0.9	0.5	0.9
2.9	3.2	2.2	3.4	2.7	3.5	4.3	4.8
0.2	0.1	0.1	0.0	0.1	0.2	0.2	0.1
0.1	0.1						
0.0	0.0		0.0	0.1	0.2	0.2	0.1
0.3	0.5	0.2			0.1	0.1	0.1
13.1	2.6	1.4	2.3	2.9	4.6	40.3	45.3
-	-	2.0	2.3	1.4	0.8	2.9	2.7

2-36 城镇居民家庭经营土地及农作物种植情况

指标名称	Item	单位	Unit	2013
期末实际经营的土地面积	**Area of Cultivated Land at Year-end**	**亩/人**	**mu/person**	**0.34**
耕地	Arable Land	亩/人	mu/person	0.23
有效灌溉面积	Effective Irrigated Area	亩/人	mu/person	0.20
林地、园地	Woodland, Garden	亩/人	mu/person	0.01
牧草地	Grassland	亩/人	mu/person	0.10
养殖水面	Aquaculture	亩/人	mu/person	
粮食播种面积	**Grain Sown Area**	**亩/人**	**mu/person**	**0.19**
小麦	Wheat	亩/人	mu/person	0.03
水稻	Rice	亩/人	mu/person	0.01
玉米	Corn	亩/人	mu/person	0.15
豆类	Soybeans	亩/人	mu/person	0.00
薯类	Tubers	亩/人	mu/person	0.00
经济作物播种面积	**Sown Area of Economy Crops**	**亩/人**	**mu/person**	**0.02**
油料	Bearing	亩/人	mu/person	0.00
蔬菜	Vegetable	亩/人	mu/person	0.01
设施蔬菜	Facilities Vegetables	亩/人	mu/person	0.00
水果	Fruits	亩/人	mu/person	0.01
设施水果	Facilities Fruit	亩/人	mu/person	0.01
机耕面积	**Machine-cultivated Area**	**亩/人**	**mu/person**	**0.20**
机播面积	**Mechanical Sowing Area**	**亩/人**	**mu/person**	**0.17**
机收面积	**Mechanical Harvesting Area**	**亩/人**	**mu/person**	**0.12**
机电灌溉面积	**Electromechanical Irrigation Area**	**亩/人**	**mu/person**	**0.02**
主要农产品产量	**Output of Major Agricultural Products**	--	--	-
谷物产量	Cereal	公斤/人	kg/person	128.04
小麦产量	Wheat	公斤/人	kg/person	5.32
稻谷产量	Rice	公斤/人	kg/person	25.74
玉米产量	Corn	公斤/人	kg/person	96.87
薯类产量	Tubers	公斤/人	kg/person	0.32
豆类产量	Soybeans	公斤/人	kg/person	0.06
油料产量	Bearing	公斤/人	kg/person	0.71

Basic Statistics of Land Managed and Farm Crop Planting for Urban Households

2014	2015	2016	2017	2018	2019	2020
0.43	**0.26**	**0.38**	**0.41**	**0.52**	**0.75**	**0.70**
0.28	0.16	0.36	0.39	0.40	0.64	0.61
0.27	0.15	0.35	0.37	0.29	0.52	0.53
0.01	0.02	0.02	0.02	0.11	0.10	0.06
0.13	0.08	0.00	0.00	0.01	0.01	0.03
0.19	**0.15**	**0.33**	**0.34**	**0.31**	**0.46**	**0.47**
0.02	0.02	0.02	0.02	0.04	0.05	0.04
0.03	0.00	0.02	0.02	0.05	0.04	0.06
0.14	0.11	0.29	0.27	0.21	0.36	0.37
	0.01	0.00	0.03	0.00	0.01	
0.00	0.00	0.00	0.00	0.01	0.01	0.00
0.04	**0.03**	**0.04**	**0.04**	**0.07**	**0.10**	**0.07**
0.01	0.00	0.01	0.00	0.01	0.01	0.01
0.02	0.01	0.01	0.02	0.01	0.02	0.02
0.00	0.00	0.00	0.00	0.00	0.00	0.00
0.02	0.02	0.02	0.02	0.05	0.07	0.04
0.01	0.00				0.00	0.00
0.22	**0.15**	**0.34**	**0.18**	**0.37**	**0.57**	**0.57**
0.20	**0.11**	**0.29**	**0.16**	**0.30**	**0.51**	**0.54**
0.11	**0.08**	**0.30**	**0.11**	**0.26**	**0.41**	**0.44**
0.01	**0.03**	**0.03**	**0.06**	**0.14**	**0.12**	**0.08**
-	-	-	-	-	-	-
152.09	93.63	148.37	102.36	207.88	304.27	333.48
5.48	7.84	7.38	7.41	12.44	15.39	15.04
17.32	1.83	10.49	11.06	31.23	26.35	27.35
129.25	83.97	130.50	83.87	162.79	261.29	290.79
0.27	0.25	0.15	0.59	1.13	2.15	2.27
	0.19	0.25	3.63	0.04	0.15	0.04
1.27	0.04	1.27	0.30	0.38	1.30	1.24

2-37 城镇居民家庭主要食品消费数量

单位：公斤/人

指标名称	Item	2013	2014
一、粮食消费量	**Grain**	**112.6**	**117.8**
(一)谷物消费量	Cereal	104.9	109.5
1.小麦	Wheat	60.6	62.8
2.稻谷	Rice	41.5	43.1
3.玉米	Corn	0.7	1.0
4.其他谷物	Others	2.1	2.6
(二)薯类消费量	Tubers	2.1	2.0
1.红薯	Sweet Potato	0.3	0.4
2.马铃薯	Potato	1.3	1.2
3.其他薯类	Others	0.4	0.4
(三)豆类消费量	Beans	5.7	6.4
1.大豆	Soybeans	0.2	0.1
2.其他豆类	Others	5.5	6.2
二、蔬菜及菜制品消费量	**Vegetables and Processed Products**	**101.4**	**103.5**
其中：鲜菜	Fresh Vegetables	99.2	100.9
三、肉禽及其制品	**Meat, Poultry and Processed Products**	**20.8**	**23.8**
1.猪肉	Pork	7.2	7.4
2.牛肉	Beef	4.0	3.7
3.羊肉	Mutton	4.7	4.8
4.家禽	Poultry	5.0	6.3
5.其他肉禽及制品	Others	-	1.7
四、蛋类及蛋制品	**Eggs and Processed Products**	**5.7**	**6.3**
五、奶和奶制品	**Milk and Processed Products**	**25.9**	**25.1**
六、水产品	**Aquatic Products**	**4.4**	**4.1**
其中：鱼类	Fish	3.5	3.1
七、油脂类消费量	**Grease**	**8.4**	**9.1**
1.植物油	Vegetable Oil	8.3	9.1
2.动物油	Animal Oil	0.1	0.0
八、糖果糕点类	**Confection and Pastry**	**-**	**5.6**
九、干鲜瓜果类	**Melon and Fruits**	**32.5**	**74.6**
1.鲜瓜果	Melons	32.5	69.1
2.瓜果制品	Watermelon	-	1.1
3.坚果类	Nuts	-	4.4
十、消费茶叶	**Tea Leaves**	**0.2**	**0.2**
十一、酒	**Liquor**	**3.5**	**3.5**
1.白酒	White Spirit	0.9	0.9
2.啤酒	Beer	2.4	2.4
3.果酒	Fruit Wine	0.1	0.2

Consumption Quantity of Major Foods for Urban Households

(kg/person)

2015	2016	2017	2018	2019	2020
114.2	**103.4**	**95.9**	**88.8**	**88.2**	**93.0**
106.3	95.3	89.2	82.4	80.9	84.9
61.5	54.9	51.3	46.3	46.0	49.1
41.2	36.2	35.1	32.7	31.4	32.7
1.0	1.1	0.3	0.4	0.6	0.4
2.6	3.1	2.5	3.0	2.9	2.8
1.9	1.8	1.1	1.2	1.2	1.5
0.4	0.4	0.4	0.4	0.5	0.5
1.1	0.9	0.4	0.5	0.4	0.6
0.5	0.5	0.4	0.3	0.3	0.4
6.1	6.4	5.6	5.2	6.0	6.6
0.1	0.1	0.1	0.1	0.1	0.1
6.0	6.2	5.5	5.1	5.9	6.5
99.3	**101.3**	**96.6**	**92.8**	**95.5**	**96.9**
96.5	98.2	93.9	90.4	92.8	94.0
25.3	**24.4**	**23.2**	**23.3**	**24.1**	**24.7**
7.4	6.8	6.6	7.3	6.7	6.4
3.9	3.7	3.9	3.9	4.4	4.8
6.1	5.8	5.1	4.7	4.5	4.6
6.2	6.4	6.1	5.9	7.0	7.4
1.8	1.8	1.5	1.5	1.5	1.6
7.2	**6.9**	**6.8**	**7.1**	**7.5**	**8.9**
22.4	**20.3**	**18.7**	**18.0**	**19.7**	**18.1**
3.9	**4.3**	**3.8**	**3.6**	**4.2**	**4.1**
2.8	3.0	2.6	2.4	2.9	2.7
8.8	**8.3**	**7.6**	**6.4**	**6.9**	**7.6**
8.8	8.2	7.6	6.3	6.9	7.6
0.1	0.0	0.0	0.1	0.1	0.1
5.5	**5.2**	**4.8**	**5.3**	**5.1**	**5.0**
76.9	**80.3**	**77.9**	**84.7**	**84.6**	**81.4**
70.9	74.0	72.7	79.0	79.1	76.2
1.4	1.5	1.3	1.6	1.3	1.3
4.6	4.8	3.9	4.2	4.2	3.9
0.2	**0.2**	**0.2**	**0.2**	**0.2**	**0.2**
3.6	**3.2**	**2.7**	**2.3**	**2.7**	**3.0**
0.9	0.8	0.6	0.7	0.7	0.6
2.4	2.1	2.0	1.5	1.8	2.2
0.2	0.2	0.1	0.2	0.2	0.1

2-38 城镇居民家庭主要产品出售情况

指标名称		Item		单位	Unit	2013
谷物	数量	Cereal	Quantity	公斤/人	kg/person	70.4
	金额		Amount	元/人	yuan/person	150.0
小麦	数量	Wheat	Quantity	公斤/人	kg/person	2.9
	金额		Amount	元/人	yuan/person	7.5
稻谷	数量	Rice	Quantity	公斤/人	kg/person	6.5
	金额		Amount	元/人	yuan/person	17.8
玉米	数量	Corn	Quantity	公斤/人	kg/person	58.5
	金额		Amount	元/人	yuan/person	119.7
薯类	数量	Tubers	Quantity	公斤/人	kg/person	0.2
	金额		Amount	元/人	yuan/person	1.6
豆类	数量	Soybeans	Quantity	公斤/人	kg/person	0.7
	金额		Amount	元/人	yuan/person	2.5
油料	数量	Bearing	Quantity	公斤/人	kg/person	0.7
	金额		Amount	元/人	yuan/person	3.5
蔬菜及食用菌	数量	Vegetables and Edible Fungi	Quantity	公斤/人	kg/person	22.9
	金额		Amount	元/人	yuan/person	35.6
瓜类	数量	Melons	Quantity	公斤/人	kg/person	5.0
	金额		Amount	元/人	yuan/person	3.9
园林水果	数量	Fruits	Quantity	公斤/人	kg/person	5.4
	金额		Amount	元/人	yuan/person	26.8
中药材	数量	Medicinal Materials	Quantity	公斤/人	kg/person	0.5
	金额		Amount	元/人	yuan/person	0.9
林木种苗	数量	Wood and Germchit	Quantity	公斤/人	kg/person	3.4
	金额		Amount	元/人	yuan/person	39.2
肉猪	头数(头)	Hog	Count (head)	头/人	head/person	0.0
	毛重		Gross Weight	公斤/人	kg/person	0.3
	金额		Amount	元/人	yuan/person	4.6
自宰猪	数量	Homestead Hog	Quantity	公斤/人	kg/person	0.0
	金额		Amount	元/人	yuan/person	0.9
肉牛	头数(头)	Cattle	Count (head)	头/人	head/person	0.0
	毛重		Gross Weight	公斤/人	kg/person	3.5
	金额		Amount	元/人	yuan/person	106.2
自宰牛	数量	Homestead Cattle	Quantity	公斤/人	kg/person	0.3
	金额		Amount	元/人	yuan/person	11.3
菜羊	只数(只)	Sheep	Count (head)	只/人	head/person	0.0
	毛重		Gross Weight	公斤/人	kg/person	1.5
	金额		Amount	元/人	yuan/person	42.3
自宰羊	数量	Homestead Sheep	Quantity	公斤/人	kg/person	0.0
	金额		Amount	元/人	yuan/person	0.6
家禽	重量	Poultry	Weight	公斤/人	kg/person	0.1
	金额		Amount	元/人	yuan/person	2.3
蛋类	数量	Eggs	Quantity	公斤/人	kg/person	5.8
	金额		Amount	元/人	yuan/person	45.8
畜皮	数量(张)	Fur	Quantity (piece)	张/人	piece/person	0.0
	金额		Amount	元/人	yuan/person	0.1
毛绒	数量	Wool	Quantity	公斤/人	kg/person	0.0
	金额		Amount	元/人	yuan/person	0.3
奶类	数量	Milk	Quantity	公斤/人	kg/person	57.0
	金额		Amount	元/人	yuan/person	189.5
鱼类	数量	Fish	Quantity	公斤/人	kg/person	
	金额		Amount	元/人	yuan/person	

Basic Statistics of Sales of Main Products for Urban Households

2014	2015	2016	2017	2018	2019	2020
90.9	69.0	148.3	81.4	93.3	81.8	107.9
190.9	135.7	234.6	136.9	176.3	152.8	216.6
2.6	2.9	3.4	5.6	5.9	4.4	4.7
7.4	8.0	8.2	14.1	14.6	10.7	12.2
5.2	1.2	5.9	5.0	14.8	9.9	2.5
14.4	3.4	15.4	13.6	37.2	23.7	6.3
81.4	64.9	138.6	70.8	72.3	67.2	100.3
164.7	123.9	209.8	109.2	123.5	117.4	196.9
0.2	0.1	0.1	0.3	1.5	0.8	1.4
0.7	0.6	0.4	0.8	4.9	4.0	8.7
0.1	0.1	0.2	0.5	0.1	0.0	
0.4	0.3	0.5	1.8	0.5	0.1	
1.1	0.0	2.2		0.2	0.0	0.3
4.6	0.1	4.0		0.8	0.0	1.5
42.1	17.5	27.1	24.2	16.8	31.7	30.0
58.1	19.9	32.8	27.7	32.2	38.4	55.4
30.1	4.2	21.3	14.5	38.6	38.2	13.9
18.9	9.7	20.9	13.2	39.8	35.9	17.1
20.0	25.9	29.7	6.3	1.3	5.0	2.2
55.9	38.9	49.6	29.1	3.7	22.9	17.4
0.2	0.5	0.7	1.2	0.1	0.1	0.2
8.6	13.5	15.1	20.6	2.3	1.5	3.7
5.4	1.1	1.0	0.6	2.0	6.5	2.8
19.8	63.0	25.2	8.9	26.9	47.6	28.1
0.0	0.0	0.0	0.0	0.1	0.1	0.0
1.4	5.9	0.1	2.1	9.8	18.4	4.0
17.4	106.6	1.4	30.3	124.5	282.9	125.3
0.1	0.1	0.0	0.2	0.2	0.1	0.0
1.7	2.2	1.2	6.5	7.2	2.9	1.2
0.0	0.0	0.0	0.0	0.0	0.0	0.0
2.2	4.5	1.3	1.0	1.6	3.1	6.2
72.6	131.7	46.0	30.7	45.8	91.4	212.7
	0.0	0.1	0.0			
	2.4	3.3	2.0			
0.0	0.0	0.1	0.0	0.1	0.0	0.1
1.2	1.1	2.3	1.4	3.1	1.5	3.4
37.3	24.6	46.4	29.4	74.4	41.8	105.1
0.1	0.1	0.0	0.1	0.1	0.4	0.1
2.0	2.6	1.7	4.7	3.5	28.5	8.0
4.8	2.3	1.6	2.4	0.2	1.6	1.7
40.8	47.1	22.9	29.7	3.6	22.7	23.7
13.4	38.1	7.1	4.6	2.4	1.7	6.9
124.7	275.0	48.4	28.3	19.7	13.5	45.2
0.0	0.0	0.0	0.0	0.0	0.0	0.0
0.2	0.1	0.0				
0.1	0.1	0.1	0.0	0.1	0.1	0.3
0.9	1.1	0.8	0.6	3.5	3.8	1.6
34.7	19.5	3.5	4.5			
92.8	31.6	8.1	11.3			
				0.7		
				8.9		

2-39 城镇居民家庭平均每人购买主要商品数量

指标名称	Item	单位	Unit	2013	2014
粮食	Grain	公斤	kg	372.9	429.2
蔬菜和食用菌	Vegetables and Edible Fungi	公斤	kg	99.4	101.8
食用植物油	Edible Vegetable Oil	公斤	kg	8.2	9.0
猪肉	Pork	公斤	kg	7.0	7.2
牛羊肉	Beef and Mutton	公斤	kg	8.5	8.3
禽类	Poultry	公斤	kg	5.7	6.0
鲜蛋	Fresh Eggs	公斤	kg	5.4	6.1
鱼	Fish	公斤	kg	3.5	3.2
糖果糕点类	Candy and Cake	公斤	kg	5.0	5.6
卷烟	Cigarette	盒	pack	22.1	22.2
酒类	Liquor	公斤	kg	3.5	3.5
水	Water	吨	ton	23.8	28.3
电	Electricity	度	kWh	451.1	489.2
煤炭	Coal	公斤	kg	58.1	74.8
液化石油气	Liquefied Petroleum Gas	公斤	kg	4.2	3.4
管道天燃气	Pipeline Natural Gas	立方米	cu.m	35.5	38.2

注：1.从2010年起粮食包括大米、面粉和其他粮食及制品。
2.从2010年起禽类包括鸡、鸭和其他禽类及制品。
3.从2010年起鲜蛋不包含蛋制品。
4.从2010年起酒类包括白酒、果酒、啤酒和其他酒。

Per Capita Annual Purchases of Major Commodities for Urban Households

2015	2016	2017	2018	2019	2020
432.9	408.6	384.8	387.1	388.1	410.9
97.5	99.2	95.0	91.9	94.1	95.4
8.7	8.2	7.6	6.3	6.9	7.6
7.2	6.7	6.5	7.2	6.6	6.3
9.7	9.3	8.7	8.5	8.8	9.3
6.0	6.2	5.8	5.8	6.9	7.2
6.9	6.7	6.6	6.9	7.2	8.5
2.8	3.0	2.6	2.4	2.9	2.7
5.4	5.2	4.8	5.3	5.1	5.0
20.1	21.3	21.5	22.8	23.9	24.6
3.5	3.2	2.7	2.3	2.7	3.0
29.8	28.0	26.8	26.4	24.4	27.6
489.0	476.1	496.0	451.2	438.2	466.5
77.5	65.6	52.4	58.4	52.7	59.9
3.5	2.7	2.7	1.4	1.3	1.2
42.2	56.4	56.7	65.5	70.6	72.8

Notes: a)Data in the table of Grain includes rice and flour since 2010.
b)Data in the table of Poultry includes chickens and ducks since 2010.
c)Data in the table of Fresh Eggs does not include egg products since 2010.
d)Data in the table of Liquor includes liquor, fruit wine and beer since 2010.

2-40 城镇居民家庭分行业人均可支配收入情况

单位：元/人

指标名称	Item	2013	2014
可支配收入	**Disposable Income**	**21475.7**	**23284.6**
(一)工资性收入	Income from Wages and Salaries	14594.0	15735.6
(二)经营净收入	Net Business Income	2506.5	2685.1
1.第一产业经营净收入	The Primary Industry	305.8	286.5
(1)农业	Agriculture	192.7	241.6
(2)林业	Forestry	31.2	6.0
(3)牧业	Animal Husbandry	78.3	38.9
(4)渔业	Fishery		
2.第二产业经营净收入	The Secondary Industry	382.0	471.6
(1)工业	Industry	52.1	100.6
(2)建筑业	Construction Industry	329.9	371.0
3.第三产业经营净收入	The Tertiary Industry	1818.7	1927.0
(1)交通运输业	Transportation Industry	484.1	500.5
(2)批发零售和住宿餐饮业	Wholesales, Retail Trade, Hotel and Catering Sectors	1021.0	1135.4
(3)社会服务业	Social Services	244.4	185.3
(4)其他家庭经营	Others	69.2	105.9
(三)财产净收入	Net Income from Property	833.4	1023.9
1.红利收入	Dividend Income	20.4	16.8
#2.转让承包土地经营权租金收入	Rental Income from the Management Rights Transfer of Land Contracted	4.9	11.8
(四)转移净收入	Net Income from Transfer	3541.9	3840.0
#1.养老金或离退休金	Pension or Retirement Benefits	4155.3	4617.9
2.报销医疗费	Reimbursement of Medical Expenses	123.7	114.3
3.政策性惠农补贴	Political Subsidy Supporting Agriculture	23.1	27.1
现金可支配收入	**Cash Disposable Income**		**22181.3**
实物可支配收入	**Physical Disposable Income**		**1103.3**

Basic Statistics of Disposable Income for Urban Households by Sector

(yuan/person)

2015	2016	2017	2018	2019	2020
25186.0	**27153.0**	**29472.3**	**31895.2**	**34328.5**	**35719.6**
16884.7	18032.9	19568.7	21337.5	23406.1	24272.6
2699.6	2824.4	3062.3	3354.2	3530.2	3465.1
258.5	259.2	237.9	291.9	311.8	413.8
152.9	171.1	181.7	219.8	214.0	299.5
31.6	23.2	6.6	4.0	27.7	26.5
74.5	64.9	49.6	59.2	70.2	87.9
-0.4			8.9		
488.7	537.3	571.3	649.7	713.5	660.1
105.5	30.3	32.7	88.3	67.2	35.5
383.2	507.0	538.5	561.4	646.3	624.6
1952.4	2027.9	2253.1	2412.7	2504.8	2391.2
193.7	300.4	346.8	490.9	535.5	541.0
1262.0	1381.7	1539.2	1323.1	1352.3	1254.1
369.1	352.7	300.7	506.6	510.0	519.4
127.6	-6.8	66.3	92.0	106.9	76.8
1081.5	1255.4	1269.8	1348.8	1421.2	1293.2
26.9	45.1	18.4	238.5	193.9	91.9
26.6	30.5	26.0	115.9	144.2	112.4
4520.3	5040.3	5571.6	5854.7	5971.0	6688.7
5513.0	6365.8	7120.4	7008.9	7364.0	8137.6
84.5	66.2	465.4	817.9	684.8	642.5
20.7	45.7	29.2	67.4	85.4	110.8
24102.6	**26027.7**	**28188.2**	**30773.5**	**33061.6**	**34510.2**
1083.4	**1125.3**	**1284.1**	**1121.7**	**1266.9**	**1209.5**

2-41 城镇居民人均生活消费支出情况

单位：元/人

指标名称	Item	2013	2014
生活消费支出	**Living Expenditure**	**15806.9**	**17216.2**
(一)食品烟酒	Food, Tobacco and Liquor	4415.5	4795.3
#粮食	Grain	457.4	526.0
油脂	Oil and Fats	138.4	148.5
肉禽及制品	Meat, Poultry and Processed Products	819.1	843.4
蛋	Eggs	55.2	65.6
水产品	Aquatic Products	78.0	80.4
蔬菜	Vegetables	449.8	427.5
烟草	Tobacco	233.4	231.7
酒和饮料	Liquor and Beverages	174.3	189.6
奶及奶制品	Milk and Processed Products	239.2	252.6
(二)衣着	Clothing	1544.9	1729.0
#服装	Garments	1201.8	1346.2
(三)居住	Residence	2893.1	3027.6
#住房维修及管理	Housing Maintenance and Management	482.7	340.4
水电燃料及其他	Water, Electricity, Fuels and Others	732.4	845.7
(四)生活用品及服务	Household Facilities, Articles and Services	1060.8	1094.9
#家用器具	Home Appliances	218.0	272.3
家具及室内装饰品	Articles for Interior Decoration	238.6	181.9
家用纺织品	Bed Articles	79.7	95.6
家庭日用杂品	Household Articles for Daily Use	254.9	269.7
(五)交通通信	Transport and Communications	2301.2	2552.8
#交通	Transport	1644.5	1842.6
通信	Communications	654.7	710.3
(六)教育文化娱乐	Education, Culture and Recreation	1806.7	1957.5
文化娱乐	Culture and Recreation	458.9	509.3
#教育	Education	961.7	1079.9
(七)医疗保健	Health Care and Medical Services	1344.5	1616.9
#医疗器具及药品	Medical Instrument and Medicine	555.8	682.3
(八)其他用品及服务	Other Commodities and Services	440.1	442.3
服务性消费支出	**Consumption Expenditure for Service**		
商品性消费支出	**Consumption Expenditure for Commodity**		

Per Capita Living Expenditure for Urban Residents

(yuan/person)

2015	2016	2017	2018	2019	2020
18983.9	**20364.2**	**20219.5**	**21976.7**	**24161.0**	**22379.1**
4883.4	4889.2	4952.2	5374.4	5858.9	6068.3
516.9	497.2	496.6	482.1	481.4	519.9
140.6	135.2	123.8	108.4	117.6	132.5
864.7	868.1	852.7	906.0	1012.4	1268.1
69.3	63.5	58.6	73.3	81.5	88.5
81.5	92.0	91.0	103.2	122.2	132.1
414.3	437.8	413.5	401.0	412.1	477.3
254.6	274.7	289.8	322.7	336.8	351.8
199.9	186.4	180.2	210.6	252.7	243.9
249.5	228.0	254.8	305.8	312.3	311.3
1787.0	1726.7	1768.1	1952.9	2104.5	1776.3
1419.5	1383.8	1416.5	1617.5	1718.0	1439.8
3608.3	3770.5	3680.3	4032.2	4326.5	4319.2
780.2	879.5	762.7	833.4	905.5	768.6
918.3	876.5	902.5	909.5	974.9	1122.7
1185.4	1245.1	1257.1	1416.7	1529.1	1383.5
271.4	255.2	224.8	310.8	285.5	278.5
248.3	296.9	322.1	266.6	263.1	188.8
104.7	104.5	106.9	150.0	135.1	106.8
235.0	236.2	243.2	263.4	264.7	261.9
2509.6	3896.5	3470.9	3528.6	4077.0	3680.3
1700.3	3008.2	2656.9	2757.1	3313.3	2770.7
809.3	888.3	814.0	771.5	763.7	909.6
2389.8	2415.7	2629.7	2888.7	3188.2	2250.3
550.5	549.4	548.1	560.5	524.1	558.9
1397.7	1351.6	1610.7	1673.7	1962.1	1599.8
2016.0	1874.0	1936.6	2152.0	2342.2	2267.3
706.0	712.2	738.2	725.3	743.0	712.3
604.5	546.6	524.5	631.1	734.6	634.0
		8603.9	**9788.6**	**10884.4**	**9442.0**
		11615.6	**12188.1**	**13276.6**	**12937.1**

2-42 城镇居民家庭总收入情况

单位：元/人

指标名称	Item	2013	2014
全年总收入	**Total Revenue**	**23826.1**	**26369.5**
1.工资性收入	Income from Wages and Salaries	14593.7	15735.6
2.经营性收入	Business Income	3632.4	4219.8
(1)第一产业收入	The Primary Industry	849.3	935.7
农业收入	Agriculture	358.4	484.2
林业收入	Forestry	39.2	20.2
牧业收入	Animal Husbandry	441.6	431.4
渔业收入	Fishery		
(2)第二产业收入	The Secondary Industry	422.5	657.9
工业收入	Industry	71.3	172.9
建筑业收入	Construction Industry	351.1	485.1
(3)第三产业收入	The Tertiary Industry	2360.6	2626.1
交通运输业收入	Transportation Industry	750.4	994.3
批发零售和住宿餐饮业收入	Wholesales, Retail Trade, Hotel and Catering Sectors	1179.2	1281.7
社会服务业收入	Social Services	262.1	224.5
其他家庭经营收入	Others	168.9	125.6
3.财产性收入	Income from Property	840.8	1191.5
红利收入	Dividend Income	20.4	16.8
#转让承包土地经营权租金收入	Rental Income from the Management Rights Transfer of Land Contracted	4.9	11.8
4.转移性收入	Income from Transfer	4759.3	5222.7
#养老金或离退休金	Pension or Retirement Benefits	4155.3	4617.9
报销医疗费	Reimbursement of Medical Expenses	284.2	282.8
政策性惠农补贴	Political Subsidy Supporting Agriculture	23.1	27.1
5.非收入所得	Non-income Revenue	776.0	1161.6
(1)出售资产所得	Proceeds from Sale of Assets	367.3	335.0
(2)非经常性转移所得	Income from Non-recurrent Transfers	406.8	822.7
(3)其他非收入所得	Other Non-income Revenue	1.9	4.0
6.借贷性所得	Borrowing Income	6359.0	2843.3
(1)提取储蓄存款	Dissaving	5577.9	2237.3
(2)借入款	Borrowed	424.7	296.4
(3)收回借出款	Recall the Loan	70.7	33.8
(4)收回储蓄性保险本金	Redemption of Deposit Insurance Principal		2.9
(5)银行信用社得到的贷款	Bank Loan	278.1	268.9

Basic Statistics of Total Income for Urban Households

(yuan/person)

2015	2016	2017	2018	2019	2020
28640.0	**30966.7**	**33583.3**	**37520.1**	**40492.7**	**42434.3**
16884.7	18032.9	19568.7	21337.5	23406.1	24272.6
4272.9	4363.5	4645.9	6149.9	6603.1	6801.1
994.0	613.7	590.1	828.6	1241.2	1431.0
274.9	372.1	362.6	462.8	656.8	755.8
63.5	26.1	9.3	29.7	49.1	29.5
655.6	215.4	218.3	327.1	535.3	645.7
			8.9		
769.1	1023.4	816.7	1274.5	1426.6	1712.3
139.4	37.0	47.3	121.9	115.4	250.3
629.7	986.4	769.4	1152.6	1311.2	1462.0
2509.8	2726.4	3239.1	4046.8	3935.4	3657.8
310.0	530.4	602.0	1218.7	1425.1	1147.3
1583.3	1699.4	2169.4	1915.6	1668.6	1720.1
462.7	426.7	397.6	687.1	574.7	603.0
154.0	69.8	70.0	225.4	267.0	187.4
1301.8	1487.1	1484.5	1693.5	1794.8	1697.2
26.9	45.1	18.4	238.5	193.9	91.9
26.6	30.5	26.0	115.9	144.2	112.4
6180.7	7083.2	7884.2	8339.2	8688.7	9663.3
5513.0	6365.8	7120.4	7008.9	7364.0	8137.6
350.9	389.9	465.4	817.9	684.8	642.5
20.7	45.7	29.2	67.4	85.4	110.8
2087.2	2208.2	2782.8	3829.0	4411.8	3111.4
592.3	848.2	1352.7	1550.3	2196.6	1440.6
1493.8	1358.2	1425.4	2274.9	2213.6	1669.6
1.1	1.8	4.7	3.8	1.5	1.2
2622.0	1912.4	2066.8	2593.8	4335.2	4305.5
1673.8	1166.8	570.4	1165.5	1278.2	1516.6
291.4	451.7	408.9	302.1	901.3	338.1
42.4	42.0	323.8	214.4	907.4	85.7
1.8	0.7	0.4	16.0	11.7	
593.5	249.6	725.4	878.1	1220.5	2355.7

2-43 城镇居民家庭总支出情况

单位：元/人

指标名称	Item	2013
全年总支出	**Total Expenditure**	**28223.3**
1.生活消费支出	Living Expenditure	15806.9
食品烟酒	Food Tobacco Liquor	4415.5
衣着	Clothing	1544.9
居住	Residence	2893.1
生活用品及服务	Articles and Services for Daily Use	1060.8
医疗保健	Health Care	1344.5
交通通信	Transportation Communication	2301.2
教育文化娱乐	Education, Culture and Entertainment	1806.7
其他用品及服务	Other Supplies and Services	440.1
2.生产经营费用支出	Expenditure for Household Business	700.0
(1)第一产业生产支出	The Primary Industry	502.0
农业生产支出	Agriculture	148.4
林业生产支出	Forestry	8.0
牧业生产支出	Animal Husbandry	342.4
渔业生产支出	Fishery	
(2)第二产业生产支出	The Secondary Industry	17.0
工业生产支出	Industry	3.0
建筑业生产支出	Construction Industry	14.0
(3)第三产业生产支出	The Tertiary Industry	181.0
交通运输业生产支出	Transportation Industry	121.9
批发零售和住宿餐饮业生产支出	Wholesales, Retail Trade, Hotel and Catering Sectors	19.3
社会服务业生产支出	Social Services	12.6
其他家庭经营生产支出	Others	27.1
3.财产性支出	Property Expenditure	113.1
4.转移性支出	Transfer Expenditure	1216.6
5.部分商业保险支出	Commercial Insurance Expenditure	221.2
6.购置资产及非经常性转移支出	Acquisition of Assets and Non-recurrent Transfer Expenses	2808.5
(1)建造住房支出	Build Housing	130.9
(2)购买住房支出	Purchase House	604.7
(3)购建第一产业生产性固定资产	Purchase and Build the Productive Fixed Assets of the Primary Industry	90.2
#购买或建造农业生产性用房	Purchase or Build Agricultural Productive Housing	1.1
购买产品畜	Purchase Stock	46.9
购买或建造农业设施	Purchase or Build Agricultural Facilities	1.6
购买农业机械	Purchase Agricultural Machinery	38.7
(4)购建第二产业生产性固定资产支出	Purchase and Build the Productive Fixed Assets of the Secondary Industry	14.3
(5)购建第三产业生产性固定资产支出	Purchase and Build the Productive Fixed Assets of the Tertiary Industry	21.6
(6)非经常性转移支出	Non-recurrent Transfer Expenditures	1925.0
7.借贷性支出	Borrowing Expenditure	7357.1
(1)归还银行信用社贷款	Repay the Loan to the Bank or Credit Union	616.0
(2)归还借款	Pay off the Loan	151.5
(3)存入银行款	Bank Deposit	6518.6

Basic Statistics of Total Expenses for Urban Households

(yuan/person)

2014	2015	2016	2017	2018	2019	2020
28214.9	**30818.4**	**30896.5**	**31729.1**	**35405.6**	**41310.4**	**38125.5**
17216.2	18983.9	20364.2	20219.5	21976.7	24161.0	22379.1
4795.3	4883.4	4889.2	4952.2	5374.4	5858.9	6068.3
1729.0	1787.0	1726.7	1768.1	1952.9	2104.5	1776.3
3027.6	3608.3	3770.5	3680.3	4032.2	4326.5	4319.2
1094.9	1185.4	1245.1	1257.1	1416.7	1529.1	1383.5
1616.9	2016.0	1874.0	1936.6	2152.0	2342.2	2267.3
2552.8	2509.6	3896.5	3470.9	3528.6	4077.0	3680.3
1957.5	2389.8	2415.7	2629.7	2888.7	3188.2	2250.3
442.3	604.5	546.6	524.5	631.1	734.6	634.0
1252.9	1256.9	1242.8	1333.4	2131.7	2444.0	2638.6
617.1	711.8	329.6	328.0	487.8	843.7	946.1
223.8	112.2	184.0	165.4	211.7	397.4	426.9
14.2	32.0	2.9	2.7	25.7	21.1	2.9
379.1	567.2	142.7	160.0	250.3	425.2	516.3
	0.4			0.1		
145.1	227.6	458.1	230.0	528.8	608.3	906.6
59.6	31.4	4.4	13.1	27.6	41.4	199.9
85.5	196.2	453.8	216.9	501.1	566.9	706.7
490.7	317.5	455.0	775.3	1115.1	992.0	785.9
380.9	85.3	153.6	156.9	549.8	699.7	418.7
66.8	136.8	237.4	531.3	339.0	166.0	284.5
27.1	83.6	60.6	83.5	143.0	25.1	25.5
15.9	11.8	3.4	3.6	83.3	101.3	57.2
155.0	220.3	231.8	214.7	344.7	373.6	404.0
1382.6	1660.5	2042.9	2312.6	2484.5	2717.7	2974.6
264.3	216.7	341.6	361.8	617.4	690.7	650.0
2972.5	4677.5	4657.7	5813.3	5172.9	7594.1	6640.4
103.4	94.5	55.8	68.0	79.6	93.4	98.9
502.4	1600.7	1897.0	2249.5	1389.9	2591.3	3306.3
59.0	39.8	33.8	38.7	70.3	92.6	99.4
19.0	13.1	2.8	12.6	33.7	13.8	21.4
19.3	0.4	2.0	15.9	9.1	7.0	35.3
1.2	0.5	24.3	4.1	9.7	21.0	0.2
18.7	25.7	4.7	6.2	17.7	50.8	42.5
95.3	7.3			33.3	212.4	9.4
121.1	230.2	16.2	579.5	320.9	1002.4	778.3
2088.2	2673.4	2638.7	2856.2	3268.0	3379.5	2319.1
4971.4	3802.6	2015.6	1473.8	2677.7	3329.4	2438.8
776.5	1142.3	1135.3	1152.0	2028.4	2114.2	2133.2
303.6	211.1	237.7	178.8	470.2	749.7	186.7
3783.1	2305.1	512.4	106.0	60.0	311.3	31.1

2-44 城镇居民家庭现金收入情况

单位：元/人

指标名称	Item	2013	2014
全年现金收入	**Annual Cash Income**	**22611.2**	**24947.9**
1.工资性收入	Income from Wages and Salaries	14539.0	15683.1
2.经营性收入	Business Income	3494.1	4086.6
(1)第一产业收入	The Primary Industry	711.0	802.5
农业收入	Agriculture	232.1	363.4
林业收入	Forestry	39.2	20.1
牧业收入	Animal Husbandry	429.6	419.0
渔业收入	Fishery		
(2)第二产业收入	The Secondary Industry	422.5	657.9
工业收入	Industry	71.3	172.9
建筑业收入	Construction Industry	351.1	485.1
(3)第三产业收入	The Tertiary Industry	2360.6	2626.1
交通运输业收入	Transportation Industry	750.4	994.3
批发零售和住宿餐饮业收入	Wholesales, Retail Trade, Hotel and Catering Sectors	1179.2	1281.7
社会服务业收入	Social Services	262.1	224.5
其他家庭经营收入	Others	168.9	125.6
3.财产性收入	Income from Property	135.8	257.8
红利收入	Dividend Income	20.4	16.8
#转让承包土地经营权租金收入	Rental Income from the Management Rights Transfer of Land Contracted	4.9	11.8
4.转移性收入	Income from Transfer	4442.3	4920.5
#养老金或离退休金	Pension or Retirement Benefits	4155.3	4617.9
报销医疗费	Reimbursement of Medical Expenses	28.3	39.4
政策性惠农补贴	Political Subsidy Supporting Agriculture	23.1	27.1
5.非收入所得	Non-income Revenue	776.0	1161.6
(1)出售资产所得	Proceeds from Sale of Assets	367.3	335.0
(2)非经常性转移所得	Income from Non-recurrent Transfers	406.8	822.7
(3)其他非收入所得	Other Non-income Revenue	1.9	4.0
6.借贷性所得	Borrowing Income	6359.0	2843.3
(1)提取储蓄存款	Dissaving	5577.9	2237.3
(2)借入款	Borrowed	424.7	296.4
(3)收回借出款	Recall the Loan	70.7	33.8
(4)收回储蓄性保险本金	Redemption of Deposit Insurance Principal		2.9
(5)银行信用社得到的贷款	Bank Loan	278.1	268.9

Basic Statistics of Cash Income for Urban Households

(yuan/person)

2015	2016	2017	2018	2019	2020
27218.3	**29526.9**	**32024.6**	**35713.5**	**38549.4**	**40476.9**
16842.7	17999.6	19536.6	21287.7	23328.3	24164.4
4220.2	4352.2	4580.0	5946.7	6200.1	6384.8
941.3	602.4	524.2	625.4	838.1	1014.7
231.0	369.4	307.7	265.7	261.0	348.5
63.0	26.1	9.3	29.6	49.0	29.3
647.3	206.8	207.3	321.2	528.1	636.9
			8.9		
769.1	1023.4	816.7	1274.5	1426.6	1712.3
139.4	37.0	47.3	121.9	115.4	250.3
629.7	986.4	769.4	1152.6	1311.2	1462.0
2509.8	2726.4	3239.1	4046.8	3935.4	3657.8
310.0	530.4	602.0	1218.7	1425.1	1147.3
1583.3	1699.4	2169.4	1915.6	1668.6	1720.1
462.7	426.7	397.6	687.1	574.7	603.0
154.0	69.8	70.0	225.4	267.0	187.4
356.3	494.2	499.4	965.2	1021.1	920.6
26.9	45.1	18.4	238.5	193.9	91.9
26.6	30.5	26.0	115.9	144.2	112.4
5799.1	6681.0	7408.6	7513.9	7999.9	9007.0
5513.0	6365.8	7120.4	7008.9	7364.0	8137.6
39.2	41.6	31.2	60.2	74.3	143.7
20.7	45.7	29.2	67.4	85.4	110.8
2087.2	2208.2	2782.8	3829.0	4411.8	3111.4
592.3	848.2	1352.7	1550.3	2196.6	1440.6
1493.8	1358.2	1425.4	2274.9	2213.6	1669.6
1.1	1.8	4.7	3.8	1.5	1.2
2622.0	1912.4	2066.8	2593.8	4335.2	4305.5
1673.8	1166.8	570.4	1165.5	1278.2	1516.6
291.4	451.7	408.9	302.1	901.3	338.1
42.4	42.0	323.8	214.4	907.4	85.7
1.8	0.7	0.4	16.0	11.7	
593.5	249.6	725.4	878.1	1220.5	2355.7

2-45 城镇居民家庭现金支出情况

单位：元/人

指标名称	Item	2013
全年现金支出	**Annual Cash Expenditure**	**26302.8**
1.生活消费支出	Living Expenditure	13922.5
食品烟酒	Food Tobacco Liquor	4355.8
衣着	Clothing	1544.5
居住	Residence	1388.1
生活用品及服务	Articles and Services for Daily Use	1037.9
医疗保健	Health Care	1054.0
交通通信	Transportation Communication	2299.2
教育文化娱乐	Education, Culture and Entertainment	1805.2
其他用品及服务	Other Supplies and Services	437.8
2.生产经营费用支出	Expenditure for Household Business	663.8
(1)第一产业生产支出	The Primary Industry	465.8
农业生产支出	Agriculture	145.7
林业生产支出	Forestry	8.0
牧业生产支出	Animal Husbandry	308.9
渔业生产支出	Fishery	
(2)第二产业生产支出	The Secondary Industry	17.0
工业生产支出	Industry	3.0
建筑业生产支出	Construction Industry	14.0
(3)第三产业生产支出	The Tertiary Industry	181.0
交通运输业生产支出	Transportation Industry	121.9
批发零售和住宿餐饮业生产支出	Wholesales, Retail Trade, Hotel and Catering Sectors	19.3
社会服务业生产支出	Social Services	12.6
其他家庭经营生产支出	Others	27.1
3.财产性支出	Property Expenditure	113.1
4.转移性支出	Transfer Expenditure	1216.6
5.部分商业保险支出	Commercial Insurance Expenditure	221.2
6.购置资产及非经常性转移支出	Acquisition of Assets and Non-recurrent Transfer Expenses	2808.5
(1)建造住房支出	Build Housing	130.9
(2)购买住房支出	Purchase Housing	604.7
(3)购建第一产业生产性固定资产	Purchase and Build the Productive Fixed Assets of the Primary Industry	90.2
#购买或建造农业生产性用房	Purchase or Build Agricultural Productive Housing	1.1
购买产品畜	Purchase Stock	46.9
购买或建造农业设施	Purchase or Build Agricultural Facilities	1.6
购买农业机械	Purchase Agricultural Machinery	38.7
(4)购建第二产业生产性固定资产支出	Purchase and Build the Productive Fixed Assets of the Secondary Industry	14.3
(5)购建第三产业生产性固定资产支出	Purchase and Build the Productive Fixed Assets of the Tertiary Industry	21.6
(6)非经常性转移支出	Non-recurrent Transfer Expenditures	1925.0
7.借贷性支出	Borrowing Expenditure	7357.1
(1)归还银行信用社贷款	Repay the Loan to the Bank or Credit Union	616.0
(2)归还借款	Pay off the Loan	151.5
(3)存入银行款	Bank Deposit	6518.6

Basic Statistics of Cash Expenses for Urban Households

(yuan/person)

2014	2015	2016	2017	2018	2019	2020
26121.1	**28582.6**	**28542.2**	**29249.2**	**32324.0**	**38193.6**	**34964.8**
15146.3	16770.1	18028.1	17763.9	18916.1	21091.6	19268.9
4746.1	4837.2	4835.8	4894.0	5314.6	5779.7	5959.9
1728.7	1785.6	1726.7	1768.1	1952.3	2104.4	1776.1
1318.1	1834.1	1890.2	1761.1	1847.2	2036.6	1975.8
1084.6	1175.0	1238.1	1252.2	1413.2	1524.3	1380.2
1331.5	1658.7	1483.9	1471.5	1343.6	1655.3	1624.5
2545.1	2488.5	3895.3	3465.3	3526.5	4071.8	3672.5
1957.1	2389.8	2415.2	2629.7	2888.5	3187.3	2248.0
435.1	601.2	542.9	522.1	630.3	732.3	632.0
1229.0	1234.9	1224.6	1309.0	2110.8	2396.5	2588.1
593.2	689.8	311.4	303.7	466.9	796.2	895.7
222.4	110.3	182.6	163.8	207.1	393.7	420.9
14.2	32.0	2.9	2.7	25.7	21.1	2.9
356.7	547.1	125.9	137.3	234.1	381.4	471.8
	0.4			0.1		
145.1	227.6	458.1	230.0	528.8	608.3	906.6
59.6	31.4	4.4	13.1	27.6	41.4	199.9
85.5	196.2	453.8	216.9	501.1	566.9	706.7
490.7	317.5	455.0	775.3	1115.1	992.0	785.9
380.9	85.3	153.6	156.9	549.8	699.7	418.7
66.8	136.8	237.4	531.3	339.0	166.0	284.5
27.1	83.6	60.6	83.5	143.0	25.1	25.5
15.9	11.8	3.4	3.6	83.3	101.3	57.2
155.0	220.3	231.8	214.7	344.7	373.6	404.0
1382.6	1660.5	2042.9	2312.6	2484.5	2717.7	2974.6
264.3	216.7	341.6	361.8	617.4	690.7	650.0
2972.5	4677.5	4657.7	5813.3	5172.9	7594.1	6640.4
103.4	94.5	55.8	68.0	79.6	93.4	98.9
502.4	1600.7	1897.0	2249.5	1389.9	2591.3	3306.3
59.0	39.8	33.8	38.7	70.3	92.6	99.4
19.0	13.1	2.8	12.6	33.7	13.8	21.4
19.3	0.4	2.0	15.9	9.1	7.0	35.3
1.2	0.5	24.3	4.1	9.7	21.0	0.2
18.7	25.7	4.7	6.2	17.7	50.8	42.5
95.3	7.3			33.3	212.4	9.4
121.1	230.2	16.2	579.5	320.9	1002.4	778.3
2088.2	2673.4	2638.7	2856.2	3268.0	3379.5	2319.1
4971.4	3802.6	2015.6	1473.8	2677.7	3329.4	2438.8
776.5	1142.3	1135.3	1152.0	2028.4	2114.2	2133.2
303.6	211.1	237.7	178.8	470.2	749.7	186.7
3783.1	2305.1	512.4	106.0	60.0	311.3	31.1

2-46 城镇居民家庭主要耐用品每百户拥有情况

单位：百户均

指标名称	Item	2013	2014
家用汽车	Automobile	17.84	25.65
摩托车	Motorcycle	20.27	25.95
助力车	Powered Bicycle	33.77	40.15
洗衣机	Washing Machine	90.33	95.25
电冰箱(柜)	Refrigerator	85.36	92.38
微波炉	Microwave Oven	42.35	47.22
彩色电视机	Color TV Set	100.08	102.72
空调	Air Conditioner	10.59	13.43
热水器	Water Heater	80.32	85.96
洗碗机	Dishwasher	0.35	0.37
排油烟机	Smoke Exhaust Ventilator	71.06	74.81
固定电话	Telephone	43.26	46.04
移动电话	Mobile Telephone	215.72	230.36
其中：接入互联网	Internet Mobile Telephone	85.26	106.41
计算机	Computer	61.97	70.02
其中：接入互联网	Internet Computer	50.37	50.01
照相机	Camera	22.84	25.92
中高档乐器	Secondary and Top Grade Musical Instrument	3.92	5.23
健身器材	Body-building Apparatus	1.11	2.15
空气净化器(含新风系统)	Air Purifier (Include Fresh Air System)		
吸尘器	Vacuum Cleaner		

Ownership of Major Durable Consumer Goods per 100 Urban Households

(per 100 households)

2015	2016	2017	2018	2019	2020
30.04	35.66	37.64	42.77	45.04	45.35
21.38	16.23	14.52	14.22	12.78	12.54
42.57	48.28	52.50	51.10	54.65	60.24
95.30	98.16	99.11	100.39	101.26	101.43
93.43	96.58	96.97	99.56	100.35	100.56
48.21	52.02	54.64	53.20	56.55	56.91
101.84	102.42	103.53	101.59	102.82	102.12
13.10	14.00	14.90	19.98	21.89	22.03
87.41	91.52	93.57	98.04	99.21	100.67
0.19	0.33	0.48	0.41	0.52	0.55
74.54	77.32	80.71	89.04	90.24	91.39
34.81	21.66	13.18	6.09	3.75	3.19
237.27	248.79	253.46	249.69	253.61	256.15
140.72	174.54	195.51	225.87	233.73	245.65
65.64	71.22	72.68	67.01	68.68	69.62
53.22	58.37	61.15	57.26	56.80	57.97
21.63	21.27	20.02	13.80	14.92	14.06
4.03	5.01	6.95	7.43	10.39	10.70
2.19	3.39	4.05	5.02	6.59	7.29
		0.47	3.77	4.38	4.60
		4.20	8.96	10.94	12.01

2-47　2020年各市县城镇居民家庭基本情况

指标名称	Item	单位	Unit	全区 Total	沿黄地区 Plain	中南部地区 Mountain Area
一、户主文化程度	**Cultural Level of Head of a Household**	--	--	--	--	--
(一)未上过学	No Schooling	%	%	**1.4**	**1.1**	**1.9**
(二)小学	Primary School	%	%	**9.5**	**7.1**	**10.7**
(三)初中	Junior Secondary School	%	%	**32.5**	**28.8**	**29.1**
(四)高中	Senior Secondary School	%	%	**21.7**	**24.7**	**15.7**
(五)大学专科	Junior College	%	%	**19.2**	**19.1**	**20.0**
(六)大学本科	Undergraduate College	%	%	**15.0**	**17.9**	**22.2**
(七)研究生	Postgraduate	%	%	**0.8**	**1.4**	**0.4**
二、按家庭规模分的住户类型	**Households Type Divided by Family Size**	--	--	--	--	--
(一)一人户	One Person	%	%	**4.8**	**6.6**	**3.2**
(二)二人户	Two Persons	%	%	**30.9**	**33.0**	**16.5**
(三)三人户	Three Persons	%	%	**34.9**	**37.2**	**23.3**
(四)四人户	Four Persons	%	%	**21.4**	**17.8**	**40.0**
(五)五人户	Five Persons	%	%	**5.7**	**4.2**	**10.8**
(六)六人及以上户	Six Persons and over	%	%	**2.3**	**1.2**	**6.2**
三、按世代分的住户类型	**Households Type Divided by Generation**	--	--	--	--	--
(一)一代户	One-Generation Households	%	%	**31.1**	**33.9**	**15.5**
(二)二代户	Two-Generation Households	%	%	**60.9**	**60.2**	**74.6**
(三)三代户	Three-Generation Households	%	%	**8.0**	**5.9**	**9.9**
(四)四代及以上户	Four-Generation Households and over	%	%			
四、住户特征	**Household Characteristics**	--	--	--	--	--
(一)纯老人户	Households of only the Old	%	%	**23.3**	**24.9**	**7.4**
(二)家中有未成年子女户	Households of Couple with Minor Children	%	%	**74.7**	**72.1**	**90.9**
(三)年轻夫妻无子女户	Households of Young Couple without Children	%	%	**1.2**	**2.0**	**0.4**
(四)无劳动力户	Households without Labor Force	%	%	**0.8**	**1.0**	**1.3**
五、住户经营情况	**Household Business Situation**	--	--			
(一)生产经营户	Production Business Households	%	%	**30.0**	**23.8**	**35.3**
农业户	Agriculture	%	%	**28.5**	**10.7**	**19.5**
农业兼业户	Agriculture and Business Households	%	%	**1.5**	**1.0**	**1.0**
非农兼业户	Non-agriculture and Business Households	%	%	**3.0**	**1.2**	**5.3**
非农业户	Non-agriculture Households	%	%	**67.3**	**88.2**	**77.4**
(二)非生产经营户	Non-production Business Households	%	%	**70.0**	**76.2**	**64.7**
六、参加医疗保险情况	**Medical Insurance Participation**	--	--			
(一)参加城乡居民基本医疗保险	Basic Medical Insurance for Urban and Rural Residents	%	%	**61.7**	**52.1**	**75.9**
(二)参加城镇职工基本医疗保险	Basic Medical Insurance for Urban Employee	%	%	**33.5**	**41.5**	**21.3**
(三)商业及其他医疗保险	Commercial and Other Health Insurance	%	%	**8.8**	**10.5**	**0.8**
(四)没有参加任何医疗保险	Non-joined any Medical Insurance	%	%	**3.8**	**5.2**	**2.4**

Basic Statistics of Urban Households by City and County (2020)

银川市 Yinchuan	兴庆区 Xingqing	西夏区 Xixia	金凤区 Jinfeng	永宁县 Yongning	贺兰县 Helan	灵武市 Lingwu	石嘴山市 Shizuishan	大武口区 Dawukou	惠农区 Huinong	平罗县 Pingluo	吴忠市 Wuzhong
--	--	--									
0.3					1.8	1.9	2.8	4.7	1.6		2.3
4.9	5.3	7.0	2.3	7.4		7.6	10.2	11.4	5.7	13.4	13.0
21.2	16.3	26.7	15.1	40.8	19.1	40.0	37.8	25.9	47.7	51.6	42.4
25.9	28.1	31.5	23.1	12.8	19.7	27.9	25.6	29.7	24.4	18.2	13.7
22.0	22.0	23.7	24.7	20.3	26.5	9.4	13.4	12.0	17.0	11.8	14.7
23.5	25.8	11.2	30.2	18.7	30.9	13.2	10.2	16.4	3.7	5.1	13.5
2.2	2.6		4.6		2.0						0.5
--	--	--	--	--	--	--	--	--	--	--	--
6.1	5.5	5.7	7.8	4.1	6.1	6.8	9.7	10.8	11.4	5.1	4.9
33.6	39.7	35.2	32.4	24.5	22.3	17.7	35.3	40.4	31.7	28.7	25.2
38.8	41.6	34.3	40.8	31.8	41.7	29.2	35.8	29.8	43.9	38.6	28.9
16.9	11.7	19.4	14.3	26.0	24.1	33.4	14.5	12.2	10.5	24.4	29.1
3.5	0.7	4.5	3.4	11.0	5.9	9.3	4.2	5.6	2.5	3.2	7.8
1.2	0.7	1.0	1.2	2.7		3.8	0.6	1.2			4.2
--	--	--	--	--	--	--	--	--	--	--	--
34.4	40.5	34.2	33.7	17.9	28.4	22.5	37.5	41.7	35.6	30.6	23.6
59.5	55.4	58.3	60.5	68.8	59.6	73.7	57.6	50.3	63.5	66.2	68.5
6.1	4.1	7.6	5.9	13.4	12.1	3.8	4.9	8.0	0.9	3.2	7.9
--	--	--	--	--	--	--	--	--	--	--	--
25.1	34.3	23.6	20.6	7.1	18.6	16.8	28.9	37.1	21.7	23.7	17.0
72.2	61.9	72.5	77.6	92.9	78.4	83.2	69.1	60.2	78.3	73.7	79.2
2.7	3.9	3.9	1.8		3.0						1.1
							2.0	2.7		2.6	2.7
22.0	21.9	19.3	14.8	27.7	28.3	35.4	24.9	22.4	22.4	33.5	33.5
5.1	4.0			11.4	7.6	11.6	14.2	6.4	14.8	24.7	20.0
0.7					8.0		3.5			11.5	
							2.5	1.3		6.4	7.2
95.0	96.0	100.0	100.0	88.6	92.4	88.4	82.4	93.6	85.2	63.8	75.9
78.0	78.1	80.7	85.3	72.3	71.7	64.6	75.1	77.6	77.6	66.5	66.5
44.4	34.4	39.9	41.2	67.8	65.3	66.9	55.9	45.4	55.6	77.4	77.3
47.3	55.6	51.1	47.9	26.3	34.1	31.5	39.5	47.0	42.6	20.8	18.9
13.3	18.7	10.8	14.6		14.2	1.3	3.6	7.5			6.7
6.7	8.0	7.9	8.0	5.9	0.7	1.1	4.0	6.3	1.8	1.8	2.9

2-47 续表

指标名称	Item	单位	Unit	利通区 Litong	红寺堡区 Hongsipu	盐池县 Yanchi
一、户主文化程度	**Cultural Level of Head of a Household**	--	--			
(一)未上过学	No Schooling	%	%	3.1		
(二)小学	Primary School	%	%	14.9	12.4	11.2
(三)初中	Junior Secondary School	%	%	39.0	23.6	50.2
(四)高中	Senior Secondary School	%	%	14.5	19.5	6.8
(五)大学专科	Junior College	%	%	12.7	18.4	22.4
(六)大学本科	Undergraduate College	%	%	14.5	26.1	9.4
(七)研究生	Postgraduate	%	%	1.2		
二、按家庭规模分的住户类型	**Households Type Divided by Family Size**	--	--	--	--	--
(一)一人户	One Person	%	%	6.8	3.9	4.8
(二)二人户	Two Persons	%	%	31.1	15.6	27.2
(三)三人户	Three Persons	%	%	27.1	26.6	19.2
(四)四人户	Four Persons	%	%	28.5	35.9	36.3
(五)五人户	Five Persons	%	%	5.3	16.0	4.7
(六)六人及以上户	Six Persons and over	%	%	1.1	1.9	7.8
三、按世代分的住户类型	**Households Type Divided by Generation**	--	--	--	--	--
(一)一代户	One-Generation Households	%	%	30.3	17.5	22.6
(二)二代户	Two-Generation Households	%	%	64.2	82.5	62.7
(三)三代户	Three-Generation Households	%	%	5.5		14.8
(四)四代及以上户	Four-Generation Households and over	%	%			
四、住户特征	**Household Characteristics**	--	--	--	--	--
(一)纯老人户	Households of only the Old	%	%	26.1	5.4	3.6
(二)家中有未成年子女户	Households of Couple with Minor Children	%	%	66.7	89.2	96.4
(三)年轻夫妻无子女户	Households of Young Couple without Children	%	%	2.1	2.6	
(四)无劳动力户	Households without Labor Force	%	%	5.1	2.8	
五、住户经营情况	**Household Business Situation**	--	--			
(一)生产经营户	Production Business Households	%	%	28.9	44.0	42.4
农业户	Agriculture	%	%	8.8	9.1	19.4
农业兼业户	Agriculture and Business Households	%	%			
非农兼业户	Non-agriculture and Business Households	%	%	5.2	4.1	10.3
非农业户	Non-agriculture Households	%	%	86.0	91.0	70.3
(二)非生产经营户	Non-production Business Households	%	%	71.1	56.0	57.6
六、参加医疗保险情况	**Medical Insurance Participation**	--	--			
(一)参加城乡居民基本医疗保险	Basic Medical Insurance for Urban and Rural Residents	%	%	69.2	74.9	85.4
(二)参加城镇职工基本医疗保险	Basic Medical Insurance for Urban Employee	%	%	26.3	18.6	11.3
(三)商业及其他医疗保险	Commercial and Other Health Insurance	%	%	12.7	3.6	0.7
(四)没有参加任何医疗保险	Non-joined any Medical Insurance	%	%	2.8	3.5	3.3

continued

同心县 Tongxin	青铜峡市 Qingtongxia	**固原市 Guyuan**	原州区 Yuanzhou	西吉县 Xiji	隆德县 Longde	泾源县 Jingyuan	彭阳县 Pengyang	**中卫市 Zhongwei**	沙坡头区 Shapotou	中宁县 Zhongning	海原县 Haiyuan
4.2	1.6	**1.5**			2.1	2.0	6.5	**2.1**	1.3	1.7	6.3
18.7	7.0	**8.2**	6.7	6.0	12.1	2.1	13.4	**8.4**	8.0	8.4	10.0
29.1	55.5	**25.2**	26.6	20.0	28.0	24.5	22.3	**39.8**	39.7	46.1	23.8
13.2	16.3	**17.5**	15.3	22.1	26.0	23.9	13.9	**19.4**	26.1	11.6	15.6
15.6	11.5	**20.1**	25.8	16.0	11.9	25.8	8.0	**20.7**	20.6	18.6	26.4
19.1	8.3	**27.0**	25.6	36.0	17.8	21.7	33.8	**9.3**	4.4	13.6	15.9
		0.6			2.1		2.1	**0.3**			2.0
--	--	--	--	--	--	--	--	--	--	--	--
1.4	3.3	**4.1**	5.2		2.1		5.7	**3.6**	1.4	7.2	2.0
17.2	18.6	**15.9**	14.2	10.0	15.7	12.1	26.4	**24.4**	29.1	24.1	8.3
14.7	48.4	**23.1**	21.7	26.0	14.1	36.1	27.7	**33.7**	38.1	26.7	36.1
40.7	16.4	**43.2**	47.8	46.1	48.3	40.0	24.5	**27.8**	25.4	29.3	32.2
13.5	10.0	**9.7**	8.0	13.9	11.8	7.8	11.5	**7.5**	4.5	9.8	12.4
12.5	3.3	**4.0**	3.1	4.0	8.0	4.0	4.3	**3.1**	1.5	3.0	9.1
--	--	--	--	--	--	--	--	--	--	--	--
13.0	18.6	**16.5**	15.8	8.0	11.9	5.8	30.4	**24.7**	27.4	26.5	10.3
82.7	69.7	**70.7**	71.4	78.1	82.2	88.3	50.5	**68.5**	68.4	64.3	80.1
4.4	11.7	**12.8**	12.8	13.9	6.0	5.9	19.1	**6.8**	4.2	9.3	9.6
--	--	--	--	--	--	--	--	--	--	--	--
15.9	11.7	**8.6**	10.7		3.4		12.9	**14.8**	15.5	17.1	4.0
82.2	88.3	**89.7**	89.3	100.0	96.6	100.0	75.0	**82.1**	79.9	80.3	96.0
2.0		**1.7**					12.1	**3.2**	4.5	2.6	
48.5	23.1	**28.9**	34.5	28.0	24.9	24.5	15.2	**28.7**	25.7	35.8	22.4
36.9	29.3	**8.9**		35.7	16.1	46.2	12.4	**25.1**	18.5	34.7	14.6
		1.9		7.0			13.4				
8.6	6.9	**2.4**			8.4	7.6	13.4				
63.1	70.7	**89.2**	100.0	57.3	83.9	53.8	74.2	**74.9**	81.5	65.3	85.4
51.5	76.9	**71.1**	65.5	72.0	75.1	75.6	84.8	**71.3**	74.4	64.2	77.6
86.6	80.2	**72.0**	70.5	67.7	77.2	76.1	74.7	**73.4**	75.3	73.8	67.0
13.4	15.1	**25.4**	24.9	31.8	22.3	23.9	25.3	**25.5**	24.2	26.2	27.6
	5.8	**0.6**	0.9	0.5				**5.3**		14.7	
	4.7	**2.6**	4.6		0.5			**1.1**	0.5		5.4

2-48 2020年各市县城镇居民家庭就业情况

指标名称	Item	单位	Unit
一、基本情况	**Basic Statistics of Households Surveyed**	--	--
(一)户均常住人口	Average Number of Permanent Residents per Household	人/户	person/household
(二)户均常住从业人口	Average Number of Employed Persons per Household	人/户	person/household
(三)平均每户家庭从业人口比重	Proportion of Employed Persons per Household	%	%
(四)平均每一从业人口负担人数	Average Number of Dependency Coefficient per Employed Persons	人	person
(五)由本户供养的在校学生	Supported Students in School by the Family	人/户	
(六)户均整半劳动力人口	Whole and Half Labor Force per Household	人/户	
(七)平均每户家庭整半劳动力人口比重	Proportion of Whole and Half Labor Force per Household	%	
二、家庭劳动力年龄构成	**Age Composition of Permanent Employed Persons**	**%**	**%**
(一)16-19岁	Aged 16-19	%	%
(二)20-24岁	Aged 20-24	%	%
(三)25-29岁	Aged 25-29	%	%
(四)30-34岁	Aged 30-34	%	%
(五)35-40岁	Aged 35-40	%	%
(六)41-50岁	Aged 41-50	%	%
(七)51-60岁	Aged 51-60	%	%
(八)61-65岁	Aged 61-65	%	%
(九)66岁及以上	Aged 66 and over	%	%
三、家庭劳动力文化程度构成	**Composition of Education Level for Labor Force**	**%**	**%**
(一)未上过学	No Schooling	%	%
(二)小学	Primary School	%	%
(三)初中	Junior Secondary School	%	%
(四)高中	Senior Secondary School	%	%
(五)大学专科	Junior College	%	%
(六)大学本科及以上	Bachelor Degree or above	%	%
(七)研究生	Graduate Student	%	%
四、常住从业人员就业类型	**Type of Employment of Permanent Employed Persons**	**%**	**%**
(一)雇主	Employer	%	%
(二)公职人员	Civil Servants	%	%
(三)事业单位人员	Institution Officers	%	%
(四)国有企业雇员	State-owned Enterprises Employees	%	%
(五)其他雇员	Other Employees	%	%
(六)农业自营	Self-employed of Agriculture	%	%
(七)非农自营	Self-employed of Non-Agriculture	%	%
五、常住从业人员从事主要行业	**Type of Industry for Permanent Employed Persons**	**%**	**%**
(一)第一产业	Primary Industry	%	%
(二)第二产业	Secondary Industry	%	%
(三)第三产业	Tertiary Industry	%	%

Composition Statistics of Employment Age and Education for Urban Households by City and County (2020)

全区 Total	沿黄地区 Plain	中南部地区 Mountain Area	银川市 Yinchuan	兴庆区 Xingqing	西夏区 Xixia	金凤区 Jinfeng	永宁县 Yongning	贺兰县 Helan	灵武市 Lingwu
--	--	--	--	--	--	--	--	--	--
3.0	2.8	3.6	2.8	2.7	2.9	2.8	3.2	3.0	3.3
1.4	1.3	1.6	1.3	1.2	1.2	1.2	1.5	1.4	1.4
46.4	45.7	45.3	45.3	46.8	43.1	44.6	47.9	45.6	42.1
2.2	2.2	2.2	2.2	2.1	2.3	2.2	2.1	2.2	2.4
0.6	0.5	1.0	0.5	0.5	0.4	0.5	0.5	0.5	1.0
2.1	2.1	2.2	2.1	2.0	2.2	2.0	2.2	2.2	2.1
70.6	72.1	61.4	72.7	75.9	75.0	71.5	69.1	70.9	62.6
100.0	100.0	100.0	100.0	100.0	100.0	100.0	100.0	100.0	100.0
0.3	0.3	0.3	0.4	0.3		0.3			1.8
3.5	2.8	3.3	2.7	2.2	4.2	1.5	4.2	3.7	3.8
5.5	5.5	6.8	5.9	3.0	7.3	10.1	7.3	8.3	3.9
10.3	10.1	13.6	11.0	6.6	14.6	13.2	25.2	16.3	3.9
13.6	14.4	20.6	15.7	14.1	14.1	17.6	11.3	13.5	27.7
30.0	28.8	29.4	25.9	29.8	17.4	22.1	21.7	21.6	40.0
20.1	21.0	17.7	18.9	21.2	21.4	16.8	18.6	18.7	8.0
8.0	7.4	5.4	8.0	8.8	9.9	6.6	5.2	8.5	6.0
8.8	9.7	2.9	11.5	14.0	11.1	11.9	6.4	9.5	4.8
100.0	100.0	100.0	100.0	100.0	100.0	100.0	100.0	100.0	100.0
3.6	2.2	5.3	1.5		2.6	0.6	3.2	4.7	5.9
10.4	7.4	14.4	6.5	7.6	7.0	3.3	12.3	3.5	5.4
31.1	28.7	25.1	21.8	18.7	23.2	18.2	33.4	23.4	32.9
20.5	23.9	14.0	24.0	24.9	32.0	18.9	14.2	20.2	29.5
19.2	19.2	19.4	22.4	21.4	21.2	28.5	24.2	20.7	13.4
14.5	16.9	21.1	21.1	23.8	13.6	25.8	12.8	25.6	12.8
0.8	1.6	0.7	2.7	3.6	0.5	4.7		1.8	
100.0	100.0	100.0	100.0	100.0	100.0	100.0	100.0	100.0	100.0
0.6	0.7	1.4	1.1	2.1		1.0			
3.7	4.0	5.9	4.5	3.7	0.9	7.5	4.9	10.3	1.3
9.0	8.7	25.2	8.3	9.7	4.5	3.7	8.6	13.5	14.6
8.0	12.3	3.1	14.1	18.4	10.7	12.5	0.9	1.5	25.7
59.4	57.8	44.7	56.2	51.2	71.3	64.0	62.9	53.9	32.7
5.1	1.5	2.9	1.1	1.1			2.1	4.0	2.7
14.1	15.0	16.8	14.7	13.9	12.6	11.4	20.6	16.9	22.9
100.0	100.0	100.0	100.0	100.0	100.0	100.0	100.0	100.0	100.0
7.0	2.7	4.7	1.8	2.6			2.1	4.0	2.7
25.3	28.9	16.0	26.4	24.5	41.3	21.8	26.7	17.4	29.2
67.8	68.5	79.3	71.9	72.9	58.7	78.2	71.2	78.6	68.0

2-48 续表 1

指标名称	Item	单位	Unit
一、基本情况	**Basic Statistics of Households Surveyed**	--	--
(一)户均常住人口	Average Number of Permanent Residents per Household	人/户	person/household
(二)户均常住从业人口	Average Number of Employed Persons per Household	人/户	person/household
(三)平均每户家庭从业人口比重	Proportion of Employed Persons per Household	%	%
(四)平均每一从业人口负担人数	Average Number of Dependency Coefficient per Employed Persons	人	person
(五)由本户供养的在校学生	Supported Students in School by the Family	人/户	
(六)户均整半劳动力人口	Whole and Half Labor Force per Household	人/户	
(七)平均每户家庭整半劳动力人口比重	Proportion of Whole and Half Labor Force per Household	%	
二、家庭劳动力年龄构成	**Age Composition of Permanent Employed Persons**	**%**	**%**
(一)16-19岁	Aged 16-19	%	%
(二)20-24岁	Aged 20-24	%	%
(三)25-29岁	Aged 25-29	%	%
(四)30-34岁	Aged 30-34	%	%
(五)35-40岁	Aged 35-40	%	%
(六)41-50岁	Aged 41-50	%	%
(七)51-60岁	Aged 51-60	%	%
(八)61-65岁	Aged 61-65	%	%
(九)66岁及以上	Aged 66 and over	%	%
三、家庭劳动力文化程度构成	**Composition of Education Level for Labor Force**	**%**	**%**
(一)未上过学	No Schooling	%	%
(二)小学	Primary School	%	%
(三)初中	Junior Secondary School	%	%
(四)高中	Senior Secondary School	%	%
(五)大学专科	Junior College	%	%
(六)大学本科及以上	Bachelor Degree or above	%	%
(七)研究生	Graduate Student	%	%
四、常住从业人员就业类型	**Type of Employment of Permanent Employed Persons**	**%**	**%**
(一)雇主	Employer	%	%
(二)公职人员	Civil Servants	%	%
(三)事业单位人员	Institution Officers	%	%
(四)国有企业雇员	State-owned Enterprises Employees	%	%
(五)其他雇员	Other Employees	%	%
(六)农业自营	Self-employed of Agriculture	%	%
(七)非农自营	Self-employed of Non-Agriculture	%	%
五、常住从业人员从事主要行业	**Type of Industry for Permanent Employed Persons**	**%**	**%**
(一)第一产业	Primary Industry	%	%
(二)第二产业	Secondary Industry	%	%
(三)第三产业	Tertiary Industry	%	%

continued 1

石嘴山市 Shizuishan	大武口区 Dawukou	惠农区 Huinong	平罗县 Pingluo	**吴忠市** Wuzhong	利通区 Litong	红寺堡区 Hongsipu	盐池县 Yanchi	同心县 Tongxin	青铜峡市 Qingtongxia
--	--	--	--	--	--	--	--	--	--
2.7	2.7	2.6	2.9	**3.2**	3.0	3.6	3.3	3.9	3.2
1.2	1.1	1.3	1.4	**1.5**	1.4	1.7	1.6	1.5	1.7
45.4	42.5	48.7	47.5	**47.4**	47.6	46.8	48.9	39.1	51.9
2.2	2.4	2.1	2.1	**2.1**	2.1	2.1	2.0	2.6	1.9
0.5	0.5	0.6	0.6	**0.8**	0.7	1.2	0.8	1.6	0.5
2.0	2.0	1.9	2.1	**2.1**	2.0	2.0	2.2	2.1	2.4
72.8	73.4	72.9	71.6	**65.8**	67.3	55.2	66.8	53.8	73.2
100.0	**100.0**	**100.0**	**100.0**	**100.0**	**100.0**	**100.0**	**100.0**	**100.0**	**100.0**
				0.2					0.7
2.3	1.0	3.1	4.0	**4.2**	3.8	1.9	3.4	3.0	6.5
3.4	3.8	1.5	4.6	**6.8**	5.7	7.0	9.9	4.0	7.7
7.0	6.1	4.9	11.2	**10.1**	8.5	21.8	11.9	6.3	11.3
11.5	10.8	9.3	15.5	**15.8**	9.3	24.1	22.9	28.5	13.9
33.7	34.1	40.4	25.1	**35.2**	42.0	30.5	29.0	36.9	27.9
27.9	29.1	28.6	24.9	**17.7**	18.1	11.8	17.5	7.5	23.6
7.7	7.0	8.8	8.1	**5.0**	5.7	2.9	3.8	10.8	2.0
6.5	8.2	3.5	6.6	**5.1**	6.9		1.6	3.0	6.3
100.0	**100.0**	**100.0**	**100.0**	**100.0**	**100.0**	**100.0**	**100.0**	**100.0**	**100.0**
3.2	4.9	0.8	2.5	**3.9**	3.6	3.1	4.5	4.9	3.5
7.8	7.8	4.2	12.0	**14.7**	14.4	12.4	16.7	25.9	8.6
37.5	28.6	44.7	47.4	**38.9**	39.1	28.9	37.8	25.3	48.3
26.8	29.0	30.4	18.1	**14.1**	15.0	15.0	9.5	9.9	17.6
14.0	14.0	14.2	13.7	**14.4**	13.0	15.3	18.7	14.4	13.5
10.7	15.7	5.7	6.4	**13.8**	14.3	25.3	12.8	19.8	8.4
				0.3	0.6				
100.0	**100.0**	**100.0**	**100.0**	**100.0**	**100.0**	**100.0**	**100.0**	**100.0**	**100.0**
0.1	0.2								
5.0	7.8	1.7	3.6	**3.9**	4.8	3.4	5.9	6.0	
6.1	8.6	4.5	3.6	**13.1**	16.0	26.4	8.6	15.6	6.8
12.3	25.2	0.7	2.4	**4.4**	5.9	2.3	1.4	3.6	5.0
59.6	45.8	76.4	64.7	**56.7**	50.4	46.8	59.8	40.3	76.5
3.0	0.6	2.1	8.3	**2.4**	1.5	2.3	1.8	8.3	1.0
14.0	11.7	14.5	17.5	**19.5**	21.3	18.8	22.5	26.3	10.7
100.0	**100.0**	**100.0**	**100.0**	**100.0**	**100.0**	**100.0**	**100.0**	**100.0**	**100.0**
3.1	0.8	2.1	8.3	**5.7**	6.6	8.9	3.2	11.0	2.1
36.7	35.5	47.2	26.4	**21.0**	16.9	22.1	14.5	12.2	37.1
60.3	63.7	50.7	65.3	**73.4**	76.5	69.0	82.3	76.7	60.8

2-48 续表 2

指标名称	Item	单位	Unit
一、基本情况	**Basic Statistics of Households Surveyed**	--	--
(一)户均常住人口	Average Number of Permanent Residents per Household	人/户	person/household
(二)户均常住从业人口	Average Number of Employed Persons per Household	人/户	person/household
(三)平均每户家庭从业人口比重	Proportion of Employed Persons per Household	%	%
(四)平均每一从业人口负担人数	Average Number of Dependency Coefficient per Employed Persons	人	person
(五)由本户供养的在校学生	Supported Students in School by the Family	人/户	
(六)户均整半劳动力人口	Whole and Half Labor Force per Household	人/户	
(七)平均每户家庭整半劳动力人口比重	Proportion of Whole and Half Labor Force per Household	%	
二、家庭劳动力年龄构成	**Age Composition of Permanent Employed Persons**	**%**	**%**
(一)16-19岁	Aged 16-19	%	%
(二)20-24岁	Aged 20-24	%	%
(三)25-29岁	Aged 25-29	%	%
(四)30-34岁	Aged 30-34	%	%
(五)35-40岁	Aged 35-40	%	%
(六)41-50岁	Aged 41-50	%	%
(七)51-60岁	Aged 51-60	%	%
(八)61-65岁	Aged 61-65	%	%
(九)66岁及以上	Aged 66 and over	%	%
三、家庭劳动力文化程度构成	**Composition of Education Level for Labor Force**	**%**	**%**
(一)未上过学	No Schooling	%	%
(二)小学	Primary School	%	%
(三)初中	Junior Secondary School	%	%
(四)高中	Senior Secondary School	%	%
(五)大学专科	Junior College	%	%
(六)大学本科及以上	Bachelor Degree or above	%	%
(七)研究生	Graduate Student	%	%
四、常住从业人员就业类型	**Type of Employment of Permanent Employed Persons**	**%**	**%**
(一)雇主	Employer	%	%
(二)公职人员	Civil Servants	%	%
(三)事业单位人员	Institution Officers	%	%
(四)国有企业雇员	State-owned Enterprises Employees	%	%
(五)其他雇员	Other Employces	%	%
(六)农业自营	Self-employed of Agriculture	%	%
(七)非农自营	Self-employed of Non-Agriculture	%	%
五、常住从业人员从事主要行业	**Type of Industry for Permanent Employed Persons**	**%**	**%**
(一)第一产业	Primary Industry	%	%
(二)第二产业	Secondary Industry	%	%
(三)第三产业	Tertiary Industry	%	%

continued 2

固原市 Guyuan	原州区 Yuanzhou	西吉县 Xiji	隆德县 Longde	泾源县 Jingyuan	彭阳县 Pengyang	**中卫市** Zhongwei	沙坡头区 Shapotou	中宁县 Zhongning	海原县 Haiyuan
--	--	--	--	--	--	--	--	--	--
3.5	3.5	3.8	3.8	3.6	3.3	**3.2**	3.0	3.3	3.7
1.6	1.6	1.9	1.8	1.8	1.3	**1.5**	1.5	1.4	1.6
44.9	44.4	50.8	46.8	49.1	39.6	**45.4**	48.1	42.3	44.4
2.2	2.3	2.0	2.1	2.0	2.5	**2.2**	2.1	2.4	2.2
0.9	0.7	1.2	1.2	0.9	0.9	**0.7**	0.7	0.6	1.0
2.2	2.2	2.3	2.3	2.3	2.0	**2.2**	2.1	2.1	2.4
63.0	64.1	61.8	61.6	63.1	61.5	**67.4**	70.7	63.7	65.7
100.0	**100.0**	**100.0**	**100.0**	**100.0**	**100.0**	**100.0**	**100.0**	**100.0**	**100.0**
0.2					1.1	**0.5**		0.7	1.7
3.6	3.4	1.7	6.8	5.4	2.7	**2.2**	1.3	2.4	4.8
6.1	6.5	8.6	5.9	8.6	1.9	**7.5**	8.5	6.4	6.7
15.7	21.3	11.0	7.5	11.7	7.5	**13.8**	9.5	20.5	13.0
16.1	13.8	24.0	21.5	19.4	13.0	**16.7**	14.6	20.1	15.6
30.1	30.5	22.3	29.4	34.0	33.9	**27.1**	33.1	20.6	22.4
20.0	16.2	24.7	22.0	15.6	29.8	**19.8**	22.2	14.0	24.7
4.6	4.3	4.3	1.7	3.5	8.4	**5.4**	5.4	4.7	6.8
3.6	4.1	3.4	5.2	1.7	1.7	**7.0**	5.4	10.5	4.3
100.0	**100.0**	**100.0**	**100.0**	**100.0**	**100.0**	**100.0**	**100.0**	**100.0**	**100.0**
5.3	2.9	8.6	4.3	4.4	12.8	**3.7**	2.0	4.9	6.6
11.4	11.6	7.6	13.7	3.6	14.2	**8.9**	7.2	8.6	15.1
22.1	24.0	17.9	22.4	20.6	18.4	**37.7**	40.3	42.3	19.2
15.0	13.5	15.5	21.4	25.6	11.1	**19.6**	23.5	14.5	18.4
21.2	24.2	18.8	17.0	22.2	15.5	**19.0**	19.1	16.3	24.9
24.2	23.0	30.8	20.4	23.7	26.9	**10.7**	7.9	13.5	13.3
0.8	0.9	0.9	0.9		1.1	**0.4**			2.5
100.0	**100.0**	**100.0**	**100.0**	**100.0**	**100.0**	**100.0**	**100.0**	**100.0**	**100.0**
3.4	6.0	1.0				**0.6**		1.3	1.3
7.0	6.3	7.3	3.4	15.4	9.4	**2.3**	2.0	2.7	2.5
30.1	27.4	38.5	23.6	26.4	40.7	**15.1**	7.9	16.9	34.2
3.2	3.3	3.2	3.4	2.3	3.4	**6.7**	9.0	3.6	5.7
40.2	37.5	35.5	55.1	44.6	39.0	**57.9**	64.6	52.5	48.0
1.2		7.3	2.1			**1.8**	2.0	2.2	
14.9	19.6	7.3	12.4	11.3	7.6	**15.7**	14.5	20.9	8.4
100.0	**100.0**	**100.0**	**100.0**	**100.0**	**100.0**	**100.0**	**100.0**	**100.0**	**100.0**
1.9	0.9	7.3	3.3			**4.6**	4.9	5.7	1.3
16.9	19.9	14.5	13.6	11.2	13.3	**25.0**	27.3	26.2	14.7
81.2	79.2	78.1	83.0	88.8	86.7	**70.4**	67.8	68.0	84.0

2-49 2020年各市县城镇居民家庭房屋基本情况

指标名称	Item	单位	Unit
一、期末现住房情况	**Current House Condition of Term End**	--	--
(一)人均现住房面积	Per Capita Current Housing Area	平方米/人	sq.m
人均自有现住房面积	Per Capita Self-owned Current Housing Area	平方米/人	sq.m
户均现住房面积	Per Household Current Housing Area	平方米/户	
户均自有现住房面积	Per Household Self-owned Current Housing Area	平方米/户	
(二)现住房市场价月租金	Monthly Rent of Current Housing	元/人	yuan
自有现住房市场价月租金	Monthly Rent of Self-owned Current Housing	元/人	yuan
二、期内新购建住房情况	**Newly Bought or Built Residential Buildings Condition During Period**	--	--
(一)新建住房竣工建筑面积	Completing Floor Space of Newly Built Residential Buildings	平方米/人	sq.m
(二)新建住房总费用	Total Cost of Newly Built Residential Buildings	元/人	yuan
(三)新建住房价值	Value of Newly Built Residential Buildings	元/平方米	
三、期末现住房构成	**Current Housing Constitute of Term End**	--	--
(一)本住户居住类型	Residence Type	%	%
其中：普通住宅	General Residence	%	%
(二)本住户居住空间样式	House Construction Space Style	%	%
1.单栋楼房	Single Building	%	%
2.单栋平房	Single Bungalow	%	%
3.四居室及以上单元房	House with Four Bedrooms and Above	%	%
4.三居室单元房	House with Three Bedrooms	%	%
5.二居室单元房	House with Two Bedrooms	%	%
6.一居室单元房	House with One Bedrooms	%	%
7.其他	Others	%	%
(三)主要建筑材料	Main Building Materials	%	%
1.钢筋混凝土	Reinforced Concrete	%	%
2.砖混材料	Brick and Concrete	%	%
3.砖瓦砖木	Brick and Wood	%	%
4.竹草土坯	Bamboo Grass Adobe	%	%
5.其他	Others	%	%
(四)现住房房屋来源	Current Housing Source	%	%
1.租赁公房	Public House Leasing	%	%
2.租赁私房	Private House Leasing	%	%
3.自建住房	Self-built Housing	%	%
4.购买商品房	Commercial Residential Building	%	%
5.购买房改住房	Reformed Housing	%	%
6.购买保障性住房	Security Housing	%	%
7.拆迁安置房	Removal Settlement Housing	%	%
8.继承或获赠住房	Inheritance or Gift Housing	%	%
9.免费借用房	Borrow Housing for Free	%	%
10.其他	Others	%	%
(五)现住房建筑面积	Current Residential Buildings Area	%	%
1.10平方米以内	Less than 10 sq.m	%	%
2.10-20平方米	10-20 sq.m	%	%
3.20-30平方米	20-30 sq.m	%	%
4.30-60平方米	30-60 sq.m	%	%
5.60-90平方米	60-90 sq.m	%	%
6.90-120平方米	90-120 sq.m	%	%
7.120-200平方米	120-200 sq.m	%	%
8.200平方米以上	200 sq.m above	%	%

Basic Statistics of House for Urban Households by City and County (2020)

全区 Total	沿黄地区 Plain	中南部地区 Mountain Area	银川市 Yinchuan	兴庆区 Xingqing	西夏区 Xixia	金凤区 Jinfeng	永宁县 Yongning	贺兰县 Helan	灵武市 Lingwu
--	--	--	--	--	--	--	--	--	--
34.5	**34.5**	**32.3**	**36.6**	39.5	28.1	41.1	32.0	34.5	32.8
32.9	**32.5**	**31.1**	**34.8**	36.1	26.3	40.5	31.7	34.5	32.4
103.8	**98.2**	**115.9**	**103.6**	105.1	80.7	113.5	103.4	105.3	109.5
99.0	**92.7**	**111.9**	**98.5**	96.0	75.6	111.9	102.3	105.3	108.2
280.0	**316.9**	**231.5**	**398.6**	499.6	263.5	525.1	174.1	236.8	193.7
269.1	**301.3**	**227.1**	**377.9**	457.9	245.9	519.8	172.2	236.8	192.7
0.1		**0.1**							
83.2		**71.1**							
1002.6		**888.9**							
100.0	**100.0**	**100.0**	**100.0**	100.0	100.0	100.0	100.0	100.0	100.0
100.0	**100.0**	**100.0**	**100.0**	100.0	100.0	100.0	100.0	100.0	100.0
100.0	**100.0**	**100.0**	**100.0**	100.0	100.0	100.0	100.0	100.0	100.0
0.3	**0.6**	**1.8**							
9.0	**0.9**	**11.5**							
1.9	**2.3**	**2.6**	**3.2**	2.6	1.1	8.2			2.5
42.0	**42.5**	**62.1**	**45.0**	46.8	18.8	42.6	64.6	48.2	71.4
44.9	**51.6**	**19.5**	**49.6**	47.8	76.8	48.0	33.9	51.8	23.7
1.8	**2.1**	**2.1**	**2.2**	2.8	3.3	1.2	1.5		2.5
0.0	**0.0**	**0.3**	**0.0**	0.0	0.0	0.0	0.0		0.0
100.0	**100.0**	**100.0**	**100.0**	100.0	100.0	100.0	100.0	100.0	100.0
57.1	**57.0**	**58.0**	**54.4**	41.5	4.3	87.8	66.1	83.8	90.7
37.1	**42.7**	**32.0**	**45.6**	58.5	95.7	12.2	33.9	16.2	9.3
5.6	**0.3**	**9.4**							
0.2		**0.6**							
0.1									
100.0	**100.0**	**100.0**	**100.0**	100.0	100.0	100.0	100.0	100.0	100.0
1.2	**1.1**	**1.6**	**0.2**						2.5
3.2	**4.0**	**1.7**	**4.5**	7.3	6.4	1.8	1.5		
8.6	**0.7**	**12.2**	**0.4**				1.5	1.8	1.9
66.4	**70.2**	**77.9**	**69.6**	68.5	54.9	73.6	67.8	96.3	70.5
4.5	**9.4**	**1.0**	**12.4**	15.2	37.5	1.1	1.5		1.9
2.7	**2.5**	**0.3**	**3.5**	0.7		11.4	3.5		7.4
11.3	**9.6**	**3.1**	**7.6**	5.1		12.1	24.2	1.9	14.1
0.7	**0.9**		**0.7**	1.3					1.8
1.2	**1.4**	**0.8**	**1.0**	2.0	1.1				
0.2	**0.1**	**1.4**	**0.0**	0.0	0.0	0.0	0.0	0.0	0.0
100.0	**100.0**	**100.0**	**100.0**	100.0	100.0	100.0	100.0	100.0	100.0
		0.3							
6.2	**7.8**	**4.0**	**6.5**	6.3	22.4	1.2	1.5		2.5
32.4	**37.3**	**7.7**	**30.4**	33.8	44.0	21.4	31.6	31.5	9.9
37.7	**34.9**	**54.4**	**35.1**	30.5	26.8	40.4	43.0	32.7	56.8
22.2	**19.4**	**31.1**	**27.1**	28.1	6.8	35.9	23.9	35.8	30.8
1.6	**0.6**	**2.6**	**0.8**	1.3		1.1			

2-49 续表 1

指标名称	Item	单位	Unit
一、期末现住房情况	**Current House Condition of Term End**	--	--
(一)人均现住房面积	Per Capita Current Housing Area	平方米/人	sq.m
人均自有现住房面积	Per Capita Self-owned Current Housing Area	平方米/人	sq.m
户均现住房面积	Per Household Current Housing Area	平方米/户	
户均自有现住房面积	Per Household Self-owned Current Housing Area	平方米/户	
(二)现住房市场价月租金	Monthly Rent of Current Housing	元/人	yuan
自有现住房市场价月租金	Monthly Rent of Self-owned Current Housing	元/人	yuan
二、期内新购建住房情况	**Newly Bought or Built Residential Buildings Condition During Period**	--	--
(一)新建住房竣工建筑面积	Completing Floor Space of Newly Built Residential Buildings	平方米/人	sq.m
(二)新建住房总费用	Total Cost of Newly Built Residential Buildings	元/人	yuan
(三)新建住房价值	Value of Newly Built Residential Buildings	元/平方米	
三、期末现住房构成	**Current Housing Constitute of Term End**	--	--
(一)本住户居住类型	Residence Type	%	%
其中：普通住宅	General Residence	%	%
(二)本住户居住空间样式	House Construction Space Style	%	%
1.单栋楼房	Single Building	%	%
2.单栋平房	Single Bungalow	%	%
3.四居室及以上单元房	House with Four Bedrooms and Above	%	%
4.三居室单元房	House with Three Bedrooms	%	%
5.二居室单元房	House with Two Bedrooms	%	%
6.一居室单元房	House with One Bedrooms	%	%
7.其他	Others	%	%
(三)主要建筑材料	Main Building Materials	%	%
1.钢筋混凝土	Reinforced Concrete	%	%
2.砖混材料	Brick and Concrete	%	%
3.砖瓦砖木	Brick and Wood	%	%
4.竹草土坯	Bamboo Grass Adobe	%	%
5.其他	Others	%	%
(四)现住房房屋来源	Current Housing Source	%	%
1.租赁公房	Public House Leasing	%	%
2.租赁私房	Private House Leasing	%	%
3.自建住房	Self-built Housing	%	%
4.购买商品房	Commercial Residential Building	%	%
5.购买房改住房	Reformed Housing	%	%
6.购买保障性住房	Security Housing	%	%
7.拆迁安置房	Removal Settlement Housing	%	%
8.继承或获赠住房	Inheritance or Gift Housing	%	%
9.免费借用房	Borrow Housing for Free	%	%
10.其他	Others	%	%
(五)现住房建筑面积	Current Residential Buildings Area	%	%
1.10平方米以内	Less than 10 sq.m	%	%
2.10-20平方米	10-20 sq.m	%	%
3.20-30平方米	20-30 sq.m	%	%
4.30-60平方米	30-60 sq.m	%	%
5.60-90平方米	60-90 sq.m	%	%
6.90-120平方米	90-120 sq.m	%	%
7.120-200平方米	120-200 sq.m	%	%
8.200平方米以上	200 sq.m above	%	%

continued 1

石嘴山市 Shizuishan	大武口区 Dawukou	惠农区 Huinong	平罗县 Pingluo	**吴忠市** Wuzhong	利通区 Litong	红寺堡区 Hongsipu	盐池县 Yanchi	同心县 Tongxin	青铜峡市 Qingtongxia
--	--	--	--	**--**	--	--	--	--	--
31.9	33.6	29.1	31.6	**32.3**	32.6	30.0	32.6	37.6	28.2
29.7	30.5	27.4	30.7	**30.8**	32.1	28.3	30.6	37.6	24.2
86.3	89.5	75.8	92.8	**104.7**	98.1	107.1	107.8	145.9	90.7
80.4	81.2	71.5	90.2	**99.9**	96.8	101.1	101.1	145.9	77.9
186.0	205.7	151.7	185.4	**189.7**	227.8	242.5	204.8	171.7	105.2
177.8	195.4	141.6	183.6	**184.4**	226.4	237.4	194.0	171.7	92.7
				0.1				0.5	
				66.2				431.8	
				888.9				888.9	
100.0	100.0	100.0	100.0	**100.0**	100.0	100.0	100.0	100.0	100.0
100.0	100.0	100.0	100.0	**100.0**	100.0	100.0	100.0	100.0	100.0
100.0	100.0	100.0	100.0	**100.0**	100.0	100.0	100.0	100.0	100.0
2.4	3.3	1.3	1.7	**1.6**		1.9	9.5		
2.2	1.4	5.3		**9.8**		1.9	14.0	40.6	10.4
1.0		2.3	1.5	**1.2**		1.9		5.8	1.7
37.7	38.7	26.6	49.5	**45.6**	43.2	70.4	53.1	50.5	36.0
55.3	56.6	64.4	40.5	**38.5**	54.4	19.6	21.0	3.1	44.9
1.5			6.8	**3.1**	2.4	2.0	2.4		7.0
0.0	0.0	0.0	0.0	**0.1**	0.0	2.3	0.0	0.0	0.0
100.0	100.0	100.0	100.0	**100.0**	100.0	100.0	100.0	100.0	100.0
65.0	50.3	86.9	69.4	**52.9**	38.5	7.6	86.0	18.8	87.9
34.0	49.7	10.5	29.1	**40.2**	61.5	90.1	9.6	36.6	10.4
1.1		2.7	1.5	**6.4**		2.3	4.4	40.4	1.7
				0.5				4.2	
100.0	100.0	100.0	100.0	**100.0**	100.0	100.0	100.0	100.0	100.0
1.7	0.2	1.6	5.1	**3.7**	2.4				12.2
3.9	5.3	4.4		**1.7**		4.3	2.4		5.0
1.8	1.4	1.3	3.3	**8.4**		3.8	11.7	46.2	1.7
70.6	55.1	83.7	88.2	**67.8**	62.6	81.9	78.9	49.1	77.6
3.4	6.8			**0.6**				4.7	
2.9	4.1	3.2							
11.1	19.4	4.1	1.7	**15.7**	35.0	5.7			
2.4	3.3	1.6	1.7						
2.2	4.4			**0.5**		2.3			1.7
0.0	0.0	0.0	0.0	**1.6**		2.0	7.1	0.0	1.7
100.0	100.0	100.0	100.0	**100.0**	100.0	100.0	100.0	100.0	100.0
				0.1		2.3			
10.9	10.2	15.3	6.8	**7.4**	3.5	2.0	9.5		19.1
51.9	47.7	69.5	38.5	**30.0**	49.0	9.8	5.5	3.1	30.3
32.6	36.5	12.5	49.8	**37.6**	29.5	68.1	61.0	18.6	40.6
4.0	4.5	2.7	4.9	**22.8**	18.0	17.8	24.0	61.5	10.0
0.6	1.1			**2.1**				16.8	

2-49 续表 2

指标名称	Item	单位	Unit
一、期末现住房情况	**Current House Condition of Term End**	--	--
(一)人均现住房面积	Per Capita Current Housing Area	平方米/人	sq.m
人均自有现住房面积	Per Capita Self-owned Current Housing Area	平方米/人	sq.m
户均现住房面积	Per Household Current Housing Area	平方米/户	
户均自有现住房面积	Per Household Self-owned Current Housing Area	平方米/户	
(二)现住房市场价月租金	Monthly Rent of Current Housing	元/人	yuan
自有现住房市场价月租金	Monthly Rent of Self-owned Current Housing	元/人	yuan
二、期内新购建住房情况	**Newly Bought or Built Residential Buildings Condition During Period**	--	--
(一)新建住房竣工建筑面积	Completing Floor Space of Newly Built Residential Buildings	平方米/人	sq.m
(二)新建住房总费用	Total Cost of Newly Built Residential Buildings	元/人	yuan
(三)新建住房价值	Value of Newly Built Residential Buildings	元/平方米	
三、期末现住房构成	**Current Housing Constitute of Term End**	--	--
(一)本住户居住类型	Residence Type	%	%
其中：普通住宅	General Residence	%	%
(二)本住户居住空间样式	House Construction Space Style	%	%
1.单栋楼房	Single Building	%	%
2.单栋平房	Single Bungalow	%	%
3.四居室及以上单元房	House with Four Bedrooms and Above	%	%
4.三居室单元房	House with Three Bedrooms	%	%
5.二居室单元房	House with Two Bedrooms	%	%
6.一居室单元房	House with One Bedrooms	%	%
7.其他	Others	%	%
(三)主要建筑材料	Main Building Materials	%	%
1.钢筋混凝土	Reinforced Concrete	%	%
2.砖混材料	Brick and Concrete	%	%
3.砖瓦砖木	Brick and Wood	%	%
4.竹草土坯	Bamboo Grass Adobe	%	%
5.其他	Others	%	%
(四)现住房房屋来源	Current Housing Source	%	%
1.租赁公房	Public House Leasing	%	%
2.租赁私房	Private House Leasing	%	%
3.自建住房	Self-built Housing	%	%
4.购买商品房	Commercial Residential Building	%	%
5.购买房改住房	Reformed Housing	%	%
6.购买保障性住房	Security Housing	%	%
7.拆迁安置房	Removal Settlement Housing	%	%
8.继承或获赠住房	Inheritance or Gift Housing	%	%
9.免费借用房	Borrow Housing for Free	%	%
10.其他	Others	%	%
(五)现住房建筑面积	Current Residential Buildings Area	%	%
1.10平方米以内	Less than 10 sq.m	%	%
2.10-20平方米	10-20 sq.m	%	%
3.20-30平方米	20-30 sq.m	%	%
4.30-60平方米	30-60 sq.m	%	%
5.60-90平方米	60-90 sq.m	%	%
6.90-120平方米	90-120 sq.m	%	%
7.120-200平方米	120-200 sq.m	%	%
8.200平方米以上	200 sq.m above	%	%

continued 2

固原市 Guyuan	原州区 Yuanzhou	西吉县 Xiji	隆德县 Longde	泾源县 Jingyuan	彭阳县 Pengyang	中卫市 Zhongwei	沙坡头区 Shapotou	中宁县 Zhongning	海原县 Haiyuan
--	--	--	--	--	--	--	--	--	--
30.9	33.0	28.7	25.9	29.6	29.7	**32.8**	34.1	30.5	33.8
29.5	32.4	28.2	24.9	25.7	25.3	**31.4**	32.5	29.0	33.8
109.1	115.8	108.7	98.2	105.7	96.9	**105.3**	103.7	99.8	125.2
104.0	113.5	106.8	94.3	91.6	82.5	**101.0**	98.8	94.7	125.2
291.7	352.8	192.7	195.4	215.1	257.3	**236.5**	245.7	248.0	183.4
286.8	352.8	187.6	189.3	208.0	237.4	**234.8**	245.7	243.2	183.4
100.0	100.0	100.0	100.0	100.0	100.0	**100.0**	100.0	100.0	100.0
100.0	100.0	100.0	100.0	100.0	100.0	**100.0**	100.0	100.0	100.0
100.0	100.0	100.0	100.0	100.0	100.0	**100.0**	100.0	100.0	100.0
						0.7		1.8	
0.1				2.0		**4.4**	1.5		26.1
2.4	3.7	2.0		4.0		**2.8**	4.4		3.8
65.2	61.9	74.0	63.9	61.4	72.3	**51.6**	41.4	60.8	64.4
28.4	34.5	24.0	31.8	22.3	11.3	**40.0**	52.7	35.5	5.7
3.9			4.2	10.3	16.4	**0.7**		1.8	
0.0		0.0	0.0	0.0	0.0	**0.0**	0.0	0.0	0.0
100.0	100.0	100.0	100.0	100.0	100.0	**100.0**	100.0	100.0	100.0
72.1	57.4	100.0	100.0	72.2	82.3	**77.1**	70.6	98.3	45.8
27.6	42.6			27.8	16.0	**20.1**	29.4	1.7	34.2
0.3					1.7	**2.8**			20.0
100.0	100.0	100.0	100.0	100.0	100.0	**100.0**	100.0	100.0	100.0
3.5			4.2	22.9	10.3	**0.7**		1.8	
1.9		2.0	2.0		8.2	**0.5**		1.5	
0.1				2.0		**4.4**	1.5		26.1
91.5	98.3	98.0	89.7	71.1	73.6	**77.7**	75.9	90.2	51.7
						1.8	3.0		2.2
0.4					2.2	**0.3**			2.0
1.2			4.0	1.9	3.9	**11.5**	15.5	3.4	18.0
1.4	1.7			2.1	1.8	**2.4**	2.7	3.0	
0.0	0.0	0.0	0.0	0.0	0.0	**0.7**	1.4	0.0	0.0
100.0	100.0	100.0	100.0	100.0	100.0	**100.0**	100.0	100.0	100.0
4.8		2.0	4.2	22.9	16.4	**0.7**		1.8	
10.0	5.6	16.0	24.1		13.9	**30.7**	36.8	33.5	1.7
57.3	53.6	68.0	65.7	35.4	63.7	**49.8**	39.6	59.4	62.2
27.9	40.8	14.0	6.0	41.7	6.0	**18.8**	23.7	5.3	36.2

2-49 续表 3

指标名称	Item	单位	Unit
(六)住宅有管道供水情况	Pipeline Water Supplying of Residential Buildings	%	%
1.住宅内管道取水	Pipeline Water Supplying in the Home	%	%
2.住宅内其他方式取水	Other Ways Water Supplying in the Residence	%	%
3.院内管道取水	Pipeline Water Supplying to Public Water Intaking Spot	%	%
4.院内其他方式取水	Other Ways Water Supplying in the Courtyard	%	%
5.其他位置取水	Water Supplying from other locations	%	%
(七)住户厕所类型	Residence Toilet Type	%	%
1.水冲式卫生厕所	Water Flushing Sanitary Toilet	%	%
2.水冲式非卫生厕所	Water Flushing Insanitary Toilet	%	%
3.卫生旱厕	Sanitary Pit Latrine	%	%
4.普通旱厕	General Pit Latrine	%	%
5.无厕所	No Toilet	%	%
(八)住户厕所使用情况	Using Condition of Residence Toilet	%	%
1.本住户独用	Exclusive Use	%	%
2.几户合用	Sharing with Several Households	%	%
3.公用厕所	Public Toilet	%	%
(九)住户洗澡设施情况	Residence Shower Equipment Condition	%	%
1.统一供热水	Unified Supply Hot Water	%	%
2.家庭自装热水器	House Self-Installing Water Heater	%	%
3.其他	Others	%	%
4.无洗澡设施	No Shower Equipment	%	%
(十)住户主要取暖设备状况	Residence Main Heating Equipment Condition	%	%
1.由市政或小区集中供暖	Central Heating by Government or Housing Estate	%	%
2.自行供暖	Self Heating	%	%
3.无取暖设备	No Heating Equipment	%	%
(十一)住户主要取暖用能源状况	Residence Main Heating Energy Condition	%	%
1.柴草	Firewood	%	%
2.煤炭	Coal	%	%
3.罐装液化石油气	Canned Liquefied Petroleum Gas	%	%
4.管道液化石油气	Pipeline Liquefied Petroleum Gas	%	%
5.管道煤气	Pipeline Coal Gas	%	%
6.管道天然气	Pipeline Natural Gas	%	%
7.电	Electricity	%	%
8.燃料用油	Fuel Oils	%	%
9.沼气	Biogas	%	%
10.其他	Others	%	%
11.无取暖行为	No Heating Behavior	%	%
(十二)主要炊用能源状况	Main Condition of Cooking Energy	%	%
1.柴草	Firewood	%	%
2.煤炭	Coal	%	%
3.罐装液化石油气	Canned Liquefied Petroleum Gas	%	%
4.管道液化石油气	Pipeline Liquefied Petroleum Gas	%	%
5.管道煤气	Pipeline Coal Gas	%	%
6.管道天然气	Pipeline Natural Gas	%	%
7.电	Electricity	%	%
8.燃料用油	Fuel Oils	%	%
9.沼气	Biogas	%	%
10.其他	Others	%	%
11.无炊用行为	No Heating Behavior	%	%

continued 3

全区 Total	沿黄地区 Plain	中南部地区 Mountain Area	银川市 Yinchuan	兴庆区 Xingqing	西夏区 Xixia	金凤区 Jinfeng	永宁县 Yongning	贺兰县 Helan	灵武市 Lingwu
100.0	**100.0**	**100.0**	**100.0**	100.0	100.0	100.0	100.0	100.0	100.0
98.6	**100.0**	**99.7**	**100.0**	100.0	100.0	100.0	100.0	100.0	100.0
0.1									
1.0									
0.3		**0.3**							
0.1									
100.0	**100.0**	**100.0**	**100.0**	100.0	100.0	100.0	100.0	100.0	100.0
93.2	**99.9**	**89.6**	**100.0**	100.0	100.0	100.0	100.0	100.0	100.0
0.8		**3.0**							
1.0		**1.7**							
4.9	**0.1**	**5.7**							
0.1									
100.0	**100.0**	**100.0**	**100.0**	100.0	100.0	100.0	100.0	100.0	100.0
99.4	**99.7**	**99.0**	**100.0**	100.0	100.0	100.0	100.0	100.0	100.0
0.5	**0.3**	**0.8**							
0.1		**0.2**							
100.0	**100.0**	**100.0**	**100.0**	100.0	100.0	100.0	100.0	100.0	100.0
1.9	**2.5**	**6.8**	**3.1**	2.0		2.3	6.2	20.0	
94.4	**94.6**	**87.0**	**96.0**	98.0	96.6	97.7	92.3	80.0	96.2
1.3	**1.8**	**1.7**	**0.6**		2.3				3.8
2.5	**1.1**	**4.4**	**0.3**		1.1		1.5		
100.0	**100.0**	**100.0**	**100.0**	100.0	100.0	100.0	100.0	100.0	100.0
78.9	**86.8**	**85.5**	**82.9**	93.4	92.9	59.6	83.5	100.0	56.1
20.9	**13.2**	**13.5**	**17.1**	6.6	7.1	40.4	16.5		43.9
0.2		**1.0**							
100.0	**100.0**	**100.0**	**100.0**	100.0	100.0	100.0	100.0	100.0	100.0
8.3	**0.1**	**11.3**							
		0.2							
12.5	**12.9**	**2.0**	**16.9**	6.6	7.1	40.4	16.5		42.1
0.1	**0.1**	**0.1**	**0.1**						1.9
79.0	**86.8**	**86.4**	**82.9**	93.4	92.9	59.6	83.5	100.0	56.1
100.0	**100.0**	**100.0**	**100.0**	100.0	100.0	100.0	100.0	100.0	100.0
0.1									
1.9	**0.0**	**0.9**							
6.7	**4.2**	**16.5**	**1.8**	2.7	1.1			7.2	
0.1	**0.2**	**0.2**	**0.1**						1.8
0.1		**1.1**							
75.4	**89.2**	**23.2**	**94.9**	93.9	96.6	96.6	100.0	92.8	90.1
15.5	**6.3**	**56.1**	**2.8**	3.3	2.3	3.4			4.3
		0.2							
0.2	**0.2**	**1.9**	**0.3**						3.7

2-49 续表 4

指标名称	Item	单位	Unit
(六)住宅有管道供水情况	Pipeline Water Supplying of Residential Buildings	%	%
1.住宅内管道取水	Pipeline Water Supplying in the Home	%	%
2.住宅内其他方式取水	Other Ways Water Supplying in the Residence	%	%
3.院内管道取水	Pipeline Water Supplying to Public Water Intaking Spot	%	%
4.院内其他方式取水	Other Ways Water Supplying in the Courtyard	%	%
5.其他位置取水	Water Supplying from other locations	%	%
(七)住户厕所类型	Residence Toilet Type	%	%
1.水冲式卫生厕所	Water Flushing Sanitary Toilet	%	%
2.水冲式非卫生厕所	Water Flushing Insanitary Toilet	%	%
3.卫生旱厕	Sanitary Pit Latrine	%	%
4.普通旱厕	General Pit Latrine	%	%
5.无厕所	No Toilet	%	%
(八)住户厕所使用情况	Using Condition of Residence Toilet	%	%
1.本住户独用	Exclusive Use	%	%
2.几户合用	Sharing with Several Households	%	%
3.公用厕所	Public Toilet	%	%
(九)住户洗澡设施情况	Residence Shower Equipment Condition	%	%
1.统一供热水	Unified Supply Hot Water	%	%
2.家庭自装热水器	House Self-Installing Water Heater	%	%
3.其他	Others	%	%
4.无洗澡设施	No Shower Equipment	%	%
(十)住户主要取暖设备状况	Residence Main Heating Equipment Condition	%	%
1.由市政或小区集中供暖	Central Heating by Government or Housing Estate	%	%
2.自行供暖	Self Heating	%	%
3.无取暖设备	No Heating Equipment	%	%
(十一)住户主要取暖用能源状况	Residence Main Heating Energy Condition	%	%
1.柴草	Firewood	%	%
2.煤炭	Coal	%	%
3.罐装液化石油气	Canned Liquefied Petroleum Gas	%	%
4.管道液化石油气	Pipeline Liquefied Petroleum Gas	%	%
5.管道煤气	Pipeline Coal Gas	%	%
6.管道天然气	Pipeline Natural Gas	%	%
7.电	Electricity	%	%
8.燃料用油	Fuel Oils	%	%
9.沼气	Biogas	%	%
10.其他	Others	%	%
11.无取暖行为	No Heating Behavior	%	%
(十二)主要炊用能源状况	Main Condition of Cooking Energy	%	%
1.柴草	Firewood	%	%
2.煤炭	Coal	%	%
3.罐装液化石油气	Canned Liquefied Petroleum Gas	%	%
4.管道液化石油气	Pipeline Liquefied Petroleum Gas	%	%
5.管道煤气	Pipeline Coal Gas	%	%
6.管道天然气	Pipeline Natural Gas	%	%
7.电	Electricity	%	%
8.燃料用油	Fuel Oils	%	%
9.沼气	Biogas	%	%
10.其他	Others	%	%
11.无炊用行为	No Heating Behavior	%	%

continued 4

石嘴山市 Shizuishan	大武口区 Dawukou	惠农区 Huinong	平罗县 Pingluo	**吴忠市** Wuzhong	利通区 Litong	红寺堡区 Hongsipu	盐池县 Yanchi	同心县 Tongxin	青铜峡市 Qingtongxia
100.0	100.0	100.0	100.0	**100.0**	100.0	100.0	100.0	100.0	100.0
100.0	100.0	100.0	100.0	**99.9**	100.0	97.7	100.0	100.0	100.0
				0.1		2.3			
100.0	100.0	100.0	100.0	**100.0**	100.0	100.0	100.0	100.0	100.0
99.5	99.1	100.0	100.0	**92.2**	100.0	100.0	86.0	56.7	100.0
				2.6			4.7	14.0	
				1.5			9.3		
0.5	0.9			**3.8**				29.3	
100.0	100.0	100.0	100.0	**100.0**	100.0	100.0	100.0	100.0	100.0
98.8	97.6	100.0	100.0	**99.5**	100.0	98.0	97.8	100.0	100.0
1.2	2.4			**0.5**		2.0	2.2		
100.0	100.0	100.0	100.0	**100.0**	100.0	100.0	100.0	100.0	100.0
1.4	2.3	0.9		**6.4**	4.8	6.0	2.9	27.3	
88.9	94.9	94.3	68.9	**89.4**	89.0	87.5	91.0	71.3	100.0
5.5		1.6	22.7	**3.1**	6.2	6.5			
4.2	2.8	3.2	8.4	**1.2**			6.1	1.4	
100.0	100.0	100.0	100.0	**100.0**	100.0	100.0	100.0	100.0	100.0
91.0	98.6	100.0	62.7	**87.4**	97.8	97.7	79.0	59.3	86.5
9.0	1.4		37.3	**11.8**	2.2	2.3	15.8	40.7	13.5
				0.8			5.2		
100.0	100.0	100.0	100.0	**100.0**	100.0	100.0	100.0	100.0	100.0
0.7	1.4			**7.3**		2.3	13.3	39.1	
				0.2				1.6	
8.3			37.3	**3.9**	2.2		2.4		11.8
				0.4					1.7
91.0	98.6	100.0	62.7	**88.2**	97.8	97.7	84.2	59.3	86.5
100.0	100.0	100.0	100.0	**100.0**	100.0	100.0	100.0	100.0	100.0
0.1	0.2			**0.4**			2.8		
5.6	1.9	4.0	15.6	**7.8**	9.0	1.9	7.7	7.6	7.0
0.5	1.1			**0.2**				1.2	
				0.9				7.2	
88.4	89.4	93.7	79.2	**62.6**	81.4	1.9	50.9		84.4
5.4	7.4	2.3	5.2	**26.1**	9.5	94.1	27.1	84.0	8.7
				0.1		2.0			
				1.9			11.5		

2-49 续表 5

指标名称	Item	单位	Unit
(六)住宅有管道供水情况	Pipeline Water Supplying of Residential Buildings	%	%
1.住宅内管道取水	Pipeline Water Supplying in the Home	%	%
2.住宅内其他方式取水	Other Ways Water Supplying in the Residence	%	%
3.院内管道取水	Pipeline Water Supplying to Public Water Intaking Spot	%	%
4.院内其他方式取水	Other Ways Water Supplying in the Courtyard	%	%
5.其他位置取水	Water Supplying from other locations	%	%
(七)住户厕所类型	Residence Toilet Type	%	%
1.水冲式卫生厕所	Water Flushing Sanitary Toilet	%	%
2.水冲式非卫生厕所	Water Flushing Insanitary Toilet	%	%
3.卫生旱厕	Sanitary Pit Latrine	%	%
4.普通旱厕	General Pit Latrine	%	%
5.无厕所	No Toilet	%	%
(八)住户厕所使用情况	Using Condition of Residence Toilet	%	%
1.本住户独用	Exclusive Use	%	%
2.几户合用	Sharing with Several Households	%	%
3.公用厕所	Public Toilet	%	%
(九)住户洗澡设施情况	Residence Shower Equipment Condition	%	%
1.统一供热水	Unified Supply Hot Water	%	%
2.家庭自装热水器	House Self-Installing Water Heater	%	%
3.其他	Others	%	%
4.无洗澡设施	No Shower Equipment	%	%
(十)住户主要取暖设备状况	Residence Main Heating Equipment Condition	%	%
1.由市政或小区集中供暖	Central Heating by Government or Housing Estate	%	%
2.自行供暖	Self Heating	%	%
3.无取暖设备	No Heating Equipment	%	%
(十一)住户主要取暖用能源状况	Residence Main Heating Energy Condition	%	%
1.柴草	Firewood	%	%
2.煤炭	Coal	%	%
3.罐装液化石油气	Canned Liquefied Petroleum Gas	%	%
4.管道液化石油气	Pipeline Liquefied Petroleum Gas	%	%
5.管道煤气	Pipeline Coal Gas	%	%
6.管道天然气	Pipeline Natural Gas	%	%
7.电	Electricity	%	%
8.燃料用油	Fuel Oils	%	%
9.沼气	Biogas	%	%
10.其他	Others	%	%
11.无取暖行为	No Heating Behavior	%	%
(十二)主要炊用能源状况	Main Condition of Cooking Energy	%	%
1.柴草	Firewood	%	%
2.煤炭	Coal	%	%
3.罐装液化石油气	Canned Liquefied Petroleum Gas	%	%
4.管道液化石油气	Pipeline Liquefied Petroleum Gas	%	%
5.管道煤气	Pipeline Coal Gas	%	%
6.管道天然气	Pipeline Natural Gas	%	%
7.电	Electricity	%	%
8.燃料用油	Fuel Oils	%	%
9.沼气	Biogas	%	%
10.其他	Others	%	%
11.无炊用行为	No Heating Behavior	%	%

continued 5

固原市 Guyuan	原州区 Yuanzhou	西吉县 Xiji	隆德县 Longde	泾源县 Jingyuan	彭阳县 Pengyang	中卫市 Zhongwei	沙坡头区 Shapotou	中宁县 Zhongning	海原县 Haiyuan
100.0	100.0	100.0	100.0	100.0	100.0	**100.0**	100.0	100.0	100.0
100.0	100.0	100.0	100.0	100.0	100.0	**100.0**	100.0	100.0	100.0
100.0	100.0	100.0	100.0	100.0	100.0	**100.0**	100.0	100.0	100.0
99.7	100.0	100.0	100.0	100.0	98.3	**98.1**	100.0	100.0	86.7
0.3					1.7				
						0.3			2.2
						1.6			11.1
100.0	100.0	100.0	100.0	100.0	100.0	**100.0**	100.0	100.0	100.0
100.0	100.0	100.0	100.0	100.0	100.0	**99.4**	100.0	100.0	95.8
						0.3			2.0
						0.3			2.2
100.0	100.0	100.0	100.0	100.0	100.0	**100.0**	100.0	100.0	100.0
0.8				8.1	2.2	**3.6**	4.3		10.1
95.0	100.0	100.0	93.9	87.7	78.9	**92.3**	94.2	100.0	65.3
1.4				2.1	7.3	**0.6**			4.0
2.8			6.1	2.1	11.6	**3.6**	1.5		20.6
100.0	100.0	100.0	100.0	100.0	100.0	**100.0**	100.0	100.0	100.0
94.8	96.1	100.0	97.9	100.0	83.7	**81.6**	100.0	59.1	73.9
4.9	3.9		2.1		14.5	**18.4**		40.9	26.1
0.3					1.8				
100.0	100.0	100.0	100.0	100.0	100.0	**100.0**	100.0	100.0	100.0
0.3					1.7	**3.7**			26.1
4.6	3.9				14.6	**14.7**		40.9	
0.2			2.1						
94.8	96.1	100.0	97.9	100.0	83.7	**81.6**	100.0	59.1	73.9
100.0	100.0	100.0	100.0	100.0	100.0	**100.0**	100.0	100.0	100.0
0.2		2.0				**0.2**			1.7
24.2	18.4	39.7	40.2	13.6	25.6	**12.7**	6.8	20.0	14.8
34.8	50.4	19.9		18.3	23.5	**52.3**	69.0	48.5	2.1
40.8	31.2	38.5	59.8	68.0	50.8	**34.8**	24.2	31.4	81.4

2-50 2020年各市县城镇居民年末拥有生产性固定资产情况

指标名称	Item	单位	Unit
年末生产性固定资产原价	**Original Price of Productive Fixed Assets Year-end**	**元/户**	**yuan/household**
(一)第一产业固定资产原价	The Primary Industry	元/户	yuan/household
1.农业固定资产原价	Agriculture	元/户	yuan/household
2.林业固定资产原价	Forestry	元/户	yuan/household
3.牧业固定资产原价	Animal Husbandry	元/户	yuan/household
4.渔业固定资产原价	Fishery	元/户	yuan/household
5.农林牧渔专业及辅助性活动固定资产原价	Agriculture, Forestry, Animal Husbandry ,Fishery and Auxiliary Activities	元/户	yuan/household
(二)第二产业固定资产原价	The Secondary Industry	元/户	yuan/household
1.采矿业固定资产原价	Mining Industry	元/户	yuan/household
2.制造业固定资产原价	Manufacturing Industry	元/户	yuan/household
3.电力热力燃气及水生产和供应业	Production and Supply of Electric, Heat, Gas and Water	元/户	yuan/household
4.建筑业固定资产原价	Construction Industry	元/户	yuan/household
(三)第三产业固定资产原价	The Tertiary Industry	元/户	yuan/household
1.批发和零售业	Wholesales and Retail Trade	元/户	yuan/household
2.交通运输仓储和邮政业	Transportation, Warehousing and Postal Services	元/户	yuan/household
3.住宿和餐饮业	Hotel and Catering Sectors	元/户	yuan/household
4.房地产业	Real Estate	元/户	yuan/household
5.租赁和商务服务业	Leasing and Business Service	元/户	yuan/household
6.居民服务修理和其他服务业	Residential Services, Repair and Other Services	元/户	yuan/household
7.其他行业	Others	元/户	yuan/household
年末主要生产性固定资产数量	**Quantity of Main Productive Fixed Assets Year-end**		--
1.农业生产性用房及建筑物	House and Buildings for Agricultural Production	平方米/百户	sq.m/100 households
2.大中型农用拖拉机	Large and Medium Agrimotor	辆/百户	unit/100 households
3.小型农用拖拉机	Small Agrimotor	辆/百户	unit/100 households
4.农用排灌动力机械	Drainage and Irrigation Power Machinery for Agriculture	台/百户	unit/100 households
5.插秧机	Rice Transplanter	台/百户	unit/100 households
6.收割机	Harvesting Implements	台/百户	unit/100 households
7.脱粒机	Threshing Machine	台/百户	unit/100 households
8.产品畜	Livestock Products	头/百户	unit/100 households
9.其他农业机械	Other Agricultural Machinery	台/百户	unit/100 households

Ownership of Productive Fixed Assets for Urban Households Year-end by City and County (2020)

全区 Total	沿黄地区 Plain	中南部地区 Mountain Area	银川市 Yinchuan	兴庆区 Xingqing	西夏区 Xixia	金凤区 Jinfeng	永宁县 Yongning	贺兰县 Helan	灵武市 Lingwu
31527.7	**26799.8**	**31516.5**	**23599.2**	**30932.0**	**2495.2**	**6496.6**	**34262.4**	**19863.8**	**64737.0**
4662.9	**2284.6**	**471.4**	**459.0**	20.1			2099.7	950.0	3202.8
1329.4	**553.1**	**266.1**	**450.4**				2099.7	950.0	3202.8
3.8	**5.4**		**8.6**	20.1					
1879.1	**1144.7**	**205.3**							
1450.7	**581.4**								
6581.3	**4549.5**	**8864.6**	**2982.1**	1781.4	294.2		4322.0	853.8	23623.7
511.4	**604.3**		**1032.6**						13269.9
161.5	**29.3**	**1021.5**	**38.1**		261.2				
5908.5	**3915.9**	**7843.1**	**1911.4**	1781.4	33.0		4322.0	853.8	10353.8
20283.5	**19965.7**	**22180.4**	**20158.1**	29130.5	2201.0	6496.6	27840.7	18060.0	37910.5
4580.6	**5961.7**	**5213.3**	**5821.4**	11406.5	176.0	307.9	10551.3	39.9	2110.8
8482.9	**5010.9**	**9816.4**	**3428.4**		1431.4		15736.4	3153.8	25435.6
3625.4	**4445.2**	**2934.6**	**5887.7**	10299.2	22.8	1034.0		9001.8	8403.1
	54.5								
163.9	**170.9**	**76.1**	**271.0**	634.3					
2629.4	**3042.8**	**2240.4**	**2511.2**	4028.9	342.3	419.5	1553.0	5864.5	1961.0
801.3	**1279.7**	**1899.6**	**2238.4**	2761.6	228.4	4735.1			
828.8	**536.3**	**578.4**	**371.9**					117.0	4677.6
0.9	**0.3**	**0.6**							
4.8	**1.2**	**0.8**	**0.5**				1.6	3.7	1.9
0.1									
0.1	**0.0**								
0.1		**0.4**							
45.3	**5.1**	**1.0**							
2.7	**1.0**	**1.0**	**0.3**						4.4

2-50 续表 1

指标名称	Item	单位	Unit
年末生产性固定资产原价	**Original Price of Productive Fixed Assets Year-end**	**元/户**	**yuan/household**
(一)第一产业固定资产原价	The Primary Industry	元/户	yuan/household
1.农业固定资产原价	Agricultural	元/户	yuan/household
2.林业固定资产原价	Forestry	元/户	yuan/household
3.牧业固定资产原价	Animal Husbandry	元/户	yuan/household
4.渔业固定资产原价	Fishery	元/户	yuan/household
5.农林牧渔专业及辅助性活动固定资产原价	Agriculture, Forestry, Animal Husbandry, Fishery and Auxiliary Activities	元/户	yuan/household
(二)第二产业固定资产原价	The Secondary Industry	元/户	yuan/household
1.采矿业固定资产原价	Mining Industry	元/户	yuan/household
2.制造业固定资产原价	Manufacturing Industry	元/户	yuan/household
3.电力热力燃气及水生产和供应业	Production and Supply of Electric, Heat, Gas and Water	元/户	yuan/household
4.建筑业固定资产原价	Construction Industry	元/户	yuan/household
(三)第三产业固定资产原价	The Tertiary Industry	元/户	yuan/household
1.批发和零售业	Wholesales and Retail Trade	元/户	yuan/household
2.交通运输仓储和邮政业	Transportation, Warehousing and Postal Services	元/户	yuan/household
3.住宿和餐饮业	Hotel and Catering Sectors	元/户	yuan/household
4.房地产业	Real Estate	元/户	yuan/household
5.租赁和商务服务业	Leasing and Business Service	元/户	yuan/household
6.居民服务修理和其他服务业	Residential Services, Repair and Other Services	元/户	yuan/household
7.其他行业	Others	元/户	yuan/household
年末主要生产性固定资产数量	**Quantity of Main Productive Fixed Assets Year-end**		--
1.农业生产性用房及建筑物	House and Buildings for Agricultural Production	平方米/百户	sq.m/100 households
2.大中型农用拖拉机	Large and Medium Agrimotor	辆/百户	unit/100 households
3.小型农用拖拉机	Small Agrimotor	辆/百户	unit/100 households
4.农用排灌动力机械	Drainage and Irrigation Power Machinery for Agriculture	台/百户	unit/100 households
5.插秧机	Rice Transplanter	台/百户	unit/100 households
6.收割机	Harvesting Implements	台/百户	unit/100 households
7.脱粒机	Threshing Machine	台/百户	unit/100 households
8.产品畜	Livestock Products	头/百户	unit/100 households
9.其他农业机械	Other Agricultural Machinery	台/百户	unit/100 households

continued 1

石嘴山市 Shizuishan	大武口区 Dawukou	惠农区 Huinong	平罗县 Pingluo	**吴忠市** Wuzhong	利通区 Litong	红寺堡区 Hongsipu	盐池县 Yanchi	同心县 Tongxin	青铜峡市 Qingtongxia
18180.9	**14679.2**	**8986.1**	**37740.9**	**34847.6**	**55352.2**		**38319.3**	**22845.7**	**6294.3**
4680.0	1944.0	929.5	15566.2	**7262.8**	14036.0		1096.8	435.1	3914.2
345.5	112.2	127.1	1144.1	**1358.5**	1928.7		439.5	309.4	1826.1
1152.4		802.5	4162.9	**5904.3**	12107.4		657.3	125.7	2088.1
3182.1	1831.8		10259.3						
491.6	637.1	96.1	674.5	**3016.1**	5833.5		23.3	3488.8	
				446.7				3488.8	
491.6	637.1	96.1	674.5	**2569.5**	5833.5		23.3		
13009.3	12098.1	7960.5	21500.1	**24568.6**	35482.6		37199.2	18921.7	2380.1
2206.4	1741.3	1457.6	4199.5	**7598.6**	9910.4		11686.8	6813.2	2177.6
9138.1	10356.8	1258.3	16517.7	**10674.2**	15677.1		13960.9	11569.4	177.3
963.1		3126.7	334.2	**5077.5**	8794.5		7094.0	467.6	7.9
237.6		836.0							
464.0		1282.0	448.6	**1162.2**	1100.7		4110.4	71.5	17.3
				56.2			347.1		
994.3	57.2	1629.1	2265.1	**1113.3**	1430.9		2308.1	656.8	120.7
1.3	1.1		3.4	**0.4**			2.4		
1.9	0.9	1.3	4.9	**1.3**	1.3				3.5
0.1	0.2								
				0.4			2.2		
2.5			11.4	**26.3**	55.0				9.6
0.8		1.3	1.7	**3.1**	5.9			4.2	

2-50 续表 2

指标名称	Item	单位	Unit
年末生产性固定资产原价	**Original Price of Productive Fixed Assets Year-end**	**元/户**	**yuan/household**
(一)第一产业固定资产原价	The Primary Industry	元/户	yuan/household
1.农业固定资产原价	Agriculture	元/户	yuan/household
2.林业固定资产原价	Forestry	元/户	yuan/household
3.牧业固定资产原价	Animal Husbandry	元/户	yuan/household
4.渔业固定资产原价	Fishery	元/户	yuan/household
5.农林牧渔专业及辅助性活动固定资产原价	Agriculture, Forestry, Animal Husbandry, Fishery and Auxiliary Activities	元/户	yuan/household
(二)第二产业固定资产原价	The Secondary Industry	元/户	yuan/household
1.采矿业固定资产原价	Mining Industry	元/户	yuan/household
2.制造业固定资产原价	Manufacturing Industry	元/户	yuan/household
3.电力热力燃气及水生产和供应业	Production and Supply of Electric, Heat, Gas and Water	元/户	yuan/household
4.建筑业固定资产原价	Construction Industry	元/户	yuan/household
(三)第三产业固定资产原价	The Tertiary Industry	元/户	yuan/household
1.批发和零售业	Wholesales and Retail Trade	元/户	yuan/household
2.交通运输仓储和邮政业	Transportation, Warehousing and Postal Services	元/户	yuan/household
3.住宿和餐饮业	Hotel and Catering Sectors	元/户	yuan/household
4.房地产业	Real Estate	元/户	yuan/household
5.租赁和商务服务业	Leasing and Business Service	元/户	yuan/household
6.居民服务修理和其他服务业	Residential Services, Repair and Other Services	元/户	yuan/household
7.其他行业	Others	元/户	yuan/household
年末主要生产性固定资产数量	**Quantity of Main Productive Fixed Assets Year-end**		--
1.农业生产性用房及建筑物	House and Buildings for Agricultural Production	平方米/百户	sq.m/100 households
2.大中型农用拖拉机	Large and Medium Agrimotor	辆/百户	unit/100 households
3.小型农用拖拉机	Small Agrimotor	辆/百户	unit/100 households
4.农用排灌动力机械	Drainage and Irrigation Power Machinery for Agriculture	台/百户	unit/100 households
5.插秧机	Rice Transplanter	台/百户	unit/100 households
6.收割机	Harvesting Implements	台/百户	unit/100 households
7.脱粒机	Threshing Machine	台/百户	unit/100 households
8.产品畜	Livestock Products	头/百户	unit/100 households
9.其他农业机械	Other Agricultural Machinery	台/百户	unit/100 households

continued 2

固原市 Guyuan	原州区 Yuanzhou	西吉县 Xiji	隆德县 Longde	泾源县 Jingyuan	彭阳县 Pengyang	**中卫市** Zhongwei	沙坡头区 Shapotou	中宁县 Zhongning	海原县 Haiyuan
42218.8	**51860.2**	**50183.6**	**50124.9**	**5097.0**	**13216.6**	**54007.3**	**87479.3**	**20546.4**	**20102.4**
294.3		1414.9	1222.3			**1515.2**		4214.7	
145.0		1159.8	179.0			**588.4**		1636.8	
149.3		255.1	1043.4			**926.7**		2577.8	
13903.8	20694.8	23931.3				**23281.2**	39618.3	4717.0	12480.5
1341.0	2446.5								
12562.8	18248.4	23931.3				**23281.2**	39618.3	4717.0	12480.5
28020.7	31165.4	24837.4	48902.6	5097.0	13216.6	**29210.8**	47861.1	11614.8	7621.9
3843.1	4374.0		10021.8	4808.0	45.7	**12966.0**	21256.1	3648.9	7219.7
13062.1	17276.7	11009.1	20652.1			**3095.9**	3116.1	4114.2	402.2
1627.5	261.0	13725.7		289.0		**685.2**	1181.7	259.6	
224.9					1302.9				
4213.5	41.3	102.6	18228.6		11868.0	**12463.8**	22307.2	3592.1	
5049.6	9212.3								
99.0		812.7	102.8			**243.1**		676.2	
0.2		2.0							
0.9		5.9	2.0			**2.9**		7.9	
2.4			20.9			**8.1**		22.5	
0.4		2.0	1.9			**2.8**		7.7	

2-51 2020年各市县城镇居民家庭经营土地及农作物种植情况

指标名称	Item	单位	Unit	全区 Total	沿黄地区 Plain	中南部地区 Mountain Area
期末实际经营的土地面积	**Area of Cultivated Land at Year-end**	**亩/人**	**mu/person**	**0.70**	**0.30**	**0.80**
耕地	Arable Land	亩/人	mu/person	0.61	0.19	0.77
有效灌溉面积	Effective Irrigated Area	亩/人	mu/person	0.53	0.19	0.64
林地、园地	Woodland, Garden	亩/人	mu/person	0.06	0.11	0.03
牧草地	Grassland	亩/人	mu/person	0.03		
养殖水面	Aquaculture	亩/人	mu/person			
粮食播种面积	**Grain Sown Area**	**亩/人**	**mu/person**	**0.47**	**0.16**	**0.33**
小麦	Wheat	亩/人	mu/person	0.04	0.02	0.00
水稻	Rice	亩/人	mu/person	0.06	0.03	
玉米	Corn	亩/人	mu/person	0.37	0.11	0.31
豆类	Soybeans	亩/人	mu/person			
薯类	Tubers	亩/人	mu/person	0.00		0.01
经济作物播种面积	**Sown Area of Economy Crops**	**亩/人**	**mu/person**	**0.07**	**0.03**	**0.36**
油料	Bearing	亩/人	mu/person	0.01	0.00	0.01
蔬菜	Vegetable	亩/人	mu/person	0.02	0.01	0.03
设施蔬菜	Facilities Vegetables	亩/人	mu/person	0.00	0.00	
水果	Fruits	亩/人	mu/person	0.04	0.01	0.33
设施水果	Facilities Fruit	亩/人	mu/person	0.00	0.00	
机耕面积	**Machine-cultivated Area**	**亩/人**	**mu/person**	**0.57**	**0.17**	**0.73**
机播面积	**Mechanical Sowing Area**	**亩/人**	**mu/person**	**0.54**	**0.17**	**0.71**
机收面积	**Mechanical Harvesting Area**	**亩/人**	**mu/person**	**0.44**	**0.27**	**0.37**
机电灌溉面积	**Electromechanical Irrigation Area**	**亩/人**	**mu/person**	**0.08**	**0.00**	**0.09**
主要农产品产量	**Output of Major Agricultural Products**		--	--	--	--
谷物产量	Cereal	公斤/人	kg/person	333.48	49.14	179.52
小麦产量	Wheat	公斤/人	kg/person	15.04	3.18	0.82
稻谷产量	Rice	公斤/人	kg/person	27.35	12.27	
玉米产量	Corn	公斤/人	kg/person	290.79	33.69	173.86
薯类产量	Tubers	公斤/人	kg/person	2.27		2.37
豆类产量	Soybeans	公斤/人	kg/person	0.04		0.08
油料产量	Bearing	公斤/人	kg/person	1.24	0.00	0.47

Basic Statistics of Land Managed and Farm Crop Planting for Urban Households by City and County (2020)

银川市 Yinchuan	兴庆区 Xingqing	西夏区 Xixia	金凤区 Jinfeng	永宁县 Yongning	贺兰县 Helan	灵武市 Lingwu	石嘴山市 Shizuishan	大武口区 Dawukou	惠农区 Huinong	平罗县 Pingluo	吴忠市 Wuzhong
0.20	0.25			0.66	0.31	0.32	0.60	0.04	1.47	0.74	0.79
0.09				0.63	0.31	0.27	0.55	0.03	1.29	0.74	0.77
0.09				0.63	0.31	0.27	0.55	0.03	1.29	0.74	0.68
0.11	0.25			0.03		0.05	0.05	0.01	0.18		0.02
0.08				0.62	0.31	0.16	0.45	0.03	0.96	0.73	0.32
							0.09	0.02	0.17	0.13	0.01
0.03					0.26	0.09	0.07			0.31	
0.06				0.62	0.04	0.07	0.29	0.01	0.79	0.29	0.31
											0.00
0.02				0.01		0.16	0.04	0.01	0.09	0.04	0.34
							0.01		0.05		
0.01				0.00		0.11	0.03	0.01	0.04	0.04	0.02
0.00				0.00		0.02	0.00	0.01			
0.01				0.01		0.05					0.32
0.00				0.01							
0.08				0.62	0.31	0.18	0.54	0.02	1.29	0.73	0.69
0.08				0.62	0.31	0.18	0.54	0.02	1.29	0.73	0.68
0.06				0.26	0.31	0.16	1.03	0.02	3.09	0.73	0.38
											0.09
--	--	--	--	--	--	--	--	--	--	--	--
31.07				249.71	18.75	120.63	124.70	7.00	0.02	503.96	187.13
							16.34	7.00	0.01	53.75	1.34
6.29					18.75	53.61	40.90			169.94	
24.78				249.71		67.02	67.46		0.01	280.27	181.65
											0.56
							0.00		0.00		0.02

2-51 续表

指标名称	Item	单位	Unit	利通区 Litong	红寺堡区 Hongsipu	盐池县 Yanchi
期末实际经营的土地面积	**Area of Cultivated Land at Year-end**	**亩/人**	**mu/person**	**0.05**		**0.86**
耕地	Arable Land	亩/人	mu/person	0.00		0.85
有效灌溉面积	Effective Irrigated Area	亩/人	mu/person	0.00		0.33
林地、园地	Woodland, Garden	亩/人	mu/person	0.04		0.00
牧草地	Grassland	亩/人	mu/person			
养殖水面	Aquaculture	亩/人	mu/person			
粮食播种面积	**Grain Sown Area**	**亩/人**	**mu/person**			**0.28**
小麦	Wheat	亩/人	mu/person			
水稻	Rice	亩/人	mu/person			
玉米	Corn	亩/人	mu/person			0.27
豆类	Soybeans	亩/人	mu/person			
薯类	Tubers	亩/人	mu/person			0.01
经济作物播种面积	**Sown Area of Economy Crops**	**亩/人**	**mu/person**	**0.03**		**0.11**
油料	Bearing	亩/人	mu/person			
蔬菜	Vegetable	亩/人	mu/person			0.10
设施蔬菜	Facilities Vegetables	亩/人	mu/person			
水果	Fruits	亩/人	mu/person	0.03		0.00
设施水果	Facilities Fruit	亩/人	mu/person			
机耕面积	**Machine-cultivated Area**	**亩/人**	**mu/person**	**0.00**		**0.63**
机播面积	**Mechanical Sowing Area**	**亩/人**	**mu/person**	**0.00**		**0.63**
机收面积	**Mechanical Harvesting Area**	**亩/人**	**mu/person**	**0.00**		**0.63**
机电灌溉面积	**Electromechanical Irrigation Area**	**亩/人**	**mu/person**	**0.00**		**0.33**
主要农产品产量	**Output of Major Agricultural Products**		--	--	--	--
谷物产量	Cereal	公斤/人	kg/person		75.26	227.97
小麦产量	Wheat	公斤/人	kg/person			
稻谷产量	Rice	公斤/人	kg/person			
玉米产量	Corn	公斤/人	kg/person		59.35	208.35
薯类产量	Tubers	公斤/人	kg/person			3.38
豆类产量	Soybeans	公斤/人	kg/person			
油料产量	Bearing	公斤/人	kg/person		0.27	

continued

同心县 Tongxin	青铜峡市 Qingtongxia	**固原市 Guyuan**	原州区 Yuanzhou	西吉县 Xiji	隆德县 Longde	泾源县 Jingyuan	彭阳县 Pengyang	**中卫市 Zhongwei**	沙坡头区 Shapotou	中宁县 Zhongning	海原县 Haiyuan
3.63	**0.35**	**0.10**		**0.28**	**0.12**	**0.81**	**0.03**	**0.42**	**0.05**	**1.08**	
3.63	0.35	**0.05**		0.27	0.12		0.03	**0.18**	0.05	0.44	
3.56	0.35							**0.16**	0.00	0.44	
		0.05		0.01		0.81		**0.23**		0.64	
1.62	**0.13**	**0.03**		**0.08**	**0.11**		**0.03**	**0.18**	**0.12**	**0.34**	
	0.03	**0.01**		0.02	0.02			**0.00**	0.00		
								0.01	0.02		
1.62	0.10	**0.02**		0.02	0.08		0.03	**0.17**	0.09	0.34	
		0.01		0.05	0.01						
2.01		**0.02**		**0.13**	**0.01**			**0.07**		**0.18**	
		0.01		0.04	0.01						
		0.01		0.08				**0.00**		0.00	
								0.00		0.00	
2.01								**0.06**		0.18	
3.63	**0.13**	**0.05**		**0.26**	**0.12**		**0.03**	**0.16**	**0.00**	**0.44**	
3.56	**0.13**	**0.04**		**0.16**	**0.11**		**0.03**	**0.16**	**0.00**	**0.44**	
1.62	**0.11**	**0.02**		**0.07**	**0.07**			**0.16**	**0.00**	**0.44**	
0.24		**0.01**		**0.05**							
--	--	--	--	--	--	--	--	--	--	--	--
810.18	97.62	**5.54**		12.05	5.79		21.54	**78.41**	38.15	165.04	
	6.18	**1.22**		4.27	5.79			**1.27**	2.69		
								16.79	35.46		
810.18	91.45	**4.33**		7.77			21.54	**60.35**		165.04	
		1.69		14.76							
		0.19			1.54						
		0.40		3.47							

2-52 2020年各市县城镇居民家庭主要食品消费数量

单位：公斤/人

指标名称	Item	全区 Total	沿黄地区 Plain	中南部地区 Mountain Area	银川市 Yinchuan	兴庆区 Xingqing
一、粮食消费量	**Grain**	**93.0**	**79.6**	**100.9**	**72.3**	**72.7**
(一)谷物消费量	Cereal	**84.9**	**71.5**	**92.6**	**64.7**	63.5
1.小麦	Wheat	**49.1**	**40.1**	**57.2**	**35.4**	34.3
2.稻谷	Rice	**32.7**	**28.6**	**31.4**	**26.6**	26.3
3.玉米	Corn	**0.4**	**0.1**	**0.9**	**0.1**	
4.其他谷物	Others	**2.8**	**2.7**	**3.1**	**2.7**	2.9
(二)薯类消费量	Tubers	**1.5**	**0.9**	**3.2**	**1.0**	1.3
1.红薯	Sweet Potato	**0.5**	**0.6**	**0.5**	**0.7**	0.9
2.马铃薯	Potato	**0.6**	**0.0**	**2.1**	**0.0**	
3.其他薯类	Others	**0.4**	**0.4**	**0.6**	**0.4**	0.4
(三)豆类消费量	Beans	**6.6**	**7.1**	**5.1**	**6.6**	7.9
1.大豆	Soybeans	**0.1**	**0.1**	**0.1**	**0.0**	0.0
2.其他豆类	Others	**6.5**	**7.0**	**5.0**	**6.6**	7.9
二、蔬菜及菜制品消费量	**Vegetables and Processed Products**	**96.9**	**101.1**	**72.9**	**98.6**	**112.0**
其中：鲜菜	Fresh Vegetables	**94.0**	**97.9**	**70.4**	**95.3**	108.2
三、肉禽及其制品	**Meat, Poultry and Processed Products**	**24.7**	**24.3**	**24.1**	**23.2**	**23.8**
1.猪肉	Pork	**6.4**	**6.3**	**6.0**	**6.0**	6.4
2.牛肉	Beef	**4.8**	**4.3**	**7.0**	**3.9**	3.9
3.羊肉	Mutton	**4.6**	**4.7**	**2.8**	**4.5**	4.9
4.家禽	Poultry	**7.4**	**7.2**	**6.9**	**6.9**	6.6
5.其他肉禽及制品	Others	**1.6**	**1.8**	**1.4**	**1.8**	2.1
四、蛋类及蛋制品	**Eggs and Processed Products**	**8.9**	**9.7**	**7.2**	**9.8**	**11.1**
五、奶和奶制品	**Milk and Processed Products**	**18.1**	**19.5**	**18.3**	**21.5**	**22.8**
六、水产品	**Aquatic Products**	**4.1**	**4.9**	**2.7**	**5.3**	**6.3**
其中：鱼类	Fish	**2.7**	**3.1**	**1.9**	**3.2**	3.8
七、油脂类消费量	**Grease**	**7.6**	**6.9**	**8.7**	**6.5**	**7.2**
1.植物油	Vegetable Oil	**7.6**	**6.8**	**8.7**	**6.4**	7.2
2.动物油	Animal Oil	**0.1**	**0.0**	**0.0**	**0.1**	0.1
八、糖果糕点类	**Confection and Pastry**	**5.0**	**5.5**	**4.2**	**5.7**	**6.5**
九、干鲜瓜果类	**Melon and Fruits**	**81.4**	**83.6**	**82.8**	**81.7**	**89.8**
1.鲜瓜果	Melons	**76.2**	**78.2**	**78.0**	**76.4**	83.6
2.瓜果制品	Watermelon	**1.3**	**1.3**	**1.5**	**1.3**	1.7
3.坚果类	Nuts	**3.9**	**4.0**	**3.4**	**4.0**	4.5
十、消费茶叶	**Tea Leaves**	**0.2**	**0.2**	**0.3**	**0.2**	**0.2**
十一、酒	**Liquor**	**3.0**	**3.3**	**1.8**	**3.4**	**2.6**
1.白酒	White Spirit	**0.6**	**0.8**	**0.4**	**0.8**	1.0
2.啤酒	Beer	**2.2**	**2.3**	**1.4**	**2.4**	1.4
3.果酒	Fruit Wine	**0.1**	**0.2**	**0.1**	**0.2**	0.3

Consumption Quantity of Major Foods for Urban Households by City and County (2020)

(kg/person)

西夏区 Xixia	金凤区 Jinfeng	永宁县 Yongning	贺兰县 Helan	灵武市 Lingwu	**石嘴山市 Shizuishan**	大武口区 Dawukou	惠农区 Huinong	平罗县 Pingluo	**吴忠市 Wuzhong**
77.4	**57.0**	**93.2**	**79.7**	**75.3**	**91.0**	**101.6**	**78.0**	**84.3**	**86.5**
69.1	51.0	85.1	73.5	71.0	**81.6**	91.0	68.5	77.8	**80.4**
41.8	28.4	44.0	39.7	35.3	**53.4**	59.1	46.4	49.8	**40.1**
24.5	20.2	37.8	30.5	33.8	**25.0**	28.1	18.4	26.2	**37.9**
0.0		0.1	1.3		**0.0**	0.1			**0.1**
2.8	2.4	3.2	2.1	2.0	**3.2**	3.7	3.7	1.8	**2.3**
1.4	0.8	0.5	0.5	0.7	**0.4**	0.4		0.9	**1.3**
1.0	0.5		0.2	0.4	**0.1**			0.6	**0.4**
			0.0		**0.0**			0.0	**0.5**
0.4	0.3	0.5	0.3	0.3	**0.3**	0.4		0.3	**0.4**
6.9	5.2	7.6	5.6	3.6	**9.0**	10.3	9.6	5.6	**4.8**
		0.0	0.2	0.1	**0.3**	0.3	0.5	0.0	**0.1**
6.9	5.2	7.6	5.5	3.5	**8.7**	10.0	9.1	5.6	**4.7**
103.1	**87.5**	**95.2**	**80.2**	**75.4**	**114.4**	**127.4**	**117.9**	**84.2**	**81.3**
99.3	84.6	91.6	77.7	73.5	**110.8**	123.0	114.0	82.5	**79.3**
23.3	**22.2**	**25.2**	**18.4**	**24.5**	**26.0**	**29.4**	**23.7**	**21.9**	**28.8**
8.4	5.2	6.3	5.2	2.8	**7.6**	9.4	5.6	6.3	**4.1**
2.8	4.2	3.5	2.6	6.4	**3.6**	3.3	4.3	3.6	**8.9**
3.4	4.4	3.7	3.9	6.6	**5.2**	5.5	3.8	6.3	**6.3**
6.9	6.8	9.1	5.5	8.0	**7.2**	7.8	8.2	5.0	**8.4**
1.8	1.6	2.5	1.2	0.8	**2.4**	3.4	1.9	0.8	**1.1**
10.6	**8.7**	**8.8**	**7.2**	**7.9**	**11.4**	**13.2**	**11.6**	**7.4**	**6.3**
20.7	**22.0**	**23.2**	**16.0**	**19.3**	**14.9**	**17.4**	**16.5**	**7.8**	**20.0**
5.6	**5.1**	**3.9**	**3.3**	**3.3**	**5.3**	**6.7**	**5.8**	**2.1**	**2.8**
3.2	3.4	2.7	2.0	2.1	**3.4**	3.9	4.3	1.4	**2.0**
5.7	**4.9**	**8.1**	**6.8**	**6.4**	**7.1**	**7.2**	**6.3**	**7.8**	**7.6**
5.7	4.9	8.0	6.3	6.4	**7.1**	7.2	6.3	7.8	**7.5**
0.0	0.0	0.0	0.5		**0.0**	0.0	0.0	0.0	**0.0**
5.7	**4.9**	**5.4**	**5.9**	**4.2**	**6.2**	**5.9**	**7.8**	**4.9**	**3.9**
75.1	**72.8**	**92.2**	**71.7**	**76.7**	**94.3**	**92.8**	**111.0**	**78.5**	**83.0**
70.4	68.6	86.7	66.5	72.3	**88.1**	86.5	103.3	74.1	**78.4**
0.9	1.1	1.3	1.5	0.7	**1.6**	1.5	2.4	0.9	**1.1**
3.7	3.1	4.2	3.7	3.7	**4.6**	4.8	5.3	3.5	**3.4**
0.2	**0.1**	**0.2**	**0.2**	**0.3**	**0.2**	**0.2**	**0.3**	**0.3**	**0.2**
3.7	**5.1**	**5.0**	**2.6**	**1.8**	**4.5**	**4.2**	**6.6**	**2.9**	**1.9**
1.0	0.7	0.6	0.4	0.4	**1.1**	1.1	1.6	0.7	**0.3**
2.5	4.3	4.3	2.0	1.3	**3.3**	3.0	4.7	2.2	**1.5**
0.2	0.1	0.1	0.2	0.1	**0.1**	0.1	0.2	0.0	**0.1**

2-52 续表

单位：公斤/人

指标名称	Item	利通区 Litong	红寺堡区 Hongsipu	盐池县 Yanchi	同心县 Tongxin	青铜峡市 Qingtongxia
一、粮食消费量	**Grain**	**75.6**	**84.7**	**86.2**	**100.8**	**97.5**
(一)谷物消费量	Cereal	70.1	76.0	79.1	95.5	91.1
1.小麦	Wheat	33.3	42.7	39.8	47.8	46.8
2.稻谷	Rice	34.6	29.6	36.0	46.0	42.0
3.玉米	Corn		1.6	0.2		
4.其他谷物	Others	2.2	2.1	3.1	1.7	2.4
(二)薯类消费量	Tubers	0.9	4.0	2.5	0.9	0.8
1.红薯	Sweet Potato	0.4	0.4	0.4	0.5	0.4
2.马铃薯	Potato		3.0	1.8		0.0
3.其他薯类	Others	0.4	0.6	0.3	0.3	0.3
(三)豆类消费量	Beans	4.6	4.6	4.6	4.5	5.6
1.大豆	Soybeans	0.2	0.1	0.1	0.0	0.1
2.其他豆类	Others	4.4	4.6	4.5	4.4	5.5
二、蔬菜及菜制品消费量	**Vegetables and Processed Products**	**88.4**	**71.0**	**63.8**	**75.4**	**88.2**
其中：鲜菜	Fresh Vegetables	86.4	68.2	62.4	73.4	85.7
三、肉禽及其制品	**Meat, Poultry and Processed Products**	**35.8**	**26.2**	**25.2**	**23.9**	**22.4**
1.猪肉	Pork	1.7	4.5	8.8	2.5	6.1
2.牛肉	Beef	14.1	6.6	1.5	11.6	3.4
3.羊肉	Mutton	9.2	2.9	8.3	2.2	3.0
4.家禽	Poultry	9.9	10.2	5.5	7.1	8.3
5.其他肉禽及制品	Others	0.9	1.9	1.2	0.5	1.6
四、蛋类及蛋制品	**Eggs and Processed Products**	**7.2**	**6.5**	**7.0**	**3.9**	**5.7**
五、奶和奶制品	**Milk and Processed Products**	**16.1**	**16.1**	**21.3**	**20.1**	**27.3**
六、水产品	**Aquatic Products**	**3.2**	**3.3**	**1.9**	**2.5**	**2.7**
其中：鱼类	Fish	2.6	2.2	1.1	2.1	1.6
七、油脂类消费量	**Grease**	**7.8**	**7.7**	**5.3**	**10.4**	**6.8**
1.植物油	Vegetable Oil	7.8	7.7	5.2	10.3	6.8
2.动物油	Animal Oil	0.0	0.0	0.1	0.0	0.0
八、糖果糕点类	**Confection and Pastry**	**4.0**	**3.7**	**2.8**	**3.3**	**4.9**
九、干鲜瓜果类	**Melon and Fruits**	**89.1**	**90.7**	**77.7**	**75.4**	**78.6**
1.鲜瓜果	Melons	84.2	85.7	73.8	71.6	74.0
2.瓜果制品	Watermelon	1.1	1.6	1.2	0.9	1.3
3.坚果类	Nuts	3.9	3.4	2.8	2.9	3.2
十、消费茶叶	**Tea Leaves**	**0.3**	**0.1**	**0.1**	**0.2**	**0.1**
十一、酒	**Liquor**	**1.0**	**1.7**	**4.0**	**0.7**	**2.7**
1.白酒	White Spirit	0.4	0.3	0.3	0.1	0.3
2.啤酒	Beer	0.5	1.3	3.7	0.5	2.3
3.果酒	Fruit Wine	0.1	0.0	0.0	0.1	0.1

continued

(kg/person)

固原市 Guyuan	原州区 Yuanzhou	西吉县 Xiji	隆德县 Longde	泾源县 Jingyuan	彭阳县 Pengyang	**中卫市** Zhongwei	沙坡头区 Shapotou	中宁县 Zhongning	海原县 Haiyuan
103.2	**100.7**	**111.9**	**115.6**	**74.0**	**105.8**	**98.6**	**104.4**	**79.1**	**125.6**
94.7	92.0	101.7	104.8	68.4	100.4	**88.9**	92.8	72.8	113.7
65.7	59.2	70.5	79.1	51.5	78.5	**47.1**	46.9	35.8	73.5
23.4	26.0	26.6	21.7	14.1	16.8	**39.0**	43.7	33.5	37.4
1.4	1.7	1.7	1.0	0.4	0.6	**0.4**	0.0	1.0	0.0
4.3	5.0	2.8	3.0	2.4	4.4	**2.4**	2.3	2.5	2.8
2.8	2.3	6.5	4.4	1.0	1.4	**1.7**	1.3	0.6	5.5
0.6	0.6	0.7	0.6	0.5	0.4	**0.6**	0.8	0.3	0.5
1.5	1.0	4.8	3.2		0.3	**0.7**			4.3
0.8	0.8	1.0	0.6	0.5	0.8	**0.4**	0.4	0.3	0.7
5.6	6.4	3.7	6.4	4.6	4.0	**8.0**	10.3	5.7	6.5
0.2	0.2		0.2		0.2	**0.1**	0.1	0.0	0.0
5.5	6.2	3.7	6.1	4.6	3.8	**7.9**	10.2	5.6	6.4
74.8	**72.4**	**70.0**	**82.7**	**76.7**	**79.5**	**91.9**	**108.5**	**76.3**	**78.8**
72.0	69.6	66.9	78.9	74.5	77.3	**89.2**	105.0	74.4	76.6
23.2	**23.9**	**28.2**	**20.5**	**12.1**	**23.1**	**20.2**	**22.1**	**16.8**	**22.0**
7.4	6.3	9.2	8.9	0.1	10.9	**6.7**	7.0	7.8	3.1
6.3	7.6	8.5	2.7	7.2	2.7	**3.1**	2.1	1.7	9.2
1.5	1.3	1.9	1.6	0.2	2.2	**2.2**	3.0	1.5	1.4
6.1	6.5	7.1	5.9	3.8	5.3	**6.7**	7.8	4.7	7.9
1.9	2.2	1.5	1.4	0.8	2.1	**1.5**	2.1	1.1	0.4
8.6	**9.3**	**8.7**	**7.6**	**6.0**	**7.8**	**7.5**	**8.3**	**6.5**	**7.5**
15.0	**18.0**	**14.6**	**7.5**	**17.2**	**9.8**	**17.1**	**16.9**	**12.6**	**28.0**
2.7	**3.0**	**3.2**	**2.5**	**1.7**	**1.8**	**2.8**	**3.0**	**2.4**	**3.1**
1.8	2.0	2.4	1.4	1.1	1.1	**1.9**	1.9	1.8	2.2
9.4	**10.7**	**7.1**	**8.8**	**8.2**	**7.6**	**8.9**	**10.0**	**6.4**	**11.2**
9.4	10.7	7.1	8.8	8.1	7.6	**8.8**	10.0	6.3	11.2
0.0	0.0	0.0	0.1	0.1		**0.1**	0.1	0.1	
5.3	**6.1**	**4.3**	**4.5**	**3.0**	**4.3**	**3.8**	**4.1**	**2.9**	**5.0**
84.6	**89.0**	**89.6**	**66.3**	**71.6**	**84.9**	**72.1**	**76.6**	**61.4**	**83.4**
78.9	83.3	84.3	61.4	65.8	78.8	**67.7**	71.8	57.4	78.9
1.8	1.8	1.6	1.6	1.4	2.2	**1.1**	1.3	0.9	1.3
3.8	3.9	3.7	3.3	4.3	3.9	**3.3**	3.5	3.1	3.2
0.3	**0.3**	**0.5**	**0.2**	**0.4**	**0.2**	**0.1**	**0.1**	**0.0**	**0.4**
1.6	**1.4**	**2.0**	**1.8**	**0.4**	**2.1**	**1.8**	**2.6**	**1.0**	**1.6**
0.6	0.6	0.2	0.7	0.0	1.2	**0.5**	0.7	0.2	0.3
0.9	0.8	1.7	1.0	0.3	0.9	**1.3**	1.8	0.7	1.2
0.1	0.1	0.0	0.1	0.0	0.1	**0.1**	0.1	0.1	0.1

2-53 2020年各市县城镇居民家庭主要产品出售情况

指标名称		Item		单位	Unit	全区 Total	沿黄地区 Plain	中南部地区 Mountain Area
谷物	数量	Cereal	Quantity	公斤/人	kg/person	107.9	72.6	85.5
	金额		Amount	元/人	yuan/person	216.6	135.1	130.2
小麦	数量	Wheat	Quantity	公斤/人	kg/person	4.7	0.2	
	金额		Amount	元/人	yuan/person	12.2	0.5	
稻谷	数量	Rice	Quantity	公斤/人	kg/person	2.5	13.7	
	金额		Amount	元/人	yuan/person	6.3	27.0	
玉米	数量	Corn	Quantity	公斤/人	kg/person	100.3	58.7	84.5
	金额		Amount	元/人	yuan/person	196.9	107.6	128.4
薯类	数量	Soybeans	Quantity	公斤/人	kg/person	1.4		1.9
	金额		Amount	元/人	yuan/person	8.7		10.7
豆类	数量	Tubers	Quantity	公斤/人	kg/person			
	金额		Amount	元/人	yuan/person			
油料	数量	Bearing	Quantity	公斤/人	kg/person	0.3	0.0	0.1
	金额		Amount	元/人	yuan/person	1.5	0.0	0.8
蔬菜及食用菌	数量	Vegetables and Edible Fungi	Quantity	公斤/人	kg/person	30.0	29.2	11.7
	金额		Amount	元/人	yuan/person	55.4	45.2	1.4
瓜类	数量	Melons	Quantity	公斤/人	kg/person	13.9	5.0	29.5
	金额		Amount	元/人	yuan/person	17.1	8.4	28.5
园林水果	数量	Fruits	Quantity	公斤/人	kg/person	2.2	5.8	
	金额		Amount	元/人	yuan/person	17.4	20.5	
中药材	数量	Medicinal Materials	Quantity	公斤/人	kg/person	0.2	0.3	
	金额		Amount	元/人	yuan/person	3.7	3.4	
林木种苗	数量	Wood and Germchit	Quantity	公斤/人	kg/person	2.8	5.6	1.6
	金额		Amount	元/人	yuan/person	28.1	57.8	13.2
肉猪	头数(头)	Hog	Count (head)	头/人	head/person	0.0	0.1	0.0
	毛重		Gross Weight	公斤/人	kg/person	4.0	9.6	0.1
	金额		Amount	元/人	yuan/person	125.3	197.2	2.5
自宰猪	数量	Homestead Hog	Quantity	公斤/人	kg/person	0.0		
	金额		Amount	元/人	yuan/person	1.2		
肉牛	头数(头)	Cattle	Count (head)	头/人	head/person	0.0	0.0	0.0
	毛重		Gross Weight	公斤/人	kg/person	6.2	0.3	0.3
	金额		Amount	元/人	yuan/person	212.7	10.4	9.1
自宰牛	数量	Homestead Cattle	Quantity	公斤/人	kg/person			
	金额		Amount	元/人	yuan/person			
菜羊	只数(只)	Sheep	Count (head)	只/人	head/person	0.1		0.0
	毛重		Gross Weight	公斤/人	kg/person	3.4		0.0
	金额		Amount	元/人	yuan/person	105.1		1.0
自宰羊	数量	Homestead Sheep	Quantity	公斤/人	kg/person	0.1		0.3
	金额		Amount	元/人	yuan/person	8.0		14.2
家禽	重量	Poultry	Weight	公斤/人	kg/person	1.7	0.0	0.8
	金额		Amount	元/人	yuan/person	23.7	0.6	11.3
蛋类	数量	Eggs	Quantity	公斤/人	kg/person	6.9		0.0
	金额		Amount	元/人	yuan/person	45.2		0.0
畜皮	数量(张)	Fur	Quantity (piece)	张/人	piece/person	0.0		0.0
	金额		Amount	元/人	yuan/person			
毛绒	数量	Wool	Quantity	公斤/人	kg/person	0.3	0.0	0.2
	金额		Amount	元/人	yuan/person	1.6		0.1
奶类	数量	Milk	Quantity	公斤/人	kg/person			
	金额		Amount	元/人	yuan/person			
鱼类	数量	Fish	Quantity	公斤/人	kg/person			
	金额		Amount	元/人	yuan/person			

Basic Statistics of Sales of Main Products for Urban Households by City and County (2020)

银川市 **Yinchuan**	兴庆区 Xingqing	西夏区 Xixia	金凤区 Jinfeng	永宁县 Yongning	贺兰县 Helan	灵武市 Lingwu	**石嘴山市** **Shizuishan**	大武口区 Dawukou	惠农区 Huinong	平罗县 Pingluo	**吴忠市** **Wuzhong**
33.1				247.2	118.1	66.7	**192.7**	0.6	454.2	281.9	**96.9**
66.8				354.9	330.8	178.2	**332.0**	1.5	975.9	264.7	**157.1**
							1.0	0.6	2.6		
							2.5	1.5	6.6		
12.4					118.1	41.3	**36.5**			151.6	
35.9					330.8	129.5	**27.4**			113.7	
20.8				247.2		25.4	**155.2**		451.5	130.3	**96.3**
30.9				354.9		48.8	**302.1**		969.3	151.0	**156.5**
											0.0
											0.1
							0.0		0.1		**0.1**
							0.1		0.3		**0.5**
43.9				0.7		476.9	**19.6**	6.9	23.3	41.0	**12.4**
64.0				4.0		692.8	**44.0**	29.1	25.1	95.4	**0.0**
8.5						92.7					**27.5**
14.4						156.6					**26.5**
2.0				19.5		5.7					**7.0**
7.9				92.3		10.8					**5.7**
8.5	21.2						**1.2**		4.5		
85.0	211.6						**20.9**		76.3		
							0.2		0.0	0.6	**0.3**
							21.6		0.7	89.1	**37.5**
							339.7		25.8	1382.2	**874.1**
							0.0		0.0		**0.0**
							0.5		1.8		**0.6**
							17.6		64.1		**19.5**
											0.3
											15.6
0.0				0.1		0.3	**0.0**	0.0			**0.4**
0.9				2.4		7.8	**0.1**	0.3			**5.8**
											0.1
											0.0
											0.0
							0.0			0.1	**0.2**
											0.1

2-53 续表

指标名称		Item		单位	Unit	利通区 Litong	红寺堡区 Hongsipu	盐池县 Yanchi
谷物	数量	Cereal	Quantity	公斤/人	kg/person		1.5	131.3
	金额		Amount	元/人	yuan/person		10.6	111.8
小麦	数量	Wheat	Quantity	公斤/人	kg/person			
	金额		Amount	元/人	yuan/person			
稻谷	数量	Rice	Quantity	公斤/人	kg/person			
	金额		Amount	元/人	yuan/person			
玉米	数量	Corn	Quantity	公斤/人	kg/person			127.6
	金额		Amount	元/人	yuan/person			111.8
薯类	数量	Soybeans	Quantity	公斤/人	kg/person		0.6	
	金额		Amount	元/人	yuan/person		1.2	
豆类	数量	Tubers	Quantity	公斤/人	kg/person			
	金额		Amount	元/人	yuan/person			
油料	数量	Bearing	Quantity	公斤/人	kg/person			0.5
	金额		Amount	元/人	yuan/person			2.8
蔬菜及食用菌	数量	Vegetables and Edible Fungi	Quantity	公斤/人	kg/person			75.1
	金额		Amount	元/人	yuan/person			0.0
瓜类	数量	Melons	Quantity	公斤/人	kg/person			
	金额		Amount	元/人	yuan/person			
园林水果	数量	Fruits	Quantity	公斤/人	kg/person	17.1		
	金额		Amount	元/人	yuan/person	13.9		
中药材	数量	Medicinal Materials	Quantity	公斤/人	kg/person			
	金额		Amount	元/人	yuan/person			
林木种苗	数量	Wood and Germchit	Quantity	公斤/人	kg/person			
	金额		Amount	元/人	yuan/person			
肉猪	头数(头)	Hog	Count (head)	头/人	head/person	0.6		
	毛重		Gross Weight	公斤/人	kg/person	91.5		
	金额		Amount	元/人	yuan/person	2134.1		
自宰猪	数量	Homestead Hog	Quantity	公斤/人	kg/person			
	金额		Amount	元/人	yuan/person			
肉牛	头数(头)	Cattle	Count (head)	头/人	head/person			
	毛重		Gross Weight	公斤/人	kg/person			
	金额		Amount	元/人	yuan/person			
自宰牛	数量	Homestead Cattle	Quantity	公斤/人	kg/person			
	金额		Amount	元/人	yuan/person			
菜羊	只数(只)	Sheep	Count (head)	只/人	head/person			
	毛重		Gross Weight	公斤/人	kg/person			
	金额		Amount	元/人	yuan/person			
自宰羊	数量	Homestead Sheep	Quantity	公斤/人	kg/person			1.7
	金额		Amount	元/人	yuan/person			94.7
家禽	重量	Poultry	Weight	公斤/人	kg/person		6.1	0.2
	金额		Amount	元/人	yuan/person		94.7	0.0
蛋类	数量	Eggs	Quantity	公斤/人	kg/person			0.3
	金额		Amount	元/人	yuan/person			0.0
畜皮	数量(张)	Fur	Quantity (piece)	张/人	piece/person			0.1
	金额		Amount	元/人	yuan/person			
毛绒	数量	Wool	Quantity	公斤/人	kg/person			1.1
	金额		Amount	元/人	yuan/person			0.0
奶类	数量	Milk	Quantity	公斤/人	kg/person			
	金额		Amount	元/人	yuan/person			
鱼类	数量	Fish	Quantity	公斤/人	kg/person			
	金额		Amount	元/人	yuan/person			

continued

同心县 Tongxin	青铜峡市 Qingtongxia	**固原市 Guyuan**	原州区 Yuanzhou	西吉县 Xiji	隆德县 Longde	泾源县 Jingyuan	彭阳县 Pengyang	**中卫市 Zhongwei**	沙坡头区 Shapotou	中宁县 Zhongning	海原县 Haiyuan
393.6	68.9	**2.3**			4.4		11.2	**126.6**	186.6	104.5	
671.4	162.6	**4.7**			11.9		20.2	**211.6**	293.4	198.8	
								7.9	16.7		
								21.8	46.0		
393.6	68.9	**1.8**					11.2	**118.7**	169.9	104.5	
671.4	162.6	**3.2**					20.2	**189.8**	247.4	198.8	
		1.9		13.5	2.6						
		11.0		76.9	17.4						
		0.1		0.5							
		0.4		3.3							
0.1		**0.4**		3.5							
0.3		**1.2**		10.4							
179.3											
173.2											
								30.1	63.7		
								130.9	276.6		
								2.0		5.5	
								27.3		74.6	
		2.6				47.3					
		21.8				389.1					
0.0											
0.5											
15.1											
	0.0	**0.0**		0.0	0.0			**0.0**		0.0	
	2.6	**0.5**		1.2	2.6			**0.8**		2.3	
	90.0	**15.6**		37.3	89.8			**25.2**		68.8	
		0.0			0.0						
		0.1			0.6						
		2.5			19.6						
	0.1							**0.0**		0.0	
	2.0							**0.2**		0.6	
0.1											
0.4											

2-54 2020年各市县城镇居民人均可支配收入情况

单位：元/人

指标名称	Item	全区 Total	沿黄地区 Plain	中南部地区 Mountain Area	银川市 Yinchuan
可支配收入	**Disposable Income**	**35719.6**	**36731.5**	**28577.5**	**39416.4**
(一)工资性收入	Income from Wages and Salaries	**24272.6**	**24600.6**	**22166.6**	**26457.6**
(二)经营净收入	Net Business Income	**3465.1**	**3451.5**	**3809.4**	**3734.6**
1.第一产业经营净收入	The Primary Industry	**413.8**	**201.5**	**152.7**	**203.0**
(1)农业	Agriculture	**299.5**	**97.6**	**132.9**	**117.0**
(2)林业	Forestry	**26.5**	**51.2**	**9.5**	**81.7**
(3)牧业	Animal Husbandry	**87.9**	**52.7**	**10.3**	**4.3**
(4)渔业	Fishery				
2.第二产业经营净收入	The Secondary Industry	**660.1**	**477.6**	**547.1**	**679.7**
(1)工业	Industry	**35.5**	**185.9**	**113.3**	**307.2**
(2)建筑业	Construction Industry	**624.6**	**291.7**	**433.8**	**372.5**
3.第三产业经营净收入	The Tertiary Industry	**2391.2**	**2772.4**	**3109.6**	**2851.8**
(1)交通运输业	Transportation Industry	**541.0**	**493.2**	**654.2**	**382.0**
(2)批发零售和住宿餐饮业	Wholesales, Retail Trade, Hotel and Catering Sectors	**1254.1**	**1663.0**	**1918.0**	**1784.3**
(3)社会服务业	Social Services	**519.4**	**512.3**	**338.9**	**579.2**
(4)其他家庭经营	Others	**76.8**	**103.9**	**198.4**	**106.3**
(三)财产净收入	Net Income from Property	**1293.2**	**1367.7**	**806.8**	**1641.4**
1.红利收入	Dividend Income	**91.9**	**58.8**	**78.0**	**64.7**
#2.转让承包土地经营权租金收入	Rental Income from the Management Rights Transfer of Land Contracted	**112.4**	**48.2**	**56.4**	**31.0**
(四)转移净收入	Net Income from Transfer	**6688.7**	**7311.6**	**1794.7**	**7582.8**
#1.养老金或离退休金	Pension or Retirement Benefits	**8137.6**	**8892.6**	**2555.8**	**9648.5**
2.报销医疗费	Reimbursement of Medical Expenses	**642.5**	**510.4**	**248.9**	**606.2**
3.政策性惠农补贴	Political Subsidy Supporting Agriculture	**110.8**	**14.9**	**163.9**	**4.9**
实物可支配收入	**Physical Disposable Income**	**34510.2**	**35907.4**	**28181.8**	**38119.0**
现金可支配收入	**Cash Disposable Income**	**1209.5**	**824.1**	**395.6**	**1297.4**

Basic Statistics of Disposable Income for Urban Households by City and County (2020)

(yuan/person)

兴庆区 Xingqing	西夏区 Xixia	金凤区 Jinfeng	永宁县 Yongning	贺兰县 Helan	灵武市 Lingwu	**石嘴山市 Shizuishan**	大武口区 Dawukou	惠农区 Huinong	平罗县 Pingluo	**吴忠市 Wuzhong**
42363.5	**32610.6**	**43578.2**	**33697.6**	**35195.1**	**35887.2**	**34157.6**	**38270.3**	**30809.0**	**29682.5**	**31159.5**
27088.8	21920.3	30433.6	24657.1	24685.4	24712.6	**21608.0**	24339.1	20714.7	17120.8	**20965.8**
3217.0	1830.0	3073.2	5202.3	3094.3	9896.4	**3150.7**	2752.2	1903.8	5374.2	**4547.9**
203.5			780.0	0.0	687.0	**439.3**	31.2	26.5	1732.2	**144.8**
			779.7	0.0	640.4	**151.8**	32.7	8.8	554.7	**125.6**
203.5						**0.0**		0.1		
			0.3	0.0	46.6	**287.5**	-1.5	17.5	1177.5	**19.2**
406.1	402.0		432.3	669.8	4093.9	**204.4**	83.9	73.8	596.0	**210.0**
	270.1				2907.5					**96.0**
406.1	131.9		432.3	669.8	1186.4	**204.4**	83.9	73.8	596.0	**114.0**
2607.4	1428.0	3073.2	3989.9	2424.5	5115.6	**2507.0**	2637.1	1803.5	3045.9	**4193.1**
61.0	100.4		1058.3	491.0	2482.1	**980.8**	1537.0	228.7	716.3	**644.5**
1911.7	560.7	2400.4	1959.4	944.6	2299.4	**1195.8**	931.0	929.3	2033.2	**2897.9**
307.8	772.2	787.0	972.3	988.9	334.1	**170.1**	50.0	260.5	309.2	**551.6**
326.9	-5.3	-114.2	0.0	0.0	0.0	**160.3**	119.1	385.0	-12.7	**99.1**
2225.0	918.1	1949.0	544.1	1370.8	651.9	**898.6**	1071.8	483.3	1022.6	**1041.3**
161.0						**41.4**	21.7	112.6		**68.5**
4.5			54.6	202.0	113.3	**71.1**	34.0	93.9	119.8	**120.4**
9832.7	7942.2	8122.4	3294.1	6044.5	626.2	**8500.3**	10107.2	7707.2	6164.9	**4604.4**
12375.9	9968.5	9718.5	3788.8	7711.2	3339.2	**9598.3**	11794.4	8107.3	6870.3	**4367.5**
830.2	434.6	491.7	258.5	601.2	452.7	**381.5**	518.4	220.9	288.7	**283.9**
		4.6	10.7	14.8	22.1	**21.3**	1.0	33.7	48.4	**188.3**
40613.3	**31344.2**	**41882.8**	**33518.1**	**34442.7**	**36097.0**	**34061.6**	**37576.0**	**31680.6**	**29690.3**	**30820.9**
1750.2	**1266.3**	**1695.4**	**179.5**	**752.4**	**-209.8**	**96.0**	**694.4**	**-871.6**	**-7.8**	**338.6**

2-54 续表

单位：元/人

指标名称	Item	利通区 Litong	红寺堡区 Hongsipu	盐池县 Yanchi	同心县 Tongxin
可支配收入	**Disposable Income**	**33977.3**	**25468.0**	**29830.9**	**27126.8**
(一)工资性收入	Income from Wages and Salaries	22048.7	19472.3	19614.5	18105.3
(二)经营净收入	Net Business Income	3606.7	4663.6	5931.5	5799.8
1.第一产业经营净收入	The Primary Industry	17.0	157.8	115.7	598.1
(1)农业	Agriculture	-22.6	79.9	92.9	604.5
(2)林业	Forestry				
(3)牧业	Animal Husbandry	39.7	77.9	22.8	-6.4
(4)渔业	Fishery				
2.第二产业经营净收入	The Secondary Industry	99.2	374.9	316.1	626.8
(1)工业	Industry				626.8
(2)建筑业	Construction Industry	99.2	374.9	316.1	
3.第三产业经营净收入	The Tertiary Industry	3490.4	4130.9	5499.8	4575.0
(1)交通运输业	Transportation Industry	119.3	134.8	1245.0	1164.7
(2)批发零售和住宿餐饮业	Wholesales, Retail Trade, Hotel and Catering Sectors	3164.4	3525.1	2627.3	3019.8
(3)社会服务业	Social Services	206.7		1340.9	226.4
(4)其他家庭经营	Others	0.0	471.0	286.6	164.1
(三)财产净收入	Net Income from Property	1518.2	608.6	909.8	693.4
1.红利收入	Dividend Income	132.7	53.0	57.6	
#2.转让承包土地经营权租金收入	Rental Income from the Management Rights Transfer of Land Contracted	8.3	13.6	285.8	30.2
(四)转移净收入	Net Income from Transfer	6803.7	723.6	3375.1	2528.2
#1.养老金或离退休金	Pension or Retirement Benefits	6019.6	1597.2	2402.3	3181.6
2.报销医疗费	Reimbursement of Medical Expenses	298.1	261.1	90.1	313.3
3.政策性惠农补贴	Political Subsidy Supporting Agriculture	13.4	17.6	862.4	149.2
实物可支配收入	**Physical Disposable Income**	**33945.6**	**24694.9**	**29622.6**	**26093.4**
现金可支配收入	**Cash Disposable Income**	**31.7**	**773.1**	**208.4**	**1033.4**

continued

(yuan/person)

青铜峡市 Qingtongxia	**固原市** Guyuan	原州区 Yuanzhou	西吉县 Xiji	隆德县 Longde	泾源县 Jingyuan	彭阳县 Pengyang	**中卫市** Zhongwei	沙坡头区 Shapotou	中宁县 Zhongning	海原县 Haiyuan
31201.0	**30052.1**	**31972.4**	**28975.0**	**25971.5**	**27650.8**	**28327.8**	**30478.5**	**31771.5**	**30120.0**	**27487.7**
22367.4	**25010.5**	26056.6	23925.3	22385.2	23998.9	24642.8	**23375.5**	24528.6	21657.7	23886.7
4353.6	**2577.7**	3160.0	3493.8	1353.5	1819.2	1161.4	**2608.6**	2021.1	3863.3	1485.6
83.8	**17.3**		98.8	-102.1	283.4	18.7	**94.6**	89.9	142.5	-0.3
103.4	**9.6**		75.1	-19.2		21.4	**82.6**	89.9	108.7	1.9
	15.4		0.2		283.4	-2.6				
-19.7	**-7.7**		23.5	-82.9			**12.0**		33.7	-2.2
	518.8	573.3	1802.7				**246.2**	63.7	540.9	113.5
	28.1	51.5								
	490.7	521.8	1802.7				**246.2**	63.7	540.9	113.5
4269.9	**2041.6**	2586.7	1592.3	1455.6	1535.8	1142.7	**2267.8**	1867.5	3180.0	1372.3
943.3	**357.2**	450.8	968.3	-96.0		80.8	**422.9**	337.9	517.1	459.0
2350.6	**1263.1**	1756.9	332.4	1291.9	1535.8	128.1	**1095.9**	1188.6	1056.2	913.3
975.9	**219.0**	161.1	291.7	-7.7		619.6	**749.0**	341.0	1606.7	
0.0	**202.3**	217.9		267.5	0.0	314.2	**0.0**	0.0	0.0	0.0
601.6	**1055.9**	1290.7	513.3	838.0	837.3	893.1	**853.0**	1099.0	707.1	461.1
8.2	**175.7**	322.7					**2.7**	5.7		
297.7	**18.4**			24.2		96.4	**46.9**	33.0	82.8	5.9
3878.4	**1407.9**	1465.1	1042.7	1394.8	995.3	1630.6	**3641.3**	4122.9	3891.9	1654.3
4313.0	**2604.9**	3064.5	2487.0	2142.5	1344.1	1926.8	**4953.1**	5729.5	4848.0	2906.9
390.1	**354.6**	367.6	80.3	346.4	403.4	496.7	**299.1**	230.1	464.2	127.0
77.1	**15.7**		24.1	62.6	0.1	31.6	**36.0**	21.4	69.9	2.0
30789.7	**29806.5**	**31940.5**	**29233.3**	**25754.9**	**26463.5**	**27297.6**	**30409.2**	**32499.8**	**29080.6**	**27276.5**
411.3	**245.6**	**31.9**	**-258.3**	**216.6**	**1187.3**	**1030.3**	**69.2**	**-728.3**	**1039.5**	**211.2**

2-55 2020年各市县城镇居民人均生活消费支出情况

单位：元/人

指标名称	Item	全区 Total	沿黄地区 Plain	中南部地区 Mountain Area	银川市 Yinchuan	兴庆区 Xingqing
生活消费支出	**Living Expenditure**	22379.1	23382.5	18284.6	26670.0	30060.4
(一)食品烟酒	Food, Tobacco and Liquor	6068.3	6653.3	5246.4	7265.3	8256.2
#粮食	Grain	519.9	506.4	525.8	491.0	529.0
油脂	Oil and Fats	132.5	123.2	144.8	119.7	134.9
肉禽及制品	Meat, Poultry and Processed Products	1268.1	1259.3	1215.0	1255.6	1361.2
蛋	Eggs	88.5	96.4	75.0	102.5	118.1
水产品	Aquatic Products	132.1	163.2	68.8	191.5	241.2
蔬菜	Vegetables	477.3	569.4	360.3	607.5	636.7
烟草	Tobacco	351.8	365.2	344.2	360.8	376.0
酒和饮料	Liquor and Beverages	243.9	287.9	204.3	343.5	454.1
奶及奶制品	Milk and Processed Products	311.3	339.1	282.8	400.7	354.6
(二)衣着	Clothing	1776.3	1962.4	1842.7	2171.7	2275.0
#服装	Garments	1439.8	1598.0	1478.2	1760.5	1876.9
(三)居住	Residence	4319.2	4582.3	3367.0	5579.6	6680.7
#住房维修及管理	Housing Maintenance and Management	768.6	660.3	488.8	765.3	661.1
水电燃料及其他	Water, Electricity, Fuels and Others	1122.7	1208.0	830.6	1359.6	1676.9
(四)生活用品及服务	Household Facilities, Articles and Services	1383.5	1463.6	1230.6	1692.8	1885.8
#家用器具	Home Appliances	278.5	300.0	176.4	356.3	438.1
家具及室内装饰品	Articles for Interior Decoration	188.8	166.7	161.7	179.3	127.6
家用纺织品	Bed Articles	106.8	112.9	109.9	125.8	138.0
家庭日用杂品	Household Articles for Daily Use	261.9	290.2	236.3	330.5	388.7
(五)交通通信	Transport and Communications	3680.3	3413.1	2783.0	3829.0	3893.6
#交通	Transport	2770.7	2482.8	2074.8	2792.0	2713.9
通信	Communications	909.6	930.3	708.1	1037.0	1179.7
(六)教育文化娱乐	Education, Culture and Recreation	2250.3	2434.0	2089.1	2844.8	3517.5
文化娱乐	Culture and Recreation	558.9	594.2	444.1	657.9	740.9
#教育	Education	1599.8	1655.7	1659.2	1899.3	2395.2
(七)医疗保健	Health Care and Medical Services	2267.3	2244.7	1292.0	2535.8	2665.3
#医疗器具及药品	Medical Instrument and Medicine	712.3	781.5	566.9	818.5	927.8
(八)其他用品及服务	Other Commodities and Services	634.0	629.2	434.0	751.1	886.4
服务性消费支出	**Consumption Expenditure for Service**	9442.0	10190.1	7028.1	12251.7	14742.6
商品性消费支出	**Consumption Expenditure for Commodity**	12937.1	13192.5	11256.6	14418.3	15317.8

Per Capita Living Expenditure for Urban Residents by City and County (2020)

(yuan/person)

西夏区 Xixia	金凤区 Jinfeng	永宁县 Yongning	贺兰县 Helan	灵武市 Lingwu	石嘴山市 Shizuishan	大武口区 Dawukou	惠农区 Huinong	平罗县 Pingluo	吴忠市 Wuzhong
21264.3	29008.6	23113.6	22156.1	21622.5	19078.9	22145.7	16529.1	15802.0	17495.8
7014.0	7259.4	6451.0	5525.7	5388.1	6227.9	7290.0	5709.9	4676.9	5080.6
622.6	372.9	511.7	453.1	397.7	561.2	711.3	431.4	406.6	444.1
109.4	99.9	136.9	114.8	105.6	129.6	146.3	99.3	130.2	125.9
1224.3	1229.3	1101.9	943.3	1276.6	1358.9	1586.0	1137.0	1153.8	1324.6
121.0	94.7	71.8	71.6	71.6	102.7	119.9	105.2	65.3	62.6
176.6	215.0	96.9	112.5	83.5	161.0	222.3	148.5	51.7	64.9
1011.9	494.3	469.0	424.2	346.6	527.1	603.7	506.3	396.6	371.8
365.7	367.6	385.4	310.7	290.5	425.6	533.6	343.0	302.1	330.2
293.5	353.9	238.8	177.1	133.2	249.1	307.0	237.8	145.2	160.2
400.4	525.9	474.0	370.7	279.3	248.5	284.5	221.8	206.3	232.6
1466.8	2515.7	1918.3	2378.7	2105.3	1813.8	2231.8	1431.4	1406.6	1688.8
1170.2	1976.7	1507.9	1964.8	1747.6	1475.7	1866.8	1091.9	1124.4	1378.5
3398.5	6694.9	4533.5	4242.5	3616.2	2976.3	3504.8	1998.9	3024.4	3239.5
223.6	993.9	1734.6	582.1	924.2	676.4	840.3	342.7	726.1	544.4
1069.3	1326.2	1060.4	1103.4	962.2	945.0	1066.1	833.6	827.8	948.9
1062.9	1906.6	1786.6	1709.0	1281.4	1225.1	1457.8	1247.6	730.3	1094.6
125.9	327.4	288.6	516.8	364.6	256.8	325.4	234.9	143.6	216.6
123.4	351.0	305.3	71.0	83.3	154.2	184.5	181.8	62.0	137.6
83.3	146.5	109.5	110.7	118.7	114.2	169.3	65.1	59.2	85.4
321.6	302.1	268.8	340.6	197.6	265.0	301.6	305.9	144.7	183.9
3457.4	4209.3	4184.7	3028.9	3612.9	2651.0	2793.6	2360.9	2694.0	2601.2
2532.6	3221.8	3238.6	2192.9	2672.5	1914.5	1847.7	1845.2	2128.0	1914.8
924.8	987.5	946.1	836.0	940.5	736.5	945.9	515.8	566.0	686.4
1643.7	2835.9	1848.9	2352.1	3055.9	1946.8	2232.5	1767.1	1575.3	1987.1
578.3	670.7	580.9	524.5	562.1	486.9	607.5	364.7	382.9	426.1
934.4	1755.1	1135.4	1423.6	2611.6	1356.9	1593.1	1111.5	1160.5	1494.1
2824.5	2715.4	1592.3	2197.2	2124.4	1814.7	2066.2	1692.9	1446.6	1414.2
805.4	757.4	699.4	790.2	621.9	803.7	1083.8	519.0	563.4	496.3
396.4	871.4	798.3	722.1	438.2	423.5	568.9	320.4	247.9	389.8
8487.4	13848.4	8083.7	9516.8	9292.0	6884.7	8007.6	5954.6	5680.9	6999.5
12776.9	15160.2	15029.9	12639.3	12330.5	12194.2	14138.1	10574.5	10121.1	10496.3

2-55 续表

单位：元/人

指标名称	Item	利通区 Litong	红寺堡区 Hongsipu	盐池县 Yanchi	同心县 Tongxin	青铜峡市 Qingtongxia
生活消费支出	**Living Expenditure**	**19698.4**	**18053.0**	**15553.2**	**16781.0**	**15179.9**
(一)食品烟酒	Food, Tobacco and Liquor	5897.2	5582.9	4541.9	4314.3	4361.1
#粮食	Grain	422.6	451.9	417.5	508.9	457.1
油脂	Oil and Fats	130.5	120.1	96.0	176.2	106.0
肉禽及制品	Meat, Poultry and Processed Products	1638.7	1236.6	1123.0	1302.6	924.4
蛋	Eggs	70.7	61.1	69.5	43.6	55.9
水产品	Aquatic Products	71.0	74.2	57.9	48.0	68.5
蔬菜	Vegetables	433.4	336.7	254.1	365.3	359.2
烟草	Tobacco	386.5	396.2	282.2	257.3	294.7
酒和饮料	Liquor and Beverages	178.7	218.5	183.9	128.1	115.0
奶及奶制品	Milk and Processed Products	232.8	280.0	277.2	174.0	227.4
(二)衣着	Clothing	1651.7	1658.1	1893.3	1895.6	1464.8
#服装	Garments	1358.2	1326.5	1489.4	1546.4	1227.1
(三)居住	Residence	3807.1	3115.6	3278.9	3067.1	2293.1
#住房维修及管理	Housing Maintenance and Management	588.9	780.8	765.6	433.6	308.4
水电燃料及其他	Water, Electricity, Fuels and Others	1184.5	439.2	823.8	757.7	868.7
(四)生活用品及服务	Household Facilities, Articles and Services	1102.9	1187.1	999.3	1238.4	1025.7
#家用器具	Home Appliances	243.2	116.5	238.1	149.3	223.7
家具及室内装饰品	Articles for Interior Decoration	177.6	126.5	59.7	173.1	99.0
家用纺织品	Bed Articles	85.2	78.7	98.3	95.4	70.5
家庭日用杂品	Household Articles for Daily Use	169.3	234.3	188.1	218.2	171.0
(五)交通通信	Transport and Communications	2896.4	3284.4	1676.5	1949.6	3030.2
#交通	Transport	2105.1	2585.2	1029.8	1520.6	2332.7
通信	Communications	791.3	699.2	646.6	429.1	697.5
(六)教育文化娱乐	Education, Culture and Recreation	2327.6	1719.4	1754.9	2521.1	1214.0
文化娱乐	Culture and Recreation	517.4	427.3	413.2	248.9	388.6
#教育	Education	1608.5	1389.0	1345.3	2256.3	880.1
(七)医疗保健	Health Care and Medical Services	1588.6	1166.0	974.0	1454.3	1457.2
#医疗器具及药品	Medical Instrument and Medicine	525.7	487.9	518.9	492.4	428.5
(八)其他用品及服务	Other Commodities and Services	426.9	339.4	434.4	340.5	333.8
服务性消费支出	**Consumption Expenditure for Service**	**8366.5**	**6906.5**	**5719.5**	**6636.0**	**5676.9**
商品性消费支出	**Consumption Expenditure for Commodity**	**11331.8**	**11146.5**	**9833.7**	**10145.1**	**9502.9**

continued

(yuan/person)

固原市 Guyuan	原州区 Yuanzhou	西吉县 Xiji	隆德县 Longde	泾源县 Jingyuan	彭阳县 Pengyang	中卫市 Zhongwei	沙坡头区 Shapotou	中宁县 Zhongning	海原县 Haiyuan
21041.4	24250.6	19012.8	16161.5	16038.1	17143.0	18100.7	19067.7	18107.0	15240.7
6021.8	6860.2	5670.8	4823.9	4349.2	4942.4	4851.5	5409.0	4289.4	4488.5
566.8	594.7	608.0	548.1	413.4	510.3	509.1	558.1	408.0	594.9
142.9	156.8	129.9	150.8	134.3	101.7	145.1	158.1	100.2	208.8
1206.9	1328.0	1393.4	868.3	733.1	1092.7	957.9	1021.5	794.6	1141.8
92.7	96.8	96.8	85.1	63.5	92.3	65.9	73.5	53.5	71.5
80.1	98.5	67.8	59.2	41.2	55.8	77.1	90.7	59.9	76.4
405.4	421.0	361.1	443.7	375.3	364.4	424.6	513.0	333.6	371.2
390.4	409.8	529.0	368.9	265.5	285.2	268.2	306.2	242.4	214.8
244.5	246.6	240.0	222.9	170.2	283.8	152.5	171.4	116.5	178.7
343.9	411.5	355.1	233.1	355.3	188.3	283.0	233.5	387.9	189.8
1917.2	2209.2	1953.3	1303.1	1477.0	1532.7	1615.4	1785.1	1394.7	1617.2
1547.4	1776.7	1595.9	1018.3	1183.0	1274.0	1314.4	1467.4	1143.7	1252.1
3800.6	4259.1	3477.7	3096.6	3114.5	3262.6	3580.3	4140.4	3224.8	2740.2
418.1	449.2	382.5	213.6	364.4	517.4	470.8	681.7	310.4	214.3
934.6	952.4	1106.3	893.7	955.0	775.2	925.6	1003.0	880.2	800.8
1378.1	1644.7	1180.7	1019.8	1065.4	1002.0	1132.4	1122.0	1134.9	1157.3
205.6	232.7	167.9	110.2	91.8	255.4	148.0	126.4	186.0	125.1
186.0	203.8	136.5	310.3	152.5	74.6	201.4	223.1	149.8	255.0
124.6	159.9	92.0	75.8	106.1	72.2	88.3	85.4	65.9	147.8
270.0	318.3	240.5	183.2	215.6	213.6	201.1	212.6	176.9	221.9
3543.4	4331.5	3392.2	2159.7	2334.8	2475.3	2963.2	2741.3	3628.6	2103.9
2636.1	3268.8	2548.7	1677.5	1557.6	1672.3	2187.0	1824.7	2897.6	1637.8
907.2	1062.7	843.6	482.1	777.2	803.0	776.2	916.5	731.0	466.1
2211.7	2434.8	1988.2	1796.1	2084.0	1983.1	1638.6	1415.1	1776.5	1983.0
579.6	702.5	498.4	221.4	526.4	519.0	512.3	571.1	524.3	311.7
1729.8	1868.8	1588.5	1489.8	1722.7	1548.4	1200.8	995.7	1422.3	1300.7
1584.8	1752.9	1003.8	1518.8	1288.4	1584.7	1736.7	1756.6	2085.1	886.5
718.6	897.5	439.2	566.6	457.4	520.2	718.5	791.5	744.6	444.2
583.8	758.3	346.1	443.5	324.8	360.2	582.6	698.2	573.0	264.1
8421.6	9891.6	6788.6	6069.2	6826.7	6989.4	7333.3	7737.1	7743.9	5211.3
12619.8	14359.0	12224.2	10092.2	9211.4	10153.5	10767.4	11330.5	10363.0	10029.4

2-56　2020年各市县城镇居民家庭总收入情况

单位：元/人

指标名称	Item	全区 Total	沿黄地区 Plain	中南部地区 Mountain Area	银川市 Yinchuan
全年总收入	**Total Revenue**	**42434.3**	**40816.5**	**33592.0**	**43907.6**
1.工资性收入	Income from Wages and Salaries	24272.6	24600.6	22166.6	26457.6
2.经营性收入	Business Income	6801.1	4786.6	6913.1	4874.1
(1)第一产业收入	The Primary Industry	1431.0	491.1	438.3	283.6
农业收入	Agriculture	755.8	207.9	326.6	188.3
林业收入	Forestry	29.5	57.8	13.2	85.0
牧业收入	Animal Husbandry	645.7	225.4	98.4	10.3
渔业收入	Fishery				
(2)第二产业收入	The Secondary Industry	1712.3	804.8	1145.6	1123.6
工业收入	Industry	250.3	351.2	171.3	591.2
建筑业收入	Construction Industry	1462.0	453.6	974.3	532.3
(3)第三产业收入	The Tertiary Industry	3657.8	3490.7	5329.2	3466.9
交通运输业收入	Transportation Industry	1147.3	800.0	1450.1	580.0
批发零售和住宿餐饮业收入	Wholesales, Retail Trade, Hotel and Catering Sectors	1720.1	1942.6	2981.3	2068.1
社会服务业收入	Social Services	603.0	594.5	493.0	653.4
其他家庭经营收入	Others	187.4	153.6	404.9	165.4
3.财产性收入	Income from Property	1697.2	1658.2	1057.8	2029.7
红利收入	Dividend Income	91.9	58.8	78.0	64.7
#转让承包土地经营权租金收入	Rental Income from the Management Rights Transfer of Land Contracted	112.4	48.2	56.4	31.0
4.转移性收入	Income from Transfer	9663.3	9771.0	3454.5	10546.1
#养老金或离退休金	Pension or Retirement Benefits	8137.6	8892.6	2555.8	9648.5
报销医疗费	Reimbursement of Medical Expenses	642.5	510.4	248.9	606.2
政策性惠农补贴	Political Subsidy Supporting Agriculture	110.8	14.9	163.9	4.9
5.非收入所得	Non-income Revenue	3111.4	3574.6	3036.7	3607.5
(1)出售资产所得	Proceeds from Sale of Assets	1440.6	1706.0	1308.5	1754.8
(2)非经常性转移所得	Income from Non-recurrent Transfers	1669.6	1868.5	1728.1	1852.7
(3)其他非收入所得	Other Non-income Revenue	1.2		0.1	
6.借贷性所得	Borrowing Income	4305.5	4662.7	3122.3	6749.5
(1)提取储蓄存款	Dissaving	1516.6	2060.9	118.3	3251.1
(2)借入款	Borrowed	338.1	275.1	270.5	390.4
(3)收回借出款	Recall the Loan	85.7	37.3	211.0	20.0
(4)收回储蓄性保险本金	Redemption of Deposit Insurance Principal		5.2		
(5)银行信用社得到的贷款	Bank Loan	2355.7	2283.5	2522.4	3088.0

Basic Statistics of Total Income for Urban Households by City and County (2020)

(yuan/person)

兴庆区 Xingqing	西夏区 Xixia	金凤区 Jinfeng	永宁县 Yongning	贺兰县 Helan	灵武市 Lingwu	**石嘴山市 Shizuishan**	大武口区 Dawukou	惠农区 Huinong	平罗县 Pingluo	**吴忠市 Wuzhong**
47577.4	**35514.4**	**46404.1**	**36167.8**	**38197.7**	**46420.3**	**37343.5**	**42045.8**	**33090.8**	**32709.9**	**35100.0**
27088.8	21920.3	30433.6	24657.1	24685.4	24712.6	**21608.0**	24339.1	20714.7	17120.8	**20965.8**
4000.7	1944.5	3229.8	6480.2	3665.7	16837.1	**4493.3**	3881.2	3119.9	7291.3	**7356.2**
211.6			1114.7	50.3	1216.9	**706.7**	48.2	612.7	2141.1	**1346.1**
			1066.0	46.5	1147.6	**325.1**	46.2	441.5	754.6	**338.9**
211.6						**20.9**		76.3		
			48.7	3.8	69.3	**360.7**	2.0	94.9	1386.5	**1007.2**
450.8	408.8		558.0	752.9	8549.5	**234.7**	111.8	76.2	662.7	**341.9**
	276.2				5987.9					**111.0**
450.8	132.6		558.0	752.9	2561.6	**234.7**	111.8	76.2	662.7	**230.9**
3338.4	1535.7	3229.8	4807.4	2862.4	7070.7	**3551.9**	3721.2	2430.9	4487.6	**5668.2**
61.0	190.3		1459.8	586.5	4090.4	**1698.8**	2523.2	536.3	1361.4	**1197.5**
2455.5	565.3	2432.8	2177.1	1158.8	2583.8	**1409.7**	974.6	1216.4	2506.8	**3677.6**
410.0	780.1	797.1	1170.5	1117.1	396.5	**191.7**	55.1	293.2	351.2	**682.1**
411.9	0.0			0.0	0.0	**251.8**	168.3	385.0	268.2	**111.0**
2871.4	1097.7	2275.1	670.9	1461.5	838.0	**1028.6**	1299.6	546.5	1031.5	**1125.5**
161.0						**41.4**	21.7	112.6		**68.5**
4.5			54.6	202.0	113.3	**71.1**	34.0	93.9	119.8	**120.4**
13616.5	10551.8	10465.5	4359.6	8385.1	4032.6	**10213.7**	12525.9	8709.7	7266.2	**5652.5**
12375.9	9968.5	9718.5	3788.8	7711.2	3339.2	**9598.3**	11794.4	8107.3	6870.3	**4367.5**
830.2	434.6	491.7	258.5	601.2	452.7	**381.5**	518.4	220.9	288.7	**283.9**
		4.6	10.7	14.8	22.1	**21.3**	1.0	33.7	48.4	**188.3**
5254.5	1848.2	2226.0	2897.2	3245.3	3282.4	**3329.7**	3541.8	1809.7	4633.8	**2995.0**
3203.3	13.6	957.1	1022.6	327.3	1783.5	**1489.0**	853.9	429.6	3975.8	**1438.0**
2051.2	1834.6	1268.9	1874.6	2918.0	1498.9	**1840.7**	2687.9	1380.1	658.0	**1557.0**
7542.2	2372.6	5274.4	2393.0	9406.9	15156.4	**1114.1**	451.7	358.5	3309.7	**1715.8**
4026.5	1506.8	4674.3	418.4	2969.7	1915.8	**25.5**		26.5	75.8	**827.4**
19.7	861.6	600.1	225.6	1515.5	14.6	**43.2**	74.8	25.2		**136.8**
2.6	4.2		246.5			**84.1**		306.8		**114.7**
										31.7
3493.5			1502.5	4921.8	13226.0	**961.2**	376.9		3233.9	**605.2**

2-56 续表

单位：元/人

指标名称	Item	利通区 Litong	红寺堡区 Hongsipu	盐池县 Yanchi	同心县 Tongxin
全年总收入	**Total Revenue**	**38050.2**	**31007.4**	**33822.6**	**32906.9**
1.工资性收入	Income from Wages and Salaries	22048.7	19472.3	19614.5	18105.3
2.经营性收入	Business Income	6797.7	8334.1	9145.5	10313.6
(1)第一产业收入	The Primary Industry	2241.0	238.1	725.9	1529.9
农业收入	Agriculture	26.5	142.7	310.9	1474.5
林业收入	Forestry				
牧业收入	Animal Husbandry	2214.5	95.4	415.1	55.5
渔业收入	Fishery				
(2)第二产业收入	The Secondary Industry	228.3	1504.6	316.5	724.7
工业收入	Industry				724.7
建筑业收入	Construction Industry	228.3	1504.6	316.5	
(3)第三产业收入	The Tertiary Industry	4328.4	6591.4	8103.0	8059.0
交通运输业收入	Transportation Industry	519.0	2302.4	2411.3	1568.6
批发零售和住宿餐饮业收入	Wholesales, Retail Trade, Hotel and Catering Sectors	3578.3	3707.5	3346.0	6069.2
社会服务业收入	Social Services	231.1		2025.3	257.1
其他家庭经营收入	Others	0.0	581.4	320.4	164.1
3.财产性收入	Income from Property	1646.1	764.9	1020.8	697.0
红利收入	Dividend Income	132.7	53.0	57.6	
#转让承包土地经营权租金收入	Rental Income from the Management Rights Transfer of Land Contracted	8.3	13.6	285.8	30.2
4.转移性收入	Income from Transfer	7557.8	2436.2	4041.8	3791.1
#养老金或离退休金	Pension or Retirement Benefits	6019.6	1597.2	2402.3	3181.6
报销医疗费	Reimbursement of Medical Expenses	298.1	261.1	90.1	313.3
政策性惠农补贴	Political Subsidy Supporting Agriculture	13.4	17.6	862.4	149.2
5.非收入所得	Non-income Revenue	2540.6	5151.5	4860.8	1087.6
(1)出售资产所得	Proceeds from Sale of Assets	706.9	2710.9	2920.4	147.3
(2)非经常性转移所得	Income from Non-recurrent Transfers	1833.7	2440.7	1940.4	940.3
(3)其他非收入所得	Other Non-income Revenue				
6.借贷性所得	Borrowing Income	1064.4	6262.8	1724.8	629.5
(1)提取储蓄存款	Dissaving	986.9		265.4	245.1
(2)借入款	Borrowed		171.4	184.1	108.0
(3)收回借出款	Recall the Loan		65.7	449.0	21.6
(4)收回储蓄性保险本金	Redemption of Deposit Insurance Principal	77.5			
(5)银行信用社得到的贷款	Bank Loan		6025.7	826.4	254.8

continued

(yuan/person)

青铜峡市 Qingtongxia	**固原市 Guyuan**	原州区 Yuanzhou	西吉县 Xiji	隆德县 Longde	泾源县 Jingyuan	彭阳县 Pengyang	**中卫市 Zhongwei**	沙坡头区 Shapotou	中宁县 Zhongning	海原县 Haiyuan
33132.4	**36218.5**	**40768.8**	**32525.4**	**29936.4**	**29445.7**	**30664.0**	**34253.1**	**36348.6**	**33467.9**	**29870.2**
22367.4	**25010.5**	26056.6	23925.3	22385.2	23998.9	24642.8	**23375.5**	24528.6	21657.7	23886.7
4699.1	**6065.5**	8753.3	5124.3	2937.6	2020.2	1449.5	**4217.1**	4307.9	5125.6	1884.3
290.7	**76.6**		177.6	227.6	389.1	36.7	**402.4**	392.3	590.8	3.9
197.5	**23.6**		134.7	17.9		36.7	**327.3**	392.3	385.7	3.3
	21.8		0.2		389.1					
93.2	**31.2**		42.7	209.7			**75.1**		205.1	0.6
	1453.4	2072.8	2835.0				**737.4**	933.3	659.3	338.4
	144.7	265.8								
	1308.7	1807.0	2835.0				**737.4**	933.3	659.3	338.4
4408.4	**4535.6**	6680.4	2111.7	2710.0	1631.1	1412.8	**3077.3**	2982.3	3875.5	1542.1
1000.9	**1116.8**	1694.8	1195.4	352.1		80.8	**624.1**	411.3	961.8	482.6
2417.9	**2354.3**	3610.2	585.6	1672.3	1631.1	129.0	**1431.3**	1740.4	1194.6	1059.5
989.6	**338.0**	218.0	330.8	349.4		862.2	**1021.9**	830.6	1719.0	
0.0	**726.6**	1157.4	0.0	336.2		340.8	**0.0**	0.0	0.0	0.0
620.7	**1595.9**	2228.0	625.6	846.1	1066.2	911.7	**1029.0**	1334.7	847.3	542.1
8.2	**175.7**	322.7					**2.7**	5.7		
297.7	**18.4**			24.2		96.4	**46.9**	33.0	82.8	5.9
5445.1	**3546.6**	3730.9	2850.3	3767.5	2360.4	3660.0	**5631.6**	6177.5	5837.3	3557.0
4313.0	**2604.9**	3064.5	2487.0	2142.5	1344.1	1926.8	**4953.1**	5729.5	4848.0	2906.9
390.1	**354.6**	367.6	80.3	346.4	403.4	496.7	**299.1**	230.1	464.2	127.0
77.1	**15.7**		24.1	62.6	0.1	31.6	**36.0**	21.4	69.9	2.0
3215.3	**2723.4**	3466.8	2898.9	1101.8	1670.7	1706.0	**4322.1**	4244.7	5228.0	2490.6
2267.5	**731.3**	926.0	1667.5	126.7	189.4	60.0	**2268.7**	2731.6	2197.5	1067.9
947.8	**1991.9**	2540.9	1231.3	975.2	1478.3	1646.0	**2053.4**	1513.1	3030.5	1422.7
	0.2				3.0					
2513.4	**3622.1**	3612.3	7521.2	3218.5	3127.2	1344.1	**2700.5**	4720.6	1176.8	218.3
1583.4	**89.3**	120.2		105.5	190.8		**210.1**	74.2	466.2	28.1
370.1	**448.9**	471.3	37.9	604.6	1632.4	130.2	**179.8**	115.2	277.4	148.1
155.2	**301.8**	498.3	265.9				**33.3**	24.6	52.9	14.0
404.7	**2782.1**	2522.4	7217.3	2508.4	1304.0	1213.9	**2271.4**	4506.6	364.3	28.1

2-57 2020年各市县城镇居民家庭总支出情况

单位：元/人

指标名称	Item	全区 Total	沿黄地区 Plain
全年总支出	**Total Expenditure**	**38125.5**	**37307.7**
1.生活消费支出	Living Expenditure	22379.1	23382.5
食品烟酒	Food Tobacco Liquor	6068.3	6653.3
衣着	Clothing	1776.3	1962.4
居住	Residence	4319.2	4582.3
生活用品及服务	Articles and Services for Daily Use	1383.5	1463.6
医疗保健	Health Care	2267.3	2244.7
交通通信	Transportation Communication	3680.3	3413.1
教育文化娱乐	Education, Culture and Entertainment	2250.3	2434.0
其他用品及服务	Other Supplies and Services	634.0	629.2
2.生产经营费用支出	Expenditure for Household Business	2638.6	709.4
(1)第一产业生产支出	The Primary Industry	946.1	249.7
农业生产支出	Agricultural	426.9	97.3
林业生产支出	Forestry	2.9	6.4
牧业生产支出	Animal Husbandry	516.3	145.9
渔业生产支出	Fishery		
(2)第二产业生产支出	The Secondary Industry	906.6	220.8
工业生产支出	Industrial	199.9	150.5
建筑业生产支出	Construction Industry	706.7	70.4
(3)第三产业生产支出	The Tertiary Industry	785.9	238.9
交通运输业生产支出	Transportation Industry	418.7	189.6
批发零售和住宿餐饮业生产支出	Wholesales, Retail Trade, Hotel and Catering Sectors	284.5	36.2
社会服务业生产支出	Social Services	25.5	11.0
其他家庭经营生产支出	Others	57.2	2.2
3.财产性支出	Property Expenditure	404.0	290.5
4.转移性支出	Transfer Expenditure	2974.6	2459.4
5.部分商业保险支出	Commercial Insurance Expenditure	650.0	698.9
6.购置资产及非经常性转移支出	Acquisition of Assets and Non-recurrent Transfer Expenses	6640.4	7542.5
(1)建造住房支出	Build Housing	98.9	9.7
(2)购买住房支出	Purchase House	3306.3	4131.7
(3)购建第一产业生产性固定资产	Purchase and Build the Productive Fixed Assets of the Primary Industry	99.4	41.1
#购买或建造农业生产性用房	Purchase or Build Agricultural Productive Housing	21.4	10.8
购买产品畜	Purchase Stock	35.3	16.7
购买或建造农业设施	Purchase or Build Agricultural Facilities	0.2	8.7
购买农业机械	Purchase Agricultural Machinery	42.5	4.9
(4)购建第二产业生产性固定资产支出	Purchase and Build the Productive Fixed Assets of the Secondary Industry	9.4	4.8
(5)购建第三产业生产性固定资产支出	Purchase and Build the Productive Fixed Assets of the Tertiary Industry	778.3	954.1
(6)非经常性转移支出	Non-recurrent Transfer Expenditures	2319.1	2351.8
7.借贷性支出	Borrowing Expenditure	2438.8	2224.4
(1)归还银行信用社贷款	Repay the Loan to the Bank or Credit Union	2133.2	1927.0
(2)归还借款	Pay off the Loan	186.7	174.2
(3)存入银行款	Bank Deposit	31.1	37.1

Basic Statistics of Total Expenses for Urban Households by City and County (2020)

(yuan/person)

中南部地区 Mountain Area	银川市 Yinchuan	兴庆区 Xingqing	西夏区 Xixia	金凤区 Jinfeng	永宁县 Yongning	贺兰县 Helan	灵武市 Lingwu	石嘴山市 Shizuishan	大武口区 Dawukou	惠农区 Huinong	平罗县 Pingluo	吴忠市 Wuzhong
33252.0	41814.2	46310.0	28563.6	37766.2	37485.0	43364.1	55088.8	31248.9	38278.6	24925.2	24282.9	28344.7
18284.6	26670.0	30060.4	21264.3	29008.6	23113.6	22156.1	21622.5	19078.9	22145.7	16529.1	15802.0	17495.8
5246.4	7265.3	8256.2	7014.0	7259.4	6451.0	5525.7	5388.1	6227.9	7290.0	5709.9	4676.9	5080.6
1842.7	2171.7	2275.0	1466.8	2515.7	1918.3	2378.7	2105.3	1813.8	2231.8	1431.4	1406.6	1688.8
3367.0	5579.6	6680.7	3398.5	6694.9	4533.5	4242.5	3616.2	2976.3	3504.8	1998.9	3024.4	3239.5
1230.6	1692.8	1885.8	1062.9	1906.6	1786.6	1709.0	1281.4	1225.1	1457.8	1247.6	730.3	1094.6
1292.0	2535.8	2665.3	2824.5	2715.4	1592.3	2197.2	2124.4	1814.7	2066.2	1692.9	1446.6	1414.2
2783.0	3829.0	3893.6	3457.4	4209.3	4184.7	3028.9	3612.9	2651.0	2793.6	2360.9	2694.0	2601.2
2089.1	2844.8	3517.5	1643.7	2835.9	1848.9	2352.1	3055.9	1946.8	2232.5	1767.1	1575.3	1987.1
434.0	751.1	886.4	396.4	871.4	798.3	722.1	438.2	423.5	568.9	320.4	247.9	389.8
2519.1	583.8	8.8	56.6		571.0	137.0	5649.9	900.4	760.9	1007.9	1059.3	2092.2
276.8	69.7	7.5			291.4	29.5	466.1	230.5	14.2	562.5	288.2	1052.0
188.8	60.7				242.9	25.7	443.3	164.7	10.7	429.4	173.8	185.3
3.7	3.0	7.5						20.9		76.2		
84.3	6.0				48.4	3.8	22.8	44.8	3.5	56.9	114.4	866.7
434.0	373.7				36.6	64.4	3984.6	18.2	12.0		51.3	70.0
39.0	258.8						2815.8					5.8
395.0	114.8				36.6	64.4	1168.8	18.2	12.0		51.3	64.2
1808.2	140.4	1.2	56.6		243.1	43.0	1199.3	651.8	734.8	445.4	719.7	970.2
613.8	117.2		56.6		76.8	26.5	1101.2	492.8	726.5	275.4	269.7	333.7
912.2	8.1					16.5	74.8	135.8		170.0	370.5	519.2
112.5	15.0	1.2			166.2		23.3	10.1	5.1		31.9	106.6
169.8	0.0				0.0		0.0	13.1	3.2	0.0	47.7	10.7
251.0	388.3	646.4	179.7	326.2	126.8	90.7	186.1	130.0	227.7	63.1	9.0	84.1
1659.9	2963.4	3783.8	2609.6	2343.1	1065.5	2340.6	3406.3	1713.3	2418.7	1002.5	1101.3	1048.0
270.1	747.5	732.7	370.9	672.2	922.6	1468.5	879.7	570.1	528.8	701.8	503.3	497.9
7164.2	7838.6	9003.6	1938.7	2051.1	7229.1	14789.5	20560.0	7618.4	10872.7	4424.9	4696.5	4924.2
7.6	6.3						68.9	6.7			27.8	0.2
3012.8	4915.1	6344.1	75.4	336.8	2030.0	12653.6	13219.7	4478.0	7516.6	1036.4	2273.5	1847.7
114.7								194.1	50.0		705.8	79.2
32.5								66.9			277.9	11.7
								103.0			427.9	
1.2												1.3
81.0								24.2	50.0			66.2
166.1	4.7					65.3		10.1		36.8		8.6
1248.3	630.8				2640.0	37.1	4691.6	40.7		119.2	33.4	601.8
2606.5	2206.7	2659.6	1554.9	1590.9	2520.7	2033.4	2575.7	2888.8	3306.2	3232.5	1656.0	2380.1
3103.2	2622.7	2074.2	2143.9	3365.0	4456.4	2381.7	2784.2	1237.8	1324.1	1195.9	1111.6	2202.5
2815.6	2383.3	2025.9	1913.7	2966.3	4409.2	2179.5	1876.9	948.9	899.2	935.9	1063.7	1919.9
213.5	87.7	27.4	144.9	134.7	10.9	202.3	122.5	132.7	104.9	260.0	43.7	214.1
6.0	13.3			15.6			109.2	146.2	299.3		4.1	6.6

2-57 续表

单位：元/人

指标名称	Item	利通区 Litong	红寺堡区 Hongsipu
全年总支出	**Total Expenditure**	**29860.3**	**44795.7**
1.生活消费支出	Living Expenditure	19698.4	18053.0
食品烟酒	Food Tobacco Liquor	5897.2	5582.9
衣着	Clothing	1651.7	1658.1
居住	Residence	3807.1	3115.6
生活用品及服务	Articles and Services for Daily Use	1102.9	1187.1
医疗保健	Health Care	1588.6	1166.0
交通通信	Transportation Communication	2896.4	3284.4
教育文化娱乐	Education, Culture and Entertainment	2327.6	1719.4
其他用品及服务	Other Supplies and Services	426.9	339.4
2.生产经营费用支出	Expenditure for Household Business	1966.2	3670.5
(1)第一产业生产支出	The Primary Industry	1913.4	80.3
农业生产支出	Agricultural	6.4	62.8
林业生产支出	Forestry		
牧业生产支出	Animal Husbandry	1906.9	17.5
渔业生产支出	Fishery		
(2)第二产业生产支出	The Secondary Industry		1129.8
工业生产支出	Industrial		
建筑业生产支出	Construction Industry		1129.8
(3)第三产业生产支出	The Tertiary Industry	52.8	2460.4
交通运输业生产支出	Transportation Industry	52.8	2167.6
批发零售和住宿餐饮业生产支出	Wholesales, Retail Trade, Hotel and Catering Sectors		182.4
社会服务业生产支出	Social Services		
其他家庭经营生产支出	Others		110.4
3.财产性支出	Property Expenditure	127.9	156.3
4.转移性支出	Transfer Expenditure	754.0	1712.6
5.部分商业保险支出	Commercial Insurance Expenditure	675.2	365.4
6.购置资产及非经常性转移支出	Acquisition of Assets and Non-recurrent Transfer Expenses	3781.5	18395.7
(1)建造住房支出	Build Housing		3.3
(2)购买住房支出	Purchase House	755.2	9236.9
(3)购建第一产业生产性固定资产	Purchase and Build the Productive Fixed Assets of the Primary Industry		206.5
#购买或建造农业生产性用房	Purchase or Build Agricultural Productive Housing		206.5
购买产品畜	Purchase Stock		
购买或建造农业设施	Purchase or Build Agricultural Facilities		
购买农业机械	Purchase Agricultural Machinery		
(4)购建第二产业生产性固定资产支出	Purchase and Build the Productive Fixed Assets of the Secondary Industry		151.7
(5)购建第三产业生产性固定资产支出	Purchase and Build the Productive Fixed Assets of the Tertiary Industry		6007.6
(6)非经常性转移支出	Non-recurrent Transfer Expenditures	3026.2	2789.8
7.借贷性支出	Borrowing Expenditure	2857.2	2442.2
(1)归还银行信用社贷款	Repay the Loan to the Bank or Credit Union	2537.6	2316.5
(2)归还借款	Pay off the Loan	303.7	57.1
(3)存入银行款	Bank Deposit		

continued

(yuan/person)

盐池县 Yanchi	同心县 Tongxin	青铜峡市 Qingtongxia	**固原市 Guyuan**	原州区 Yuanzhou	西吉县 Xiji	隆德县 Longde	泾源县 Jingyuan	彭阳县 Pengyang	**中卫市 Zhongwei**	沙坡头区 Shapotou	中宁县 Zhongning	海原县 Haiyuan
25634.3	**27088.8**	**24124.4**	**36041.0**	**42118.9**	**39335.2**	**25320.2**	**25669.2**	**25007.0**	**32830.0**	**39378.4**	**26738.1**	**27405.0**
15553.2	16781.0	15179.9	**21041.4**	24250.6	19012.8	16161.5	16038.1	17143.0	**18100.7**	19067.7	18107.0	15240.7
4541.9	4314.3	4361.1	**6021.8**	6860.2	5670.8	4823.9	4349.2	4942.4	**4851.5**	5409.0	4289.4	4488.5
1893.3	1895.6	1464.8	**1917.2**	2209.2	1953.3	1303.1	1477.0	1532.7	**1615.4**	1785.1	1394.7	1617.2
3278.9	3067.1	2293.1	**3800.6**	4259.1	3477.7	3096.6	3114.5	3262.6	**3580.3**	4140.4	3224.8	2740.2
999.3	1238.4	1025.7	**1378.1**	1644.7	1180.7	1019.8	1065.4	1002.0	**1132.4**	1122.0	1134.9	1157.3
974.0	1454.3	1457.2	**1584.8**	1752.9	1003.8	1518.8	1288.4	1584.7	**1736.7**	1756.6	2085.1	886.5
1676.5	1949.6	3030.2	**3543.4**	4331.5	3392.2	2159.7	2334.8	2475.3	**2963.2**	2741.3	3628.6	2103.9
1754.9	2521.1	1214.0	**2211.7**	2434.8	1988.2	1796.1	2084.0	1983.1	**1638.6**	1415.1	1776.5	1983.0
434.4	340.5	333.8	**583.8**	758.3	346.1	443.5	324.8	360.2	**582.6**	698.2	573.0	264.1
2441.2	4121.4	214.8	**2690.8**	4607.4	746.4	703.6	105.7	18.0	**487.8**	366.7	843.1	36.6
588.1	924.3	125.7	**53.7**		53.9	308.3	105.7	18.0	**276.4**	302.4	362.4	4.1
209.1	864.6	56.2	**11.2**		39.2	34.0		15.4	**232.5**	302.4	243.6	1.3
			6.3				105.7	2.6				
379.0	59.7	69.5	**36.1**		14.7	274.3			**43.9**		118.8	2.8
	38.0		**672.1**	1106.1	610.6				**8.1**		22.2	
	38.0		**91.3**	167.8								
			580.8	938.3	610.6				**8.1**		22.2	
1853.1	3159.1	89.2	**1965.0**	3501.3	81.9	395.4			**203.3**	64.3	458.5	32.5
884.8	205.2	53.9	**513.0**	915.6	33.2	85.4			**136.9**	5.0	360.8	16.3
340.0	2924.4	21.9	**987.9**	1765.2	11.4	204.4			**52.2**	59.3	58.7	16.2
601.5	29.5	13.3	**39.4**	56.1	37.3	36.9			**14.3**		39.0	
26.8	0.0	0.0	**424.7**	764.4	0.0	68.7			**0.0**	0.0	0.0	0.0
111.0	3.6	19.1	**539.9**	937.4	112.3	8.1	228.8	18.6	**175.9**	235.7	140.2	81.0
666.7	1262.8	1566.7	**2138.7**	2265.8	1807.7	2372.7	1365.1	2029.4	**1990.2**	2054.6	1945.4	1902.7
531.7	51.1	488.8	**256.2**	240.0	422.2	63.8	13.1	429.3	**751.3**	877.4	870.5	109.5
4169.3	3254.3	5303.2	**4919.4**	4104.9	13515.0	4262.5	4596.9	2150.3	**9027.9**	14318.4	2821.5	7565.4
			21.2				11.1	128.9	**40.6**	85.6		
813.7	431.8	3759.6	**1532.2**		9194.7	3594.7	11.2	162.1	**1686.4**	2392.2	10.0	3419.8
8.2	431.8		**16.1**		140.3				**69.4**		189.9	
			7.1		62.1							
8.2									**69.4**		189.9	
	431.8		**9.0**		78.2							
			390.5	697.6	93.9							
1580.2			**414.1**	393.7	1720.7	20.5			**4957.9**	9396.5	1391.9	
1767.2	2347.6	1543.6	**2544.3**	3013.7	2357.2	647.4	4574.7	1859.2	**2273.7**	2444.0	1229.7	4145.6
2161.2	1614.6	1351.9	**4454.6**	5712.7	3718.9	1748.0	3321.3	3218.5	**2296.1**	2458.0	2010.3	2469.0
1810.6	1279.8	1186.7	**4160.8**	5488.9	3274.2	1747.2	2263.0	2831.4	**1689.3**	1432.8	1713.8	2388.9
111.5	334.8	78.9	**266.5**	223.9	206.3	0.8	1058.3	387.1	**593.7**	1025.2	261.0	80.1
39.9												

2-58 2020年各市县城镇居民家庭现金收入情况

单位：元/人

指标名称	Item	全区 Total	沿黄地区 Plain	中南部地区 Mountain Area	银川市 Yinchuan
全年现金收入	**Annual Cash Income**	40476.9	39360.0	32600.9	42054.2
1.工资性收入	Income from Wages and Salaries	24164.4	24509.7	22119.1	26390.9
2.经营性收入	Business Income	6384.8	4836.9	6747.0	4884.4
(1)第一产业收入	The Primary Industry	1014.7	541.4	272.2	293.9
农业收入	Agriculture	348.5	259.3	171.8	199.4
林业收入	Forestry	29.3	57.8	13.2	85.0
牧业收入	Animal Husbandry	636.9	224.3	87.2	9.6
渔业收入	Fishery				
(2)第二产业收入	The Secondary Industry	1712.3	804.8	1145.6	1123.6
工业收入	Industry	250.3	351.2	171.3	591.2
建筑业收入	Construction Industry	1462.0	453.6	974.3	532.3
(3)第三产业收入	The Tertiary Industry	3657.8	3490.7	5329.2	3466.9
交通运输业收入	Transportation Industry	1147.3	800.0	1450.1	580.0
批发零售和住宿餐饮业收入	Wholesales, Retail Trade, Hotel and Catering Sectors	1720.1	1942.6	2981.3	2068.1
社会服务业收入	Social Services	603.0	594.5	493.0	653.4
其他家庭经营收入	Others	187.4	153.6	404.9	165.4
3.财产性收入	Income from Property	920.6	757.1	529.9	839.6
红利收入	Dividend Income	91.9	58.8	78.0	64.7
#转让承包土地经营权租金收入	Rental Income from the Management Rights Transfer of Land Contracted	112.4	48.2	56.4	31.0
4.转移性收入	Income from Transfer	9007.0	9256.2	3204.9	9939.3
#养老金或离退休金	Pension or Retirement Benefits	8137.6	8892.6	2555.8	9648.5
报销医疗费	Reimbursement of Medical Expenses	143.7	63.4	43.0	59.9
政策性惠农补贴	Political Subsidy Supporting Agriculture	110.8	14.9	163.9	4.9
5.非收入所得	Non-income Revenue	3111.4	3574.6	3036.7	3607.5
(1)出售资产所得	Proceeds from Sale of Assets	1440.6	1706.0	1308.5	1754.8
(2)非经常性转移所得	Income from Non-recurrent Transfers	1669.6	1868.5	1728.1	1852.7
(3)其他非收入所得	Other Non-income Revenue	1.2		0.1	
6.借贷性所得	Borrowing Income	4305.5	4662.7	3122.3	6749.5
(1)提取储蓄存款	Dissaving	1516.6	2060.9	118.3	3251.1
(2)借入款	Borrowed	338.1	275.1	270.5	390.4
(3)收回借出款	Recall the Loan	85.7	37.3	211.0	20.0
(4)收回储蓄性保险本金	Redemption of Deposit Insurance Principal		5.2		
(5)银行信用社得到的贷款	Bank Loan	2355.7	2283.5	2522.4	3088.0

Basic Statistics of Cash Income for Urban Households by City and County (2020)

(yuan/person)

兴庆区 Xingqing	西夏区 Xixia	金凤区 Jinfeng	永宁县 Yongning	贺兰县 Helan	灵武市 Lingwu	**石嘴山市 Shizuishan**	大武口区 Dawukou	惠农区 Huinong	平罗县 Pingluo	**吴忠市 Wuzhong**
45052.3	**34190.1**	**44552.1**	**35280.9**	**37008.9**	**45338.5**	**36778.2**	**40982.0**	**33743.1**	**31762.1**	**34031.2**
27036.5	21879.6	30410.6	24353.2	24632.1	24621.8	**21550.7**	24248.7	20678.1	17106.8	**20804.3**
4000.7	1944.5	3229.8	6473.6	3946.1	16733.1	**4654.9**	3863.9	4090.3	6892.5	**7199.8**
211.6			1108.2	330.8	1112.9	**868.4**	30.9	1583.1	1742.3	**1189.6**
			1061.1	330.8	1046.8	**490.0**	30.6	1417.0	360.1	**193.1**
211.6						**20.9**		76.3		
			47.0		66.1	**357.4**	0.3	89.9	1382.2	**996.5**
450.8	408.8		558.0	752.9	8549.5	**234.7**	111.8	76.2	662.7	**341.9**
	276.2				5987.9					**111.0**
450.8	132.6		558.0	752.9	2561.6	**234.7**	111.8	76.2	662.7	**230.9**
3338.4	1535.7	3229.8	4807.4	2862.4	7070.7	**3551.9**	3721.2	2430.9	4487.6	**5668.2**
61.0	190.3		1459.8	586.5	4090.4	**1698.8**	2523.2	536.3	1361.4	**1197.5**
2455.5	565.3	2432.8	2177.1	1158.8	2583.8	**1409.7**	974.6	1216.4	2506.8	**3677.6**
410.0	780.1	797.1	1170.5	1117.1	396.5	**191.7**	55.1	293.2	351.2	**682.1**
411.9	0.0			0.0	0.0	**251.8**	168.3	385.0	268.2	**111.0**
1228.8	250.0	937.8	355.6	651.2	403.8	**742.7**	866.4	486.4	785.3	**660.5**
161.0						**41.4**	21.7	112.6		**68.5**
4.5			54.6	202.0	113.3	**71.1**	34.0	93.9	119.8	**120.4**
12786.3	10116.1	9973.8	4098.5	7779.5	3579.8	**9829.8**	12003.0	8488.3	6977.5	**5366.6**
12375.9	9968.5	9718.5	3788.8	7711.2	3339.2	**9598.3**	11794.4	8107.3	6870.3	**4367.5**
51.1	85.7	95.7	11.2	3.7	58.3	**49.2**	30.6	123.9	1.6	**78.2**
		4.6	10.7	14.8	22.1	**21.3**	1.0	33.7	48.4	**188.3**
5254.5	1848.2	2226.0	2897.2	3245.3	3282.4	**3329.7**	3541.8	1809.7	4633.8	**2995.0**
3203.3	13.6	957.1	1022.6	327.3	1783.5	**1489.0**	853.9	429.6	3975.8	**1438.0**
2051.2	1834.6	1268.9	1874.6	2918.0	1498.9	**1840.7**	2687.9	1380.1	658.0	**1557.0**
7542.2	2372.6	5274.4	2393.0	9406.9	15156.4	**1114.1**	451.7	358.5	3309.7	**1715.8**
4026.5	1506.8	4674.3	418.4	2969.7	1915.8	**25.5**		26.5	75.8	**827.4**
19.7	861.6	600.1	225.6	1515.5	14.6	**43.2**	74.8	25.2		**136.8**
2.6	4.2		246.5			**84.1**		306.8		**114.7**
										31.7
3493.5			1502.5	4921.8	13226.0	**961.2**	376.9		3233.9	**605.2**

2-58 续表

单位：元/人

指标名称	Item	利通区 Litong	红寺堡区 Hongsipu	盐池县 Yanchi	同心县 Tongxin
全年现金收入	**Annual Cash Income**	**36793.7**	**30234.4**	**32839.6**	**31428.5**
1.工资性收入	Income from Wages and Salaries	21717.7	19457.5	19485.0	18088.4
2.经营性收入	Business Income	6792.5	8202.4	8923.4	9645.1
(1)第一产业收入	The Primary Industry	2235.8	106.4	503.9	861.4
农业收入	Agriculture	21.3	11.8	114.7	845.9
林业收入	Forestry				
牧业收入	Animal Husbandry	2214.5	94.7	389.2	15.5
渔业收入	Fishery				
(2)第二产业收入	The Secondary Industry	228.3	1504.6	316.5	724.7
工业收入	Industry				724.7
建筑业收入	Construction Industry	228.3	1504.6	316.5	
(3)第三产业收入	The Tertiary Industry	4328.4	6591.4	8103.0	8059.0
交通运输业收入	Transportation Industry	519.0	2302.4	2411.3	1568.6
批发零售和住宿餐饮业收入	Wholesales, Retail Trade, Hotel and Catering Sectors	3578.3	3707.5	3346.0	6069.2
社会服务业收入	Social Services	231.1		2025.3	257.1
其他家庭经营收入	Others	0.0	581.4	320.4	164.1
3.财产性收入	Income from Property	1028.4	399.9	479.4	217.2
红利收入	Dividend Income	132.7	53.0	57.6	
#转让承包土地经营权租金收入	Rental Income from the Management Rights Transfer of Land Contracted	8.3	13.6	285.8	30.2
4.转移性收入	Income from Transfer	7255.2	2174.5	3951.7	3477.7
#养老金或离退休金	Pension or Retirement Benefits	6019.6	1597.2	2402.3	3181.6
报销医疗费	Reimbursement of Medical Expenses	137.9	38.1	98.2	6.6
政策性惠农补贴	Political Subsidy Supporting Agriculture	13.4	17.6	862.4	149.2
5.非收入所得	Non-income Revenue	2540.6	5151.5	4860.8	1087.6
(1)出售资产所得	Proceeds from Sale of Assets	706.9	2710.9	2920.4	147.3
(2)非经常性转移所得	Income from Non-recurrent Transfers	1833.7	2440.7	1940.4	940.3
(3)其他非收入所得	Other Non-income Revenue				
6.借贷性所得	Borrowing Income	1064.4	6262.8	1724.8	629.5
(1)提取储蓄存款	Dissaving	986.9		265.4	245.1
(2)借入款	Borrowed		171.4	184.1	108.0
(3)收回借出款	Recall the Loan		65.7	449.0	21.6
(4)收回储蓄性保险本金	Redemption of Deposit Insurance Principal	77.5			
(5)银行信用社得到的贷款	Bank Loan		6025.7	826.4	254.8

continued

(yuan/person)

青铜峡市 Qingtongxia	**固原市 Guyuan**	原州区 Yuanzhou	西吉县 Xiji	隆德县 Longde	泾源县 Jingyuan	彭阳县 Pengyang	**中卫市 Zhongwei**	沙坡头区 Shapotou	中宁县 Zhongning	海原县 Haiyuan
32564.6	**35174.1**	**39751.0**	**31885.3**	**28838.2**	**28163.2**	**29363.5**	**33055.0**	**35156.8**	**31986.9**	**29296.9**
22360.0	**24957.2**	25961.2	23921.1	22385.2	23998.9	24637.2	**23207.9**	24381.1	21406.9	23849.2
4663.1	**6058.6**	8753.3	5074.6	2949.0	2020.2	1433.0	**4266.9**	4487.4	5031.2	1880.5
254.7	**69.7**		127.9	239.0	389.1	20.2	**452.3**	571.8	496.5	
162.6	**17.3**		90.6	29.3		20.2	**377.4**	571.8	291.8	
	21.8				389.1					
92.0	**30.6**		37.3	209.7			**74.8**		204.6	
	1453.4	2072.8	2835.0				**737.4**	933.3	659.3	338.4
	144.7	265.8								
	1308.7	1807.0	2835.0				**737.4**	933.3	659.3	338.4
4408.4	**4535.6**	6680.4	2111.7	2710.0	1631.1	1412.8	**3077.3**	2982.3	3875.5	1542.1
1000.9	**1116.8**	1694.8	1195.4	352.1		80.8	**624.1**	411.3	961.8	482.6
2417.9	**2354.3**	3610.2	585.6	1672.3	1631.1	129.0	**1431.3**	1740.4	1194.6	1059.5
989.6	**338.0**	218.0	330.8	349.4		862.2	**1021.9**	830.6	1719.0	
0.0	**726.6**	1157.4	0.0	336.2		340.8	**0.0**	0.0	0.0	0.0
486.6	**967.3**	1674.7	122.3	82.8	187.0	130.1	**274.5**	352.9	233.4	137.2
8.2	**175.7**	322.7					**2.7**	5.7		
297.7	**18.4**			24.2		96.4	**46.9**	33.0	82.8	5.9
5055.0	**3190.9**	3361.8	2767.4	3421.2	1957.0	3163.3	**5305.7**	5935.4	5315.4	3430.0
4313.0	**2604.9**	3064.5	2487.0	2142.5	1344.1	1926.8	**4953.1**	5729.5	4848.0	2906.9
11.4	**29.5**	23.8	56.6	61.6	12.3	10.2	**67.4**	33.1	113.8	62.9
77.1	**15.7**		24.1	62.6	0.1	31.6	**36.0**	21.4	69.9	2.0
3215.3	**2723.4**	3466.8	2898.9	1101.8	1670.7	1706.0	**4322.1**	4244.7	5228.0	2490.6
2267.5	**731.3**	926.0	1667.5	126.7	189.4	60.0	**2268.7**	2731.6	2197.5	1067.9
947.8	**1991.9**	2540.9	1231.3	975.2	1478.3	1646.0	**2053.4**	1513.1	3030.5	1422.7
	0.2				3.0					
2513.4	**3622.1**	3612.3	7521.2	3218.5	3127.2	1344.1	**2700.5**	4720.6	1176.8	218.3
1583.4	**89.3**	120.2		105.5	190.8		**210.1**	74.2	466.2	28.1
370.1	**448.9**	471.3	37.9	604.6	1632.4	130.2	**179.8**	115.2	277.4	148.1
155.2	**301.8**	498.3	265.9				**33.3**	24.6	52.9	14.0
404.7	**2782.1**	2522.4	7217.3	2508.4	1304.0	1213.9	**2271.4**	4506.6	364.3	28.1

2-59　2020年各市县城镇居民家庭现金支出情况

单位：元/人

指标名称	Item	全区 Total	沿黄地区 Plain
全年现金支出	**Annual Cash Expenditure**	**34964.8**	**34089.1**
1.生活消费支出	Living Expenditure	19268.9	20170.7
食品烟酒	Food Tobacco Liquor	5959.9	6575.2
衣着	Clothing	1776.1	1962.2
居住	Residence	1975.8	1968.8
生活用品及服务	Articles and Services for Daily Use	1380.2	1460.7
医疗保健	Health Care	1624.5	1734.2
交通通信	Transportation Communication	3672.5	3409.3
教育文化娱乐	Education, Culture and Entertainment	2248.0	2432.4
其他用品及服务	Other Supplies and Services	632.0	627.9
2.生产经营费用支出	Expenditure for Household Business	2588.1	702.7
(1)第一产业生产支出	The Primary Industry	895.7	242.9
农业生产支出	Agriculture	420.9	96.4
林业生产支出	Forestry	2.9	6.4
牧业生产支出	Animal Husbandry	471.8	140.1
渔业生产支出	Fishery		
(2)第二产业生产支出	The Secondary Industry	906.6	220.8
工业生产支出	Industry	199.9	150.5
建筑业生产支出	Construction Industry	706.7	70.4
(3)第三产业生产支出	The Tertiary Industry	785.9	238.9
交通运输业生产支出	Transportation Industry	418.7	189.6
批发零售和住宿餐饮业生产支出	Wholesales, Retail Trade, Hotel and Catering Sectors	284.5	36.2
社会服务业生产支出	Social Services	25.5	11.0
其他家庭经营生产支出	Others	57.2	2.2
3.财产性支出	Property Expenditure	404.0	290.5
4.转移性支出	Transfer Expenditure	2974.6	2459.4
5.部分商业保险支出	Commercial Insurance Expenditure	650.0	698.9
6.购置资产及非经常性转移支出	Acquisition of Assets and Non-recurrent Transfer Expenses	6640.4	7542.5
(1)建造住房支出	Build Housing	98.9	9.7
(2)购买住房支出	Purchase Housing	3306.3	4131.7
(3)购建第一产业生产性固定资产	Purchase and Build the Productive Fixed Assets of the Primary Industry	99.4	41.1
#购买或建造农业生产性用房	Purchase or Build Agricultural Productive Housing	21.4	10.8
购买产品畜	Purchase Stock	35.3	16.7
购买或建造农业设施	Purchase or Build Agricultural Facilities	0.2	8.7
购买农业机械	Purchase Agricultural Machinery	42.5	4.9
(4)购建第二产业生产性固定资产支出	Purchase and Build the Productive Fixed Assets of the Secondary Industry	9.4	4.8
(5)购建第三产业生产性固定资产支出	Purchase and Build the Productive Fixed Assets of the Tertiary Industry	778.3	954.1
(6)非经常性转移支出	Non-recurrent Transfer Expenditures	2319.1	2351.8
7.借贷性支出	Borrowing Expenditure	2438.8	2224.4
(1)归还银行信用社贷款	Repay the Loan to the Bank or Credit Union	2133.2	1927.0
(2)归还借款	Pay off the Loan	186.7	174.2
(3)存入银行款	Bank Deposit	31.1	37.1

Basic Statistics of Cash Expenses for Urban Households by City and County (2020)

(yuan/person)

中南部地区 Mountain Area	银川市 Yinchuan	兴庆区 Xingqing	西夏区 Xixia	金凤区 Jinfeng	永宁县 Yongning	贺兰县 Helan	灵武市 Lingwu	石嘴山市 Shizuishan	大武口区 Dawukou	惠农区 Huinong	平罗县 Pingluo	吴忠市 Wuzhong
30946.3	**37839.3**	**41386.7**	**26123.0**	**32921.5**	**35201.9**	**40162.4**	**52807.0**	**29438.0**	**36097.1**	**23818.5**	**22416.6**	**26167.3**
15989.8	**22695.3**	25137.2	18823.6	24163.9	20830.9	18956.4	19341.5	**17295.2**	19965.6	15433.4	14033.4	**15332.3**
5184.6	**7212.0**	8210.1	6977.0	7236.4	6302.8	5460.8	5293.2	**6158.1**	7189.2	5665.2	4641.2	**4968.1**
1842.7	**2171.4**	2275.0	1464.8	2515.7	1918.3	2378.7	2105.3	**1813.7**	2231.8	1431.0	1406.6	**1688.8**
1386.4	**2277.6**	2639.9	1434.4	2364.9	2770.2	1714.3	1895.8	**1646.9**	1945.9	1176.4	1580.2	**1472.7**
1228.8	**1688.9**	1880.3	1060.7	1906.6	1785.0	1703.5	1272.7	**1224.0**	1456.3	1246.4	730.3	**1094.5**
1043.1	**1929.4**	1835.2	2389.9	2223.7	1333.8	1596.0	1669.9	**1433.2**	1547.8	1472.0	1157.9	**1130.3**
2781.6	**3821.5**	3893.6	3457.4	4209.3	4083.6	3028.9	3612.9	**2651.0**	2793.6	2360.9	2694.0	**2601.2**
2089.1	**2844.3**	3517.5	1643.7	2835.9	1841.7	2352.1	3055.9	**1946.8**	2232.5	1767.1	1575.3	**1987.1**
433.5	**750.3**	885.7	395.7	871.4	795.5	722.1	435.9	**421.6**	568.4	314.4	247.9	**389.8**
2508.2	**583.5**	8.8	56.6		570.6	135.0	5649.0	**873.3**	759.6	996.9	961.6	**2078.2**
266.0	**69.5**	7.5			291.0	27.5	465.2	**203.3**	12.8	551.6	190.5	**1038.0**
187.4	**60.7**				242.9	25.7	443.3	**160.2**	10.7	418.5	167.3	**185.0**
3.7	**3.0**	7.5						**20.9**		76.2		
74.9	**5.7**				48.0	1.8	21.9	**22.2**	2.1	56.9	23.2	**853.0**
434.0	**373.7**				36.6	64.4	3984.6	**18.2**	12.0		51.3	**70.0**
39.0	**258.8**						2815.8					**5.8**
395.0	**114.8**				36.6	64.4	1168.8	**18.2**	12.0		51.3	**64.2**
1808.2	**140.4**	1.2	56.6		243.1	43.0	1199.3	**651.8**	734.8	445.4	719.7	**970.2**
613.8	**117.2**		56.6		76.8	26.5	1101.2	**492.8**	726.5	275.4	269.7	**333.7**
912.2	**8.1**					16.5	74.8	**135.8**		170.0	370.5	**519.2**
112.5	**15.0**	1.2			166.2		23.3	**10.1**	5.1		31.9	**106.6**
169.8	**0.0**				0.0		0.0	**13.1**	3.2	0.0	47.7	**10.7**
251.0	**388.3**	646.4	179.7	326.2	126.8	90.7	186.1	**130.0**	227.7	63.1	9.0	**84.1**
1659.9	**2963.4**	3783.8	2609.6	2343.1	1065.5	2340.6	3406.3	**1713.3**	2418.7	1002.5	1101.3	**1048.0**
270.1	**747.5**	732.7	370.9	672.2	922.6	1468.5	879.7	**570.1**	528.8	701.8	503.3	**497.9**
7164.2	**7838.6**	9003.6	1938.7	2051.1	7229.1	14789.5	20560.0	**7618.4**	10872.7	4424.9	4696.5	**4924.2**
7.6	**6.3**						68.9	**6.7**			27.8	**0.2**
3012.8	**4915.1**	6344.1	75.4	336.8	2030.0	12653.6	13219.7	**4478.0**	7516.6	1036.4	2273.5	**1847.7**
114.7								**194.1**	50.0		705.8	**79.2**
32.5								**66.9**			277.9	**11.7**
								103.0			427.9	
1.2												**1.3**
81.0								**24.2**	50.0			**66.2**
166.1	**4.7**					65.3		**10.1**		36.8		**8.6**
1248.3	**630.8**				2640.0	37.1	4691.6	**40.7**		119.2	33.4	**601.8**
2606.5	**2206.7**	2659.6	1554.9	1590.9	2520.7	2033.4	2575.7	**2888.8**	3306.2	3232.5	1656.0	**2380.1**
3103.2	**2622.7**	2074.2	2143.9	3365.0	4456.4	2381.7	2784.2	**1237.8**	1324.1	1195.9	1111.6	**2202.5**
2815.6	**2383.3**	2025.9	1913.7	2966.3	4409.2	2179.5	1876.9	**948.9**	899.2	935.9	1063.7	**1919.9**
213.5	**87.7**	27.4	144.9	134.7	10.9	202.3	122.5	**132.7**	104.9	260.0	43.7	**214.1**
6.0	**13.3**			15.6			109.2	**146.2**	299.3		4.1	**6.6**

2-59 续表

单位：元/人

指标名称	Item	利通区 Litong	红寺堡区 Hongsipu
全年现金支出	**Annual Cash Expenditure**	**27217.3**	**42725.6**
1.生活消费支出	Living Expenditure	17055.4	15983.0
食品烟酒	Food Tobacco Liquor	5717.0	5562.7
衣着	Clothing	1651.7	1658.1
居住	Residence	1642.4	1330.1
生活用品及服务	Articles and Services for Daily Use	1102.9	1184.0
医疗保健	Health Care	1290.5	904.9
交通通信	Transportation Communication	2896.4	3284.4
教育文化娱乐	Education, Culture and Entertainment	2327.6	1719.4
其他用品及服务	Other Supplies and Services	426.9	339.4
2.生产经营费用支出	Expenditure for Household Business	1966.2	3670.5
(1)第一产业生产支出	The Primary Industry	1913.4	80.3
农业生产支出	Agriculture	6.4	62.8
林业生产支出	Forestry		
牧业生产支出	Animal Husbandry	1906.9	17.5
渔业生产支出	Fishery		
(2)第二产业生产支出	The Secondary Industry		1129.8
工业生产支出	Industry		
建筑业生产支出	Construction Industry		1129.8
(3)第三产业生产支出	The Tertiary Industry	52.8	2460.4
交通运输业生产支出	Transportation Industry	52.8	2167.6
批发零售和住宿餐饮业生产支出	Wholesales, Retail Trade, Hotel and Catering Sectors		182.4
社会服务业生产支出	Social Services		
其他家庭经营生产支出	Others		110.4
3.财产性支出	Property Expenditure	127.9	156.3
4.转移性支出	Transfer Expenditure	754.0	1712.6
5.部分商业保险支出	Commercial Insurance Expenditure	675.2	365.4
6.购置资产及非经常性转移支出	Acquisition of Assets and Non-recurrent Transfer Expenses	3781.5	18395.7
(1)建造住房支出	Build Housing		3.3
(2)购买住房支出	Purchase House	755.2	9236.9
(3)购建第一产业生产性固定资产	Purchase and Build the Productive Fixed Assets of the Primary Industry		206.5
#购买或建造农业生产性用房	Purchase or Build Agricultural Productive Housing		206.5
购买产品畜	Purchase Stock		
购买或建造农业设施	Purchase or Build Agricultural Facilities		
购买农业机械	Purchase Agricultural Machinery		
(4)购建第二产业生产性固定资产支出	Purchase and Build the Productive Fixed Assets of the Secondary Industry		151.7
(5)购建第三产业生产性固定资产支出	Purchase and Build the Productive Fixed Assets of the Tertiary Industry		6007.6
(6)非经常性转移支出	Non-recurrent Transfer Expenditures	3026.2	2789.8
7.借贷性支出	Borrowing Expenditure	2857.2	2442.2
(1)归还银行信用社贷款	Repay the Loan to the Bank or Credit Union	2537.6	2316.5
(2)归还借款	Pay off the Loan	303.7	57.1
(3)存入银行行款	Bank Deposit		

continued

(yuan/person)

盐池县 Yanchi	同心县 Tongxin	青铜峡市 Qingtongxia	**固原市 Guyuan**	原州区 Yuanzhou	西吉县 Xiji	隆德县 Longde	泾源县 Jingyuan	彭阳县 Pengyang	**中卫市 Zhongwei**	沙坡头区 Shapotou	中宁县 Zhongning	海原县 Haiyuan
23689.6	**24824.8**	**22680.8**	**33281.0**	**38907.0**	**37225.8**	**23103.5**	**23515.9**	**22680.9**	**30179.5**	**36520.9**	**23982.9**	**25601.4**
13610.4	14569.8	13762.1	**18283.1**	21038.8	16917.7	13945.8	13884.9	14816.9	**15458.4**	16210.2	15374.2	13437.1
4402.6	4248.0	4339.6	**5968.7**	6776.6	5617.9	4819.6	4349.2	4936.0	**4677.9**	5221.2	4074.1	4451.5
1893.3	1895.6	1464.8	**1917.2**	2209.2	1953.3	1303.1	1477.0	1532.7	**1615.4**	1785.1	1394.7	1617.2
1565.6	1235.5	1286.9	**1457.3**	1511.7	1516.2	1231.6	1364.7	1439.5	**1432.1**	1709.5	1216.8	1105.0
999.3	1238.4	1025.7	**1375.8**	1640.6	1180.3	1019.8	1065.4	1002.0	**1129.6**	1119.3	1132.6	1152.9
883.8	1141.0	1067.1	**1230.2**	1385.3	923.5	1172.5	885.0	1088.1	**1436.9**	1526.5	1619.0	759.4
1676.5	1949.6	3030.2	**3539.6**	4324.6	3392.2	2159.7	2334.8	2475.3	**2959.2**	2741.3	3617.4	2103.9
1754.9	2521.1	1214.0	**2211.7**	2434.8	1988.2	1796.1	2084.0	1983.1	**1627.8**	1415.1	1747.1	1983.0
434.4	340.5	333.8	**582.6**	756.1	346.1	443.5	324.8	360.2	**579.6**	692.2	572.5	264.1
2439.3	4068.7	189.1	**2689.0**	4607.4	732.0	702.5	105.7	18.0	**479.6**	366.7	820.7	36.6
586.2	871.7	99.9	**51.9**		39.5	307.1	105.7	18.0	**268.2**	302.4	339.9	4.1
207.2	864.6	56.2	**10.1**		30.5	32.9		15.4	**232.5**	302.4	243.6	1.3
			6.3				105.7	2.6				
379.0	7.0	43.7	**35.5**		9.0	274.3			**35.7**		96.3	2.8
	38.0		**672.1**	1106.1	610.6				**8.1**		22.2	
	38.0		**91.3**	167.8								
			580.8	938.3	610.6				**8.1**		22.2	
1853.1	3159.1	89.2	**1965.0**	3501.3	81.9	395.4			**203.3**	64.3	458.5	32.5
884.8	205.2	53.9	**513.0**	915.6	33.2	85.4			**136.9**	5.0	360.8	16.3
340.0	2924.4	21.9	**987.9**	1765.2	11.4	204.4			**52.2**	59.3	58.7	16.2
601.5	29.5	13.3	**39.4**	56.1	37.3	36.9			**14.3**		39.0	
26.8	0.0	0.0	**424.7**	764.4	0.0	68.7			**0.0**	0.0	0.0	0.0
111.0	3.6	19.1	**539.9**	937.4	112.3	8.1	228.8	18.6	**175.9**	235.7	140.2	81.0
666.7	1262.8	1566.7	**2138.7**	2265.8	1807.7	2372.7	1365.1	2029.4	**1990.2**	2054.6	1945.4	1902.7
531.7	51.1	488.8	**256.2**	240.0	422.2	63.8	13.1	429.3	**751.3**	877.4	870.5	109.5
4169.3	3254.3	5303.2	**4919.4**	4104.9	13515.0	4262.5	4596.9	2150.3	**9027.9**	14318.4	2821.5	7565.4
			21.2				11.1	128.9	**40.6**	85.6		
813.7	431.8	3759.6	**1532.2**		9194.7	3594.7	11.2	162.1	**1686.4**	2392.2	10.0	3419.8
8.2	431.8		**16.1**		140.3				**69.4**		189.9	
			7.1		62.1							
8.2									**69.4**		189.9	
	431.8		**9.0**		78.2							
			390.5	697.6	93.9							
1580.2			**414.1**	393.7	1720.7	20.5			**4957.9**	9396.5	1391.9	
1767.2	2347.6	1543.6	**2544.3**	3013.7	2357.2	647.4	4574.7	1859.2	**2273.7**	2444.0	1229.7	4145.6
2161.2	1614.6	1351.9	**4454.6**	5712.7	3718.9	1748.0	3321.3	3218.5	**2296.1**	2458.0	2010.3	2469.0
1810.6	1279.8	1186.7	**4160.8**	5488.9	3274.2	1747.2	2263.0	2831.4	**1689.3**	1432.8	1713.8	2388.9
111.5	334.8	78.9	**266.5**	223.9	206.3	0.8	1058.3	387.1	**593.7**	1025.2	261.0	80.1
39.9												

2-60 2020年各市县城镇居民家庭主要耐用品每百户拥有情况

单位：百户均

指标名称	Item	全区 Total	沿黄地区 Plain	中南部地区 Mountain Area	银川市 Yinchuan
家用汽车	Automobile	**45.35**	**47.49**	**59.05**	**51.65**
摩托车	Motorcycle	**12.54**	**8.21**	**12.92**	**5.08**
助力车	Powered Bicycle	**60.24**	**55.69**	**52.27**	**39.86**
洗衣机	Washing Machine	**101.43**	**100.67**	**102.96**	**100.59**
电冰箱(柜)	Refrigerator	**100.56**	**100.82**	**101.47**	**100.10**
微波炉	Microwave Oven	**56.91**	**63.00**	**48.11**	**70.85**
彩色电视机	Color TV Set	**102.12**	**101.96**	**102.40**	**102.38**
空调	Air Conditioner	**22.03**	**28.53**	**6.73**	**34.83**
热水器	Water Heater	**100.67**	**100.45**	**98.16**	**100.88**
洗碗机	Dishwasher	**0.55**	**0.67**	**1.38**	**0.92**
排油烟机	Smoke Exhaust Ventilator	**91.39**	**96.77**	**89.93**	**98.71**
固定电话	Telephone	**3.19**	**5.11**	**2.06**	**7.29**
移动电话	Mobile Telephone	**256.15**	**245.98**	**267.32**	**246.53**
其中：接入互联网	Internet Mobile Telephone	**245.65**	**235.25**	**260.59**	**237.67**
计算机	Computer	**69.62**	**76.03**	**71.88**	**85.83**
其中：接入互联网	Internet Computer	**57.97**	**65.17**	**57.92**	**76.46**
照相机	Camera	**14.06**	**17.92**	**10.26**	**23.22**
中高档乐器	Secondary and Top Grade Musical Instrument	**10.70**	**12.82**	**12.55**	**15.11**
健身器材	Body-building Apparatus	**7.29**	**8.44**	**6.21**	**10.28**
空气净化器(含新风系统)	Air Purifier (Include Fresh Air System)	**4.60**	**5.91**	**4.06**	**6.42**
吸尘器	Vacuum Cleaner	**12.01**	**15.12**	**12.54**	**17.09**

Ownership of Major Durable Consumer Goods per 100 Urban Households by City and County (2020)

(per 100 households)

兴庆区 Xingqing	西夏区 Xixia	金凤区 Jinfeng	永宁县 Yongning	贺兰县 Helan	灵武市 Lingwu	**石嘴山市 Shizuishan**	大武口区 Dawukou	惠农区 Huinong	平罗县 Pingluo	**吴忠市 Wuzhong**
49.36	40.88	56.87	60.02	71.42	45.69	**40.21**	41.59	32.97	46.42	**47.62**
5.36	2.39	4.61	9.58		10.52	**10.23**	10.15	7.97	13.32	**15.72**
38.18	39.60	28.97	58.02	31.40	71.90	**63.58**	60.43	58.01	77.70	**71.31**
100.05	98.80	98.83	108.84	104.05	101.88	**100.25**	100.07	98.15	103.35	**100.33**
99.98	100.31	95.28	101.55	109.65	104.33	**101.52**	103.22	98.17	102.02	**100.77**
76.93	43.75	81.46	53.84	77.61	67.16	**42.95**	47.24	33.79	45.14	**53.02**
105.31	97.72	99.29	100.14	104.32	103.85	**100.49**	101.09	97.46	103.02	**102.42**
41.56	14.23	48.66	11.18	28.81	23.02	**22.39**	34.62	14.65	5.11	**14.01**
101.87	98.86	101.19	100.00	102.05	98.12	**98.87**	103.17	105.65	80.65	**97.81**
1.34		1.19	1.46			**0.39**			1.77	
98.54	97.80	99.32	99.67	100.25	97.55	**90.96**	97.50	78.87	91.90	**91.81**
14.91	1.18	3.47				**1.08**	2.19			**1.71**
243.01	235.71	241.85	263.61	281.53	254.44	**238.33**	235.86	239.05	242.92	**258.58**
234.89	230.19	240.71	253.31	265.10	221.57	**230.04**	227.59	229.69	235.93	**243.40**
93.22	69.83	96.45	75.34	77.31	61.95	**58.36**	71.75	44.50	46.33	**63.92**
83.26	63.39	90.72	61.53	77.31	35.70	**48.64**	61.57	38.37	33.05	**48.68**
33.30	10.91	16.13	15.71	20.63	19.24	**7.65**	13.40	0.88	3.53	**12.54**
22.62	6.68	5.76	5.50	18.13	21.21	**7.81**	10.90	7.16	1.77	**7.97**
13.88	1.14	9.33	11.37	12.47	7.42	**3.93**	3.38	5.40	3.28	**7.51**
9.23	2.23	4.66	2.67	10.06	3.77	**3.30**	6.69			**3.81**
21.27	6.62	11.51	13.02	29.18	22.15	**9.61**	15.39	5.71	1.77	**13.54**

2-60 续表

单位：百户均

指标名称	Item	利通区 Litong	红寺堡区 Hongsipu	盐池县 Yanchi	同心县 Tongxin
家用汽车	Automobile	48.92	63.67	44.40	40.11
摩托车	Motorcycle	13.01	6.18	7.11	52.56
助力车	Powered Bicycle	65.86	69.82	81.67	73.75
洗衣机	Washing Machine	101.22	95.71	100.13	100.00
电冰箱(柜)	Refrigerator	102.20	103.66	100.00	100.00
微波炉	Microwave Oven	61.75	41.48	43.14	54.94
彩色电视机	Color TV Set	102.33	101.77	100.00	101.56
空调	Air Conditioner	16.04	1.90	18.69	13.34
热水器	Water Heater	93.79	99.52	96.25	103.27
洗碗机	Dishwasher				
排油烟机	Smoke Exhaust Ventilator	95.79	94.00	87.76	80.22
固定电话	Telephone	3.53			1.24
移动电话	Mobile Telephone	248.57	228.81	274.45	268.13
其中：接入互联网	Internet Mobile Telephone	221.61	209.21	274.45	266.71
计算机	Computer	73.90	71.65	52.13	60.30
其中：接入互联网	Internet Computer	54.09	41.80	42.93	52.94
照相机	Camera	18.09	5.68	9.27	4.68
中高档乐器	Secondary and Top Grade Musical Instrument	10.20	2.25	9.47	3.12
健身器材	Body-building Apparatus	11.22	1.89	2.89	10.20
空气净化器(含新风系统)	Air Purifier (Include Fresh Air System)	4.98	1.89	2.43	6.13
吸尘器	Vacuum Cleaner	19.02	10.21	4.85	16.08

continued

(per 100 households)

青铜峡市 Qingtongxia	**固原市 Guyuan**	原州区 Yuanzhou	西吉县 Xiji	隆德县 Longde	泾源县 Jingyuan	彭阳县 Pengyang	**中卫市 Zhongwei**	沙坡头区 Shapotou	中宁县 Zhongning	海原县 Haiyuan
48.01	**68.58**	73.57	71.87	45.93	67.33	66.47	**45.42**	37.15	51.02	60.68
8.23	**4.01**	3.20	6.07	4.07	3.79	5.35	**20.02**	12.84	34.10	9.52
73.51	**28.12**	32.65	32.04	5.90	13.72	30.94	**117.99**	115.35	143.90	60.73
99.98	**105.41**	108.42	111.98	100.00	103.68	96.01	**103.63**	101.51	106.39	104.11
98.24	**100.94**	103.87	105.89	95.86	97.88	93.02	**103.23**	101.26	106.44	102.08
44.38	**51.03**	59.08	48.17	59.74	33.36	27.00	**68.71**	67.60	79.86	43.96
105.06	**104.85**	108.56	103.99	98.05	99.78	99.86	**101.12**	101.51	101.51	98.70
9.72	**3.63**	1.47		7.71	7.58	8.70	**17.60**	17.58	24.46	
103.45	**98.29**	101.93	110.02	93.90	88.87	85.44	**100.00**	100.00	106.39	83.54
	2.39	1.47	2.05		24.67		**0.63**	1.26		
93.05	**95.64**	101.93	100.06	95.86	64.57	82.75	**97.36**	98.60	103.13	78.02
	2.82	1.73		3.81	18.95	2.19	**2.00**		3.46	5.41
268.41	**273.63**	264.42	301.54	290.07	224.48	290.24	**255.82**	253.05	259.34	256.69
258.66	**268.68**	260.55	285.67	290.07	285.05	264.22	**238.18**	233.95	244.33	237.49
52.88	**85.30**	91.03	83.97	78.00	104.81	66.64	**64.83**	63.32	69.22	58.89
41.17	**70.42**	75.86	73.91	67.88	45.57	60.66	**48.98**	37.00	64.31	52.50
10.01	**13.65**	11.27	13.92	16.12	15.73	18.73	**8.96**	10.27	6.73	10.01
6.54	**17.32**	18.09	29.93	17.54	5.96	10.53	**11.23**	11.45	10.06	13.43
3.21	**6.03**	5.16	8.03	5.83	5.75	7.77	**8.66**	9.88	6.50	9.82
1.60	**2.80**	1.93	4.10	10.21	1.90		**10.44**	10.13	10.95	10.23
8.24	**16.23**	23.79	12.10	6.02	8.06	4.31	**14.35**	18.94	9.62	10.02

2-61 主要年份各市县城镇居民人均可支配收入情况

单位：元/人

年 份 Year	全区 Total	沿黄地区 Plain	中南部地区 Mountain Area	银川市 Yinchuan	兴庆区 Xingqing	西夏区 Xixia	金凤区 Jinfeng
2010	**15093.3**	**15716.0**	**11935.0**	**16957.8**	18523.5	13660.1	17735.7
2011	**17291.0**	**18011.0**	**13618.0**	**19335.1**	21120.4	15575.0	20221.7
2012	**19507.0**	**20262.0**	**15429.7**	**21768.7**	23680.5	17641.4	22794.5
2013	**21475.7**	**22288.2**	**17003.5**	**23940.3**	25835.4	19562.8	25529.9
2014	**23284.6**	**24159.6**	**18449.0**	**26117.7**	28246.5	21347.1	27957.0
2015	**25186.0**	**26154.5**	**19920.1**	**28261.4**	30513.9	23125.5	30361.3
2016	**27153.0**	**28172.0**	**21533.6**	**30477.8**	32780.8	24976.3	32733.6
2017	**29472.3**	**30539.7**	**23383.2**	**32980.8**	35451.5	26985.2	35560.1
2018	**31895.2**	**33013.4**	**25324.0**	**35586.3**	38317.0	29191.5	38348.0
2019	**34328.5**	**35594.8**	**27256.6**	**38216.8**	41218.4	31302.3	41190.6
2020	**35719.6**	**36731.5**	**28577.5**	**39416.4**	42363.5	32610.6	43578.2

2-61 续表

单位：元/人

年 份 Year	利通区 Litong	红寺堡区 Hongsipu	盐池县 Yanchi	同心县 Tongxin	青铜峡市 Qingtongxia	固原市 Guyuan	原州区 Yuanzhou
2010	14083.5	10353.6	12494.4	10866.8	12874.1	**12555.5**	13135.9
2011	16121.9	11879.0	14216.8	12337.3	15111.9	**14321.8**	15029.4
2012	18205.7	13527.7	16054.8	14126.9	17107.1	**16222.8**	17001.3
2013	19953.4	15223.3	17652.7	15774.0	18712.5	**18085.4**	19008.6
2014	21710.0	16488.6	19156.7	17131.0	20292.3	**19676.5**	20680.0
2015	23581.9	17875.4	20919.5	18758.0	22003.2	**21144.0**	22463.2
2016	25303.1	19412.1	22673.2	20277.2	23633.2	**22716.8**	24153.5
2017	27386.7	21194.9	24676.9	22101.4	25547.4	**24628.2**	26258.3
2018	29827.7	23045.0	26601.1	23803.3	27591.1	**26709.2**	28595.7
2019	32291.5	24774.2	28463.9	25660.6	29716.4	**28726.8**	30595.1
2020	33977.3	25468.0	29830.9	27126.8	31201.0	**30052.1**	31972.4

Basic Statistics of Disposable Income for Urban Households by City and County in Main Year

(yuan/person)

永宁县 Yongning	贺兰县 Helan	灵武市 Lingwu	**石嘴山市 Shizuishan**	大武口区 Dawukou	惠农区 Huinong	平罗县 Pingluo	**吴忠市 Wuzhong**
15023.4	14795.5	15637.0	**14408.1**	15870.6	12883.1	13008.8	**12940.4**
16958.5	16889.9	17866.9	**16701.7**	18397.0	14933.9	14769.4	**14719.5**
19252.5	19117.2	20299.7	**18905.9**	20800.0	16776.8	16719.4	**16674.3**
21177.4	20905.6	22405.4	**20703.3**	22734.4	18437.4	18307.8	**18297.7**
23017.1	22790.9	24309.8	**22379.7**	24671.3	19913.7	19735.7	**19852.9**
25091.4	24548.1	26255.0	**24168.3**	26767.6	21495.0	21216.1	**21552.9**
26948.0	26468.0	28329.5	**25970.1**	28855.4	23110.1	22738.5	**23351.5**
29210.8	28641.2	30624.4	**28186.3**	31365.3	25055.9	24606.5	**25363.6**
30729.8	31051.1	32859.9	**30583.0**	34220.0	26944.2	26647.4	**27478.1**
33031.9	33660.3	35251.6	**33015.9**	36960.5	29163.3	28684.5	**29616.1**
33697.6	35195.1	35887.2	**34157.6**	38270.3	30809.0	29682.5	**31159.5**

continued

(yuan/person)

西吉县 Xiji	隆德县 Longde	泾源县 Jingyuan	彭阳县 Pengyang	**中卫市 Zhongwei**	沙坡头区 Shapotou	中宁县 Zhongning	海原县 Haiyuan
11741.8	11008.3	11667.5	11831.3	**12996.5**	13596.2	13303.0	11061.7
13425.4	12604.8	13392.6	13521.4	**14749.9**	15495.3	14689.0	12788.2
15206.6	14348.1	15189.4	15360.8	**16610.1**	17487.1	16486.6	14347.7
17107.4	15969.7	17027.3	17128.3	**18420.6**	19293.3	18395.4	16223.1
18601.0	17440.9	18565.0	18591.0	**19930.6**	20919.7	19831.1	17570.1
19965.3	18631.7	19735.4	20048.5	**21604.3**	22702.7	21481.2	19045.7
21410.6	20047.3	21158.2	21611.6	**23276.7**	24338.8	23141.3	20591.8
23239.6	21731.8	22917.5	23345.0	**25344.5**	26487.8	25293.3	22346.4
25216.0	23360.6	24773.7	25166.0	**27371.9**	28694.0	27271.0	24046.5
27335.5	25019.8	26557.0	27239.4	**29602.5**	31027.6	29462.1	26097.4
28975.0	25971.5	27650.8	28327.8	**30478.5**	31771.5	30120.0	27487.7

2-62 主要年份各市县城镇居民人均生活消费支出情况

单位：元/人

年 份 Year	**全区** Total	**沿黄地区** Plain	**中南部地区** Mountain Area	**银川市** Yinchuan	兴庆区 Xingqing	西夏区 Xixia	金凤区 Jinfeng
2013	**15321.1**			**16843.9**	18891.9	14238.9	16483.2
2014	**17216.2**	**18049.6**	**12922.4**	**20401.2**	22352.4	17549.7	23410.9
2015	**18983.9**	**19434.1**	**13525.8**	**21694.0**	24089.1	19269.0	24057.2
2016	**20364.2**	**20291.2**	**14720.2**	**22897.9**	24367.3	20956.5	24291.4
2017	**20219.5**	**20955.2**	**15869.1**	**23124.5**	24884.7	21023.4	24724.1
2018	**21976.7**	**22624.4**	**16908.2**	**25505.8**	29379.0	22447.3	26393.7
2019	**24161.0**	**24355.6**	**17594.0**	**27716.9**	32054.3	22478.1	28563.7
2020	**22379.1**	**23382.5**	**18284.6**	**26670.0**	30060.4	21264.3	29008.6

2-62 续表

单位：元/人

年 份 Year	利通区 Litong	红寺堡区 Hongsipu	盐池县 Yanchi	同心县 Tongxin	青铜峡市 Qingtongxia	**固原市** Guyuan	原州区 Yuanzhou
2013	13982.2	10566.9	13153.4	10720.5	13207.7	**12881.6**	14292.1
2014	15391.1	11080.4	13018.7	12439.0	16994.8	**13585.3**	14799.4
2015	17262.1	11648.1	13786.2	13299.1	17530.1	**13851.9**	15596.9
2016	17267.8	12715.7	15200.0	14015.7	15062.0	**15527.3**	17709.7
2017	17828.6	14596.0	15040.4	15216.3	16220.4	**16565.2**	19545.8
2018	20494.2	15566.8	14723.3	15423.1	15342.4	**17981.6**	21617.4
2019	20731.3	17101.8	16364.3	15789.1	16080.3	**19741.6**	22874.5
2020	19698.4	18053.0	15553.2	16781.0	15179.9	**21041.4**	24250.6

Per Capita Living Expenditure for Urban Residents by City and County in Main Year

(yuan/person)

永宁县 Yongning	贺兰县 Helan	灵武市 Lingwu	**石嘴山市 Shizuishan**	大武口区 Dawukou	惠农区 Huinong	平罗县 Pingluo	**吴忠市 Wuzhong**
13029.2	15418.4	13876.0	**13396.3**	14522.6	12965.5	13167.8	**13105.5**
17014.1	16327.5	14282.9	**13806.0**	14412.7	12480.9	14050.3	**14293.5**
18737.4	16701.7	16309.0	**15005.1**	16193.2	12585.0	15562.5	**15671.1**
19876.5	17043.3	18477.8	**16013.2**	17392.0	13403.0	16351.3	**15279.5**
21052.3	18375.5	19415.4	**16946.5**	18645.8	14202.3	17620.3	**16299.3**
22032.9	19783.9	21514.9	**18778.5**	21022.9	15036.9	17631.5	**17171.5**
22842.3	21500.4	22464.9	**19480.9**	22639.3	15923.0	16637.9	**18001.7**
23113.6	22156.1	21622.5	**19078.9**	22145.7	16529.1	15802.0	**17495.8**

continued

(yuan/person)

西吉县 Xiji	隆德县 Longde	泾源县 Jingyuan	彭阳县 Pengyang	**中卫市 Zhongwei**	沙坡头区 Shapotou	中宁县 Zhongning	海原县 Haiyuan
12060.5	8703.2	13022.9	11442.9	**13386.5**	12503.6	15370.7	9871.2
12754.8	12349.6	13790.8	10727.5	**15295.9**	15575.9	16348.6	11585.4
12278.6	12475.2	12759.5	11576.6	**16746.8**	16834.9	18089.4	14495.1
12609.7	13708.9	13662.2	12428.3	**18298.5**	18793.6	19556.9	14299.9
13268.4	16526.3	13934.9	13284.0	**18960.3**	18145.3	21393.5	15117.4
14400.7	16201.2	14883.4	14273.5	**18864.2**	19603.0	19738.2	15302.6
16688.0	17024.1	15344.2	15872.1	**20018.1**	21141.1	20774.1	15807.0
19012.8	16161.5	16038.1	17143.0	**18100.7**	19067.7	18107.0	15240.7

2-63 农村居民家庭基本情况

指标名称	Item	单位	Unit	2013
一、户主文化程度	**Cultural Level of Head of a Household**	—	—	--
(一)未上过学	No Schooling	%	%	9.2
(二)小学	Primary School	%	%	33.1
(三)初中	Junior Secondary School	%	%	45.5
(四)高中	Senior Secondary School	%	%	10.8
(五)大学专科	Junior College	%	%	1.3
(六)大学本科	Undergraduate College	%	%	0.1
(七)研究生	Postgraduate	%	%	
二、按家庭规模分的住户类型	**Households Type Divided by Family Size**	—	—	--
(一)一人户	One Person	%	%	0.5
(二)二人户	Two Persons	%	%	11.9
(三)三人户	Three Persons	%	%	14.0
(四)四人户	Four Persons	%	%	32.6
(五)五人户	Five Persons	%	%	20.2
(六)六人及以上户	Six Persons and over	%	%	20.9
三、按世代分的住户类型	**Households Type Divided by Generation**	—	—	--
(一)一代户	One-Generation Households	%	%	7.2
(二)二代户	Two-Generation Households	%	%	26.2
(三)三代户	Three-Generation Households	%	%	13.0
(四)四代及以上户	Four-Generation Households and over	%	%	0.4
四、住户特征	**Household Characteristics**	—	—	--
(一)纯老人户	Households of only the old	%	%	7.7
(二)家中有未成年子女户	Households of Couple with Minor Children	%	%	89.0
(三)年轻夫妻无子女户	Households of Young Couple without Children	%	%	
(四)无劳动力户	Households without Labor Force	%	%	3.3
五、住户经营情况	**Household Business Situation**	—	—	
(一)生产经营户	Production Business Households	%	%	94.6
农业户	Agriculture	%	%	91.7
农业兼业户	Agriculture and Business Households	%	%	
非农兼业户	Non-agriculture and Business Households	%	%	
非农业户	Non-agriculture Households	%	%	20.5
(二)非生产经营户	Non-production Business Households	%	%	5.4
六、参加医疗保险情况	**Medical Insurance Participation**	—	—	
(一)参加城乡居民基本医疗保险	Basic Medical Insurance for Urban and Rural Residents	%	%	95.0
(二)参加城镇职工基本医疗保险	Basic Medical Insurance for Urban Employee	%	%	1.6
(三)商业及其他医疗保险	Commercial and Other Health Insurance	%	%	0.7
(四)没有参加任何医疗保险	Non-joined any Medical Insurance	%	%	2.7

Basic Statistics of Rural Households

2014	2015	2016	2017	2018	2019	2020
--	--	--	--	--	--	--
8.7	7.4	6.1	6.1	8.1	8.2	8.5
31.8	31.2	32.7	31.7	35.1	35.0	35.8
47.6	48.7	47.2	47.7	43.3	43.9	43.9
10.6	11.3	11.8	12.1	11.7	11.1	10.5
1.1	1.0	1.3	1.4	1.2	1.3	1.0
0.2	0.4	0.9	0.9	0.6	0.6	0.3
		0.1	0.1			
--	--	--	--	--	--	--
0.5	0.7	0.7	1.0	1.3	2.0	2.0
11.7	14.1	21.7	24.4	26.0	27.8	30.0
15.0	15.4	22.0	22.0	19.6	18.1	18.2
33.1	30.6	23.8	22.2	21.3	21.1	19.6
19.8	21.0	17.8	16.0	15.9	14.4	13.4
19.9	18.3	14.1	14.5	16.0	16.5	16.8
--	--	--	--	--	--	--
15.6	16.8	16.7	19.0	20.9	21.3	23.0
56.4	56.1	56.9	56.3	54.5	53.1	53.1
27.2	26.4	25.7	23.8	24.6	25.1	23.0
0.8	0.7	0.7	0.9		0.5	0.9
--	--	--	--	--	--	--
8.1	7.7	7.5	9.6	10.7	12.8	15.3
89.6	89.4	89.7	87.9	88.1	85.7	83.7
		0.1	0.1	0.4	0.4	0.3
2.3	3.0	2.6	2.3	0.8	1.0	0.8
94.5	90.3	46.7	70.6	83.8	71.2	80.0
96.1	96.2	73.4	72.2	70.0	75.1	71.0
		9.4	9.5	5.1	9.6	7.3
		12.1	10.8	5.5	9.0	9.9
11.9	12.2	18.8	18.8	19.3	17.0	12.4
5.5	9.7	53.3	29.4	16.2	28.8	20.0
95.4	97.0	97.5	97.0	97.1	96.7	97.2
1.3	1.1	1.3	1.4	2.0	2.6	2.3
3.0	0.5	0.6	0.4	1.6	2.3	2.3
2.7	1.6	1.0	1.5	0.8	0.5	0.4

2-64 农村居民家庭就业年龄及学历构成情况

指标名称	Item	单位	Unit
一、基本情况	**Basic Statistics of Households Surveyed**	--	--
(一)户均常住人口	Average Number of Permanent Residents per Household	人/户	person/household
(二)户均常住从业人口	Average Number of Employed Persons per Household	人/户	person/household
(三)平均每户家庭从业人口比重	Proportion of Employed Persons per Household	%	%
(四)平均每一从业人口负担人数	Average Number of Dependency Coefficient per Employed Persons	人	person
(五)由本户供养的在校学生	Supported Students in School by the Family	人/户	person/household
(六)户均整半劳动力人口	Whole and Half Labor Force per Household	人/户	person/household
(七)平均每户家庭整半劳动力人口比重	Proportion of Whole and Half Labor Force per Household	%	%
二、家庭劳动力年龄构成	**Age Composition of Permanent Employed Persons**	**%**	**%**
(一)16-19岁	Aged 16-19	%	%
(二)20-24岁	Aged 20-24	%	%
(三)25-29岁	Aged 25-29	%	%
(四)30-34岁	Aged 30-34	%	%
(五)35-40岁	Aged 35-40	%	%
(六)41-50岁	Aged 41-50	%	%
(七)51-60岁	Aged 51-60	%	%
(八)61-65岁	Aged 61-65	%	%
(九)66岁及以上	Aged 66 and over	%	%
三、家庭劳动力文化程度构成	**Composition of Education Level for Labor Force**	**%**	**%**
(一)未上过学	No Schooling	%	%
(二)小学	Primary School	%	%
(三)初中	Junior Secondary School	%	%
(四)高中	Senior Secondary School	%	%
(五)大学专科	Junior College	%	%
(六)大学本科及以上	Bachelor Degree or above	%	%
(七)研究生	Graduate Student	%	%
四、常住从业人员就业类型	**Type of Employment of Permanent Employed Persons**	**%**	**%**
(一)雇主	Employer	%	%
(二)公职人员	Civil Servants	%	%
(三)事业单位人员	Institution Officers	%	%
(四)国有企业雇员	State-owned Enterprises Employees	%	%
(五)其他雇员	Other Employees	%	%
(六)农业自营	Self-employed of Agriculture	%	%
(七)非农自营	Self-employed of Non-Agriculture	%	%
五、常住从业人员从事主要行业	**Type of Industry for Permanent Employed Persons**	**%**	**%**
(一)第一产业	Primary Industry	%	%
(二)第二产业	Secondary Industry	%	%
(三)第三产业	Tertiary Industry	%	%

Composition Statistics of Employment Age and Education for Rural Households

2013	2014	2015	2016	2017	2018	2019	2020
--	--	--	--	--	--	--	--
4.0	4.0	3.9	3.9	3.8	3.8	3.8	3.7
2.2	2.2	2.1	2.1	2.1	2.0	1.9	1.9
53.5	55.8	54.5	55.3	54.8	51.3	51.5	51.0
1.9	1.8	1.8	1.8	1.8	1.9	1.9	2.0
1.0	1.0	1.0	0.9	0.9	0.9	0.9	0.9
2.4	2.4	2.4	2.4	2.4	2.4	2.4	2.4
59.8	60.7	60.8	63.0	63.5	62.5	62.4	64.2
100.0	**100.0**	**100.0**	**100.0**	**100.0**	**100.0**	**100.0**	**100.0**
3.7	3.7	3.2	3.3	2.3	2.1	1.4	1.3
10.1	8.0	7.4	7.6	6.7	6.1	5.6	6.1
8.7	8.8	7.9	7.7	7.7	8.8	8.1	6.4
9.4	9.5	7.9	6.2	6.0	8.5	8.3	8.3
13.9	13.3	14.4	13.4	12.4	11.3	11.6	10.4
29.3	30.3	30.4	32.5	31.8	28.8	26.9	24.6
17.0	18.4	20.6	21.2	23.8	23.0	25.2	26.9
5.0	4.5	4.6	4.9	5.1	6.4	7.0	6.9
2.9	3.6	3.5	3.2	4.2	4.9	5.9	9.1
100.0	**100.0**	**100.0**	**100.0**	**100.0**	**100.0**	**100.0**	**100.0**
13.2	12.6	12.8	12.0	12.1	16.0	15.5	16.7
33.1	33.1	31.9	30.7	30.5	33.3	34.3	34.4
41.7	42.6	42.6	43.5	42.9	37.1	37.2	36.0
9.3	9.0	9.7	9.9	10.4	9.7	9.2	8.9
2.0	2.0	1.9	2.4	2.6	2.5	2.6	3.0
0.7	0.7	1.1	1.5	1.4	1.5	1.2	0.9
		0.0	0.1	0.1			
100.0	**100.0**	**100.0**	**100.0**	**100.0**	**100.0**	**100.0**	**100.0**
0.5	0.3	0.1	0.2		0.3	0.2	0.2
0.1	0.1	0.2	0.5	0.5			
0.8	0.7	0.8	1.4	1.3	0.7	0.7	0.2
0.7	0.4	0.4	0.2	0.1	0.2	0.2	0.1
32.9	35.5	39.5	40.9	42.3	45.8	43.6	44.0
55.7	53.5	49.5	45.7	45.1	42.3	44.9	45.4
9.2	9.5	9.5	11.3	10.7	10.8	10.3	10.1
100.0	**100.0**	**100.0**	**100.0**	**100.0**	**100.0**	**100.0**	**100.0**
58.1	56.1	53.9	51.2	51.6	48.0	51.1	52.2
23.2	22.9	22.2	22.1	21.2	21.9	19.4	18.3
18.6	21.0	23.8	26.6	27.2	30.0	29.5	29.5

2-65 农村居民家庭房屋基本情况

指标名称	Item	单位	Unit
一、期末现住房情况	**Current House Condition of Term End**	--	--
(一)人均现住房面积	Per Capita Current Housing Area	平方米/人	sq.m/person
人均自有现住房面积	Per Capita Self-owned Current Housing Area	平方米/人	sq.m/person
户均现住房面积	Per Household Current Housing Area	平方米/户	sq.m/household
户均自有现住房面积	Per Household Self-owned Current Housing Area	平方米/户	sq.m/household
(二)现住房市场价月租金	Monthly Rent of Current Housing	元/人	yuan/person
自有现住房市场价月租金	Monthly Rent of Self-owned Current Housing	元/人	yuan/person
二、期内新购建住房情况	**Newly Bought or Built Residential Buildings Condition During Period**	--	--
(一)新建住房竣工建筑面积	Completing Floor Space of Newly Built Residential Buildings	平方米/人	sq.m/person
(二)新建住房总费用	Total Cost of Newly Built Residential Buildings	元/人	yuan/person
(三)新建住房价值	Value of Newly Built Residential Buildings	元/平方米	yuan/sq.m
三、期末现住房构成	**Current Housing Constitute of Term End**	--	--
(一)本住户居住类型	Residence Type	%	%
其中：普通住宅	General Residence	%	%
(二)本住户居住空间样式	House Construction Space Style	%	%
1.单栋楼房	Single Building	%	%
2.单栋平房	Single Bungalow	%	%
3.四居室及以上单元房	House with Four Bedrooms and Above	%	%
4.三居室单元房	House with Three Bedrooms	%	%
5.二居室单元房	House with Two Bedrooms	%	%
6.一居室单元房	House with One Bedrooms	%	%
7.其他	Others	%	%
(三)主要建筑材料	Main Building Materials	%	%
1.钢筋混凝土	Reinforced Concrete	%	%
2.砖混材料	Brick and Concrete	%	%
3.砖瓦砖木	Brick and Wood	%	%
4.竹草土坯	Bamboo Grass Adobe	%	%
5.其他	Others	%	%
(四)现住房房屋来源	Current Housing Source	%	%
1.租赁公房	Public House Leasing	%	%
2.租赁私房	Private House Leasing	%	%
3.自建住房	Self-built Housing	%	%
4.购买商品房	Commercial Residential Building	%	%
5.购买房改住房	Reformed Housing	%	%
6.购买保障性住房	Security Housing	%	%
7.拆迁安置房	Removal Settlement Housing	%	%
8.继承或获赠住房	Inheritance or Gift Housing	%	%
9.免费借用房	Borrow Housing for Free	%	%
10.其他	Others	%	%
(五)现住房建筑面积	Current Residential Buildings Area	%	%
1.10平方米以内	Less than 10 sq.m	%	%
2.10-20平方米	10-20 sq.m	%	%
3.20-30平方米	20-30 sq.m	%	%
4.30-60平方米	30-60 sq.m	%	%
5.60-90平方米	60-90 sq.m	%	%
6.90-120平方米	90-120 sq.m	%	%
7.120-200平方米	120-200 sq.m	%	%
8.200平方米以上	200 sq.m above	%	%

Basic Statistics of House for Rural Households

2013	2014	2015	2016	2017	2018	2019	2020
--	--	--	--	--	--	--	--
27.2	28.6	30.4	32.1	32.7	29.2	30.7	32.3
27.1	28.3	30.1	32.0	32.3	29.0	30.4	32.1
109.7	113.2	118.9	124.3	124.5	111.7	116.0	121.0
109.2	112.1	117.9	123.8	123.0	110.7	114.8	120.3
46.0	54.4	60.5	65.7	71.4	65.4	70.9	71.6
45.6	52.5	59.5	65.3	68.4	65.2	70.6	71.1
1.5	1.9	1.4	1.2	1.6	0.8	0.8	1.2
955.9	1291.5	1108.2	13566.6	1451.8	806.0	728.5	1059.5
644.0	686.9	801.6	11432.1	899.9	1046.6	860.3	859.6
100.0	100.0	100.0	100.0	100.0	100.0	100.0	100.0
100.0	99.9	100.0	100.0	100.0	99.9	100.0	100.0
100.0	100.0	100.0	100.0	100.0	100.0	100.0	100.0
2.4	1.8	2.4	3.9	3.1	2.4	2.2	1.2
94.5	95.3	93.9	90.3	89.2	85.1	92.5	93.3
0.2	0.3	0.1	0.1	0.2	0.1	0.2	
		1.0	2.9	3.6	1.2	1.6	1.6
0.4	0.3	0.8	1.9	2.8	2.8	3.2	3.2
		0.1	0.2	0.2	0.1	0.2	0.3
2.5	2.4	1.7	0.7	0.9	8.3	0.1	0.4
100.0	100.0	100.0	100.0	100.0	100.0	100.0	100.0
1.3	1.5	1.1	2.9	4.1	6.7	6.0	6.2
13.3	15.3	21.9	28.3	26.9	31.0	33.8	35.6
69.2	69.8	66.6	63.0	64.2	59.8	58.0	57.1
15.1	12.0	8.6	5.1	4.2	2.1	1.8	0.8
1.2	1.4	1.8	0.6	0.6	0.4	0.4	0.3
100.0	100.0	100.0	100.0	100.0	100.0	100.0	100.0
		0.2	0.1	0.1	0.2	0.4	0.2
0.9	2.9	1.1		0.7	0.1	0.2	0.4
95.5	93.6	93.1	91.7	89.7	93.4	92.4	91.7
1.8	1.7	3.3	5.4	6.6	2.6	2.9	3.1
		0.2	0.3	0.3			
0.2	0.2	0.2	0.2	0.3	0.5	0.2	0.1
1.2	1.1	1.6	1.8	1.8	2.6	3.2	3.9
0.1	0.1					0.1	0.1
0.3	0.4	0.1	0.3	0.2		0.3	0.3
0.0	0.0	0.3	0.3	0.4	0.7	0.4	0.2
100.0	100.0	100.0	100.0	100.0	100.0	100.0	100.0
0.6	1.5	0.3					
0.8	1.1	0.4	0.1	0.1	0.2	0.2	0.1
12.3	9.3	8.3	6.0	5.4	10.7	7.9	5.8
24.8	22.9	21.1	19.6	18.8	25.8	23.2	21.2
37.0	37.9	36.2	35.6	37.3	34.5	37.0	35.2
20.1	21.4	27.6	32.7	32.6	25.5	27.9	33.1
4.2	6.0	6.0	6.0	5.8	3.2	3.8	4.6

2-65 续表

指标名称	Item	单位	Unit
(六)住宅有管道供水情况	Pipeline Water Supplying of Residential Buildings	%	%
1.住宅内管道取水	Pipeline Water Supplying in the Home	%	%
2.住宅内其他方式取水	Other Ways Water Supplying in the Residence	%	%
3.院内管道取水	Pipeline Water Supplying to Public Water Intaking Spot	%	%
4.院内其他方式取水	Other Ways Water Supplying in the Courtyard	%	%
5.其他位置取水	Water Supplying from other locations	%	%
(七)住户厕所类型	Residence Toilet Type	%	%
1.水冲式卫生厕所	Water Flushing Sanitary Toilet	%	%
2.水冲式非卫生厕所	Water Flushing Insanitary Toilet	%	%
3.卫生旱厕	Sanitary Pit Latrine	%	%
4.普通旱厕	General Pit Latrine	%	%
5.无厕所	No Toilet	%	%
(八)住户厕所使用情况	Using Condition of Residence Toilet	%	%
1.本住户独用	Exclusive Use	%	%
2.几户合用	Sharing with Several Households	%	%
3.公用厕所	Public Toilet	%	%
(九)住户洗澡设施情况	Residence Shower Equipment Condition	%	%
1.统一供热水	Unified Supply Hot Water	%	%
2.家庭自装热水器	House Self-Installing Water Heater	%	%
3.其他	Others	%	%
4.无洗澡设施	No Shower Equipment	%	%
(十)住户主要取暖设备状况	Residence Main Heating Equipment Condition	%	%
1.由市政或小区集中供暖	Central Heating by Government or Housing Estate	%	%
2.自行供暖	Self Heating	%	%
3.无取暖设备	No Heating Equipment	%	%
(十一)住户主要取暖用能源状况	Residence Main Heating Energy Condition	%	%
1.柴草	Firewood	%	%
2.煤炭	Coal	%	%
3.罐装液化石油气	Canned Liquefied Petroleum Gas	%	%
4.管道液化石油气	Pipeline Liquefied Petroleum Gas	%	%
5.管道煤气	Pipeline Coal Gas	%	%
6.管道天然气	Pipeline Natural Gas	%	%
7.电	Electricity	%	%
8.燃料用油	Fuel Oils	%	%
9.沼气	Biogas	%	%
10.其他	Others	%	%
11.无取暖行为	No Heating Behavior	%	%
(十二)主要炊用能源状况	Main Condition of Cooking Energy	%	%
1.柴草	Firewood	%	%
2.煤炭	Coal	%	%
3.罐装液化石油气	Canned Liquefied Petroleum Gas	%	%
4.管道液化石油气	Pipeline Liquefied Petroleum Gas	%	%
5.管道煤气	Pipeline Coal Gas	%	%
6.管道天然气	Pipeline Natural Gas	%	%
7.电	Electricity	%	%
8.燃料用油	Fuel Oils	%	%
9.沼气	Biogas	%	%
10.其他	Others	%	%
11.无炊用行为	No Heating Behavior	%	%

continued

2013	2014	2015	2016	2017	2018	2019	2020
100.0	100.0	100.0	100.0	100.0	100.0	100.0	100.0
61.2	62.4	71.1	79.2	80.6	90.6	75.7	77.4
						2.2	1.7
0.4	0.4	0.4	0.4	0.4	0.7	15.2	14.3
						1.4	1.6
38.5	37.2	28.5	20.3	19.0	8.8	0.2	0.1
100.0	100.0	100.0	100.0	100.0	100.0	100.0	100.0
2.6	2.8	4.4	7.1	8.6	8.4	18.9	23.0
		0.1	0.3	0.3	1.5	5.6	4.6
5.5	5.8	8.6	7.2	7.1	14.7	8.3	8.8
90.7	90.2	86.6	85.5	83.6	75.2	66.9	63.3
1.2	1.1	0.3		0.4	0.2	0.3	0.3
100.0	100.0	100.0	100.0	100.0	100.0	100.0	100.0
97.2	97.5	97.2	97.9	97.9	98.5	98.4	99.1
1.5	1.4	1.5	1.2	1.3	1.1	1.2	0.5
1.3	1.1	1.2	0.9	0.9	0.4	0.5	0.4
100.0	100.0	100.0	100.0	100.0	100.0	100.0	100.0
0.8	0.6	0.8	0.8	0.4	2.0		0.5
20.4	21.4	36.0	54.8	60.5	85.5	86.7	87.1
17.3	16.4	13.0	6.7	6.2	2.5	5.1	5.0
61.5	61.6	50.2	37.8	32.9	10.0	8.2	7.4
100.0	100.0	100.0	100.0	100.0	100.0	100.0	100.0
1.5	1.5	1.5	2.8	6.0	1.9	2.2	3.2
88.5	88.7	92.8	92.0	89.9	95.9	96.3	96.0
10.0	9.8	5.7	5.2	4.1	2.1	1.4	0.8
100.0	100.0	100.0	100.0	100.0	100.0	100.0	100.0
2.4	2.3	2.1	1.9	1.8	0.4	0.3	
96.6	96.0	95.3	91.6	88.6	93.4	91.2	91.1
0.5	0.4	0.3	0.1	0.1			
0.1	0.1	0.1	0.2	0.2	0.1		
0.1		1.1	1.1	1.5	3.3	2.8	3.3
0.1	0.2	0.2	0.4	0.2	1.2	2.5	2.1
0.1							
	0.3			1.1	0.5	0.3	0.1
	0.6	1.0	4.6	6.5	0.9	2.9	3.4
100.0	100.0	100.0	100.0	100.0	100.0	100.0	100.0
21.7	19.8	12.4	8.2	9.3	8.9	4.3	2.7
35.2	37.9	35.7	34.9	32.2	28.9	21.2	17.9
8.3	5.5	9.5	12.2	9.6	11.0	13.7	14.4
		0.2	0.2	0.3	0.2		0.1
				0.1	0.1	0.1	
0.1	0.1	1.3	2.3	4.1	4.2	4.8	4.8
34.6	36.6	40.8	42.0	44.4	46.3	55.8	59.9
0.1	0.1	0.1			0.1	0.1	0.1
			0.1		0.1		
					0.2	0.1	

2-66 农村居民年末拥有生产性固定资产情况

指标名称	Item	单位	Unit
年末生产性固定资产原价	**Original Price of Productive Fixed Assets Year-end**	元/户	**yuan/household**
(一)第一产业固定资产原价	The Primary Industry	元/户	yuan/household
1.农业固定资产原价	Agriculture	元/户	yuan/household
2.林业固定资产原价	Forestry	元/户	yuan/household
3.牧业固定资产原价	Animal Husbandry	元/户	yuan/household
4.渔业固定资产原价	Fishery	元/户	yuan/household
5.农林牧渔专业及辅助性活动固定资产原价	Agriculture, Forestry, Animal Husbandry, Fishery and Auxiliary Activities	元/户	yuan/household
(二)第二产业固定资产原价	The Secondary Industry	元/户	yuan/household
1.采矿业固定资产原价	Mining Industry	元/户	yuan/household
2.制造业固定资产原价	Manufacturing Industry	元/户	yuan/household
3.电力热力燃气及水生产和供应业	Production and Supply of Electric, Heat, Gas and Water	元/户	yuan/household
4.建筑业固定资产原价	Construction Industry	元/户	yuan/household
(三)第三产业固定资产原价	The Tertiary Industry	元/户	yuan/household
1.批发和零售业	Wholesales and Retail Trade	元/户	yuan/household
2.交通运输仓储和邮政业	Transportation, Warehousing and Postal Services	元/户	yuan/household
3.住宿和餐饮业	Hotel and Catering Sectors	元/户	yuan/household
4.房地产业	Real Estate	元/户	yuan/household
5.租赁和商务服务业	Leasing and Business Service	元/户	yuan/household
6.居民服务修理和其他服务业	Residential Services, Repair and Other Services	元/户	yuan/household
7.其他行业	Others	元/户	yuan/household
年末主要生产性固定资产数量	**Quantity of Main Productive Fixed Assets Year-end**	--	--
1.农业生产性用房及建筑物	House and Buildings for Agricultural Production	平方米/百户	sq.m/100 households
2.大中型农用拖拉机	Large and Medium Agrimotor	辆/百户	unit/100 households
3.小型农用拖拉机	Small Agrimotor	辆/百户	unit/100 households
4.农用排灌动力机械	Drainage and Irrigation Power Machinery for Agriculture	台/百户	unit/100 households
5.插秧机	Rice Transplanter	台/百户	unit/100 households
6.收割机	Harvesting Implements	台/百户	unit/100 households
7.脱粒机	Threshing Machine	台/百户	unit/100 households
8.产品畜	Livestock Products	头/百户	unit/100 households
9.其他农业机械	Other Agricultural Machinery	台/百户	unit/100 households

Ownership of Productive Fixed Assets for Rural Households Year-end

2013	2014	2015	2016	2017	2018	2019	2020
26757.9	**29649.3**	**33112.0**	**36578.5**	**40277.0**	**40351.5**	**45297.2**	**46621.6**
15010.6	18382.8	16549.5	16888.7	19467.4	22646.5	26572.5	29216.7
10648.2	12887.7	11978.8	11851.9	12557.0	11070.6	11767.5	11370.9
20.3	93.6	17.6	3.9	9.2	29.4	127.5	164.6
4161.0	5297.1	3791.4	4186.1	6071.9	10264.3	12902.9	16134.4
			24.7	24.7			
181.2	104.3	761.7	822.1	804.5	1282.1	1774.6	1546.9
1360.1	204.4	763.7	1555.1	1125.9	1904.9	1913.7	561.6
					307.3	154.2	47.3
94.3	94.1	144.1	900.0	850.4	270.5	230.3	42.1
2.1						2.9	
1263.7	110.3	619.6	655.1	275.5	1327.1	1526.2	472.2
10387.2	11062.1	15798.9	18134.7	19683.7	15800.1	16810.9	16843.3
2129.1	2377.9	2550.6	1729.0	2431.6	2780.7	2288.4	3091.1
6206.0	7242.4	11433.0	14074.7	12494.5	7705.1	8966.3	10256.1
684.6	93.7	622.2	963.0	985.9	3233.7	3064.4	1655.5
63.4			333.1	2061.0			
137.3		3.9		269.9	569.3	34.2	
1072.7	1090.3	1135.0	1002.4	1113.6	769.7	1309.5	980.9
94.1	257.8	54.1	32.6	327.2	741.5	1148.3	859.6
4287.4	4643.9	8293.8	6741.7	6597.0	6305.1	6637.0	6716.0
4.6	6.1	4.8	5.5	6.4	4.9	5.2	3.3
56.0	56.3	55.3	53.7	51.6	41.8	40.8	38.4
1.4	2.6	1.1	1.3	1.9	0.5	0.6	0.5
0.6	0.5	0.5	0.3	0.2			
2.2	3.6	4.1	4.0	4.0	2.1	1.4	0.9
3.5	3.9	4.0	3.0	3.8	5.0	4.4	4.7
36.4	38.4	21.9	16.2	66.5	85.9	93.7	324.1
-	-	12.7	21.0	23.2	31.7	35.3	38.1

2-67 农村居民家庭经营土地及农作物种植情况

指标名称	Item	单位	Unit	2013
期末实际经营的土地面积	**Area of Cultivated Land at Year-end**	**亩/人**	**mu/person**	**4.33**
耕地	Arable Land	亩/人	mu/person	3.51
有效灌溉面积	Effective Irrigated Area	亩/人	mu/person	1.74
林地、园地	Woodland, Garden	亩/人	mu/person	0.31
牧草地	Grassland	亩/人	mu/person	0.50
养殖水面	Aquaculture	亩/人	mu/person	
粮食播种面积	**Grain Sown Area**	**亩/人**	**mu/person**	**2.26**
小麦	Wheat	亩/人	mu/person	0.40
水稻	Rice	亩/人	mu/person	0.51
玉米	Corn	亩/人	mu/person	1.10
豆类	Soybeans	亩/人	mu/person	0.02
薯类	Tubers	亩/人	mu/person	0.23
经济作物播种面积	**Sown Area of Economy Crops**	**亩/人**	**mu/person**	**0.31**
油料	Bearing	亩/人	mu/person	0.16
蔬菜	Vegetable	亩/人	mu/person	0.08
设施蔬菜	Facilities Vegetables	亩/人	mu/person	0.03
水果	Fruits	亩/人	mu/person	0.07
设施水果	Facilities Fruit	亩/人	mu/person	0.01
机耕面积	**Machine-cultivated Area**	**亩/人**	**mu/person**	**2.52**
机播面积	**Mechanical Sowing Area**	**亩/人**	**mu/person**	**2.01**
机收面积	**Mechanical Harvesting Area**	**亩/人**	**mu/person**	**1.24**
机电灌溉面积	**Electromechanical Irrigation Area**	**亩/人**	**mu/person**	**0.15**
主要农产品产量	**Output of Major Agricultural Products**	--	--	--
谷物产量	Cereal	公斤/人	kg/person	1052.46
小麦产量	Wheat	公斤/人	kg/person	73.64
稻谷产量	Rice	公斤/人	kg/person	281.97
玉米产量	Corn	公斤/人	kg/person	682.26
薯类产量	Tubers	公斤/人	kg/person	61.06
豆类产量	Soybeans	公斤/人	kg/person	4.63
油料产量	Bearing	公斤/人	kg/person	14.97

2014	2015	2016	2017	2018	2019	2020
4.72	**4.42**	**4.57**	**4.24**	**4.32**	**4.38**	**4.04**
3.40	3.51	3.78	3.57	3.71	3.60	3.15
1.64	1.88	1.83	1.76	1.86	1.92	1.53
0.42	0.32	0.62	0.51	0.34	0.46	0.50
0.90	0.58	0.16	0.17	0.27	0.32	0.39
	0.00	0.00	0.00			
2.29	**2.60**	**2.50**	**2.28**	**2.32**	**2.48**	**2.18**
0.43	0.38	0.48	0.43	0.38	0.35	0.23
0.36	0.44	0.60	0.52	0.24	0.29	0.12
1.23	1.55	1.16	1.07	1.47	1.64	1.58
0.01	0.03	0.04	0.05	0.05	0.04	0.02
0.25	0.21	0.22	0.21	0.17	0.16	0.23
0.34	**0.26**	**0.37**	**0.50**	**0.56**	**0.51**	**0.47**
0.16	0.12	0.19	0.11	0.16	0.10	0.10
0.07	0.07	0.09	0.09	0.22	0.19	0.13
0.02	0.03	0.03	0.02	0.02	0.03	0.02
0.10	0.07	0.09	0.30	0.18	0.22	0.23
0.03	0.02	0.01	0.02	0.00	0.00	0.00
2.50	**2.65**	**2.86**	**2.70**	**3.04**	**3.06**	**2.64**
1.99	**2.21**	**2.30**	**2.25**	**2.26**	**2.65**	**2.21**
1.14	**1.41**	**1.60**	**1.61**	**1.71**	**1.94**	**1.30**
0.04	**0.28**	**0.28**	**0.39**	**0.31**	**0.20**	**0.27**
--	--	--	--	--	--	--
1108.37	1150.96	1207.44	1074.75	1309.16	1398.32	1331.95
81.00	90.11	95.29	94.38	84.91	82.09	58.53
188.94	195.42	370.51	299.11	142.97	157.41	70.01
815.08	839.05	715.49	656.70	1025.77	1138.69	1191.75
79.11	50.24	44.49	53.44	33.34	44.52	72.30
5.42	10.95	10.39	5.94	4.85	5.39	2.97
17.50	13.92	21.53	11.55	12.08	10.29	7.31

2-68 农村居民家庭主要食品消费数量

单位：公斤/人

指标名称	Item	2013	2014	2015
一、粮食消费量	**Grain**	**188.4**	**156.0**	**148.7**
(一)谷物消费量	Cereal	183.0	150.8	142.4
1.小麦	Wheat	119.1	95.1	92.0
2.稻谷	Rice	58.1	51.6	47.6
3.玉米	Corn	2.3	2.1	1.2
4.其他谷物	Others	3.5	2.0	1.5
(二)薯类消费量	Tubers	3.9	3.5	4.1
1.红薯	Sweet Potato	0.1	0.1	0.2
2.马铃薯	Potato	3.5	3.1	3.3
3.其他薯类	Others	0.3	0.3	0.6
(三)豆类消费量	Beans	1.5	1.8	2.3
1.大豆	Soybeans	0.1	0.1	0.0
2.其他豆类	Others	1.4	1.7	2.2
二、蔬菜及菜制品消费量	**Vegetables and Processed Products**	**74.9**	**71.9**	**75.4**
其中：鲜菜	Fresh Vegetables	74.5	71.3	74.6
三、肉禽及其制品	**Meat, Poultry and Processed Products**	**21.3**	**22.0**	**20.8**
1.猪肉	Pork	9.6	9.2	6.8
2.牛肉	Beef	2.7	2.7	3.0
3.羊肉	Mutton	3.0	3.1	4.7
4.家禽	Poultry	6.0	6.6	5.8
5.其他肉禽及制品	Others	-	0.4	0.5
四、蛋类及蛋制品	**Eggs and Processed Products**	**3.5**	**3.9**	**4.8**
五、奶和奶制品	**Milk and Processed Products**	**8.0**	**9.0**	**8.2**
六、水产品	**Aquatic Products**	**1.0**	**1.1**	**1.2**
其中：鱼类	Fish	0.9	1.0	1.0
七、油脂类消费量	**Grease**	**12.8**	**11.8**	**8.6**
1.植物油	Vegetable Oil	12.8	11.8	8.5
2.动物油	Animal Oil	0.1	0.1	0.0
八、糖果糕点类	**Confection and Pastry**	**-**	**2.6**	**2.6**
九、干鲜瓜果类	**Melon and Fruits**	**23.1**	**50.5**	**52.4**
1.鲜瓜果	Melons	23.1	47.8	49.2
2.瓜果制品	Watermelon	-	0.3	0.4
3.坚果类	Nuts	-	2.4	2.8
十、消费茶叶	**Tea Leaves**	**0.2**	**0.2**	**0.2**
十一、酒	**Liquor**	**3.7**	**4.3**	**4.3**
1.白酒	White Spirit	0.5	0.5	0.5
2.啤酒	Beer	3.2	3.7	3.7
3.果酒	Fruit Wine	0.0	0.1	0.1

Consumption Quantity of Major Foods for Rural Households

(kg/person)

2016	2017	2018	2019	2020
144.3	**128.1**	**138.3**	**128.3**	**142.5**
136.8	121.2	131.3	121.5	135.2
86.3	74.7	83.5	77.3	85.4
46.3	43.9	43.1	40.5	46.2
0.7	0.8	1.7	1.8	1.9
3.6	1.8	3.0	1.9	1.6
4.4	4.1	4.4	3.9	4.1
0.2	0.2	0.3	0.3	0.3
3.8	3.6	3.7	3.2	3.4
0.4	0.4	0.4	0.4	0.4
3.0	2.8	2.6	2.9	3.2
0.1	0.1	0.2	0.1	0.1
2.9	2.7	2.5	2.8	3.1
76.7	**76.9**	**81.6**	**80.9**	**79.2**
75.7	76.0	80.6	79.9	78.2
20.9	**19.9**	**22.7**	**23.9**	**24.8**
6.5	6.0	6.6	5.9	5.1
3.2	3.3	4.4	5.4	5.1
4.9	4.2	3.5	3.7	4.3
5.7	5.9	7.7	8.4	9.7
0.6	0.6	0.5	0.5	0.6
4.0	**4.1**	**4.6**	**4.7**	**5.5**
8.1	**7.5**	**8.5**	**8.7**	**7.9**
1.2	**1.3**	**1.4**	**1.5**	**1.5**
1.1	1.1	1.2	1.2	1.2
8.3	**7.7**	**8.2**	**8.3**	**9.5**
8.3	7.7	8.0	8.2	9.4
0.0	0.1	0.2	0.1	0.1
2.7	**2.5**	**3.0**	**3.1**	**3.2**
63.0	**63.9**	**72.0**	**72.8**	**63.8**
59.1	60.4	68.4	69.4	60.8
0.6	0.6	0.6	0.7	0.5
3.3	2.9	3.0	2.7	2.5
0.2	**0.2**	**0.3**	**0.3**	**0.3**
3.5	**3.1**	**2.6**	**2.3**	**2.2**
0.4	0.4	0.4	0.4	0.4
3.1	2.6	2.1	1.9	1.7
0.0	0.1	0.0	0.0	0.0

2-69 农村居民家庭主要产品出售情况

指标名称		Item		单位	Unit	2013
谷物	数量	Cereal	Quantity	公斤/人	kg/person	715.3
	金额		Amount	元/人	yuan/person	1602.7
小麦	数量	Wheat	Quantity	公斤/人	kg/person	26.2
	金额		Amount	元/人	yuan/person	63.3
稻谷	数量	Rice	Quantity	公斤/人	kg/person	237.9
	金额		Amount	元/人	yuan/person	609.8
玉米	数量	Corn	Quantity	公斤/人	kg/person	432.5
	金额		Amount	元/人	yuan/person	888.5
薯类	数量	Soybeans	Quantity	公斤/人	kg/person	44.1
	金额		Amount	元/人	yuan/person	228.6
豆类	数量	Tubers	Quantity	公斤/人	kg/person	9.4
	金额		Amount	元/人	yuan/person	33.1
油料	数量	Bearing	Quantity	公斤/人	kg/person	6.4
	金额		Amount	元/人	yuan/person	31.5
蔬菜及食用菌	数量	Vegetables and Edible Fungi	Quantity	公斤/人	kg/person	179.2
	金额		Amount	元/人	yuan/person	389.2
瓜类	数量	Melons	Quantity	公斤/人	kg/person	183.7
	金额		Amount	元/人	yuan/person	205.6
园林水果	数量	Fruits	Quantity	公斤/人	kg/person	27.3
	金额		Amount	元/人	yuan/person	87.4
中药材	数量	Medicinal Materials	Quantity	公斤/人	kg/person	9.6
	金额		Amount	元/人	yuan/person	256.0
林木种苗	数量	Wood and Germchit	Quantity	公斤/人	kg/person	17.5
	金额		Amount	元/人	yuan/person	49.7
肉猪	头数(头)	Hog	Count (head)	头/人	head/person	0.1
	毛重		Gross Weight	公斤/人	kg/person	13.3
	金额		Amount	元/人	yuan/person	213.0
自宰猪	数量	Homestead Hog	Quantity	公斤/人	kg/person	0.8
	金额		Amount	元/人	yuan/person	20.2
肉牛	头数(头)	Cattle	Count (head)	头/人	head/person	0.1
	毛重		Gross Weight	公斤/人	kg/person	24.5
	金额		Amount	元/人	yuan/person	692.2
自宰牛	数量	Homestead Cattle	Quantity	公斤/人	kg/person	0.1
	金额		Amount	元/人	yuan/person	1.9
菜羊	只数(只)	Sheep	Count (head)	只/人	head/person	0.6
	毛重		Gross Weight	公斤/人	kg/person	14.2
	金额		Amount	元/人	yuan/person	395.5
自宰羊	数量	Homestead Sheep	Quantity	公斤/人	kg/person	0.3
	金额		Amount	元/人	yuan/person	13.5
家禽	重量	Poultry	Weight	公斤/人	kg/person	1.1
	金额		Amount	元/人	yuan/person	27.1
蛋类	数量	Eggs	Quantity	公斤/人	kg/person	0.3
	金额		Amount	元/人	yuan/person	2.1
畜皮	数量(张)	Fur	Quantity (piece)	张/人	piece/person	0.1
	金额		Amount	元/人	yuan/person	4.5
毛绒	数量	Wool	Quantity	公斤/人	kg/person	0.6
	金额		Amount	元/人	yuan/person	6.3
奶类	数量	Milk	Quantity	公斤/人	kg/person	90.8
	金额		Amount	元/人	yuan/person	294.2
鱼类	数量	Fish	Quantity	公斤/人	kg/person	3.0
	金额		Amount	元/人	yuan/person	25.4

Basic Statistics of Sales of Main Products for Rural Households

2014	2015	2016	2017	2018	2019	2020
706.7	713.5	1089.1	808.0	904.8	884.4	783.1
1566.4	1617.3	2075.9	1659.8	1785.4	1770.5	1588.5
13.8	24.5	41.1	45.9	37.6	30.3	32.3
34.4	68.9	98.2	114.2	92.6	73.3	82.8
195.0	190.8	305.0	249.4	132.5	158.8	30.1
492.6	550.2	793.5	693.1	343.7	388.8	81.1
482.8	481.8	728.9	503.3	728.1	646.4	711.0
998.2	945.7	1147.8	827.7	1333.1	1168.4	1391.0
45.9	40.4	26.0	29.0	29.2	27.8	44.8
202.0	163.8	140.8	110.3	118.3	142.2	228.3
5.6	10.6	10.0	3.9	5.4	5.3	3.2
21.8	32.3	33.2	14.2	23.0	18.5	11.7
7.3	7.0	8.8	3.9	9.6	3.9	1.3
28.2	34.1	32.3	13.9	42.5	16.5	5.0
181.9	262.8	287.6	298.9	397.1	509.2	429.1
277.7	539.0	416.3	463.5	589.3	627.8	822.8
245.3	208.8	262.3	297.7	260.1	289.4	271.3
225.0	215.0	247.0	200.4	294.5	229.6	257.1
43.8	33.2	59.9	28.2	35.9	118.3	36.8
88.2	99.1	148.3	176.2	97.9	248.5	136.5
12.7	13.2	13.2	45.0	6.7	4.7	3.2
358.0	405.4	343.9	301.2	147.9	127.7	69.5
11.9	26.4	12.7	6.9	20.3	11.6	20.0
34.8	54.7	65.9	74.5	108.4	125.7	65.2
0.2	0.1	0.1	0.1	0.2	0.1	0.2
18.3	15.4	12.7	13.2	26.9	21.0	22.7
248.7	228.9	233.4	208.1	402.3	378.9	709.7
0.9	0.9	1.0	1.9	5.2	2.2	1.7
22.5	22.8	28.9	57.2	182.2	82.9	96.2
0.1	0.1	0.1	0.1	0.1	0.1	0.1
27.1	22.4	26.4	36.7	49.4	63.0	67.8
786.5	610.6	730.0	977.0	1318.0	1857.2	2243.5
0.1	0.3	2.1	0.7	1.2	0.9	0.5
5.2	12.9	104.7	33.0	57.5	50.9	34.7
0.3	0.5	1.1	0.9	0.7	1.1	0.7
9.7	14.0	33.8	31.1	25.1	26.8	27.5
265.1	299.5	646.2	646.2	619.9	748.7	855.9
0.2	0.1	1.0	0.6	0.9	0.6	0.5
9.3	5.5	40.4	23.6	40.2	29.5	27.7
0.4	0.5	1.0	2.0	23.1	7.5	9.8
7.3	5.7	15.2	25.9	309.5	130.3	190.8
0.1	1.2	14.4	9.1	0.0	0.0	0.0
0.9	7.4	102.4	60.2	0.3	0.4	0.0
0.0	0.0	0.0	0.0	0.2	0.1	0.0
2.5	1.4	1.8				
0.6	0.7	0.9	0.4	0.7	0.7	1.0
7.5	4.4	7.3	3.7	25.6	39.2	20.7
107.7	5.6		0.0	0.7		
382.0	16.7		0.0	1.5		
	0.1	5.5	9.6			
	1.8	60.7	105.5			

2-70 农村居民家庭平均每人购买主要商品数量

指标名称	Item	单位	Unit	2013	2014
粮食	Grain	公斤	kg	259.9	279.3
蔬菜和食用菌	Vegetables and Edible Fungi	公斤	kg	56.6	57.7
食用植物油	Edible Vegetable Oil	公斤	kg	6.9	7.1
猪肉	Pork	公斤	kg	3.7	4.1
牛羊肉	Beef and Mutton	公斤	kg	4.3	4.5
禽类	Poultry	公斤	kg	4.2	4.7
鲜蛋	Fresh Eggs	公斤	kg	2.6	3.4
鱼	Fish	公斤	kg	0.9	1.0
糖果糕点类	Candy and Cake	公斤	kg	1.7	2.6
卷烟	Cigarette	盒	pack	18.5	20.5
酒类	Liquor	公斤	kg	3.7	4.3
水	Water	吨	ton	9.7	8.9
电	Electricity	度	kWh	267.6	292.1
煤炭	Coal	公斤	kg	365.1	405.0
液化石油气	Liquefied Petroleum Gas	公斤	kg	2.7	2.2
管道天燃气	Pipeline Natural Gas	立方米	cu.m	2.9	3.0

注：1.从2010年起粮食包括大米、面粉和其他粮食及制品。
2.从2010年起禽类包括鸡、鸭和其他禽类及制品。
3.从2010年起鲜蛋不包含蛋制品。
4.从2010年起酒类包括白酒、果酒、啤酒和其他酒。

Per Capita Annual Purchases of Major Commodities for Rural Households

2015	2016	2017	2018	2019	2020
328.3	319.9	293.8	338.7	338.1	384.2
64.1	63.8	61.9	70.9	70.3	67.5
7.5	7.2	6.8	7.2	7.4	8.7
4.2	4.1	4.3	4.7	4.1	3.6
6.0	6.6	6.2	6.8	7.7	7.4
4.6	4.4	4.4	6.2	6.7	7.7
3.9	3.5	3.6	4.2	4.2	4.9
1.0	1.0	1.1	1.2	1.2	1.2
2.6	2.7	2.5	3.0	3.1	3.2
20.8	19.9	19.8	20.7	24.8	25.2
4.3	3.5	3.1	2.6	2.3	2.2
10.4	12.2	12.0	13.2	11.7	15.0
319.4	352.8	370.7	368.6	358.2	373.4
413.6	391.4	400.3	453.5	426.6	411.1
4.0	2.7	3.1	2.2	2.0	2.4
6.2	8.7	9.0	12.9	12.8	13.7

Notes:a)Data in the table of Grain includes rice and flour since 2010.
b)Data in the table of Poultry includes chickens and ducks since 2010.
c)Data in the table of Fresh Eggs does not include egg products since 2010.
d)Data in the table of Liquor includes liquor, fruit wine and beer since 2010.

2-71 农村居民家庭分行业人均可支配收入情况

单位：元/人

指标名称	Item	2013
可支配收入	**Disposable Income**	**7598.7**
(一)工资性收入	Income from Wages and Salaries	3030.9
(二)经营净收入	Net Business Income	3481.0
1.第一产业经营净收入	The Primary Industry	2616.4
(1)农业	Agriculture	1924.9
(2)林业	Forestry	16.0
(3)牧业	Animal Husbandry	551.3
(4)渔业	Fishery	22.7
2.第二产业经营净收入	The Secondary Industry	107.3
(1)工业	Industry	29.2
(2)建筑业	Construction Industry	78.1
3.第三产业经营净收入	The Tertiary Industry	757.3
(1)交通运输业	Transportation Industry	319.5
(2)批发零售和住宿餐饮业	Wholesales, Retail Trade, Hotel and Catering Sectors	321.1
(3)社会服务业	Social Services	97.0
(4)其他家庭经营	Others	19.6
(三)财产净收入	Net Income from Property	111.9
1.红利收入	Dividend Income	1.0
#2.转让承包土地经营权租金收入	Rental Income from the Management Rights Transfer of Land Contracted	70.3
(四)转移净收入	Net Income from Transfer	974.8
#1.养老金或离退休金	Pension or Retirement Benefits	308.9
2.报销医疗费	Reimbursement of Medical Expenses	48.2
3.政策性惠农补贴	Political Subsidy Supporting Agriculture	262.6
现金可支配收入	**Cash Disposable Income**	
实物可支配收入	**Physical Disposable Income**	

Basic Statistics of Disposable Income for Rural Households by Sector

(yuan/person)

2014	2015	2016	2017	2018	2019	2020
8410.0	**9118.7**	**9851.6**	**10737.9**	**11707.6**	**12858.4**	**13889.4**
3391.0	3614.3	3906.1	4224.0	4547.8	4962.7	5150.0
3644.6	3837.0	3937.5	4252.0	4638.5	4976.1	5549.4
2624.6	2743.5	2665.8	2837.1	3027.3	3156.9	3640.1
2025.9	2139.1	1962.1	2020.2	2179.1	2131.6	2444.8
20.3	71.6	56.3	62.1	73.2	80.1	43.0
578.5	530.9	631.7	734.3	774.9	945.2	1152.2
0.0	1.9	15.8	20.5	0.0		0.0
74.7	88.6	118.4	123.4	133.8	124.2	130.5
23.7	29.8	73.7	65.8	4.5	32.4	22.8
51.0	58.8	44.7	57.6	129.2	91.8	107.7
945.3	1004.9	1153.2	1291.5	1477.5	1694.9	1778.8
379.2	444.2	481.8	539.4	460.6	564.3	629.1
381.6	371.9	494.4	552.9	704.1	749.2	804.6
104.8	89.6	64.5	83.1	154.3	192.0	199.8
79.8	99.2	112.4	116.1	158.4	189.4	145.3
148.9	189.9	291.8	323.8	362.8	388.1	393.5
6.9	2.6	11.7	9.3	34.4	63.9	37.0
91.7	142.6	214.8	230.2	225.8	232.9	307.8
1225.4	1477.5	1716.3	1938.0	2158.5	2531.6	2796.5
412.6	644.5	734.0	851.8	956.5	1068.0	1169.2
49.7	80.4	110.2	258.4	276.9	345.9	343.1
327.4	379.5	535.5	474.4	586.4	606.3	684.4
7807.6	**8655.5**	**9816.1**	**10637.3**	**11637.4**	**12644.2**	**13589.7**
602.4	**463.2**	**35.5**	**100.6**	**70.2**	**214.2**	**299.6**

2-72 农村居民人均生活消费支出情况

单位：元/人

指标名称	Item	2013	2014	2015
生活消费支出	**Living Expenditure**	**6739.8**	**7676.5**	**8414.9**
(一)食品烟酒	Food, Tobacco and Liquor	2027.0	2296.0	2452.7
#粮食	Grain	523.8	510.0	538.4
油脂	Oil and Fats	128.3	132.5	138.8
肉禽及制品	Meat, Poultry and Processed Products	535.5	602.1	605.7
蛋	Eggs	27.6	39.4	42.6
水产品	Aquatic Products	13.9	16.6	19.1
蔬菜	Vegetables	181.4	191.8	211.2
烟草	Tobacco	108.3	144.2	159.4
酒和饮料	Liquor and Beverages	63.6	90.5	101.7
奶及奶制品	Milk and Processed Products	69.7	87.3	88.1
(二)衣着	Clothing	496.5	602.0	664.0
#服装	Garments	375.9	446.5	494.7
(三)居住	Residence	1172.2	1388.1	1561.2
#住房维修及管理	Housing Maintenance and Management	350.4	391.7	400.7
水电燃料及其他	Water, Electricity, Fuels and Others	403.9	470.7	540.9
(四)生活用品及服务	Household Facilities, Articles and Services	462.5	496.1	571.8
#家用器具	Home Appliances	122.7	143.8	152.3
家具及室内装饰品	Articles for Interior Decoration	139.8	108.2	123.2
家用纺织品	Bed Articles	59.8	53.0	64.6
家庭日用杂品	Household Articles for Daily Use	82.4	126.0	146.7
(五)交通通信	Transport and Communications	847.4	961.4	1070.9
#交通	Transport	606.7	666.7	722.3
通信	Communications	240.3	294.8	348.6
(六)教育文化娱乐	Education, Culture and Recreation	735.0	866.6	995.4
文化娱乐	Culture and Recreation	148.4	173.5	205.4
#教育	Education	555.5	672.8	779.4
(七)医疗保健	Health Care and Medical Services	785.5	856.9	926.0
#医疗器具及药品	Medical Instrument and Medicine	188.8	241.4	272.4
(八)其他用品及服务	Other Commodities and Services	213.8	209.2	172.9
服务性消费支出	**Consumption Expenditure for Service**			
商品性消费支出	**Consumption Expenditure for Commodity**			

Per Capita Living Expenditure for Rural Residents

(yuan/person)

2016	2017	2018	2019	2020
9138.4	**9982.1**	**10789.6**	**11464.6**	**11724.3**
2419.1	2522.2	2949.9	3144.6	3331.1
491.6	477.2	525.9	506.0	556.0
119.8	119.0	125.9	128.5	146.4
609.9	620.0	745.6	857.8	1008.8
33.0	32.2	45.9	47.8	51.9
18.3	21.8	24.6	26.6	27.0
208.6	222.1	245.4	236.3	261.6
159.5	174.2	197.8	242.3	244.9
96.8	99.7	113.4	125.9	123.3
96.4	92.1	118.3	113.3	103.1
672.9	718.6	752.2	745.0	656.0
508.3	550.6	596.8	573.6	496.1
1631.4	1958.7	1867.8	1985.2	2197.5
350.1	484.4	418.9	474.3	606.4
516.8	591.8	640.8	624.9	666.3
578.6	574.4	673.5	696.3	626.4
150.3	117.9	143.0	138.4	145.0
118.6	128.9	153.9	159.0	104.9
62.2	65.7	70.8	75.1	66.6
134.8	136.8	157.5	146.9	143.8
1509.6	1675.2	1818.7	1784.4	2022.4
1100.6	1228.8	1395.7	1326.9	1513.4
409.0	446.4	423.0	457.5	508.9
1077.5	1212.4	1295.8	1378.8	1179.6
225.3	257.1	286.2	306.7	327.1
869.3	982.2	1059.0	1146.6	1013.7
1040.6	1131.2	1248.6	1448.3	1478.0
283.1	324.3	356.9	383.6	374.9
208.7	189.3	183.1	281.9	233.3
	3689.1	**3967.6**	**4396.0**	**4193.3**
	6293.0	**6822.1**	**7068.5**	**7531.0**

2-73 农村居民家庭总收入情况

单位：元/人

指标名称	Item	2013	2014
全年总收入	**Total Revenue**	**11503.8**	**12862.7**
1.工资性收入	Income from Wages and Salaries	3030.9	3391.0
2.经营性收入	Business Income	7105.4	7809.5
(1)第一产业收入	The Primary Industry	5775.9	6284.9
农业收入	Agriculture	3525.8	3880.2
林业收入	Forestry	57.2	47.8
牧业收入	Animal Husbandry	2042.0	2356.8
渔业收入	Fishery	22.8	0.0
(2)第二产业收入	The Secondary Industry	148.8	91.6
工业收入	Industry	39.6	31.5
建筑业收入	Construction Industry	109.2	60.1
(3)第三产业收入	The Tertiary Industry	1180.6	1433.0
交通运输业收入	Transportation Industry	522.0	681.0
批发零售和住宿餐饮业收入	Wholesales, Retail Rrade, Hotel and Catering Sectors	499.5	492.0
社会服务业收入	Social Services	134.7	140.3
其他家庭经营收入	Others	24.4	119.6
3.财产性收入	Income from Property	114.0	180.1
红利收入	Dividend Income	1.0	6.9
#转让承包土地经营权租金收入	Rental Income from the Management Rights Transfer of Land Contracted	70.3	91.7
4.转移性收入	Income from Transfer	1253.6	1482.0
#养老金或离退休金	Pension or Retirement Benefits	308.9	412.6
报销医疗费	Reimbursement of Medical Expenses	154.4	181.7
政策性惠农补贴	Political Subsidy Supporting Agriculture	262.6	327.4
5.非收入所得	Non-income Revenue	967.5	893.0
(1)出售资产所得	Proceeds from Sale of Assets	391.1	194.9
(2)非经常性转移所得	Income from Non-recurrent Transfers	572.5	685.8
(3)其他非收入所得	Other Non-income Revenue	3.9	12.4
6.借贷性所得	Borrowing Income	3118.4	2672.5
(1)提取储蓄存款	Dissaving	1587.8	998.4
(2)借入款	Borrowed	845.0	772.8
(3)收回借出款	Recall the Loan	167.5	224.6
(4)收回储蓄性保险本金	Redemption of Deposit Insurance Principal		
(5)银行信用社得到的贷款	Bank Loan	491.8	655.6

Basic Statistics of Total Income for Rural Households

(yuan/person)

2015	2016	2017	2018	2019	2020
13790.2	**15792.3**	**16533.1**	**18627.5**	**20233.6**	**22522.3**
3614.3	3906.1	4224.0	4547.8	4962.7	5150.0
8030.1	9184.6	9361.1	10826.4	11632.1	13197.2
5896.5	6363.8	6405.7	7813.8	8550.5	9872.1
4126.3	3909.1	3728.0	4202.8	4398.5	4501.5
95.1	75.2	83.3	121.9	142.7	84.5
1661.3	2315.6	2483.9	3489.0	4009.3	5286.1
13.8	64.0	110.5	0.0		0.1
172.4	238.7	311.2	397.5	220.4	209.1
61.5	139.3	110.8	86.2	72.6	40.1
110.8	99.5	200.4	311.2	147.8	169.0
1961.3	2582.0	2644.2	2615.2	2861.2	3116.1
943.5	1464.8	1479.6	1016.4	1247.9	1629.2
685.0	786.2	806.4	1078.6	977.1	954.9
166.5	113.8	119.9	222.6	263.9	249.2
166.2	217.2	238.3	297.6	372.2	282.8
242.5	374.7	400.0	491.0	502.7	521.7
2.6	11.7	9.3	34.4	63.9	37.0
142.6	214.8	230.2	225.8	232.9	307.8
1903.3	2327.1	2548.0	2762.3	3136.1	3653.3
644.5	734.0	851.8	956.5	1068.0	1169.2
246.6	286.3	258.4	276.9	345.9	343.1
379.5	535.5	474.4	586.4	606.3	684.4
1582.4	4193.2	4185.4	2190.1	2417.9	2060.3
552.4	2943.6	2945.7	593.2	471.3	491.2
1028.6	1227.5	1229.2	1594.7	1930.8	1542.5
1.4	22.1	10.5	2.2	15.8	26.6
3526.5	3350.8	3442.2	4736.1	4455.3	4650.3
1313.0	1057.8	1545.0	1187.9	1034.8	389.1
864.9	671.8	742.0	1220.5	1248.6	1094.0
234.2	274.2	107.2	273.8	193.0	93.9
		4.4			3.4
1067.0	1169.7	1005.2	1938.6	1934.1	2949.9

2-74 农村居民家庭总支出情况

单位：元/人

指标名称	Item	2013
全年总支出	**Total Expenditure**	**14873.7**
1.生活消费支出	Living Expenditure	6739.8
食品烟酒	Food Tobacco Liquor	2027.0
衣着	Clothing	496.5
居住	Residence	1172.2
生活用品及服务	Articles and Services for Daily Use	462.5
医疗保健	Health Care	785.5
交通通信	Transportation Communication	847.4
教育文化娱乐	Education, Culture and Entertainment	735.0
其他用品及服务	Other Supplies and Services	213.8
2.生产经营费用支出	Expenditure for Household Business	3208.8
(1)第一产业生产支出	The Primary Industry	2931.3
农业生产支出	Agriculture	1437.6
林业生产支出	Forestry	40.9
牧业生产支出	Animal Husbandry	1428.8
渔业生产支出	Fishery	0.1
(2)第二产业生产支出	The Secondary Industry	21.3
工业生产支出	Industry	9.0
建筑业生产支出	Construction Industry	12.3
(3)第三产业生产支出	The Tertiary Industry	256.2
交通运输业生产支出	Transportation Industry	95.0
批发零售和住宿餐饮业生产支出	Wholesales, Retail Trade, Hotel and Catering Sectors	136.6
社会服务业生产支出	Social Services	21.7
其他家庭经营生产支出	Others	2.9
3.财产性支出	Property Expenditure	66.0
4.转移性支出	Transfer Expenditure	278.9
5.部分商业保险支出	Commercial Insurance Expenditure	56.8
6.购置资产及非经常性转移支出	Acquisition of Assets and Non-recurrent Transfer Expenses	2578.9
(1)建造住房支出	Build Housing	468.0
(2)购买住房支出	Purchase House	214.9
(3)购建第一产业生产性固定资产	Purchase and Build the Productive Fixed Assets of the Primary Industry	408.9
#购买或建造农业生产性用房	Purchase or Build Agricultural Productive Housing	53.9
购买产品畜	Purchase Stock	155.9
购买或建造农业设施	Purchase or Build Agricultural Facilities	27.4
购买农业机械	Purchase Agricultural Machinery	154.7
(4)购建第二产业生产性固定资产支出	Purchase and Build the Productive Fixed Assets of the Secondary Industry	1.1
(5)购建第三产业生产性固定资产支出	Purchase and Build the Productive Fixed Assets of the Tertiary Industry	127.3
(6)非经常性转移支出	Non-recurrent Transfer Expenditures	1339.3
7.借贷性支出	Borrowing Expenditure	1944.5
(1)归还银行信用社贷款	Repay the Loan to the Bank or Credit Union	417.1
(2)归还借款	Pay off the Loan	438.6
(3)存入银行款	Bank Deposit	930.9

Basic Statistics of Total Expenses for Rural Households

(yuan/person)

2014	2015	2016	2017	2018	2019	2020
16883.7	**18280.7**	**21077.6**	**22513.1**	**25131.8**	**27057.7**	**27897.0**
7676.5	8414.9	9138.4	9982.1	10789.6	11464.6	11724.3
2296.0	2452.7	2419.1	2522.2	2949.9	3144.6	3331.1
602.0	664.0	672.9	718.6	752.2	745.0	656.0
1388.1	1561.2	1631.4	1958.7	1867.8	1985.2	2197.5
496.1	571.8	578.6	574.4	673.5	696.3	626.4
856.9	926.0	1040.6	1131.2	1248.6	1448.3	1478.0
961.4	1070.9	1509.6	1675.2	1818.7	1784.4	2022.4
866.6	995.4	1077.5	1212.4	1295.8	1378.8	1179.6
209.2	172.9	208.7	189.3	183.1	281.9	233.3
3666.2	3628.5	4623.0	4439.8	5484.0	5856.7	6818.5
3352.9	2883.8	3421.3	3241.7	4413.8	4956.0	5739.7
1637.6	1783.0	1742.9	1487.8	1830.6	2059.2	1854.4
26.0	23.2	18.9	21.1	48.2	60.4	38.5
1689.3	1065.7	1611.8	1643.2	2535.0	2836.4	3846.8
0.0	11.9	47.8	89.6			0.0
13.5	70.8	93.5	168.1	230.4	62.4	68.6
6.2	29.3	50.1	30.1	71.6	33.3	15.7
7.2	41.5	43.4	138.0	158.9	29.1	52.9
299.9	674.0	1108.2	1030.0	839.8	838.3	1010.1
180.0	304.4	740.7	721.4	421.4	525.4	817.6
68.9	259.0	245.4	193.7	269.6	133.4	65.8
17.2	57.5	32.0	17.2	54.8	48.8	32.0
33.8	53.1	90.1	97.6	94.0	130.7	94.7
31.2	52.5	82.8	76.2	128.2	114.6	128.2
256.9	425.9	610.8	609.8	603.8	604.5	856.8
58.0	91.8	94.5	122.5	160.4	127.1	87.2
3581.2	4264.2	5112.3	5844.0	5323.0	5950.9	5784.4
538.6	679.5	618.9	799.7	546.7	582.2	733.2
634.1	952.1	990.5	1752.8	798.7	1294.7	1154.0
505.1	542.5	549.5	400.7	662.7	524.2	991.6
93.6	159.1	113.0	102.6	132.1	124.0	217.5
90.0	84.7	111.3	85.8	141.3	126.3	413.0
56.1	69.5	10.5	81.2	20.1	86.5	22.1
238.8	223.1	314.7	131.1	366.4	187.4	335.7
4.5	3.0	26.5	0.8	17.5		9.4
180.9	121.8	469.9	468.3	577.2	332.8	629.9
1708.1	1964.7	2443.2	2415.7	2708.1	3214.4	2236.0
1613.8	1402.9	1415.7	1438.6	2642.8	2939.3	2497.6
375.3	481.4	802.6	568.4	1386.6	1729.1	1475.6
452.3	482.1	455.0	557.0	1049.5	956.7	835.4
712.9	402.6	117.7	88.1	49.4	49.9	121.5

2-75 农村居民家庭现金收入情况

单位：元/人

指标名称	Item	2013	2014
全年现金收入	**Annual Cash Income**	**10313.6**	**11405.1**
1.工资性收入	Income from Wages and Salaries	3026.7	3387.7
2.经营性收入	Business Income	6102.5	6636.8
(1)第一产业收入	The Primary Industry	4773.0	5112.2
农业收入	Agriculture	2706.8	2879.3
林业收入	Forestry	56.4	46.7
牧业收入	Animal Husbandry	1864.2	2186.1
渔业收入	Fishery	22.8	
(2)第二产业收入	The Secondary Industry	148.8	91.6
工业收入	Industry	39.6	31.5
建筑业收入	Construction Industry	109.2	60.1
(3)第三产业收入	The Tertiary Industry	1180.6	1433.0
交通运输业收入	Transportation Industry	522.0	681.0
批发零售和住宿餐饮业收入	Wholesales, Retail Trade, Hotel and Catering Sectors	499.5	492.0
社会服务业收入	Social Services	134.7	140.3
其他家庭经营收入	Others	24.4	119.6
3.财产性收入	Income from Property	180.0	180.1
红利收入	Dividend Income	1.0	6.9
#转让承包土地经营权租金收入	Rental Income from the Management Rights Transfer of Land Contracted	70.3	91.7
4.转移性收入	Income from Transfer	1004.5	1200.5
#养老金或离退休金	Pension or Retirement Benefits	308.9	412.6
报销医疗费	Reimbursement of Medical Expenses	26.8	36.3
政策性惠农补贴	Political Subsidy Supporting Agriculture	262.6	327.4
5.非收入所得	Non-income Revenue	967.5	893.0
(1)出售资产所得	Proceeds from Sale of Assets	391.1	194.9
(2)非经常性转移所得	Income from Non-recurrent Transfers	572.5	685.8
(3)其他非收入所得	Other Non-income Revenue	3.9	12.4
6.借贷性所得	Borrowing Income	3118.4	2672.5
(1)提取储蓄存款	Dissaving	1587.8	998.4
(2)借入款	Borrowed	845.0	772.8
(3)收回借出款	Recall the Loan	167.5	224.6
(4)收回储蓄性保险本金	Redemption of Deposit Insurance Principal		
(5)银行信用社得到的贷款	Bank Loan	491.8	655.6

Basic Statistics of Cash Income for Rural Households

(yuan/person)

2015	2016	2017	2018	2019	2020
12517.4	**14894.5**	**15386.4**	**17349.8**	**18674.3**	**20727.7**
3602.9	3891.0	4209.7	4534.0	4942.3	5112.9
7087.6	8679.6	8546.8	9899.1	10510.9	11858.1
4954.0	5858.9	5591.4	6886.4	7429.3	8532.9
3321.8	3520.3	3006.8	3377.5	3401.4	3305.4
76.2	74.9	82.4	111.6	141.2	81.8
1542.2	2200.0	2391.9	3397.3	3886.7	5145.7
13.8	63.7	110.4			0.0
172.4	238.7	311.2	397.5	220.4	209.1
61.5	139.3	110.8	86.2	72.6	40.1
110.8	99.5	200.4	311.2	147.8	169.0
1961.3	2582.0	2644.2	2615.2	2861.2	3116.1
943.5	1464.8	1479.6	1016.4	1247.9	1629.2
685.0	786.2	806.4	1078.6	977.1	954.9
166.5	113.8	119.9	222.6	263.9	249.2
166.2	217.2	238.3	297.6	372.2	282.8
242.5	374.7	400.0	491.0	502.7	521.7
2.6	11.7	9.3	34.4	63.9	37.0
142.6	214.8	230.2	225.8	232.9	307.8
1584.4	1949.2	2229.8	2425.7	2718.5	3235.0
644.5	734.0	851.8	956.5	1068.0	1169.2
35.1	25.8	44.8	58.9	97.8	172.1
379.5	535.5	474.4	586.4	606.3	684.4
1582.4	4193.2	4185.4	2190.1	2417.9	2060.3
552.4	2943.6	2945.7	593.2	471.3	491.2
1028.6	1227.5	1229.2	1594.7	1930.8	1542.5
1.4	22.1	10.5	2.2	15.8	26.6
3526.5	3350.8	3442.2	4736.1	4455.3	4650.3
1313.0	1057.8	1545.0	1187.9	1034.8	389.1
864.9	671.8	742.0	1220.5	1248.6	1094.0
234.2	274.2	107.2	273.8	193.0	93.9
		4.4			3.4
1067.0	1169.7	1005.2	1938.6	1934.1	2949.9

2-76 农村居民家庭现金支出情况

单位：元/人

指标名称	Item	2013
全年现金支出	**Annual Cash Expenditure**	**13396.2**
1.生活消费支出	Living Expenditure	5614.1
食品烟酒	Food Tobacco Liquor	1524.6
衣着	Clothing	496.5
居住	Residence	779.4
生活用品及服务	Articles and Services for Daily Use	450.9
医疗保健	Health Care	630.6
交通通信	Transportation Communication	847.0
教育文化娱乐	Education, Culture and Entertainment	734.3
其他用品及服务	Other Supplies and Services	150.9
2.生产经营费用支出	Expenditure for Household Business	2857.0
(1)第一产业生产支出	The Primary Industry	2579.6
农业生产支出	Agriculture	1343.8
林业生产支出	Forestry	40.9
牧业生产支出	Animal Husbandry	1176.2
渔业生产支出	Fishery	0.1
(2)第二产业生产支出	The Secondary Industry	21.3
工业生产支出	Industry	9.0
建筑业生产支出	Construction Industry	12.3
(3)第三产业生产支出	The Tertiary Industry	256.2
交通运输业生产支出	Transportation Industry	95.0
批发零售和住宿餐饮业生产支出	Wholesales, Retail Trade, Hotel and Catering Sectors	136.6
社会服务业生产支出	Social Services	21.7
其他家庭经营生产支出	Others	2.9
3.财产性支出	Property Expenditure	66.0
4.转移性支出	Transfer Expenditure	278.9
5.部分商业保险支出	Commercial Insurance Expenditure	56.8
6.购置资产及非经常性转移支出	Acquisition of Assets and Non-recurrent Transfer Expenses	2578.9
(1)建造住房支出	Build Housing	468.0
(2)购买住房支出	Purchase Housing	214.9
(3)购建第一产业生产性固定资产	Purchase and Build the Productive Fixed Assets of the Primary Industry	408.9
#购买或建造农业生产性用房	Purchase or Build Agricultural Productive Housing	53.9
购买产品畜	Purchase Stock	155.9
购买或建造农业设施	Purchase or Build Agricultural Facilities	27.4
购买农业机械	Purchase Agricultural Machinery	154.7
(4)购建第二产业生产性固定资产支出	Purchase and Build the Productive Fixed Assets of the Secondary Industry	1.1
(5)购建第三产业生产性固定资产支出	Purchase and Build the Productive Fixed Assets of the Tertiary Industry	127.3
(6)非经常性转移支出	Non-recurrent Transfer Expenditures	1339.3
7.借贷性支出	Borrowing Expenditure	1944.5
(1)归还银行信用社贷款	Repay the Loan to the Bank or Credit Union	417.1
(2)归还借款	Pay off the Loan	438.6
(3)存入银行款	Bank Deposit	930.9

Basic Statistics of Cash Expenses for Rural Households

(yuan/person)

2014	2015	2016	2017	2018	2019	2020
15382.2	**16788.7**	**19465.8**	**20712.5**	**23250.6**	**24991.6**	**25647.2**
6531.7	7167.9	7764.9	8558.2	9412.0	9944.2	10140.1
1894.4	2111.0	2118.1	2228.4	2660.9	2832.0	2991.0
602.0	664.0	672.7	718.5	751.8	744.9	655.5
886.6	957.6	894.7	1109.4	1088.9	1142.6	1307.2
476.5	554.9	563.4	560.7	658.9	693.1	623.6
675.2	678.2	768.5	872.7	970.6	1102.3	1134.8
961.4	1066.5	1509.1	1675.2	1817.1	1784.1	2021.4
866.3	995.3	1077.4	1212.4	1295.5	1378.8	1179.5
169.2	140.5	160.9	180.8	168.2	266.4	227.1
3309.4	3383.5	4384.7	4063.0	4980.4	5310.9	6152.9
2996.1	2638.7	3183.1	2865.0	3910.2	4410.3	5074.2
1523.9	1722.2	1678.4	1400.5	1761.0	1996.8	1792.8
26.0	23.2	18.9	21.1	48.2	60.4	38.5
1446.2	881.5	1438.0	1353.8	2101.0	2353.1	3242.8
0.0	11.9	47.8	89.6			0.0
13.5	70.8	93.5	168.1	230.4	62.4	68.6
6.2	29.3	50.1	30.1	71.6	33.3	15.7
7.2	41.5	43.4	138.0	158.9	29.1	52.9
299.9	674.0	1108.2	1030.0	839.8	838.3	1010.1
180.0	304.4	740.7	721.4	421.4	525.4	817.6
68.9	259.0	245.4	193.7	269.6	133.4	65.8
17.2	57.5	32.0	17.2	54.8	48.8	32.0
33.8	53.1	90.1	97.6	94.0	130.7	94.7
31.2	52.5	82.8	76.2	128.2	114.6	128.2
256.9	425.9	610.8	609.8	603.8	604.5	856.8
58.0	91.8	94.5	122.5	160.4	127.1	87.2
3581.2	4264.2	5112.3	5844.0	5323.0	5950.9	5784.4
538.6	679.5	618.9	799.7	546.7	582.2	733.2
634.1	952.1	990.5	1752.8	798.7	1294.7	1154.0
505.1	542.5	549.5	400.7	662.7	524.2	991.6
93.6	159.1	113.0	102.6	132.1	124.0	217.5
90.0	84.7	111.3	85.8	141.3	126.3	413.0
56.1	69.5	10.5	81.2	20.1	86.5	22.1
238.8	223.1	314.7	131.1	366.4	187.4	335.7
4.5	3.0	26.5	0.8	17.5		9.4
180.9	121.8	469.9	468.3	577.2	332.8	629.9
1708.1	1964.7	2443.2	2415.7	2708.1	3214.4	2236.0
1613.8	1402.9	1415.7	1438.6	2642.8	2939.3	2497.6
375.3	481.4	802.6	568.4	1386.6	1729.1	1475.6
452.3	482.1	455.0	557.0	1049.5	956.7	835.4
712.9	402.6	117.7	88.1	49.4	49.9	121.5

2-77 农村居民家庭主要耐用品每百户拥有情况

单位：百户均

指标名称	Item	2013	2014
家用汽车	Automobile	11.52	13.17
摩托车	Motorcycle	86.59	85.87
助力车	Powered Bicycle	43.22	51.97
洗衣机	Washing Machine	92.03	94.88
电冰箱(柜)	Refrigerator	66.20	77.19
微波炉	Microwave Oven	6.91	6.73
彩色电视机	Color TV Set	113.90	116.76
空调	Air Conditioner	0.53	0.52
热水器	Water Heater	25.88	32.53
洗碗机	Dishwasher		0.18
排油烟机	Smoke Exhaust Ventilator	5.38	8.10
固定电话	Telephone	20.18	18.56
移动电话	Mobile Telephone	251.88	276.66
其中：接入互联网	Internet Mobile Telephone	46.38	75.92
计算机	Computer	16.56	20.97
其中：接入互联网	Internet Computer	6.87	5.83
照相机	Camera	2.84	3.02
中高档乐器	Secondary and Top Grade Musical Instrument	0.53	0.30
健身器材	Body-building Apparatus	0.31	0.39
空气净化器(含新风系统)	Air Purifier (Include Fresh Air System)		
吸尘器	Vacuum Cleaner		

Ownership of Major Durable Consumer Goods per 100 Rural Households

(per 100 households)

2015	2016	2017	2018	2019	2020
18.42	22.36	27.82	31.98	32.16	33.45
83.00	79.21	72.23	63.73	56.03	55.10
54.50	59.98	66.18	68.23	71.81	77.64
98.17	99.97	101.57	102.81	104.70	105.79
85.19	91.58	95.19	97.69	100.79	102.13
9.01	9.19	9.67	10.85	16.34	16.73
117.45	115.04	112.90	108.58	108.81	111.05
0.79	1.22	1.73	2.16	1.77	2.00
54.33	69.98	82.79	98.58	100.82	103.95
0.40	0.12			0.22	0.37
9.84	14.66	17.62	21.93	28.14	33.01
13.13	6.84	4.68	0.87	0.58	0.75
281.53	288.06	290.78	287.98	295.53	292.90
104.13	125.22	168.35	243.64	265.51	280.16
21.98	20.54	23.30	23.23	26.07	27.73
7.51	8.98	10.53	15.71	19.47	21.49
2.47	1.29	1.59	1.67	1.15	1.21
0.56	0.67	1.00	1.02	1.52	1.96
	0.23	0.28	0.40	0.86	0.90
		0.11	0.25	0.35	0.23
		0.11	0.28	0.52	1.30

2-78 2020年各市县农村居民家庭基本情况

指标名称	Item	单位	Unit	全区 Total	沿黄地区 Plain
一、户主文化程度	**Cultural Level of Head of a Household**	--	--	--	--
(一)未上过学	No Schooling	%	%	8.5	3.4
(二)小学	Primary School	%	%	35.8	27.1
(三)初中	Junior Secondary School	%	%	43.9	53.8
(四)高中	Senior Secondary School	%	%	10.5	12.8
(五)大学专科	Junior College	%	%	1.0	2.1
(六)大学本科	Undergraduate College	%	%	0.3	0.6
(七)研究生	Postgraduate	%	%		0.1
二、按家庭规模分的住户类型	**Households Type Divided by Family Size**	--	--	--	--
(一)一人户	One Person	%	%	2.0	2.3
(二)二人户	Two Persons	%	%	30.0	36.7
(三)三人户	Three Persons	%	%	18.2	22.4
(四)四人户	Four Persons	%	%	19.6	22.1
(五)五人户	Five Persons	%	%	13.4	8.8
(六)六人及以上户	Six Persons and over	%	%	16.8	7.8
三、按世代分的住户类型	**Households Type Divided by Generation**	--	--	--	--
(一)一代户	One-Generation Households	%	%	23.0	32.8
(二)二代户	Two-Generation Households	%	%	53.1	50.0
(三)三代户	Three-Generation Households	%	%	23.0	16.9
(四)四代及以上户	Four-Generation Households and over	%	%	0.9	0.3
四、住户特征	**Household Characteristics**	--	--	--	--
(一)纯老人户	Households of only the Old	%	%	15.3	20.0
(二)家中有未成年子女户	Households of Couple with Minor Children	%	%	83.7	79.1
(三)年轻夫妻无子女户	Households of Young Couple without Children	%	%	0.3	0.3
(四)无劳动力户	Households without Labor Force	%	%	0.8	0.6
五、住户经营情况	**Household Business Situation**	--	--		
(一)生产经营户	Production Business Households	%	%	80.0	64.8
农业户	Agriculture	%	%	71.0	72.7
农业兼业户	Agriculture and Business Households	%	%	7.3	6.2
非农兼业户	Non-agriculture and Business Households	%	%	9.9	9.0
非农业户	Non-agriculture Households	%	%	12.4	21.8
(二)非生产经营户	Non-production Business Households	%	%	20.0	35.2
六、参加医疗保险情况	**Medical Insurance Participation**	--	--		
(一)参加城乡居民基本医疗保险	Basic Medical Insurance for Urban and Rural Residents	%	%	97.2	94.5
(二)参加城镇职工基本医疗保险	Basic Medical Insurance for Urban Employee	%	%	2.3	4.4
(三)商业及其他医疗保险	Commercial and Other Health Insurance	%	%	2.3	5.3
(四)没有参加任何医疗保险	Non-joined any Medical Insurance	%	%	0.4	1.0

Basic Statistics of Rural Households by City and County (2020)

中南部地区 Mountain Area	**银川市** Yinchuan	兴庆区 Xingqing	西夏区 Xixia	金凤区 Jinfeng	永宁县 Yongning	贺兰县 Helan	灵武市 Lingwu	**石嘴山市** Shizuishan	大武口区 Dawukou	惠农区 Huinong	平罗县 Pingluo	**吴忠市** Wuzhong
--	--	--	--									
10.0	**3.8**	1.6	5.6	4.5	1.1		10.3	**1.3**	4.1		1.2	**5.1**
38.8	**29.9**	37.4	23.3	24.0	26.7	26.9	37.8	**27.4**	23.8	32.0	26.4	**34.2**
38.3	**52.9**	51.6	48.6	33.7	55.5	64.0	43.7	**56.2**	55.9	45.9	60.0	**47.6**
11.2	**10.5**	9.4	17.0	20.6	10.1	9.2	7.2	**14.1**	14.2	22.1	11.2	**10.7**
1.4	**2.4**		5.6	7.5	5.8			**0.8**			1.2	**2.3**
0.2	**0.5**			7.1	0.8		1.0	**0.2**	2.0			**0.2**
	0.0			2.6								
--	--	--	--	--	--	--	--	--	--	--	--	--
2.6	**1.7**	2.3	3.7	9.0		2.5		**4.2**	2.0	10.3	2.4	**1.1**
22.9	**38.0**	37.5	36.3	26.6	51.9	30.5	34.5	**43.7**	38.1	36.2	47.5	**27.8**
16.1	**19.8**	23.2	13.7	17.7	15.6	29.0	17.2	**28.3**	21.6	40.1	25.2	**19.9**
22.1	**24.6**	28.9	21.0	29.0	21.2	24.9	27.7	**15.5**	26.3	7.7	16.3	**25.8**
16.4	**8.0**	6.0	11.3	9.6	8.6	5.0	9.0	**6.0**	6.0	5.8	6.1	**14.0**
19.9	**8.0**	2.1	14.0	8.1	2.8	8.1	11.7	**2.4**	6.1		2.6	**11.3**
--	--	--	--	--	--	--	--	--	--	--	--	--
16.6	**31.2**	35.6	25.2	28.6	38.4	27.1	31.0	**44.5**	26.4	38.8	49.9	**24.4**
55.8	**51.8**	56.0	55.8	61.9	49.0	53.5	46.5	**47.7**	59.5	55.5	42.7	**54.8**
26.3	**17.0**	8.4	19.0	9.5	12.6	19.5	22.5	**7.8**	14.1	5.8	7.4	**20.4**
1.3												**0.4**
--	--	--	--	--	--	--	--	--	--	--	--	--
12.7	**21.8**	25.2	10.0	7.6	37.4	21.8	17.4	**23.7**	10.5	14.8	28.5	**13.6**
86.3	**77.7**	71.7	90.0	87.8	62.6	78.2	82.6	**74.0**	89.5	74.7	71.5	**84.2**
0.1	**0.5**	3.2		4.6								**0.4**
1.0								**2.3**		10.5		**1.9**
72.1	**63.7**	67.3	52.7	39.7	48.8	74.4	75.0	**74.1**	41.8	60.1	88.7	**65.5**
85.4	**67.7**	81.9	55.2	52.7	69.1	78.0	54.9	**82.8**	67.6	80.8	85.3	**76.1**
8.3	**7.3**	5.8	13.5	12.0	3.4	6.2	8.4	**4.1**		4.0	4.7	**6.2**
6.8	**10.5**	6.9	12.8	7.8	8.8	6.6	16.6	**8.3**	7.4	3.8	9.7	**7.5**
8.8	**25.8**	12.7	36.3	31.9	28.3	16.4	35.7	**14.6**	32.4	17.6	11.5	**19.1**
27.9	**36.3**	32.8	47.3	60.3	51.2	25.7	25.0	**25.9**	58.2	39.9	11.3	**34.5**
98.3	**94.3**	95.2	93.9	82.4	91.3	95.9	95.8	**91.6**	87.6	77.9	97.0	**97.2**
1.5	**4.3**	4.3	5.1	12.1	4.5	4.1	3.3	**7.2**	6.1	20.4	3.0	**2.1**
0.1	**5.4**	6.5	6.9	16.9	3.7	6.3	3.4	**2.3**	4.5	0.7	2.3	**4.5**
0.2	**1.1**	0.5	1.1	4.9	3.9			**1.1**	5.6	1.7		**0.7**

2-78 续表

指标名称	Item	单位	Unit	利通区 Litong	红寺堡区 Hongsipu
一、户主文化程度	**Cultural Level of Head of a Household**	--	--		
(一)未上过学	No Schooling	%	%	7.5	14.6
(二)小学	Primary School	%	%	30.0	49.1
(三)初中	Junior Secondary School	%	%	47.6	31.1
(四)高中	Senior Secondary School	%	%	12.2	5.2
(五)大学专科	Junior College	%	%	2.8	
(六)大学本科	Undergraduate College	%	%		
(七)研究生	Postgraduate	%	%		
二、按家庭规模分的住户类型	**Households Type Divided by Family Size**	--	--	--	--
(一)一人户	One Person	%	%	2.7	
(二)二人户	Two Persons	%	%	21.9	19.2
(三)三人户	Three Persons	%	%	18.1	21.3
(四)四人户	Four Persons	%	%	28.7	24.4
(五)五人户	Five Persons	%	%	15.8	16.9
(六)六人及以上户	Six Persons and over	%	%	12.9	18.2
三、按世代分的住户类型	**Households Type Divided by Generation**	--	--	--	--
(一)一代户	One-Generation Households	%	%	23.2	15.5
(二)二代户	Two-Generation Households	%	%	46.7	63.9
(三)三代户	Three-Generation Households	%	%	29.4	20.6
(四)四代及以上户	Four-Generation Households and over	%	%	0.7	
四、住户特征	**Household Characteristics**	--	--	--	--
(一)纯老人户	Households of only the Old	%	%	5.0	4.4
(二)家中有未成年子女户	Households of Couple with Minor Children	%	%	92.6	95.6
(三)年轻夫妻无子女户	Households of Young Couple without Children	%	%		
(四)无劳动力户	Households without Labor Force	%	%	2.3	
五、住户经营情况	**Household Business Situation**	--	--		
(一)生产经营户	Production Business Households	%	%	61.5	69.1
农业户	Agriculture	%	%	59.4	87.7
农业兼业户	Agriculture and Business Households	%	%	8.3	9.4
非农兼业户	Non-agriculture and Business Households	%	%	3.4	9.1
非农业户	Non-agriculture Households	%	%	37.5	7.4
(二)非生产经营户	Non-production Business Households	%	%	38.5	30.9
六、参加医疗保险情况	**Medical Insurance Participation**	--	--		
(一)参加城乡居民基本医疗保险	Basic Medical Insurance for Urban and Rural Residents	%	%	95.3	98.6
(二)参加城镇职工基本医疗保险	Basic Medical Insurance for Urban Employee	%	%	4.0	0.3
(三)商业及其他医疗保险	Commercial and Other Health Insurance	%	%	5.4	
(四)没有参加任何医疗保险	Non-joined any Medical Insurance	%	%	0.6	1.2

continued

盐池县 Yanchi	同心县 Tongxin	青铜峡市 Qingtongxia	**固原市 Guyuan**	原州区 Yuanzhou	西吉县 Xiji	隆德县 Longde	泾源县 Jingyuan	彭阳县 Pengyang	**中卫市 Zhongwei**	沙坡头区 Shapotou	中宁县 Zhongning	海原县 Haiyuan
4.3	2.6		**11.1**	13.8	7.7	10.9	4.3	17.0	**7.3**	5.7	2.2	10.6
36.8	45.7	20.6	**36.5**	49.1	30.2	20.8	48.7	35.6	**30.2**	25.8	25.0	35.0
46.9	38.9	63.4	**37.4**	31.0	41.1	48.0	44.0	28.1	**48.4**	52.5	54.8	43.1
7.1	9.2	14.8	**13.8**	5.2	20.2	16.7	1.6	19.3	**12.2**	13.2	16.1	9.9
4.9	2.7	1.2	**1.0**	0.9	0.7	3.7			**1.7**	1.9	1.9	1.4
	0.8		**0.1**				1.4		**0.2**	1.0		
--	--	--	--	--	--	--	--	--	--	--	--	--
	1.7		**3.2**	1.8	1.0	7.8	4.5	4.9	**2.6**	2.9	1.7	2.8
48.1	30.6	26.1	**20.0**	17.9	17.4	28.9	10.5	25.8	**30.7**	41.4	40.7	20.5
19.6	9.8	30.1	**18.2**	15.4	18.1	15.0	26.3	20.9	**16.6**	22.6	19.9	12.1
22.7	24.2	26.3	**21.5**	23.6	18.1	21.0	23.4	23.8	**19.2**	15.5	20.2	20.6
7.0	19.8	9.3	**15.6**	17.1	11.9	16.3	25.7	14.0	**13.2**	8.8	8.0	18.0
2.6	13.9	8.3	**21.6**	24.3	33.5	11.0	9.6	10.5	**17.7**	8.9	9.6	26.1
--	--	--	--	--	--	--	--	--	--	--	--	--
40.8	23.7	22.7	**12.7**	16.3	5.2	27.0	4.6	14.2	**24.9**	31.9	37.3	15.2
48.7	61.6	56.8	**52.5**	48.1	52.3	41.9	71.2	58.1	**54.6**	48.4	48.3	60.8
10.6	13.9	20.5	**32.6**	34.0	39.2	28.8	24.3	25.8	**20.2**	18.2	14.4	24.1
	0.9		**2.2**	1.6	3.3	2.4		1.9	**0.4**	1.5		
--	--	--	--	--	--	--	--	--	--	--	--	--
41.7	16.7	11.1	**8.7**	10.7	4.5	13.0	10.0	10.0	**20.0**	20.3	28.6	16.5
55.3	78.9	88.9	**91.3**	89.3	95.5	87.0	90.0	90.0	**79.2**	79.7	71.4	82.1
3.0												
	4.4								**0.8**			1.4
72.8	72.3	59.7	**73.1**	58.5	84.3	81.6	65.5	72.2	**69.8**	65.7	67.1	73.2
77.1	92.2	72.1	**85.3**	75.4	87.3	97.3	84.9	82.8	**80.6**	78.4	77.9	82.9
7.4	2.9	4.8	**10.1**	11.7	10.9	4.1	6.7	13.8	**6.4**	2.6	10.0	6.3
4.9	5.3	14.3	**7.2**	8.7	9.5	1.4	5.5	6.6	**7.3**	7.8	8.6	6.5
15.1	6.1	20.2	**8.3**	14.2	4.1	2.7	10.2	13.7	**12.8**	19.0	13.4	9.9
27.2	27.7	40.3	**26.9**	41.5	15.7	18.4	34.5	27.9	**30.2**	34.3	32.9	26.8
97.8	97.2	98.4	**98.5**	99.1	98.2	97.2	99.3	98.8	**97.1**	95.6	95.5	98.3
1.2	2.8	0.4	**1.5**	0.9	1.8	2.8	0.8	0.9	**2.7**	4.1	4.6	1.5
		12.2	**0.1**					0.6	**1.3**		6.0	
1.0		1.3	**0.1**					0.3	**0.2**	0.3		0.2

2-79 2020年各市县农村居民家庭就业情况

指标名称	Item	单位	Unit	全区 Total
一、基本情况	**Basic Statistics of Households Surveyed**	--	--	--
(一)户均常住人口	Average Number of Permanent Residents per Household	人/户	person/household	**3.7**
(二)户均常住从业人口	Average Number of Employed Persons per Household	人/户	person/household	**1.9**
(三)平均每户家庭从业人口比重	Proportion of Employed Persons per Household	%	%	**51.0**
(四)平均每一从业人口负担人数	Average Number of Dependency Coefficient per Employed Persons	人	person	**2.0**
(五)由本户供养的在校学生	Supported Students in School by Their Families	人/户	person/household	**0.9**
(六)户均整半劳动力人口	Whole and Half Labor Force per Household	人/户	person/household	**2.4**
(七)平均每户家庭整半劳动力人口比重	Proportion of Whole and Half Labor Force per Household	%	%	**64.2**
二、家庭劳动力年龄构成	**Age Composition of Permanent Employed Persons**	--	--	**100.0**
(一)16-19岁	Aged 16-19	%	%	**1.3**
(二)20-24岁	Aged 20-24	%	%	**6.1**
(三)25-29岁	Aged 25-29	%	%	**6.4**
(四)30-34岁	Aged 30-34	%	%	**8.3**
(五)35-40岁	Aged 35-40	%	%	**10.4**
(六)41-50岁	Aged 41-50	%	%	**24.6**
(七)51-60岁	Aged 51-60	%	%	**26.9**
(八)61-65岁	Aged 61-65	%	%	**6.9**
(九)66岁及以上	Aged 66 and over	%	%	**9.1**
三、家庭劳动力文化程度构成	**Composition of Education Level for Labor Force**	--	--	**100.0**
(一)未上过学	No Schooling	%	%	**16.7**
(二)小学	Primary School	%	%	**34.4**
(三)初中	Junior Secondary School	%	%	**36.0**
(四)高中	Senior Secondary School	%	%	**8.9**
(五)大学专科	Junior College	%	%	**3.0**
(六)大学本科及以上	Bachelor Degree or above	%	%	**0.9**
(七)研究生	Graduate Student	%	%	
四、常住从业人员就业类型	**Type of Employment of Permanent Employed Persons**	--	--	**100.0**
(一)雇主	Employer	%	%	**0.2**
(二)公职人员	Civil Servants	%	%	
(三)事业单位人员	Institution Officers	%	%	**0.2**
(四)国有企业雇员	State-owned Enterprises Employees	%	%	**0.1**
(五)其他雇员	Other Employees	%	%	**44.0**
(六)农业自营	Self-employed of Agriculture	%	%	**45.4**
(七)非农自营	Self-employed of Non-Agriculture	%	%	**10.1**
五、常住从业人员从事主要行业	**Type of Industry of Permanent Employed Persons**	--	--	**100.0**
(一)第一产业	Primary Industry	%	%	**52.2**
(二)第二产业	Secondary Industry	%	%	**18.3**
(三)第三产业	Tertiary Industry	%	%	**29.5**

Statistics of Employment for Rural Households by City and County (2020)

沿黄地区 Plain	中南部地区 Mountain Area	银川市 Yinchuan	兴庆区 Xingqing	西夏区 Xixia	金凤区 Jinfeng	永宁县 Yongning	贺兰县 Helan	灵武市 Lingwu	石嘴山市 Shizuishan	大武口区 Dawukou	惠农区 Huinong	平罗县 Pingluo	吴忠市 Wuzhong
--	--	--	--	--	--	--	--	--	--	--	--	--	--
3.3	4.0	3.3	3.1	3.4	3.4	3.0	3.2	3.5	2.8	3.2	2.6	2.9	3.7
1.8	2.0	1.7	1.9	1.6	1.6	1.5	2.0	1.8	1.8	1.6	1.7	1.8	2.0
56.0	49.2	53.2	61.5	46.4	48.6	49.7	60.2	50.6	62.6	50.7	63.8	64.7	54.6
1.8	2.0	1.9	1.6	2.2	2.1	2.0	1.7	2.0	1.6	2.0	1.6	1.5	1.8
0.6	1.1	0.6	0.7	0.6	0.7	0.6	0.6	0.7	0.5	0.6	0.4	0.5	0.8
2.4	2.4	2.4	2.1	2.5	2.2	2.3	2.4	2.5	2.1	2.3	2.0	2.2	2.5
72.5	59.4	72.6	68.2	71.5	65.4	76.2	75.2	70.5	74.9	70.6	75.7	75.5	67.6
100.0	100.0	100.0	100.0	100.0	100.0	100.0	100.0	100.0	100.0	100.0	100.0	100.0	100.0
0.9	1.1	1.1		2.3	1.3	1.0	1.1	0.8	1.4	0.9	0.6	1.8	1.0
5.0	6.5	5.6	3.6	6.0	3.8	3.1	7.5	6.8	3.3	2.6	1.1	4.1	7.7
5.4	6.9	3.7	3.4	3.4	13.0	1.6	2.4	6.8	3.2	3.3	2.3	3.5	7.4
7.5	8.9	8.4	7.3	11.4	18.7	4.6	9.0	8.8	5.5	8.2	8.5	4.0	9.4
9.0	11.3	9.5	15.2	8.0	14.3	10.0	6.2	10.9	9.3	11.6	4.4	10.5	7.7
26.7	26.3	29.9	34.1	31.6	20.3	35.8	27.1	24.6	23.7	24.9	35.0	19.7	25.4
30.5	23.5	26.3	22.6	25.1	21.8	23.7	31.6	26.0	38.1	37.0	35.0	39.3	29.4
6.7	6.9	7.7	11.1	6.2	2.8	8.8	7.5	6.6	8.8	7.1	9.8	8.8	5.6
8.3	8.7	7.8	2.8	6.0	3.9	11.3	7.6	8.7	6.7	4.3	3.3	8.3	6.4
100.0	100.0	100.0	100.0	100.0	100.0	100.0	100.0	100.0	100.0	100.0	100.0	100.0	100.0
8.6	18.9	7.3	6.2	10.4	7.6	6.6	2.9	10.7	8.7	9.9	1.2	11.0	10.2
27.1	38.2	29.0	31.4	23.7	27.0	25.1	29.9	34.8	28.9	29.9	32.5	27.4	31.7
47.3	30.0	47.8	52.2	40.4	32.9	52.0	54.9	40.9	47.2	45.0	44.0	48.8	40.9
11.0	8.5	10.0	9.3	16.0	14.4	8.3	7.9	9.0	10.6	9.9	20.1	7.5	10.4
4.4	3.2	4.9		7.7	12.6	7.2	4.1	3.4	3.7	3.5	2.3	4.2	4.5
1.5	1.1	1.0	1.0	1.8	3.2	0.8	0.4	1.1	1.0	1.7		1.2	2.3
0.1		0.0			2.3								
100.0	100.0	100.0	100.0	100.0	100.0	100.0	100.0	100.0	100.0	100.0	100.0	100.0	100.0
0.3	0.3	0.1						0.5	0.5			0.7	
0.1		0.0			1.5								
0.3	0.7												0.4
0.3	0.2	0.2		1.2	3.1				0.1	1.1			0.4
55.5	35.6	60.7	47.4	69.5	70.2	74.0	63.6	47.5	42.5	85.3	58.4	30.4	54.3
32.5	56.7	23.3	42.1	8.2	13.3	14.3	25.7	28.1	49.8	2.5	33.8	62.7	35.8
11.1	6.6	15.6	10.5	21.0	11.9	11.7	10.7	24.0	7.1	11.1	7.8	6.2	9.1
100.0	100.0	100.0	100.0	100.0	100.0	100.0	100.0	100.0	100.0	100.0	100.0	100.0	100.0
40.2	60.5	30.9	44.0	17.3	18.7	16.4	43.2	30.8	52.2	4.9	43.4	62.7	43.7
23.4	14.4	19.5	16.3	19.2	13.8	29.2	13.7	20.9	24.1	57.3	23.4	18.9	22.8
36.3	25.1	49.6	39.7	63.4	67.5	54.4	43.1	48.3	23.8	37.8	33.2	18.4	33.5

2-79 续表

指标名称	Item	单位	Unit	利通区 Litong
一、基本情况	**Basic Statistics of Households Surveyed**	--	--	--
(一)户均常住人口	Average Number of Permanent Residents per Household	人/户	person/household	3.8
(二)户均常住从业人口	Average Number of Employed Persons per Household	人/户	person/household	1.9
(三)平均每户家庭从业人口比重	Proportion of Employed Persons per Household	%	%	49.4
(四)平均每一从业人口负担人数	Average Number of Dependency Coefficient per Employed Persons	人	person	2.0
(五)由本户供养的在校学生	Supported Students in School by Their Families	人/户	person/household	0.7
(六)户均整半劳动力人口	Whole and Half Labor Force per Household	人/户	person/household	2.7
(七)平均每户家庭整半劳动力人口比重	Proportion of Whole and Half Labor Force per Household	%	%	70.9
二、家庭劳动力年龄构成	**Age Composition of Permanent Employed Persons**	--	--	**100.0**
(一)16-19岁	Aged 16-19	%	%	1.8
(二)20-24岁	Aged 20-24	%	%	7.4
(三)25-29岁	Aged 25-29	%	%	9.3
(四)30-34岁	Aged 30-34	%	%	9.6
(五)35-40岁	Aged 35-40	%	%	7.0
(六)41-50岁	Aged 41-50	%	%	27.6
(七)51-60岁	Aged 51-60	%	%	29.2
(八)61-65岁	Aged 61-65	%	%	3.2
(九)66岁及以上	Aged 66 and over	%	%	4.9
三、家庭劳动力文化程度构成	**Composition of Education Level for Labor Force**	--	--	**100.0**
(一)未上过学	No Schooling	%	%	7.6
(二)小学	Primary School	%	%	27.3
(三)初中	Junior Secondary School	%	%	45.8
(四)高中	Senior Secondary School	%	%	11.4
(五)大学专科	Junior College	%	%	6.0
(六)大学本科及以上	Bachelor Degree or above	%	%	1.9
(七)研究生	Graduate Student	%	%	
四、常住从业人员就业类型	**Type of Employment of Permanent Employed Persons**	--	--	**100.0**
(一)雇主	Employer	%	%	
(二)公职人员	Civil Servants	%	%	
(三)事业单位人员	Institution Officers	%	%	0.4
(四)国有企业雇员	State-owned Enterprises Employees	%	%	1.6
(五)其他雇员	Other Employees	%	%	66.5
(六)农业自营	Self-employed of Agriculture	%	%	17.6
(七)非农自营	Self-employed of Non-Agriculture	%	%	13.9
五、常住从业人员从事主要行业	**Type of Industry of Permanent Employed Persons**	--	--	**100.0**
(一)第一产业	Primary Industry	%	%	26.3
(二)第二产业	Secondary Industry	%	%	31.7
(三)第三产业	Tertiary Industry	%	%	42.0

continued

红寺堡区 Hongsipu	盐池县 Yanchi	同心县 Tongxin	青铜峡市 Qingtongxia	**固原市** Guyuan	原州区 Yuanzhou	西吉县 Xiji	隆德县 Longde	泾源县 Jingyuan	彭阳县 Pengyang	**中卫市** Zhongwei	沙坡头区 Shapotou	中宁县 Zhongning	海原县 Haiyuan
--	--	--	--	--	--	--	--	--	--	--	--	--	--
4.0	3.0	3.9	3.5	**4.1**	4.3	4.4	3.6	4.0	3.8	**3.8**	3.2	3.3	4.3
2.1	1.9	1.7	2.4	**2.0**	2.1	2.2	1.9	1.8	1.8	**1.9**	1.8	1.7	2.0
52.4	64.7	44.2	67.4	**49.7**	49.3	50.8	52.2	45.1	49.0	**50.7**	57.2	52.5	47.6
1.9	1.5	2.3	1.5	**2.0**	2.0	2.0	1.9	2.2	2.0	**2.0**	1.7	1.9	2.1
1.2	0.5	1.0	0.7	**1.1**	1.0	1.3	0.9	1.2	1.0	**1.0**	0.6	0.7	1.3
2.2	2.3	2.3	2.6	**2.4**	2.6	2.5	2.3	2.4	2.1	**2.4**	2.4	2.2	2.5
54.9	77.3	59.2	74.7	**59.0**	59.7	58.1	63.6	59.6	55.9	**64.0**	75.2	66.5	59.0
100.0	**100.0**	**100.0**	**100.0**	**100.0**	**100.0**	**100.0**	**100.0**	**100.0**	**100.0**	**100.0**	**100.0**	**100.0**	**100.0**
0.5	0.5	1.6		**1.3**	2.9	1.0		1.2		**0.5**	0.3	0.7	0.6
8.8	3.1	6.4	10.7	**5.8**	9.2	5.0	4.2	5.6	2.6	**5.1**	2.6	1.2	8.0
5.5	5.1	7.9	6.6	**6.1**	7.8	6.5	4.2	6.7	3.2	**7.6**	4.3	6.3	9.6
9.1	9.1	14.0	6.0	**6.9**	8.7	6.7	3.2	9.1	6.4	**8.6**	4.9	8.2	10.4
15.3	6.5	7.8	5.8	**11.3**	11.8	10.0	10.7	11.5	14.1	**11.5**	10.0	9.6	12.9
37.0	20.0	20.6	23.7	**28.7**	26.6	27.6	25.5	30.8	36.3	**23.9**	24.3	30.0	21.0
17.0	29.1	26.3	37.5	**25.2**	20.8	26.4	33.6	19.6	26.2	**23.5**	34.5	23.9	18.2
2.3	13.7	9.6	3.3	**6.5**	5.3	6.8	8.2	7.5	5.9	**7.1**	7.2	8.5	6.4
4.5	12.8	5.8	6.6	**8.3**	6.9	10.0	10.3	8.1	5.3	**12.3**	11.9	11.5	12.8
100.0	**100.0**	**100.0**	**100.0**	**100.0**	**100.0**	**100.0**	**100.0**	**100.0**	**100.0**	**100.0**	**100.0**	**100.0**	**100.0**
23.1	11.4	12.5	5.4	**22.0**	19.7	26.9	21.5	7.1	25.0	**14.0**	12.0	12.8	15.5
43.1	36.9	45.7	19.4	**34.9**	39.0	26.1	30.8	48.5	42.4	**33.2**	28.4	24.8	39.1
29.3	38.0	27.5	51.3	**29.6**	30.5	29.9	31.9	38.3	20.3	**38.6**	45.5	47.1	31.7
4.0	6.4	8.9	15.0	**9.6**	6.5	13.6	10.0	1.9	10.4	**9.9**	10.4	13.2	8.3
0.6	3.9	2.8	5.8	**3.0**	3.3	3.1	2.6	4.2	1.8	**3.2**	1.5	1.6	4.6
	3.4	2.5	3.1	**0.8**	1.0	0.4	3.2			**1.1**	2.3	0.4	0.8
100.0	**100.0**	**100.0**	**100.0**	**100.0**	**100.0**	**100.0**	**100.0**	**100.0**	**100.0**	**100.0**	**100.0**	**100.0**	**100.0**
				0.6		1.6				**0.3**		1.4	
		0.8	0.5	**0.8**	1.3	0.4	1.3		0.5	**0.7**	1.0		0.8
				0.3			1.3		0.6				
34.0	35.8	52.7	60.9	**32.5**	38.1	21.4	35.2	47.7	37.6	**40.0**	43.5	56.2	31.6
58.5	55.3	41.5	30.3	**59.2**	53.2	70.6	60.9	41.0	52.2	**51.2**	46.0	33.7	61.1
7.5	8.8	5.0	8.2	**6.7**	7.5	5.9	1.3	11.3	9.1	**7.7**	9.6	8.7	6.5
100.0	**100.0**	**100.0**	**100.0**	**100.0**	**100.0**	**100.0**	**100.0**	**100.0**	**100.0**	**100.0**	**100.0**	**100.0**	**100.0**
61.9	57.3	44.7	44.9	**63.0**	56.1	71.7	64.1	47.3	63.0	**57.2**	53.8	42.4	65.1
15.4	6.7	19.1	27.1	**14.6**	18.2	10.9	15.4	19.1	13.8	**16.8**	20.7	25.7	11.2
22.8	36.0	36.2	28.1	**22.3**	25.7	17.4	20.5	33.6	23.2	**26.0**	25.5	31.9	23.7

2-80　2020年各市县农村居民家庭房屋基本情况

指标名称	Item	单位	Unit
一、期末现住房情况	**Current House Condition of Term End**	--	--
(一)人均现住房面积	Per Capita Current Housing Area	平方米/人	sq.m/person
人均自有现住房面积	Per Capita Self-owned Current Housing Area	平方米/人	sq.m/person
户均现住房面积	Per Household Current Housing Area	平方米/户	sq.m/household
户均自有现住房面积	Per Household Self-owned Current Housing Area	平方米/户	sq.m/household
(二)现住房市场价月租金	Monthly Rent of Current Housing	元/人	yuan/person
自有现住房市场价月租金	Monthly Rent of Self-owned Current Housing	元/人	yuan/person
二、期内新购建住房情况	**Newly Bought or Built Residential Buildings Condition During Period**		
(一)新建住房竣工建筑面积	Completing Floor Space of Newly Built Residential Buildings	平方米/人	sq.m/person
(二)新建住房总费用	Total Cost of Newly Built Residential Buildings	元/人	yuan/person
(三)新建住房价值	Value of Newly Built Residential Buildings	元/平方米	yuan/sq.m
三、期末现住房构成	**Current Housing Constitute of Term End**	--	--
(一)本住户居住类型	Residence Type	%	%
其中：普通住宅	General Residence	%	%
(二)本住户居住空间样式	House Construction Space Style	%	%
1.单栋楼房	Single Building	%	%
2.单栋平房	Single Bungalow	%	%
3.四居室及以上单元房	House with Four Bedrooms and Above	%	%
4.三居室单元房	House with Three Bedrooms	%	%
5.二居室单元房	House with Two Bedrooms	%	%
6.一居室单元房	House with One Bedrooms	%	%
7.其他	Others	%	%
(三)主要建筑材料	Main Building Materials	%	%
1.钢筋混凝土	Reinforced Concrete	%	%
2.砖混材料	Brick and Concrete	%	%
3.砖瓦砖木	Brick and Wood	%	%
4.竹草土坯	Bamboo Grass Adobe	%	%
5.其他	Others	%	%
(四)现住房房屋来源	Current Housing Source	%	%
1.租赁公房	Public House Leasing	%	%
2.租赁私房	Private House Leasing	%	%
3.自建住房	Self-built Housing	%	%
4.购买商品房	Commercial Residential Building	%	%
5.购买房改住房	Reformed Housing	%	%
6.购买保障性住房	Security Housing	%	%
7.拆迁安置房	Removal Settlement Housing	%	%
8.继承或获赠住房	Inheritance or Gift Housing	%	%
9.免费借用房	Borrow Housing for Free	%	%
10.其他	Others	%	%
(五)现住房建筑面积	Current Residential Buildings Area	%	%
1.10平方米以内	Less than 10 sq.m	%	%
2.10-20平方米	10-20 sq.m	%	%
3.20-30平方米	20-30 sq.m	%	%
4.30-60平方米	30-60 sq.m	%	%
5.60-90平方米	60-90 sq.m	%	%
6.90-120平方米	90-120 sq.m	%	%
7.120-200平方米	120-200 sq.m	%	%
8.200平方米以上	200 sq.m above	%	%

Basic Statistics of House for Rural Households by City and County (2020)

全区 Total	沿黄地区 Plain	中南部地区 Mountain Area	银川市 Yinchuan	兴庆区 Xingqing	西夏区 Xixia	金凤区 Jinfeng	永宁县 Yongning	贺兰县 Helan	灵武市 Lingwu
--	--	--	--	--	--	--	--	--	--
32.3	35.3	31.0	33.7	34.9	35.4	36.9	32.7	28.7	37.4
32.1	34.4	30.5	32.1	34.9	28.3	35.5	32.7	28.6	36.4
121.0	115.3	125.3	110.0	107.0	122.1	124.4	98.0	93.2	131.2
120.3	112.5	123.2	104.7	107.0	97.7	119.8	98.0	92.9	127.6
71.6	97.2	70.2	108.6	152.5	131.7	184.1	126.5	79.6	77.9
71.1	93.8	68.8	102.0	152.5	97.2	177.1	126.5	79.6	77.9
1.2	0.2	1.4	0.1		0.3		0.3		
1059.5	216.5	1130.3	49.4		155.6		99.4		
859.6	923.2	782.3	391.5		500.0		297.3		
100.0	100.0	100.0	100.0	100.0	100.0	100.0	100.0	100.0	100.0
100.0	100.0	100.0	100.0	100.0	100.0	100.0	100.0	100.0	100.0
100.0	100.0	100.0	100.0	100.0	100.0	100.0	100.0	100.0	100.0
1.2	0.7	0.9	0.8	5.3			0.8		
93.3	81.2	96.0	77.3	88.9	68.3	48.6	33.8	100.0	98.4
	0.3		0.3	2.0		2.6			
1.6	6.4	1.8	13.1		29.1	11.8	33.5		1.6
3.2	11.0	0.9	8.5	3.8	2.6	37.0	31.9		
0.3	0.2	0.3							
0.4	0.3	0.1	0.0	0.0	0.0	0.0			0.0
100.0	100.0	100.0	100.0	100.0	100.0	100.0	100.0	100.0	100.0
6.2	15.4	3.3	15.8	7.8	6.6	51.4	53.5	0.9	4.5
35.6	40.0	27.5	45.6	76.1	57.9	40.6	27.2	52.0	30.2
57.1	44.3	67.4	37.8	16.1	35.6	7.9	19.3	46.2	63.3
0.8	0.2	1.4	0.2					1.0	
0.3	0.2	0.3	0.5						2.1
100.0	100.0	100.0	100.0	100.0	100.0	100.0	100.0	100.0	100.0
0.2	0.3	0.2							
0.4	2.3	1.1	4.1		22.6	4.3			
91.7	79.6	93.6	75.0	89.3	68.3	48.6	33.5	96.4	91.7
3.1	7.2	2.4	5.4	1.9	7.1	28.0	8.4	2.7	4.7
0.1	0.3	0.1							
3.9	9.7	1.6	14.5	8.8	2.0	19.1	58.1		
0.1	0.1								
0.3	0.4	0.2	0.7					0.9	2.1
0.2	0.1	0.8	0.3	0.0	0.0	0.0	0.0	0.0	1.5
100.0	100.0	100.0	100.0	100.0	100.0	100.0	100.0	100.0	100.0
0.1	0.1	0.1	0.2					0.9	
5.8	4.9	5.8	7.4	7.4	7.2	1.9	2.7	10.6	9.0
21.2	26.4	18.5	28.3	28.4	12.3	30.7	34.5	48.3	13.0
35.2	39.5	31.5	39.9	38.1	42.7	31.9	52.2	36.2	31.0
33.1	25.7	38.7	22.2	26.1	37.8	22.1	10.6	3.3	39.6
4.6	3.5	5.4	2.0			13.3		0.8	7.3

2-80 续表 1

指标名称	Item	单位	Unit
一、期末现住房情况	**Current House Condition of Term End**	--	--
(一)人均现住房面积	Per Capita Current Housing Area	平方米/人	sq.m/person
人均自有现住房面积	Per Capita Self-owned Current Housing Area	平方米/人	sq.m/person
户均现住房面积	Per Household Current Housing Area	平方米/户	sq.m/household
户均自有现住房面积	Per Household Self-owned Current Housing Area	平方米/户	sq.m/household
(二)现住房市场价月租金	Monthly Rent of Current Housing	元/人	yuan/person
自有现住房市场价月租金	Monthly Rent of Self-owned Current Housing	元/人	yuan/person
二、期内新购建住房情况	**Newly Bought or Built Residential Buildings Condition During Period**		
(一)新建住房竣工建筑面积	Completing Floor Space of Newly Built Residential Buildings	平方米/人	sq.m/person
(二)新建住房总费用	Total Cost of Newly Built Residential Buildings	元/人	yuan/person
(三)新建住房价值	Value of Newly Built Residential Buildings	元/平方米	yuan/sq.m
三、期末现住房构成	**Current Housing Constitute of Term End**	--	--
(一)本住户居住类型	Residence Type	%	%
其中：普通住宅	General Residence	%	%
(二)本住户居住空间样式	House Construction Space Style	%	%
1.单栋楼房	Single Building	%	%
2.单栋平房	Single Bungalow	%	%
3.四居室及以上单元房	House with Four Bedrooms and Above	%	%
4.三居室单元房	House with Three Bedrooms	%	%
5.二居室单元房	House with Two Bedrooms	%	%
6.一居室单元房	House with One Bedrooms	%	%
7.其他	Others	%	%
(三)主要建筑材料	Main Building Materials	%	%
1.钢筋混凝土	Reinforced Concrete	%	%
2.砖混材料	Brick and Concrete	%	%
3.砖瓦砖木	Brick and Wood	%	%
4.竹草土坯	Bamboo Grass Adobe	%	%
5.其他	Others	%	%
(四)现住房房屋来源	Current Housing Source	%	%
1.租赁公房	Public House Leasing	%	%
2.租赁私房	Private House Leasing	%	%
3.自建住房	Self-built Housing	%	%
4.购买商品房	Commercial Residential Building	%	%
5.购买房改住房	Reformed Housing	%	%
6.购买保障性住房	Security Housing	%	%
7.拆迁安置房	Removal Settlement Housing	%	%
8.继承或获赠住房	Inheritance or Gift Housing	%	%
9.免费借用房	Borrow Housing for Free	%	%
10.其他	Others	%	%
(五)现住房建筑面积	Current Residential Buildings Area	%	%
1.10平方米以内	Less than 10 sq.m	%	%
2.10-20平方米	10-20 sq.m	%	%
3.20-30平方米	20-30 sq.m	%	%
4.30-60平方米	30-60 sq.m	%	%
5.60-90平方米	60-90 sq.m	%	%
6.90-120平方米	90-120 sq.m	%	%
7.120-200平方米	120-200 sq.m	%	%
8.200平方米以上	200 sq.m above	%	%

continued 1

石嘴山市 Shizuishan	大武口区 Dawukou	惠农区 Huinong	平罗县 Pingluo	**吴忠市 Wuzhong**	利通区 Litong	红寺堡区 Hongsipu	盐池县 Yanchi	同心县 Tongxin	青铜峡市 Qingtongxia
--	--	--	--	--	--	--	--	--	--
37.7	41.9	36.1	37.4	36.4	31.9	38.7	35.7	41.9	35.6
37.5	41.9	35.7	37.3	34.8	30.6	38.7	27.6	41.6	34.5
107.2	133.9	94.9	106.7	132.9	120.4	155.8	105.7	163.1	124.2
106.6	133.9	93.7	106.3	127.3	115.4	155.8	81.9	162.0	120.3
89.3	66.3	121.8	83.2	69.1	110.8	64.5	50.7	41.5	54.2
88.3	66.3	120.9	82.0	65.5	102.1	64.5	45.9	41.5	52.1
				0.6		1.1	1.3	1.3	
				504.3		376.3	1529.3	1311.4	
				868.6		357.4	1172.7	981.8	
100.0	100.0	100.0	100.0	100.0	100.0	100.0	100.0	100.0	100.0
100.0	100.0	100.0	100.0	100.0	100.0	100.0	100.0	100.0	100.0
100.0	100.0	100.0	100.0	100.0	100.0	100.0	100.0	100.0	100.0
				1.4			9.2	0.9	
87.5	98.0	54.3	97.6	81.2	66.0	100.0	78.6	97.3	77.0
				0.3					1.2
				5.0	4.1		5.0	1.9	11.1
11.0	2.0	45.7		11.2	30.0				10.6
				0.6			4.4		
1.6	0.0	0.0	2.4	0.4			2.8	0.0	0.0
100.0	100.0	100.0	100.0	100.0	100.0	100.0	100.0	100.0	100.0
11.5		45.7	1.2	15.8	24.6		18.6	1.9	24.1
26.5	61.1	1.1	29.4	39.2	40.0		37.3	24.6	71.2
61.9	38.9	53.2	69.4	42.7	35.4	100.0	39.8	65.3	4.7
				1.7				8.3	
				0.5			4.3		
100.0	100.0	100.0	100.0	100.0	100.0	100.0	100.0	100.0	100.0
				0.2			1.5		
1.2		1.2	1.3	2.7	5.5		2.9		2.9
85.0	80.0	53.1	97.4	78.9	66.0	100.0	70.1	96.3	73.0
7.1	8.3	22.8	1.2	8.6	5.5		8.1	0.8	23.0
2.4	1.9	9.1		0.2				0.9	
4.4	9.7	13.7		7.0	23.0		2.2	1.0	
				0.3					1.1
0.0	0.0	0.0	0.0	2.1	0.0		15.2	1.0	0.0
100.0	100.0	100.0	100.0	100.0	100.0	100.0	100.0	100.0	100.0
				0.2		1.3			
3.5		1.2	5.0	3.4	3.5	1.3	12.3	2.0	1.2
35.6	7.5	55.2	33.6	16.8	16.0	8.8	31.6	9.0	20.8
38.2	48.8	31.5	38.7	35.0	55.2	18.7	31.4	15.9	38.2
21.0	35.7	12.0	21.6	34.6	17.0	48.9	23.3	55.9	35.3
1.8	8.1		1.2	9.9	8.3	21.0	1.3	17.2	4.5

2-80 续表 2

指标名称	Item	单位	Unit
一、期末现住房情况	**Current House Condition of Term End**	--	--
(一)人均现住房面积	Per Capita Current Housing Area	平方米/人	sq.m/person
人均自有现住房面积	Per Capita Self-owned Current Housing Area	平方米/人	sq.m/person
户均现住房面积	Per Household Current Housing Area	平方米/户	sq.m/household
户均自有现住房面积	Per Household Self-owned Current Housing Area	平方米/户	sq.m/household
(二)现住房市场价月租金	Monthly Rent of Current Housing	元/人	yuan/person
自有现住房市场价月租金	Monthly Rent of Self-owned Current Housing	元/人	yuan/person
二、期内新购建住房情况	**Newly Bought or Built Residential Buildings Condition During Period**		
(一)新建住房竣工建筑面积	Completing Floor Space of Newly Built Residential Buildings	平方米/人	sq.m/person
(二)新建住房总费用	Total Cost of Newly Built Residential Buildings	元/人	yuan/person
(三)新建住房价值	Value of Newly Built Residential Buildings	元/平方米	yuan/sq.m
三、期末现住房构成	**Current Housing Constitute of Term End**	--	--
(一)本住户居住类型	Residence Type	%	%
其中：普通住宅	General Residence	%	%
(二)本住户居住空间样式	House Construction Space Style	%	%
1.单栋楼房	Single Building	%	%
2.单栋平房	Single Bungalow	%	%
3.四居室及以上单元房	House with Four Bedrooms and Above	%	%
4.三居室单元房	House with Three Bedrooms	%	%
5.二居室单元房	House with Two Bedrooms	%	%
6.一居室单元房	House with One Bedrooms	%	%
7.其他	Others	%	%
(三)主要建筑材料	Main Building Materials	%	%
1.钢筋混凝土	Reinforced Concrete	%	%
2.砖混材料	Brick and Concrete	%	%
3.砖瓦砖木	Brick and Wood	%	%
4.竹草土坯	Bamboo Grass Adobe	%	%
5.其他	Others	%	%
(四)现住房房屋来源	Current Housing Source	%	%
1.租赁公房	Public House Leasing	%	%
2.租赁私房	Private House Leasing	%	%
3.自建住房	Self-built Housing	%	%
4.购买商品房	Commercial Residential Building	%	%
5.购买房改住房	Reformed Housing	%	%
6.购买保障性住房	Security Housing	%	%
7.拆迁安置房	Removal Settlement Housing	%	%
8.继承或获赠住房	Inheritance or Gift Housing	%	%
9.免费借用房	Borrow Housing for Free	%	%
10.其他	Others	%	%
(五)现住房建筑面积	Current Residential Buildings Area	%	%
1.10平方米以内	Less than 10 sq.m	%	%
2.10-20平方米	10-20 sq.m	%	%
3.20-30平方米	20-30 sq.m	%	%
4.30-60平方米	30-60 sq.m	%	%
5.60-90平方米	60-90 sq.m	%	%
6.90-120平方米	90-120 sq.m	%	%
7.120-200平方米	120-200 sq.m	%	%
8.200平方米以上	200 sq.m above	%	%

continued 2

固原市 Guyuan	原州区 Yuanzhou	西吉县 Xiji	隆德县 Longde	泾源县 Jingyuan	彭阳县 Pengyang	**中卫市** Zhongwei	沙坡头区 Shapotou	中宁县 Zhongning	海原县 Haiyuan
--	--	--	--	--	--	--	--	--	--
28.0	24.8	27.2	30.8	26.8	34.1	**32.3**	37.3	38.1	28.3
27.7	23.8	27.2	30.6	26.8	33.7	**32.0**	36.6	37.0	28.3
115.1	107.0	118.8	111.7	106.9	127.7	**121.6**	118.0	127.0	120.6
113.7	102.7	118.8	111.1	106.9	126.6	**120.2**	115.8	123.5	120.6
71.3	62.9	26.8	133.5	99.8	117.1	**86.8**	110.9	73.8	83.2
69.4	56.9	26.8	132.4	99.8	116.0	**85.5**	109.5	69.4	83.2
1.4	0.9	2.7	0.7	1.4	0.3	**1.5**		1.5	2.0
976.6	803.0	1555.7	502.9	1295.7	211.6	**1393.4**		1593.3	1816.9
675.9	855.4	583.2	772.9	948.1	625.0	**934.0**		1031.6	904.6
100.0	100.0	100.0	100.0	100.0	100.0	**100.0**	100.0	100.0	100.0
100.0	100.0	100.0	100.0	100.0	100.0	**100.0**	100.0	100.0	100.0
100.0	100.0	100.0	100.0	100.0	100.0	**100.0**	100.0	100.0	100.0
0.7		1.8		1.4		**0.8**	2.4	0.8	
95.6	86.6	98.2	100.0	98.6	99.0	**97.3**	94.5	94.8	100.0
2.1	7.4				1.0	**0.6**		2.5	
1.4	5.2					**1.0**	1.9	1.9	
0.2	0.8					**0.3**	1.2		
0.0	0.0			0.0	0.0	**0.0**	0.0	0.0	
100.0	100.0	100.0	100.0	100.0	100.0	**100.0**	100.0	100.0	100.0
3.7	6.6	3.3	1.2	5.5	1.0	**1.9**	2.2	3.6	0.8
30.5	15.0	36.8	29.6	30.0	43.0	**32.9**	29.7	38.4	31.7
65.5	78.4	59.9	69.2	64.5	53.7	**64.6**	67.3	58.0	66.7
0.4					2.2	**0.2**	0.9		
						0.4			0.8
100.0	100.0	100.0	100.0	100.0	100.0	**100.0**	100.0	100.0	100.0
0.2	0.8					**0.5**	2.0		
1.6	4.7		1.3		1.0	**0.9**		3.5	
93.1	77.0	100.0	98.7	100.0	95.9	**96.9**	95.1	94.1	99.2
2.7	9.7				1.0	**1.4**	2.9	1.0	0.8
2.2	6.9				2.1				
						0.2		0.7	
0.2	0.9					**0.2**		0.8	
0.0	0.0				0.0	**0.0**	0.0	0.0	0.0
100.0	100.0	100.0	100.0	100.0	100.0	**100.0**	100.0	100.0	100.0
5.4	11.0	3.3	3.8	6.2	2.0	**7.1**	5.5	4.7	9.0
20.3	24.3	14.3	23.8	28.5	18.1	**20.9**	23.3	21.0	19.7
40.3	34.6	41.5	43.3	44.7	41.6	**28.3**	36.2	31.4	22.9
32.7	30.1	40.0	27.8	18.0	34.8	**40.6**	35.0	37.7	44.7
1.3		0.9	1.2	2.6	3.5	**3.1**		5.1	3.7

2-80 续表 3

指标名称	Item	单位	Unit
(六)住宅有管道供水情况	Pipeline Water Supplying of Residential Buildings	%	%
1.住宅内管道取水	Pipeline Water Supplying in the Home	%	%
2.住宅内其他方式取水	Other Ways Water Supplying in the Residence	%	%
3.院内管道取水	Pipeline Water Supplying to Public Water Intaking Spot	%	%
4.院内其他方式取水	Other Ways Water Supplying in the Courtyard	%	%
5.其他位置取水	Water Supplying from other locations	%	%
(七)住户厕所类型	Residence Toilet Type	%	%
1.水冲式卫生厕所	Water Flushing Sanitary Toilet	%	%
2.水冲式非卫生厕所	Water Flushing Insanitary Toilet	%	%
3.卫生旱厕	Sanitary Pit Latrine	%	%
4.普通旱厕	General Pit Latrine	%	%
5.无厕所	No Toilet	%	%
(八)住户厕所使用情况	Using Condition of Residence Toilet	%	%
1.本住户独用	Exclusive Use	%	%
2.几户合用	Sharing with Several Households	%	%
3.公用厕所	Public Toilet	%	%
(九)住户洗澡设施情况	Residence Shower Equipment Condition	%	%
1.统一供热水	Unified Supply Hot Water	%	%
2.家庭自装热水器	House Self-Installing Water Heater	%	%
3.其他	Others	%	%
4.无洗澡设施	No Shower Equipment	%	%
(十)住户主要取暖设备状况	Residence Main Heating Equipment Condition	%	%
1.由市政或小区集中供暖	Central Heating by Government or Housing Estate	%	%
2.自行供暖	Self Heating	%	%
3.无取暖设备	No Heating Equipment	%	%
(十一)住户主要取暖用能源状况	Residence Main Heating Energy Condition	%	%
1.柴草	Firewood	%	%
2.煤炭	Coal	%	%
3.罐装液化石油气	Canned Liquefied Petroleum Gas	%	%
4.管道液化石油气	Pipeline Liquefied Petroleum Gas	%	%
5.管道煤气	Pipeline Coal Gas	%	%
6.管道天然气	Pipeline Natural Gas	%	%
7.电	Electricity	%	%
8.燃料用油	Fuel Oils	%	%
9.沼气	Biogas	%	%
10.其他	Others	%	%
11.无取暖行为	No Heating Behavior	%	%
(十二)主要炊用能源状况	Main Condition of Cooking Energy	%	%
1.柴草	Firewood	%	%
2.煤炭	Coal	%	%
3.罐装液化石油气	Canned Liquefied Petroleum Gas	%	%
4.管道液化石油气	Pipeline Liquefied Petroleum Gas	%	%
5.管道煤气	Pipeline Coal Gas	%	%
6.管道天然气	Pipeline Natural Gas	%	%
7.电	Electricity	%	%
8.燃料用油	Fuel Oils	%	%
9.沼气	Biogas	%	%
10.其他	Others	%	%
11.无炊用行为	No Heating Behavior	%	%

continued

全区 Total	沿黄地区 Plain	中南部地区 Mountain Area	银川市 Yinchuan	兴庆区 Xingqing	西夏区 Xixia	金凤区 Jinfeng	永宁县 Yongning	贺兰县 Helan
100.0	**100.0**	**100.0**	**100.0**	100.0	100.0	100.0	100.0	100.0
77.4	**87.9**	**70.1**	**91.1**	77.0	100.0	86.9	95.3	87.5
2.1	**1.1**	**2.8**	**1.9**				1.2	6.8
17.2	**7.4**	**24.4**	**1.0**	6.8		11.4		
3.0	**3.2**	**2.3**	**5.8**	14.0		1.7	3.5	5.7
0.2	**0.4**	**0.4**	**0.3**	2.3				
100.0	**100.0**	**100.0**	**100.0**	100.0	100.0	100.0	100.0	100.0
23.0	**40.5**	**12.8**	**39.2**	20.7	31.7	51.4	70.5	2.3
4.6	**10.4**	**5.7**	**6.6**	8.4			10.9	4.0
8.8	**7.4**	**10.3**	**9.8**	47.7			13.3	
63.3	**41.5**	**70.8**	**44.5**	23.2	68.3	48.6	5.4	93.7
0.3	**0.2**	**0.3**						
100.0	**100.0**	**100.0**	**100.0**	100.0	100.0	100.0	100.0	100.0
99.1	**99.1**	**98.3**	**98.7**	98.4	100.0	100.0	98.8	100.0
0.5	**0.9**	**1.2**	**1.3**	1.6			1.2	
0.4		**0.5**						
100.0	**100.0**	**100.0**	**100.0**	100.0	100.0	100.0	100.0	100.0
0.5	**0.9**	**0.6**	**0.4**			1.4	1.0	
87.1	**87.6**	**89.9**	**85.7**	98.4	91.9	98.6	90.9	66.6
5.0	**3.5**	**2.0**	**6.5**				1.2	25.2
7.4	**8.1**	**7.6**	**7.3**	1.6	8.1		6.9	8.3
100.0	**100.0**	**100.0**	**100.0**	100.0	100.0	100.0	100.0	100.0
3.2	**13.3**	**3.2**	**7.4**	4.0	2.6	52.7	22.9	
96.0	**85.3**	**95.8**	**91.5**	96.0	97.4	47.3	73.1	100.0
0.8	**1.4**	**0.9**	**1.1**				4.0	
100.0	**100.0**	**100.0**	**100.0**	100.0	100.0	100.0	100.0	100.0
	0.3	**0.1**						
91.1	**77.6**	**94.1**	**75.2**	89.9	66.3	40.4	31.4	99.2
		0.1						
	0.1							
3.3	**6.6**	**0.1**	**15.7**	4.2	31.1	6.8	43.4	
2.1	**1.2**	**1.6**	**1.1**	1.9				0.8
0.1	**0.3**	**0.2**	**0.3**				1.2	
3.4	**13.9**	**3.9**	**7.6**	4.0	2.6	52.7	23.9	
100.0	**100.0**	**100.0**	**100.0**	100.0	100.0	100.0	100.0	100.0
2.7	**1.0**	**4.6**	**0.2**				0.9	
17.9	**19.3**	**12.8**	**16.5**	11.8	32.1	1.4	7.0	4.1
14.4	**26.4**	**1.9**	**37.3**	59.1	9.6	16.0	16.0	74.7
0.1	**0.1**							
	0.1		**0.2**					
4.8	**18.2**	**0.7**	**22.5**	5.9	31.1	50.8	66.3	1.7
59.9	**34.9**	**80.0**	**23.2**	23.2	27.2	31.7	9.8	19.5
0.1	**0.2**	**0.0**						

2-80 续表 4

指标名称	Item	单位	Unit
(六)住宅有管道供水情况	Pipeline Water Supplying of Residential Buildings	%	%
1.住宅内管道取水	Pipeline Water Supplying in the Home	%	%
2.住宅内其他方式取水	Other Ways Water Supplying in the Residence	%	%
3.院内管道取水	Pipeline Water Supplying to Public Water Intaking Spot	%	%
4.院内其他方式取水	Other Ways Water Supplying in the Courtyard	%	%
5.其他位置取水	Water Supplying from other locations	%	%
(七)住户厕所类型	Residence Toilet Type	%	%
1.水冲式卫生厕所	Water Flushing Sanitary Toilet	%	%
2.水冲式非卫生厕所	Water Flushing Insanitary Toilet	%	%
3.卫生旱厕	Sanitary Pit Latrine	%	%
4.普通旱厕	General Pit Latrine	%	%
5.无厕所	No Toilet	%	%
(八)住户厕所使用情况	Using Condition of Residence Toilet	%	%
1.本住户独用	Exclusive Use	%	%
2.几户合用	Sharing with Several Households	%	%
3.公用厕所	Public Toilet	%	%
(九)住户洗澡设施情况	Residence Shower Equipment Condition	%	%
1.统一供热水	Unified Supply Hot Water	%	%
2.家庭自装热水器	House Self-Installing Water Heater	%	%
3.其他	Others	%	%
4.无洗澡设施	No Shower Equipment	%	%
(十)住户主要取暖设备状况	Residence Main Heating Equipment Condition	%	%
1.由市政或小区集中供暖	Central Heating by Government or Housing Estate	%	%
2.自行供暖	Self Heating	%	%
3.无取暖设备	No Heating Equipment	%	%
(十一)住户主要取暖用能源状况	Residence Main Heating Energy Condition	%	%
1.柴草	Firewood	%	%
2.煤炭	Coal	%	%
3.罐装液化石油气	Canned Liquefied Petroleum Gas	%	%
4.管道液化石油气	Pipeline Liquefied Petroleum Gas	%	%
5.管道煤气	Pipeline Coal Gas	%	%
6.管道天然气	Pipeline Natural Gas	%	%
7.电	Electricity	%	%
8.燃料用油	Fuel Oils	%	%
9.沼气	Biogas	%	%
10.其他	Others	%	%
11.无取暖行为	No Heating Behavior	%	%
(十二)主要炊用能源状况	Main Condition of Cooking Energy	%	%
1.柴草	Firewood	%	%
2.煤炭	Coal	%	%
3.罐装液化石油气	Canned Liquefied Petroleum Gas	%	%
4.管道液化石油气	Pipeline Liquefied Petroleum Gas	%	%
5.管道煤气	Pipeline Coal Gas	%	%
6.管道天然气	Pipeline Natural Gas	%	%
7.电	Electricity	%	%
8.燃料用油	Fuel Oils	%	%
9.沼气	Biogas	%	%
10.其他	Others	%	%
11.无炊用行为	No Heating Behavior	%	%

continued

灵武市 Lingwu	**石嘴山市 Shizuishan**	大武口区 Dawukou	惠农区 Huinong	平罗县 Pingluo	**吴忠市 Wuzhong**	利通区 Litong	红寺堡区 Hongsipu	盐池县 Yanchi	同心县 Tongxin	青铜峡市 Qingtongxia
100.0	**100.0**	100.0	100.0	100.0	**100.0**	100.0	100.0	100.0	100.0	100.0
91.8	**97.1**	75.8	100.0	100.0	**86.4**	63.3	98.8	100.0	95.6	91.8
	1.4	12.1			**0.3**	0.6	1.2			
	0.2	2.0			**9.9**	33.9				0.9
8.2	**1.0**	8.1			**3.1**	2.2			4.4	6.1
	0.2	2.0			**0.3**					1.2
100.0	**100.0**	100.0	100.0	100.0	**100.0**	100.0	100.0	100.0	100.0	100.0
63.8	**41.6**	65.1	65.7	28.6	**37.7**	60.4		42.9	1.9	58.5
9.8	**1.5**	5.9		1.2	**3.2**	3.7	1.3	7.5	4.8	
3.8	**0.2**	2.0			**12.6**	16.7		42.7		9.6
22.6	**56.4**	25.0	34.3	70.2	**46.1**	19.2	98.7	3.5	93.4	32.0
	0.2	2.0			**0.4**			3.3		
100.0	**100.0**	100.0	100.0	100.0	**100.0**	100.0	100.0	100.0	100.0	100.0
96.0	**99.1**	100.0	100.0	98.7	**98.8**	100.0	98.9	93.3	99.2	100.0
4.0	**0.9**			1.3	**0.3**		1.1		0.8	
					0.8			6.7		
100.0	**100.0**	100.0	100.0	100.0	**100.0**	100.0	100.0	100.0	100.0	100.0
0.8	**2.2**	11.8		1.2	**1.2**		2.3			3.6
88.4	**92.8**	80.2	100.0	92.6	**88.1**	98.7	87.6	78.7	78.6	88.8
1.0	**0.8**			1.2	**3.9**	1.3	1.5	1.8	7.0	6.4
9.8	**4.3**	7.9		5.1	**6.9**		8.6	19.5	14.3	1.2
100.0	**100.0**	100.0	100.0	100.0	**100.0**	100.0	100.0	100.0	100.0	100.0
3.1	**12.3**		49.0	1.2	**15.1**	37.7		7.4	1.9	12.1
96.1	**87.7**	100.0	51.0	98.8	**83.4**	62.3	100.0	81.2	98.1	87.9
0.8					**1.4**			11.3		
100.0	**100.0**	100.0	100.0	100.0	**100.0**	100.0	100.0	100.0	100.0	100.0
93.7	**82.7**	98.0	47.9	92.5	**76.7**	60.8	97.7	50.6	98.1	79.4
	1.9	2.0		2.5	**2.5**	0.7		1.5		8.5
3.2	**2.5**			3.8	**3.9**	0.7		29.1		
	0.7		3.1		**0.3**		2.3			
3.1	**12.3**		49.0	1.2	**16.6**	37.7		18.8	1.9	12.1
100.0	**100.0**	100.0	100.0	100.0	**100.0**	100.0	100.0	100.0	100.0	100.0
	0.5	3.9			**5.1**		20.6	6.1		7.0
30.6	**17.9**	32.0	26.0	12.3	**8.9**	19.3	1.3	18.8	0.9	2.5
29.1	**39.8**	12.0	15.3	53.8	**14.4**	18.5	1.3	6.4	4.0	29.4
					0.2	0.7				
0.8										
2.6	**15.5**	5.9	49.0	5.1	**16.1**	35.6	1.2	5.0		20.7
36.9	**25.9**	42.6	9.7	28.8	**55.1**	26.0	75.6	62.6	95.1	40.5
	0.4	3.7			**0.1**			1.1		

2-80 续表 5

指标名称	Item	单位	Unit
(六)住宅有管道供水情况	Pipeline Water Supplying of Residential Buildings	%	%
1.住宅内管道取水	Pipeline Water Supplying in the Home	%	%
2.住宅内其他方式取水	Other Ways Water Supplying in the Residence	%	%
3.院内管道取水	Pipeline Water Supplying to Public Water Intaking Spot	%	%
4.院内其他方式取水	Other Ways Water Supplying in the Courtyard	%	%
5.其他位置取水	Water Supplying from other locations	%	%
(七)住户厕所类型	Residence Toilet Type	%	%
1.水冲式卫生厕所	Water Flushing Sanitary Toilet	%	%
2.水冲式非卫生厕所	Water Flushing Insanitary Toilet	%	%
3.卫生旱厕	Sanitary Pit Latrine	%	%
4.普通旱厕	General Pit Latrine	%	%
5.无厕所	No Toilet	%	%
(八)住户厕所使用情况	Using Condition of Residence Toilet	%	%
1.本住户独用	Exclusive Use	%	%
2.几户合用	Sharing with Several Households	%	%
3.公用厕所	Public Toilet	%	%
(九)住户洗澡设施情况	Residence Shower Equipment Condition	%	%
1.统一供热水	Unified Supply Hot Water	%	%
2.家庭自装热水器	House Self-Installing Water Heater	%	%
3.其他	Others	%	%
4.无洗澡设施	No Shower Equipment	%	%
(十)住户主要取暖设备状况	Residence Main Heating Equipment Condition	%	%
1.由市政或小区集中供暖	Central Heating by Government or Housing Estate	%	%
2.自行供暖	Self Heating	%	%
3.无取暖设备	No Heating Equipment	%	%
(十一)住户主要取暖用能源状况	Residence Main Heating Energy Condition	%	%
1.柴草	Firewood	%	%
2.煤炭	Coal	%	%
3.罐装液化石油气	Canned Liquefied Petroleum Gas	%	%
4.管道液化石油气	Pipeline Liquefied Petroleum Gas	%	%
5.管道煤气	Pipeline Coal Gas	%	%
6.管道天然气	Pipeline Natural Gas	%	%
7.电	Electricity	%	%
8.燃料用油	Fuel Oils	%	%
9.沼气	Biogas	%	%
10.其他	Others	%	%
11.无取暖行为	No Heating Behavior	%	%
(十二)主要炊用能源状况	Main Condition of Cooking Energy	%	%
1.柴草	Firewood	%	%
2.煤炭	Coal	%	%
3.罐装液化石油气	Canned Liquefied Petroleum Gas	%	%
4.管道液化石油气	Pipeline Liquefied Petroleum Gas	%	%
5.管道煤气	Pipeline Coal Gas	%	%
6.管道天然气	Pipeline Natural Gas	%	%
7.电	Electricity	%	%
8.燃料用油	Fuel Oils	%	%
9.沼气	Biogas	%	%
10.其他	Others	%	%
11.无炊用行为	No Heating Behavior	%	%

continued

固原市 Guyuan	原州区 Yuanzhou	西吉县 Xiji	隆德县 Longde	泾源县 Jingyuan	彭阳县 Pengyang	**中卫市** Zhongwei	沙坡头区 Shapotou	中宁县 Zhongning	海原县 Haiyuan
100.0	100.0	100.0	100.0	100.0	100.0	**100.0**	100.0	100.0	100.0
52.7	49.6	47.0	36.4	76.2	68.6	**85.8**	82.0	94.2	83.4
0.4		0.7			1.0	**6.9**		0.8	13.3
43.8	50.4	50.7	59.9	22.1	19.8	**5.5**	16.7	2.5	1.6
2.3		1.5	1.2		9.6	**1.5**		2.5	1.8
0.7			2.5	1.6	1.0	**0.3**	1.2		
100.0	100.0	100.0	100.0	100.0	100.0	**100.0**	100.0	100.0	100.0
18.0	16.7	7.6	44.4	28.6	12.3	**12.5**	20.4	26.0	1.8
3.6			1.2	28.8	4.3	**19.7**	47.4	3.4	14.3
15.7	19.7	26.3	5.1	3.1	5.4	**2.7**	11.2		
62.3	63.6	66.0	49.3	38.2	77.1	**64.9**	19.7	70.6	83.9
0.3				1.3	1.0	**0.3**	1.2		
100.0	100.0	100.0	100.0	100.0	100.0	**100.0**	100.0	100.0	100.0
97.9	100.0	100.0	100.0	98.6	88.9	**99.5**	97.9	100.0	100.0
1.7				1.4	9.1	**0.5**	2.1		
0.3					2.0				
100.0	100.0	100.0	100.0	100.0	100.0	**100.0**	100.0	100.0	100.0
0.6	0.9		1.2		1.2				
92.6	94.0	100.0	86.3	82.1	87.5	**88.7**	74.8	90.1	94.8
1.0	2.4		1.2		1.1	**0.7**		1.0	0.9
5.8	2.6		11.3	17.9	10.2	**10.6**	25.2	9.0	4.2
100.0	100.0	100.0	100.0	100.0	100.0	**100.0**	100.0	100.0	100.0
3.9	14.2				1.0	**3.1**	7.6	3.5	0.8
95.4	85.8	100.0	100.0	98.5	95.9	**95.3**	86.0	96.5	99.2
0.7				1.5	3.1	**1.6**	6.4		
100.0	100.0	100.0	100.0	100.0	100.0	**100.0**	100.0	100.0	100.0
0.2					1.0	**0.5**	1.9		
95.4	85.0	100.0	98.8	100.0	97.0	**94.0**	83.6	95.6	98.2
0.2			1.2						
						0.2	0.9		
						0.2		1.0	
0.2	0.8					**0.9**	1.8		0.9
						0.2	0.8		
4.1	14.2				2.0	**4.0**	10.9	3.5	0.8
100.0	100.0	100.0	100.0	100.0	100.0	**100.0**	100.0	100.0	100.0
5.2		5.3	16.4		6.4	**0.2**	0.9		
19.5	20.2		34.8	18.3	43.0	**18.8**	10.6	64.2	
1.4	1.6	0.9	1.4	1.3	2.0	**3.5**	3.0	9.2	0.8
0.6	2.4					**0.7**	1.7	1.0	
73.3	75.8	93.8	47.4	80.4	48.6	**76.6**	83.7	24.8	99.2
						0.2		0.9	

2-81 2020年各市县农村居民年末拥有生产性固定资产情况

指标名称	Item	单位	Unit
年末生产性固定资产原价	**Original Price of Productive Fixed Assets Year-end**	**元/户**	**yuan/household**
(一)第一产业固定资产原价	The Primary Industry	元/户	yuan/household
1.农业固定资产原价	Agriculture	元/户	yuan/household
2.林业固定资产原价	Forestry	元/户	yuan/household
3.牧业固定资产原价	Animal Husbandry	元/户	yuan/household
4.渔业固定资产原价	Fishery	元/户	yuan/household
5.农林牧渔专业及辅助性活动固定资产原价	Agriculture, Forestry, Animal Husbandry ,Fishery and Auxiliary Activities	元/户	yuan/household
(二)第二产业固定资产原价	The Secondary Industry	元/户	yuan/household
1.采矿业固定资产原价	Mining Industry	元/户	yuan/household
2.制造业固定资产原价	Manufacturing Industry	元/户	yuan/household
3.电力热力燃气及水生产和供应业	Production and Supply of Electric, Heat, Gas and Water	元/户	yuan/household
4.建筑业固定资产原价	Construction Industry	元/户	yuan/household
(三)第三产业固定资产原价	The Tertiary Industry	元/户	yuan/household
1.批发和零售业	Wholesales and Retail Trade	元/户	yuan/household
2.交通运输仓储和邮政业	Transportation, Warehousing and Postal Services	元/户	yuan/household
3.住宿和餐饮业	Hotel and Catering Sectors	元/户	yuan/household
4.房地产业	Real Estate	元/户	yuan/household
5.租赁和商务服务业	Leasing and Business Service	元/户	yuan/household
6.居民服务修理和其他服务业	Residential Services, Repair and Other Services	元/户	yuan/household
7.其他行业	Others	元/户	yuan/household
年末主要生产性固定资产数量	**Quantity of Main Productive Fixed Assets Year-end**	--	--
1.农业生产性用房及建筑物	House and Buildings for Agricultural Production	平方米/百户	sq.m/100 households
2.大中型农用拖拉机	Large and Medium Agrimotor	辆/百户	unit/100 households
3.小型农用拖拉机	Small Agrimotor	辆/百户	unit/100 households
4.农用排灌动力机械	Drainage and Irrigation Power Machinery for Agriculture	台/百户	unit/100 households
5.插秧机	Rice Transplanter	台/百户	unit/100 households
6.收割机	Harvesting Implements	台/百户	unit/100 households
7.脱粒机	Threshing Machine	台/百户	unit/100 households
8.产品畜	Livestock Products	头/百户	unit/100 households
9.其他农业机械	Other Agricultural Machinery	台/百户	unit/100 households

Ownership of Productive Fixed Assets for Rural Households Year-end by City and County (2020)

全区 Total	沿黄地区 Plain	中南部地区 Mountain Area	银川市 Yinchuan	兴庆区 Xingqing	西夏区 Xixia	金凤区 Jinfeng	永宁县 Yongning	贺兰县 Helan	灵武市 Lingwu
46621.6	64944.8	50048.9	44374.2	28079.8	8199.7	12537.7	20007.7	62693.3	89071.3
29216.7	35789.8	35007.1	18764.3	17960.3	999.1	2128.4	6086.2	28617.2	36435.9
11370.9	14899.9	11572.2	7704.9	14430.4	773.4	1637.2	4667.7	14169.2	5807.8
164.6	44.5	46.0							
16134.4	18055.8	22701.8	10716.9	3243.0	133.4	491.2	1407.7	13783.3	30051.9
	39.1		122.5	286.8				358.5	
1546.9	2750.5	687.1	220.0		92.3		10.7	306.1	576.2
561.6	12411.3	843.5	1465.3	1395.1	840.3	1529.5	151.8	2499.5	2185.7
47.3	18.9		146.3		820.4				
42.1	10927.8	180.8	21.5		19.9				81.0
472.2	1464.6	662.7	1297.5	1395.1		1529.5	151.8	2499.5	2104.7
16843.3	16743.7	14198.3	24144.6	8724.3	6360.3	8879.8	13769.8	31576.6	50449.7
3091.1	1679.3	2963.5	1426.0	38.1	198.8	71.1	337.8	1938.0	3815.2
10256.1	11367.6	8005.0	20890.2	7564.0	2268.7	4314.6	11738.1	29442.2	44322.2
1655.5	1471.6	2343.5	817.4	1122.2	89.5	1137.6	1398.2		1520.8
	1.2	148.3							
980.9	1135.6	738.0	993.4		3803.3	3356.5	215.5	196.4	791.5
859.6	1088.5		17.6				80.2		
6716.0	4539.1	8859.4	2671.0	3037.1	409.2	419.9	258.4	5655.1	3575.2
3.3	6.4	4.5	2.1			3.9	5.0	2.3	1.8
38.4	40.4	39.1	24.2	13.5		11.3	11.0	59.2	25.7
0.5	2.9	0.4	0.4					1.5	
	0.2		0.2					0.8	
0.9	1.3	1.4							
4.7	1.2	5.8	0.8		2.1				1.9
324.1	196.7	513.6	299.8	5.7		1.7	13.9	158.2	1165.4
38.1	29.6	39.6	17.9	33.9		7.3	16.4	30.6	11.7

2-81　续表 1

指标名称	Item	单位	Unit
年末生产性固定资产原价	**Original Price of Productive Fixed Assets Year-end**	元/户	**yuan/household**
(一)第一产业固定资产原价	The Primary Industry	元/户	yuan/household
1.农业固定资产原价	Agriculture	元/户	yuan/household
2.林业固定资产原价	Forestry	元/户	yuan/household
3.牧业固定资产原价	Animal Husbandry	元/户	yuan/household
4.渔业固定资产原价	Fishery	元/户	yuan/household
5.农林牧渔专业及辅助性活动固定资产原价	Agriculture, Forestry, Animal Husbandry, Fishery and Auxiliary Activities	元/户	yuan/household
(二)第二产业固定资产原价	The Secondary Industry	元/户	yuan/household
1.采矿业固定资产原价	Mining Industry	元/户	yuan/household
2.制造业固定资产原价	Manufacturing Industry	元/户	yuan/household
3.电力热力燃气及水生产和供应业	Production and Supply of Electric, Heat, Gas and Water	元/户	yuan/household
4.建筑业固定资产原价	Construction Industry	元/户	yuan/household
(三)第三产业固定资产原价	The Tertiary Industry	元/户	yuan/household
1.批发和零售业	Wholesales and Retail Trade	元/户	yuan/household
2.交通运输仓储和邮政业	Transportation, Warehousing and Postal Services	元/户	yuan/household
3.住宿和餐饮业	Hotel and Catering Sectors	元/户	yuan/household
4.房地产业	Real Estate	元/户	yuan/household
5.租赁和商务服务业	Leasing and Business Service	元/户	yuan/household
6.居民服务修理和其他服务业	Residential Services, Repair and Other Services	元/户	yuan/household
7.其他行业	Others	元/户	yuan/household
年末主要生产性固定资产数量	**Quantity of Main Productive Fixed Assets Year-end**	--	--
1.农业生产性用房及建筑物	House and Buildings for Agricultural Production	平方米/百户	sq.m/100 households
2.大中型农用拖拉机	Large and Medium Agrimotor	辆/百户	unit/100 households
3.小型农用拖拉机	Small Agrimotor	辆/百户	unit/100 households
4.农用排灌动力机械	Drainage and Irrigation Power Machinery for Agriculture	台/百户	unit/100 households
5.插秧机	Rice Transplanter	台/百户	unit/100 households
6.收割机	Harvesting Implements	台/百户	unit/100 households
7.脱粒机	Threshing Machine	台/百户	unit/100 households
8.产品畜	Livestock Products	头/百户	unit/100 households
9.其他农业机械	Other Agricultural Machinery	台/百户	unit/100 households

continued 1

石嘴山市 Shizuishan	大武口区 Dawukou	惠农区 Huinong	平罗县 Pingluo	**吴忠市** Wuzhong	利通区 Litong	红寺[illegible] Hongsip[illegible]	[illegible] Yanchi	同心县 Tongxin	青铜峡市 Qingtongxia
88258.5	**18483.7**	**44997.1**	**116856.2**	**48419.1**	**36853.3**		**45485.6**	**13979.1**	**116313.2**
39773.3	10776.7	34895.5	46893.0	**38723.5**	25245.6		22029.6	7284.8	108373.2
21843.4	7060.8	29748.8	21693.4	**11249.9**	9212.8		13206.9	1691.0	26254.7
303.7	2283.2		49.2	**11.2**				53.3	
10878.9	987.9	5146.6	14787.2	**27294.5**	15443.9		8822.7	5540.5	82118.5
6747.3	444.8		10363.2	**167.9**	589.0				
43640.7	1527.6	488.6	67099.1	**496.4**	1636.9			141.5	
42514.6	1527.6	488.6	65355.9	**235.2**	720.7			141.5	
1126.1			1743.2	**261.2**	916.3				
4844.6	6179.4	9613.1	2864.2	**9199.1**	9970.7		23456.0	6552.8	7940.0
1956.4	1210.2	23.0	2797.1	**1156.9**	903.7		2057.3	202.0	2371.2
2435.4	3025.4	8758.2	26.9	**5128.2**	1274.3		20275.5	4228.7	5158.8
				607.7	1748.3		465.6		199.6
426.9	1943.8	831.9		**2306.3**	6044.3		657.7	2122.1	210.5
25.9			40.1						
7315.7	592.5	6138.7	8983.3	**6294.7**	8870.6		14134.3	4994.1	3650.3
8.4		7.1	10.4	**2.4**	0.8		2.6		7.6
76.9		70.2	93.5	**28.3**	15.4		38.1	3.1	73.2
0.8			1.2	**2.8**	9.0				0.9
3.3		3.4	3.9	**0.5**			4.3		
2.7		1.0	3.8	**2.0**			10.2	1.9	1.3
67.4	35.1	2.1	97.1	**137.9**	75.6		21.1	8.3	446.0
66.5		65.1	79.2	**17.1**	23.6		15.5	15.3	20.6

指标名称		单位	Unit
年末生产性固定资产原价	**Original Price of Producti**	元/户	**yuan/household**
(一)第一产业固定资产原价	The Primary Industry		yuan/household
1.农业固定资产原价	Agriculture	元/户	yuan/household
2.林业固定资产原价	Forestry	元/户	yuan/household
3.牧业固定资产原价	Animal Husbandry	元/户	yuan/household
4.渔业固定资产原价	Fishery	元/户	yuan/household
5.农林牧渔专业及辅助性活动固定资产原价	Agriculture, Forestry, Animal Husbandry ,Fishery and Auxiliary Activities	元/户	yuan/household
(二)第二产业固定资产原价	The Secondary Industry	元/户	yuan/household
1.采矿业固定资产原价	Mining Industry	元/户	yuan/household
2.制造业固定资产原价	Manufacturing Industry	元/户	yuan/household
3.电力热力燃气及水生产和供应业	Production and Supply of Electric, Heat, Gas and Water	元/户	yuan/household
4.建筑业固定资产原价	Construction Industry	元/户	yuan/household
(三)第三产业固定资产原价	The Tertiary Industry	元/户	yuan/household
1.批发和零售业	Wholesales and Retail Trade	元/户	yuan/household
2.交通运输仓储和邮政业	Transportation, Warehousing and Postal Services	元/户	yuan/household
3.住宿和餐饮业	Hotel and Catering Sectors	元/户	yuan/household
4.房地产业	Real Estate	元/户	yuan/household
5.租赁和商务服务业	Leasing and Business Service	元/户	yuan/household
6.居民服务修理和其他服务业	Residential Services, Repair and Other Services	元/户	yuan/household
7.其他行业	Others	元/户	yuan/household
年末主要生产性固定资产数量	**Quantity of Main Productive Fixed Assets Year-end**	--	--
1.农业生产性用房及建筑物	House and Buildings for Agricultural Production	平方米/百户	sq.m/100 households
2.大中型农用拖拉机	Large and Medium Agrimotor	辆/百户	unit/100 households
3.小型农用拖拉机	Small Agrimotor	辆/百户	unit/100 households
4.农用排灌动力机械	Drainage and Irrigation Power Machinery for Agriculture	台/百户	unit/100 households
5.插秧机	Rice Transplanter	台/百户	unit/100 households
6.收割机	Harvesting Implements	台/百户	unit/100 households
7.脱粒机	Threshing Machine	台/百户	unit/100 households
8.产品畜	Livestock Products	头/百户	unit/100 households
9.其他农业机械	Other Agricultural Machinery	台/百户	unit/100 households

continued 2

固原市 Guyuan	原州区 Yuanzhou	西吉县 Xiji	隆德县 Longde	泾源县 Jingyuan	彭阳县 Pengyang	中卫市 Zhongwei	沙坡头区 Shapotou	中宁县 Zhongning	海原县 Haiyuan
58002.0	**55107.1**	**59894.5**	**51438.9**	**34989.8**	**76536.9**	**69709.1**	**69483.7**	**61944.6**	**73711.8**
42763.3	47176.7	40181.1	49659.1	18233.7	48516.2	**40550.6**	25368.0	40699.4	47845.4
16597.5	8990.6	26519.3	17133.2	1998.1	17000.7	**14852.1**	13427.3	24971.0	10470.0
75.4				800.0					
24777.5	36925.9	10851.7	32525.9	15435.5	31129.4	**22890.9**	11804.5	4898.6	37293.7
1312.9	1260.2	2810.1			386.2	**2807.5**	136.2	10829.9	81.7
1485.8	2609.8	1969.2	1118.8			**6460.8**	21018.0	5253.8	
350.4		1077.4				**5134.9**	21018.0		
1135.3	2609.8	891.8	1118.8			**1325.9**		5253.8	
13752.9	5320.7	17744.3	661.0	16756.2	28020.7	**22697.8**	23097.7	15991.4	25866.4
5492.6	1588.7	11999.3	185.8	3706.7	4545.0	**1217.4**	895.8	2792.8	583.7
3805.3	3622.2	5013.6		5832.9	3841.7	**17294.4**	8318.9	13189.4	23709.3
3585.3	63.5	731.3		1447.3	18228.6	**2092.8**	6275.1		1112.0
246.3					1405.4	**2.3**		9.2	
623.4	46.4		475.2	5769.2		**303.5**	291.8		461.4
						1787.4	7316.2		
9271.7	7346.9	11878.2	6547.9	4840.6	11916.9	**8542.2**	3082.1	4475.4	13231.5
7.4	0.8	16.6	5.5	1.2	5.2	**7.8**	6.0	17.9	3.7
60.0	41.1	99.3	31.5	35.8	51.4	**32.4**	20.8	49.6	29.4
0.2					1.2	**3.5**	5.9	5.3	1.4
						0.2	0.9		
2.4		6.2			2.2	**1.5**		5.9	
9.9	7.5	21.1		1.3	5.3	**0.9**		3.4	
695.9	256.1	43.7	4038.0	48.5	196.1	**329.2**	140.4	43.1	564.2
63.7	41.5	95.5	99.1	34.2	25.1	**21.4**	30.4	22.7	16.3

2-82 2020年各市县农村居民家庭经营土地及农作物种植情况

指标名称	Item	单位	Unit	全区 Total	沿黄地区 Plain	中南部地区 Mountain Area
期末实际经营的土地面积	**Area of Cultivated Land at Year-end**	**亩/人**	**mu/person**	**4.04**	**4.21**	**4.47**
耕地	Arable Land	亩/人	mu/person	3.15	3.26	3.66
有效灌溉面积	Effective Irrigated Area	亩/人	mu/person	1.53	3.26	0.89
林地、园地	Woodland, Garden	亩/人	mu/person	0.50	0.90	0.29
牧草地	Grassland	亩/人	mu/person	0.39	0.01	0.51
养殖水面	Aquaculture	亩/人	mu/person		0.04	
粮食播种面积	**Grain Sown Area**	**亩/人**	**mu/person**	2.18	2.84	2.26
小麦	Wheat	亩/人	mu/person	0.23	0.29	0.23
水稻	Rice	亩/人	mu/person	0.12	0.59	
玉米	Corn	亩/人	mu/person	1.58	1.88	1.66
豆类	Soybeans	亩/人	mu/person	0.02	0.08	0.01
薯类	Tubers	亩/人	mu/person	0.23	0.00	0.36
经济作物播种面积	**Sown Area of Economy Crops**	**亩/人**	**mu/person**	0.47	1.05	0.21
油料	Bearing	亩/人	mu/person	0.10	0.04	0.13
蔬菜	Vegetable	亩/人	mu/person	0.13	0.18	0.07
设施蔬菜	Facilities Vegetables	亩/人	mu/person	0.02	0.03	0.00
水果	Fruits	亩/人	mu/person	0.23	0.84	0.00
设施水果	Facilities Fruit	亩/人	mu/person	0.00	0.03	
机耕面积	**Machine-cultivated Area**	**亩/人**	**mu/person**	2.64	3.06	3.12
机播面积	**Mechanical Sowing Area**	**亩/人**	**mu/person**	2.21	2.86	2.54
机收面积	**Mechanical Harvesting Area**	**亩/人**	**mu/person**	1.30	2.80	1.17
机电灌溉面积	**Electromechanical Irrigation Area**	**亩/人**	**mu/person**	0.27	0.54	0.53
主要农产品产量	**Output of Major Agricultural Products**	--	--	--	--	--
谷物产量	Cereal	公斤/人	kg/person	1331.95	1906.38	1061.07
小麦产量	Wheat	公斤/人	kg/person	58.53	115.44	49.96
稻谷产量	Rice	公斤/人	kg/person	70.01	315.10	
玉米产量	Corn	公斤/人	kg/person	1191.75	1475.16	993.01
薯类产量	Tubers	公斤/人	kg/person	72.30		109.49
豆类产量	Soybeans	公斤/人	kg/person	2.97	4.22	2.78
油料产量	Bearing	公斤/人	kg/person	7.31	6.87	9.05

Basic Statistics of Land Managed and Farm Crop Planting for Rural Households by City and County (2020)

银川市 Yinchuan	兴庆区 Xingqing	西夏区 Xixia	金凤区 Jinfeng	永宁县 Yongning	贺兰县 Helan	灵武市 Lingwu	石嘴山市 Shizuishan	大武口区 Dawukou	惠农区 Huinong	平罗县 Pingluo	吴忠市 Wuzhong
3.17	5.58	1.38	1.49	5.38	3.49	1.29	7.30	0.70	10.25	7.68	4.50
2.92	4.95	1.19	1.49	5.13	3.14	1.25	7.17	0.66	9.88	7.61	3.97
2.91	4.95	1.19	1.49	5.13	3.12	1.25	7.17	0.66	9.88	7.61	2.47
0.14	0.36	0.19		0.25	0.02	0.04	0.04	0.04	0.09	0.02	0.37
							0.09		0.27	0.05	0.17
0.11	0.27				0.33						
2.71	4.73	0.92	1.41	5.02	2.87	1.09	6.68	0.59	8.01	7.49	1.76
0.19	0.10	0.06	0.66	0.08	0.56	0.05	1.33	0.14	2.35	1.23	0.10
0.68	1.74		0.32	0.68	0.76	0.65	2.00		0.80	2.81	0.04
1.55	0.51	0.86	0.44	4.26	1.53	0.39	3.26	0.46	4.85	3.31	1.59
0.29	2.38				0.02		0.09		0.02	0.13	
											0.03
0.22	0.22	0.07	0.03	0.07	0.51	0.21	0.60	0.03	1.13	0.55	0.28
0.01					0.04		0.28		1.01	0.09	0.05
0.19	0.22	0.05	0.03	0.06	0.45	0.16	0.32		0.12	0.45	0.08
0.06	0.22	0.02	0.02		0.11		0.00			0.00	0.00
0.02		0.02	0.00	0.01	0.02	0.05	0.00	0.03		0.00	0.15
0.00			0.00				0.00	0.02			0.06
2.84	4.93	0.96	1.49	5.02	3.10	1.25	7.02	0.65	9.88	7.38	3.19
2.68	4.78	0.93	1.47	5.00	2.70	1.09	6.84	0.65	9.88	7.10	2.94
2.61	4.73	0.91	1.47	4.92	2.70	0.92	6.94	0.65	9.88	7.25	2.37
1.25	4.93	0.95	1.49		1.64	0.31	0.19	0.65		0.16	0.62
--	--	--	--	--	--	--	--	--	--	--	--
1507.38	1180.36	619.13	542.52	3392.01	1674.60	662.68	4381.14	309.41	3864.46	5395.77	1413.53
73.65	35.57	31.19	145.38	32.11	227.41	2.90	568.02	47.46	903.77	563.03	8.89
352.93	1016.46		191.79	250.37	363.69	386.36	1053.56			1624.49	31.40
1080.80	128.32	587.94	205.35	3109.54	1083.50	273.43	2757.54	246.87	2960.69	3208.25	1356.82
											3.61
10.39	85.66	0.71			0.14	0.13	9.89		2.21	14.51	0.76
2.24		0.12			9.28		52.96		185.90	19.33	0.84

2-82 续表

指标名称	Item	单位	Unit	利通区 Litong	红寺堡区 Hongsipu	盐池县 Yanchi
期末实际经营的土地面积	**Area of Cultivated Land at Year-end**	**亩/人**	**mu/person**	**1.28**		**15.73**
耕地	Arable Land	亩/人	mu/person	1.23		15.73
有效灌溉面积	Effective Irrigated Area	亩/人	mu/person	1.23		5.29
林地、园地	Woodland, Garden	亩/人	mu/person	0.05		
牧草地	Grassland	亩/人	mu/person			
养殖水面	Aquaculture	亩/人	mu/person			
粮食播种面积	**Grain Sown Area**	**亩/人**	**mu/person**	**0.61**		**3.19**
小麦	Wheat	亩/人	mu/person			
水稻	Rice	亩/人	mu/person	0.02		
玉米	Corn	亩/人	mu/person	0.59		3.15
豆类	Soybeans	亩/人	mu/person			
薯类	Tubers	亩/人	mu/person			0.04
经济作物播种面积	**Sown Area of Economy Crops**	**亩/人**	**mu/person**	**0.30**		**0.45**
油料	Bearing	亩/人	mu/person			0.45
蔬菜	Vegetable	亩/人	mu/person	0.04		
设施蔬菜	Facilities Vegetables	亩/人	mu/person	0.01		
水果	Fruits	亩/人	mu/person	0.26		
设施水果	Facilities Fruit	亩/人	mu/person	0.22		
机耕面积	**Machine-cultivated Area**	**亩/人**	**mu/person**	**0.88**		**12.45**
机播面积	**Mechanical Sowing Area**	**亩/人**	**mu/person**	**0.79**		**11.93**
机收面积	**Mechanical Harvesting Area**	**亩/人**	**mu/person**	**0.86**		**10.51**
机电灌溉面积	**Electromechanical Irrigation Area**	**亩/人**	**mu/person**	**0.85**		**2.10**
主要农产品产量	**Output of Major Agricultural Products**	--	--	--	--	--
谷物产量	Cereal	公斤/人	kg/person	508.21	1642.61	1641.52
小麦产量	Wheat	公斤/人	kg/person		11.72	
稻谷产量	Rice	公斤/人	kg/person	10.96		
玉米产量	Corn	公斤/人	kg/person	497.24	1630.89	1547.90
薯类产量	Tubers	公斤/人	kg/person			5.70
豆类产量	Soybeans	公斤/人	kg/person	0.17	5.12	
油料产量	Bearing	公斤/人	kg/person		1.41	6.28

continued

同心县 Tongxin	青铜峡市 Qingtongxia	**固原市 Guyuan**	原州区 Yuanzhou	西吉县 Xiji	隆德县 Longde	泾源县 Jingyuan	彭阳县 Pengyang	**中卫市 Zhongwei**	沙坡头区 Shapotou	中宁县 Zhongning	海原县 Haiyuan
5.12	**5.66**	**4.66**	**3.72**	**6.29**	**4.29**	**2.78**	**4.12**	**4.14**	**4.50**	**5.06**	**3.66**
3.09	5.38	**3.72**	2.77	5.04	4.19	0.97	3.70	**2.80**	0.58	3.02	3.52
1.24	5.38	**0.32**	0.28	0.42	0.73		0.03	**1.86**	0.58	3.00	1.88
1.28	0.29	**0.22**	0.01	0.08	0.03	1.80	0.12	**1.28**	3.92	2.05	0.03
0.75		**0.72**	0.94	1.17	0.07		0.30	**0.06**			0.11
1.78	**3.57**	**2.62**	**2.38**	**2.80**	**3.60**	**0.45**	**3.14**	**2.02**	**0.51**	**2.88**	**2.23**
0.38	0.05	**0.34**	0.11	0.66	0.47		0.13	**0.04**		0.08	0.04
	0.15							**0.05**	0.03	0.21	
1.28	3.36	**1.76**	1.95	1.14	2.66	0.35	2.91	**1.68**	0.47	2.60	1.76
		0.01			0.08		0.01	**0.00**	0.01		
0.13	0.01	**0.51**	0.31	1.01	0.39	0.10	0.09	**0.25**			0.43
0.09	**0.52**	**0.28**	**0.14**	**0.58**	**0.19**	**0.02**	**0.06**	**1.35**	**3.50**	**2.34**	**0.19**
		0.18	0.13	0.33	0.15		0.05	**0.07**			0.12
0.09	0.22	**0.10**	0.02	0.26	0.02	0.02	0.01	**0.07**	0.09	0.16	0.04
	0.00	**0.00**	0.00			0.00		**0.02**	0.04	0.06	0.00
0.00	0.30	**0.00**		0.00	0.00			**1.20**	3.41	2.18	0.02
								0.00	0.00		
2.42	**4.61**	**3.37**	**2.49**	**4.47**	**3.84**	**0.93**	**3.54**	**2.30**	**0.40**	**2.99**	**2.72**
1.97	**4.32**	**2.63**	**1.64**	**3.79**	**1.86**	**0.76**	**3.51**	**1.94**	**0.08**	**2.77**	**2.29**
1.16	**3.22**	**0.71**	**0.38**	**1.23**	**1.46**	**0.01**		**1.57**	**0.35**	**2.91**	**1.49**
0.44	**0.21**	**0.22**	**0.27**	**0.42**				**0.83**			**1.46**
--	--	--	--	--	--	--	--	--	--	--	--
968.88	2710.16	**970.66**	1023.32	736.36	1016.17	158.13	1816.63	**1126.82**	434.12	2161.94	970.23
9.60	21.32	**88.55**	30.82	152.35	165.64		39.91	**11.21**	0.94	30.32	7.40
	117.66							**25.86**	1.28	114.33	
933.34	2567.25	**860.86**	987.43	530.20	846.90	158.13	1772.13	**1086.38**	431.90	2017.29	956.90
13.47		**182.29**	73.94	418.92	97.37	15.46	18.95	**48.05**			84.20
		3.27		2.53	17.39		1.28	**2.35**	3.26		2.95
		12.69	8.00	24.89	9.37		4.25	**6.26**			10.96

2-83 2020年各市县农村居民家庭主要食品消费数量

单位：公斤/人

指标名称	Item	全区 Total	沿黄地区 Plain	中南部地区 Mountain Area	银川市 Yinchuan	兴庆区 Xingqing
一、粮食消费量	**Grain**	142.5	139.3	139.1	153.1	132.0
(一)谷物消费量	Cereal	135.2	133.2	129.8	146.4	126.7
1.小麦	Wheat	85.4	69.5	92.0	71.0	50.9
2.稻谷	Rice	46.2	61.4	32.6	72.6	75.3
3.玉米	Corn	1.9	1.1	2.6	1.5	
4.其他谷物	Others	1.6	1.2	2.7	1.3	0.5
(二)薯类消费量	Tubers	4.1	0.7	6.7	0.8	0.6
1.红薯	Sweet Potato	0.3	0.3	0.3	0.3	0.3
2.马铃薯	Potato	3.4	0.0	6.0	0.1	0.1
3.其他薯类	Others	0.4	0.3	0.5	0.4	0.3
(三)豆类消费量	Beans	3.2	5.5	2.5	5.8	4.7
1.大豆	Soybeans	0.1	0.1	0.1	0.0	
2.其他豆类	Others	3.1	5.3	2.4	5.8	4.7
二、蔬菜及菜制品消费量	**Vegetables and Processed Products**	79.2	100.0	64.7	107.7	90.5
其中：鲜菜	Fresh Vegetables	78.2	98.3	63.8	105.8	89.2
三、肉禽及其制品	**Meat, Poultry and Processed Products**	24.8	24.6	22.6	26.6	25.2
1.猪肉	Pork	5.1	6.4	5.0	5.9	4.0
2.牛肉	Beef	5.1	3.5	4.9	4.0	4.8
3.羊肉	Mutton	4.3	4.9	3.3	5.4	5.7
4.家禽	Poultry	9.7	9.0	8.7	10.4	10.2
5.其他肉禽及制品	Others	0.6	0.8	0.6	0.9	0.5
四、蛋类及蛋制品	**Eggs and Processed Products**	5.5	6.4	5.6	7.7	6.2
五、奶和奶制品	**Milk and Processed Products**	7.9	9.6	6.6	11.3	7.1
六、水产品	**Aquatic Products**	1.5	2.2	1.0	2.8	1.9
其中：鱼类	Fish	1.2	1.8	0.8	2.2	1.5
七、油脂类消费量	**Grease**	9.5	9.2	9.5	9.8	8.8
1.植物油	Vegetable Oil	9.4	9.1	9.4	9.8	8.8
2.动物油	Animal Oil	0.1	0.0	0.1	0.0	
八、糖果糕点类	**Confection and Pastry**	3.2	3.8	2.5	4.8	4.9
九、干鲜瓜果类	**Melon and Fruits**	63.8	70.4	60.5	76.0	61.8
1.鲜瓜果	Melons	60.8	66.5	57.5	71.9	59.0
2.瓜果制品	Watermelon	0.5	0.6	0.6	0.7	0.4
3.坚果类	Nuts	2.5	3.3	2.3	3.4	2.4
十、消费茶叶	**Tea Leaves**	0.3	0.2	0.4	0.3	0.3
十一、酒	**Liquor**	2.2	2.6	2.0	2.7	1.1
1.白酒	White Spirit	0.4	0.4	0.3	0.5	0.1
2.啤酒	Beer	1.7	2.1	1.7	2.1	1.0
3.果酒	Fruit Wine	0.0	0.0	0.0	0.1	0.0

Consumption Quantity of Major Foods for Rural Households by City and County (2020)

(kg/person)

西夏区 Xixia	金凤区 Jinfeng	永宁县 Yongning	贺兰县 Helan	灵武市 Lingwu	石嘴山市 Shizuishan	大武口区 Dawukou	惠农区 Huinong	平罗县 Pingluo	吴忠市 Wuzhong
129.7	86.0	153.7	182.6	155.9	151.3	97.4	132.5	168.8	131.5
123.3	81.6	141.6	175.7	153.1	145.0	92.9	125.4	162.3	126.1
87.9	52.2	70.5	94.5	45.5	101.8	72.0	94.2	110.5	61.6
34.0	28.1	69.0	73.8	106.4	41.6	18.8	28.4	50.7	59.3
0.0		0.2	5.6	0.4	0.1	0.4			2.8
1.3	1.3	1.9	1.8	0.8	1.5	1.6	2.7	1.1	2.4
0.9	0.6	0.6	1.3	0.5	0.7	0.4		1.0	1.8
0.5	0.3		0.5	0.3	0.4			0.6	0.3
			0.5	0.0					1.1
0.4	0.3	0.6	0.4	0.2	0.3	0.4		0.4	0.3
5.5	3.9	11.4	5.6	2.3	5.7	4.1	7.1	5.5	3.6
		0.0	0.0	0.2	0.4	0.2	0.2	0.6	0.1
5.5	3.9	11.4	5.5	2.1	5.2	3.9	6.9	4.9	3.5
108.9	79.1	144.7	92.6	100.8	112.6	108.3	123.1	110.0	82.1
106.6	77.5	141.9	90.3	99.9	110.2	106.3	119.8	107.8	80.9
19.3	17.2	32.0	27.9	27.6	28.7	19.3	22.6	32.7	27.0
4.6	3.6	11.1	5.7	3.8	6.1	8.7	3.5	6.4	5.1
3.4	3.0	2.7	2.9	6.3	4.2	1.5	2.9	5.3	5.6
2.8	2.2	4.1	6.0	7.9	8.1	1.3	8.0	9.5	6.1
7.6	7.8	12.5	12.0	9.3	9.9	6.8	7.7	11.3	9.7
1.0	0.7	1.5	1.3	0.3	0.4	1.0	0.7	0.3	0.6
9.2	5.9	10.8	6.5	5.9	7.0	9.0	8.9	5.9	5.5
10.5	9.9	15.5	9.1	12.9	8.2	6.3	12.9	7.0	8.6
2.5	2.1	4.7	2.3	2.3	1.7	1.5	2.8	1.4	1.9
1.4	1.3	4.0	1.7	2.0	1.3	0.8	2.1	1.2	1.6
8.5	6.3	11.4	11.3	8.7	10.4	6.2	7.6	12.2	9.5
8.5	6.3	11.3	11.3	8.7	10.4	6.2	7.6	12.2	9.4
0.0	0.0	0.0	0.0	0.0	0.0		0.0	0.0	0.1
4.1	3.7	5.9	6.9	2.4	6.4	2.8	6.3	7.2	2.5
65.1	56.2	84.5	82.5	79.0	94.4	76.2	80.8	102.7	69.7
61.9	53.4	79.1	76.9	76.1	89.8	71.9	76.0	98.1	66.3
0.4	0.5	0.8	1.2	0.4	0.8	0.7	1.2	0.7	0.6
2.8	2.3	4.6	4.4	2.6	3.8	3.7	3.6	3.9	2.8
0.4	0.2	0.3	0.4	0.1	0.5	0.2	0.5	0.6	0.1
2.6	2.4	5.3	3.2	0.8	2.6	6.0	2.5	1.9	1.6
0.2	0.2	0.8	1.0	0.1	0.6	0.7	0.9	0.4	0.2
2.4	2.2	4.4	2.1	0.7	2.0	5.3	1.5	1.4	1.3
0.1	0.1	0.1	0.1	0.0	0.0	0.0	0.1	0.0	0.0

2-83 续表

单位：公斤/人

指标名称	Item	利通区 Litong	红寺堡区 Hongsipu	盐池县 Yanchi	同心县 Tongxin	青铜峡市 Qingtongxia
一、粮食消费量	**Grain**	**108.3**	**146.7**	**134.4**	**136.0**	**145.6**
(一)谷物消费量	Cereal	104.6	136.1	127.8	133.1	139.6
1.小麦	Wheat	48.4	80.4	57.0	68.9	62.0
2.稻谷	Rice	55.2	39.8	60.3	62.4	72.4
3.玉米	Corn		11.8	1.3	0.5	3.9
4.其他谷物	Others	1.0	4.0	9.3	1.3	1.2
(二)薯类消费量	Tubers	0.6	7.4	2.5	0.6	0.6
1.红薯	Sweet Potato	0.3	0.3	0.3	0.3	0.3
2.马铃薯	Potato		6.6	1.8	0.0	0.0
3.其他薯类	Others	0.3	0.5	0.3	0.3	0.3
(三)豆类消费量	Beans	3.1	3.1	4.1	2.4	5.4
1.大豆	Soybeans	0.1	0.3	0.1	0.0	0.1
2.其他豆类	Others	3.0	2.9	3.9	2.3	5.3
二、蔬菜及菜制品消费量	**Vegetables and Processed Products**	**73.0**	**70.4**	**105.2**	**76.2**	**95.6**
其中：鲜菜	Fresh Vegetables	71.9	68.4	104.3	75.5	94.0
三、肉禽及其制品	**Meat, Poultry and Processed Products**	**23.8**	**33.6**	**39.7**	**24.3**	**24.2**
1.猪肉	Pork	1.7	3.7	14.9	1.5	9.1
2.牛肉	Beef	6.2	7.2	1.0	9.4	2.1
3.羊肉	Mutton	7.1	6.5	13.9	3.8	3.5
4.家禽	Poultry	8.4	15.6	9.3	9.0	8.7
5.其他肉禽及制品	Others	0.4	0.7	0.5	0.6	0.8
四、蛋类及蛋制品	**Eggs and Processed Products**	**4.8**	**4.4**	**12.2**	**4.5**	**5.2**
五、奶和奶制品	**Milk and Processed Products**	**6.5**	**6.5**	**8.4**	**8.1**	**13.1**
六、水产品	**Aquatic Products**	**2.5**	**1.6**	**1.5**	**1.1**	**2.1**
其中：鱼类	Fish	2.3	1.2	1.2	1.0	1.8
七、油脂类消费量	**Grease**	**8.6**	**13.1**	**7.5**	**11.1**	**7.7**
1.植物油	Vegetable Oil	8.6	13.1	6.6	11.1	7.7
2.动物油	Animal Oil		0.0	0.9	0.0	0.0
八、糖果糕点类	**Confection and Pastry**	**2.4**	**3.3**	**2.5**	**1.7**	**2.9**
九、干鲜瓜果类	**Melon and Fruits**	**66.0**	**92.7**	**73.3**	**68.0**	**61.0**
1.鲜瓜果	Melons	63.0	88.6	69.4	65.5	56.9
2.瓜果制品	Watermelon	0.4	0.9	1.1	0.5	0.5
3.坚果类	Nuts	2.7	3.2	2.9	2.0	3.5
十、消费茶叶	**Tea Leaves**	**0.1**	**0.3**	**0.0**	**0.2**	**0.1**
十一、酒	**Liquor**	**1.2**	**2.1**	**2.5**	**0.5**	**2.4**
1.白酒	White Spirit	0.0	0.4	0.6	0.0	0.5
2.啤酒	Beer	1.1	1.8	1.9	0.4	1.9
3.果酒	Fruit Wine	0.0	0.0	0.0	0.0	0.0

continued

(kg/person)

固原市 Guyuan	原州区 Yuanzhou	西吉县 Xiji	隆德县 Longde	泾源县 Jingyuan	彭阳县 Pengyang	中卫市 Zhongwei	沙坡头区 Shapotou	中宁县 Zhongning	海原县 Haiyuan
140.3	**127.7**	**155.4**	**147.8**	**123.8**	**133.0**	**135.7**	**125.7**	**135.1**	**139.5**
129.1	122.0	140.9	127.7	112.3	126.3	**127.7**	117.3	130.7	130.3
106.1	93.9	123.0	106.8	89.8	99.5	**75.8**	59.2	74.9	82.1
18.3	24.9	15.6	16.2	15.9	15.7	**49.1**	56.9	54.2	44.3
1.8	1.8	1.4	2.3	4.8	0.6	**1.8**	0.2	0.5	2.9
2.8	1.4	0.9	2.3	1.8	10.5	**1.1**	1.1	1.1	1.1
9.0	2.8	13.4	16.1	9.2	4.5	**3.9**	0.6	0.4	6.5
0.2	0.2	0.3	0.3	0.4	0.2	**0.3**	0.3	0.1	0.3
8.2	2.0	12.5	15.3	8.4	3.8	**3.2**	0.0		5.6
0.5	0.5	0.6	0.5	0.4	0.5	**0.5**	0.3	0.3	0.6
2.3	3.0	1.1	4.1	2.3	2.2	**4.0**	7.7	3.9	2.6
0.1	0.1		0.1		0.4	**0.1**	0.1	0.1	0.1
2.2	2.9	1.1	3.9	2.3	1.9	**3.9**	7.6	3.8	2.6
58.9	**56.0**	**51.9**	**64.8**	**66.6**	**69.7**	**78.9**	**102.4**	**97.1**	**63.3**
58.0	55.2	51.5	62.6	65.8	69.0	**77.7**	100.6	96.1	62.3
20.3	**19.4**	**22.0**	**17.5**	**16.7**	**22.2**	**20.6**	**22.0**	**16.9**	**21.6**
6.6	3.9	10.5	8.2	1.7	4.2	**5.0**	9.0	6.7	2.9
3.3	4.6	2.5	1.4	4.0	4.1	**4.0**	1.6	1.7	5.8
1.8	1.4	2.1	0.6	0.1	3.9	**3.4**	2.8	1.3	4.4
7.9	8.7	6.3	6.2	10.5	9.6	**7.5**	7.3	6.2	8.0
0.7	0.9	0.7	1.0	0.5	0.4	**0.8**	1.3	1.0	0.4
6.0	**5.4**	**5.7**	**8.3**	**4.2**	**7.1**	**5.1**	**6.1**	**5.9**	**4.4**
4.6	**6.0**	**4.1**	**3.2**	**7.5**	**2.8**	**9.6**	**9.2**	**7.2**	**10.6**
0.9	**0.7**	**1.2**	**1.2**	**0.7**	**0.5**	**1.2**	**2.0**	**1.3**	**0.8**
0.7	0.5	1.0	0.7	0.5	0.4	**0.9**	1.4	1.1	0.7
8.8	**10.2**	**7.1**	**7.7**	**10.8**	**9.9**	**8.7**	**9.3**	**7.6**	**8.9**
8.7	10.2	6.9	7.7	10.7	9.9	**8.6**	9.1	7.5	8.8
0.1		0.3	0.0	0.1		**0.1**	0.1	0.1	0.1
2.7	**2.3**	**2.8**	**4.1**	**2.1**	**2.2**	**2.1**	**2.2**	**1.6**	**2.3**
52.4	**50.8**	**51.2**	**56.1**	**49.0**	**56.9**	**60.1**	**51.5**	**59.4**	**63.5**
49.5	48.4	48.6	52.4	44.6	53.7	**57.3**	47.8	56.4	61.1
0.6	0.4	0.4	0.8	0.9	1.0	**0.5**	0.6	0.4	0.5
2.4	2.0	2.2	2.9	3.5	2.2	**2.3**	3.2	2.6	1.9
0.5	**0.4**	**0.6**	**0.6**	**0.3**	**0.5**	**0.2**	**0.1**	**0.1**	**0.3**
2.5	**2.0**	**3.2**	**3.9**	**0.8**	**1.8**	**2.2**	**4.4**	**1.7**	**1.7**
0.5	0.2	0.4	1.1	0.4	0.8	**0.3**	0.7	0.4	0.1
2.0	1.8	2.8	2.7	0.4	1.0	**2.0**	3.6	1.4	1.6
0.0	0.0	0.0	0.0		0.0	**0.0**	0.1	0.0	

2-84 2020年各市县农村居民家庭主要产品出售情况

指标名称		Item		单位	Unit	全区 Total	沿黄地区 Plain	中南部地区 Mountain Area	银川市 Yinchuan
谷物	数量	Cereal	Quantity	公斤/人	kg/person	783.1	1207.9	513.4	935.4
	金额		Amount	元/人	yuan/person	1588.5	2018.5	973.2	1366.6
小麦	数量	Wheat	Quantity	公斤/人	kg/person	32.3	81.4	4.9	45.8
	金额		Amount	元/人	yuan/person	82.8	207.2	11.2	115.9
稻谷	数量	Rice	Quantity	公斤/人	kg/person	30.1	209.7		167.3
	金额		Amount	元/人	yuan/person	81.1	347.1		435.5
玉米	数量	Corn	Quantity	公斤/人	kg/person	711.0	916.6	498.3	722.3
	金额		Amount	元/人	yuan/person	1391.0	1463.8	925.6	815.3
薯类	数量	Soybeans	Quantity	公斤/人	kg/person	44.8		49.7	
	金额		Amount	元/人	yuan/person	228.3		277.3	
豆类	数量	Tubers	Quantity	公斤/人	kg/person	3.2	3.8	1.8	5.6
	金额		Amount	元/人	yuan/person	11.7	16.3	6.6	26.5
油料	数量	Bearing	Quantity	公斤/人	kg/person	1.3	3.4	0.5	3.3
	金额		Amount	元/人	yuan/person	5.0	14.2	3.5	12.1
蔬菜及食用菌	数量	Vegetables and Edible Fungi	Quantity	公斤/人	kg/person	429.1	620.0	116.9	959.9
	金额		Amount	元/人	yuan/person	822.8	1336.3	248.7	1983.2
瓜类	数量	Melons	Quantity	公斤/人	kg/person	271.3	759.0	8.9	5.4
	金额		Amount	元/人	yuan/person	257.1	713.4	56.3	18.4
园林水果	数量	Fruits	Quantity	公斤/人	kg/person	36.8	54.6	1.7	14.4
	金额		Amount	元/人	yuan/person	136.5	188.5	5.6	55.1
中药材	数量	Medicinal Materials	Quantity	公斤/人	kg/person	3.2	9.6	8.5	4.2
	金额		Amount	元/人	yuan/person	69.5	266.8	65.6	225.0
林木种苗	数量	Wood and Germchit	Quantity	公斤/人	kg/person	20.0	12.7	12.5	29.2
	金额		Amount	元/人	yuan/person	65.2	11.7	76.6	22.9
肉猪	头数(头)	Hog	Count (head)	头/人	head/person	0.2	1.8	30.2	0.2
	毛重		Gross Weight	公斤/人	kg/person	22.7	68.5	32.7	25.4
	金额		Amount	元/人	yuan/person	709.7	1587.3	941.7	779.1
自宰猪	数量	Homestead Hog	Quantity	公斤/人	kg/person	1.7	2.1	1.2	1.7
	金额		Amount	元/人	yuan/person	96.2	86.7	53.3	84.1
肉牛	头数(头)	Cattle	Count (head)	头/人	head/person	0.1	0.1	0.2	0.0
	毛重		Gross Weight	公斤/人	kg/person	67.8	33.9	89.7	2.7
	金额		Amount	元/人	yuan/person	2243.5	835.1	2738.6	135.8
自宰牛	数量	Homestead Cattle	Quantity	公斤/人	kg/person	0.5	0.5	0.2	0.3
	金额		Amount	元/人	yuan/person	34.7	33.9	12.6	21.3
菜羊	只数(只)	Sheep	Count (head)	只/人	head/person	0.7	0.6	0.8	0.4
	毛重		Gross Weight	公斤/人	kg/person	27.5	23.9	36.1	17.3
	金额		Amount	元/人	yuan/person	855.9	612.7	1022.8	565.7
自宰羊	数量	Homestead Sheep	Quantity	公斤/人	kg/person	0.5	1.9	1.0	1.5
	金额		Amount	元/人	yuan/person	27.7	103.5	58.5	98.0
家禽	重量	Poultry	Weight	公斤/人	kg/person	9.8	7.9	4.1	5.5
	金额		Amount	元/人	yuan/person	190.8	41.7	63.8	129.6
蛋类	数量	Eggs	Quantity	公斤/人	kg/person	0.0		13.1	
	金额		Amount	元/人	yuan/person	0.0		86.3	
畜皮	数量(张)	Fur	Quantity (piece)	张/人	piece/person	0.0	0.1	0.1	0.1
	金额		Amount	元/人	yuan/person				
毛绒	数量	Wool	Quantity	公斤/人	kg/person	1.0	1.3	2.3	2.3
	金额		Amount	元/人	yuan/person	20.7	23.6	31.0	16.9
奶类	数量	Milk	Quantity	公斤/人	kg/person				
	金额		Amount	元/人	yuan/person				
鱼类	数量	Fish	Quantity	公斤/人	kg/person		4.3		13.5
	金额		Amount	元/人	yuan/person				

Basic Statistics of Sales of Main Products for Rural Households by City and County (2020)

兴庆区 Xingqing	西夏区 Xixia	金凤区 Jinfeng	永宁县 Yongning	贺兰县 Helan	灵武市 Lingwu	**石嘴山市 Shizuishan**	大武口区 Dawukou	惠农区 Huinong	平罗县 Pingluo	**吴忠市 Wuzhong**
522.3	454.7	387.6	2071.5	1347.6	175.8	**3006.9**	38.4	1432.2	4148.3	**648.9**
1371.2	854.3	956.2	1184.1	2834.6	473.9	**4564.7**	88.3	3134.3	5969.3	**1383.4**
27.4	9.0	216.3	14.0	146.6		**369.2**	15.4	638.4	352.0	**8.7**
67.1	27.5	531.5	30.5	372.9		**943.7**	46.3	1616.5	903.6	**21.6**
352.3		115.8	105.0	308.9	120.7	**876.6**			1351.7	**9.1**
976.2		311.2	131.7	847.3	361.3	**1046.9**			1614.2	**23.2**
142.6	445.7	55.4	1952.4	892.1	55.1	**1761.1**	23.0	793.8	2444.6	**622.9**
328.0	826.9	113.5	1022.0	1614.4	112.5	**2574.1**	42.1	1517.8	3451.5	**1311.3**
										1.4
										6.9
29.8	0.7			3.3	4.7	**9.0**		0.2	13.7	**1.0**
150.2	3.6			15.9	17.3	**31.9**		1.1	48.9	**5.3**
	0.1			9.2	4.4	**18.8**		56.8	9.9	**0.0**
	1.2			44.1	5.7	**82.4**		252.8	42.2	**0.2**
1209.3	180.7	47.3	675.8	1986.8	715.8	**468.7**	3.1	262.3	634.2	**295.6**
3415.9	463.8	151.6	633.1	4513.8	1181.6	**399.4**	13.0	191.2	549.0	**589.8**
5.5		7.4	13.8	7.6						**6.4**
32.9		8.9	21.7	41.6						**9.8**
0.1	5.0		26.1		34.3	**0.9**	7.0			**42.0**
0.2	10.0		101.8		137.1	**15.3**	113.8			**189.9**
19.3	7.5		0.2	1.8		**14.9**			23.0	**11.1**
322.5	939.7		12.6	29.5		**223.2**			344.1	**96.0**
			135.7	4.8	2.8	**1.6**			2.4	
			32.6	39.7	28.8	**18.8**			29.0	
	0.0		0.0	0.0	0.8	**9.5**		1.0	14.2	**0.5**
	1.8		0.6	0.3	104.7	**208.4**		115.2	282.7	**64.1**
	71.9		27.7	11.1	3186.1	**2744.4**		1725.6	3653.1	**2063.2**
2.8	1.3		2.7	2.4		**5.9**	2.1	2.3	7.9	**0.8**
159.2	51.7		137.8	115.3		**76.3**	111.5	120.0	54.4	**39.3**
0.0		0.0		0.0		**0.0**		0.1	0.0	**0.1**
2.1		8.1		9.9		**18.8**		30.8	18.6	**69.3**
105.4		520.9		485.5		**351.9**		338.6	429.1	**1690.9**
					1.2	**0.7**		0.6	0.8	**0.9**
					89.5	**48.6**		32.4	64.1	**60.7**
0.1	0.0	0.1	0.0	0.2	1.5	**1.6**		3.0	1.4	**1.4**
1.9	1.8	4.5	0.5	5.5	64.2	**47.1**		51.7	55.3	**52.5**
93.1	79.9	218.2	22.5	226.1	2010.7	**435.8**		329.2	561.6	**1638.0**
7.6			0.0	0.8	1.5	**6.6**		15.5	5.0	**2.5**
471.7			2.1	54.9	119.1	**264.5**		806.5	137.4	**145.8**
28.0	0.2	0.1	0.5	1.2	7.3	**38.9**	0.1	0.5	59.8	**1.4**
700.7	4.6	2.5	12.3	32.4	147.6	**5.8**	2.1	10.5	5.1	**37.5**
										0.2
										2.7
0.3				0.0	0.1	**0.3**		0.5	0.2	**0.2**
0.2		0.1	0.1	0.4	9.2	**2.1**		5.1	1.5	**2.5**
4.9		1.3	0.7	15.5	52.3	**103.0**		120.1	118.6	**48.0**
36.2				38.4						

2-84 续表

指标名称		Item		单位	Unit	利通区 Litong	红寺堡区 Hongsipu	盐池县 Yanchi	同心县 Tongxin
谷物	数量	Cereal	Quantity	公斤/人	kg/person	487.6	800.1	146.0	601.8
	金额		Amount	元/人	yuan/person	1028.8	1464.7	326.5	1165.8
小麦	数量	Wheat	Quantity	公斤/人	kg/person				1.2
	金额		Amount	元/人	yuan/person				3.7
稻谷	数量	Rice	Quantity	公斤/人	kg/person				
	金额		Amount	元/人	yuan/person				
玉米	数量	Corn	Quantity	公斤/人	kg/person	487.6	799.6	98.6	585.7
	金额		Amount	元/人	yuan/person	1028.8	1462.9	194.3	1102.9
薯类	数量	Soybeans	Quantity	公斤/人	kg/person			0.2	6.1
	金额		Amount	元/人	yuan/person			1.4	30.2
豆类	数量	Tubers	Quantity	公斤/人	kg/person	0.4	3.9	3.4	
	金额		Amount	元/人	yuan/person	2.8	17.8	18.6	
油料	数量	Bearing	Quantity	公斤/人	kg/person		0.3		
	金额		Amount	元/人	yuan/person		1.2		
蔬菜及食用菌	数量	Vegetables and Edible Fungi	Quantity	公斤/人	kg/person	162.0	90.2	25.8	1.9
	金额		Amount	元/人	yuan/person	507.2	529.0	51.5	7.8
瓜类	数量	Melons	Quantity	公斤/人	kg/person			13.1	
	金额		Amount	元/人	yuan/person			38.1	
园林水果	数量	Fruits	Quantity	公斤/人	kg/person	67.4	1.2	0.4	5.3
	金额		Amount	元/人	yuan/person	414.2	2.9	1.2	10.7
中药材	数量	Medicinal Materials	Quantity	公斤/人	kg/person		4.3	97.9	1.7
	金额		Amount	元/人	yuan/person		124.9	713.8	22.6
林木种苗	数量	Wood and Germchit	Quantity	公斤/人	kg/person				
	金额		Amount	元/人	yuan/person				
肉猪	头数(头)	Hog	Count (head)	头/人	head/person	0.2	0.0	0.2	0.0
	毛重		Gross Weight	公斤/人	kg/person	23.3	0.6	20.6	0.7
	金额		Amount	元/人	yuan/person	668.9	18.1	626.4	16.9
自宰猪	数量	Homestead Hog	Quantity	公斤/人	kg/person		0.2	4.6	0.3
	金额		Amount	元/人	yuan/person		11.8	194.7	19.8
肉牛	头数(头)	Cattle	Count (head)	头/人	head/person	0.2	0.1		0.1
	毛重		Gross Weight	公斤/人	kg/person	113.7	39.1		79.1
	金额		Amount	元/人	yuan/person	1837.4	1283.6		2424.8
自宰牛	数量	Homestead Cattle	Quantity	公斤/人	kg/person	2.0			1.3
	金额		Amount	元/人	yuan/person	135.0			93.5
菜羊	只数(只)	Sheep	Count (head)	只/人	head/person	1.3	0.2	5.7	1.3
	毛重		Gross Weight	公斤/人	kg/person	50.0	6.3	197.5	60.3
	金额		Amount	元/人	yuan/person	1590.2	204.7	6305.3	1754.7
自宰羊	数量	Homestead Sheep	Quantity	公斤/人	kg/person	0.0	3.4	19.1	0.3
	金额		Amount	元/人	yuan/person	0.1	200.7	1098.0	18.3
家禽	重量	Poultry	Weight	公斤/人	kg/person	0.9	3.1	5.5	0.0
	金额		Amount	元/人	yuan/person	19.8	79.2	154.3	0.5
蛋类	数量	Eggs	Quantity	公斤/人	kg/person			1.9	
	金额		Amount	元/人	yuan/person			26.0	
畜皮	数量(张)	Fur	Quantity (piece)	张/人	piece/person	0.0	0.3	0.9	0.1
	金额		Amount	元/人	yuan/person				
毛绒	数量	Wool	Quantity	公斤/人	kg/person	0.0	1.8	10.1	4.9
	金额		Amount	元/人	yuan/person	0.2	83.5	134.9	96.5
奶类	数量	Milk	Quantity	公斤/人	kg/person				
	金额		Amount	元/人	yuan/person				
鱼类	数量	Fish	Quantity	公斤/人	kg/person				
	金额		Amount	元/人	yuan/person				

continued

青铜峡市 Qingtongxia	**固原市 Guyuan**	原州区 Yuanzhou	西吉县 Xiji	隆德县 Longde	泾源县 Jingyuan	彭阳县 Pengyang	**中卫市 Zhongwei**	沙坡头区 Shapotou	中宁县 Zhongning	海原县 Haiyuan
1019.9	**215.2**	178.3	115.8	447.4	15.1	425.9	**1070.0**	335.7	1358.4	1221.3
2430.1	**418.6**	323.2	310.2	796.5	18.1	749.9	**2071.0**	712.9	2735.8	2299.2
35.0	**8.5**		9.7	40.3		0.6	**5.9**		24.9	0.6
86.9	**19.5**		27.4	77.5		1.4	**16.6**		69.3	1.9
37.9							**11.9**		53.1	
97.0							**31.3**		139.7	
946.9	**195.0**	176.2	77.9	403.9	15.1	419.4	**1049.6**	335.7	1279.2	1216.7
2246.1	**354.6**	318.9	170.2	710.3	18.1	728.3	**2015.7**	712.9	2524.0	2285.5
	86.2	0.6	223.1	52.7	4.1	10.6	**21.5**			37.7
	486.7	3.7	1281.7	254.8	22.4	45.8	**117.1**			205.3
0.1	**2.1**		2.3	10.3			**2.2**	4.9	1.4	1.5
0.3	**7.1**		7.7	35.0			**8.6**	23.8	5.7	4.3
	0.9		2.6							
	7.2		20.8							
970.1	**157.1**	7.1	417.0	0.1		66.1	**256.6**	183.0	542.3	171.0
1503.5	**286.7**	22.7	692.0	0.2		253.4	**852.1**	757.5	2261.2	333.5
21.0	**9.1**	32.7				0.8	**1150.9**	4034.8	1403.8	13.1
24.3	**70.0**	250.6				5.5	**1099.2**	3667.6	1418.9	48.9
86.9	**0.7**	0.1		3.8		1.5	**49.9**	127.8	99.7	2.3
272.1	**4.2**	1.9		4.7		19.1	**125.7**	496.1	89.2	6.6
	7.1	0.2	0.9	10.5		34.1	**11.6**	18.4	29.6	2.1
	32.2	10.6	2.2	179.2		37.1	**344.1**	694.4	763.6	53.4
	24.0		2.4	0.7	241.5	5.8				
	147.4		12.0	3.3	1534.4	13.5				
1.8	**46.7**	168.9	0.1	0.5		0.0	**0.0**		0.0	0.0
229.1	**51.8**	131.9	20.2	66.7		0.4	**1.0**		2.8	0.6
7497.7	**1489.6**	3744.1	587.2	1995.0		15.4	**30.9**		80.5	22.5
1.1	**1.2**	0.3	0.3	4.6		2.6	**1.6**	4.1		1.4
55.0	**52.7**	12.8	13.6	221.8		103.3	**98.1**	304.9		62.2
0.1	**0.2**	0.3	0.1	0.2	0.4	0.3	**0.1**	0.1	0.0	0.1
53.2	**106.1**	149.1	54.6	81.5	161.0	131.6	**54.1**	61.9	3.9	71.1
1787.4	**3372.5**	4976.1	1845.5	2795.3	3777.3	4138.9	**1381.4**	1858.0	130.3	1700.5
							0.0		0.2	
							2.4		10.9	
0.4	**0.2**	0.3	0.1	0.2	0.1	0.4	**1.1**	0.1	0.4	1.6
12.8	**9.7**	11.2	5.7	7.5	6.7	19.1	**48.8**	8.4	13.9	77.1
410.4	**299.2**	358.2	155.7	241.9	206.8	606.6	**1262.7**	238.4	454.9	1948.5
0.0	**0.2**		0.4			0.1	**1.1**		4.8	0.0
2.2	**9.2**		24.6			4.2	**79.9**		349.8	2.8
0.7	**5.5**	19.8	0.0	0.1	0.0		**0.4**	0.5	0.2	0.5
19.5	**68.8**	247.5	0.8	2.1	0.4		**27.1**	12.0	4.3	41.5
	20.2	72.9				0.3				
	131.9	476.7				2.8				
0.0	**0.0**	0.0	0.0			0.0	**0.0**		0.0	0.0
0.6	**0.4**	0.4	0.6	0.4		0.1	**3.0**	0.1	1.0	4.9
3.1	**2.6**	3.2	3.9	1.6		0.9	**21.5**	0.6	18.6	30.2

2-85 2020年各市县农村居民人均可支配收入情况

单位：元/人

指标名称	Item	全区 Total	沿黄地区 Plain	中南部地区 Mountain Area
可支配收入	**Disposable Income**	**13889.4**	**16013.5**	**11623.7**
(一)工资性收入	Income from Wages and Salaries	5150.0	7278.4	4560.3
(二)经营净收入	Net Business Income	5549.4	7004.8	4827.8
1.第一产业经营净收入	The Primary Industry	3640.1	4623.2	4145.3
(1)农业	Agriculture	2444.8	3420.7	1937.9
(2)林业	Forestry	43.0	9.4	76.0
(3)牧业	Animal Husbandry	1152.2	1171.4	2131.5
(4)渔业	Fishery	0.0	21.7	0.0
2.第二产业经营净收入	The Secondary Industry	130.5	242.3	44.4
(1)工业	Industry	22.8	38.6	14.5
(2)建筑业	Construction Industry	107.7	203.7	29.9
3.第三产业经营净收入	The Tertiary Industry	1778.8	2139.3	638.2
(1)交通运输业	Transportation Industry	629.1	740.7	258.1
(2)批发零售和住宿餐饮业	Wholesales, Retail Trade, Hotel and Catering Sectors	804.6	919.2	294.6
(3)社会服务业	Social Services	199.8	318.8	47.7
(4)其他家庭经营	Others	145.3	160.6	37.7
(三)财产净收入	Net Income from Property	393.5	370.9	39.4
1.红利收入	Dividend Income	37.0	15.6	13.2
#2.转让承包土地经营权租金收入	Rental Income from the Management Rights Transfer of Land Contracted	307.8	260.2	51.3
(四)转移净收入	Net Income from Transfer	2796.5	1359.4	2196.0
#1.养老金或离退休金	Pension or Retirement Benefits	1169.2	1304.3	625.7
2.报销医疗费	Reimbursement of Medical Expenses	343.1	243.6	171.7
3.政策性惠农补贴	Political Subsidy Supporting Agriculture	684.4	232.2	769.0
现金可支配收入	**Cash Disposable Income**	**13589.7**	**15950.5**	**11459.9**
实物可支配收入	**Physical Disposable Income**	**299.6**	**63.0**	**163.8**

Basic Statistics of Disposable Income for Rural Households by City and County (2020)

(yuan/person)

银川市 Yinchuan	兴庆区 Xingqing	西夏区 Xixia	金凤区 Jinfeng	永宁县 Yongning	贺兰县 Helan	灵武市 Lingwu	石嘴山市 Shizuishan	大武口区 Dawukou	惠农区 Huinong	平罗县 Pingluo	吴忠市 Wuzhong
16428.4	18353.7	13609.1	14602.0	16040.4	17248.8	17312.0	16405.3	13935.5	16482.5	16889.8	14698.3
7540.7	8315.3	6177.4	8977.4	7070.2	8442.8	7641.8	5643.7	10620.0	6543.8	4313.5	6620.6
7302.3	8472.5	5993.0	3753.6	7385.1	6638.3	8560.7	8251.3	2700.5	8391.3	9351.5	6462.5
4350.2	6687.9	2270.8	1085.7	3917.9	4642.7	5094.0	6051.7	396.3	6524.2	7061.9	4559.5
3443.0	5460.9	2224.7	839.0	3692.8	4921.0	1854.3	4766.0	345.7	5282.8	5506.1	2088.6
22.4				26.8	43.1	28.3	10.1	-55.3		27.0	-2.9
821.2	1146.7	46.5	246.7	198.3	-547.6	3211.4	1275.6	105.9	1241.4	1528.8	2473.7
63.5	80.3	-0.4			226.2						
191.5	73.5	302.7	623.8	370.1	76.6	100.7	257.1	375.8	28.2	309.3	203.7
62.1		302.7				21.1	100.1	375.8	28.2	67.2	41.7
129.5	73.5		623.8	370.1	76.6	79.6	157.0			242.1	161.9
2760.6	1711.1	3419.5	2044.1	3097.1	1919.1	3365.9	1942.6	1928.4	1838.9	1980.3	1699.4
979.1	1061.6	681.0	670.5	2795.1	-142.9	777.1	830.7	874.4	1457.4	611.5	464.8
1188.1	649.4	722.6	347.1	134.6	1429.2	2529.2	753.0	687.1	107.7	983.0	877.1
513.6		1903.3	908.0	158.6	435.4	26.2	103.2	368.1	247.9		329.4
79.8	0.1	112.6	118.5	8.8	197.3	33.5	255.6	-1.2	25.9	385.7	28.1
579.6	1370.5	440.3	502.3	802.5	590.9	97.7	399.3	78.7	642.4	384.0	121.4
6.8	24.0		24.2		14.9		1.8	13.1			37.9
330.5	596.6	297.1	285.4	503.9	339.4	70.1	264.6	34.0	565.7	211.3	104.5
1005.8	195.4	998.4	1368.7	782.7	1576.7	1011.8	2111.0	536.3	905.0	2840.7	1493.7
932.6	261.7	701.0	1350.1	860.2	931.1	1490.5	1979.0	1284.6	1052.3	2433.1	822.3
162.2	165.3	83.5	178.7	111.9	277.5	148.8	308.9	211.6	103.6	397.8	151.3
187.0	232.6	74.4	43.6	126.7	327.5	171.8	222.3	5.0	62.5	320.8	440.3
16134.9	16921.0	13414.5	14400.4	14027.7	18066.2	17849.2	15990.1	13408.7	14106.4	17155.0	14272.1
293.4	1432.7	194.6	201.6	2012.7	-817.4	-537.2	415.3	526.9	2376.0	-265.2	426.2

2-85 续表

单位：元/人

指标名称	Item	利通区 Litong	红寺堡区 Hongsipu	盐池县 Yanchi	同心县 Tongxin
可支配收入	**Disposable Income**	**17512.3**	**10925.2**	**13922.1**	**11339.4**
(一)工资性收入	Income from Wages and Salaries	9146.5	5618.8	1677.2	4189.1
(二)经营净收入	Net Business Income	7382.9	3566.7	9962.3	4479.1
1.第一产业经营净收入	The Primary Industry	4249.6	2841.9	8324.2	3946.0
(1)农业	Agriculture	1284.2	1896.0	1858.1	1414.0
(2)林业	Forestry		-10.3		10.5
(3)牧业	Animal Husbandry	2965.4	956.2	6466.0	2521.6
(4)渔业	Fishery				
2.第二产业经营净收入	The Secondary Industry	648.5			58.1
(1)工业	Industry	97.6			58.1
(2)建筑业	Construction Industry	550.9			
3.第三产业经营净收入	The Tertiary Industry	2484.7	724.8	1638.1	475.0
(1)交通运输业	Transportation Industry	594.7	233.7	551.8	224.8
(2)批发零售和住宿餐饮业	Wholesales, Retail Trade, Hotel and Catering Sectors	1292.0	401.9	960.3	150.4
(3)社会服务业	Social Services	568.1	98.6	126.0	76.6
(4)其他家庭经营	Others	30.0	-9.3	0.0	23.2
(三)财产净收入	Net Income from Property	22.3	17.2	300.1	15.6
1.红利收入	Dividend Income	49.0	15.2	206.0	0.5
#2.转让承包土地经营权租金收入	Rental Income from the Management Rights Transfer of Land Contracted	110.2	34.1	74.0	13.6
(四)转移净收入	Net Income from Transfer	960.7	1722.5	1982.6	2655.6
#1.养老金或离退休金	Pension or Retirement Benefits	1349.3	329.9	245.8	1065.4
2.报销医疗费	Reimbursement of Medical Expenses	144.8	117.2	152.9	188.8
3.政策性惠农补贴	Political Subsidy Supporting Agriculture	133.2	672.5	1546.1	544.6
现金可支配收入	**Cash Disposable Income**	**17860.7**	**9694.7**	**12185.3**	**10715.2**
实物可支配收入	**Physical Disposable Income**	**-348.4**	**1230.5**	**1736.9**	**624.2**

continued

(yuan/person)

青铜峡市 Qingtongxia	**固原市 Guyuan**	原州区 Yuanzhou	西吉县 Xiji	隆德县 Longde	泾源县 Jingyuan	彭阳县 Pengyang	**中卫市 Zhongwei**	沙坡头区 Shapotou	中宁县 Zhongning	海原县 Haiyuan
16916.7	**11950.7**	**12563.3**	**11791.5**	**11595.4**	**10707.0**	**12231.5**	**12122.7**	**14108.7**	**14076.1**	**10641.2**
8508.7	**4460.9**	5625.7	3277.2	4852.5	5052.0	4370.7	**5384.8**	7041.5	5218.8	4853.4
7366.1	**5229.3**	4615.8	6185.7	3946.8	4278.6	5768.7	**4712.0**	5278.2	6624.0	3758.0
4891.1	**4612.9**	4152.1	5514.3	3670.8	3661.0	4741.0	**3638.7**	4159.7	4927.6	2945.5
3919.0	**2278.3**	1585.3	3397.8	1935.8	356.6	2417.9	**2542.1**	3086.2	4462.3	1592.9
-15.8	**140.8**	11.0	22.2	5.1	1225.6	106.6	**2.8**	5.7		2.8
987.9	**2193.9**	2555.8	2094.3	1730.0	2078.8	2216.9	**1093.8**	1067.8	465.3	1349.8
	-0.1					-0.4	**0.0**			0.0
	70.4	48.9	134.2	82.7			**60.6**	19.6	252.7	
	14.3		41.3				**4.0**	19.6		
	56.1	48.9	92.9	82.7			**56.6**		252.7	
2475.0	**546.0**	414.8	537.3	193.3	617.7	1027.7	**1012.7**	1098.9	1443.7	812.5
627.1	**155.1**	155.9	191.8	108.4	209.0	80.4	**507.4**	214.9	685.8	542.7
1289.0	**333.0**	196.9	344.8	54.2	429.5	706.3	**251.7**	168.1	605.2	143.2
494.7	**13.7**	23.6	13.1	36.0	-20.8		**110.9**	263.0	23.9	90.3
64.3	**44.2**	38.5	-12.4	-5.3	0.0	240.9	**142.7**	453.0	128.8	36.4
325.9	**14.6**	5.2	30.7	7.1	50.6	-18.7	**189.7**	212.1	406.5	96.6
	8.0	0.5		51.7	14.5		**12.3**		46.6	3.2
236.6	**49.9**	119.4	11.4	59.2	38.0	12.8	**158.1**	179.3	362.6	70.2
715.9	**2245.9**	2316.7	2297.9	2789.0	1325.8	2110.7	**1836.2**	1576.9	1826.8	1933.2
481.6	**449.6**	418.0	383.5	930.7	217.5	401.6	**1211.0**	1886.3	1180.7	979.6
143.2	**208.7**	237.7	206.5	227.5	131.0	193.4	**208.6**	288.0	479.2	73.9
108.7	**799.5**	1074.7	780.1	666.4	630.5	568.7	**572.0**	448.1	323.0	714.4
16756.3	**11515.3**	**12043.0**	**10868.8**	**11751.0**	**10904.6**	**12170.1**	**13019.9**	**15095.5**	**13376.7**	**12132.3**
160.4	**435.4**	**520.3**	**922.7**	**-155.7**	**-197.6**	**61.4**	**-897.1**	**-986.8**	**699.3**	**-1491.1**

2-86　2020年各市县农村居民人均生活消费支出情况

单位：元/人

指标名称	Item	全区 Total	沿黄地区 Plain	中南部地区 Mountain Area	银川市 Yinchuan
生活消费支出	**Living Expenditure**	11724.3	12452.0	9728.5	13318.4
(一)食品烟酒	Food, Tobacco and Liquor	3331.1	3674.3	2942.1	4108.1
#粮食	Grain	556.0	509.5	577.3	555.7
油脂	Oil and Fats	146.4	141.5	138.3	150.2
肉禽及制品	Meat, Poultry and Processed Products	1008.8	953.9	868.9	1063.9
蛋	Eggs	51.9	53.3	53.3	64.3
水产品	Aquatic Products	27.0	43.1	18.0	53.1
蔬菜	Vegetables	261.6	344.1	208.4	380.9
烟草	Tobacco	244.9	286.3	216.2	330.7
酒和饮料	Liquor and Beverages	123.3	116.7	117.0	141.2
奶及奶制品	Milk and Processed Products	103.1	129.1	95.1	155.6
(二)衣着	Clothing	656.0	860.1	599.3	947.1
#服装	Garments	496.1	671.4	445.7	735.4
(三)居住	Residence	2197.5	2320.3	1811.5	2208.4
#住房维修及管理	Housing Maintenance and Management	606.4	478.5	317.1	387.8
水电燃料及其他	Water, Electricity, Fuels and Others	666.3	746.7	593.6	761.8
(四)生活用品及服务	Household Facilities, Articles and Services	626.4	710.7	532.7	717.2
#家用器具	Home Appliances	145.0	151.1	103.2	134.7
家具及室内装饰品	Articles for Interior Decoration	104.9	104.8	80.8	79.1
家用纺织品	BedArticles	66.6	68.3	58.3	63.9
家庭日用杂品	Household Articles for Daily Use	143.8	152.6	143.0	182.5
(五)交通通信	Transport and Communications	2022.4	2021.6	1536.0	2393.6
#交通	Transport	1513.4	1441.1	1105.9	1753.6
通信	Communications	508.9	580.5	430.1	640.0
(六)教育文化娱乐	Education,Cultural and Recreation	1179.6	1158.3	1151.2	1252.9
文化娱乐	Cultural and Recreation	327.1	385.4	307.8	447.2
#教育	Education	1013.7	928.9	996.4	982.5
(七)医疗保健	Health Care and Medical Services	1478.0	1444.1	1037.5	1414.1
#医疗器具及药品	Medical Instrument and Medicine	374.9	407.9	330.7	455.0
(八)其他用品及服务	Other Commodities and Services	233.3	262.7	118.1	277.0
服务性消费支出	**Consumption Expenditure for Service**	4193.3	4685.0	3465.6	4793.1
商品性消费支出	**Consumption Expenditure for Commodity**	7531.0	7767.0	6262.9	8525.3

Per Capita Living Expenditure for Rural Residents by City and County (2020)

(yuan/person)

兴庆区 Xingqing	西夏区 Xixia	金凤区 Jinfeng	永宁县 Yongning	贺兰县 Helan	灵武市 Lingwu	**石嘴山市** Shizuishan	大武口区 Dawukou	惠农区 Huinong	平罗县 Pingluo	**吴忠市** Wuzhong
13912.0	**12767.0**	**13661.2**	**12808.8**	**15266.2**	**11912.9**	**11595.1**	**11871.8**	**11337.1**	**11624.4**	**11025.1**
4186.1	3925.8	3940.3	3938.8	4642.9	3829.7	**3589.1**	3733.4	3512.9	3584.8	**3501.8**
474.0	552.6	409.2	576.9	624.1	520.8	**505.8**	433.1	519.3	516.4	**503.1**
133.5	129.1	115.4	159.8	184.4	134.9	**164.3**	114.0	124.8	188.0	**142.3**
1148.0	894.6	758.0	897.6	1133.3	1245.8	**992.0**	796.3	894.2	1065.2	**1049.6**
55.0	86.7	62.1	75.0	55.0	51.5	**50.9**	73.3	63.9	42.0	**49.9**
41.1	57.9	62.8	81.5	46.0	37.8	**36.2**	35.7	52.8	30.7	**33.3**
366.9	407.7	345.7	454.0	362.4	325.3	**395.4**	384.0	412.5	392.1	**270.1**
467.2	314.6	246.8	215.2	452.0	256.5	**234.7**	360.5	247.4	204.4	**227.6**
115.9	174.1	145.7	171.7	171.3	71.6	**131.7**	170.4	145.5	119.1	**92.0**
166.7	192.4	233.3	159.4	145.3	123.3	**117.7**	110.2	153.8	107.1	**109.3**
773.9	854.5	1070.3	995.5	1039.4	966.1	**881.5**	893.2	946.4	857.3	**803.5**
580.8	654.9	828.5	720.9	838.9	779.3	**690.0**	730.7	746.0	662.8	**629.3**
2234.6	2343.4	3465.9	2366.2	1994.0	2095.6	**2173.0**	2477.5	1970.9	2177.8	**2171.0**
338.4	203.0	227.0	340.8	420.1	575.9	**423.1**	547.8	124.7	497.3	**414.3**
909.4	730.5	772.7	679.6	831.6	711.8	**860.7**	962.8	875.2	834.8	**693.1**
656.6	781.4	657.9	744.2	855.3	538.3	**729.7**	593.7	653.9	783.2	**631.7**
192.7	89.6	67.0	118.3	154.3	139.7	**169.9**	101.1	108.4	204.7	**135.6**
94.7	130.3	13.0	43.8	85.3	58.5	**136.2**	70.1	51.9	178.2	**80.5**
93.9	54.3	97.2	86.6	66.8	32.4	**64.9**	46.4	55.7	71.8	**75.4**
146.4	217.3	174.4	193.8	221.3	124.9	**161.4**	187.5	194.3	144.9	**133.2**
2590.9	2551.4	2162.4	1642.7	3361.4	1848.6	**1538.6**	1859.2	1814.0	1380.0	**1703.2**
1909.0	1922.6	1707.6	981.7	2697.0	1252.2	**1035.2**	1222.0	1310.0	904.5	**1174.9**
681.9	628.8	454.8	661.0	664.4	596.3	**503.3**	637.1	504.0	475.4	**528.3**
1560.4	975.6	1313.8	1516.8	1535.8	806.4	**1039.1**	1044.4	1189.6	987.6	**1032.6**
486.7	405.0	363.0	538.8	420.7	414.6	**363.0**	481.1	361.3	339.2	**323.8**
1339.0	724.2	980.1	1236.3	1154.0	620.7	**824.5**	810.7	868.1	812.7	**847.7**
1361.9	1134.4	904.6	1322.5	1535.3	1648.1	**1453.5**	1083.3	1097.3	1649.4	**979.4**
547.4	434.3	386.6	419.1	487.7	426.5	**489.0**	515.4	401.6	512.8	**302.5**
547.8	200.6	146.0	282.0	302.1	180.2	**190.6**	187.1	152.0	204.3	**202.0**
5134.0	**4319.4**	**6235.4**	**5123.7**	**5236.1**	**4186.7**	**3997.4**	**4009.4**	**4129.7**	**3950.6**	**3934.2**
8778.1	**8447.6**	**7425.8**	**7685.1**	**10030.2**	**7726.3**	**7597.7**	**7862.4**	**7207.4**	**7673.8**	**7090.9**

2-86 续表

单位：元/人

指标名称	Item	利通区 Litong	红寺堡区 Hongsipu	盐池县 Yanchi	同心县 Tongxin	青铜峡市 Qingtongxia
生活消费支出	**Living Expenditure**	**11850.7**	**10705.2**	**10966.3**	**9614.2**	**11545.2**
(一)食品烟酒	Food, Tobacco and Liquor	3909.9	3249.7	3741.9	3163.1	3361.3
#粮食	Grain	439.6	546.6	577.8	523.6	504.2
油脂	Oil and Fats	134.1	154.3	121.5	174.9	124.0
肉禽及制品	Meat, Poultry and Processed Products	1045.3	1027.9	1347.6	1123.9	869.5
蛋	Eggs	44.8	37.7	83.3	50.5	48.4
水产品	Aquatic Products	45.9	24.3	34.1	20.0	35.0
蔬菜	Vegetables	290.6	221.2	260.6	258.2	288.7
烟草	Tobacco	257.1	154.5	301.1	144.7	279.6
酒和饮料	Liquor and Beverages	65.9	138.7	141.1	71.2	95.4
奶及奶制品	Milk and Processed Products	102.2	75.8	92.2	125.2	130.0
(二)衣着	Clothing	1028.4	746.1	869.0	633.1	692.2
#服装	Garments	815.7	592.8	669.0	482.5	542.2
(三)居住	Residence	2152.2	1893.2	1771.6	2407.2	2305.9
#住房维修及管理	Housing Maintenance and Management	157.6	330.2	281.0	608.5	653.6
水电燃料及其他	Water, Electricity, Fuels and Others	753.0	519.8	719.6	738.4	666.2
(四)生活用品及服务	Household Facilities, Articles and Services	678.1	542.2	563.4	549.6	732.9
#家用器具	Home Appliances	135.7	90.3	146.8	107.0	183.9
家具及室内装饰品	Articles for Interior Decoration	35.9	50.3	39.4	72.3	178.0
家用纺织品	Bed Articles	84.9	99.0	50.1	87.2	49.8
家庭日用杂品	Household Articles for Daily Use	116.2	154.2	178.6	134.2	121.5
(五)交通通信	Transport and Communications	1824.6	1713.5	1958.6	1207.6	1902.5
#交通	Transport	1105.1	1220.8	1347.4	926.9	1392.1
通信	Communications	719.6	492.7	611.2	280.8	510.4
(六)教育文化娱乐	Education, Culture and Recreation	1013.8	1182.3	906.8	807.0	1234.1
文化娱乐	Culture and Recreation	424.3	324.2	376.6	185.4	307.3
#教育	Education	747.8	1013.1	704.5	704.7	1070.0
(七)医疗保健	Health Care and Medical Services	979.7	1252.9	972.4	777.7	1012.4
#医疗器具及药品	Medical Instrument and Medicine	300.9	333.3	308.0	346.3	243.1
(八)其他用品及服务	Other Commodities and Services	264.0	125.3	182.5	68.8	303.8
服务性消费支出	**Consumption Expenditure for Service**	**4629.3**	**3959.4**	**3235.9**	**2891.6**	**4344.1**
商品性消费支出	**Consumption Expenditure for Commodity**	**7221.3**	**6745.7**	**7730.4**	**6722.6**	**7201.2**

continued

(yuan/person)

固原市 Guyuan	原州区 Yuanzhou	西吉县 Xiji	隆德县 Longde	泾源县 Jingyuan	彭阳县 Pengyang	中卫市 Zhongwei	沙坡头区 Shapotou	中宁县 Zhongning	海原县 Haiyuan
9699.2	9658.4	9580.6	11851.1	7487.7	9599.1	10553.9	12606.4	12043.8	9230.3
2902.8	2754.4	2997.8	3402.4	2377.4	2860.7	2877.3	3380.2	2938.9	2672.0
613.5	494.2	720.7	745.7	526.6	532.8	530.5	507.1	492.0	554.1
126.9	157.1	108.3	110.7	130.2	125.8	131.0	136.3	113.7	136.0
753.5	783.6	806.3	667.5	468.3	818.1	843.4	910.7	685.5	881.0
58.7	50.3	60.6	87.6	44.0	54.6	45.1	51.5	48.8	41.4
16.7	12.5	21.6	24.0	11.4	10.4	23.7	42.8	23.2	17.0
188.6	175.1	158.6	245.7	234.5	205.7	258.1	364.1	276.1	212.8
265.8	191.0	300.4	439.2	141.1	254.8	207.9	344.3	247.2	143.3
140.9	82.2	168.2	211.4	90.1	156.6	91.4	131.0	91.9	77.0
96.6	120.2	96.1	77.6	116.7	60.5	91.5	114.1	107.6	77.1
532.7	559.6	477.3	522.2	602.2	575.0	662.1	717.2	636.2	652.4
392.7	401.7	348.9	379.8	462.0	442.7	493.5	565.8	487.6	469.8
1675.9	1557.5	1494.5	2162.8	1459.5	2013.7	2036.0	2635.4	2281.6	1723.7
211.6	185.0	186.6	299.9	151.0	276.8	530.4	743.5	637.6	411.7
590.6	628.8	567.1	650.2	402.3	636.6	584.4	733.1	675.5	495.1
501.1	477.2	518.5	581.0	429.0	483.1	643.7	799.1	598.5	605.5
102.2	89.5	113.6	117.1	78.0	101.1	127.3	170.5	147.0	104.1
84.1	77.9	105.8	114.2	62.5	36.5	115.9	184.0	92.4	100.7
43.3	36.7	43.0	45.7	40.4	55.1	67.7	74.7	61.6	67.5
141.4	113.1	142.5	184.2	129.2	161.0	144.1	166.6	120.4	145.2
1671.9	2010.3	1418.0	2338.2	982.6	1509.3	1537.9	1950.2	2177.0	1138.7
1210.2	1504.5	899.9	2023.0	658.1	1051.8	1086.6	1398.4	1669.1	745.8
461.7	505.8	518.1	315.3	324.5	457.5	451.3	551.8	507.9	392.9
1246.2	1011.9	1481.5	1331.6	855.4	1297.2	1157.1	1049.1	1142.5	1201.7
353.7	372.1	422.8	222.9	247.0	336.4	287.1	355.9	308.7	253.9
1093.0	857.7	1317.3	1135.8	792.9	1150.9	976.3	863.9	966.4	1020.6
1037.1	1115.7	1060.7	1363.8	721.3	774.8	1463.9	1752.5	2025.8	1139.5
302.6	285.1	278.9	397.2	319.3	299.8	414.7	409.2	458.6	399.4
131.2	172.0	132.3	149.2	60.3	85.3	175.9	322.6	243.2	96.6
3648.9	3581.6	3746.4	4196.9	2833.6	3589.0	3886.5	4710.6	4893.9	3194.5
6050.3	6076.8	5834.2	7654.2	4654.2	6010.1	6667.4	7895.7	7149.9	6035.7

2-87　2020年各市县农村居民家庭总收入情况

单位：元/人

指标名称	Item	全区 Total	沿黄地区 Plain	中南部地区 Mountain Area	银川市 Yinchuan
全年总收入	**Total Revenue**	**22522.3**	**24409.0**	**17628.9**	**22342.6**
1.工资性收入	Income from Wages and Salaries	5150.0	7278.4	4560.3	7540.7
2.经营性收入	Business Income	13197.2	14442.4	10345.2	12519.7
(1)第一产业收入	The Primary Industry	9872.1	10662.3	9102.8	8352.1
农业收入	Agriculture	4501.5	6244.1	3133.3	5447.1
林业收入	Forestry	84.5	12.9	95.9	23.9
牧业收入	Animal Husbandry	5286.1	4351.3	5873.7	2687.6
渔业收入	Fishery	0.1	54.0		193.5
(2)第二产业收入	The Secondary Industry	209.1	568.8	96.3	277.5
工业收入	Industry	40.1	274.2	34.8	77.5
建筑业收入	Construction Industry	169.0	294.6	61.5	200.0
(3)第三产业收入	The Tertiary Industry	3116.1	3211.3	1146.1	3890.2
交通运输业收入	Transportation Industry	1629.2	1462.4	529.0	1982.7
批发零售和住宿餐饮业收入	Wholesales, Retail Trade, Hotel and Catering Sectors	954.9	1017.4	466.7	1250.1
社会服务业收入	Social Services	249.2	372.0	75.2	555.4
其他家庭经营收入	Others	282.8	359.4	75.1	101.9
3.财产性收入	Income from Property	521.7	456.7	100.3	604.0
红利收入	Dividend Income	37.0	15.6	13.2	6.8
#转让承包土地经营权租金收入	Rental Income from the Management Rights Transfer of Land Contracted	307.8	260.2	51.3	330.5
4.转移性收入	Income from Transfer	3653.3	2231.5	2623.1	1678.2
#养老金或离退休金	Pension or Retirement Benefits	1169.2	1304.3	625.7	932.6
报销医疗费	Reimbursement of Medical Expenses	343.1	243.6	171.7	162.2
政策性惠农补贴	Political Subsidy Supporting Agriculture	684.4	232.2	769.0	187.0
5.非收入所得	Non-income Revenue	2060.3	2392.9	1756.5	3072.2
(1)出售资产所得	Proceeds from Sale of Assets	491.2	766.4	328.2	957.9
(2)非经常性转移所得	Income from Non-recurrent Transfers	1542.5	1626.3	1399.2	2114.2
(3)其他非收入所得	Other Non-income Revenue	26.6	0.1	29.1	0.1
6.借贷性所得	Borrowing Income	4650.3	3304.7	5323.6	4016.4
(1)提取储蓄存款	Dissaving	389.1	1198.0	263.3	1692.0
(2)借入款	Borrowed	1094.0	584.2	1357.7	630.7
(3)收回借出款	Recall the Loan	93.9	107.6	93.8	196.9
(4)收回储蓄性保险本金	Redemption of Deposit Insurance Principal	3.4	3.9		
(5)银行信用社得到的贷款	Bank Loan	2949.9	1329.5	3464.6	1255.7

Basic Statistics of Total Income for Rural Households by City and County (2020)

(yuan/person)

兴庆区 Xingqing	西夏区 Xixia	金凤区 Jinfeng	永宁县 Yongning	贺兰县 Helan	灵武市 Lingwu	**石嘴山市 Shizuishan**	大武口区 Dawukou	惠农区 Huinong	平罗县 Pingluo	**吴忠市 Wuzhong**
26217.8	**15422.8**	**17383.3**	**19165.1**	**24315.4**	**26897.3**	**26552.1**	**16090.3**	**24056.2**	**29550.8**	**22776.5**
8315.3	6177.4	8977.4	7070.2	8442.8	7641.8	**5643.7**	10620.0	6543.8	4313.5	**6620.6**
15598.4	7411.9	5798.4	9813.1	13298.5	16940.7	**17619.7**	3572.7	15414.3	21261.8	**13824.0**
13465.5	3239.5	2183.7	5737.9	10287.0	10484.8	**13795.9**	913.3	12662.6	16838.1	**11134.3**
9532.7	2968.8	1356.8	5190.9	8350.0	2907.1	**8223.9**	695.9	8604.7	9651.9	**3788.7**
			32.6	43.9	28.8	**18.8**			29.0	**3.9**
3024.5	270.8	826.9	514.4	1535.8	7548.9	**5553.2**	217.4	4057.8	7157.1	**7341.7**
908.4				357.4						
216.0	318.9	654.0	373.5	241.0	208.2	**1310.1**	480.3	46.7	1905.1	**236.9**
	318.9				73.1	**1109.2**	480.3	46.7	1595.4	**70.2**
216.0		654.0	373.5	241.0	135.1	**200.9**			309.8	**166.7**
1916.8	3853.4	2960.7	3701.7	2770.5	6247.7	**2513.6**	2179.2	2705.0	2518.6	**2452.8**
1236.5	957.2	1344.6	3352.1	588.2	3445.0	**1030.4**	989.2	2215.0	641.7	**900.9**
679.0	728.2	371.0	173.2	1500.6	2664.9	**829.4**	712.4	108.2	1095.4	**1080.7**
	2050.6	1054.9	163.4	440.6	67.3	**127.0**	456.1	303.1		**433.6**
1.3	117.4	190.2	13.1	241.1	70.5	**526.8**	21.5	78.8	781.5	**37.6**
1377.3	440.3	618.5	825.5	622.5	139.2	**441.8**	157.4	656.3	428.7	**220.6**
24.0		24.2		14.9		**1.8**	13.1			**37.9**
596.6	297.1	285.4	503.9	339.4	70.1	**264.6**	34.0	565.7	211.3	**104.5**
926.8	1393.1	1989.0	1456.4	1951.7	2175.6	**2847.0**	1740.1	1441.9	3546.8	**2111.3**
261.7	701.0	1350.1	860.2	931.1	1490.5	**1979.0**	1284.6	1052.3	2433.1	**822.3**
165.3	83.5	178.7	111.9	277.5	148.8	**308.9**	211.6	103.6	397.8	**151.3**
232.6	74.4	43.6	126.7	327.5	171.8	**222.3**	5.0	62.5	320.8	**440.3**
3003.9	2689.0	2258.8	5554.8	1915.6	2511.4	**1995.2**	993.5	2610.6	1995.9	**1991.3**
574.7	175.0	225.1	2958.5	127.3	948.8	**650.9**	18.0	941.6	684.3	**390.3**
2429.3	2514.1	2033.7	2596.3	1788.0	1562.5	**1344.3**	975.5	1669.0	1311.7	**1599.2**
				0.3						**1.9**
7709.9	2828.1	6028.8	2728.2	2938.9	5168.4	**1306.6**	217.0	4356.3	509.3	**4213.1**
2013.0	2268.1	4350.0	1885.4	412.4	2039.8	**28.6**	29.0		38.1	**1264.2**
2653.8	10.4	270.4	479.1	280.5	611.8	**282.4**		5.3	433.7	**621.0**
453.6	525.1	127.4	194.2	1.2	11.2	**90.7**		417.0		**141.0**
						24.3			37.5	
1238.0	24.5	1281.0	169.6	1908.7	2505.6	**880.6**	188.0	3933.9		**2157.8**

2-87 续表

单位：元/人

指标名称	Item	利通区 Litong	红寺堡区 Hongsipu	盐池县 Yanchi	同心县 Tongxin
全年总收入	**Total Revenue**	**24262.7**	**16424.7**	**23797.2**	**15582.9**
1.工资性收入	Income from Wages and Salaries	9146.5	5618.8	1677.2	4189.1
2.经营性收入	Business Income	12843.8	8546.4	19174.6	8292.3
(1)第一产业收入	The Primary Industry	9093.9	7190.7	14634.8	7460.5
农业收入	Agriculture	2517.9	3563.7	4047.5	1879.7
林业收入	Forestry		3.2		14.4
牧业收入	Animal Husbandry	6575.9	3623.8	10587.3	5566.4
渔业收入	Fishery				
(2)第二产业收入	The Secondary Industry	728.3			101.7
工业收入	Industry	161.2			101.7
建筑业收入	Construction Industry	567.1			
(3)第三产业收入	The Tertiary Industry	3021.7	1355.7	4539.8	730.1
交通运输业收入	Transportation Industry	699.4	747.6	2291.1	336.9
批发零售和住宿餐饮业收入	Wholesales, Retail Trade, Hotel and Catering Sectors	1457.0	423.2	2107.9	215.7
社会服务业收入	Social Services	813.2	172.7	140.8	154.3
其他家庭经营收入	Others	52.1	12.2	0.0	23.2
3.财产性收入	Income from Property	214.6	115.5	485.6	28.8
红利收入	Dividend Income	49.0	15.2	206.0	0.5
#转让承包土地经营权租金收入	Rental Income from the Management Rights Transfer of Land Contracted	110.2	34.1	74.0	13.6
4.转移性收入	Income from Transfer	2057.8	2143.9	2459.8	3072.6
#养老金或离退休金	Pension or Retirement Benefits	1349.3	329.9	245.8	1065.4
报销医疗费	Reimbursement of Medical Expenses	144.8	117.2	152.9	188.8
政策性惠农补贴	Political Subsidy Supporting Agriculture	133.2	672.5	1546.1	544.6
5.非收入所得	Non-income Revenue	2036.4	2913.0	2147.3	2420.2
(1)出售资产所得	Proceeds from Sale of Assets	321.2	523.3	959.3	365.3
(2)非经常性转移所得	Income from Non-recurrent Transfers	1715.2	2377.3	1186.4	2054.9
(3)其他非收入所得	Other Non-income Revenue		12.4	1.6	
6.借贷性所得	Borrowing Income	1375.5	3696.1	8471.0	5354.3
(1)提取储蓄存款	Dissaving	361.6		4127.7	24.0
(2)借入款	Borrowed		1362.3	2909.6	475.0
(3)收回借出款	Recall the Loan	59.3	154.3	456.7	9.3
(4)收回储蓄性保险本金	Redemption of Deposit Insurance Principal				
(5)银行信用社得到的贷款	Bank Loan	954.6	2179.5	926.1	4740.0

continued

(yuan/person)

青铜峡市 Qingtongxia	**固原市 Guyuan**	原州区 Yuanzhou	西吉县 Xiji	隆德县 Longde	泾源县 Jingyuan	彭阳县 Pengyang	**中卫市 Zhongwei**	沙坡头区 Shapotou	中宁县 Zhongning	海原县 Haiyuan
30941.4	**18298.8**	**22541.8**	**15695.0**	**19570.2**	**14446.9**	**17833.0**	**18789.0**	**23550.2**	**22720.1**	**15532.2**
8508.7	**4460.9**	5625.7	3277.2	4852.5	5052.0	4370.7	**5384.8**	7041.5	5218.8	4853.4
20970.9	**11118.9**	13997.2	9813.3	11095.9	7708.3	10958.9	**10504.7**	12901.8	14347.1	8134.0
17863.3	**9978.1**	13019.4	8472.7	10678.9	6588.8	9387.9	**8270.1**	10198.6	10067.6	6870.5
7156.5	**3572.4**	2602.0	4880.0	3716.1	558.0	4025.5	**4995.0**	7202.5	8851.3	2687.2
0.8	**175.0**	11.0	26.4	30.1	1546.9	107.6	**4.0**	5.9		5.0
10706.0	**6230.7**	10406.4	3566.3	6932.7	4484.0	5254.8	**3271.1**	2990.2	1216.4	4178.3
	157.3	146.4	292.7	122.8			**252.5**	462.6	703.3	
	45.1		130.2				**95.1**	462.6		
	112.2	146.4	162.5	122.8			**157.4**		703.3	
3107.6	**983.6**	831.4	1047.9	294.2	1119.5	1571.1	**1982.0**	2240.7	3576.1	1263.6
1167.4	**309.3**	364.8	365.3	149.5	430.6	148.7	**1160.6**	447.1	2430.0	919.6
1368.8	**548.3**	341.2	614.9	57.6	610.7	1111.2	**319.7**	319.3	696.2	172.2
507.1	**30.9**	30.1	14.3	83.6	78.2		**119.4**	282.2	24.2	98.0
64.3	**95.0**	95.3	53.4	3.6	0.0	311.2	**382.4**	1192.1	425.7	73.8
354.8	**86.0**	126.9	61.7	126.2	74.3	43.3	**253.7**	448.0	439.0	111.1
	8.0	0.5		51.7	14.5		**12.3**		46.6	3.2
236.6	**49.9**	119.4	11.4	59.2	38.0	12.8	**158.1**	179.3	362.6	70.2
1107.1	**2633.0**	2792.0	2542.9	3495.6	1612.3	2460.0	**2645.8**	3158.9	2715.4	2433.8
481.6	**449.6**	418.0	383.5	930.7	217.5	401.6	**1211.0**	1886.3	1180.7	979.6
143.2	**208.7**	237.7	206.5	227.5	131.0	193.4	**208.6**	288.0	479.2	73.9
108.7	**799.5**	1074.7	780.1	666.4	630.5	568.7	**572.0**	448.1	323.0	714.4
932.1	**1836.2**	2171.1	2088.4	1254.3	1842.6	1167.5	**1380.4**	2580.4	2206.7	624.0
176.2	**370.7**	476.7	429.5	166.3	468.2	165.9	**385.4**	922.4	834.5	15.9
755.9	**1421.9**	1539.4	1658.9	1088.0	1365.2	1001.6	**994.8**	1658.0	1371.6	608.1
	43.6	155.0			9.1		**0.1**		0.5	
5093.6	**5772.4**	7667.1	6114.9	3000.1	5740.2	3966.9	**3922.4**	2829.6	4561.5	4065.3
3035.5	**207.8**	403.3	86.6		371.9	203.1	**266.7**	379.2	843.3	
104.5	**1235.2**	1760.8	1034.2	390.8	1173.5	1464.4	**1665.2**	699.5	1823.6	1950.8
221.2	**113.5**	38.9	136.3	316.8	23.6	84.1	**44.1**	45.2	100.2	21.6
1732.4	**3998.9**	4922.7	4662.4	2292.5	4171.2	2215.3	**1915.6**	1678.1	1681.8	2092.8

2-88 2020年各市县农村居民家庭总支出情况

单位：元/人

指标名称	Item	全区 Total	沿黄地区 Plain
全年总支出	**Total Expenditure**	**27897.0**	**28728.8**
1.生活消费支出	Living Expenditure	**11724.3**	**12452.0**
食品烟酒	Food Tobacco Liquor	**3331.1**	**3674.3**
衣着	Clothing	**656.0**	**860.1**
居住	Residence	**2197.5**	**2320.3**
生活用品及服务	Articles and Services for Daily Use	**626.4**	**710.7**
医疗保健	Health Care	**1478.0**	**1444.1**
交通通信	Transportation Communication	**2022.4**	**2021.6**
教育文化娱乐	Education, Culture and Entertainment	**1179.6**	**1158.3**
其他用品及服务	Other Supplies and Services	**233.3**	**262.7**
2.生产经营费用支出	Expenditure for Household Business	**6818.5**	**6112.3**
(1)第一产业生产支出	The Primary Industry	**5739.7**	**5364.9**
农业生产支出	Agriculture	**1854.4**	**2519.3**
林业生产支出	Forestry	**38.5**	**2.6**
牧业生产支出	Animal Husbandry	**3846.8**	**2811.4**
渔业生产支出	Fishery	**0.0**	**31.5**
(2)第二产业生产支出	The Secondary Industry	**68.6**	**73.2**
工业生产支出	Industry	**15.7**	**12.2**
建筑业生产支出	Construction Industry	**52.9**	**61.0**
(3)第三产业生产支出	The Tertiary Industry	**1010.1**	**674.2**
交通运输业生产支出	Transportation Industry	**817.6**	**489.7**
批发零售和住宿餐饮业生产支出	Wholesales, Retail Trade, Hotel and Catering Sectors	**65.8**	**33.9**
社会服务业生产支出	Social Services	**32.0**	**30.0**
其他家庭经营生产支出	Others	**94.7**	**120.5**
3.财产性支出	Property Expenditure	**128.2**	**85.7**
4.转移性支出	Transfer Expenditure	**856.8**	**872.1**
5.部分商业保险支出	Commercial Insurance Expenditure	**87.2**	**222.5**
6.购置资产及非经常性转移支出	Acquisition of Assets and Non-recurrent Transfer Expenses	**5784.4**	**6713.7**
(1)建造住房支出	Build Housing	**733.2**	**359.0**
(2)购买住房支出	Purchase Housing	**1154.0**	**2543.8**
(3)购建第一产业生产性固定资产	Purchase and Build the Productive Fixed Assets of the Primary Industry	**991.6**	**983.2**
#购买或建造农业生产性用房	Purchase or Build Agricultural Productive Housing	**217.5**	**76.5**
购买产品畜	Purchase Stock	**413.0**	**647.5**
购买或建造农业设施	Purchase or Build Agricultural Facilities	**22.1**	**24.4**
购买农业机械	Purchase Agricultural Machinery	**335.7**	**234.9**
(4)购建第二产业生产性固定资产支出	Purchase and Build the Productive Fixed Assets of the Secondary Industry	**9.4**	**122.5**
(5)购建第三产业生产性固定资产支出	Purchase and Build the Productive Fixed Assets of the Tertiary Industry	**629.9**	**305.6**
(6)非经常性转移支出	Non-recurrent Transfer Expenditures	**2236.0**	**2353.1**
7.借贷性支出	Borrowing Expenditure	**2497.6**	**2270.4**
(1)归还银行信用社贷款	Repay the Loan to the Bank or Credit Union	**1475.6**	**1632.6**
(2)归还借款	Pay off the Loan	**835.4**	**493.6**
(3)存入银行款	Bank Deposit	**121.5**	**122.3**

Basic Statistics of Total Expenses for Rural Households by City and County (2020)

(yuan/person)

中南部地区 Mountain Area	银川市 Yinchuan	兴庆区 Xingqing	西夏区 Xixia	金凤区 Jinfeng	永宁县 Yongning	贺兰县 Helan	灵武市 Lingwu	石嘴山市 Shizuishan	大武口区 Dawukou	惠农区 Huinong	平罗县 Pingluo	吴忠市 Wuzhong
22772.2	26296.3	27817.9	16805.5	21966.5	20286.0	30619.4	34074.7	29899.0	15783.7	22735.4	35217.5	27233.4
9728.5	13318.4	13912.0	12767.0	13661.2	12808.8	15266.2	11912.9	11595.1	11871.8	11337.1	11624.4	11025.1
2942.1	4108.1	4186.1	3925.8	3940.3	3938.8	4642.9	3829.7	3589.1	3733.4	3512.9	3584.8	3501.8
599.3	947.1	773.9	854.5	1070.3	995.5	1039.4	966.1	881.5	893.2	946.4	857.3	803.5
1811.5	2208.4	2234.6	2343.4	3465.9	2366.2	1994.0	2095.6	2173.0	2477.5	1970.9	2177.8	2171.0
532.7	717.2	656.6	781.4	657.9	744.2	855.3	538.3	729.7	593.7	653.9	783.2	631.7
1037.5	1414.1	1361.9	1134.4	904.6	1322.5	1535.3	1648.1	1453.5	1083.3	1097.3	1649.4	979.4
1536.0	2393.6	2590.9	2551.4	2162.4	1642.7	3361.4	1848.6	1538.6	1859.2	1814.0	1380.0	1703.2
1151.2	1252.9	1560.4	975.6	1313.8	1516.8	1535.8	806.4	1039.1	1044.4	1189.6	987.6	1032.6
118.1	277.0	547.8	200.6	146.0	282.0	302.1	180.2	190.6	187.1	152.0	204.3	202.0
4691.5	4311.2	6515.7	1260.5	1797.2	1983.4	5372.0	6685.9	7296.5	486.7	5881.6	9178.0	6478.4
4391.3	3623.2	6387.4	951.2	1056.0	1685.0	5062.6	4708.7	6969.0	301.5	5253.2	8922.0	5871.7
1004.5	1846.7	3758.2	729.1	485.5	1394.4	3137.8	942.4	2945.2	202.9	2567.3	3638.6	1495.0
19.1	1.5				5.8	0.8	0.5	1.6	7.7		0.9	6.5
3367.6	1647.6	1807.4	221.7	570.5	284.8	1800.2	3765.9	4022.2	90.9	2685.9	5282.6	4370.2
0.0	127.5	821.8	0.4			123.8						
38.0	56.0	112.1				113.0	66.0	28.5	72.6	6.1	26.9	24.2
17.3	12.0						50.5	11.1	72.6	6.1		24.2
20.7	44.0	112.1				113.0	15.5	17.4			26.9	
262.3	632.0	16.1	309.3	741.2	298.4	196.3	1911.2	299.0	112.6	622.3	229.1	582.6
138.8	577.0	10.6	232.4	588.8	296.2	126.1	1824.9	142.5	51.7	535.4	29.6	342.6
84.5	16.2	4.3				31.6	34.2	30.4			46.9	171.4
15.4	21.5		73.8	80.6		1.2	26.0	13.8	47.5	34.0		62.2
23.5	17.3	1.2	3.0	71.7	2.2	37.4	26.1	112.2	13.4	52.9	152.5	6.4
60.8	24.5	6.8		116.2	23.0	31.5	41.4	42.5	78.8	13.8	44.6	99.2
427.0	672.4	731.4	394.7	620.3	673.7	374.9	1163.8	736.0	1203.7	536.9	706.1	617.5
57.8	210.1	210.2	140.7	615.5	198.3	221.3	240.0	247.6	131.6	324.0	246.0	136.0
5283.3	5788.2	3475.0	1621.4	1301.5	2940.8	7730.5	10980.7	8936.2	1524.0	2561.7	12605.0	6580.2
640.7	29.8				99.4		41.0	60.6	12.7	96.0	58.7	314.0
778.9	2323.3		183.1	429.6	963.9	3927.9	4836.8	3551.4			5476.0	2280.4
1434.6	482.2	615.4	65.4	69.6	4.6	1201.9	452.7	1804.1	1.3	801.1	2513.0	1141.1
356.7	8.9					37.3		285.1	1.3	147.5	389.8	103.4
679.6	340.8	318.7		40.8		875.4	391.7	1065.7		20.5	1636.3	811.8
30.3	21.7	40.1				54.1	16.7					52.7
368.1	110.9	256.6	65.4	28.8	4.6	235.2	44.2	453.4		633.1	486.8	173.3
109.9								772.1			1190.5	
535.6	682.9		214.0				2703.3	241.6			372.5	126.5
1777.5	2234.2	2859.6	1158.8	802.3	1801.8	2511.1	2947.0	2475.4	1510.0	1664.7	2946.8	2652.2
2523.2	1971.6	2966.6	621.2	3854.7	1658.0	1622.9	3050.0	1045.1	487.0	2080.3	813.4	2296.9
1560.7	1160.6	270.5	231.1	3361.1	1132.8	1590.7	1804.6	736.2	455.0	1242.5	624.5	1379.4
865.3	641.9	2479.1	28.5	493.6	255.6	7.6	1182.9	305.9	8.9	837.7	188.9	562.4
1.6	154.6	213.7	361.6		226.9	1.6	62.5	3.1	23.2			188.6

2-88 续表

单位：元/人

指标名称	Item	利通区 Litong	红寺堡区 Hongsipu
全年总支出	**Total Expenditure**	**25673.6**	**25787.2**
1.生活消费支出	Living Expenditure	11850.7	10705.2
食品烟酒	Food Tobacco Liquor	3909.9	3249.7
衣着	Clothing	1028.4	746.1
居住	Residence	2152.2	1893.2
生活用品及服务	Articles and Services for Daily Use	678.1	542.2
医疗保健	Health Care	979.7	1252.9
交通通信	Transportation Communication	1824.6	1713.5
教育文化娱乐	Education, Culture and Entertainment	1013.8	1182.3
其他用品及服务	Other Supplies and Services	264.0	125.3
2.生产经营费用支出	Expenditure for Household Business	4809.2	4979.7
(1)第一产业生产支出	The Primary Industry	4408.2	4348.8
农业生产支出	Agriculture	1070.8	1667.7
林业生产支出	Forestry		13.5
牧业生产支出	Animal Husbandry	3337.4	2667.6
渔业生产支出	Fishery		
(2)第二产业生产支出	The Secondary Industry	50.8	
工业生产支出	Industry	50.8	
建筑业生产支出	Construction Industry		
(3)第三产业生产支出	The Tertiary Industry	350.2	630.9
交通运输业生产支出	Transportation Industry	82.2	514.0
批发零售和住宿餐饮业生产支出	Wholesales, Retail Trade, Hotel and Catering Sectors	118.1	21.2
社会服务业生产支出	Social Services	138.2	74.1
其他家庭经营生产支出	Others	11.7	21.5
3.财产性支出	Property Expenditure	192.4	98.4
4.转移性支出	Transfer Expenditure	1097.1	421.4
5.部分商业保险支出	Commercial Insurance Expenditure	119.9	64.0
6.购置资产及非经常性转移支出	Acquisition of Assets and Non-recurrent Transfer Expenses	6095.7	5822.4
(1)建造住房支出	Build Housing		473.6
(2)购买住房支出	Purchase Housing	1574.9	1084.4
(3)购建第一产业生产性固定资产	Purchase and Build the Productive Fixed Assets of the Primary Industry	1675.2	970.4
#购买或建造农业生产性用房	Purchase or Build Agricultural Productive Housing		414.6
购买产品畜	Purchase Stock	1590.7	338.4
购买或建造农业设施	Purchase or Build Agricultural Facilities		0.9
购买农业机械	Purchase Agricultural Machinery	84.5	216.4
(4)购建第二产业生产性固定资产支出	Purchase and Build the Productive Fixed Assets of the Secondary Industry		
(5)购建第三产业生产性固定资产支出	Purchase and Build the Productive Fixed Assets of the Tertiary Industry		74.2
(6)非经常性转移支出	Non-recurrent Transfer Expenditures	2845.6	3156.1
7.借贷性支出	Borrowing Expenditure	1508.7	3696.2
(1)归还银行信用社贷款	Repay the Loan to the Bank or Credit Union	1031.5	2166.9
(2)归还借款	Pay off the Loan	95.7	1501.9
(3)存入银行款	Bank Deposit	377.6	

continued

(yuan/person)

盐池县 Yanchi	同心县 Tongxin	青铜峡市 Qingtongxia	**固原市 Guyuan**	原州区 Yuanzhou	西吉县 Xiji	隆德县 Longde	泾源县 Jingyuan	彭阳县 Pengyang	**中卫市 Zhongwei**	沙坡头区 Shapotou	中宁县 Zhongning	海原县 Haiyuan
28308.3	**17579.1**	**38571.5**	**23704.1**	**29262.6**	**21592.9**	**22848.3**	**20184.7**	**21388.9**	**23662.1**	**29280.5**	**26173.1**	**20653.6**
10966.3	9614.2	11545.2	**9699.2**	9658.4	9580.6	11851.1	7487.7	9599.1	**10553.9**	12606.4	12043.8	9230.3
3741.9	3163.1	3361.3	**2902.8**	2754.4	2997.8	3402.4	2377.4	2860.7	**2877.3**	3380.2	2938.9	2672.0
869.0	633.1	692.2	**532.7**	559.6	477.3	522.2	602.2	575.0	**662.1**	717.2	636.2	652.4
1771.6	2407.2	2305.9	**1675.9**	1557.5	1494.5	2162.8	1459.5	2013.7	**2036.0**	2635.4	2281.6	1723.7
563.4	549.6	732.9	**501.1**	477.2	518.5	581.0	429.0	483.1	**643.7**	799.1	598.5	605.5
972.4	777.7	1012.4	**1037.1**	1115.7	1060.7	1363.8	721.3	774.8	**1463.9**	1752.5	2025.8	1139.5
1958.6	1207.6	1902.5	**1671.9**	2010.3	1418.0	2338.2	982.6	1509.3	**1537.9**	1950.2	2177.0	1138.7
906.8	807.0	1234.1	**1246.2**	1011.9	1481.5	1331.6	855.4	1297.2	**1157.1**	1049.1	1142.5	1201.7
182.5	68.8	303.8	**131.2**	172.0	132.3	149.2	60.3	85.3	**175.9**	322.6	243.2	96.6
8188.4	3574.0	11382.8	**4947.8**	8528.6	2714.8	6204.0	2845.7	3829.6	**4556.7**	6159.0	6484.8	3223.2
5814.7	3389.9	10901.9	**4692.1**	8156.7	2388.9	6095.7	2623.6	3791.2	**3962.2**	5507.0	4543.0	3178.0
1892.1	436.8	2735.9	**1024.6**	877.6	1078.1	1465.6	168.0	1305.3	**2189.5**	3833.2	3889.8	930.5
	3.0	16.6	**33.0**		4.2	25.1	308.0	1.1	**1.3**	0.2		2.2
3922.7	2950.0	8149.4	**3634.5**	7279.1	1306.7	4605.1	2147.6	2484.5	**1771.4**	1673.6	653.2	2245.3
			0.1					0.4	**0.0**			0.0
	41.2		**62.7**	57.1	128.5	19.5			**77.4**		345.6	
	41.2		**25.1**		72.4							
			37.6	57.1	56.0	19.5			**77.4**		345.6	
2373.6	143.0	480.9	**192.9**	314.8	197.4	88.8	222.1	38.4	**517.1**	652.0	1596.3	45.2
1282.9	39.8	441.8	**92.4**	152.9	97.1	41.2	124.2		**346.6**	56.8	1480.6	6.1
1090.8	61.8	30.7	**67.9**	118.8	76.1		95.2		**9.3**	0.0	35.1	2.5
	41.4	8.4	**7.1**	5.8	1.2	38.8	2.7		**3.1**	13.0	0.3	0.6
0.0		0.0	**25.5**	37.3	23.0	8.8	0.0	38.4	**158.2**	582.1	80.2	36.1
185.5	13.3	28.8	**71.4**	121.8	31.0	119.1	23.7	61.9	**64.0**	236.0	32.5	14.4
477.2	417.0	391.1	**387.1**	475.3	245.0	706.5	286.5	349.3	**809.6**	1581.9	888.5	500.5
272.6	20.9	246.4	**52.9**	81.4	60.1	37.0	27.6	15.4	**117.6**	248.0	150.6	57.7
4275.8	3069.1	11896.8	**5664.6**	6862.5	6464.8	2185.1	6658.1	4037.5	**5254.6**	4969.0	4095.7	5812.2
1305.2	505.9		**744.9**	873.5	1050.7	217.6	651.4	330.0	**795.7**	1200.7	1308.6	448.7
	415.0	6570.2	**1226.5**	1400.0	2413.1		2.2	24.5	**321.5**	1359.6	187.9	
1219.0	141.0	1488.2	**1389.8**	2188.2	958.3	915.0	2423.3	730.5	**1718.3**	318.8	917.0	2536.7
294.1	45.8	21.4	**353.7**	643.4	213.5	97.2		562.7	**328.9**	58.2	150.2	496.5
	44.9	1198.6	**580.3**	1153.9	70.0	271.5	2178.6	24.8	**913.2**	7.5	155.2	1536.6
402.9	37.2	11.0	**21.6**	8.3			164.6	26.2	**23.3**	113.1		
522.1	13.1	257.2	**434.2**	382.6	674.7	546.2	80.1	116.8	**453.0**	139.9	611.6	503.6
			169.7	615.4								
506.8	148.5	127.7	**453.7**	385.1	598.4	69.7	1432.6		**775.2**	25.5	169.8	1282.6
1236.3	1858.7	3475.5	**1678.0**	1400.3	1444.3	982.7	2126.7	2952.6	**1640.2**	2056.8	1502.7	1544.2
3942.5	870.6	3080.3	**2881.1**	3534.7	2496.6	1745.4	2855.3	3496.1	**2305.6**	3480.3	2477.2	1815.2
966.9	662.9	2198.3	**1736.9**	2255.5	1507.5	494.6	2300.9	1995.1	**1794.6**	2959.7	1556.8	1468.3
1537.3	185.4	523.3	**1066.9**	1135.9	904.6	1238.8	529.3	1472.1	**495.9**	452.8	920.3	344.9
47.4		303.7	**0.0**			0.2						

2-89　2020年各市县农村居民家庭现金收入情况

单位：元/人

指标名称	Item	全区 Total	沿黄地区 Plain	中南部地区 Mountain Area
全年现金收入	**Annual Cash Income**	**20727.7**	**22716.3**	**15843.7**
1.工资性收入	Income from Wages and Salaries	5112.9	7220.9	4548.4
2.经营性收入	Business Income	11858.1	13070.4	8778.2
(1)第一产业收入	The Primary Industry	8532.9	9290.3	7535.9
农业收入	Agriculture	3305.4	4963.7	1740.1
林业收入	Forestry	81.8	12.9	93.2
牧业收入	Animal Husbandry	5145.7	4259.7	5702.6
渔业收入	Fishery	0.0	54.0	
(2)第二产业收入	The Secondary Industry	209.1	568.8	96.3
工业收入	Industry	40.1	274.2	34.8
建筑业收入	Construction Industry	169.0	294.6	61.5
(3)第三产业收入	The Tertiary Industry	3116.1	3211.3	1146.1
交通运输业收入	Transportation Industry	1629.2	1462.4	529.0
批发零售和住宿餐饮业收入	Wholesales, Retail Trade, Hotel and Catering Sectors	954.9	1017.4	466.7
社会服务业收入	Social Services	249.2	372.0	75.2
其他家庭经营收入	Others	282.8	359.4	75.1
3.财产性收入	Income from Property	521.7	456.7	100.3
红利收入	Dividend Income	37.0	15.6	13.2
#转让承包土地经营权租金收入	Rental Income from the Management Rights Transfer of Land Contracted	307.8	260.2	51.3
4.转移性收入	Income from Transfer	3235.0	1968.3	2416.8
#养老金或离退休金	Pension or Retirement Benefits	1169.2	1304.3	625.7
报销医疗费	Reimbursement of Medical Expenses	172.1	55.7	110.5
政策性惠农补贴	Political Subsidy Supporting Agriculture	684.4	232.2	769.0
5.非收入所得	Non-income Revenue	2060.3	2392.9	1756.5
(1)出售资产所得	Proceeds from Sale of Assets	491.2	766.4	328.2
(2)非经常性转移所得	Income from Non-recurrent Transfers	1542.5	1626.3	1399.2
(3)其他非收入所得	Other Non-income Revenue	26.6	0.1	29.1
6.借贷性所得	Borrowing Income	4650.3	3304.7	5323.6
(1)提取储蓄存款	Dissaving	389.1	1198.0	263.3
(2)借入款	Borrowed	1094.0	584.2	1357.7
(3)收回借出款	Recall the Loan	93.9	107.6	93.8
(4)收回储蓄性保险本金	Redemption of Deposit Insurance Principal	3.4	3.9	
(5)银行信用社得到的贷款	Bank Loan	2949.9	1329.5	3464.6

Basic Statistics of Cash Income for Rural Households by City and County (2020)

(yuan/person)

银川市 Yinchuan	兴庆区 Xingqing	西夏区 Xixia	金凤区 Jinfeng	永宁县 Yongning	贺兰县 Helan	灵武市 Lingwu	石嘴山市 Shizuishan	大武口区 Dawukou	惠农区 Huinong	平罗县 Pingluo	吴忠市 Wuzhong
20943.6	24123.2	15045.4	16903.6	16688.0	23221.6	25591.6	23248.6	15129.8	19014.8	26345.7	21053.2
7517.2	8309.9	6167.4	8951.5	7007.4	8431.7	7619.5	5617.7	10452.7	6539.4	4309.5	6552.3
11313.6	13676.6	7134.1	5526.1	7517.0	12501.8	15816.6	14658.4	2991.2	10507.2	18461.1	12329.8
7146.0	11543.7	2961.7	1911.4	3441.8	9490.3	9360.7	10834.7	331.7	7755.5	14037.4	9640.1
4333.6	7694.5	2727.4	1116.7	2960.8	7661.8	1935.0	5466.3	216.8	3892.3	7078.7	2471.5
23.9				32.6	43.9	28.8	18.8			29.0	3.8
2595.0	2940.9	234.3	794.7	448.4	1427.2	7396.9	5349.6	114.9	3863.1	6929.7	7164.8
193.5	908.4				357.4						
277.5	216.0	318.9	654.0	373.5	241.0	208.2	1310.1	480.3	46.7	1905.1	236.9
77.5		318.9				73.1	1109.2	480.3	46.7	1595.4	70.2
200.0	216.0		654.0	373.5	241.0	135.1	200.9			309.8	166.7
3890.2	1916.8	3853.4	2960.7	3701.7	2770.5	6247.7	2513.6	2179.2	2705.0	2518.6	2452.8
1982.7	1236.5	957.2	1344.6	3352.1	588.2	3445.0	1030.4	989.2	2215.0	641.7	900.9
1250.1	679.0	728.2	371.0	173.2	1500.6	2664.9	829.4	712.4	108.2	1095.4	1080.7
555.4		2050.6	1054.9	163.4	440.6	67.3	127.0	456.1	303.1		433.6
101.9	1.3	117.4	190.2	13.1	241.1	70.5	526.8	21.5	78.8	781.5	37.6
604.0	1377.3	440.3	618.5	825.5	622.5	139.2	441.8	157.4	656.3	428.7	220.6
6.8	24.0		24.2		14.9		1.8	13.1			37.9
330.5	596.6	297.1	285.4	503.9	339.4	70.1	264.6	34.0	565.7	211.3	104.5
1508.8	759.4	1303.6	1807.5	1338.2	1665.7	2016.2	2530.7	1528.5	1311.9	3146.5	1950.5
932.6	261.7	701.0	1350.1	860.2	931.1	1490.5	1979.0	1284.6	1052.3	2433.1	822.3
41.0	29.1	83.1	82.0	27.1	6.8	57.3	68.0	63.6	5.5	89.8	68.1
187.0	232.6	74.4	43.6	126.7	327.5	171.8	222.3	5.0	62.5	320.8	440.3
3072.2	3003.9	2689.0	2258.8	5554.8	1915.6	2511.4	1995.2	993.5	2610.6	1995.9	1991.3
957.9	574.7	175.0	225.1	2958.5	127.3	948.8	650.9	18.0	941.6	684.3	390.3
2114.2	2429.3	2514.1	2033.7	2596.3	1788.0	1562.5	1344.3	975.5	1669.0	1311.7	1599.2
0.1					0.3						1.9
4016.4	7709.9	2828.1	6028.8	2728.2	2938.9	5168.4	1306.6	217.0	4356.3	509.3	4213.1
1692.0	2013.0	2268.1	4350.0	1885.4	412.4	2039.8	28.6	29.0		38.1	1264.2
630.7	2653.8	10.4	270.4	479.1	280.5	611.8	282.4		5.3	433.7	621.0
196.9	453.6	525.1	127.4	194.2	1.2	11.2	90.7		417.0		141.0
							24.3			37.5	
1255.7	1238.0	24.5	1281.0	169.6	1908.7	2505.6	880.6	188.0	3933.9		2157.8

2-89 续表

单位：元/人

指标名称	Item	利通区 Litong	红寺堡区 Hongsipu	盐池县 Yanchi	同心县 Tongxin
全年现金收入	**Annual Cash Income**	**23808.8**	**14613.3**	**20175.7**	**14597.1**
1.工资性收入	Income from Wages and Salaries	8961.0	5591.1	1643.4	4170.9
2.经营性收入	Business Income	12723.0	6887.5	15739.8	7539.1
(1)第一产业收入	The Primary Industry	8973.0	5531.8	11200.0	6707.3
农业收入	Agriculture	2435.1	2152.8	1359.8	1246.3
林业收入	Forestry		3.2		14.0
牧业收入	Animal Husbandry	6538.0	3375.9	9840.3	5447.0
渔业收入	Fishery				
(2)第二产业收入	The Secondary Industry	728.3			101.7
工业收入	Industry	161.2			101.7
建筑业收入	Construction Industry	567.1			
(3)第三产业收入	The Tertiary Industry	3021.7	1355.7	4539.8	730.1
交通运输业收入	Transportation Industry	699.4	747.6	2291.1	336.9
批发零售和住宿餐饮业收入	Wholesales, Retail Trade, Hotel and Catering Sectors	1457.0	423.2	2107.9	215.7
社会服务业收入	Social Services	813.2	172.7	140.8	154.3
其他家庭经营收入	Others	52.1	12.2	0.0	23.2
3.财产性收入	Income from Property	214.6	115.5	485.6	28.8
红利收入	Dividend Income	49.0	15.2	206.0	0.5
#转让承包土地经营权租金收入	Rental Income from the Management Rights Transfer of Land Contracted	110.2	34.1	74.0	13.6
4.转移性收入	Income from Transfer	1910.2	2019.1	2306.9	2858.2
#养老金或离退休金	Pension or Retirement Benefits	1349.3	329.9	245.8	1065.4
报销医疗费	Reimbursement of Medical Expenses	59.3	119.4	98.8	105.9
政策性惠农补贴	Political Subsidy Supporting Agriculture	133.2	672.5	1546.1	544.6
5.非收入所得	Non-income Revenue	2036.4	2913.0	2147.3	2420.2
(1)出售资产所得	Proceeds from Sale of Assets	321.2	523.3	959.3	365.3
(2)非经常性转移所得	Income from Non-recurrent Transfers	1715.2	2377.3	1186.4	2054.9
(3)其他非收入所得	Other Non-income Revenue		12.4	1.6	
6.借贷性所得	Borrowing Income	1375.5	3696.1	8471.0	5354.3
(1)提取储蓄存款	Dissaving	361.6		4127.7	24.0
(2)借入款	Borrowed		1362.3	2909.6	475.0
(3)收回借出款	Recall the Loan	59.3	154.3	456.7	9.3
(4)收回储蓄性保险本金	Redemption of Deposit Insurance Principal				
(5)银行信用社得到的贷款	Bank Loan	954.6	2179.5	926.1	4740.0

continued

(yuan/person)

青铜峡市 Qingtongxia	**固原市 Guyuan**	原州区 Yuanzhou	西吉县 Xiji	隆德县 Longde	泾源县 Jingyuan	彭阳县 Pengyang	**中卫市 Zhongwei**	沙坡头区 Shapotou	中宁县 Zhongning	海原县 Haiyuan
27837.4	**15753.1**	**20170.2**	**12676.4**	**16934.4**	**13809.8**	**14989.5**	**18264.9**	**22998.2**	**20667.1**	**15617.9**
8498.9	**4451.4**	5595.0	3277.0	4851.0	5052.0	4366.0	**5352.2**	7021.8	5093.5	4852.3
18027.7	**8842.7**	11973.6	7031.8	8770.1	7281.9	8321.4	**10250.9**	12657.5	13017.0	8299.1
14920.1	**7701.9**	10995.8	5691.2	8353.1	6162.5	6750.3	**8016.4**	9954.2	8737.6	7035.6
4327.8	**1437.3**	632.8	2343.5	1439.0	187.5	1575.0	**4878.9**	7000.9	7573.9	3057.5
0.8	**170.5**	11.0	23.6	29.4	1546.9	86.2	**4.0**	5.9		4.9
10591.5	**6094.1**	10351.9	3324.1	6884.7	4428.1	5089.2	**3133.5**	2947.4	1163.7	3973.2
	157.3	146.4	292.7	122.8			**252.5**	462.6	703.3	
	45.1		130.2				**95.1**	462.6		
	112.2	146.4	162.5	122.8			**157.4**		703.3	
3107.6	**983.6**	831.4	1047.9	294.2	1119.5	1571.1	**1982.0**	2240.7	3576.1	1263.6
1167.4	**309.3**	364.8	365.3	149.5	430.6	148.7	**1160.6**	447.1	2430.0	919.6
1368.8	**548.3**	341.2	614.9	57.6	610.7	1111.2	**319.7**	319.3	696.2	172.2
507.1	**30.9**	30.1	14.3	83.6	78.2		**119.4**	282.2	24.2	98.0
64.3	**95.0**	95.3	53.4	3.6	0.00	311.2	**382.4**	1192.1	425.7	73.8
354.8	**86.0**	126.9	61.7	126.2	74.3	43.3	**253.7**	448.0	439.0	111.1
	8.0	0.5		51.7	14.5		**12.3**		46.6	3.2
236.6	**49.9**	119.4	11.4	59.2	38.0	12.8	**158.1**	179.3	362.6	70.2
956.0	**2373.0**	2474.7	2306.0	3187.1	1401.5	2258.9	**2408.1**	2870.9	2117.7	2355.4
481.6	**449.6**	418.0	383.5	930.7	217.5	401.6	**1211.0**	1886.3	1180.7	979.6
0.4	**94.4**	111.7	51.7	199.1	8.1	124.2	**120.5**	59.0	117.6	143.7
108.7	**799.5**	1074.7	780.1	666.4	630.5	568.7	**572.0**	448.1	323.0	714.4
932.1	**1836.2**	2171.1	2088.4	1254.3	1842.6	1167.5	**1380.4**	2580.4	2206.7	624.0
176.2	**370.7**	476.7	429.5	166.3	468.2	165.9	**385.4**	922.4	834.5	15.9
755.9	**1421.9**	1539.4	1658.9	1088.0	1365.2	1001.6	**994.8**	1658.0	1371.6	608.1
	43.6	155.0			9.1		**0.1**		0.5	
5093.6	**5772.4**	7667.1	6114.9	3000.1	5740.2	3966.9	**3922.4**	2829.6	4561.5	4065.3
3035.5	**207.8**	403.3	86.6		371.9	203.1	**266.7**	379.2	843.3	
104.5	**1235.2**	1760.8	1034.2	390.8	1173.5	1464.4	**1665.2**	699.5	1823.6	1950.8
221.2	**113.5**	38.9	136.3	316.8	23.6	84.1	**44.1**	45.2	100.2	21.6
1732.4	**3998.9**	4922.7	4662.4	2292.5	4171.2	2215.3	**1915.6**	1678.1	1681.8	2092.8

2-90　2020年各市县农村居民家庭现金支出情况

单位：元/人

指标名称	Item	全区 Total	沿黄地区 Plain
全年现金支出	**Annual Cash Expenditure**	**25647.2**	**26878.9**
1.生活消费支出	Living Expenditure	**10140.1**	**10906.5**
食品烟酒	Food Tobacco Liquor	**2991.0**	**3400.9**
衣着	Clothing	**655.5**	**860.0**
居住	Residence	**1307.2**	**1294.1**
生活用品及服务	Articles and Services for Daily Use	**623.6**	**709.3**
医疗保健	Health Care	**1134.8**	**1200.2**
交通通信	Transportation Communication	**2021.4**	**2021.3**
教育文化娱乐	Education, Culture and Entertainment	**1179.5**	**1158.3**
其他用品及服务	Other Supplies and Services	**227.1**	**262.4**
2.生产经营费用支出	Expenditure for Household Business	**6152.9**	**5807.9**
(1)第一产业生产支出	The Primary Industry	**5074.2**	**5060.4**
农业生产支出	Agriculture	**1792.8**	**2506.4**
林业生产支出	Forestry	**38.5**	**2.6**
牧业生产支出	Animal Husbandry	**3242.8**	**2519.9**
渔业生产支出	Fishery	**0.0**	**31.5**
(2)第二产业生产支出	The Secondary Industry	**68.6**	**73.2**
工业生产支出	Industry	**15.7**	**12.2**
建筑业生产支出	Construction Industry	**52.9**	**61.0**
(3)第三产业生产支出	The Tertiary Industry	**1010.1**	**674.2**
交通运输业生产支出	Transportation Industry	**817.6**	**489.7**
批发零售和住宿餐饮业生产支出	Wholesales, Retail Trade, Hotel and Catering Sectors	**65.8**	**33.9**
社会服务业生产支出	Social Services	**32.0**	**30.0**
其他家庭经营生产支出	Others	**94.7**	**120.5**
3.财产性支出	Property Expenditure	**128.2**	**85.7**
4.转移性支出	Transfer Expenditure	**856.8**	**872.1**
5.部分商业保险支出	Commercial Insurance Expenditure	**87.2**	**222.5**
6.购置资产及非经常性转移支出	Acquisition of Assets and Non-recurrent Transfer Expenses	**5784.4**	**6713.7**
(1)建造住房支出	Build Housing	**733.2**	**359.0**
(2)购买住房支出	Purchase Housing	**1154.0**	**2543.8**
(3)购建第一产业生产性固定资产	Purchase and Build the Productive Fixed Assets of the Primary Industry	**991.6**	**983.2**
#购买或建造农业生产性用房	Purchase or Build Agricultural Productive Housing	**217.5**	**76.5**
购买产品畜	Purchase Stock	**413.0**	**647.5**
购买或建造农业设施	Purchase or Build Agricultural Facilities	**22.1**	**24.4**
购买农业机械	Purchase Agricultural Machinery	**335.7**	**234.9**
(4)购建第二产业生产性固定资产支出	Purchase and Build the Productive Fixed Assets of the Secondary Industry	**9.4**	**122.5**
(5)购建第三产业生产性固定资产支出	Purchase and Build the Productive Fixed Assets of the Tertiary Industry	**629.9**	**305.6**
(6)非经常性转移支出	Non-recurrent Transfer Expenditures	**2236.0**	**2353.1**
7.借贷性支出	Borrowing Expenditure	**2497.6**	**2270.4**
(1)归还银行信用社贷款	Repay the Loan to the Bank or Credit Union	**1475.6**	**1632.6**
(2)归还借款	Pay off the Loan	**835.4**	**493.6**
(3)存入银行款	Bank Deposit	**121.5**	**122.3**

Basic Statistics of Cash Expenses for Rural Households by City and County (2020)

(yuan/person)

中南部地区 Mountain Area	银川市 Yinchuan	兴庆区 Xingqing	西夏区 Xixia	金凤区 Jinfeng	永宁县 Yongning	贺兰县 Helan	灵武市 Lingwu	石嘴山市 Shizuishan	大武口区 Dawukou	惠农区 Huinong	平罗县 Pingluo	吴忠市 Wuzhong
20571.1	24720.2	26444.4	15422.7	19224.3	18667.2	28699.2	32694.6	27517.5	14251.9	19824.5	32837.9	25337.9
8322.9	11941.6	12590.3	11408.6	10949.5	11209.8	13969.1	10681.6	10030.0	10388.1	9950.2	9982.8	9543.7
2584.7	3853.7	3973.3	3816.6	3825.8	3767.6	4300.5	3449.1	3154.5	3444.2	3174.5	3087.9	3178.8
598.8	947.1	773.9	854.5	1070.3	995.5	1039.4	966.1	881.5	893.2	946.4	857.3	803.4
947.0	1251.6	1291.1	1178.0	1051.1	1052.1	1325.3	1397.3	1351.5	1494.6	1026.1	1431.0	1164.5
532.1	715.0	656.5	781.1	654.2	743.6	848.2	537.3	729.6	593.7	653.9	783.1	631.2
865.8	1251.2	1196.5	1050.9	725.9	1209.9	1257.7	1497.0	1144.7	871.7	993.7	1251.7	828.1
1535.0	2393.5	2590.9	2551.4	2162.4	1642.7	3361.2	1848.6	1538.6	1859.2	1814.0	1380.0	1703.2
1151.0	1252.9	1560.4	975.6	1313.8	1516.8	1535.8	806.4	1039.1	1044.4	1189.6	987.6	1032.6
108.4	276.5	547.8	200.6	146.0	281.5	300.9	179.9	190.6	187.1	151.9	204.3	202.0
3896.0	4111.8	6464.0	1236.1	1766.7	1963.5	4748.9	6537.1	6480.1	438.6	4357.6	8440.1	6064.4
3595.7	3423.8	6335.7	926.9	1025.5	1665.1	4439.6	4560.0	6152.6	253.4	3729.2	8184.1	5457.6
950.3	1840.1	3758.2	727.5	477.3	1394.4	3114.2	940.0	2873.1	197.2	2450.5	3567.7	1490.9
19.1	1.5				5.8	0.8	0.5	1.6	7.7		0.9	6.5
2626.3	1454.8	1755.6	199.0	548.2	264.9	1200.7	3619.5	3277.9	48.5	1278.7	4615.6	3960.2
0.0	127.5	821.8	0.4			123.8						
38.0	56.0	112.1				113.0	66.0	28.5	72.6	6.1	26.9	24.2
17.3	12.0						50.5	11.1	72.6	6.1		24.2
20.7	44.0	112.1				113.0	15.5	17.4			26.9	
262.3	632.0	16.1	309.3	741.2	298.4	196.3	1911.2	299.0	112.6	622.3	229.1	582.6
138.8	577.0	10.6	232.4	588.8	296.2	126.1	1824.9	142.5	51.7	535.4	29.6	342.6
84.5	16.2	4.3				31.6	34.2	30.4			46.9	171.4
15.4	21.5		73.8	80.6		1.2	26.0	13.8	47.5	34.0		62.2
23.5	17.3	1.2	3.0	71.7	2.2	37.4	26.1	112.2	13.4	52.9	152.5	6.4
60.8	24.5	6.8		116.2	23.0	31.5	41.4	42.5	78.8	13.8	44.6	99.2
427.0	672.4	731.4	394.7	620.3	673.7	374.9	1163.8	736.0	1203.7	536.9	706.1	617.5
57.8	210.1	210.2	140.7	615.5	198.3	221.3	240.0	247.6	131.6	324.0	246.0	136.0
5283.3	5788.2	3475.0	1621.4	1301.5	2940.8	7730.5	10980.7	8936.2	1524.0	2561.7	12605.0	6580.2
640.7	29.8				99.4		41.0	60.6	12.7	96.0	58.7	314.0
778.9	2323.3		183.1	429.6	963.9	3927.9	4836.8	3551.4			5476.0	2280.4
1434.6	482.2	615.4	65.4	69.6	4.6	1201.9	452.7	1804.1	1.3	801.1	2513.0	1141.1
356.7	8.9					37.3		285.1	1.3	147.5	389.8	103.4
679.6	340.8	318.7		40.8		875.4	391.7	1065.7		20.5	1636.3	811.8
30.3	21.7	40.1				54.1	16.7					52.7
368.1	110.9	256.6	65.4	28.8	4.6	235.2	44.2	453.4		633.1	486.8	173.3
109.9								772.1			1190.5	
535.6	682.9		214.0				2703.3	241.6			372.5	126.5
1777.5	2234.2	2859.6	1158.8	802.3	1801.8	2511.1	2947.0	2475.4	1510.0	1664.7	2946.8	2652.2
2523.2	1971.6	2966.6	621.2	3854.7	1658.0	1622.9	3050.0	1045.1	487.0	2080.3	813.4	2296.9
1560.7	1160.6	270.5	231.1	3361.1	1132.8	1590.7	1804.6	736.2	455.0	1242.5	624.5	1379.4
865.3	641.9	2479.1	28.5	493.6	255.6	7.6	1182.9	305.9	8.9	837.7	188.9	562.4
1.6	154.6	213.7	361.6		226.9	1.6	62.5	3.1	23.2			188.6

2-90 续表

单位：元/人

指标名称	Item	利通区 Litong	红寺堡区 Hongsipu
全年现金支出	**Annual Cash Expenditure**	**24045.4**	**23675.2**
1.生活消费支出	Living Expenditure	10373.0	9174.0
食品烟酒	Food Tobacco Liquor	3679.9	2869.9
衣着	Clothing	1028.0	746.1
居住	Residence	1049.9	859.0
生活用品及服务	Articles and Services for Daily Use	678.0	542.2
医疗保健	Health Care	834.9	1135.7
交通通信	Transportation Communication	1824.6	1713.5
教育文化娱乐	Education, Culture and Entertainment	1013.8	1182.3
其他用品及服务	Other Supplies and Services	264.0	125.3
2.生产经营费用支出	Expenditure for Household Business	4658.6	4398.8
(1)第一产业生产支出	The Primary Industry	4257.6	3767.9
农业生产支出	Agriculture	1070.8	1654.3
林业生产支出	Forestry		13.5
牧业生产支出	Animal Husbandry	3186.8	2100.1
渔业生产支出	Fishery		
(2)第二产业生产支出	The Secondary Industry	50.8	
工业生产支出	Industry	50.8	
建筑业生产支出	Construction Industry		
(3)第三产业生产支出	The Tertiary Industry	350.2	630.9
交通运输业生产支出	Transportation Industry	82.2	514.0
批发零售和住宿餐饮业生产支出	Wholesales, Retail Trade, Hotel and Catering Sectors	118.1	21.2
社会服务业生产支出	Social Services	138.2	74.1
其他家庭经营生产支出	Others	11.7	21.5
3.财产性支出	Property Expenditure	192.4	98.4
4.转移性支出	Transfer Expenditure	1097.1	421.4
5.部分商业保险支出	Commercial Insurance Expenditure	119.9	64.0
6.购置资产及非经常性转移支出	Acquisition of Assets and Non-recurrent Transfer Expenses	6095.7	5822.4
(1)建造住房支出	Build Housing		473.6
(2)购买住房支出	Purchase House	1574.9	1084.4
(3)购建第一产业生产性固定资产	Purchase and Build the Productive Fixed Assets of the Primary Industry	1675.2	970.4
#购买或建造农业生产性用房	Purchase or Build Agricultural Productive Housing		414.6
购买产品畜	Purchase Stock	1590.7	338.4
购买或建造农业设施	Purchase or Build Agricultural Facilities		0.9
购买农业机械	Purchase Agricultural Machinery	84.5	216.4
(4)购建第二产业生产性固定资产支出	Purchase and Build the Productive Fixed Assets of the Secondary Industry		
(5)购建第三产业生产性固定资产支出	Purchase and Build the Productive Fixed Assets of the Tertiary Industry		74.2
(6)非经常性转移支出	Non-recurrent Transfer Expenditures	2845.6	3156.1
7.借贷性支出	Borrowing Expenditure	1508.7	3696.2
(1)归还银行信用社贷款	Repay the Loan to the Bank or Credit Union	1031.5	2166.9
(2)归还借款	Pay off the Loan	95.7	1501.9
(3)存入银行款	Bank Deposit	377.6	

continued

(yuan/person)

盐池县 Yanchi	同心县 Tongxin	青铜峡市 Qingtongxia	**固原市 Guyuan**	原州区 Yuanzhou	西吉县 Xiji	隆德县 Longde	泾源县 Jingyuan	彭阳县 Pengyang	**中卫市 Zhongwei**	沙坡头区 Shapotou	中宁县 Zhongning	海原县 Haiyuan
25660.6	**16022.0**	**36480.2**	**21057.2**	**27129.5**	**18780.7**	**19158.3**	**18754.8**	**18339.0**	**22126.8**	**27713.3**	**24246.7**	**19283.3**
9179.3	8179.5	10175.6	**8220.7**	8523.8	7951.5	10007.5	6308.6	7970.6	**9203.9**	11113.3	10232.9	8112.6
2854.4	2972.5	3076.0	**2477.1**	2582.8	2286.8	2925.0	2220.5	2501.7	**2632.0**	3257.7	2607.1	2416.5
869.0	633.1	692.2	**532.1**	559.5	475.6	522.2	602.2	575.0	**661.5**	717.2	636.2	651.4
1025.0	1351.9	1366.9	**850.0**	888.7	784.9	1024.9	568.2	948.3	**1142.1**	1552.9	1286.7	937.4
563.4	549.6	730.8	**500.2**	474.6	518.3	580.4	429.0	483.0	**643.3**	799.1	596.9	605.4
819.5	588.9	869.2	**828.4**	878.0	854.1	1136.2	590.3	581.4	**1255.2**	1464.5	1546.4	1065.6
1958.6	1207.6	1902.5	**1670.3**	2010.3	1418.0	2338.0	982.6	1499.6	**1537.4**	1950.2	2174.7	1138.7
906.8	807.0	1234.1	**1246.2**	1011.9	1481.5	1331.6	855.4	1297.2	**1156.6**	1049.1	1142.5	1200.9
182.5	68.8	303.8	**116.3**	118.1	132.3	149.2	60.3	84.5	**175.7**	322.6	242.3	96.6
7327.7	3451.6	10661.1	**3779.3**	7530.1	1531.7	4357.7	2594.9	2408.2	**4371.5**	6084.9	6369.4	2970.6
4954.1	3267.4	10180.3	**3523.7**	7158.2	1205.8	4249.4	2372.8	2369.8	**3777.0**	5432.9	4427.5	2925.4
1878.4	434.7	2734.6	**919.4**	844.5	854.1	1385.5	88.3	1299.0	**2189.1**	3832.5	3888.9	930.5
	3.0	16.6	**33.0**		4.2	25.1	308.0	1.1	**1.3**	0.2		2.2
3075.6	2829.7	7429.1	**2571.2**	6313.7	347.5	2838.9	1976.6	1069.4	**1586.5**	1600.2	538.6	1992.6
			0.1					0.4	**0.0**			0.0
	41.2		**62.7**	57.1	128.5	19.5			**77.4**		345.6	
	41.2		**25.1**		72.4							
			37.6	57.1	56.0	19.5			**77.4**		345.6	
2373.6	143.0	480.9	**192.9**	314.8	197.4	88.8	222.1	38.4	**517.1**	652.0	1596.3	45.2
1282.9	39.8	441.8	**92.4**	152.9	97.1	41.2	124.2		**346.6**	56.8	1480.6	6.1
1090.8	61.8	30.7	**67.9**	118.8	76.1		95.2		**9.3**	0.0	35.1	2.5
	41.4	8.4	**7.1**	5.8	1.2	38.8	2.7		**3.1**	13.0	0.3	0.6
0.0		0.0	**25.5**	37.3	23.0	8.8	0.0	38.4	**158.2**	582.1	80.2	36.1
185.5	13.3	28.8	**71.4**	121.8	31.0	119.1	23.7	61.9	**64.0**	236.0	32.5	14.4
477.2	417.0	391.1	**387.1**	475.3	245.0	706.5	286.5	349.3	**809.6**	1581.9	888.5	500.5
272.6	20.9	246.4	**52.9**	81.4	60.1	37.0	27.6	15.4	**117.6**	248.0	150.6	57.7
4275.8	3069.1	11896.8	**5664.6**	6862.5	6464.8	2185.1	6658.1	4037.5	**5254.6**	4969.0	4095.7	5812.2
1305.2	505.9		**744.9**	873.5	1050.7	217.6	651.4	330.0	**795.7**	1200.7	1308.6	448.7
	415.0	6570.2	**1226.5**	1400.0	2413.1		2.2	24.5	**321.5**	1359.6	187.9	
1219.0	141.0	1488.2	**1389.8**	2188.2	958.3	915.0	2423.3	730.5	**1718.3**	318.8	917.0	2536.7
294.1	45.8	21.4	**353.7**	643.4	213.5	97.2		562.7	**328.9**	58.2	150.2	496.5
	44.9	1198.6	**580.3**	1153.9	70.0	271.5	2178.6	24.8	**913.2**	7.5	155.2	1536.6
402.9	37.2	11.0	**21.6**	8.3			164.6	26.2	**23.3**	113.1		
522.1	13.1	257.2	**434.2**	382.6	674.7	546.2	80.1	116.8	**453.0**	139.9	611.6	503.6
			169.7	615.4								
506.8	148.5	127.7	**453.7**	385.1	598.4	69.7	1432.6		**775.2**	25.5	169.8	1282.6
1236.3	1858.7	3475.5	**1678.0**	1400.3	1444.3	982.7	2126.7	2952.6	**1640.2**	2056.8	1502.7	1544.2
3942.5	870.6	3080.3	**2881.1**	3534.7	2496.6	1745.4	2855.3	3496.1	**2305.6**	3480.3	2477.2	1815.2
966.9	662.9	2198.3	**1736.9**	2255.5	1507.5	494.6	2300.9	1995.1	**1794.6**	2959.7	1556.8	1468.3
1537.3	185.4	523.3	**1066.9**	1135.9	904.6	1238.8	529.3	1472.1	**495.9**	452.8	920.3	344.9
47.4		303.7	**0.0**			0.2						

2-91 2020年各市县农村居民家庭主要耐用品每百户拥有情况

单位：百户均

指标名称	Item	全区 Total	沿黄地区 Plain	中南部地区 Mountain Area	银川市 Yinchuan
家用汽车	Automobile	33.45	37.43	34.46	40.87
摩托车	Motorcycle	55.10	44.06	63.04	31.09
助力车	Powered Bicycle	77.64	104.45	55.82	99.40
洗衣机	Washing Machine	105.79	109.12	102.30	104.77
电冰箱(柜)	Refrigerator	102.13	104.98	98.43	103.70
微波炉	Microwave Oven	16.73	25.22	13.55	28.60
彩色电视机	Color TV Set	111.05	114.71	107.30	108.15
空调	Air Conditioner	2.00	4.18	2.80	5.83
热水器	Water Heater	103.95	103.10	100.03	99.89
洗碗机	Dishwasher	0.37	0.44	3.10	0.67
排油烟机	Smoke Exhaust Ventilator	33.01	44.94	27.04	51.27
固定电话	Telephone	0.75	0.50	0.98	1.01
移动电话	Mobile Telephone	292.90	272.82	301.13	278.69
其中：接入互联网	Internet Mobile Telephone	280.16	255.15	302.58	266.32
计算机	Computer	27.73	31.81	33.53	30.10
其中：接入互联网	Internet Computer	21.49	21.33	20.28	17.46
照相机	Camera	1.21	1.95	1.63	2.41
中高档乐器	Secondary and Top Grade Musical Instrument	1.96	1.52	1.95	1.76
健身器材	Body-building Apparatus	0.90	1.29	0.53	1.20
空气净化器(含新风系统)	Air Purifier (Include Fresh Air System)	0.23	0.75	0.36	0.89
吸尘器	Vacuum Cleaner	1.30	1.26	0.86	0.47

Ownership of Major Durable Consumer Goods per 100 Rural Households by City and County (2020)

(per 100 households)

兴庆区 Xingqing	西夏区 Xixia	金凤区 Jinfeng	永宁县 Yongning	贺兰县 Helan	灵武市 Lingwu	**石嘴山市 Shizuishan**	大武口区 Dawukou	惠农区 Huinong	平罗县 Pingluo	**吴忠市 Wuzhong**
43.16	41.40	57.88	33.36	49.10	36.60	**25.79**	34.34	30.17	22.62	**37.63**
40.24	11.31	14.36	28.87	16.05	61.33	**40.46**	4.22	25.24	52.69	**50.97**
97.33	77.96	62.63	83.07	127.94	105.32	**107.27**	133.37	110.76	101.19	**90.56**
97.67	100.06	101.93	100.91	105.34	115.99	**114.57**	108.05	113.63	116.12	**107.62**
99.58	98.60	102.89	103.92	103.85	109.84	**107.60**	100.25	115.06	106.24	**106.66**
44.31	20.52	47.45	36.56	27.16	18.63	**12.33**	11.98	25.14	7.74	**25.22**
104.43	104.17	101.93	102.19	108.00	119.95	**108.66**	110.12	111.11	107.50	**115.77**
2.33	19.68	12.81	3.51	0.89	3.90	**4.44**	8.07	14.79		**3.34**
98.38	100.61	100.00	94.80	92.42	113.32	**101.11**	96.24	106.81	99.94	**108.21**
					3.04					
48.02	39.39	53.36	80.73	49.61	35.12	**31.02**	18.28	50.20	26.40	**51.33**
2.05			1.68	0.77	0.91	**0.81**			1.25	**0.45**
272.21	293.36	248.62	272.74	281.36	275.43	**244.24**	267.17	239.63	241.69	**294.60**
256.40	293.36	248.62	262.52	255.04	267.33	**230.36**	261.43	234.29	223.20	**284.86**
32.07	38.23	47.41	31.01	30.15	20.41	**21.73**	29.92	38.58	14.09	**34.35**
28.06	21.86	36.22	19.35	8.10	15.01	**15.89**	21.95	24.88	11.51	**27.97**
2.05	1.99	5.13	1.54		6.28	**1.31**	2.02	4.57		**2.05**
4.15			3.98	0.77	0.81	**1.36**	1.98	1.09	1.35	**1.52**
			4.69		0.76	**1.82**		0.97	2.46	**1.17**
			3.22		0.81					**0.45**
			2.15			**1.39**	4.39		1.35	**1.46**

2-91 续表

单位：百户均

指标名称	Item	利通区 Litong	红寺堡区 Hongsipu	盐池县 Yanchi	同心县 Tongxin	青铜峡市 Qingtongxia
家用汽车	Automobile	37.71	36.95	44.29	24.43	45.60
摩托车	Motorcycle	47.12	38.18	29.49	83.58	45.29
助力车	Powered Bicycle	111.27	74.73	76.87	64.56	103.76
洗衣机	Washing Machine	115.07	97.60	100.00	99.11	115.21
电冰箱(柜)	Refrigerator	109.68	101.18	99.82	98.23	116.53
微波炉	Microwave Oven	31.08	39.24	24.33	21.60	14.99
彩色电视机	Color TV Set	131.04	103.51	101.32	98.84	126.12
空调	Air Conditioner	2.31	4.00		2.33	6.71
热水器	Water Heater	125.43	101.95	86.38	96.15	113.01
洗碗机	Dishwasher					
排油烟机	Smoke Exhaust Ventilator	56.94	31.64	56.11	54.63	49.69
固定电话	Telephone				2.14	
移动电话	Mobile Telephone	305.29	295.68	261.70	289.62	302.78
其中：接入互联网	Internet Mobile Telephone	286.61	272.43	258.19	287.87	300.15
计算机	Computer	46.05	26.23	23.17	22.09	41.09
其中：接入互联网	Internet Computer	37.77	21.14	20.75	16.14	33.86
照相机	Camera	0.76	1.27	4.31		4.49
中高档乐器	Secondary and Top Grade Musical Instrument	0.70	2.43	1.50	1.01	2.43
健身器材	Body-building Apparatus	4.09				
空气净化器(含新风系统)	Air Purifier (Include Fresh Air System)	0.91		1.50		
吸尘器	Vacuum Cleaner	5.13				

continued

(per 100 households)

固原市 Guyuan	原州区 Yuanzhou	西吉县 Xiji	隆德县 Longde	泾源县 Jingyuan	彭阳县 Pengyang	**中卫市** Zhongwei	沙坡头区 Shapotou	中宁县 Zhongning	海原县 Haiyuan
36.65	43.05	39.51	29.90	21.50	35.37	**33.81**	32.00	39.75	31.71
65.77	52.74	73.25	78.60	43.67	72.90	**60.40**	44.65	77.91	59.26
50.15	59.68	57.04	20.58	53.00	45.58	**81.74**	110.89	108.16	54.33
104.59	100.31	111.08	102.43	104.04	101.00	**104.24**	102.31	110.43	102.07
97.73	92.49	103.25	98.67	94.97	96.06	**99.65**	94.89	102.12	100.72
8.87	2.21	16.76	6.17	13.12	4.14	**19.46**	21.94	33.85	11.05
114.01	98.94	131.02	112.74	117.25	104.29	**109.23**	111.83	121.44	101.85
4.17		1.93	1.24	28.13	4.07	**1.87**	0.87	6.57	
99.69	97.40	119.70	107.42	40.06	91.76	**102.93**	87.99	105.53	108.89
5.99				59.87	2.02	**0.38**	0.78	0.75	
14.15	18.31	14.60	16.28	8.69	8.30	**35.32**	32.03	38.50	35.32
1.28			1.19	9.98	0.97				
316.86	300.77	398.26	282.96	123.51	321.43	**275.04**	266.14	260.82	286.48
326.06	285.55	384.14	280.43	316.15	321.43	**257.57**	229.24	236.25	282.02
48.13	17.07	47.05	33.77	201.17	26.14	**21.57**	28.09	33.58	12.39
25.88	5.82	43.07	32.54	17.44	23.18	**14.69**	11.69	24.17	11.39
2.58	1.75	2.59	1.24	11.71		**0.63**		2.49	
3.08	1.75	6.44	3.70			**0.59**	2.42		
0.63	1.75		1.21			**0.37**			0.74
0.46	1.75					**0.46**	1.90		
1.14		2.97	1.24			**1.23**	1.57		1.68

2-92 主要年份各市县农村居民人均可支配收入情况

单位：元/人

年 份 Year	全区 Total	沿黄地区 Plain	中南部地区 Mountain Area	银川市 Yinchuan	兴庆区 Xingqing	西夏区 Xixia	金凤区 Jinfeng
1983	**288.7**	**354.1**	**188.5**		427.5		
1984	**313.2**	**370.4**	**214.3**		450.2		
1985	**321.2**	**433.7**	**211.1**	**482.1**			
1986	**374.5**	**503.5**	**243.6**	**592.9**			
1987	**382.7**	**538.5**	**214.8**	**628.0**			
1988	**472.5**	**645.1**	**290.2**	**733.8**			
1989	**521.9**	**741.6**	**316.6**	**888.3**			
1990	**578.1**	**833.2**	**383.3**	**1012.0**			
1991	**590.0**	**844.7**	**407.1**	**1003.8**			
1992	**591.0**	**871.6**	**376.5**	**986.2**			
1993	**636.4**	**917.1**	**453.6**	**1050.3**			
1994		**1238.0**	**626.0**	**1381.2**			
1995	**998.7**	**1583.6**	**634.1**	**1740.3**			
1996	**1397.8**	**2056.0**	**966.7**	**2327.6**			
1997	**1694.0**	**2431.6**	**948.2**	**2665.6**			
1998	**1925.4**	**2701.5**	**1113.9**	**2906.1**			
1999	**1963.3**	**2719.5**	**1171.2**	**2746.8**			
2000	**1890.1**	**2795.7**	**1044.0**	**2804.1**			
2001	**1998.4**	**2939.8**	**1139.9**	**2948.4**			
2002	**2101.7**	**3032.6**	**1273.9**	**3031.1**			
2003	**2239.8**	**3146.6**	**1369.5**	**3085.0**			
2004	**2543.1**	**3527.5**	**1572.7**	**3502.5**	4181.7	2590.2	3226.7
2005	**2750.1**	**3710.0**	**1783.9**	**3610.8**	4337.0	2673.3	3303.3
2006	**3025.5**	**4020.1**	**1991.1**	**3928.1**	4792.4	2924.6	3567.6
2007	**3486.7**	**4523.1**	**2316.3**	**4447.9**	5391.8	3266.8	4042.1
2008	**4035.4**	**5034.9**	**2730.6**	**5083.4**	6065.8	3790.6	4628.2
2009	**4437.6**	**5445.2**	**3083.8**	**5571.1**	6520.7	4188.6	5026.2
2010	**5124.4**	**6222.2**	**3611.9**	**6368.8**	7363.1	4970.5	5690.5
2011	**5930.1**	**7149.2**	**4193.1**	**7308.9**	8425.4	5787.4	6535.1
2012	**6774.6**	**8142.9**	**4855.8**	**8340.7**	9537.9	6678.4	7449.9
2013	**7597.1**	**9103.8**	**5550.2**	**9341.4**	10663.1	7827.0	8358.8
2014	**8410.0**	**10023.3**	**6227.3**	**10275.2**	11676.6	8618.0	9187.0
2015	**9118.7**	**10820.6**	**6817.9**	**11148.2**	12624.9	9334.4	9941.3
2016	**9851.6**	**11660.8**	**7505.4**	**12036.7**	13599.7	10111.8	10746.3
2017	**10737.9**	**12660.6**	**8346.5**	**13087.0**	14788.0	10975.2	11628.8
2018	**11707.6**	**13711.8**	**9298.5**	**14160.2**	15904.1	11820.3	12668.5
2019	**12858.4**	**14859.1**	**10415.1**	**15282.0**	17128.7	12835.2	13708.1
2020	**13889.4**	**16013.5**	**11623.7**	**16428.4**	18353.7	13609.1	14602.0

Basic Statistics of Disposable Income for Rural Households by City and County in Main Year

(yuan/person)

永宁县 Yongning	贺兰县 Helan	灵武市 Lingwu	**石嘴山市 Shizuishan**	大武口区 Dawukou	惠农区 Huinong	平罗县 Pingluo	**吴忠市 Wuzhong**
538.1	432.0	347.6			343.6	387.7	
597.5	446.0	373.3			378.3	377.8	
494.8	432.1	437.5	**451.3**		401.8	478.4	**377.0**
585.0	545.1	481.3	**484.6**		440.9	506.9	**451.6**
606.7	621.0	514.4	**515.4**		491.6	518.3	**471.3**
739.9	690.1	606.0	**677.9**		620.8	687.0	**582.7**
861.0	926.5	696.5	**723.3**		672.0	734.7	**629.4**
1035.3	1052.7	776.7	**844.6**		775.0	871.3	**688.9**
1017.0	1042.8	798.2	**824.1**		762.4	816.7	**716.1**
949.2	998.3	803.3	**898.9**		865.7	864.5	**771.4**
1002.2	1056.6	898.2	**882.3**		882.6	820.8	**813.9**
1303.0	1303.5	1257.9	**1185.7**		1142.7	1114.9	**1120.9**
1745.8	1726.3	1528.9	**1593.9**		1482.0	1541.8	**1288.6**
2347.2	2328.4	1886.1	**1892.6**		1798.0	1850.8	**1811.0**
2666.0	2586.0	2354.7	**2304.7**		2194.7	2223.9	**1990.4**
2842.1	2840.9	2519.4	**2678.7**		2585.6	2560.1	**2190.2**
2644.8	2659.9	2566.9	**2733.1**		2654.4	2598.2	**2260.6**
2693.5	2713.7	2733.0	**2825.6**		2740.4	2702.8	**2331.4**
2873.3	2823.7	2866.8	**2938.9**		2883.7	2847.8	**2488.1**
2999.2	2943.7	2892.5	**3018.8**		2958.4	2925.0	**2521.9**
3152.2	3114.4	3040.0	**3153.5**		3081.1	3134.7	**2520.4**
3658.2	3572.5	3390.1	**3589.2**		3483.6	3574.0	**2867.7**
3575.0	3745.1	3634.8	**3695.1**		3659.9	3782.5	**3071.9**
3896.8	4112.1	3932.8	**4008.1**	3484.6	3963.6	4111.6	**3331.0**
4442.3	4605.6	4471.6	**4521.3**	3958.5	4490.8	4629.6	**3836.1**
5029.1	5204.4	5238.0	**5074.2**	4524.6	4971.0	5200.4	**4344.1**
5431.6	5807.6	5792.4	**5523.7**	4886.8	5523.2	5642.9	**4665.0**
6246.5	6585.4	6649.7	**6297.8**	5536.8	6344.0	6427.7	**5153.0**
7195.5	7591.0	7648.8	**7247.7**	6353.6	7297.8	7419.9	**5920.6**
8225.2	8691.8	8707.2	**8279.0**	7251.9	8321.0	8486.3	**6767.1**
9223.0	9693.8	9752.1	**9277.9**	8124.4	9325.4	9530.1	**7605.4**
10130.1	10667.0	10756.4	**10214.7**	8896.1	10268.7	10501.8	**8442.4**
10994.6	11628.3	11649.6	**10995.5**	9563.2	11074.0	11299.9	**9150.4**
11865.2	12560.3	12546.5	**11828.8**	10261.1	11849.7	12195.7	**9938.2**
12855.3	13668.1	13659.5	**12879.9**	11184.6	12857.2	13276.3	**10912.4**
13870.8	14775.2	14847.9	**14000.4**	12124.3	13865.4	14491.1	**12045.4**
14994.2	15927.5	16032.2	**15163.5**	13154.8	15185.2	15665.3	**13337.3**
16040.4	17248.8	17312.0	**16405.3**	13935.5	16482.5	16889.8	**14698.3**

2-92 续表

单位：元/人

年 份 Year	利通区 Litong	红寺堡区 Hongsipu	盐池县 Yanchi	同心县 Tongxin	青铜峡市 Qingtongxia	**固原市 Guyuan**	原州区 Yuanzhou
1983	281.7		275.0	192.4	436.5		178.7
1984	315.9		346.6	213.4	437.4		237.3
1985	352.5		410.7	233.4	409.0	**207.7**	269.6
1986	417.8		477.0	332.6	505.8	**229.6**	291.1
1987	446.9		467.3	284.7	533.6	**203.8**	226.0
1988	575.3		682.0	443.5	577.9	**265.0**	299.9
1989	603.8		578.5	395.8	719.9	**305.3**	351.0
1990	723.2		600.9	450.8	742.9	**373.7**	429.5
1991	754.1		576.0	539.2	729.3	**385.7**	425.3
1992	790.9		798.8	561.3	776.7	**345.3**	378.6
1993	873.6		717.8	598.2	816.2	**431.4**	480.8
1994	1100.8		1048.6	796.6	1172.4	**602.5**	637.5
1995	1378.8		923.9	856.8	1508.5	**588.0**	683.2
1996	1869.6		1393.6	1466.8	2101.5	**861.2**	909.3
1997	2314.1		1302.2	1282.6	2360.3	**841.0**	887.0
1998	2616.8		1511.6	1396.0	2516.8	**1008.5**	1121.1
1999	2664.5		1505.6	1467.8	2667.1	**1070.5**	1133.7
2000	2842.5		1277.6	1259.5	2774.7	**985.8**	1015.1
2001	3028.1		1468.9	1294.5	2969.7	**1099.1**	1152.0
2002	3137.9		1607.6	1388.1	3060.4	**1241.4**	1317.2
2003	3353.8		1763.3	1440.3	3217.7	**1371.3**	1452.9
2004	3759.6		1983.2	1651.5	3744.9	**1582.7**	1663.6
2005	3959.2		2255.7	1803.9	3966.6	**1822.5**	1879.0
2006	4299.6		2518.2	2004.8	4343.4	**2045.9**	2110.4
2007	4966.1		2951.7	2335.6	4873.3	**2353.5**	2437.9
2008	5591.6		3377.8	2747.2	5373.3	**2760.6**	2844.6
2009	5804.5	2981.0	3699.3	3074.9	5754.8	**3146.9**	3268.5
2010	6735.5	3443.0	4127.7	3610.0	6463.5	**3694.9**	3857.0
2011	7740.7	3955.9	4668.1	4158.7	7466.4	**4297.2**	4501.0
2012	8770.2	4533.5	5392.0	4782.6	8542.4	**4984.1**	5213.5
2013	9822.6	5210.5	6211.2	5456.8	9456.8	**5694.7**	5943.8
2014	10787.2	5836.6	6975.2	6122.7	10434.6	**6395.3**	6692.8
2015	11588.6	6408.5	7674.1	6710.7	11200.0	**7002.1**	7296.1
2016	12575.9	7081.4	8532.1	7388.4	12040.1	**7714.2**	8070.4
2017	13675.4	7895.6	9548.6	8215.7	13134.5	**8578.8**	8960.7
2018	14906.2	8795.7	10684.7	9185.0	14198.9	**9556.7**	9946.4
2019	16272.7	9824.9	12127.0	10278.2	15491.0	**10656.6**	11164.2
2020	17512.3	10925.2	13922.1	11339.4	16916.7	**11950.7**	12563.3

continued

(yuan/person)

西吉县 Xiji	隆德县 Longde	泾源县 Jingyuan	彭阳县 Pengyang	**中卫市 Zhongwei**	沙坡头区 Shapotou	中宁县 Zhongning	海原县 Haiyuan
200.5	206.1	110.7			303.9	361.5	189.2
227.2	183.1	135.5			323.2	384.9	220.6
173.6	193.3	226.1	164.4		358.3	380.2	213.3
222.7	213.5	165.9	185.0		426.8	439.5	258.0
200.2	260.7	150.3	201.0		473.0	485.4	155.9
244.4	273.7	176.9	260.3		591.7	526.6	289.0
274.8	313.9	203.5	303.0		660.7	603.1	332.2
353.5	396.1	258.7	388.3		737.1	649.7	353.4
366.6	409.7	272.9	367.3		838.2	688.4	415.3
308.1	379.7	248.8	369.4		829.8	732.6	344.1
431.4	461.4	320.1	429.4		847.6	842.5	412.1
587.0	644.5	488.1	633.6		1159.6	1183.7	562.9
467.4	652.8	479.8	691.0		1450.3	1510.3	499.2
863.0	908.5	645.8	888.0		1963.7	1939.6	901.8
784.7	897.1	733.7	915.7		2351.7	2228.3	762.0
924.5	1068.9	812.2	1100.4		2579.3	2539.1	946.0
1023.6	1071.9	992.5	1096.0		2665.7	2638.8	1048.4
941.7	1119.1	1019.3	943.0		2620.1	2721.1	931.7
1081.9	1168.3	1075.8	1141.3		2853.1	2785.0	971.8
1191.6	1272.6	1128.8	1297.9		2946.9	2889.4	1164.7
1320.2	1345.3	1204.4	1395.3	**2180.1**	3088.3	2857.3	1225.2
1546.6	1554.4	1370.6	1598.5	**2396.4**	3347.9	3122.4	1394.3
1817.6	1755.0	1582.7	1856.7	**2577.6**	3517.3	3397.8	1535.9
2026.5	1971.4	1823.7	2081.7	**2805.9**	3816.2	3700.2	1682.6
2313.9	2250.1	2166.5	2385.3	**3173.7**	4155.5	4107.2	2039.3
2705.6	2693.5	2544.4	2803.0	**3511.6**	4538.0	4261.8	2495.9
3074.6	3060.9	2860.9	3205.4	**3913.9**	4936.5	4745.6	2803.9
3612.5	3597.8	3325.2	3743.0	**4509.5**	5627.9	5433.6	3303.8
4194.5	4173.5	3860.9	4363.4	**5259.7**	6498.8	6242.7	3852.1
4865.6	4833.5	4528.8	5049.9	**6021.3**	7352.7	7148.0	4487.7
5538.9	5534.8	5176.4	5807.1	**6681.3**	8145.8	7944.9	5138.5
6222.3	6199.1	5804.7	6529.5	**7403.0**	8971.5	8819.1	5765.5
6857.1	6769.4	6375.0	7158.5	**8002.2**	9669.2	9579.8	6258.0
7565.6	7462.1	7032.1	7861.0	**8626.4**	10375.3	10356.4	6872.3
8400.7	8305.1	7842.1	8790.1	**9365.3**	11249.2	11245.1	7658.3
9308.0	9276.8	8736.2	9862.5	**10236.3**	12194.1	12180.2	8510.6
10416.2	10343.7	9723.5	11000.0	**11307.6**	13210.1	13239.3	9626.6
11791.5	11595.4	10707.0	12231.5	**12122.7**	14108.7	14076.1	10641.2

2-93 主要年份各市县农村居民人均生活消费支出情况

单位：元/人

年 份 Year	全区 Total	沿黄地区 Plain	中南部地区 Mountain Area	银川市 Yinchuan	兴庆区 Xingqing	西夏区 Xixia	金凤区 Jinfeng
1983	**208.9**	**258.0**	**130.7**		276.7		
1984	**231.6**	**277.7**	**171.1**		304.2		
1985	**265.2**	**320.4**	**185.9**		382.8		
1986	**301.2**	**365.5**	**209.5**	**426.9**	457.0		
1987	**334.7**	**408.8**	**218.3**	**486.6**	536.2		
1988	**398.3**	**473.0**	**228.2**	**576.4**	741.1		
1989	**460.8**	**552.2**	**255.4**	**727.4**	862.8		
1990	**483.7**	**657.1**	**295.4**	**810.2**	808.7		
1991	**508.3**	**686.4**	**336.7**	**847.7**	830.4		
1992	**544.6**	**729.0**	**369.3**	**857.7**	969.4		
1993	**556.6**	**788.5**	**403.7**	**955.4**	997.1		
1994	**806.7**	**1074.4**	**568.7**	**1169.1**	1058.9		
1995	**1063.2**	**1395.4**	**743.3**	**1449.5**	1290.5		
1996	**1235.7**	**1730.9**	**797.0**	**2054.8**	2524.5		
1997	**1249.6**	**1860.2**	**816.5**	**2362.7**	2812.5		
1998	**1331.4**	**1889.3**	**906.3**	**2099.8**	1788.7		
1999	**1276.5**	**1854.7**	**901.8**	**2110.5**	2014.7		
2000	**1429.0**	**1989.2**	**906.3**	**1885.8**	2021.8		
2001	**1404.0**	**2012.1**	**948.6**	**2009.2**	2056.8		
2002	**1437.6**	**1999.9**	**985.2**	**2049.9**	1966.1		
2003	**1664.7**	**2139.2**	**1152.1**	**2224.2**	2560.8		
2004	**1965.4**	**2649.1**	**1376.7**	**2509.8**	2384.3	2692.5	3161.3
2005	**2142.6**	**2711.9**	**1624.3**	**2835.9**	2698.7	2175.5	2749.0
2006	**2305.1**	**2985.4**	**1761.8**	**2902.4**	3104.7	2279.4	3359.1
2007	**2601.9**	**3396.6**	**2027.8**	**3376.7**	3630.4	2576.8	4009.9
2008	**3194.8**	**4005.4**	**2410.9**	**4118.8**	4360.2	3442.9	4923.9
2009	**3465.9**	**4473.6**	**2584.7**	**4817.0**	4695.6	4385.3	5799.9
2010	**4167.8**	**4913.7**	**3002.6**	**5394.2**	5923.0	5020.7	6562.1
2011	**4908.8**	**6008.3**	**3827.3**	**6707.0**	7007.4	6203.4	6922.1
2012	**5557.6**	**6851.2**	**4315.6**	**7089.3**	7055.1	7168.8	8073.2
2013	**6464.8**	**7580.9**	**5085.9**	**8637.1**	8877.7	8811.0	8972.5
2014	**7676.5**	**8650.9**	**5984.9**	**9334.1**	9147.9	8362.0	10613.0
2015	**8414.9**	**9430.9**	**6646.3**	**10118.5**	10184.2	9142.1	9873.1
2016	**9138.4**	**10235.8**	**7009.6**	**11060.9**	11549.6	10069.4	10471.9
2017	**9982.1**	**10883.5**	**7675.6**	**11507.3**	12469.2	10937.8	10983.1
2018	**10789.6**	**11569.7**	**8171.5**	**12322.1**	13430.2	11875.7	12155.4
2019	**11464.6**	**12252.1**	**8888.7**	**12966.2**	14379.7	12168.6	13168.1
2020	**11724.3**	**12452.0**	**9728.5**	**13318.4**	13912.0	12767.0	13661.2

Per Capita Living Expenditure for Rural Residents by City and County in Main Year

(yuan/person)

永宁县 Yongning	贺兰县 Helan	灵武市 Lingwu	**石嘴山市 Shizuishan**	大武口区 Dawukou	惠农区 Huinong	平罗县 Pingluo
299.5	309.8	176.9			268.2	241.8
339.6	314.9	262.3			239.2	290.5
384.3	330.9	319.3	**312.5**		298.9	324.5
429.7	396.6	379.8	**346.7**		349.5	349.4
484.3	443.6	420.0	**391.0**		405.2	372.1
528.3	474.5	551.3	**497.7**		461.8	568.3
706.8	616.5	579.1	**573.8**		527.1	657.4
887.0	681.5	594.4	**655.9**		735.4	655.5
848.7	864.4	618.8	**691.6**		608.5	722.7
858.1	743.4	672.4	**742.0**		783.5	691.0
1011.0	822.7	800.4	**823.5**		950.4	715.1
1274.3	1121.8	943.5	**1184.8**		1371.4	1058.5
1445.7	1619.9	1373.5	**1438.2**		1360.7	1391.4
1821.3	1952.2	1311.3	**1716.3**		1626.3	1761.5
2064.9	2350.0	1557.0	**1731.8**		1808.5	1781.8
2116.1	2422.4	1543.5	**2074.6**		2485.7	1744.0
1850.4	2610.2	1512.4	**2195.7**		2501.6	1943.1
1665.8	2094.8	1770.5	**2101.8**		2468.9	2027.1
1708.7	2287.0	2065.6	**2095.6**		2206.8	2036.0
2284.4	1866.7	1553.0	**2130.0**		2134.1	2046.1
2128.8	1967.2	2322.4	**1918.4**		2312.8	1789.8
2443.7	2553.5	2347.4	**2570.3**		2499.4	2588.4
2871.4	3164.4	2757.3	**3186.9**		3424.7	3126.2
2552.5	3153.3	2980.9	**3273.5**	3112.4	3253.7	3307.7
3000.5	3798.2	3267.8	**3628.5**	3653.3	3717.1	3601.1
3973.0	4386.6	3813.3	**4344.8**	4132.1	4330.2	4387.6
4195.6	5104.9	5063.0	**4542.5**	4984.9	4534.8	4462.3
4520.1	6002.6	5276.8	**4930.2**	5108.6	4753.1	4940.5
5756.8	8005.6	6504.3	**6041.3**	6061.4	5848.5	6081.0
6391.6	8146.9	6561.2	**7222.0**	7260.5	6463.8	7389.0
7213.0	9688.1	8535.1	**8210.3**	9144.3	7240.8	8330.9
7772.7	10726.6	9165.1	**8752.5**	7533.2	8088.8	9273.9
8554.3	11865.5	10475.3	**9550.9**	8359.5	8697.5	10035.5
9285.3	13006.8	10335.4	**9910.1**	8961.2	9079.5	10660.3
10093.6	13278.2	11338.5	**10845.0**	9705.6	9500.4	11197.0
10987.5	13948.2	11823.6	**11468.8**	11073.7	10059.8	11506.4
11703.0	14862.6	12296.7	**11512.8**	11922.0	10745.6	11463.2
12808.8	15266.2	11912.9	**11595.1**	11871.8	11337.1	11624.4

2-93 续表

单位：元/人

年 份 Year	**吴忠市** **Wuzhong**	利通区 Litong	红寺堡区 Hongsipu	盐池县 Yanchi	同心县 Tongxin	青铜峡市 Qingtongxia	**固原市** **Guyuan**
1983		235.7		211.3	114.7	313.6	
1984		266.4		207.1	158.4	283.8	
1985	**274.8**	286.1		317.4	187.9	294.5	**185.8**
1986	**324.7**	314.6		350.9	230.6	352.0	**206.0**
1987	**352.1**	360.7		378.1	226.1	408.5	**217.0**
1988	**452.4**	490.9		508.6	310.2	502.6	**228.8**
1989	**500.2**	564.2		480.6	339.5	597.8	**259.3**
1990	**530.7**	694.1		468.7	342.3	622.4	**287.6**
1991	**549.3**	651.2		458.7	398.8	634.1	**325.7**
1992	**611.5**	530.4		591.9	431.0	763.2	**358.7**
1993	**671.5**	661.3		608.4	629.3	701.6	**367.2**
1994	**885.8**	1001.8		790.0	575.2	1095.0	**567.7**
1995	**1201.1**	1310.1		1038.1	901.3	1565.7	**709.0**
1996	**1364.7**	1547.7		1074.4	970.1	2130.0	**759.3**
1997	**1418.5**	1613.2		1082.3	964.5	1910.0	**749.2**
1998	**1447.5**	1441.9		1302.7	884.6	2165.1	**856.5**
1999	**1353.6**	1485.2		1152.3	898.2	1833.2	**868.4**
2000	**1640.8**	2345.3		1230.6	957.9	1849.4	**854.0**
2001	**1665.8**	2220.6		1174.2	869.9	2114.5	**947.0**
2002	**1699.7**	2521.0		1273.6	1102.0	2182.8	**943.1**
2003	**1804.8**	2135.8		1463.1	1215.1	2175.5	**1122.2**
2004	**2132.5**	2848.5		1681.8	1464.3	2566.6	**1363.3**
2005	**2107.1**	2494.3		2512.8	1384.2	2470.3	**1680.0**
2006	**2582.5**	2803.6		2610.1	1730.6	3739.4	**1799.7**
2007	**2804.1**	3353.2		2776.6	2179.0	3174.7	**2070.4**
2008	**3190.7**	3510.6		2978.9	2620.9	3905.8	**2463.0**
2009	**3410.5**	3763.6		3322.1	2723.5	4185.2	**2563.3**
2010	**3763.0**	4254.6		3495.9	3148.7	4362.9	**3085.4**
2011	**4603.7**	5099.5	5208.7	4657.6	3770.2	5499.0	**3793.2**
2012	**5409.7**	6273.5	5699.3	5121.6	4347.2	6329.8	**4248.2**
2013	**6573.8**	7674.1	6185.6	5846.0	5003.0	7146.0	**4731.0**
2014	**7372.5**	9028.7	6197.2	7334.1	6006.4	7547.8	**5862.8**
2015	**8022.2**	9706.5	6593.9	7850.2	6898.6	8211.2	**6520.7**
2016	**8486.8**	10718.4	7154.6	8786.2	7410.9	8106.9	**6883.7**
2017	**9022.6**	11271.7	8133.6	9280.4	7814.5	8935.5	**7678.1**
2018	**9688.3**	12098.2	8925.9	9818.0	8135.3	9811.6	**7992.0**
2019	**10875.7**	12731.3	9958.3	11480.1	9098.5	10999.1	**8704.3**
2020	**11025.1**	11850.7	10705.2	10966.3	9614.2	11545.2	**9699.2**

continued

(yuan/person)

原州区 Yuanzhou	西吉县 Xiji	隆德县 Longde	泾源县 Jingyuan	彭阳县 Pengyang	**中卫市** Zhongwei	沙坡头区 Shapotou	中宁县 Zhongning	海原县 Haiyuan
118.1	133.2	149.7	97.7			226.3	234.6	130.0
155.8	160.3	194.3	121.1			218.8	269.8	149.6
227.2	181.1	185.5	163.9	164.2		255.9	281.8	176.1
259.7	198.6	205.6	171.1	166.5		323.1	335.4	211.4
273.8	205.5	242.0	134.2	196.1		366.2	318.7	208.7
266.4	235.8	235.7	145.7	222.4		399.2	423.9	224.0
272.3	242.8	311.4	179.6	247.2		478.9	451.9	269.5
330.5	270.3	324.5	220.5	297.2		495.3	471.7	253.9
386.3	316.2	386.3	225.2	321.8		545.9	580.7	285.6
452.5	355.3	389.6	243.8	364.8		681.5	674.0	310.7
380.8	347.4	420.9	382.5	397.1		640.5	704.1	291.4
600.0	488.9	616.9	463.5	676.4		861.5	996.6	534.6
691.7	622.1	856.6	540.0	824.0		1350.9	1065.2	683.4
763.9	646.7	932.3	613.4	857.5		1429.1	1361.6	720.6
721.9	803.3	934.0	602.9	791.8		1549.5	1753.3	624.7
787.0	782.8	991.7	769.6	932.9		1623.2	1772.4	850.1
885.5	826.1	826.1	781.6	926.6		1436.8	1699.4	751.8
984.6	965.3	1110.4	804.1	752.7		1600.2	1982.4	677.7
1138.2	987.5	1109.1	804.4	802.6		1684.9	2033.9	700.0
969.7	990.1	972.4	877.4	1034.0		1635.7	1987.0	791.9
1244.7	1147.3	1073.3	1040.2	1007.6		1909.2	2244.8	1084.7
1429.1	1406.5	1164.1	1264.9	1362.1	**2146.2**	2892.2	2700.0	1241.2
1716.4	1652.6	1679.9	1834.6	1591.6	**1985.9**	2141.6	2897.9	1287.5
1643.9	1856.9	1958.5	2192.3	1657.9	**2142.1**	2353.1	3141.6	1340.6
1917.3	2076.7	2191.1	2432.2	2073.1	**2586.6**	2994.4	3812.9	1466.4
2298.1	2370.1	2743.4	2940.1	2518.9	**3060.2**	3781.1	4099.9	1828.9
2518.9	2478.8	2793.1	2722.5	2560.2	**3589.9**	4161.4	4814.8	2283.5
3002.2	3331.5	2968.9	3202.2	2767.4	**3876.6**	4775.5	4932.1	2422.0
4160.0	3650.5	3801.9	4114.1	3469.4	**4915.9**	6064.8	5541.5	3453.3
4209.4	3869.2	4383.6	4982.4	4549.0	**5669.7**	7034.9	6573.5	3797.1
5075.1	4501.4	5181.5	3946.5	4672.9	**6286.1**	7301.2	7081.1	4802.5
6175.0	5507.1	6540.4	5439.1	5757.5	**7133.0**	8387.2	7512.4	5957.4
7760.3	5780.6	6883.5	6013.6	6129.8	**7676.4**	8996.6	8483.8	6469.1
8268.3	6119.6	7594.3	6492.3	6296.4	**8271.5**	9920.5	9327.6	6670.0
9233.4	6665.1	8986.3	7030.9	6805.5	**8909.7**	11106.2	10308.7	7214.7
8936.9	7217.3	10618.8	6475.6	7817.1	**9466.0**	11863.9	10727.6	7542.6
9317.9	7963.2	11157.0	7156.0	8785.9	**10226.8**	12802.8	11173.7	8718.6
9658.4	9580.6	11851.1	7487.7	9599.1	**10553.9**	12606.4	12043.8	9230.3

2-94 2020年全区全体居民家庭按可支配收入等距五组分组资料

指标名称	Item	单位	Unit
一、家庭人口基本情况	Basic Statistics of Households Surveyed	—	—
(一)户均常住人口	Average Number of Permanent Residents per Household	人/户	person/household
(二)户均常住从业人口	Average Number of Employed Persons per Household	人/户	person/household
(三)平均每户家庭从业人口比重	Proportion of Employed Persons per Household	%	%
(四)平均每一从业人口负担人数	Average Number of Dependency Coefficient per Employed Persons	人	person
(五)平均每户供养的在校学生	Supported Students in School by the Family	人/户	person/household
(六)户均整半劳动力人口	Whole and Half Labor Force per Household	人/户	person/household
(七)平均每户家庭整半劳动力人口比重	Proportion of Whole and Half Labor Force per Household	%	%
(八)常住劳动力年龄构成	Age Composition of Permanent Employed Persons	--	--
1.16-19岁	Aged 16-19	%	%
2.20-24岁	Aged 20-24	%	%
3.25-29岁	Aged 25-29	%	%
4.30-34岁	Aged 30-34	%	%
5.35-40岁	Aged 35-40	%	%
6.41-50岁	Aged 41-50	%	%
7.51-60岁	Aged 51-60	%	%
8.61-65岁	Aged 61-65	%	%
9.66岁及以上	Aged 66 and over	%	%
(九)常住就业劳动力文化程度	Culture Level of Employed Labors	--	--
1.不识字或识字很少	Illiterate and Semi-illiterate	%	%
2.小学程度	Primary School	%	%
3.初中程度	Junior Middle School	%	%
4.高中程度	Senior Middle School	%	%
5.大专及以上	College and Higher	%	%
6.大学本科	Bachelor Degree	%	%
7.研究生	Postgraduate	%	%
(十)常住就业劳动力就业类型	Type of Employment of Permanent Employed Persons	—	—
1.雇主	Employer	%	%
2.公职人员	Civil Servants	%	%
3.事业单位人员	Institution Officers	%	%
4.国有企业雇员	State-owned Enterprises Employees	%	%
5.其他雇员	Other Employees	%	%
6.农业自营	Self-employed of Agriculture	%	%
7.非农业自营	Self-employed of Non-agriculture	%	%

Basic Statistics Grouped by per Capita Disposable Income Quintile of Urban and Rural Households (2020)

总计 Total	20%低收入户 20% Low Income	20%中低收入户 20% Lower-middle Income	20%中等收入户 20% Middle Income	20%中上收入户 20% Upper-middle Income	20%高收入户 20% High Income
3.3	4.4	3.7	3.1	2.9	2.4
1.6	1.8	1.8	1.7	1.5	1.2
48.5	41.7	48.2	55.3	52.4	47.9
2.1	2.4	2.1	1.8	1.9	2.1
0.7	1.3	1.0	0.6	0.5	0.3
2.2	2.5	2.3	2.2	2.1	2.0
67.7	56.8	37.3	71.3	73.7	82.9
0.7	1.3	0.9	0.6	0.3	0.4
4.6	5.8	5.8	4.8	4.3	1.8
5.9	6.9	7.5	6.0	5.8	3.0
9.4	11.2	7.9	10.8	11.2	5.4
12.2	17.2	14.0	9.9	9.9	9.1
27.6	24.7	30.9	29.2	29.0	24.3
23.0	19.3	20.7	26.2	25.0	24.9
7.5	5.5	5.3	6.4	5.7	15.8
8.9	8.1	7.0	6.1	8.8	15.3
9.3	17.2	11.9	8.2	5.4	1.8
20.8	31.4	29.4	18.3	14.6	7.0
33.2	35.8	38.0	40.9	33.3	15.7
15.5	10.4	12.0	17.9	19.5	18.8
12.2	4.0	7.0	11.0	15.6	26.2
8.6	1.1	1.7	3.6	11.2	28.6
0.4				0.4	1.9
0.4	0.1	0.1	0.5	0.2	1.3
1.9		0.1	0.1	1.4	11.2
4.7		0.2	0.3	5.5	24.7
4.2	0.0	0.5	1.8	6.0	17.6
52.0	44.5	56.8	61.0	58.5	34.9
24.5	44.7	27.3	22.5	13.1	6.0
12.2	10.6	14.9	13.9	15.2	4.3

2-94 续表

指标名称	Item	单位	Unit
二、家庭经营情况	Basic Statistics of Business of Households Surveyed	--	--
(一)生产经营户	Production Households	%	%
1.农业户	Agriculture Households	%	%
2.农业兼业户	Agriculture with Combined Occupations	%	%
3.非农业兼业户	Non-agriculture with Combined Occupations	%	%
4.非农业户	Non-agriculture Households	%	%
(二)非生产经营户	Non-production Households	%	%
三、年末生产性固定资产原价	Original Price of Productive Fixed Assets Year-end	元/户	yuan/household
(一)第一产业固定资产原价	The Primary Industry	元/户	yuan/household
1.农业固定资产原价	Agriculture	元/户	yuan/household
2.林业固定资产原价	Forestry	元/户	yuan/household
3.牧业固定资产原价	Animal Husbandry	元/户	yuan/household
4.渔业固定资产原价	Fishery	元/户	yuan/household
5.农林牧渔专业及辅助性活动固定资产原价	Agriculture, Forestry, Animal Husbandry, Fishery and Auxiliary Activities	元/户	yuan/household
(二)第二产业固定资产原价	The Secondary Industry	元/户	yuan/household
1.采矿业固定资产原价	Mining Industry	元/户	yuan/household
2.制造业固定资产原价	Manufacturing Industry	元/户	yuan/household
3.电力热力燃气及水生产和供应业	Production and Supply of Electric, Heat, Gas and Water	元/户	yuan/household
4.建筑业固定资产原价	Construction Industry	元/户	yuan/household
(三)第三产业固定资产原价	The Tertiary Industry	元/户	yuan/household
1.批发和零售业	Wholesales and Retail Trade	元/户	yuan/household
2.交通运输仓储和邮政业	Transportation, Warehousing and Postal Services	元/户	yuan/household
3.住宿和餐饮业	Hotel and Catering Sectors	元/户	yuan/household
4.房地产业	Real Estate	元/户	yuan/household
5.租赁和商务服务业	Leasing and Business Service	元/户	yuan/household
6.居民服务修理和其他服务业	Residential Services, Repair and Other Services	元/户	yuan/household
7.其他行业	Others	元/户	yuan/household
四、年末主要生产性固定资产数量	Quantity of Main Productive Fixed Assets Year-end	--	--
1.农业生产性用房及建筑物	House and Buildings for Agricultural Production	平方米/百户	sq.m/100 households
2.大中型农用拖拉机	Large and Medium Agrimotor	辆/百户	unit/100 households
3.小型农用拖拉机	Small Agrimotor	辆/百户	unit/100 households
4.农用排灌动力机械	Drainage and Irrigation Power Machinery for Agriculture	台/百户	unit/100 households
5.插秧机	Rice Transplanter	台/百户	unit/100 households
6.收割机	Harvesting Implements	台/百户	unit/100 households
7.脱粒机	Threshing Machine	台/百户	unit/100 households
8.产品畜	Livestock Products	头/百户	unit/100 households
9.其他农业机械	Other Agricultural Machinery	台/百户	unit/100 households

continued

总计 Total	20%低收入户 20% Low Income	20%中低收入户 20% Lower-middle Income	20%中等收入户 20% Middle Income	20%中上收入户 20% Upper-middle Income	20%高收入户 20% High Income
51.5	68.8	66.2	53.9	42.0	18.5
56.8	69.4	59.3	55.0	40.1	45.1
5.4	3.0	7.4	7.9	3.7	0.0
7.6	6.2	9.3	5.9	9.9	5.2
30.7	21.8	24.0	32.3	46.9	49.7
48.5	31.2	33.8	46.1	58.0	81.5
37625.6	64942.6	38308.0	32056.7	30106.6	22745.1
14582.6	30066.1	16422.0	12104.1	9423.9	4917.1
5386.1	9198.7	6683.8	6207.7	3881.8	968.5
68.8	172.4	20.3	138.8	12.3	
7638.2	16126.9	8463.0	5689.1	4925.0	2996.4
1489.6	4568.1	1254.8	68.5	604.8	952.2
4149.4	2906.1	3917.6	543.7	4476.7	8891.5
323.9	1524.3		95.6		
113.2	33.9		51.2	481.6	
3712.2	1347.9	3917.6	396.9	3995.0	8891.5
18893.6	31970.3	17968.3	19408.9	16206.0	8936.5
3978.8	3066.0	3066.7	2850.8	5069.9	5836.8
9199.2	18816.6	7346.7	10054.2	7612.3	2181.8
2829.6	7044.0	6186.1	554.9	369.0	0.0
97.7		133.3	355.2		
1963.4	1882.6	824.4	4587.6	1991.4	534.2
824.8	1161.1	411.0	1006.2	1163.4	383.7
3207.2	5472.1	3822.1	3116.2	1706.2	1921.7
1.9	5.8	1.5	1.0	1.1	0.0
18.3	31.5	24.4	23.2	10.4	2.2
0.3	0.6		0.7		
0.5	1.2	0.2	0.6	0.3	0.0
2.0	4.2	2.7	2.5	0.4	0.0
157.9	144.6	437.9	44.8	91.7	70.7
17.0	33.0	22.9	18.8	8.4	2.3

2-94-1 2020年全区全体居民家庭按可支配收入等距五组分组资料

指标名称	Item	单位	Unit
一、期末现住房情况	Current House Condition of Term End	--	--
(一)住房面积	Housing Area	--	--
人均现住房面积	Per Capita Current Housing Area	平方米/人	sq.m/person
户均现住房面积	Per Household Current Housing Area	平方米/户	sq.m/household
人均自有现住房面积	Per Capita Self-owned Current Housing Area	平方米/人	sq.m/person
户均自有现住房面积	Per Household Self-owned Current Housing Area	平方米/户	sq.m/household
(二)住房市场价月租金	Monthly Rent of Housing	元/人	yuan/person
现住房市场价月租金	Monthly Rent of Current Housing	元/人	yuan/person
自有现住房市场价月租金	Monthly Rent of Self-owned Current Housing	元/人	yuan/person
二、期末现住房购成	Current Housing Constitute of Term End	--	--
(一)本住户居住空间样式	House Construction Space Style	%	%
1.单栋楼房	Single Building	%	%
2.单栋平房	Single Bungalow	%	%
3.四居室及以上单元房	House with Four Bedrooms and Above	%	%
4.三居室单元房	House with Three Bedrooms	%	%
5.二居室单元房	House with Two Bedrooms	%	%
6.一居室单元房	House with One Bedrooms	%	%
7.其他	Others	%	%
(二)主要建筑材料	Main Building Materials	%	%
1.钢筋混凝土	Reinforced Concrete	%	%
2.砖混材料	Brick and Concrete	%	%
3.砖瓦砖木	Brick and Wood	%	%
4.竹草土坯	Bamboo Grass Adobe	%	%
5.其他	Others	%	%
(三)现住房房屋来源	Current Housing Source	%	%
1.租赁公房	Public House Leasing	%	%
2.租赁私房	Private House Leasing	%	%
3.自建住房	Self-built Housing	%	%
4.购买商品房	Commercial Residential Building	%	%
5.购买房改住房	Reformed Housing	%	%
6.购买保障性住房	Security Housing	%	%
7.拆迁安置房	Removal Settlement Housing	%	%
8.继承或获赠住房	Inheritance or Gift Housing	%	%
9.免费借用房	Borrow Housing for Free	%	%
10.雇主提供免费住房	Provide Free Housing from Employer	%	%
11.其他	Others	%	%
(四)现住房建筑面积	Buildings Area for Current Housing	%	%
1.10平方米以内	Less than 10 sq.m	%	%
2.10-20平方米	10-20 sq.m	%	%
3.20-30平方米	20-30 sq.m	%	%
4.30-60平方米	30-60 sq.m	%	%
5.60-90平方米	60-90 sq.m	%	%
6.90-120平方米	90-120 sq.m	%	%
7.120-200平方米	120-200 sq.m	%	%
8.200平方米以上	200 sq.m above	%	%

Basic Statistics Grouped by per Capita Disposable Income Quintile of Urban and Rural Households (2020)

总计 Total	20%低收入户 20% Low Income	20%中低收入户 20% Lower-middle Income	20%中等收入户 20% Middle Income	20%中上收入户 20% Upper-middle Income	20%高收入户 20% High Income
33.5	26.9	30.1	35.0	35.3	46.3
110.8	104.2	100.3	97.4	97.2	119.9
32.5	26.5	29.3	34.1	33.7	44.9
107.6	116.7	108.3	106.7	97.9	108.5
184.7	82.4	117.0	171.1	232.8	433.8
178.5	78.6	113.4	167.6	218.7	425.6
100.0	100.0	100.0	100.0	100.0	100.0
0.7	0.5	0.4	1.2	0.5	0.8
43.1	77.6	61.3	46.6	24.1	5.9
1.1	0.2	0.7	1.3	1.0	2.6
25.7	11.9	15.6	21.1	28.0	51.6
28.1	9.4	20.9	27.8	45.1	37.2
1.2	0.3	0.9	2.1	1.1	1.6
0.2		0.3		0.2	0.3
100.0	100.0	100.0	100.0	100.0	100.0
36.5	15.0	27.5	35.4	45.5	59.1
36.5	34.7	32.8	37.1	41.6	36.5
26.4	49.8	38.7	26.7	12.5	4.2
0.4	0.6	0.8	0.5		0.2
0.2		0.2	0.2	0.4	
100.0	100.0	100.0	100.0	100.0	100.0
0.8	0.3	1.5	0.9	0.5	0.8
2.1	2.0	2.2	1.3	3.3	1.7
42.2	74.6	60.7	46.4	22.6	6.7
40.9	15.7	25.2	36.9	54.5	71.8
2.7	1.6	0.7	1.7	3.2	6.3
1.6	0.2	0.3	1.7	1.5	4.4
8.3	4.8	8.3	9.7	13.0	5.6
0.5	0.2	0.4	0.3	0.3	1.1
0.8	0.5	0.5	0.9	0.7	1.6
0.0				0.2	
0.1		0.2	0.3	0.2	
100.0	100.0	100.0	100.0	100.0	100.0
0.0	0.2				
6.0	4.3	7.8	4.4	6.5	7.1
27.9	22.8	26.7	29.1	39.5	21.4
36.7	33.9	36.6	41.5	35.7	35.8
26.6	35.5	26.0	22.4	16.0	32.8
2.8	3.2	2.9	2.6	2.2	2.9

2-94-1 续表

指标名称	Item	单位	Unit
(五)住户主要饮用水来源情况	Main Sources of Drinking Water for Households	%	%
1.经过净化处理的自来水	Purified Tap Water	%	%
2.受保护的井水和泉水	Protected Well and Spring Water	%	%
3.不受保护的井水和泉水	Unprotected Well and Spring Water	%	%
4.江河湖泊水	River and Lake Water	%	%
5.收集雨水	Collect Rainwater	%	%
6.桶装水	Barreled Water	%	%
7.其他水源	Other Water	%	%
(六)厨房使用情况	Kitchen Usage	%	%
1.住宅内独用	Use Alone in the House	%	%
2.住宅内合用	Residential Sharing	%	%
3.院内独用	Use Alone in the Courtyard	%	%
4.院内合用	Share in the Courtyard	%	%
5.其他地方独用	Use Alone Other Places	%	%
6.其他地方合用	Share Other Places	%	%
7.无厨房	No Kitchen	%	%
(七)主要炊用能源状况	Main Energy Condition for Cooking	%	%
1.柴草	Firewood	%	%
2.煤炭	Coal	%	%
3.罐装液化石油气	Canned Liquefied Petroleum Gas	%	%
4.管道液化石油气	Pipeline Liquefied Petroleum Gas	%	%
5.管道煤气	Pipeline Coal Gas	%	%
6.管道天然气	Pipeline Natural Gas	%	%
7.电	Electricity	%	%
8.燃料用油	Fuel Oils	%	%
9.沼气	Biogas	%	%
10.其他	Others	%	%
11.无炊用行为	No Heating Behavior	%	%
(八)住户厕所类型	Residence Toilet Type	%	%
1.水冲式卫生厕所	Water Flushing Sanitary Toilet	%	%
2.水冲式非卫生厕所	Water Flushing Insanitary Toilet	%	%
3.卫生旱厕	Sanitary Pit Latrine	%	%
4.普通旱厕	General Pit Latrine	%	%
5.无厕所	No Toilet	%	%
(九)住户厕所使用情况	Using Condition for Residence Toilet	%	%
1.住宅内独用	Use Alone in the House	%	%
2.住宅内合用	Residential Sharing	%	%
3.院内独用	Use Alone in the Courtyard	%	%
4.院内合用	Share in the Courtyard	%	%
5.其他地方独用	Use Alone Other Places	%	%
6.其他地方合用	Share Other Places	%	%
7.公用厕所	Public Toilet	%	%
(十)住户主要取暖设备状况	Main Heating Equipment Condition for Residence	%	%
1.由市政或小区集中供暖	Central Heating by Government or Housing Estate	%	%
2.自行供暖	Self Heating	%	%
3.无取暖设备	No Heating Equipment	%	%

continued

总计 Total	20%低收入户 20% Low Income	20%中低收入户 20% Lower-middle Income	20%中等收入户 20% Middle Income	20%中上收入户 20% Upper-middle Income	20%高收入户 20% High Income
100.0	100.0	100.0	100.0	100.0	100.0
96.9	94.6	96.7	95.6	98.3	99.2
1.6	3.1	1.6	2.5	0.5	0.5
0.8	0.9		1.9	1.2	0.2
0.1		0.1			0.2
0.6	1.4	1.6			
100.0	100.0	100.0	100.0	100.0	100.0
89.1	77.2	82.4	91.4	95.9	98.5
0.4	0.8	0.8	0.2	0.4	
10.4	21.8	16.6	8.4	3.6	1.5
0.1	0.2			0.1	
0.0		0.2			
100.0	100.0	100.0	100.0	100.0	100.0
1.1	2.7	2.4	0.5	0.2	
8.4	18.6	12.0	6.4	2.8	2.2
9.8	8.3	9.3	16.7	10.4	4.5
0.1				0.2	0.3
0.1				0.2	0.2
46.9	15.7	31.4	42.6	62.9	81.7
33.4	54.5	44.8	33.7	23.0	11.1
0.0		0.2			
0.1	0.1		0.2	0.3	
100.0	100.0	100.0	100.0	100.0	100.0
64.8	32.1	48.3	64.8	82.7	96.3
2.4	5.0	3.7	2.1	1.0	
4.2	8.1	5.0	4.3	2.4	1.0
28.5	54.8	42.9	28.8	13.4	2.7
0.1		0.2		0.6	
100.0	100.0	100.0	100.0	100.0	100.0
75.6	55.9	64.8	74.3	86.0	96.8
0.3	0.5				0.8
22.2	40.3	32.6	23.1	13.2	2.0
0.2	0.4	0.5	0.3		
1.5	2.7	1.9	2.1	0.7	0.2
0.2	0.2	0.3	0.2	0.2	0.2
100.0	100.0	100.0	100.0	100.0	100.0
48.3	18.7	30.7	45.5	66.4	80.3
51.2	80.9	68.6	54.1	33.5	19.2
0.4	0.4	0.7	0.4	0.1	0.5

2-94-2　2020年全区全体居民家庭按可支配收入等距五组分组资料

指标名称	Item	单位	Unit
全年总收入	Total Revenue	元/人	yuan/person
1.工资性收入	Income from Wages and Salaries	元/人	yuan/person
2.经营性收入	Business Income	元/人	yuan/person
(1)第一产业收入	The Primary Industry	元/人	yuan/person
农业收入	Agriculture	元/人	yuan/person
林业收入	Forestry	元/人	yuan/person
牧业收入	Animal Husbandry	元/人	yuan/person
渔业收入	Fishery	元/人	yuan/person
(2)第二产业收入	The Secondary Industry	元/人	yuan/person
工业收入	Industry	元/人	yuan/person
建筑业收入	Construction Industry	元/人	yuan/person
(3)第三产业收入	The Tertiary Industry	元/人	yuan/person
批发零售业收入	Wholesale and Retail Revenue	元/人	yuan/person
交通运输业收入	Transportation Industry	元/人	yuan/person
住宿和餐饮业	Hotel and Catering Sectors	元/人	yuan/person
房地产业	Real Estate	元/人	yuan/person
租赁和商务服务业	Leasing and Business Service	元/人	yuan/person
居民服务修理和其他服务业	Residential Services, Repair and Other Services	元/人	yuan/person
其他	Others	元/人	yuan/person
农林牧渔服务业	Agriculture, Forestry, Animal Husbandry and Fishery Services	元/人	yuan/person
3.财产性收入	Income from Property	元/人	yuan/person
红利收入	Dividend Income	元/人	yuan/person
#转让承包土地经营权租金收入	Rental Income from the Management Rights Transfer of Land Contracted	元/人	yuan/person
4.转移性收入	Income from Transfer	元/人	yuan/person
#养老金或离退休金	Pension or Retirement Benefits	元/人	yuan/person
报销医疗费	Reimbursement of Medical Expenses	元/人	yuan/person
政策性惠农补贴	Political Subsidy Supporting Agriculture	元/人	yuan/person
5.非收入所得	Non-income Revenue	元/人	yuan/person
(1)出售资产所得	Proceeds from Sale of Assets	元/人	yuan/person
(2)非经常性转移所得	Income from Non-recurrent Transfers	元/人	yuan/person
(3)其他非收入所得	Other Non-income Revenue	元/人	yuan/person
6.借贷性所得	Borrowing Income	元/人	yuan/person
(1)提取储蓄存款	Dissaving	元/人	yuan/person
(2)借入款	Borrowed	元/人	yuan/person
(3)收回借出款	Recall the Loan	元/人	yuan/person

Basic Statistics Grouped by per Capita Disposable Income Quintile of Urban and Rural Households (2020)

总计 Total	20%低收入户 20% Low Income	20%中低收入户 20% Lower-middle Income	20%中等收入户 20% Middle Income	20%中上收入户 20% Upper-middle Income	20%高收入户 20% High Income
33326.9	14474.8	19778.7	29676.0	42798.8	81653.0
15526.3	4025.7	7561.0	12564.9	20656.0	46273.9
9726.6	7912.0	8844.2	11541.4	12570.3	8629.0
5291.8	5230.8	5347.8	6311.0	5442.5	3822.9
2469.0	3108.7	2616.0	3136.7	2094.5	668.5
54.6	83.1	80.0	39.0	40.0	1.8
2768.1	2038.9	2651.8	3135.4	3308.0	3152.6
0.0	0.1				0.0
1024.7	1712.3	209.1			
154.1	437.5		75.0	133.7	
870.6	75.3	320.1	435.2	1893.2	2493.9
3410.1	2168.5	3176.3	4720.2	5100.9	2312.3
1130.9	588.9	1142.2	1261.3	2044.3	838.2
1367.7	1204.6	961.4	1730.1	1976.7	1087.6
239.3	127.9	464.7	261.3	297.6	0.1
23.4		22.3	75.4	23.9	
441.2	65.1	377.0	1073.9	546.4	281.7
106.3	63.3	92.3	269.7	102.1	
101.3	118.6	116.4	48.6	110.0	104.7
1159.5	331.3	617.9	1177.3	1530.3	3025.6
66.8	61.6	24.0	42.0	104.1	128.6
201.8	152.7	227.2	331.3	224.9	57.8
6914.5	2205.8	2755.5	4392.3	8042.1	23724.6
4950.4	537.8	876.3	2287.4	6245.2	21073.9
505.6	173.3	208.8	341.7	563.4	1704.5
373.1	449.6	489.1	433.2	277.0	94.7
2630.7	1802.8	1750.2	2583.5	3250.7	4797.6
1006.4	554.7	210.5	831.6	1361.6	2841.4
1611.5	1232.8	1528.7	1730.4	1876.9	1955.7
12.8	15.3	10.9	21.5	12.3	0.6
4463.2	5317.4	3533.1	3545.7	4028.9	6029.0
1000.9	662.1	547.3	1041.8	763.7	2540.1
683.8	1396.5	734.5	384.0	362.8	80.4
89.4	52.1	71.6	181.8	105.3	46.7

2-94-2 续表

指标名称	Item	单位	Unit
(4)收回储蓄性保险本金	Redemption of Deposit Insurance Principal	元/人	yuan/person
(5)银行信用社得到的贷款	Bank Loan	元/人	yuan/person
(6)其他借贷所得	Income from other loans	元/人	yuan/person
全年总支出	Total Expenditure	元/人	yuan/person
1.生活消费支出	Living Expenditure	元/人	yuan/person
2.生产经营费用支出	Expenditure for Household Business	元/人	yuan/person
(1)第一产业生产支出	The Primary Industry	元/人	yuan/person
农业生产支出	Agriculture	元/人	yuan/person
林业生产支出	Forestry	元/人	yuan/person
牧业生产支出	Animal Husbandry	元/人	yuan/person
渔业生产支出	Fishery	元/人	yuan/person
(2)第二产业生产支出	The Secondary Industry	元/人	yuan/person
工业生产支出	Industry	元/人	yuan/person
建筑业生产支出	Construction Industry	元/人	yuan/person
(3)第三产业生产支出	The Tertiary Industry	元/人	yuan/person
批发和零售业	Wholesale and Retail Revenue	元/人	yuan/person
交通运输仓储和邮政业	Transportation Industry	元/人	yuan/person
住宿和餐饮业	Hotel and Catering Sectors	元/人	yuan/person
房地产业	Real Estate	元/人	yuan/person
租赁和商务服务业	Leasing and Business Service	元/人	yuan/person
居民服务修理和其他服务业	Residential Services, Repair and Other Services	元/人	yuan/person
其他	Others	元/人	yuan/person
农林牧渔服务业	Agriculture, Forestry, Animal Husbandry and Fishery Services	元/人	yuan/person
3.财产性支出	Property Expenditure	元/人	yuan/person
4.转移性支出	Transfer Expenditure	元/人	yuan/person
5.部分商业保险支出	Commercial Insurance Expenditure	元/人	yuan/person
6.购置资产及非经常性转移支出	Acquisition of Assets and Non-recurrent Transfer Expenses	元/人	yuan/person
(1)建造住房支出	Build Housing	元/人	yuan/person
(2)购买住房支出	Purchase House	元/人	yuan/person
(3)购建第一产业生产性固定资产	Purchase and Build the Productive Fixed Assets of the Primary Industry	元/人	yuan/person
(4)购建第二产业生产性固定资产支出	Purchase and Build the Productive Fixed Assets of the Secondary Industry	元/人	yuan/person
(5)购建第三产业生产性固定资产支出	Purchase and Build the Productive Fixed Assets of the Tertiary Industry	元/人	yuan/person
(6)非经常性转移支出	Non-recurrent Transfer Expenditures	元/人	yuan/person
7.借贷性支出	Borrowing Expenditure	元/人	yuan/person

continued

总计 Total	20%低收入户 20% Low Income	20%中低收入户 20% Lower-middle Income	20%中等收入户 20% Middle Income	20%中上收入户 20% Upper-middle Income	20%高收入户 20% High Income
1.6			8.2		
2627.5	3036.7	2156.8	1929.9	2742.4	3361.9
60.0	169.9	22.8		54.8	
33447.2	25404.4	23932.1	33024.3	37461.2	58326.4
17505.8	10393.9	12491.7	17197.8	21162.9	34110.1
4550.4	6934.9	3418.2	4017.8	3719.1	3618.0
3138.6	4910.7	2905.1	2958.3	2179.5	1650.4
1079.8	1906.7	851.5	1123.3	730.7	284.9
19.2	31.8	30.3	10.7	11.0	0.2
2039.6	2972.2	2023.3	1824.3	1437.8	1365.4
0.0	0.0				
523.3	399.7	60.0	89.9	889.3	1574.8
115.6	396.2		25.7	29.8	
407.7	3.5	60.0	64.2	859.5	1574.8
888.4	1624.5	453.1	969.6	650.3	392.8
172.3	513.4	53.3	40.0	24.9	79.5
601.2	971.1	267.2	739.6	556.5	312.0
12.2	5.3	21.2	27.0	5.6	
0.1	0.2				
0.9				5.0	
28.5	23.6	12.9	68.7	35.1	1.1
32.4	31.9	41.6	73.6	3.9	0.0
41.0	78.9	56.9	20.8	19.3	0.1
277.9	191.6	206.7	278.4	444.5	343.1
2006.0	998.6	1207.2	1911.1	2267.1	4866.5
392.6	118.5	196.7	405.0	672.5	839.0
6248.9	5091.1	3436.5	6398.8	6862.7	11714.5
389.1	701.1	226.1	537.6	93.8	231.5
2321.9	1055.0	212.7	1995.1	3359.3	7021.5
507.5	821.7	568.6	339.0	410.7	175.4
9.4	16.1			19.5	11.4
710.4	937.7	480.2	1338.4	569.8	6.5
2281.1	1546.5	1914.0	2174.8	2401.9	4169.6
2465.7	1675.8	2975.2	2815.5	2332.5	2835.2

2-94-3 2020年全区全体居民家庭按可支配收入等距五组分组资料

指标名称	Item	单位	Unit
可支配收入	Disposable Income	元/人	yuan/person
(一)工资性收入	Income from Wages and Salaries	元/人	yuan/person
(二)经营净收入	Net Business Income	元/人	yuan/person
1.第一产业经营净收入	The Primary Industry	元/人	yuan/person
(1)农业	Agriculture	元/人	yuan/person
(2)林业	Forestry	元/人	yuan/person
(3)牧业	Animal Husbandry	元/人	yuan/person
(4)渔业	Fishery	元/人	yuan/person
2.第二产业经营净收入	The Secondary Industry	元/人	yuan/person
(1)工业	Industry	元/人	yuan/person
(2)建筑业	Construction Industry	元/人	yuan/person
3.第三产业经营净收入	The Tertiary Industry	元/人	yuan/person
(1)批发和零售业	Wholesale and Retail Revenue	元/人	yuan/person
(2)交通运输仓储和邮政业	Transportation Industry	元/人	yuan/person
(3)住宿和餐饮业	Hotel and Catering Sectors	元/人	yuan/person
(4)房地产业	Real Estate	元/人	yuan/person
(5)租赁和商务服务业	Leasing and Business Service	元/人	yuan/person
(6)居民服务修理和其他服务业	Residential Services, Repair and Other Services	元/人	yuan/person
(7)其他	Others	元/人	yuan/person
(8)农林牧渔服务业	Agriculture, Forestry, Animal Husbandry and Fishery Services	元/人	yuan/person
(三)财产净收入	Income from Property	元/人	yuan/person
1.红利收入	Dividend Income	元/人	yuan/person
#2.转让承包土地经营权租金收入	Rental Income from the Management Rights Transfer of Land Contracted	元/人	yuan/person
(四)转移净收入	Income from Transfer	元/人	yuan/person
#1.养老金或离退休金	Pension or Retirement Benefits	元/人	yuan/person
2.报销医疗费	Reimbursement of Medical Expenses	元/人	yuan/person
3.政策性惠农补贴	Political Subsidy Supporting Agriculture	元/人	yuan/person
现金可支配收入	Cash Disposable Income	元/人	yuan/person
实物可支配收入	Physical Disposable Income	元/人	yuan/person

Basic Statistics Grouped by per Capita Disposable Income Quintile of Urban and Rural Households (2020)

总计 Total	20%低收入户 20% Low Income	20%中低收入户 20% Lower-middle Income	20%中等收入户 20% Middle Income	20%中上收入户 20% Upper-middle Income	20%高收入户 20% High Income
25734.9	5368.1	14255.5	22784.8	35676.9	72198.3
15526.3	4025.7	7561.0	12564.9	20656.0	46273.9
4418.4	-4.4	4734.9	6839.6	8160.1	4383.9
1889.4	-65.2	2169.1	3095.9	3060.5	2063.1
1280.7	1062.9	1643.9	1880.9	1274.6	357.0
34.0	48.8	49.3	25.3	28.7	1.6
574.7	-1177.0	475.9	1189.7	1757.2	1704.5
0.0	0.1				0.0
417.9	69.1	189.4	408.7	1034.8	673.9
29.7	17.7		46.1	92.9	
388.2	51.4	189.4	362.6	942.0	673.9
2111.1	-8.2	2376.4	3335.0	4064.7	1646.9
878.5	29.1	1033.5	1160.4	1903.0	597.7
581.3	-50.9	561.7	776.0	1245.5	715.4
170.1	16.2	331.9	222.5	283.5	0.1
-0.1	-0.2				
20.5		19.9	67.8	18.9	
373.2	13.1	349.2	907.3	465.6	265.9
57.3	13.9	43.3	174.7	71.5	-10.6
30.3	-29.4	36.9	26.4	76.8	78.4
881.7	139.7	411.2	898.9	1085.8	2682.5
66.8	61.6	24.0	42.0	104.1	128.6
201.8	152.7	227.2	331.3	224.9	57.8
4908.5	1207.1	1548.4	2481.2	5775.1	18858.0
4950.4	537.8	876.3	2287.4	6245.2	21073.9
505.6	173.3	208.8	341.7	563.4	1704.5
373.1	449.6	489.1	433.2	277.0	94.7
24941.6	5259.1	14148.8	22272.4	34647.0	69034.1
793.3	109.0	106.7	512.4	1029.9	3164.2

2-94-3 续表

指标名称	Item	单位	Unit
生活消费支出	Living Expenditure	元/人	yuan/person
(一)食品烟酒	Food, Tobacco and Liquor	元/人	yuan/person
#粮食	Grain	元/人	yuan/person
油脂	Oil and Fats	元/人	yuan/person
肉禽及制品	Meat, Poultry and Processed Products	元/人	yuan/person
蛋类及蛋制品	Eggs and Egg Products	元/人	yuan/person
水产品	Aquatic Products	元/人	yuan/person
蔬菜及菜制品	Vegetables and Vegetable Products	元/人	yuan/person
奶及奶制品	Milk and Processed Products	元/人	yuan/person
烟酒	Tobacco and Wine	元/人	yuan/person
饮料	Beverages	元/人	yuan/person
饮食服务	Catering Service	元/人	yuan/person
(二)衣着	Clothing	元/人	yuan/person
#服装	Garments	元/人	yuan/person
(三)居住	Residence	元/人	yuan/person
#住房维修及管理	Housing Maintenance and Management	元/人	yuan/person
水电燃料及其他	Water, Electricity, Fuels and Others	元/人	yuan/person
(四)生活用品及服务	Household Facilities, Articles and Services	元/人	yuan/person
#家用器具	Home Appliances	元/人	yuan/person
家具及室内装饰品	Articles for Interior Decoration	元/人	yuan/person
家用纺织品	Bed Articles	元/人	yuan/person
家庭日用杂品	Household Articles for Daily Use	元/人	yuan/person
(五)交通通信	Transport and Communications	元/人	yuan/person
#交通	Transport	元/人	yuan/person
通信	Communications	元/人	yuan/person
(六)教育文化娱乐	Education, Culture and Recreation	元/人	yuan/person
文化娱乐	Culture and Recreation	元/人	yuan/person
#教育	Education	元/人	yuan/person
(七)医疗保健	Health Care and Medical Services	元/人	yuan/person
#医疗器具及药品	Medical Instrument and Medicine	元/人	yuan/person
(八)其他用品及服务	Other Commodities and Services	元/人	yuan/person
服务性消费支出	Consumption Expenditure for Service	元/人	yuan/person
商品性消费支出	Consumption Expenditure for Commodity	元/人	yuan/person

continued

总计 Total	20%低收入户 20% Low Income	20%中低收入户 20% Lower-middle Income	20%中等收入户 20% Middle Income	20%中上收入户 20% Upper-middle Income	20%高收入户 20% High Income
17505.8	10393.9	12491.7	17197.8	21162.9	34110.1
4816.3	2868.6	3624.0	4783.7	6046.0	8748.1
536.4	480.5	501.5	546.4	548.7	663.4
138.9	125.8	130.9	145.8	141.3	162.7
1149.5	769.5	979.7	1196.9	1416.5	1719.0
71.7	46.0	57.3	71.6	83.7	126.4
84.1	30.6	46.3	67.1	104.9	235.8
378.6	236.7	296.9	386.4	457.8	656.4
216.0	119.3	130.7	187.3	330.3	422.4
381.6	184.6	307.3	397.7	484.2	709.8
110.1	64.8	87.6	107.4	130.4	205.9
1022.4	382.0	555.1	964.7	1434.1	2481.5
1263.9	687.3	811.3	1183.1	1618.7	2682.1
1008.1	527.0	621.7	940.5	1286.5	2226.8
3348.8	2093.7	2384.7	3139.8	3760.2	6879.3
694.4	579.8	494.1	638.1	756.2	1207.1
914.0	592.3	677.1	963.1	1062.0	1619.8
1037.2	571.4	716.6	917.7	1205.5	2326.2
217.5	112.6	142.0	172.2	291.4	493.1
150.4	77.0	123.8	149.3	141.1	337.3
88.4	58.9	68.2	72.2	91.1	190.9
207.9	126.2	152.2	193.4	242.9	418.3
2922.0	1606.5	1973.9	3358.8	3852.8	5083.5
2195.7	1139.5	1414.6	2602.0	3001.2	3819.8
726.3	467.0	559.3	756.8	851.6	1263.7
1760.6	1260.6	1508.0	1675.7	2082.4	2779.6
428.9	174.3	237.4	327.7	555.0	1163.6
1331.7	1086.3	1270.6	1348.0	1527.4	1616.0
1906.3	1121.4	1225.4	1828.2	2025.6	4330.3
557.9	317.0	355.9	533.4	673.1	1198.2
450.7	184.3	247.7	310.7	571.6	1280.9
7041.4	4005.1	4892.8	6549.3	8250.7	15028.7
10464.4	6388.8	7598.9	10648.5	12912.2	19081.4

2-94-4　2020年全区全体居民家庭按可支配收入等距五组分组资料

指标名称	Item	单位	Unit
一、粮食消费量	Grain	公斤/人	kg/person
(一)谷物消费量	Cereal	公斤/人	kg/person
1.小麦	Wheat	公斤/人	kg/person
2.稻谷	Rice	公斤/人	kg/person
3.玉米	Corn	公斤/人	kg/person
4.其他谷物	Others	公斤/人	kg/person
(二)薯类消费量	Tubers	公斤/人	kg/person
(三)豆类消费量	Beans	公斤/人	kg/person
二、油脂类消费量	Grease	公斤/人	kg/person
三、蔬菜及菜制品消费量	Vegetables and Processed Products	公斤/人	kg/person
四、肉禽及其制品	Meat, Poultry and Processed Products	公斤/人	kg/person
1.猪肉	Pork	公斤/人	kg/person
2.牛肉	Beef	公斤/人	kg/person
3.羊肉	Mutton	公斤/人	kg/person
4.家禽	Poultry	公斤/人	kg/person
5.其他肉禽及制品	Others	公斤/人	kg/person
五、蛋类及蛋制品	Eggs and Processed Products	公斤/人	kg/person
六、水产品	Aquatic Products	公斤/人	kg/person
七、奶和奶制品	Milk and Processed Products	公斤/人	kg/person
八、糖果糕点类	Confection and Pastry	公斤/人	kg/person
九、干鲜瓜果类	Melon and Fruits	公斤/人	kg/person
十、烟叶	Tobacco Leaf	公斤/人	kg/person
十一、酒	Liquor	公斤/人	kg/person
十二、饮料	Beverages	公斤/人	kg/person
耐用消费品	Durable Consumer Goods	--	--
家用汽车	Automobile	辆/百户	unit/100 households
摩托车	Motorcycle	辆/百户	unit/100 households
助力车	Powered Bicycle	台/百户	unit/100 households
洗衣机	Washing Machine	台/百户	unit/100 households
电冰箱(柜)	Refrigerator	台/百户	unit/100 households
微波炉	Microwave Oven	台/百户	unit/100 households
彩色电视机	Color TV Set	台/百户	unit/100 households
空调	Air Conditioner	台/百户	unit/100 households
热水器	Water Heater	台/百户	unit/100 households
洗碗机	Dishwasher	台/百户	unit/100 households
排油烟机	Smoke Exhaust Ventilator	台/百户	unit/100 households
固定电话	Telephone	线/百户	unit/100 households
移动电话	Mobile Telephone	部/百户	unit/100 households
其中：接入互联网	Internet Mobile Telephone	部/百户	unit/100 households
计算机	Computer	台/百户	unit/100 households
其中：接入互联网	Internet Computer	台/百户	unit/100 households
照相机	Camera	台/百户	unit/100 households
中高档乐器	Secondary and Top Grade Musical Instrument	架/百户	unit/100 households
健身器材	Body-building Apparatus	台/百户	unit/100 households
空气净化器(含新风系统)	Air Purifier (Include Fresh Air System)	台/百户	unit/100 households
吸尘器	Vacuum Cleaner	台/百户	unit/100 households

Basic Statistics Grouped by per Capita Disposable Income Quintile of Urban and Rural Households (2020)

总计 Total	20%低收入户 20% Low Income	20%中低收入户 20% Lower-middle Income	20%中等收入户 20% Middle Income	20%中上收入户 20% Upper-middle Income	20%高收入户 20% High Income
115.6	117.9	117.3	122.4	113.2	103.1
107.9	111.2	110.0	114.7	105.1	93.3
65.7	74.0	66.8	69.4	57.5	53.9
38.9	34.0	41.0	42.5	43.8	34.0
1.1	1.5	0.7	0.7	1.3	1.3
2.2	1.7	1.5	2.0	2.5	4.2
2.7	3.7	3.2	2.5	1.7	1.7
5.0	3.0	4.2	5.2	6.4	8.1
8.5	8.2	8.4	8.9	8.4	8.7
88.8	68.6	79.0	90.9	102.0	122.1
24.7	18.5	22.6	26.3	29.5	31.7
5.8	3.7	5.1	6.1	7.1	8.6
4.9	4.1	4.8	4.6	5.8	6.1
4.4	2.5	3.3	5.3	6.4	6.2
7.6	7.3	7.8	8.3	7.6	7.3
2.0	1.0	1.6	2.0	2.6	3.5
7.4	4.8	6.1	7.7	8.8	11.9
2.9	1.4	2.1	2.6	3.7	6.2
13.5	8.0	9.9	12.8	17.6	24.6
4.2	2.5	3.5	4.4	5.4	6.4
73.3	53.6	64.1	77.9	86.5	101.8
24.9	16.1	23.4	30.7	30.6	28.6
2.6	1.3	2.2	3.2	2.9	4.6
0.3	0.2	0.3	0.3	0.3	0.3
41	35	37	36	42	53
30	54	37	32	17	8
67	71	74	88	68	36
103	104	104	103	102	103
101	98	101	104	100	103
41	16	29	38	50	70
106	108	107	106	104	103
14	4	4	8	16	37
102	103	104	98	101	104
0		0	1		1
68	40	52	67	86	95
2	0	1	2	1	7
271	298	291	271	261	234
260	288	280	258	247	225
53	33	39	49	65	79
43	24	29	38	53	71
9	3	3	6	8	25
7	2	4	5	11	13
5	1	2	3	5	13
3	1	2	1	3	8
8	3	2	5	10	19

2-95　2020年全区城镇居民家庭按可支配收入等距五组分组资料

指标名称	Item	单位	Unit
一、家庭人口基本情况	Basic Statistics of Households Surveyed	—	—
(一)户均常住人口	Average Number of Permanent Residents per Household	人/户	person/household
(二)户均常住从业人口	Average Number of Employed Persons per Household	人/户	person/household
(三)平均每户家庭从业人口比重	Proportion of Employed Persons per Household	%	%
(四)平均每一从业人口负担人数	Average Number of Dependency Coefficient per Employed Persons	人	person
(五)平均每户供养的在校学生	Supported Students in School by the Family	人/户	person/household
(六)户均整半劳动力人口	Whole and Half Labor Force per Household	人/户	person/household
(七)平均每户家庭整半劳动力人口比重	Proportion of Whole and Half Labor Force per Household	%	%
(八)常住劳动力年龄构成	Age Composition of Permanent Employed Persons	--	--
1.16-19岁	Aged 16-19	%	%
2.20-24岁	Aged 20-24	%	%
3.25-29岁	Aged 25-29	%	%
4.30-34岁	Aged 30-34	%	%
5.35-40岁	Aged 35-40	%	%
6.41-50岁	Aged 41-50	%	%
7.51-60岁	Aged 51-60	%	%
8.61-65岁	Aged 61-65	%	%
9.66岁及以上	Aged 66 and over	%	%
(九)常住就业劳动力文化程度	Culture Level of Employed Labors	--	--
1.不识字或识字很少	Illiterate and Semi-illiterate	%	%
2.小学程度	Primary School	%	%
3.初中程度	Junior Middle School	%	%
4.高中程度	Senior Middle School	%	%
5.大专及以上	College and Higher	%	%
6.大学本科	Bachelor Degree	%	%
7.研究生	Postgraduate	%	%
(十)常住就业劳动力就业类型	Type of Employment of Permanent Employed Persons	--	--
1.雇主	Employer	%	%
2.公职人员	Civil Servants	%	%
3.事业单位人员	Institution Officers	%	%
4.国有企业雇员	State-owned Enterprises Employees	%	%
5.其他雇员	Other Employees	%	%
6.农业自营	Self-employed of Agriculture	%	%
7.非农业自营	Self-employed of Non-agriculture	%	%

Basic Statistics Grouped by per Capita Disposable Income Quintile of Urban Households (2020)

总计 Total	20%低收入户 20% Low Income	20%中低收入户 20% Lower-middle Income	20%中等收入户 20% Middle Income	20%中上收入户 20% Upper-middle Income	20%高收入户 20% High Income
3.0	3.7	3.3	3.0	2.6	2.4
1.4	1.5	1.7	1.5	1.2	1.2
46.4	39.7	49.6	49.6	45.8	48.8
2.2	2.5	2.0	2.0	2.2	2.0
0.6	1.1	0.8	0.5	0.3	0.3
2.1	2.2	2.2	2.2	2.0	2.0
70.6	58.7	66.9	71.9	78.2	84.3
0.3	0.8	0.1	0.2	0.2	0.3
3.5	4.0	5.1	3.1	3.6	1.5
5.5	6.1	7.0	7.3	3.9	3.0
10.3	8.9	14.4	13.7	8.6	5.1
13.6	21.4	15.2	11.5	10.0	9.5
30.0	35.9	33.5	29.9	26.6	23.1
20.1	15.3	15.8	22.7	20.7	26.4
8.0	3.0	5.0	4.5	10.6	17.6
8.8	4.7	3.9	7.1	15.9	13.3
3.6	4.4	4.6	3.9	4.6	0.5
10.4	18.5	8.9	12.3	8.6	2.9
31.1	46.3	39.3	34.4	22.1	11.0
20.5	18.1	23.4	19.1	25.7	16.3
19.2	10.0	18.1	17.7	21.9	29.5
14.5	2.8	5.8	12.3	15.7	37.6
0.8			0.3	1.4	2.3
0.6	0.3	0.4	0.4		2.2
3.7	0.3	0.2	1.0	7.2	13.1
9.0	0.2	0.3	5.6	14.2	31.4
8.0	1.1	2.7	7.4	10.0	22.9
59.4	63.7	74.6	67.7	55.7	25.8
5.1	12.0	5.1	3.0	3.6	0.7
14.1	22.4	16.8	14.9	9.4	3.8

2-95 续表

指标名称	Item	单位	Unit
二、家庭经营情况	Basic Statistics of Business of Households Surveyed	--	--
(一)生产经营户	Production Households	%	%
1.农业户	Agriculture Households	%	%
2.农业兼业户	Agriculture with Combined Occupations	%	%
3.非农业兼业户	Non-agriculture with Combined Occupations	%	%
4.非农业户	Non-agriculture Households	%	%
(二)非生产经营户	Non-production Households	%	%
三、年末生产性固定资产原价	Original Price of Productive Fixed Assets Year-end	元/户	yuan/household
(一)第一产业固定资产原价	The Primary Industry	元/户	yuan/household
1.农业固定资产原价	Agriculture	元/户	yuan/household
2.林业固定资产原价	Forestry	元/户	yuan/household
3.牧业固定资产原价	Animal Husbandry	元/户	yuan/household
4.渔业固定资产原价	Fishery	元/户	yuan/household
5.农林牧渔专业及辅助性活动固定资产原价	Agriculture, Forestry, Animal Husbandry, Fishery and Auxiliary Activities	元/户	yuan/household
(二)第二产业固定资产原价	The Secondary Industry	元/户	yuan/household
1.采矿业固定资产原价	Mining Industry	元/户	yuan/household
2.制造业固定资产原价	Manufacturing Industry	元/户	yuan/household
3.电力热力燃气及水生产和供应业	Production and Supply of Electric, Heat, Gas and Water	元/户	yuan/household
4.建筑业固定资产原价	Construction Industry	元/户	yuan/household
(三)第三产业固定资产原价	The Tertiary Industry	元/户	yuan/household
1.批发和零售业	Wholesales and Retail Trade	元/户	yuan/household
2.交通运输仓储和邮政业	Transportation, Warehousing and Postal Services	元/户	yuan/household
3.住宿和餐饮业	Hotel and Catering Sectors	元/户	yuan/household
4.房地产业	Real Estate	元/户	yuan/household
5.租赁和商务服务业	Leasing and Business Service	元/户	yuan/household
6.居民服务修理和其他服务业	Residential Services, Repair and Other Services	元/户	yuan/household
7.其他行业	Others	元/户	yuan/household
四、年末主要生产性固定资产数量	Quantity of Main Productive Fixed Assets Year-end	--	--
1.农业生产性用房及建筑物	House and Buildings for Agricultural Production	平方米/百户	sq.m/100 households
2.大中型农用拖拉机	Large and Medium Agrimotor	辆/百户	unit/100 households
3.小型农用拖拉机	Small Agrimotor	辆/百户	unit/100 households
4.农用排灌动力机械	Drainage and Irrigation Power Machinery for Agriculture	台/百户	unit/100 households
5.插秧机	Rice Transplanter	台/百户	unit/100 households
6.收割机	Harvesting Implements	台/百户	unit/100 households
7.脱粒机	Threshing Machine	台/百户	unit/100 households
8.产品畜	Livestock Products	头/百户	unit/100 households
9.其他农业机械	Other Agricultural Machinery	台/百户	unit/100 households

continued

总计 Total	20%低收入户 20% Low Income	20%中低收入户 20% Lower-middle Income	20%中等收入户 20% Middle Income	20%中上收入户 20% Upper-middle Income	20%高收入户 20% High Income
30.0	47.0	34.2	30.3	22.3	10.3
28.5	35.1	23.0	26.8	30.6	17.3
1.5	3.5	1.4	0.0	0.0	0.0
3.0	4.4	1.9	2.0	5.1	0.0
67.3	58.1	73.7	71.3	64.2	82.7
70.0	53.0	65.8	69.7	77.7	89.7
31527.7	70973.7	24214.4	25961.9	10281.3	26289.7
4662.9	15312.8	2351.7	2170.7	3423.1	113.2
1329.4	3234.8	1592.8	644.2	1079.1	107.0
3.8	18.9				
1879.1	4781.8	759.0	1526.5	2344.0	6.2
1450.7	7277.2				
6581.3	10043.8	440.7	5638.7	2157.9	14594.7
511.4	2565.1				
161.5				810.7	
5908.5	7478.6	440.7	5638.7	1347.2	14594.7
20283.5	45617.2	21422.0	18152.5	4700.4	11581.8
4580.6	5117.4	2810.9	4427.4	1160.6	9356.2
8482.9	20238.9	9478.8	9049.0	2104.4	1583.3
3625.4	16263.9	1318.7	594.3		
163.9		817.9			
2629.4	3788.3	5793.5	2135.2	1435.5	
801.3	208.6	1202.2	1946.7		642.3
828.8	1166.7	728.3	710.4	1501.9	44.5
0.9	4.2	0.3			
4.8	12.9	4.9	3.5	2.5	
0.1		0.3			
0.1	0.7				
0.1	0.3	0.3	0.2		
45.3	72.2	9.4	4.1	141.3	
2.7	8.2	2.0	2.8	0.8	

2-95-1 2020年全区城镇居民家庭按可支配收入等距五组分组资料

指标名称	Item	单位	Unit
一、期末现住房情况	Current House Condition of Term End	--	--
(一)住房面积	Housing Area	--	--
人均现住房面积	Per Capita Current Housing Area	平方米/人	sq.m/person
户均现住房面积	Per Household Current Housing Area	平方米/户	sq.m/household
人均自有现住房面积	Per Capita Self-owned Current Housing Area	平方米/人	sq.m/person
户均自有现住房面积	Per Household Self-owned Current Housing Area	平方米/户	sq.m/household
(二)住房市场价月租金	Monthly Rent of Housing	元/人	yuan/person
现住房市场价月租金	Monthly Rent of Current Housing	元/人	yuan/person
自有现住房市场价月租金	Monthly Rent of Self-owned Current Housing	元/人	yuan/person
二、期末现住房购成	Current Housing Constitute of Term End	--	--
(一)本住户居住空间样式	House Construction Space Style	%	%
1.单栋楼房	Single Building	%	%
2.单栋平房	Single Bungalow	%	%
3.四居室及以上单元房	House with Four Bedrooms and Above	%	%
4.三居室单元房	House with Three Bedrooms	%	%
5.二居室单元房	House with Two Bedrooms	%	%
6.一居室单元房	House with One Bedrooms	%	%
7.其他	Others	%	%
(二)主要建筑材料	Main Building Materials	%	%
1.钢筋混凝土	Reinforced Concrete	%	%
2.砖混材料	Brick and Concrete	%	%
3.砖瓦砖木	Brick and Wood	%	%
4.竹草土坯	Bamboo Grass Adobe	%	%
5.其他	Others	%	%
(三)现住房房屋来源	Current Housing Source	%	%
1.租赁公房	Public House Leasing	%	%
2.租赁私房	Private House Leasing	%	%
3.自建住房	Self-built Housing	%	%
4.购买商品房	Commercial Residential Building	%	%
5.购买房改住房	Reformed Housing	%	%
6.购买保障性住房	Security Housing	%	%
7.拆迁安置房	Removal Settlement Housing	%	%
8.继承或获赠住房	Inheritance or Gift Housing	%	%
9.免费借用房	Borrow Housing for Free	%	%
10.雇主提供免费住房	Provide Free Housing from Employer	%	%
11.其他	Others	%	%
(四)现住房建筑面积	Buildings Area for Current Housing	%	%
1.10平方米以内	Less than 10 sq.m	%	%
2.10-20平方米	10-20 sq.m	%	%
3.20-30平方米	20-30 sq.m	%	%
4.30-60平方米	30-60 sq.m	%	%
5.60-90平方米	60-90 sq.m	%	%
6.90-120平方米	90-120 sq.m	%	%
7.120-200平方米	120-200 sq.m	%	%
8.200平方米以上	200 sq.m above	%	%

Basic Statistics Grouped by per Capita Disposable Income Quintile of Urban Households (2020)

总计 Total	20%低收入户 20% Low Income	20%中低收入户 20% Lower-middle Income	20%中等收入户 20% Middle Income	20%中上收入户 20% Upper-middle Income	20%高收入户 20% High Income
34.5	28.1	29.9	32.1	37.6	50.1
103.8	104.2	100.3	97.4	97.2	119.9
32.9	26.5	28.5	30.6	35.6	48.6
99.0	98.3	95.6	92.9	92.0	116.4
280.0	179.3	220.0	261.8	325.2	493.1
269.1	167.0	214.8	244.5	315.7	482.7
100.0	100.0	100.0	100.0	100.0	100.0
0.3		0.3		0.5	0.8
9.0	18.7	10.3	9.1	5.1	2.1
1.9	1.5	2.1	0.6	2.5	3.0
42.0	38.0	38.0	35.9	36.1	62.0
44.9	40.7	46.1	53.0	54.2	30.6
1.8	1.1	3.3	1.4	1.7	1.5
100.0	100.0	100.0	100.0	100.0	100.0
57.1	53.3	58.5	52.3	56.2	65.1
37.1	33.4	34.8	43.0	40.6	33.8
5.6	12.6	6.4	4.7	3.2	0.8
0.2	0.3	0.3			0.3
0.1	0.4				
100.0	100.0	100.0	100.0	100.0	100.0
1.2	1.7	1.9	0.4	1.0	0.9
3.2	6.0	1.8	4.3	1.9	2.2
8.6	18.7	10.3	6.7	4.3	2.9
66.4	55.1	63.3	68.6	66.1	79.0
4.5	3.9	2.8	3.8	8.5	3.7
2.7	0.5	2.9	1.3	4.0	4.7
11.3	13.3	13.9	14.0	11.1	4.1
0.7		1.2	0.5	0.5	1.4
1.2	0.8	1.5		2.6	1.1
0.1			0.4		
0.1		0.5			
100.0	100.0	100.0	100.0	100.0	100.0
6.2	6.3	4.2	6.8	9.6	4.0
32.4	32.4	36.0	43.2	36.6	14.0
37.7	37.8	42.7	35.7	39.7	32.4
22.2	21.3	16.2	14.0	13.2	46.0
1.6	2.2	0.8	0.3	0.9	3.6

2-95-1 续表

指标名称	Item	单位	Unit
(五)住户主要饮用水来源情况	Main Sources of Drinking Water for Households	%	%
1.经过净化处理的自来水	Purified Tap Water	%	%
2.受保护的井水和泉水	Protected Well and Spring Water	%	%
3.不受保护的井水和泉水	Unprotected Well and Spring Water	%	%
4.江河湖泊水	River and Lake Water	%	%
5.收集雨水	Collect Rainwater	%	%
6.桶装水	Barreled Water	%	%
7.其他水源	Other Water	%	%
(六)厨房使用情况	Kitchen Usage	%	%
1.住宅内独用	Use Alone in the House	%	%
2.住宅内合用	Residential Sharing	%	%
3.院内独用	Use Alone in the Courtyard	%	%
4.院内合用	Share in the Courtyard	%	%
5.其他地方独用	Use Alone Other Places	%	%
6.其他地方合用	Share Other Places	%	%
7.无厨房	No Kitchen	%	%
(七)主要炊用能源状况	Main Energy Condition for Cooking	%	%
1.柴草	Firewood	%	%
2.煤炭	Coal	%	%
3.罐装液化石油气	Canned Liquefied Petroleum Gas	%	%
4.管道液化石油气	Pipeline Liquefied Petroleum Gas	%	%
5.管道煤气	Pipeline Coal Gas	%	%
6.管道天然气	Pipeline Natural Gas	%	%
7.电	Electricity	%	%
8.燃料用油	Fuel Oils	%	%
9.沼气	Biogas	%	%
10.其他	Others	%	%
11.无炊用行为	No Heating Behavior	%	%
(八)住户厕所类型	Residence Toilet Type	%	%
1.水冲式卫生厕所	Water Flushing Sanitary Toilet	%	%
2.水冲式非卫生厕所	Water Flushing Insanitary Toilet	%	%
3.卫生旱厕	Sanitary Pit Latrine	%	%
4.普通旱厕	General Pit Latrine	%	%
5.无厕所	No Toilet	%	%
(九)住户厕所使用情况	Using Condition for Residence Toilet	%	%
1.住宅内独用	Use Alone in the House	%	%
2.住宅内合用	Residential Sharing	%	%
3.院内独用	Use Alone in the Courtyard	%	%
4.院内合用	Share in the Courtyard	%	%
5.其他地方独用	Use Alone Other Places	%	%
6.其他地方合用	Share Other Places	%	%
7.公用厕所	Public Toilet	%	%
(十)住户主要取暖设备状况	Main Heating Equipment Condition for Residence	%	%
1.由市政或小区集中供暖	Central Heating by Government or Housing Estate	%	%
2.自行供暖	Self Heating	%	%
3.无取暖设备	No Heating Equipment	%	%

continued

总计 Total	20%低收入户 20% Low Income	20%中低收入户 20% Lower-middle Income	20%中等收入户 20% Middle Income	20%中上收入户 20% Upper-middle Income	20%高收入户 20% High Income
100.0	100.0	100.0	100.0	100.0	100.0
98.2	96.7	96.7	98.7	99.7	99.2
1.0	2.3	1.4	0.5	0.3	0.5
0.7	0.8	1.9	0.8		
0.1	0.2				0.3
100.0	100.0	100.0	100.0	100.0	100.0
99.0	97.2	98.7	99.3	99.7	100.0
1.0	2.8	1.3	0.7	0.3	
100.0	100.0	100.0	100.0	100.0	100.0
0.1	0.3				
1.9	4.9	1.2	1.3	1.3	1.1
6.7	8.1	9.6	8.0	4.4	3.3
0.1				0.5	
0.1			0.4	0.4	
75.4	63.0	72.4	75.7	79.8	85.9
15.5	23.4	16.5	14.3	13.3	9.7
0.2	0.2	0.3	0.2	0.3	
100.0	100.0	100.0	100.0	100.0	100.0
93.2	83.9	91.6	94.2	96.9	99.4
0.8	2.3	1.1	0.6	0.3	
1.0	1.8	0.8	1.1	1.2	
4.9	12.0	6.5	3.8	1.6	0.6
0.1			0.4		
100.0	100.0	100.0	100.0	100.0	100.0
95.6	91.7	94.2	95.5	97.7	98.6
0.3	0.4				1.4
3.7	7.4	5.3	4.3	1.6	
0.1	0.2	0.4			
0.2	0.3		0.3	0.3	
0.1				0.4	
100.0	100.0	100.0	100.0	100.0	100.0
78.9	67.4	78.1	81.5	85.0	82.6
20.9	32.4	21.9	17.9	15.0	17.4
0.2	0.2		0.6		0.0

2-95-2 2020年全区城镇居民家庭按可支配收入等距五组分组资料

指标名称	Item	单位	Unit
全年总收入	Total Revenue	元/人	yuan/person
1.工资性收入	Income from Wages and Salaries	元/人	yuan/person
2.经营性收入	Business Income	元/人	yuan/person
(1)第一产业收入	The Primary Industry	元/人	yuan/person
农业收入	Agriculture	元/人	yuan/person
林业收入	Forestry	元/人	yuan/person
牧业收入	Animal Husbandry	元/人	yuan/person
渔业收入	Fishery	元/人	yuan/person
(2)第二产业收入	The Secondary Industry	元/人	yuan/person
工业收入	Industry	元/人	yuan/person
建筑业收入	Construction Industry	元/人	yuan/person
(3)第三产业收入	The Tertiary Industry	元/人	yuan/person
批发零售业收入	Wholesale and Retail Revenue	元/人	yuan/person
交通运输业收入	Transportation Industry	元/人	yuan/person
住宿和餐饮业	Hotel and Catering Sectors	元/人	yuan/person
房地产业	Real Estate	元/人	yuan/person
租赁和商务服务业	Leasing and Business Service	元/人	yuan/person
居民服务修理和其他服务业	Residential Services, Repair and Other Services	元/人	yuan/person
其他	Others	元/人	yuan/person
农林牧渔服务业	Agriculture, Forestry, Animal Husbandry and Fishery Services	元/人	yuan/person
3.财产性收入	Income from Property	元/人	yuan/person
红利收入	Dividend Income	元/人	yuan/person
#转让承包土地经营权租金收入	Rental Income from the Management Rights Transfer of Land Contracted	元/人	yuan/person
4.转移性收入	Income from Transfer	元/人	yuan/person
#养老金或离退休金	Pension or Retirement Benefits	元/人	yuan/person
报销医疗费	Reimbursement of Medical Expenses	元/人	yuan/person
政策性惠农补贴	Political Subsidy Supporting Agriculture	元/人	yuan/person
5.非收入所得	Non-income Revenue	元/人	yuan/person
(1)出售资产所得	Proceeds from Sale of Assets	元/人	yuan/person
(2)非经常性转移所得	Income from Non-recurrent Transfers	元/人	yuan/person
(3)其他非收入所得	Other Non-income Revenue	元/人	yuan/person
6.借贷性所得	Borrowing Income	元/人	yuan/person
(1)提取储蓄存款	Dissaving	元/人	yuan/person
(2)借入款	Borrowed	元/人	yuan/person
(3)收回借出款	Recall the Loan	元/人	yuan/person

Basic Statistics Grouped by per Capita Disposable Income Quintile of Urban Households (2020)

总计 Total	20%低收入户 20% Low Income	20%中低收入户 20% Lower-middle Income	20%中等收入户 20% Middle Income	20%中上收入户 20% Upper-middle Income	20%高收入户 20% High Income
42434.3	18453.2	26411.5	38828.1	53025.6	94855.5
24272.6	7983.6	15393.3	22386.2	30244.6	57680.1
6801.1	7940.2	6248.8	8206.6	4475.0	6534.8
1431.0	2667.5	1209.6	1124.6	1541.4	109.0
755.8	1610.6	433.7	645.1	696.9	94.6
29.5	86.7	12.1	27.4	0.0	
645.7	970.2	763.8	452.0	844.5	14.4
1712.3	1712.3	209.1			
250.3	844.4			252.9	
1462.0	316.8	448.4	2569.0	689.9	4063.1
3657.8	4111.6	4590.8	4513.0	1990.7	2362.7
1409.3	1612.2	1401.2	1705.7	1154.5	1007.5
1147.3	1344.7	1004.3	1629.6	287.9	1353.7
310.8	469.6	493.5	425.1		
43.1		158.8	38.3		
603.0	473.7	1258.0	560.9	548.3	
92.4	0.9	275.0	153.6		
51.9	210.6				1.6
1697.2	853.0	1179.4	1446.5	1957.4	3755.0
91.9	108.1	18.3	28.7	122.8	216.1
112.4	134.4	145.1	131.9	85.5	37.5
9663.3	1676.5	3590.1	6788.7	16348.6	26885.6
8137.6	767.7	2162.3	5489.8	14454.1	24383.6
642.5	162.9	256.4	328.1	1381.2	1524.7
110.8	136.2	212.7	78.9	50.3	34.4
3111.4	1728.1	2713.3	3007.7	2856.3	6195.8
1440.6	486.9	985.6	946.9	1544.5	4052.8
1669.6	1238.6	1725.9	2060.2	1311.8	2143.0
1.2	2.7	1.8	0.7		
4305.5	4601.8	3012.0	2973.2	3974.2	7691.2
1516.6	1522.8	1265.1	648.6	1075.2	3426.3
338.1	707.8	307.2	133.4	332.7	77.4
85.7	43.9	132.3	111.1	61.5	78.8

2-95-2 续表

指标名称	Item	单位	Unit
(4)收回储蓄性保险本金	Redemption of Deposit Insurance Principal	元/人	yuan/person
(5)银行信用社得到的贷款	Bank Loan	元/人	yuan/person
(6)其他借贷所得	Income from other loans	元/人	yuan/person
全年总支出	Total Expenditure	元/人	yuan/person
1.生活消费支出	Living Expenditure	元/人	yuan/person
2.生产经营费用支出	Expenditure for Household Business	元/人	yuan/person
(1)第一产业生产支出	The Primary Industry	元/人	yuan/person
农业生产支出	Agriculture	元/人	yuan/person
林业生产支出	Forestry	元/人	yuan/person
牧业生产支出	Animal Husbandry	元/人	yuan/person
渔业生产支出	Fishery	元/人	yuan/person
(2)第二产业生产支出	The Secondary Industry	元/人	yuan/person
工业生产支出	Industry	元/人	yuan/person
建筑业生产支出	Construction Industry	元/人	yuan/person
(3)第三产业生产支出	The Tertiary Industry	元/人	yuan/person
批发和零售业	Wholesale and Retail Revenue	元/人	yuan/person
交通运输仓储和邮政业	Transportation Industry	元/人	yuan/person
住宿和餐饮业	Hotel and Catering Sectors	元/人	yuan/person
房地产业	Real Estate	元/人	yuan/person
租赁和商务服务业	Leasing and Business Service	元/人	yuan/person
居民服务修理和其他服务业	Residential Services, Repair and Other Services	元/人	yuan/person
其他	Others	元/人	yuan/person
农林牧渔服务业	Agriculture, Forestry, Animal Husbandry and Fishery Services	元/人	yuan/person
3.财产性支出	Property Expenditure	元/人	yuan/person
4.转移性支出	Transfer Expenditure	元/人	yuan/person
5.部分商业保险支出	Commercial Insurance Expenditure	元/人	yuan/person
6.购置资产及非经常性转移支出	Acquisition of Assets and Non-recurrent Transfer Expenses	元/人	yuan/person
(1)建造住房支出	Build Housing	元/人	yuan/person
(2)购买住房支出	Purchase House	元/人	yuan/person
(3)购建第一产业生产性固定资产	Purchase and Build the Productive Fixed Assets of the Primary Industry	元/人	yuan/person
(4)购建第二产业生产性固定资产支出	Purchase and Build the Productive Fixed Assets of the Secondary Industry	元/人	yuan/person
(5)购建第三产业生产性固定资产支出	Purchase and Build the Productive Fixed Assets of the Tertiary Industry	元/人	yuan/person
(6)非经常性转移支出	Non-recurrent Transfer Expenditures	元/人	yuan/person
7.借贷性支出	Borrowing Expenditure	元/人	yuan/person

continued

总计 Total	20%低收入户 20% Low Income	20%中低收入户 20% Lower-middle Income	20%中等收入户 20% Middle Income	20%中上收入户 20% Upper-middle Income	20%高收入户 20% High Income
2355.7	2293.1	1307.5	2075.3	2504.8	4108.7
9.4	34.2		4.8		
38125.5	27856.2	30798.7	33417.9	41622.4	66328.8
22379.1	13977.5	18191.5	20526.2	27628.3	37854.0
2638.6	5194.0	1277.9	2062.1	871.8	3228.1
946.1	2394.9	761.1	386.8	612.9	41.2
426.9	1161.8	198.3	187.4	318.4	35.3
2.9	8.1	3.8	0.3	0.3	
516.3	1225.0	559.0	199.2	294.1	5.9
906.6	779.9	13.9	1280.7	170.3	2661.4
199.9	775.7			56.4	
706.7	4.3	13.9	1280.7	113.9	2661.4
785.9	2019.1	502.9	394.6	88.6	525.5
277.3	1004.4	44.8	9.7	2.6	116.3
418.7	810.1	319.2	360.6	63.5	409.2
7.2	29.4				
1.6			8.0		
25.5	43.7	39.9	10.2	22.6	
23.8	2.3	99.0	6.1		
31.7	129.3			0.0	
404.0	348.6	388.2	526.7	325.3	440.5
2974.6	1999.9	2171.5	2459.6	3213.7	5987.0
650.0	384.4	535.4	736.7	927.1	812.3
6640.4	3838.7	5601.3	5094.2	6091.1	14935.1
98.9	204.9	162.8	24.9	17.2	27.9
3306.3	862.5	2193.8	2773.3	2775.2	9854.0
99.4	183.9	69.3	118.2	39.5	51.8
9.4			31.2		19.2
778.3	1149.5	1720.5	180.4	439.7	11.0
2319.1	1437.8	1454.8	1966.2	2804.0	4805.7
2438.8	2113.2	2633.0	2012.2	2565.0	3071.8

2-95-3　2020年全区城镇居民家庭按可支配收入等距五组分组资料

指标名称	Item	单位	Unit
可支配收入	Disposable Income	元/人	yuan/person
(一)工资性收入	Income from Wages and Salaries	元/人	yuan/person
(二)经营净收入	Net Business Income	元/人	yuan/person
1.第一产业经营净收入	The Primary Industry	元/人	yuan/person
(1)农业	Agriculture	元/人	yuan/person
(2)林业	Forestry	元/人	yuan/person
(3)牧业	Animal Husbandry	元/人	yuan/person
(4)渔业	Fishery	元/人	yuan/person
2.第二产业经营净收入	The Secondary Industry	元/人	yuan/person
(1)工业	Industry	元/人	yuan/person
(2)建筑业	Construction Industry	元/人	yuan/person
3.第三产业经营净收入	The Tertiary Industry	元/人	yuan/person
(1)批发和零售业	Wholesale and Retail Revenue	元/人	yuan/person
(2)交通运输仓储和邮政业	Transportation Industry	元/人	yuan/person
(3)住宿和餐饮业	Hotel and Catering Sectors	元/人	yuan/person
(4)房地产业	Real Estate	元/人	yuan/person
(5)租赁和商务服务业	Leasing and Business Service	元/人	yuan/person
(6)居民服务修理和其他服务业	Residential Services, Repair and Other Services	元/人	yuan/person
(7)其他	Others	元/人	yuan/person
(8)农林牧渔服务业	Agriculture, Forestry, Animal Husbandry and Fishery Services	元/人	yuan/person
(三)财产净收入	Income from Property	元/人	yuan/person
1红利收入	Dividend Income	元/人	yuan/person
#2.转让承包土地经营权租金收入	Rental Income from the Management Rights Transfer of Land Contracted	元/人	yuan/person
(四)转移净收入	Income from Transfer	元/人	yuan/person
#1养老金或离退休金	Pension or Retirement Benefits	元/人	yuan/person
2.报销医疗费	Reimbursement of Medical Expenses	元/人	yuan/person
3.政策性惠农补贴	Political Subsidy Supporting Agriculture	元/人	yuan/person
现金可支配收入	Cash Disposable Income	元/人	yuan/person
实物可支配收入	Physical Disposable Income	元/人	yuan/person

Basic Statistics Grouped by per Capita Disposable Income Quintile of Urban Households (2020)

总计 Total	20%低收入户 20% Low Income	20%中低收入户 20% Lower-middle Income	20%中等收入户 20% Middle Income	20%中上收入户 20% Upper-middle Income	20%高收入户 20% High Income
35719.6	9634.7	22092.0	33209.2	48349.6	84468.0
24272.6	7983.6	15393.3	22386.2	30244.6	57680.1
3465.1	1470.2	4488.9	5574.2	3337.9	2574.9
413.8	128.1	401.7	690.1	840.3	64.6
299.5	390.6	203.8	443.6	350.6	56.4
26.5	78.3	8.3	27.2	-0.3	
87.9	-340.8	189.7	219.3	490.0	8.3
660.1	200.6	425.7	1164.4	716.9	995.5
35.5	22.6			175.7	
624.6	178.0	425.7	1164.4	541.2	995.5
2391.2	1141.4	3661.5	3719.6	1780.8	1514.8
1030.7	515.8	1300.4	1598.7	1121.9	630.7
541.0	170.7	496.4	1070.1	170.1	900.4
223.4	147.8	467.3	412.0		
37.8		142.5	30.3		
519.4	361.9	1102.8	503.8	488.7	
50.9	-5.2	152.1	104.7		-17.9
-11.9	-49.6			0.0	1.6
1293.2	504.4	791.1	919.7	1632.2	3314.5
91.9	108.1	18.3	28.7	122.8	216.1
112.4	134.4	145.1	131.9	85.5	37.5
6688.7	-323.4	1418.6	4329.1	13134.9	20898.5
8137.6	767.7	2162.3	5489.8	14454.1	24383.6
642.5	162.9	256.4	328.1	1381.2	1524.7
110.8	136.2	212.7	78.9	50.3	34.4
34510.2	9578.1	21595.5	32412.1	45697.2	81515.4
1209.5	56.6	496.5	797.1	2652.4	2952.6

2-95-3 续表

指标名称	Item	单位	Unit
生活消费支出	Living Expenditure	元/人	yuan/person
(一)食品烟酒	Food, Tobacco and Liquor	元/人	yuan/person
#粮食	Grain	元/人	yuan/person
油脂	Oil and Fats	元/人	yuan/person
肉禽及制品	Meat, Poultry and Processed Products	元/人	yuan/person
蛋类及蛋制品	Eggs and Egg Products	元/人	yuan/person
水产品	Aquatic Products	元/人	yuan/person
蔬菜及菜制品	Vegetables and Vegetable Products	元/人	yuan/person
奶及奶制品	Milk and Processed Products	元/人	yuan/person
烟酒	Tobacco and Wine	元/人	yuan/person
饮料	Beverages	元/人	yuan/person
饮食服务	Catering Service	元/人	yuan/person
(二)衣着	Clothing	元/人	yuan/person
#服装	Garments	元/人	yuan/person
(三)居住	Residence	元/人	yuan/person
#住房维修及管理	Housing Maintenance and Management	元/人	yuan/person
水电燃料及其他	Water, Electricity, Fuels and Others	元/人	yuan/person
(四)生活用品及服务	Household Facilities, Articles and Services	元/人	yuan/person
#家用器具	Home Appliances	元/人	yuan/person
家具及室内装饰品	Articles for Interior Decoration	元/人	yuan/person
家用纺织品	Bed Articles	元/人	yuan/person
家庭日用杂品	Household Articles for Daily Use	元/人	yuan/person
(五)交通通信	Transport and Communications	元/人	yuan/person
#交通	Transport	元/人	yuan/person
通信	Communications	元/人	yuan/person
(六)教育文化娱乐	Education, Culture and Recreation	元/人	yuan/person
文化娱乐	Culture and Recreation	元/人	yuan/person
#教育	Education	元/人	yuan/person
(七)医疗保健	Health Care and Medical Services	元/人	yuan/person
#医疗器具及药品	Medical Instrument and Medicine	元/人	yuan/person
(八)其他用品及服务	Other Commodities and Services	元/人	yuan/person
服务性消费支出	Consumption Expenditure for Service	元/人	yuan/person
商品性消费支出	Consumption Expenditure for Commodity	元/人	yuan/person

continued

总计 Total	20%低收入户 20% Low Income	20%中低收入户 20% Lower-middle Income	20%中等收入户 20% Middle Income	20%中上收入户 20% Upper-middle Income	20%高收入户 20% High Income
22379.1	13977.5	18191.5	20526.2	27628.3	37854.0
6068.3	3967.2	4937.1	6105.4	7283.2	9528.1
519.9	453.7	459.9	484.6	568.2	698.0
132.5	117.0	117.2	131.7	149.8	160.4
1268.1	884.2	1035.9	1366.0	1552.5	1754.0
88.5	62.0	73.4	86.3	108.9	131.3
132.1	72.7	85.0	118.3	155.7	281.4
477.3	352.6	399.1	455.7	580.1	695.0
311.3	177.8	244.2	352.9	441.9	417.6
461.6	280.2	378.8	490.2	587.0	685.2
134.2	86.4	105.1	133.2	146.4	236.4
1590.0	848.2	1252.7	1544.9	1915.2	2909.1
1776.3	1082.1	1412.5	1752.4	1903.5	3244.4
1439.8	858.2	1127.8	1409.3	1511.8	2729.9
4319.2	3063.0	3115.9	3841.3	5227.5	7559.9
768.6	746.3	344.8	668.3	1361.1	887.2
1122.7	779.1	961.3	1054.8	1280.6	1792.8
1383.5	852.3	954.7	1228.5	1605.2	2756.5
278.5	150.5	138.2	293.8	331.6	594.8
188.8	126.0	137.6	154.1	263.6	320.3
106.8	65.3	71.5	80.4	133.9	224.3
261.9	162.7	189.7	241.5	305.7	494.1
3680.3	1955.2	3709.0	3176.1	4564.0	5982.2
2770.7	1333.3	2904.8	2266.8	3581.9	4560.8
909.6	621.9	804.2	909.4	982.1	1421.4
2250.3	1790.7	2065.9	2116.5	2593.2	3015.7
650.5	306.2	438.1	620.1	695.3	1466.4
1599.8	1484.4	1627.9	1496.4	1897.9	1549.3
2267.3	1051.2	1646.1	1673.5	3653.7	4268.9
712.3	363.8	531.3	596.6	1035.5	1300.4
634.0	215.9	350.3	632.4	798.2	1498.4
9442.0	5788.2	7482.6	8237.8	11840.8	16744.1
12937.1	8189.4	10708.9	12288.4	15787.5	21109.9

2-95-4　2020年全区城镇居民家庭按可支配收入等距五组分组资料

指标名称	Item	单位	Unit
一、粮食消费量	Grain	公斤/人	kg/person
(一)谷物消费量	Cereal	公斤/人	kg/person
1.小麦	Wheat	公斤/人	kg/person
2.稻谷	Rice	公斤/人	kg/person
3.玉米	Corn	公斤/人	kg/person
4.其他谷物	Others	公斤/人	kg/person
(二)薯类消费量	Tubers	公斤/人	kg/person
(三)豆类消费量	Beans	公斤/人	kg/person
二、油脂类消费量	Grease	公斤/人	kg/person
三、蔬菜及菜制品消费量	Vegetables and Processed Products	公斤/人	kg/person
四、肉禽及其制品	Meat, Poultry and Processed Products	公斤/人	kg/person
1.猪肉	Pork	公斤/人	kg/person
2.牛肉	Beef	公斤/人	kg/person
3.羊肉	Mutton	公斤/人	kg/person
4.家禽	Poultry	公斤/人	kg/person
5.其他肉禽及制品	Others	公斤/人	kg/person
五、蛋类及蛋制品	Eggs and Processed Products	公斤/人	kg/person
六、水产品	Aquatic Products	公斤/人	kg/person
七、奶和奶制品	Milk and Processed Products	公斤/人	kg/person
八、糖果糕点类	Confection and Pastry	公斤/人	kg/person
九、干鲜瓜果类	Melon and Fruits	公斤/人	kg/person
十、烟叶	Tobacco Leaf	公斤/人	kg/person
十一、酒	Liquor	公斤/人	kg/person
十二、饮料	Beverages	公斤/人	kg/person
耐用消费品	Durable Consumer Goods	--	--
家用汽车	Automobile	辆/百户	unit/100 households
摩托车	Motorcycle	辆/百户	unit/100 households
助力车	Powered Bicycle	台/百户	unit/100 households
洗衣机	Washing Machine	台/百户	unit/100 households
电冰箱(柜)	Refrigerator	台/百户	unit/100 households
微波炉	Microwave Oven	台/百户	unit/100 households
彩色电视机	Color TV Set	台/百户	unit/100 households
空调	Air Conditioner	台/百户	unit/100 households
热水器	Water Heater	台/百户	unit/100 households
洗碗机	Dishwasher	台/百户	unit/100 households
排油烟机	Smoke Exhaust Ventilator	台/百户	unit/100 households
固定电话	Telephone	线/百户	unit/100 households
移动电话	Mobile Telephone	部/百户	unit/100 households
其中：接入互联网	Internet Mobile Telephone	部/百户	unit/100 households
计算机	Computer	台/百户	unit/100 households
其中：接入互联网	Internet Computer	台/百户	unit/100 households
照相机	Camera	台/百户	unit/100 households
中高档乐器	Secondary and Top Grade Musical Instrument	架/百户	unit/100 households
健身器材	Body-building Apparatus	台/百户	unit/100 households
空气净化器(含新风系统)	Air Purifier (Include Fresh Air System)	台/百户	unit/100 households
吸尘器	Vacuum Cleaner	台/百户	unit/100 households

Basic Statistics Grouped by per Capita Disposable Income Quintile of Urban Households (2020)

总计 Total	20%低收入户 20% Low Income	20%中低收入户 20% Lower-middle Income	20%中等收入户 20% Middle Income	20%中上收入户 20% Upper-middle Income	20%高收入户 20% High Income
93.0	94.7	88.5	88.5	99.6	95.3
84.9	87.8	81.1	80.5	90.1	85.7
49.1	50.6	47.0	45.8	54.1	48.4
32.7	34.9	31.5	31.8	32.4	32.4
0.4	0.5	0.4	0.4	0.2	0.3
2.8	1.8	2.2	2.5	3.3	4.6
1.5	1.6	1.4	1.3	1.4	1.7
6.6	5.3	5.9	6.6	8.1	7.9
7.6	7.3	7.0	7.7	8.2	8.3
96.9	81.3	82.2	96.1	118.5	119.3
24.7	18.4	21.2	27.2	29.4	31.1
6.4	4.9	5.2	6.5	7.8	8.6
4.8	3.5	3.8	6.0	5.4	6.3
4.6	2.8	4.1	5.1	5.8	6.0
6.3	5.7	5.9	6.8	7.2	6.4
2.6	1.6	2.3	2.8	3.3	3.8
8.9	6.5	7.8	9.0	11.0	11.9
4.1	2.7	3.2	4.0	5.0	6.7
18.1	12.2	15.4	18.8	20.4	27.8
5.0	3.6	4.4	5.2	6.1	6.6
81.4	62.9	72.6	85.5	89.1	108.5
24.6	19.9	24.2	28.4	29.5	22.4
3.0	1.7	2.7	3.2	4.2	3.9
0.2	0.1	0.2	0.2	0.3	0.3
45	32	44	45	43	64
13	22	15	11	11	4
60	74	85	65	50	28
101	101	101	100	102	103
101	98	102	97	103	103
57	38	52	59	55	80
102	102	102	102	102	103
22	11	13	19	24	44
101	98	98	100	103	104
1	0	1	0	0	2
91	82	89	93	94	99
3	2	2	2	2	9
256	273	269	263	242	234
246	265	258	250	226	229
70	52	65	73	64	94
58	37	50	60	56	86
14	7	9	8	13	33
11	6	9	10	10	18
7	3	4	5	5	19
5	4	1	4	3	11
12	5	8	11	14	23

2-96 2020年全区农村居民家庭按可支配收入等距五组分组资料

指标名称	Item	单位	Unit
一、家庭人口基本情况	Basic Statistics of Households Surveyed	--	--
(一)户均常住人口	Average Number of Permanent Residents per Household	人/户	person/household
(二)户均常住从业人口	Average Number of Employed Persons per Household	人/户	person/household
(三)平均每户家庭从业人口比重	Proportion of Employed Persons per Household	%	%
(四)平均每一从业人口负担人数	Average Number of Dependency Coefficient per Employed Persons	人	person
(五)平均每户供养的在校学生	Supported Students in School by the Family	人/户	person/household
(六)户均整半劳动力人口	Whole and Half Labor Force per Household	人/户	person/household
(七)平均每户家庭整半劳动力人口比重	Proportion of Whole and Half Labor Force per Household	%	%
(八)常住劳动力年龄构成	Age Composition of Permanent Employed Persons	--	--
1.16-19岁	Aged 16-19	%	%
2.20-24岁	Aged 20-24	%	%
3.25-29岁	Aged 25-29	%	%
4.30-34岁	Aged 30-34	%	%
5.35-40岁	Aged 35-40	%	%
6.41-50岁	Aged 41-50	%	%
7.51-60岁	Aged 51-60	%	%
8.61-65岁	Aged 61-65	%	%
9.66岁及以上	Aged 66 and over	%	%
(九)常住就业劳动力文化程度	Culture Level of Employed Labors	--	--
1.不识字或识字很少	Illiterate and Semi-illiterate	%	%
2.小学程度	Primary School	%	%
3.初中程度	Junior Middle School	%	%
4.高中程度	Senior Middle School	%	%
5.大专及以上	College and Higher	%	%
6.大学本科	Bachelor Degree	%	%
7.研究生	Postgraduate	%	%
(十)常住就业劳动力就业类型	Type of Employment of Permanent Employed Persons	--	--
1.雇主	Employer	%	%
2.公职人员	Civil Servants	%	%
3.事业单位人员	Institution Officers	%	%
4.国有企业雇员	State-owned Enterprises Employees	%	%
5.其他雇员	Other Employees	%	%
6.农业自营	Self-employed of Agriculture	%	%
7.非农业自营	Self-employed of Non-agriculture	%	%

Basic Statistics Grouped by per Capita Disposable Income Quintile of Rural Households (2020)

总计 Total	20%低收入户 20% Low Income	20%中低收入户 20% Lower-middle Income	20%中等收入户 20% Middle Income	20%中上收入户 20% Upper-middle Income	20%高收入户 20% High Income
3.7	4.6	4.6	3.8	3.1	2.7
1.9	2.0	2.1	1.9	1.8	1.8
51.0	42.9	44.4	50.9	59.8	66.6
2.0	2.3	2.3	2.0	1.7	1.5
0.9	1.3	1.4	0.9	0.5	0.4
2.4	2.6	2.6	2.4	2.2	2.1
64.2	56.9	56.6	64.7	73.4	78.5
1.3	1.2	1.2	1.4	1.3	1.1
6.1	5.3	7.6	5.9	6.0	5.5
6.4	7.8	7.6	7.4	6.1	2.6
8.3	12.4	11.4	6.2	6.2	4.1
10.4	15.5	15.7	9.9	4.8	4.0
24.6	19.3	23.4	28.1	28.1	24.7
26.9	20.9	20.7	25.1	31.0	39.9
6.9	8.4	4.2	5.5	9.2	7.6
9.1	9.1	8.1	10.6	7.3	10.5
16.7	23.7	16.7	18.3	13.4	10.0
34.4	38.3	33.9	34.3	32.6	32.5
36.0	28.2	37.5	33.4	37.9	44.5
8.9	7.3	7.8	9.8	12.5	7.5
3.0	2.5	3.3	3.5	2.4	3.5
0.9		0.9	0.8	1.2	1.9
0.2			0.3	0.6	
0.2			0.3	0.0	0.6
0.1				0.3	
44.0	36.5	51.2	49.4	43.5	38.9
45.4	55.5	42.2	39.6	40.4	49.5
10.1	7.9	6.6	10.4	15.2	11.1

2-96 续表

指标名称	Item	单位	Unit
二、家庭经营情况	Basic Statistics of Business of Households Surveyed	--	--
(一)生产经营户	Production Households	%	%
1.农业户	Agriculture Households	%	%
2.农业兼业户	Agriculture with Combined Occupations	%	%
3.非农业兼业户	Non-agriculture with Combined Occupations	%	%
4.非农业户	Non-agriculture Households	%	%
(二)非生产经营户	Non-production Households	%	%
三、年末生产性固定资产原价	Original Price of Productive Fixed Assets Year-end	元/户	yuan/household
(一)第一产业固定资产原价	The Primary Industry	元/户	yuan/household
1.农业固定资产原价	Agriculture	元/户	yuan/household
2.林业固定资产原价	Forestry	元/户	yuan/household
3.牧业固定资产原价	Animal Husbandry	元/户	yuan/household
4.渔业固定资产原价	Fishery	元/户	yuan/household
5.农林牧渔专业及辅助性活动固定资产原价	Agriculture, Forestry, Animal Husbandry, Fishery and Auxiliary Activities	元/户	yuan/household
(二)第二产业固定资产原价	The Secondary Industry	元/户	yuan/household
1.采矿业固定资产原价	Mining Industry	元/户	yuan/household
2.制造业固定资产原价	Manufacturing Industry	元/户	yuan/household
3.电力热力燃气及水生产和供应业	Production and Supply of Electric, Heat, Gas and Water	元/户	yuan/household
4.建筑业固定资产原价	Construction Industry	元/户	yuan/household
(三)第三产业固定资产原价	The Tertiary Industry	元/户	yuan/household
1.批发和零售业	Wholesales and Retail Trade	元/户	yuan/household
2.交通运输仓储和邮政业	Transportation, Warehousing and Postal Services	元/户	yuan/household
3.住宿和餐饮业	Hotel and Catering Sectors	元/户	yuan/household
4.房地产业	Real Estate	元/户	yuan/household
5.租赁和商务服务业	Leasing and Business Service	元/户	yuan/household
6.居民服务修理和其他服务业	Residential Services, Repair and Other Services	元/户	yuan/household
7.其他行业	Others	元/户	yuan/household
四、年末主要生产性固定资产数量	Quantity of Main Productive Fixed Assets Year-end	--	--
1.农业生产性用房及建筑物	House and Buildings for Agricultural Production	平方米/百户	sq.m/100 households
2.大中型农用拖拉机	Large and Medium Agrimotor	辆/百户	unit/100 households
3.小型农用拖拉机	Small Agrimotor	辆/百户	unit/100 households
4.农用排灌动力机械	Drainage and Irrigation Power Machinery for Agriculture	台/百户	unit/100 households
5.插秧机	Rice Transplanter	台/百户	unit/100 households
6.收割机	Harvesting Implements	台/百户	unit/100 households
7.脱粒机	Threshing Machine	台/百户	unit/100 households
8.产品畜	Livestock Products	头/百户	unit/100 households
9.其他农业机械	Other Agricultural Machinery	台/百户	unit/100 households

continued

总计 Total	20%低收入户 20% Low Income	20%中低收入户 20% Lower-middle Income	20%中等收入户 20% Middle Income	20%中上收入户 20% Upper-middle Income	20%高收入户 20% High Income
80.0	65.9	79.4	83.5	80.4	87.3
71.0	74.8	76.6	72.9	64.1	68.0
7.3	0.0	5.5	6.8	14.3	6.9
9.9	6.7	7.5	8.2	11.6	13.9
12.4	18.5	10.4	12.0	10.8	12.9
20.0	34.1	20.6	16.5	19.6	12.7
46621.6	72669.2	27056.5	34571.8	43024.4	55813.0
29216.7	40642.4	19651.7	26194.2	21617.5	37986.6
11370.9	12171.8	9191.4	10272.4	9680.4	15534.8
164.6	69.6	329.6	50.2	14.1	359.4
16134.4	28252.1	9483.7	12960.5	11923.0	18070.1
1546.9	148.9	646.9	2911.0		4022.2
561.6	1502.6	548.1	56.9	416.0	286.8
47.3					236.4
42.1	84.1			78.0	48.5
472.2	1418.5	548.1	56.9	338.0	1.9
16843.3	30524.2	6856.7	8320.8	20990.9	17539.6
3091.1	4338.7	2009.2	972.8	3148.7	4985.9
10256.1	17997.0	3772.8	4464.6	16005.1	9049.3
1655.5	5459.0	767.2	1572.0	453.2	34.8
980.9	7.9	307.6	460.3	1383.8	2740.9
859.6	2721.6		851.1		728.7
6716.0	7918.5	5541.5	5099.1	7132.6	7888.3
3.3	4.5	4.6	2.6	1.6	3.1
38.4	35.0	36.5	34.9	42.5	43.0
0.5		1.5			1.2
0.9	0.8	1.8		0.8	1.3
4.7	5.8	4.3	5.9	4.0	3.3
324.1	229.0	79.3	1014.8	54.7	242.5
38.1	38.5	38.7	37.8	37.3	38.5

2-96-1　2020年全区农村居民家庭按可支配收入等距五组分组资料

指标名称	Item	单位	Unit
一、期末现住房情况	Current House Condition of Term End	--	--
(一)住房面积	Housing Area	--	--
人均现住房面积	Per Capita Current Housing Area	平方米/人	sq.m/person
户均现住房面积	Per Household Current Housing Area	平方米/户	sq.m/household
人均自有现住房面积	Per Capita Self-owned Current Housing Area	平方米/人	sq.m/person
户均自有现住房面积	Per Household Self-owned Current Housing Area	平方米/户	sq.m/household
(二)住房市场价月租金	Monthly Rent of Housing	元/人	yuan/person
现住房市场价月租金	Monthly Rent of Current Housing	元/人	yuan/person
自有现住房市场价月租金	Monthly Rent of Self-owned Current Housing	元/人	yuan/person
二、期末现住房购成	Current Housing Constitute of Term End	--	--
(一)本住户居住空间样式	House Construction Space Style	%	%
1.单栋楼房	Single Building	%	%
2.单栋平房	Single Bungalow	%	%
3.四居室及以上单元房	House with Four Bedrooms and Above	%	%
4.三居室单元房	House with Three Bedrooms	%	%
5.二居室单元房	House with Two Bedrooms	%	%
6.一居室单元房	House with One Bedrooms	%	%
7.其他	Others	%	%
(二)主要建筑材料	Main Building Materials	%	%
1.钢筋混凝土	Reinforced Concrete	%	%
2.砖混材料	Brick and Concrete	%	%
3.砖瓦砖木	Brick and Wood	%	%
4.竹草土坯	Bamboo Grass Adobe	%	%
5.其他	Others	%	%
(三)现住房房屋来源	Current Housing Source	%	%
1.租赁公房	Public House Leasing	%	%
2.租赁私房	Private House Leasing	%	%
3.自建住房	Self-built Housing	%	%
4.购买商品房	Commercial Residential Building	%	%
5.购买房改住房	Reformed Housing	%	%
6.购买保障性住房	Security Housing	%	%
7.拆迁安置房	Removal Settlement Housing	%	%
8.继承或获赠住房	Inheritance or Gift Housing	%	%
9.免费借用房	Borrow Housing for Free	%	%
10.雇主提供免费住房	Provide Free Housing from Employer	%	%
11.其他	Others	%	%
(四)现住房建筑面积	Buildings Area for Current Housing	%	%
1.10平方米以内	Less than 10 sq.m	%	%
2.10-20平方米	10-20 sq.m	%	%
3.20-30平方米	20-30 sq.m	%	%
4.30-60平方米	30-60 sq.m	%	%
5.60-90平方米	60-90 sq.m	%	%
6.90-120平方米	90-120 sq.m	%	%
7.120-200平方米	120-200 sq.m	%	%
8.200平方米以上	200 sq.m above	%	%

Basic Statistics Grouped by per Capita Disposable Income Quintile of Rural Households (2020)

总计 Total	20%低收入户 20% Low Income	20%中低收入户 20% Lower-middle Income	20%中等收入户 20% Middle Income	20%中上收入户 20% Upper-middle Income	20%高收入户 20% High Income
32.3	27.4	25.8	31.0	39.0	46.0
121.0	126.3	119.6	116.5	119.3	123.5
32.1	27.4	25.5	30.5	39.0	45.8
120.3	126.3	118.3	114.7	119.3	122.8
71.6	54.8	57.8	71.1	91.8	101.7
71.1	54.8	57.0	70.4	91.8	101.0
100.0	100.0	100.0	100.0	100.0	100.0
1.2	1.2		1.0	1.8	2.0
93.3	96.3	96.8	89.4	94.3	89.8
1.6	1.2	1.9	3.2	1.0	0.5
3.2	1.4	0.7	5.2	2.9	6.0
0.3		0.7	0.5		0.4
0.4			0.7		1.3
100.0	100.0	100.0	100.0	100.0	100.0
6.2	3.2	2.5	9.7	7.9	7.5
35.6	36.2	33.5	34.0	34.9	39.5
57.1	59.6	63.0	55.1	56.3	51.3
0.8	1.0	1.0	1.1	0.9	0.0
0.3					1.6
100.0	100.0	100.0	100.0	100.0	100.0
0.2		0.7	0.5		
0.4		0.7	0.9		0.4
91.7	91.6	93.6	89.3	92.9	91.3
3.1	2.5	2.5	6.2	3.2	1.1
0.1	0.5				
3.9	4.7	2.1	1.8	3.9	6.8
0.1	0.6				
0.3			1.3		
0.2		0.4	0.0		0.4
100.0	100.0	100.0	100.0	100.0	100.0
0.1		0.4			
5.8	3.4	6.3	8.5	5.3	5.5
21.2	17.7	22.1	21.2	23.0	22.2
35.2	34.8	31.9	35.5	36.6	37.4
33.1	40.4	34.7	32.3	30.5	27.4
4.6	3.7	4.7	2.4	4.5	7.5

2-96-1 续表

指标名称	Item	单位	Unit
(五)住户主要饮用水来源情况	Main Sources of Drinking Water for Households	%	%
1.经过净化处理的自来水	Purified Tap Water	%	%
2.受保护的井水和泉水	Protected Well and Spring Water	%	%
3.不受保护的井水和泉水	Unprotected Well and Spring Water	%	%
4.江河湖泊水	River and Lake Water	%	%
5.收集雨水	Collect Rainwater	%	%
6.桶装水	Barreled Water	%	%
7.其他水源	Other Water	%	%
(六)厨房使用情况	Kitchen Usage	%	%
1.住宅内独用	Use Alone in the House	%	%
2.住宅内合用	Residential Sharing	%	%
3.院内独用	Use Alone in the Courtyard	%	%
4.院内合用	Share in the Courtyard	%	%
5.其他地方独用	Use Alone Other Places	%	%
6.其他地方合用	Share Other Places	%	%
7.无厨房	No Kitchen	%	%
(七)主要炊用能源状况	Main Energy Condition for Cooking	%	%
1.柴草	Firewood	%	%
2.煤炭	Coal	%	%
3.罐装液化石油气	Canned Liquefied Petroleum Gas	%	%
4.管道液化石油气	Pipeline Liquefied Petroleum Gas	%	%
5.管道煤气	Pipeline Coal Gas	%	%
6.管道天然气	Pipeline Natural Gas	%	%
7.电	Electricity	%	%
8.燃料用油	Fuel Oils	%	%
9.沼气	Biogas	%	%
10.其他	Others	%	%
11.无炊用行为	No Heating Behavior	%	%
(八)住户厕所类型	Residence Toilet Type	%	%
1.水冲式卫生厕所	Water Flushing Sanitary Toilet	%	%
2.水冲式非卫生厕所	Water Flushing Insanitary Toilet	%	%
3.卫生旱厕	Sanitary Pit Latrine	%	%
4.普通旱厕	General Pit Latrine	%	%
5.无厕所	No Toilet	%	%
(九)住户厕所使用情况	Using Condition for Residence Toilet	%	%
1.住宅内独用	Use Alone in the House	%	%
2.住宅内合用	Residential Sharing	%	%
3.院内独用	Use Alone in the Courtyard	%	%
4.院内合用	Share in the Courtyard	%	%
5.其他地方独用	Use Alone Other Places	%	%
6.其他地方合用	Share Other Places	%	%
7.公用厕所	Public Toilet	%	%
(十)住户主要取暖设备状况	Main Heating Equipment Condition for Residence	%	%
1.由市政或小区集中供暖	Central Heating by Government or Housing Estate	%	%
2.自行供暖	Self Heating	%	%
3.无取暖设备	No Heating Equipment	%	%

continued

总计 Total	20%低收入户 20% Low Income	20%中低收入户 20% Lower-middle Income	20%中等收入户 20% Middle Income	20%中上收入户 20% Upper-middle Income	20%高收入户 20% High Income
100.0	100.0	100.0	100.0	100.0	100.0
94.9	95.8	93.4	95.9	94.8	94.8
2.6	3.0	2.8	1.4	3.7	1.9
1.1	0.6	0.5		0.9	3.4
1.4	0.5	3.4	2.8	0.6	
100.0	100.0	100.0	100.0	100.0	100.0
74.5	73.4	65.4	73.2	82.3	78.2
1.1	2.0	1.1		1.4	1.0
24.1	24.2	33.5	26.2	16.3	20.5
0.2	0.5				0.3
0.1			0.5		
100.0	100.0	100.0	100.0	100.0	100.0
2.7	4.0	2.3	3.1	3.5	0.7
17.9	27.9	17.8	17.9	13.5	12.4
14.4	7.0	8.7	9.7	20.6	26.2
0.1					0.5
4.8	1.4	1.9	7.5	4.5	8.8
59.9	59.7	69.3	61.7	57.6	51.4
0.1				0.4	
100.0	100.0	100.0	100.0	100.0	100.0
23.0	15.4	18.5	19.6	29.9	31.5
4.6	6.7	4.4	6.2	2.5	3.2
8.8	7.7	12.6	8.8	6.9	8.3
63.3	70.3	64.1	65.4	60.7	56.1
0.3		0.4	0.0		0.9
100.0	100.0	100.0	100.0	100.0	100.0
46.1	48.0	40.0	47.2	47.5	47.6
0.2	0.8				
49.6	46.1	55.3	50.5	46.3	49.7
0.3	0.5		0.7	0.4	
3.4	4.5	3.8	1.6	5.0	2.3
0.4		0.9	0.0	0.8	0.4
100.0	100.0	100.0	100.0	100.0	100.0
3.2	1.9	4.0	5.5	2.2	2.2
96.0	97.4	96.0	93.5	96.5	96.6
0.8	0.6		1.0	1.3	1.2

2-96-2 2020年全区农村居民家庭按可支配收入等距五组分组资料

指标名称	Item	单位	Unit
全年总收入	Total Revenue	元/人	yuan/person
1.工资性收入	Income from Wages and Salaries	元/人	yuan/person
2.经营性收入	Business Income	元/人	yuan/person
(1)第一产业收入	The Primary Industry	元/人	yuan/person
农业收入	Agriculture	元/人	yuan/person
林业收入	Forestry	元/人	yuan/person
牧业收入	Animal Husbandry	元/人	yuan/person
渔业收入	Fishery	元/人	yuan/person
(2)第二产业收入	The Secondary Industry	元/人	yuan/person
工业收入	Industry	元/人	yuan/person
建筑业收入	Construction Industry	元/人	yuan/person
(3)第三产业收入	The Tertiary Industry	元/人	yuan/person
批发零售业收入	Wholesale and Retail Revenue	元/人	yuan/person
交通运输业收入	Transportation Industry	元/人	yuan/person
住宿和餐饮业	Hotel and Catering Sectors	元/人	yuan/person
房地产业	Real Estate	元/人	yuan/person
租赁和商务服务业	Leasing and Business Service	元/人	yuan/person
居民服务修理和其他服务业	Residential Services, Repair and Other Services	元/人	yuan/person
其他	Others	元/人	yuan/person
农林牧渔服务业	Agriculture, Forestry, Animal Husbandry and Fishery Services	元/人	yuan/person
3.财产性收入	Income from Property	元/人	yuan/person
红利收入	Dividend Income	元/人	yuan/person
#转让承包土地经营权租金收入	Rental Income from the Management Rights Transfer of Land Contracted	元/人	yuan/person
4.转移性收入	Income from Transfer	元/人	yuan/person
#养老金或离退休金	Pension or Retirement Benefits	元/人	yuan/person
报销医疗费	Reimbursement of Medical Expenses	元/人	yuan/person
政策性惠农补贴	Political Subsidy Supporting Agriculture	元/人	yuan/person
5.非收入所得	Non-income Revenue	元/人	yuan/person
(1)出售资产所得	Proceeds from Sale of Assets	元/人	yuan/person
(2)非经常性转移所得	Income from Non-recurrent Transfers	元/人	yuan/person
(3)其他非收入所得	Other Non-income Revenue	元/人	yuan/person
6.借贷性所得	Borrowing Income	元/人	yuan/person
(1)提取储蓄存款	Dissaving	元/人	yuan/person
(2)借入款	Borrowed	元/人	yuan/person
(3)收回借出款	Recall the Loan	元/人	yuan/person

Basic Statistics Grouped by per Capita Disposable Income Quintile of Rural Households (2020)

总计 Total	20%低收入户 20% Low Income	20%中低收入户 20% Lower-middle Income	20%中等收入户 20% Middle Income	20%中上收入户 20% Upper-middle Income	20%高收入户 20% High Income
22522.3	12879.4	14804.5	19626.7	28302.7	49807.8
5150.0	2994.2	4766.4	5504.2	6572.7	7387.6
13197.2	7256.4	7314.6	10265.7	16412.4	33951.1
9872.1	5286.0	6246.9	7604.7	10332.8	26621.7
4501.5	3084.1	3569.2	3716.9	5305.0	8718.3
84.5	83.1	28.5	100.7	141.7	95.4
5286.1	2118.6	2649.2	3787.0	4886.1	17808.0
0.1	0.2				0.0
209.1	1712.3	209.1			
40.1	37.2			12.6	201.4
169.0	105.2		319.7	483.8	0.4
3116.1	1828.1	1067.7	2341.4	5583.1	7127.6
800.5	277.0	563.0	677.8	1295.8	1714.0
1629.2	1317.5	353.4	818.7	3225.6	3678.5
154.4	60.9	50.6	374.1	242.1	86.4
249.2	5.7	59.9	102.5	787.7	584.3
122.8	149.3		136.7		409.4
160.0	17.7	40.9	231.7	31.8	655.0
521.7	225.2	181.0	468.6	880.9	1282.1
37.0	12.4	31.5	17.2	66.2	83.0
307.8	200.9	115.4	265.8	528.0	630.7
3653.3	2403.5	2542.5	3388.3	4436.8	7187.1
1169.2	699.1	490.1	788.6	1526.4	3270.6
343.1	158.6	192.3	243.8	331.7	1071.2
684.4	485.9	590.9	669.8	869.9	994.4
2060.3	1626.6	1561.5	2276.4	2397.0	2977.7
491.2	538.5	265.5	241.0	628.2	993.4
1542.5	1072.6	1275.3	2014.6	1734.6	1929.0
26.6	15.5	20.7	20.7	34.1	55.3
4650.3	6467.0	3907.4	2834.1	3628.1	6524.7
389.1	406.7	254.1	133.5	325.6	1021.2
1094.0	2225.9	648.6	985.8	460.2	797.2
93.9	48.5	50.0	137.0	158.6	113.4

2-96-2 续表

指标名称	Item	单位	Unit
(4)收回储蓄性保险本金	Redemption of Deposit Insurance Principal	元/人	yuan/person
(5)银行信用社得到的贷款	Bank Loan	元/人	yuan/person
(6)其他借贷所得	Income from other loans	元/人	yuan/person
全年总支出	Total Expenditure	元/人	yuan/person
1.生活消费支出	Living Expenditure	元/人	yuan/person
2.生产经营费用支出	Expenditure for Household Business	元/人	yuan/person
(1)第一产业生产支出	The Primary Industry	元/人	yuan/person
农业生产支出	Agriculture	元/人	yuan/person
林业生产支出	Forestry	元/人	yuan/person
牧业生产支出	Animal Husbandry	元/人	yuan/person
渔业生产支出	Fishery	元/人	yuan/person
(2)第二产业生产支出	The Secondary Industry	元/人	yuan/person
工业生产支出	Industry	元/人	yuan/person
建筑业生产支出	Construction Industry	元/人	yuan/person
(3)第三产业生产支出	The Tertiary Industry	元/人	yuan/person
批发和零售业	Wholesale and Retail Revenue	元/人	yuan/person
交通运输仓储和邮政业	Transportation Industry	元/人	yuan/person
住宿和餐饮业	Hotel and Catering Sectors	元/人	yuan/person
房地产业	Real Estate	元/人	yuan/person
租赁和商务服务业	Leasing and Business Service	元/人	yuan/person
居民服务修理和其他服务业	Residential Services, Repair and Other Services	元/人	yuan/person
其他	Others	元/人	yuan/person
农林牧渔服务业	Agriculture, Forestry, Animal Husbandry and Fishery Services	元/人	yuan/person
3.财产性支出	Property Expenditure	元/人	yuan/person
4.转移性支出	Transfer Expenditure	元/人	yuan/person
5.部分商业保险支出	Commercial Insurance Expenditure	元/人	yuan/person
6.购置资产及非经常性转移支出	Acquisition of Assets and Non-recurrent Transfer Expenses	元/人	yuan/person
(1)建造住房支出	Build Housing	元/人	yuan/person
(2)购买住房支出	Purchase House	元/人	yuan/person
(3)购建第一产业生产性固定资产	Purchase and Build the Productive Fixed Assets of the Primary Industry	元/人	yuan/person
(4)购建第二产业生产性固定资产支出	Purchase and Build the Productive Fixed Assets of the Secondary Industry	元/人	yuan/person
(5)购建第三产业生产性固定资产支出	Purchase and Build the Productive Fixed Assets of the Tertiary Industry	元/人	yuan/person
(6)非经常性转移支出	Non-recurrent Transfer Expenditures	元/人	yuan/person
7.借贷性支出	Borrowing Expenditure	元/人	yuan/person

continued

总计 Total	20%低收入户 20% Low Income	20%中低收入户 20% Lower-middle Income	20%中等收入户 20% Middle Income	20%中上收入户 20% Upper-middle Income	20%高收入户 20% High Income
3.4					23.6
2949.9	3562.2	2771.7	1577.8	2683.8	4430.9
120.0	223.7	183.0			138.4
27897.0	24048.6	21924.4	23539.2	30191.5	48266.6
11724.3	8942.6	9689.0	11718.3	13766.6	17679.5
6818.5	7915.5	4133.4	4614.1	6562.0	12945.0
5739.7	6364.4	3921.4	3959.5	4694.4	11485.6
1854.4	2041.4	1532.7	1142.7	1983.2	2937.6
38.5	50.8	18.1	46.2	38.5	42.0
3846.8	4272.2	2370.6	2770.7	2672.7	8506.0
0.0	0.0				
68.6	29.1		139.8	157.7	53.6
15.7	20.7			18.0	53.6
52.9	8.4		139.8	139.7	0.1
1010.1	1522.0	211.9	514.7	1709.9	1405.8
47.7	41.2	56.5	39.2	33.3	71.6
817.6	1381.8	124.3	261.9	1489.3	1059.4
18.2		12.4	6.0	71.8	15.0
0.1		0.5			
32.0	0.0	8.1	26.3	108.8	48.2
42.5	73.0		45.4	0.1	107.5
52.1	25.9	10.1	135.8	6.7	103.9
128.2	102.1	128.6	154.0	127.1	137.4
856.8	780.2	642.9	767.6	1095.6	1209.8
87.2	53.2	48.9	77.0	122.7	185.2
5784.4	4656.4	5380.3	3479.5	4504.5	13093.4
733.2	828.5	754.9	313.9	447.7	1444.5
1154.0	193.1	1485.8		336.6	4771.9
991.6	1270.3	641.2	902.4	583.6	1708.0
9.4	38.2				
629.9	807.1	773.3	164.6	313.7	1089.9
2236.0	1490.0	1723.3	2079.8	2732.6	4050.1
2497.6	1598.5	1901.4	2728.6	4012.9	3016.3

2-96-3　2020年全区农村居民家庭按可支配收入等距五组分组资料

指标名称	Item	单位	Unit
可支配收入	Disposable Income	元/人	yuan/person
(一)工资性收入	Income from Wages and Salaries	元/人	yuan/person
(二)经营净收入	Net Business Income	元/人	yuan/person
1.第一产业经营净收入	The Primary Industry	元/人	yuan/person
(1)农业	Agriculture	元/人	yuan/person
(2)林业	Forestry	元/人	yuan/person
(3)牧业	Animal Husbandry	元/人	yuan/person
(4)渔业	Fishery	元/人	yuan/person
2.第二产业经营净收入	The Secondary Industry	元/人	yuan/person
(1)工业	Industry	元/人	yuan/person
(2)建筑业	Construction Industry	元/人	yuan/person
3.第三产业经营净收入	The Tertiary Industry	元/人	yuan/person
(1)批发和零售业	Wholesale and Retail Revenue	元/人	yuan/person
(2)交通运输仓储和邮政业	Transportation Industry	元/人	yuan/person
(3)住宿和餐饮业	Hotel and Catering Sectors	元/人	yuan/person
(4)房地产业	Real Estate	元/人	yuan/person
(5)租赁和商务服务业	Leasing and Business Service	元/人	yuan/person
(6)居民服务修理和其他服务业	Residential Services, Repair and Other Services	元/人	yuan/person
(7)其他	Others	元/人	yuan/person
(8)农林牧渔服务业	Agriculture, Forestry, Animal Husbandry and Fishery Services	元/人	yuan/person
(三)财产净收入	Income from Property	元/人	yuan/person
1.红利收入	Dividend Income	元/人	yuan/person
#2.转让承包土地经营权租金收入	Rental Income from the Management Rights Transfer of Land Contracted	元/人	yuan/person
(四)转移净收入	Income from Transfer	元/人	yuan/person
#1.养老金或离退休金	Pension or Retirement Benefits	元/人	yuan/person
2.报销医疗费	Reimbursement of Medical Expenses	元/人	yuan/person
3.政策性惠农补贴	Political Subsidy Supporting Agriculture	元/人	yuan/person
现金可支配收入	Cash Disposable Income	元/人	yuan/person
实物可支配收入	Physical Disposable Income	元/人	yuan/person

Basic Statistics Grouped by per Capita Disposable Income Quintile of Rural Households (2020)

总计 Total	20%低收入户 20% Low Income	20%中低收入户 20% Lower-middle Income	20%中等收入户 20% Middle Income	20%中上收入户 20% Upper-middle Income	20%高收入户 20% High Income
13889.4	3030.2	9510.5	13477.4	19579.9	34129.1
5150.0	2994.2	4766.4	5504.2	6572.7	7387.6
5549.4	-1710.4	2792.1	5038.0	8912.3	19619.6
3640.1	-1664.3	2052.2	3231.9	5167.1	14292.4
2444.8	866.6	1904.3	2391.9	3110.8	5394.8
43.0	31.3	5.7	53.7	102.8	44.5
1152.2	-2562.3	142.2	786.3	1953.4	8853.1
0.0	0.2				0.0
130.5	91.6	-7.9	178.9	329.7	141.0
22.8	15.2			-7.1	140.7
107.7	76.3	-7.9	178.9	336.8	0.3
1778.8	-137.7	747.9	1627.3	3415.5	5186.2
697.9	173.0	477.6	621.3	1193.9	1518.5
629.1	-324.7	174.8	477.5	1387.3	2394.2
106.8	-18.1	27.1	340.1	160.4	70.5
-0.1		-0.5			
199.8	5.6	47.3	68.0	648.8	468.0
65.0	36.9		76.1	-0.1	283.8
80.4	-10.4	21.5	44.2	25.1	451.1
393.5	123.1	52.4	314.6	753.8	1144.7
37.0	12.4	31.5	17.2	66.2	83.0
307.8	200.9	115.4	265.8	528.0	630.7
2796.5	1623.4	1899.6	2620.6	3341.1	5977.3
1169.2	699.1	490.1	788.6	1526.4	3270.6
343.1	158.6	192.3	243.8	331.7	1071.2
684.4	485.9	590.9	669.8	869.9	994.4
13589.7	3107.0	8950.7	13440.4	19725.0	32759.8
299.6	-76.8	559.9	37.0	-145.1	1369.3

2-96-3 续表

指标名称	Item	单位	Unit
生活消费支出	Living Expenditure	元/人	yuan/person
(一)食品烟酒	Food, Tobacco and Liquor	元/人	yuan/person
#粮食	Grain	元/人	yuan/person
油脂	Oil and Fats	元/人	yuan/person
肉禽及制品	Meat, Poultry and Processed Products	元/人	yuan/person
蛋类及蛋制品	Eggs and Egg Products	元/人	yuan/person
水产品	Aquatic Products	元/人	yuan/person
蔬菜及菜制品	Vegetables and Vegetable Products	元/人	yuan/person
奶及奶制品	Milk and Processed Products	元/人	yuan/person
烟酒	Tobacco and Wine	元/人	yuan/person
饮料	Beverages	元/人	yuan/person
饮食服务	Catering Service	元/人	yuan/person
(二)衣着	Clothing	元/人	yuan/person
#服装	Garments	元/人	yuan/person
(三)居住	Residence	元/人	yuan/person
#住房维修及管理	Housing Maintenance and Management	元/人	yuan/person
水电燃料及其他	Water, Electricity, Fuels and Others	元/人	yuan/person
(四)生活用品及服务	Household Facilities, Articles and Services	元/人	yuan/person
#家用器具	Home Appliances	元/人	yuan/person
家具及室内装饰品	Articles for Interior Decoration	元/人	yuan/person
家用纺织品	Bed Articles	元/人	yuan/person
家庭日用杂品	Household Articles for Daily Use	元/人	yuan/person
(五)交通通信	Transport and Communications	元/人	yuan/person
#交通	Transport	元/人	yuan/person
通信	Communications	元/人	yuan/person
(六)教育文化娱乐	Education, Culture and Recreation	元/人	yuan/person
文化娱乐	Culture and Recreation	元/人	yuan/person
#教育	Education	元/人	yuan/person
(七)医疗保健	Health Care and Medical Services	元/人	yuan/person
#医疗器具及药品	Medical Instrument and Medicine	元/人	yuan/person
(八)其他用品及服务	Other Commodities and Services	元/人	yuan/person
服务性消费支出	Consumption Expenditure for Service	元/人	yuan/person
商品性消费支出	Consumption Expenditure for Commodity	元/人	yuan/person

continued

总计 Total	20%低收入户 20% Low Income	20%中低收入户 20% Lower-middle Income	20%中等收入户 20% Middle Income	20%中上收入户 20% Upper-middle Income	20%高收入户 20% High Income
11724.3	8942.6	9689.0	11718.3	13766.6	17679.5
3331.1	2598.1	2631.7	3275.1	4126.6	4964.4
556.0	514.2	473.2	527.2	596.9	763.8
146.4	136.8	119.0	141.6	168.2	191.9
1008.8	769.0	760.5	1001.0	1300.7	1525.7
51.9	43.5	42.1	55.4	59.0	69.9
27.0	17.7	22.9	28.8	32.6	41.6
261.6	214.2	196.5	270.2	309.3	388.4
103.1	96.0	102.6	99.4	103.2	121.0
286.8	168.9	182.2	283.6	372.0	576.1
81.5	59.8	63.9	82.6	106.0	119.3
349.1	204.5	293.4	329.0	517.5	528.7
656.0	517.9	585.8	654.2	760.0	897.4
496.1	382.2	432.2	505.1	579.1	694.0
2197.5	1696.7	1693.5	2229.1	2685.1	3324.7
606.4	372.8	388.1	657.0	828.7	1058.8
666.3	555.2	548.4	587.2	806.4	1010.9
626.4	472.8	510.2	676.8	661.9	979.1
145.0	82.7	117.5	141.8	166.8	278.9
104.9	81.5	57.6	149.1	94.7	176.6
66.6	48.9	58.7	79.6	63.3	96.4
143.8	117.9	121.6	146.6	161.9	202.2
2022.4	1460.7	1652.9	1770.2	2467.3	3467.1
1513.4	1067.6	1192.6	1270.5	1874.8	2758.3
508.9	393.1	460.3	499.7	592.5	708.9
1179.6	1000.9	1300.5	1260.2	1133.9	1216.6
166.0	115.5	161.8	122.6	231.9	245.2
1013.7	885.4	1138.7	1137.7	901.9	971.4
1478.0	1003.4	1169.2	1554.2	1647.2	2524.2
374.9	326.5	260.8	393.0	413.8	584.7
233.3	192.1	145.3	298.6	284.7	306.0
4193.3	3177.2	3756.6	4437.5	4695.8	5772.7
7531.0	5765.5	5932.4	7280.7	9070.9	11906.8

2-96-4　2020年全区农村居民家庭按可支配收入等距五组分组资料

指标名称	Item	单位	Unit
一、粮食消费量	Grain	公斤/人	kg/person
(一)谷物消费量	Cereal	公斤/人	kg/person
1.小麦	Wheat	公斤/人	kg/person
2.稻谷	Rice	公斤/人	kg/person
3.玉米	Corn	公斤/人	kg/person
4.其他谷物	Others	公斤/人	kg/person
(二)薯类消费量	Tubers	公斤/人	kg/person
(三)豆类消费量	Beans	公斤/人	kg/person
二、油脂类消费量	Grease	公斤/人	kg/person
三、蔬菜及菜制品消费量	Vegetables and Processed Products	公斤/人	kg/person
四、肉禽及其制品	Meat, Poultry and Processed Products	公斤/人	kg/person
1.猪肉	Pork	公斤/人	kg/person
2.牛肉	Beef	公斤/人	kg/person
3.羊肉	Mutton	公斤/人	kg/person
4.家禽	Poultry	公斤/人	kg/person
5.其他肉禽及制品	Others	公斤/人	kg/person
五、蛋类及蛋制品	Eggs and Processed Products	公斤/人	kg/person
六、水产品	Aquatic Products	公斤/人	kg/person
七、奶和奶制品	Milk and Processed Products	公斤/人	kg/person
八、糖果糕点类	Confection and Pastry	公斤/人	kg/person
九、干鲜瓜果类	Melon and Fruits	公斤/人	kg/person
十、烟叶	Tobacco Leaf	公斤/人	kg/person
十一、酒	Liquor	公斤/人	kg/person
十二、饮料	Beverages	公斤/人	kg/person
耐用消费品	Durable Consumer Goods	--	--
家用汽车	Automobile	辆/百户	unit/100 households
摩托车	Motorcycle	辆/百户	unit/100 households
助力车	Powered Bicycle	台/百户	unit/100 households
洗衣机	Washing Machine	台/百户	unit/100 households
电冰箱(柜)	Refrigerator	台/百户	unit/100 households
微波炉	Microwave Oven	台/百户	unit/100 households
彩色电视机	Color TV Set	台/百户	unit/100 households
空调	Air Conditioner	台/百户	unit/100 households
热水器	Water Heater	台/百户	unit/100 households
洗碗机	Dishwasher	台/百户	unit/100 households
排油烟机	Smoke Exhaust Ventilator	台/百户	unit/100 households
固定电话	Telephone	线/百户	unit/100 households
移动电话	Mobile Telephone	部/百户	unit/100 households
其中：接入互联网	Internet Mobile Telephone	部/百户	unit/100 households
计算机	Computer	台/百户	unit/100 households
其中：接入互联网	Internet Computer	台/百户	unit/100 households
照相机	Camera	台/百户	unit/100 households
中高档乐器	Secondary and Top Grade Musical Instrument	架/百户	unit/100 households
健身器材	Body-building Apparatus	台/百户	unit/100 households
空气净化器(含新风系统)	Air Purifier (Include Fresh Air System)	台/百户	unit/100 households
吸尘器	Vacuum Cleaner	台/百户	unit/100 households

Basic Statistics Grouped by per Capita Disposable Income Quintile of Rural Households (2020)

总计 Total	20%低收入户 20% Low Income	20%中低收入户 20% Lower-middle Income	20%中等收入户 20% Middle Income	20%中上收入户 20% Upper-middle Income	20%高收入户 20% High Income
142.5	132.5	119.3	130.7	150.7	206.9
135.2	125.8	112.7	123.3	142.4	198.4
85.4	86.9	73.4	77.5	87.1	112.7
46.2	36.9	34.6	43.5	53.5	77.8
1.9	0.9	2.3	1.0	0.7	5.8
1.6	1.1	2.3	1.3	1.2	2.1
4.1	4.4	3.9	4.0	4.7	3.7
3.2	2.4	2.7	3.3	3.6	4.7
9.5	9.1	7.8	9.2	10.9	12.0
79.2	68.4	61.2	81.2	88.8	114.8
24.8	19.7	18.6	24.5	31.5	37.0
5.1	3.9	3.3	5.0	6.6	8.5
5.1	4.2	4.3	5.7	6.0	6.1
4.3	2.5	2.6	3.3	6.0	9.6
9.2	8.2	7.4	9.1	11.5	11.4
1.1	1.0	0.9	1.3	1.3	1.4
5.5	4.6	4.4	5.9	6.3	7.7
1.5	1.0	1.3	1.5	1.7	2.1
7.9	6.2	8.1	7.2	8.7	10.5
3.2	2.0	2.5	3.6	3.9	5.3
63.8	51.6	51.4	64.2	77.8	89.9
25.2	15.6	16.0	25.1	34.7	46.4
2.2	1.4	1.4	2.1	3.2	3.8
0.3	0.3	0.3	0.4	0.4	0.4
33	34	40	34	30	29
55	63	58	51	59	43
78	71	70	72	83	93
106	102	108	108	105	107
102	98	101	102	104	106
17	8	12	21	19	23
111	107	114	109	112	113
2	1	2	1	3	4
104	102	107	106	105	99
0	0	0	1	1	0
33	26	29	27	35	48
1	0	1	0	1	2
293	308	312	303	281	260
280	296	302	291	264	247
28	26	30	23	30	29
21	21	24	17	23	22
1	1	1	2	2	1
2	1	1	2	2	4
1	0	0	1	3	1
0	0	0	1	0	0
1	1	2	0	1	2

主要指标解释

可支配收入　指城乡住户可用于最终消费支出和储蓄的总和，即住户可以用来自由支配的收入。可支配收入既包括现金，也包括实物收入。按照收入来源，可支配收入包含四项，分别为：工资性收入、经营净收入、财产净收入、转移净收入。计算公式为：

可支配收入=工资性收入+经营净收入+财产净收入+转移净收入

其中：经营净收入=经营收入-经营费用-生产性固定资产折旧-生产税净额（生产税-生产补贴）

财产净收入=财产性收入-财产性支出

转移净收入=转移性收入-转移性支出

工资性收入　指就业人员通过各种途径得到的全部劳动报酬和各种福利，包括受雇于单位或个人、从事各种自由职业、兼职和零星劳动得到的全部劳动报酬和福利。

经营净收入　指住户或住户成员从事生产经营活动所获得的净收入，是全部经营收入中扣除经营费用、生产性固定资产折旧和生产税净额（生产税减去生产补贴）之后得到的净收入。

财产净收入　指住户或住户成员将其所拥有的金融资产和自然资源交由其他机构单位、住户或个人支配而获得的回报并扣除相关的费用之后得到的净收入。财产净收入包括利息净收入、红利收入、储蓄性保险净收益和转让承包土地经营权租金净收入等。

转移净收入　指住户或住户成员当年得到的转移性收入减去转移性支出后的净额。转移性收入指国家、单位、社会团体对住户的各种经常性转移支付和住户之间的经常性收入转移。包括政府、非行政事业单位、社会团体对居民转移的养老金或退休金、社会救济和补助、政策性生活补贴、救灾款、经常性捐赠和赔偿以及报销医疗费等；住户之间的赡养收入、经常性捐赠和赔偿以及农村地区（村委会）在外（含国外）工作的本住户非常住成员寄回带回的收入等。

消费支出　指住户用于满足家庭日常生活消费需要的全部支出，包括用于消费品的支出和用于服务性消费的支出。根据用途不同，消费支出可划分为食品烟酒、衣着、居住、生活用品及服务、交通通信、教育文化娱乐、医疗保健、其他用品及服务八大类。根据来源不同，消费支出可划分为现金消费支出、实物消费支出（含自产自用、来自单位、来自政府和其他社会组织）。

转移性支出　指调查户对国家、单位、住户或个人的经常性或义务性转移支付。包括缴纳的税款、各项社会保障支出、赡养支出、经常性捐赠和赔偿支出以及其他经常转移支出等。

个人所得税是指调查对象被扣缴的工资薪金所得、对企事业单位的承包经营承租经营所得、个体工商户的生产经营所得、劳务报酬所得、稿酬所得、特许权使用费所得、利息股息红利所得、财产租赁所得、财产转让所得、偶然所得、经国务院财政部门确定征税的其他所得等个人所得的税款。生产税、消费税不在其内。

社会保障支出是指调查户家庭成员参加国家法律、法规规定的社会保障项目中由单位和个人共同缴纳的保障支出。包括养老保险、医疗保险、失业保险、工伤保险、生育保险以及其他社会保障支出。

农村外来从业人员寄给家人的支出是指外地农业户籍的从业人员寄回带回其户口登记地家庭的支出。

赡养支出是指调查户因赡养和抚养义务而付给亲友的经常性现金和定期的实物支出。

其他经常转移支出是指除缴纳的税款、社会保障支出、赡养支出以外的其他经常性转移支出。如经常性捐赠、经常性赔偿、各种罚款及政府部门向居民提供服务收取的服务费等。

财产性支出　是指调查户支付的生活贷款利息以及其他财产性支出等。

住房贷款利息支出是指住户由于购买住房向金融机构贷款所支付的利息，包括商业贷款利息和公积金贷款利息。

其他生活贷款利息支出是指住户由于向金融机构申请汽车贷款、教育贷款以及其他消费贷款而支付的利息。

其他财产性支出是指住户支付的除生活贷款利息以外的其他财产性支出，如宅基地使用费等。

城镇居民人均可支配收入（老口径） 指城镇家庭总收入扣除交纳的个人所得税和个人交纳的各项社会保障支出之后，按照城镇居民家庭人口平均的收入水平。其中家庭总收入是指该家庭中生活在一起的所有家庭人员从各种渠道得到的所有收入之和。

农民纯收入（老口径） 指农村住户当年从各个来源得到的总收入相应地扣除所发生的费用后的收入总和。纯收入主要用于再生产投入和当年生活消费支出，也可用于储蓄和各种非义务性支出。"农民人均纯收入"按人口平均的纯收入水平，反映的是一个地区或一个农户农村居民的平均收入水平。计算方法：

纯收入＝总收入-家庭经营费用支出-税费支出-生产性固定资产折旧-赠送农村内部亲友

农民现金收入 指农村住户和住户成员在调查期内得到以现金形态表现的各项现金收入总和，是现金总收入的概念，未扣除费用性支出。按来源分成工资性收入、家庭经营现金收入、财产性收入、转移性收入。

Explanatory Notes on Main Statistical Indicators

Disposable Income means the total income of households earned in the survey period, which can be used for consumption and saving, including cash income and physical income. According to the source of income, it can be classified as income of wages and salaries, net business income, net income from property and net income from transfer. Calculation formula:

Disposable income = income of wages and salaries + net business income + net income from property + net income from transfer

Where:

Net business income = business income – business expenses depreciation of productive fixed assets – production taxes

Net income from property = property income – property expenses

Net income from transfer = transfer income – transfer expenses

Wages Income means the total remuneration and benefits earned by employees who are employed by units or individuals, freelances and part-time workers.

Net Business Income means net income earned by business activities, which are operated by households and their members. Business expenses, depreciation of productive fixed assets and production taxes should be deducted from income. It includes net income of primary, secondary and tertiary industries.

Net Income from Property means the net income obtained by authorizing other institutional units, households or individuals to dominate the financial assets, housing, other non-financial assets and natural resources owned by households and their members. Expenses should be deducted. Net income from property includes net interest income, bonus income, net income of saving insurance, net rent income from the transfer of land management right, net rent housing income, net rent other assets income and net conversion rental of private housing.

Net Income from Transfer means recurrent income transfers from the state, units, social groups and households. Including the pension, social benefits and subsidies, agricultural subsidies, policy living subsidies relief funds, regular donation and compensation and reimbursement of medical expenses from government, institutions, social groups; alimony, regular donation and compensation from other households, and the income sent back by non-permanent members working nonlocal.

Consumption Expenditure means all the expenditures of households for consumption in daily life, including expenditure on consumer goods and services consumption. It includes on eight categories by function: food; clothing; housing; household appliances and services; transport and communication; education and culture, recreational activities; medical care; other commodities and services. It includes expenditure in cash and in kinds (includes self-made and consumed products from units, government and other social organizations) by source.

Transferred Expenditure means regular or voluntary transfer payment from the survey household to the nation, the unit, the household or the individual. Including the payment of the tax, the social security expenses, maintenance expenses, regular donations and compensation expenses, and other frequent transfer expenses, etc.

Personal income tax means the survey object is the withholding of wages and salaries income, contracted leased operation of enterprises or institutions of income, individual industrial and commercial production income, labor remuneration, royalties, interest, dividends, bonuses, lease of property income, transfer of property income, contingent income, by the financial department of the state council shall determine the tax of individual income tax. The production tax, consumption tax are not.

Social security expenditure means residents' family members to participate in the national laws, rules and regulations of social security in the project by the unit and the safeguard of the individual is collective pay expenses. Including endowment insurance, medical insurance, unemployment insurance, industrial injury insurance, birth insurance and other social security.

Rural migrant workers sent to family expenses means employees outward of agricultural census register sent back to the account that the family expenses.

Support spending means residents paid to relatives and friends for support and provide for cash and in kind regularly.

Other regularly transfer spending means other regular payments in addition to the payment of taxes, social security expenditure and support spending. Such as regular donations, regular compensation, all kinds of fine and service fees of government departments provide service for residents, etc.

Property Expenditure means residents pay interest on loans and other property, etc.

Interest expenditure of housing loan means residents paid interest to financial institutions for buying housing, including commercial loan interest and accumulation fund loan interest.

Other loan interest expenditure means residents paid interest to financial institutions due to apply for a car loan, education loans and other consumer loans.

Other property expenditure means residents paid other property expenditure in addition to life interest on loans, such as land use fees, etc.

Per Capita Disposable Income of Urban Households (old size) means the level of income averaged by population of urban households, it equals to total income minus income tax and personal contribution to various social security expenditure. Total income of households means the sum of income earned from various sources by the urban households and their members.

Net Income of Rural Households (old size) means the total income of rural households from all sources minus all corresponding expenses. Net income is mainly used as input for reproduction and as consumption expenditure of the year, and also used for saving and non-compulsory expenses of various forms. "Per capita net income of farmers" is the level of net income averaged by population which reflects the average income level of rural households in a given area or a rural household. The formula for calculation is as follows:

Net income = total income – household operation expenses – taxes and fees – depreciation of fixed assets for production – present rural internal relatives and friends

Cash Income of Farmers means income received by rural households and their members in the form of cash during the reference period, it is the total cash income, not deduct costs. It is classified by source of income, wages income, business cash income, income from properties and income from transfers.

第三篇
价格调查
Price Survey

简要说明

居民消费价格指数是根据抽样方法抽取，在银川市、石嘴山市、吴忠市、固原市、中卫市、海原县、平罗县等 7 个市县选取 1258 个具有代表性的调查点（其中农贸市场 21 个、商场超市零售商店 563 个、服务网点 537 个），共 7572 个代表规格品，由专人定期到调查点采集实际成交价加权计算得到的。

商品零售价格指数是根据抽样方法抽取，在银川市、石嘴山市、吴忠市、固原市、中卫市、海原县、平罗县 7 个市县选取 599 个调查点、5101 个代表规格品，由专人定期到调查点采集实际成交价加权计算。

农产品生产价格指数是根据抽样方法抽取的，在全区 10 个市县（区）的 222 家农产品生产企业、规模户和 109 个普通农户，选择 16 个大类 34 个代表规格品进行调查的资料计算。

工业生产者价格指数是根据分布在全区 5 个地级市 500 多家样本企业上报的月度统计报表资料加权计算得到。

固定资产投资价格指数是根据分布在全区 2 个地级市 50 多家样本企业上报的季度统计报表资料加权计算得到。

Brief Description

Data of consumer price indices are collected according to the sampling method. This method chooses 1258 representative survey points at Yinchuan, Shizuishan, Wuzhong, Guyuan, Zhongwei, Haiyuan, Pingluo 7 cities and counties, which include 21 agricultural markets, 563 shopping malls, supermarkets and retail stores, 537 service stations. Representative commodities sum to 7572, which are taken the practical records of the prices from the survey point by specially-assigned person and weighting calculated.

Data of retail price indices are collected according to the sampling method. This method chooses 599 representative survey points at Yinchuan, Shizuishan, Wuzhong, Guyuan, Zhongwei, Haiyuan, Pingluo 7 cities and counties. Representative commodities sum to 5101, which are taken the practical records of the prices from the survey point by specially-assigned person and weighting calculated.

Data of price indices for farm products are collected according to the sampling method. This method chooses 222 major agricultural productive enterprises and 109 ordinary agricultural producers at 10 cities and counties in Ningxia. Representative commodities sum to 34 of 16 major categories, which are surveyed and calculated.

Data of producer price indices for industrial products are taken from monthly statistical report of more than 500 sample enterprises in 5 prefecture-level city and weighting calculated.

Data of price indices for investment in fixed assets are taken from quarterly statistical report of more than 50 sample enterprises in 2 prefecture-level city and weighting calculated.

2020年宁夏居民消费价格温和上涨

据宁夏调查总队消费价格调查数据显示，2020年，宁夏居民消费价格比上年上涨1.5%，低于全国平均水平1.0个百分点，实现全年3.0%左右的控价目标。分城乡看：城市上涨1.7%，农村上涨1.0%。分食品与非食品看：食品价格上涨6.6%，非食品价格下降0.2%。分重点消费品类别看：消费品价格上涨2.0%，服务项目价格上涨0.7%。

一、居民消费价格运行特点

（一）价格总水平高开低走逐步回落

2020年宁夏居民消费价格指数（CPI）各月累计涨幅在1.5%~3.0%之间，全国在-0.5%~5.4%之间。前2个月物价总水平涨幅均为3.0%，是年内最高水平，比全国平均水平分别低2.4和2.2个百分点。从3月开始物价总水平开始下行，7月涨幅回落至2.0%以内，之后进入相对平稳期。10月开始物价总水平继续下行，逐月回落至1.5%。纵观全年，呈现高开低走，逐步回落的态势。

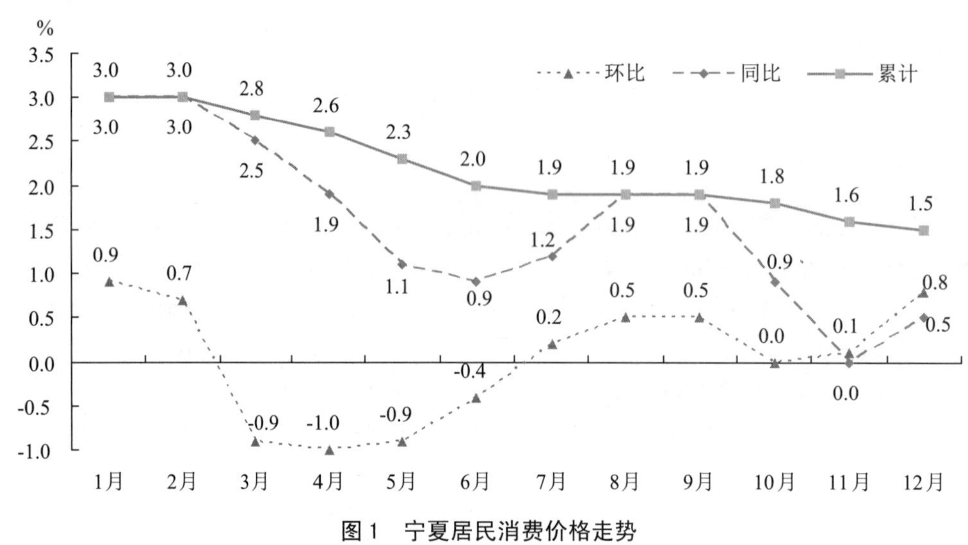

图1　宁夏居民消费价格走势

（二）月度CPI同比涨跌互现涨幅趋降

从各月CPI同比涨跌幅看，全年物价涨幅呈前高后低走势。2020年前2个月，受春节及新冠肺炎疫情叠加影响，CPI同比分别达到3.0%的年内高点。3月份开始，随着政府一系列“保供稳价”措施的实施及新冠肺炎疫情防控形势逐步好转，CPI也随之开始回落，6月同比涨幅回落到“1%”以内，涨幅比年内最高时回落2.1个百分点。7—9月份受南方洪涝灾害等因素影响，鲜菜价格大幅上涨，CPI出现阶段性反弹，但同比涨幅均在2.0%以内运行。10—11月猪肉价格在连续上涨19个月后迎来“两连降”，影响CPI涨幅再次回落，11月同比出现零增长，同期全国CPI出现负增长，降幅0.5%。12月伴随着雨雪天气来临导致气温骤降，加上疫情局部反弹，鲜菜、鲜瓜果、猪肉等食品价格季节性上涨，CPI“触底反弹”，上涨0.5%。

（三）八大类商品及服务价格“五涨三降”

2020年宁夏居民消费价格结构性上涨特征明显，构成CPI的八大类商品及服务价格呈现“五涨三降”态势。食品烟酒、居住、教育文化娱乐、医疗保健、其他用品和服务价格分别上涨5.4%、0.3%、1.0%、

0.6%和3.2%；衣着、生活用品及服务、交通通信价格分别下降1.1%、0.4%和3.1%。

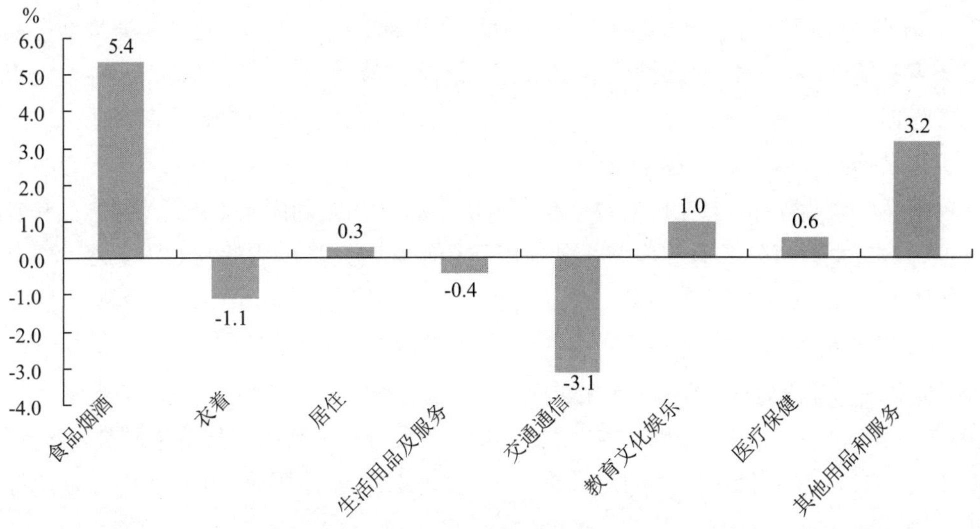

图2 2020年宁夏居民消费价格分类走势

（四）与全国及西部五省（区）相比处于末位

2020年，全国CPI总水平同比上涨2.5%，宁夏CPI涨幅比全国平均水平低1.0个百分点。按由高到低排序，宁夏CPI涨幅在全国31个省（区、市）中居第30位，在西部五省（区）中居第5位。

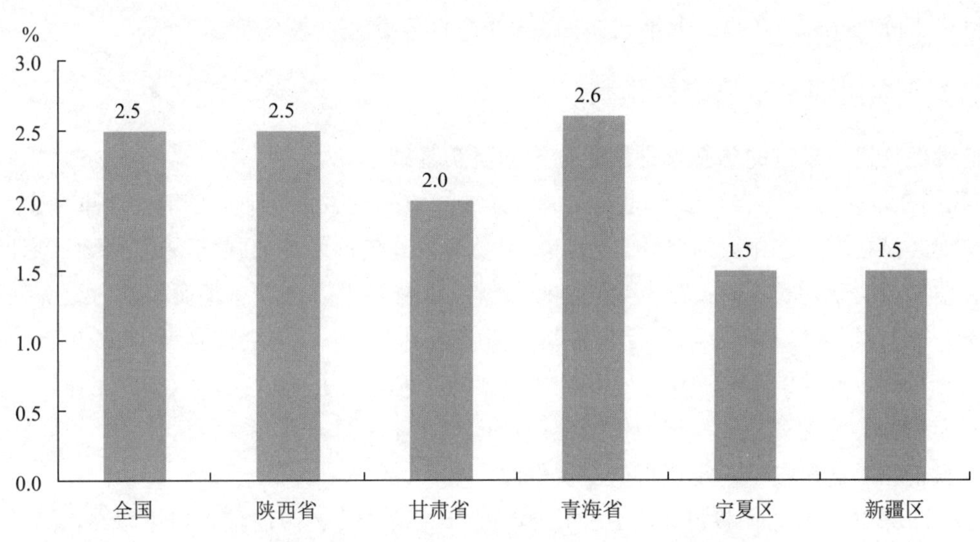

图3 2020年全国及西部五省（区）CPI涨幅

二、影响居民消费价格变动原因分析

（一）食品价格是助推CPI上涨的主因

2020年食品烟酒类价格累计上涨5.4%，影响CPI上涨约1.68个百分点，居八大类之首。其中食品价格上涨6.6%，拉动价格总水平上涨约1.4个百分点，成为主因。

1. 鲜菜价格涨势强劲。鲜菜价格上涨14.1%，影响CPI上涨约0.41个百分点。一是一季度疫情防控形势严峻，省际道路运输受限，外地菜输入困难，加上大部分农贸市场关闭，导致鲜菜价格上涨明显，1—3月全区鲜菜价格累计上涨14.8%。二是今年二季度以来高温多雨，加上河北、山东等鲜菜主产区受异常天气影响，外地菜输入减少，本地菜外运增加，市场供应趋紧，致使2020年蔬菜整体价格高于上年。三是入冬以来天气寒冷，人工费用上涨，鲜菜的运输成本进一步增加。

2. 畜肉价格高位运行。畜肉类价格在上年大幅上涨的基础上，2020年继续上涨20.2%，影响CPI上涨约 1.09 个百分点。其中：猪肉价格涨幅最大，上涨 42.7%，影响 CPI 上涨约 0.66 个百分点，是推高畜肉类价格上涨的主因。牛肉价格上涨 12.0%，影响 CPI 上涨约 0.16 个百分点。羊肉价格上涨 9.0%，影响 CPI 上涨约 0.18 个百分点。究其原因：一方面是由于生猪供给遭遇“真空期”。受“非洲猪瘟”及新冠疫情双重影响，宁夏一度封闭道路、关闭屠宰场、农贸市场，活畜交易受限，特别是猪肉出现消费者“买难”，而生产者“卖难”的局面，供需矛盾突出；另一方面是受新冠疫情影响，一些国家禁止玉米、大豆等农产品出口，饲料价格被抬高，活畜养殖成本有所增大。

3. 鸡蛋、奶类和鲜瓜果价格分别下降 11.7%、0.9%和 8.8%，共同影响 CPI 下降约 0.25 个百分点。

（二）居住、教育文化娱乐、医疗保健、其他用品和服务四大类价格助推 CPI 上涨

1. 教育文化娱乐价格上涨 1.0%，拉动 CPI 上涨约 0.11 个百分点。其中：教育价格上涨 2.3%，文化娱乐价格下降 1.3%。价格涨幅较大的是小学初中教育，上涨 18.1%。主要原因是 2019 年 9 月份，银川市调整民办教育学费，对小学初中教育产生高翘尾影响。

2. 其他用品和服务上涨 3.2%，拉动 CPI 上涨约 0.12 个百分点。其中：其他用品类价格上涨 8.3%，其他服务类价格下降 1.2%。价格涨幅较大的是金饰品，上涨 21.8%，原因是 2020 年国际金价持续走高，拉动金饰品价格上涨。

（三）衣着、生活用品及服务、交通通信三大类价格下降对总水平上涨起抑制作用

交通通信类价格下降 3.1%，影响 CPI 下降 0.34 个百分点。其中：交通价格下降 5.2%，通信价格上涨 0.9%。主要原因：一是受新冠肺炎疫情影响，居民出行明显减少，各大航空公司取消部分航班，对机票打折力度加大，致使飞机票价格下降 16.5%。二是随着全球新冠肺炎疫情的蔓延，全球原油需求前景不佳，国际原油价格长期走低，国内成品油价格低位徘徊。汽油价格下降 14.3%，降幅比上年同期扩大 8.3 个百分点；柴油价格下降 15.6%，降幅比上年同期扩大 9.3 个百分点。

三、2021 年居民消费价格走势预判

（一）继续保持稳中求进的总基调是稳定物价的坚实基础

2020 年我国在以习近平同志为核心的党中央坚强领导下，克服新冠肺炎疫情的严重冲击，成为 2020 年全球唯一实现经济正增长的主要经济体。由于我国经济复苏较预期更加强劲，世界银行预计 2021 年中国国内生产总值有望实现增长 7.9%。在中央经济政策继续保持稳中求进的总基调和国内经济强劲复苏等有利因素影响下，2021 年物价总体平稳运行具备坚实基础。中央经济工作会议强调，2021 年是我国现代化建设进程中具有特殊重要性的一年，要坚持稳中求进工作总基调，扎实做好“六稳”工作、全面落实“六保”任务，科学精准实施宏观政策，努力保持经济运行在合理区间。

（二）粮食价格平稳是物价稳定运行的重要保障

2020 年我国粮食生产基本面良好，粮食生产实现“十七连丰”，国内粮食自主率高，储备充足，且粮食价格长期保持稳定，是物价平稳运行的重要保障。

（三）翘尾因素较弱是 2021 年物价平稳运行的有利因素

由于 2020 年 CPI 总体呈现前高后低的态势，致使 2021 年的翘尾因素较弱。随着经济复苏带来需求逐步释放，2021 年 CPI 总水平将在新的供需平衡间取得结构性改善，成为稳定物价运行的一个有利因素。

（四）外部环境存在不确定性

疫情当前，经济下行压力仍然较大，特别是外部环境受疫情影响存在较大的不确定性。在加强对进口冷链食品的追溯管理、核酸检测和预防性消毒等日趋严格的监管，以及消费者恐慌心理的背景下，进口量及销售量势必下降，进口猪肉、牛肉及海产品等商品的价格优势，对国内消费市场价格抑制作用可能会减弱。

综合上述分析，预计 2021 年宁夏 CPI 将保持平稳运行态势。

（刘　嵩）

2020 年宁夏 PPI 同比下降 3.1%

2020 年，在新冠肺炎疫情和国际原油供需失衡等因素的冲击下，宁夏工业生产者价格震荡下行，随着国内疫情的阻断，经济逐渐回暖，工业生产者价格逐月回升。全年工业生产者出厂价格（PPI）同比下降 3.1%，购进价格（IPI）同比下降 5.3%。

一、工业生产者价格总体运行情况

（一）出厂价格变动情况

1. 同比整体下降，年末由负转正。从同比看，受新冠肺炎疫情和国际原油供需失衡的影响，2—4 月 PPI 一路下行，4 月降幅达到 5.7%，为全年最低；5—10 月，随着国内疫情的有效阻断和石油价格的回升，PPI 各月降幅逐步收窄；11—12 月快速上升，12 月同比上涨 1.9%，实现正增长。

2. 环比先降后升。从环比看，1 月持平，2—4 月均为负增长；5—10 月稳步回升，涨幅保持在 1.0% 之内；11—12 月上涨明显，涨幅分别达到 2.0%和 2.4%。

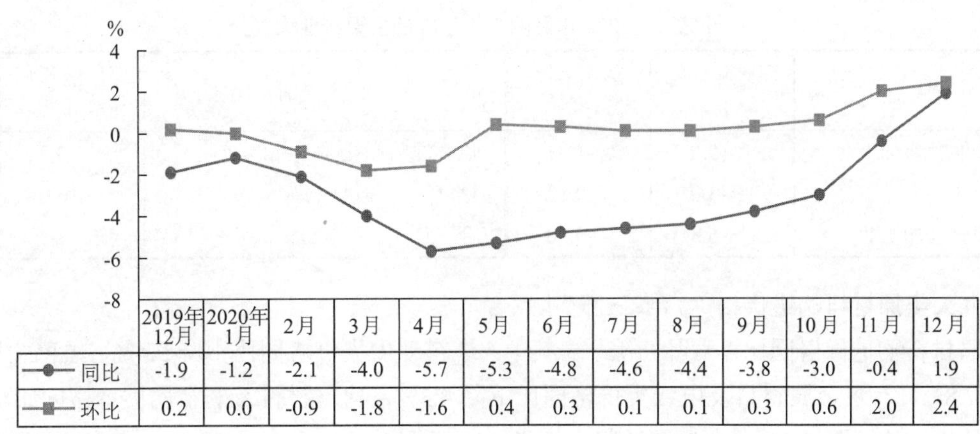

	2019年12月	2020年1月	2月	3月	4月	5月	6月	7月	8月	9月	10月	11月	12月
同比	-1.9	-1.2	-2.1	-4.0	-5.7	-5.3	-4.8	-4.6	-4.4	-3.8	-3.0	-0.4	1.9
环比	0.2	0.0	-0.9	-1.8	-1.6	0.4	0.3	0.1	0.1	0.3	0.6	2.0	2.4

图 1　宁夏 PPI 同比、环比涨跌幅

（二）购进价格变动情况

1. 同比全年呈“V”字型走势。从同比看，全年各月均不同程度下降，呈“V”字型走势 ，1—5 月各月价格一路下行，从 6 月开始，同比降幅逐月收窄，年底 12 月降幅收窄至 1.5%。

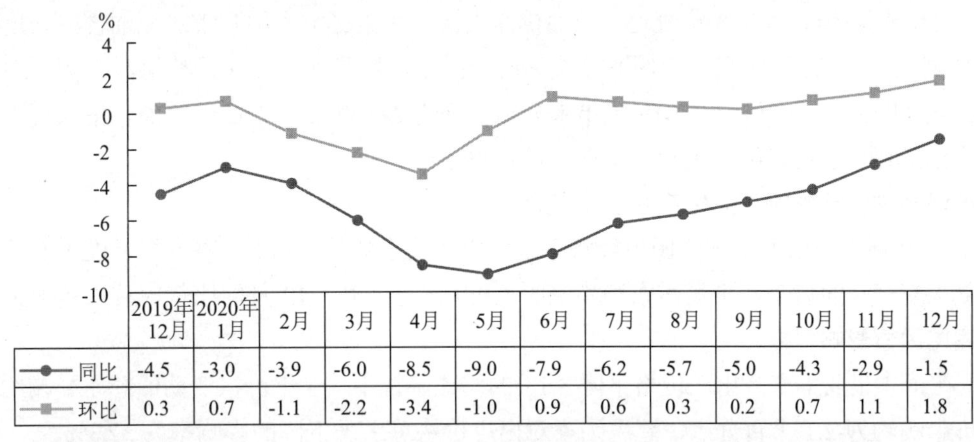

	2019年12月	2020年1月	2月	3月	4月	5月	6月	7月	8月	9月	10月	11月	12月
同比	-4.5	-3.0	-3.9	-6.0	-8.5	-9.0	-7.9	-6.2	-5.7	-5.0	-4.3	-2.9	-1.5
环比	0.3	0.7	-1.1	-2.2	-3.4	-1.0	0.9	0.6	0.3	0.2	0.7	1.1	1.8

图 2　宁夏 IPI 同比、环比涨跌幅

2. 环比6—12月连续7个月上涨。购进价格1月环比上涨0.7%，2—4月降幅不断加大，分别下降1.1%、2.2%和3.4%，5月降幅有所收窄下降1.0%，6月由降转升上涨0.9%，至12月连续7个月上涨。

（三）宁夏PPI低于全国平均水平

2020年，宁夏工业生产者出厂价格（PPI）96.9%，比全国（98.2%）低1.3个百分点，在全国31个省（区、市）中与浙江并列第23位，比指数最高的内蒙古低2.8个百分点，比指数最低的新疆高5.3个百分点。在西北五省中，宁夏居第1位，分别比青海、陕西、甘肃、新疆高0.3、1.8、3.0和5.3个百分点。

二、工业生产者价格运行特点

（一）生产资料和生活资料价格走势分化

2020年，生产资料出厂价格同比下降3.6%。其中，原材料工业价格下降4.6%，采掘工业价格下降2.7%，加工工业价格下降1.8%。生活资料类出厂价格同比上涨0.4%。其中，食品、一般日用品价格分别上涨0.3%和1.4%，衣着、耐用消费品价格分别下降0.3%和1.6%。

（二）近六成大类行业产品价格下降

2020年，调查的29个大类行业产品出厂价格“17降2平10升”，下降面达58.6%。其中：石油、煤炭及其他燃料加工业下降15.0%，影响出厂价格总水平下降1.77个百分点；煤炭开采和洗选业、黑色金属冶炼和压延加工业、化学原料和化学制品制造业、燃气生产和供应业分别下降3.9%、6.3%、3.7%和16.6%，共影响出厂价格总水平下降1.45个百分点。

表1　2020年影响PPI下降的主要行业大类

类　别	同比涨跌幅（%）	影响程度（%）	类　别	同比涨跌幅（%）	影响程度（%）
石油、煤炭及其他燃料加工业	-15.0	-1.77	化学原料和化学制品制造业	-3.7	-0.38
煤炭开采和洗选业	-3.9	-0.52	燃气生产和供应业	-16.6	-0.15
黑色金属冶炼和压延加工业	-6.3	-0.40	合　计		-3.22

（三）九大类原材料购进价格“六降三涨”

九大类原材料购进价格同比“六降三涨”。其中：燃料动力类价格同比下降9.4%，黑色金属材料类价格同比下降7.8%，有色金属材料及电线类价格同比下降4.3%，建筑材料及非金属类价格同比下降4.1%，化工原料类价格同比下降3.1%，木材及纸浆类价格同比下降1.5%；纺织原料类、其他工业原材料及半成品类、农副产品类价格同比上涨2.9%、2.3%和1.9%。

三、影响工业生产者价格变动因素分析

（一）国际原油价格波动传导作用明显

2020年，受新冠疫情、世界经济衰退、原油供需失衡等因素影响，国际市场原油价格一度暴跌，后缓慢回升，呈V型走势。12月31日，纽约商品交易所轻质原油期货和伦敦布伦特原油期货主力合约分别收于每桶48.52美元和51.80美元，比2019年年末分别下跌约21%和22%。国际原油价格大幅下降，直接导致石油产品价格下行，进而影响多类相关工业产品价格下降。

（二）市场需求波动影响工业生产者价格震荡

2020年初，在新冠疫情冲击下，国内经济下行，市场需求疲软，PPI一路下行。进入5月，国内疫情有效阻断，复工复产全面启动，市场需求稳步回暖，PPI逐月回升，12月同比年内首次实现正增长。

（三）翘尾因素影响

经测算，在全年工业生产者出厂价格下降3.1%的同比降幅中，上年价格变动的翘尾影响约为-1.0个百分点，新涨价影响约为-2.1个百分点，翘尾因素对出厂价格总水平下降的影响率为32.3%。

（牛海莉）

3-1 主要年份全区居民消费价格总指数
Consumer Price Indices in Main Years

年 份 Year	以1957年价格为100 Year of 1957=100	以1965年价格为100 Year of 1965=100	以1970年价格为100 Year of 1970=100	以1978年价格为100 Year of 1978=100	以1980年价格为100 Year of 1980=100	以1985年价格为100 Year of 1985=100	以1990年价格为100 Year of 1990=100	以1995年价格为100 Year of 1995=100	以2000年价格为100 Year of 2000=100	以2005年价格为100 Year of 2005=100	以上年价格为100 Preceding Year=100
1958	102.4										102.4
1959	105.4										102.9
1960	109.9										104.3
1961	132.1										120.2
1962	125.6										95.1
1963	111.7										88.9
1964	106.0										94.9
1965	103.5										97.7
1966	101.7	98.2									98.2
1967	104.2	100.7									102.5
1968	105.6	102.0									101.3
1969	108.2	104.5									102.5
1970	109.1	105.3									100.8
1971	108.9	105.1	99.8								99.8
1972	109.3	105.6	100.2								100.4
1973	109.6	105.9	100.5								100.3
1974	110.1	106.3	100.9								100.4
1975	110.7	106.9	101.5								100.6
1976	111.7	107.9	102.4								100.9
1977	120.9	116.7	110.8								108.2
1978	121.6	117.4	111.5								100.6
1979	123.6	119.3	113.3	101.6							101.6
1980	133.6	129.0	122.4	109.8							108.1
1981	136.4	131.7	125.0	112.1	102.1						102.1
1982	140.3	135.5	128.6	115.4	105.1						102.9
1983	142.6	137.7	130.7	117.2	106.7						101.6
1984	146.4	141.4	134.2	120.4	109.6						102.7
1985	159.0	153.6	145.8	130.8	119.1						108.6
1986	168.2	162.5	154.2	138.3	126.0	105.8					105.8
1987	180.5	174.3	165.5	148.4	135.2	113.5					107.3
1988	211.4	204.1	193.8	173.8	158.3	132.9					117.1
1989	247.8	239.3	227.1	203.7	185.5	155.8					117.2
1990	265.3	256.2	243.2	218.2	198.7	166.9					107.1
1991	282.1	272.4	258.6	231.9	211.2	177.4	106.3				106.3
1992	305.5	295.0	280.0	251.2	228.7	192.1	115.1				108.3
1993	349.1	337.2	320.1	287.1	261.4	219.6	131.6				114.3
1994	429.8	415.1	394.0	353.4	321.8	270.3	162.0				123.1
1995	503.3	486.0	461.4	413.8	376.8	316.5	189.7				117.1
1996	537.5	519.1	492.7	442.0	402.4	338.0	202.6	106.8			106.8
1997	557.9	538.8	511.5	458.8	417.7	350.9	210.3	110.9			103.8
1998	557.9	538.8	511.5	458.8	417.7	350.9	210.3	110.9			100.0
1999	550.7	531.8	504.8	452.8	412.3	346.3	207.5	109.4			98.7
2000	548.5	529.7	502.8	451.0	410.6	344.9	206.7	109.0			99.6
2001	557.3	538.2	510.8	458.2	417.2	350.4	210.0	110.7	101.6		101.6
2002	553.9	534.9	507.8	455.5	414.7	348.3	208.8	110.1	101.0		99.4
2003	563.3	544.0	516.4	463.2	421.8	354.3	212.3	111.9	102.7		101.7
2004	584.2	564.2	535.5	480.4	437.4	367.4	220.2	116.1	106.5		103.7
2005	592.9	572.6	543.6	487.6	443.9	372.9	223.5	117.8	108.1		101.5
2006	604.2	583.5	553.9	496.8	452.4	380.0	227.7	120.1	110.2	101.9	101.9
2007	636.8	615.0	583.8	523.7	476.8	400.5	240.0	126.5	116.1	107.4	105.4
2008	691.0	667.3	633.4	568.2	517.3	434.5	260.4	137.3	126.0	116.5	108.5
2009	695.8	672.0	637.8	572.1	520.9	437.6	262.2	138.2	126.9	117.3	100.7
2010	724.3	699.5	664.0	595.6	542.3	455.5	273.0	143.9	132.1	122.2	104.1
2011	770.0	743.6	705.8	633.1	576.5	484.2	290.2	153.0	140.4	129.9	106.3
2012	785.4	758.5	719.9	645.8	588.0	493.9	296.0	156.0	143.2	132.5	102.0
2013	812.1	784.2	744.4	667.7	608.0	510.7	306.1	161.4	148.1	137.0	103.4
2014	827.5	799.1	758.6	680.4	619.5	520.4	311.9	164.4	150.9	139.6	101.9
2015	836.6	807.9	766.9	687.9	626.3	526.1	315.3	166.2	152.5	141.1	101.1
2016	849.2	820.0	778.4	698.2	635.7	534.0	320.0	168.7	154.8	143.2	101.5
2017	862.8	833.1	790.9	709.4	645.9	542.5	325.1	171.4	157.3	145.5	101.6
2018	882.6	852.3	809.1	725.7	660.8	555.0	332.6	175.4	160.9	148.8	102.3
2019	901.2	870.2	826.1	741.0	674.6	566.7	339.7	179.0	164.3	152.0	102.1
2020	914.7	883.3	838.5	752.1	684.7	575.2	344.8	181.7	166.6	154.3	101.5

3-2 主要年份全区城市居民消费价格总指数
Consumer Price Indices of Urban Households in Main Years

年 份 Year	以1957年价格为100 Year of 1957=100	以1965年价格为100 Year of 1965=100	以1970年价格为100 Year of 1970=100	以1978年价格为100 Year of 1978=100	以1985年价格为100 Year of 1985=100	以1990年价格为100 Year of 1990=100	以1995年价格为100 Year of 1995=100	以2000年价格为100 Year of 2000=100	以2005年价格为100 Year of 2005=100	以上年价格为100 Preceding Year=100
1958	102.4									102.4
1959	105.4									102.9
1960	109.9									104.3
1961	132.1									120.2
1962	125.6									95.1
1963	111.7									88.9
1964	106.0									94.9
1965	103.5									97.7
1966	101.7	98.2								98.2
1967	104.2	100.7								102.5
1968	105.6	102.0								101.3
1969	108.2	104.5								102.5
1970	109.1	105.3								100.8
1971	108.9	105.1	99.8							99.8
1972	109.3	105.6	100.2							100.4
1973	109.6	105.9	100.5							100.3
1974	110.1	106.3	100.9							100.4
1975	110.7	106.9	101.5							100.6
1976	111.7	107.9	102.4							100.9
1977	120.9	116.7	110.8							108.2
1978	121.6	117.4	111.5							100.6
1979	123.6	119.3	113.3	101.6						101.6
1980	133.6	129.0	122.4	109.8						108.1
1981	136.4	131.7	125.0	112.1						102.1
1982	140.3	135.5	128.6	115.4						102.9
1983	142.6	137.7	130.7	117.2						101.6
1984	147.3	142.2	135.0	121.1						103.3
1985	159.9	154.5	146.6	131.5						108.6
1986	169.5	163.7	155.4	139.4	106.0					106.0
1987	186.3	179.9	170.8	153.2	116.5					109.9
1988	219.3	211.8	201.0	180.3	137.1					117.7
1989	254.8	246.1	233.6	209.5	159.3					116.2
1990	268.9	259.6	246.5	221.1	168.1					105.5
1991	287.4	277.6	263.5	236.3	179.7	106.9				106.9
1992	314.1	303.4	288.0	258.3	196.4	116.8				109.3
1993	361.9	349.5	331.7	297.6	226.3	134.6				115.2
1994	451.6	436.1	414.0	371.4	282.4	168.0				124.8
1995	529.8	511.6	485.6	435.6	331.2	197.0				117.3
1996	564.7	545.4	517.7	464.3	353.1	210.0	106.6			106.6
1997	586.7	566.6	537.9	482.5	366.8	218.2	110.8			103.9
1998	586.7	566.6	537.9	482.5	366.8	218.2	110.8			100.0
1999	581.5	561.5	533.0	478.1	363.5	216.3	109.8			99.1
2000	579.7	559.8	531.4	476.7	362.4	215.6	109.4			99.7
2001	587.3	567.1	538.3	482.9	367.2	218.4	110.9	101.3		101.3
2002	583.7	563.7	535.1	480.0	365.0	217.1	110.2	100.7		99.4
2003	592.5	572.2	543.1	487.2	370.4	220.4	111.8	102.2		101.5
2004	612.0	591.1	561.1	503.3	382.7	227.6	115.5	105.6		103.3
2005	621.8	600.5	570.0	511.3	388.8	231.3	117.4	107.3		101.6
2006	632.4	610.7	579.7	520.0	395.4	235.2	119.4	109.1	101.7	101.7
2007	664.7	641.9	609.3	546.5	415.5	247.2	125.5	114.7	106.9	105.1
2008	717.2	692.6	657.4	589.7	448.4	266.8	135.4	123.7	115.3	107.9
2009	719.3	694.7	659.4	591.5	449.7	267.6	135.8	124.1	115.7	100.3
2010	746.3	720.7	684.1	613.6	466.6	277.6	140.9	128.7	120.0	103.7
2011	789.6	762.5	723.8	649.2	493.6	293.7	149.0	136.2	127.0	105.8
2012	806.9	779.3	739.7	663.5	504.5	300.1	152.3	139.2	129.8	102.2
2013	833.5	805.0	764.1	685.4	521.1	310.0	157.3	143.8	134.0	103.3
2014	850.2	821.1	779.4	699.1	531.6	316.2	160.5	146.7	136.7	102.0
2015	860.4	830.9	788.7	707.5	537.9	320.0	162.4	148.4	138.4	101.2
2016	874.2	844.2	801.4	718.8	546.6	325.2	165.0	150.8	140.6	101.6
2017	889.1	858.6	815.0	731.0	555.9	330.7	167.8	153.4	143.0	101.7
2018	908.6	877.5	832.9	747.1	568.1	338.0	171.5	156.7	146.1	102.2
2019	926.8	895.0	849.6	762.1	579.5	344.7	175.0	159.9	149.0	102.0
2020	942.6	910.2	864.0	775.1	589.4	350.6	178.0	162.6	151.5	101.7

3-3 主要年份全区农村居民消费价格总指数

Consumer Price Indices of Rural Households in Main Years

年 份 Year	以1957年价格为100 Year of 1957=100	以1965年价格为100 Year of 1965=100	以1970年价格为100 Year of 1970=100	以1978年价格为100 Year of 1978=100	以1980年价格为100 Year of 1980=100	以1985年价格为100 Year of 1985=100	以1990年价格为100 Year of 1990=100	以1995年价格为100 Year of 1995=100	以2000年价格为100 Year of 2000=100	以2005年价格为100 Year of 2005=100	以上年价格为100 Preceding Year=100
1958	102.4										102.4
1959	105.4										102.9
1960	109.9										104.3
1961	132.1										120.2
1962	125.6										95.1
1963	111.7										88.9
1964	106.0										94.9
1965	103.5										97.7
1966	101.7	98.2									98.2
1967	104.2	100.7									102.5
1968	105.6	102.0									101.3
1969	108.2	104.5									102.5
1970	109.1	105.3									100.8
1971	108.9	105.1	99.8								99.8
1972	109.3	105.6	100.2								100.4
1973	109.6	105.9	100.5								100.3
1974	110.1	106.3	100.9								100.4
1975	110.7	106.9	101.5								100.6
1976	111.7	107.9	102.4								100.9
1977	120.9	116.7	110.8								108.2
1978	121.6	117.4	111.5								100.6
1979	123.6	119.3	113.3	101.6							101.6
1980	133.6	129.0	122.4	109.8							108.1
1981	136.4	131.7	125.0	112.1							102.1
1982	140.3	135.5	128.6	115.4							102.9
1983	142.6	137.7	130.7	117.2							101.6
1984	144.9	139.9	132.8	119.1							101.6
1985	156.9	151.5	143.8	129.0	108.3						108.3
1986	164.9	159.2	151.1	135.6	113.8	105.1					105.1
1987	173.6	167.7	159.2	142.8	119.9	110.7					105.3
1988	200.9	194.0	184.1	165.2	138.7	128.0					115.7
1989	238.0	229.9	218.2	195.7	164.3	151.7					118.5
1990	259.5	250.6	237.8	213.3	179.1	165.4					109.0
1991	273.2	263.8	250.5	224.7	188.6	174.2	105.3				105.3
1992	291.0	281.0	266.7	239.3	200.9	185.5	112.1				106.5
1993	331.1	319.8	303.5	272.3	228.6	211.1	127.6				113.8
1994	402.7	388.8	369.1	331.1	278.0	256.7	155.2				121.6
1995	468.7	452.6	429.6	385.4	323.6	298.8	180.6				116.4
1996	501.0	483.9	459.3	412.0	345.9	319.4	193.1	106.9			106.9
1997	518.6	500.8	475.4	426.4	358.0	330.5	199.9	110.6			103.5
1998	517.5	499.8	474.4	425.5	357.3	329.9	199.5	110.4			99.8
1999	507.7	490.3	465.4	417.5	350.5	323.6	195.7	108.3			98.1
2000	505.2	487.8	463.1	415.4	348.7	322.0	194.7	107.8			99.5
2001	516.3	498.6	473.3	424.5	356.4	329.1	199.0	110.2	102.2		102.2
2002	513.7	496.1	470.9	422.4	354.6	327.4	198.0	109.6	101.7		99.5
2003	524.0	506.0	480.3	430.8	361.7	334.0	201.9	111.8	103.7		102.0
2004	547.5	528.8	501.9	450.2	378.0	349.0	211.0	116.8	108.4		104.5
2005	554.1	535.1	507.9	455.6	382.5	353.2	213.6	118.2	109.7		101.2
2006	566.9	547.4	519.6	466.1	391.3	361.3	218.5	120.9	112.2	102.3	102.3
2007	600.3	579.7	550.3	493.6	414.4	382.6	231.4	128.1	118.8	108.3	105.9
2008	659.7	637.1	604.8	542.5	455.4	420.5	254.3	140.8	130.6	119.1	109.9
2009	669.6	646.7	613.8	550.6	462.3	426.8	258.1	142.9	132.6	120.8	101.5
2010	700.7	676.7	642.3	576.1	483.7	446.6	270.0	149.5	138.7	126.5	104.6
2011	751.8	726.1	689.2	618.2	519.0	479.2	289.8	160.4	148.8	135.7	107.3
2012	764.6	738.4	700.9	628.7	527.8	487.4	294.7	163.1	151.4	138.0	101.7
2013	793.7	766.5	727.5	652.6	547.9	505.9	305.9	169.3	157.1	143.2	103.8
2014	806.4	778.7	739.2	663.0	556.7	514.0	310.8	172.0	159.6	145.5	101.6
2015	814.4	786.5	746.6	669.7	562.2	519.1	313.9	173.8	161.2	147.0	101.0
2016	824.2	795.9	755.5	677.7	569.0	525.4	317.7	175.9	163.2	148.7	101.2
2017	834.9	806.2	765.3	686.5	576.4	532.2	321.8	178.2	165.3	150.6	101.3
2018	857.4	828.0	786.0	705.0	591.9	546.6	330.5	183.0	169.7	154.7	102.7
2019	875.5	845.4	802.5	719.9	604.4	558.0	337.4	186.9	173.3	157.9	102.1
2020	884.3	853.9	810.5	727.1	610.4	563.6	340.8	188.8	175.0	159.5	101.0

3-4 主要年份全区商品零售价格总指数

Retail Price Indices in Main Years

年 份 Year	以1957年价格为100 Year of 1957=100	以1965年价格为100 Year of 1965=100	以1970年价格为100 Year of 1970=100	以1978年价格为100 Year of 1978=100	以1980年价格为100 Year of 1980=100	以1985年价格为100 Year of 1985=100	以1990年价格为100 Year of 1990=100	以1995年价格为100 Year of 1995=100	以2000年价格为100 Year of 2000=100	以2005年价格为100 Year of 2005=100	以上年价格为100 Preceding Year=100
1958	101.0										101.0
1959	102.5										101.5
1960	105.6										103.0
1961	124.4										117.8
1962	119.8										96.3
1963	107.1										89.4
1964	102.5										95.7
1965	100.0										97.6
1966	98.1	98.1									98.1
1967	100.0	100.0									101.9
1968	100.8	100.8									100.8
1969	102.3	102.3									101.5
1970	102.8	102.8									100.5
1971	101.8	101.8	99.0								99.0
1972	101.9	101.9	99.1								100.1
1973	102.2	102.2	99.4								100.3
1974	102.3	102.3	99.5								100.1
1975	102.6	102.6	99.8								100.3
1976	103.0	103.0	100.2								100.4
1977	110.7	110.7	107.7								107.5
1978	110.7	110.7	107.7								100.0
1979	112.2	112.1	109.1	101.3							101.3
1980	118.7	118.7	115.4	107.2							105.8
1981	121.1	121.0	117.7	109.3	102.0						102.0
1982	124.1	124.1	120.7	112.1	104.6						102.5
1983	125.4	125.4	122.0	113.3	105.7						101.1
1984	129.5	129.4	125.9	116.9	109.1						103.2
1985	139.6	139.5	135.7	126.0	117.6						107.8
1986	146.4	146.4	142.4	132.2	123.4	104.9					104.9
1987	158.1	158.1	153.8	142.8	133.2	113.3					108.0
1988	185.8	185.7	180.7	167.8	156.5	133.1					117.5
1989	218.8	218.8	212.9	197.6	184.4	156.8					117.8
1990	228.0	228.0	221.8	205.9	192.1	163.4					104.2
1991	241.5	241.4	234.9	218.1	203.5	173.0	105.9				105.9
1992	261.0	261.0	253.9	235.7	220.0	187.1	114.5				108.1
1993	292.6	292.6	284.6	264.3	246.6	209.7	128.3				112.1
1994	351.5	351.4	341.9	317.4	296.1	251.8	154.1				120.1
1995	405.2	405.1	394.2	365.9	341.4	290.4	177.7				115.3
1996	432.4	432.3	420.6	390.5	364.3	309.8	189.6	106.7			106.7
1997	441.9	441.8	429.8	399.1	372.3	316.6	193.8	109.0			102.2
1998	430.8	430.7	419.1	389.1	363.0	308.7	188.9	106.3			97.5
1999	421.8	421.7	410.3	380.9	355.4	302.2	185.0	104.1			97.9
2000	411.7	411.6	400.4	371.8	346.9	295.0	180.5	101.6			97.6
2001	411.7	411.6	400.4	371.8	346.9	295.0	180.5	101.6	100.0		100.0
2002	405.5	405.4	394.4	366.2	341.7	290.6	177.8	100.1	98.5		98.5
2003	403.5	403.4	392.4	364.4	340.0	289.1	176.9	99.6	98.0		99.5
2004	414.8	414.7	403.4	374.6	349.5	297.2	181.9	102.4	100.8		102.8
2005	416.4	416.3	405.0	376.1	350.9	298.4	182.6	102.8	101.2		100.4
2006	421.8	421.7	410.3	380.9	355.4	302.3	185.0	104.1	102.5	101.3	101.3
2007	439.1	439.0	427.1	396.6	370.0	314.7	192.6	108.4	106.7	105.5	104.1
2008	476.5	476.4	463.4	430.3	401.5	341.4	208.9	117.6	115.7	114.4	108.5
2009	474.1	474.0	461.1	428.1	399.5	339.7	207.9	117.0	115.2	113.8	99.5
2010	489.2	489.1	475.9	441.8	412.2	350.6	214.5	120.7	118.8	117.5	103.2
2011	515.1	515.0	501.1	465.2	434.1	369.1	225.9	127.1	125.1	123.7	105.3
2012	520.3	520.2	506.1	469.9	438.4	372.8	228.2	128.4	126.4	124.9	101.0
2013	532.8	532.7	518.2	481.1	448.9	381.8	233.6	131.5	129.4	127.9	102.4
2014	537.6	537.5	522.9	485.5	453.0	385.2	235.7	132.7	130.6	129.1	100.9
2015	538.1	538.0	523.4	486.0	453.4	385.6	236.0	132.8	130.7	129.2	100.1
2016	541.9	541.8	527.1	489.4	456.6	388.3	237.6	133.7	131.6	130.1	100.7
2017	551.7	551.6	536.6	498.2	464.8	395.3	241.9	136.1	134.0	132.4	101.8
2018	567.7	567.6	552.1	512.6	478.3	406.7	248.9	140.1	137.9	136.2	102.9
2019	574.0	573.8	558.2	518.3	483.6	411.2	251.7	141.6	139.4	137.7	101.1
2020	577.4	577.2	561.5	521.4	486.5	413.7	253.2	142.4	140.2	138.5	100.6

3-5 主要年份全区城市商品零售价格总指数

Retail Price Indices of Urban in Main Years

年 份 Year	以1957年价格为100 Year of 1957=100	以1965年价格为100 Year of 1965=100	以1970年价格为100 Year of 1970=100	以1978年价格为100 Year of 1978=100	以1980年价格为100 Year of 1980=100	以1985年价格为100 Year of 1985=100	以1990年价格为100 Year of 1990=100	以1995年价格为100 Year of 1995=100	以2000年价格为100 Year of 2000=100	以2005年价格为100 Year of 2005=100	以上年价格为100 Preceding Year=100
1958	101.7										101.7
1959	103.7										102.0
1960	106.8										103.0
1961	128.9										120.6
1962	122.8										95.3
1963	109.4										89.1
1964	104.7										95.7
1965	102.1										97.5
1966	100.2	98.1									98.1
1967	102.7	100.6									102.5
1968	104.0	101.9									101.3
1969	106.6	104.4									102.5
1970	107.4	105.2									100.8
1971	107.1	104.9	99.7								99.7
1972	107.5	105.3	100.1								100.4
1973	107.9	105.7	100.4								100.3
1974	108.3	106.1	100.8								100.4
1975	109.1	106.8	101.5								100.7
1976	110.3	108.0	102.6								101.1
1977	119.5	117.1	111.2								108.4
1978	120.4	117.9	112.0								100.7
1979	122.4	119.9	113.9	101.7							101.7
1980	132.4	129.7	123.3	110.0							108.2
1981	135.1	132.3	125.7	112.2	102.0						102.0
1982	139.1	136.3	129.5	115.6	105.1						103.0
1983	141.2	138.3	131.4	117.3	106.6						101.5
1984	145.8	142.8	135.7	121.1	110.0						103.2
1985	158.1	154.9	147.2	131.4	119.4						108.5
1986	167.2	163.7	155.6	138.9	126.2	105.7					105.7
1987	184.9	181.1	172.1	153.6	139.6	116.9					110.6
1988	218.9	214.4	203.7	181.9	165.3	138.4					118.4
1989	255.2	250.0	237.5	212.1	192.7	161.4					116.6
1990	261.1	255.7	243.0	216.9	197.1	165.1					102.3
1991	278.3	272.6	259.0	231.2	210.1	176.0	106.6				106.6
1992	303.7	297.4	282.6	252.3	229.3	192.0	116.3				109.1
1993	341.3	334.3	317.7	283.6	257.7	215.8	130.7				112.4
1994	409.6	401.2	381.2	340.3	309.2	259.0	156.9				120.0
1995	469.8	460.2	437.2	390.3	354.7	297.1	179.9				114.7
1996	499.4	489.1	464.8	414.9	377.0	315.8	191.3	106.3			106.3
1997	510.4	499.9	475.0	424.0	385.3	322.7	195.5	108.6			102.2
1998	496.6	486.4	462.2	412.6	374.9	314.0	190.2	105.7			97.3
1999	488.6	478.6	454.8	406.0	368.9	309.0	187.1	104.0			98.4
2000	477.9	468.1	444.8	397.0	360.8	302.2	183.0	101.7			97.8
2001	479.3	469.5	446.1	398.2	361.9	303.1	183.6	102.0	100.3		100.3
2002	472.6	462.9	439.9	392.7	356.8	298.9	181.0	100.6	98.9		98.6
2003	468.8	459.2	436.3	389.5	354.0	296.5	179.6	99.8	98.1		99.2
2004	478.7	468.9	445.5	397.7	361.4	302.7	183.3	101.9	100.2		102.1
2005	481.1	471.2	447.7	399.7	363.2	304.2	184.2	102.4	100.7		100.5
2006	486.8	476.9	453.1	404.5	367.6	307.9	186.5	103.6	101.9	101.2	101.2
2007	504.9	494.5	469.9	419.5	381.2	319.2	193.4	107.5	105.6	104.9	103.7
2008	540.7	529.6	503.2	449.2	408.2	341.9	207.1	115.1	113.1	112.4	107.1
2009	537.5	526.4	500.2	446.5	405.8	339.9	205.8	114.4	112.5	111.7	99.4
2010	552.2	540.9	514.0	458.8	417.0	349.2	211.5	117.6	115.6	114.8	102.7
2011	579.8	568.0	539.7	481.8	437.8	366.7	222.1	123.4	121.3	120.5	105.0
2012	585.1	573.1	544.5	486.1	441.7	370.0	224.1	124.5	122.4	121.6	100.9
2013	599.1	586.8	557.6	497.8	452.3	378.8	229.5	127.5	125.4	124.5	102.4
2014	604.5	592.1	562.6	502.2	456.4	382.2	231.5	128.7	126.5	125.7	100.9
2015	605.1	592.7	563.2	502.7	456.9	382.6	231.8	128.8	126.6	125.8	100.1
2016	609.3	596.8	567.1	506.3	460.1	385.3	233.4	129.7	127.5	126.7	100.7
2017	619.7	606.9	576.7	514.9	467.9	391.9	237.4	131.9	129.7	128.9	101.7
2018	637.7	624.5	593.4	529.8	481.5	403.2	244.3	135.7	133.4	132.6	102.9
2019	645.3	632.0	600.6	536.2	487.2	408.1	247.2	137.4	135.0	134.2	101.2
2020	649.2	635.8	604.2	539.7	490.1	410.5	248.7	138.2	135.8	135.0	100.6

3-6 主要年份全区农村商品零售价格总指数
Retail Price Indices of Rural in Main Years

年 份 Year	以1957年价格为100 Year of 1957=100	以1965年价格为100 Year of 1965=100	以1970年价格为100 Year of 1970=100	以1978年价格为100 Year of 1978=100	以1980年价格为100 Year of 1980=100	以1985年价格为100 Year of 1985=100	以1990年价格为100 Year of 1990=100	以1995年价格为100 Year of 1995=100	以2000年价格为100 Year of 2000=100	以2005年价格为100 Year of 2005=100	以上年价格为100 Preceding Year=100
1958	100.0										100.0
1959	100.8										100.8
1960	101.8										101.0
1961	115.6										113.5
1962	119.8										103.7
1963	116.7										97.4
1964	114.5										98.1
1965	111.9										97.7
1966	110.2	98.5									98.5
1967	111.6	99.8									101.3
1968	111.6	99.8									100.0
1969	111.6	99.8									100.0
1970	111.6	99.8									100.0
1971	109.4	97.8	98.0								98.0
1972	109.2	97.6	97.8								99.8
1973	109.5	97.9	98.1								100.3
1974	109.4	97.8	98.0								99.9
1975	109.4	97.8	98.0								100.0
1976	109.4	97.8	98.0								100.0
1977	116.9	104.5	104.8								106.9
1978	116.6	104.2	104.4								99.7
1979	117.9	105.4	105.6	101.1							101.1
1980	122.6	109.6	109.8	105.1							104.0
1981	124.8	111.6	111.8	107.0	101.8						101.8
1982	127.4	113.9	114.1	109.3	103.9						102.1
1983	128.3	114.7	114.9	110.0	104.7						100.7
1984	131.9	117.9	118.2	113.1	107.6						102.8
1985	139.9	125.1	125.3	120.0	114.1						106.1
1986	145.5	130.1	130.4	124.8	118.7	104.0					104.0
1987	154.5	138.1	138.4	132.5	126.1	110.4					106.2
1988	179.4	160.4	160.7	153.9	146.4	128.2					116.1
1989	213.3	190.7	191.1	183.0	174.0	152.5					118.9
1990	225.5	201.6	202.0	193.4	183.9	161.2					105.7
1991	236.5	211.4	211.9	202.9	193.0	169.1	104.9				104.9
1992	251.2	224.5	225.0	215.5	204.9	179.5	111.4				106.2
1993	281.1	251.3	251.8	241.1	229.3	200.9	124.7				111.9
1994	338.1	302.3	302.9	290.0	275.8	241.7	150.0				120.3
1995	391.9	350.3	351.1	336.2	319.7	280.1	173.8				115.9
1996	420.9	376.3	377.1	361.0	343.4	300.8	186.7	107.4			107.4
1997	429.7	384.2	385.0	368.6	350.6	307.2	190.6	109.7			102.1
1998	420.7	376.1	376.9	360.9	343.2	300.7	186.6	107.4			97.9
1999	408.1	364.8	365.6	350.0	332.9	291.7	181.0	104.1			97.0
2000	397.5	355.3	356.1	340.9	324.3	284.1	176.3	101.4			97.4
2001	395.9	353.9	354.7	339.6	323.0	283.0	175.6	101.0	99.6		99.6
2002	389.5	348.2	349.0	334.1	317.8	278.4	172.8	99.4	98.0		98.4
2003	389.9	348.6	349.4	334.5	318.1	278.7	172.9	99.5	98.1		100.1
2004	406.3	363.2	364.0	348.5	331.5	290.4	180.2	103.7	102.2		104.2
2005	406.7	363.6	364.4	348.9	331.8	290.7	180.4	103.8	102.3		100.1
2006	414.0	370.1	371.0	355.2	337.8	295.9	183.6	105.7	104.2	101.8	101.8
2007	436.4	390.1	391.0	374.3	356.0	311.9	193.6	111.4	109.8	107.3	105.4
2008	490.9	438.9	439.9	421.1	400.5	350.9	217.7	125.3	123.5	120.7	112.5
2009	490.9	438.9	439.9	421.1	400.5	350.9	217.7	125.3	123.5	120.7	100.0
2010	512.9	458.5	459.5	439.9	418.4	366.6	227.5	130.9	129.0	126.1	104.5
2011	552.9	494.3	495.4	474.3	451.1	395.2	245.2	141.1	139.1	135.9	107.8
2012	562.3	502.7	503.8	482.3	458.7	401.9	249.4	143.5	141.5	138.2	101.7
2013	578.6	517.2	518.4	496.3	472.0	413.6	256.6	147.6	145.6	142.3	102.9
2014	580.3	518.8	519.9	497.8	473.4	414.8	257.4	148.1	146.0	142.7	100.3
2015	579.7	518.3	519.4	497.3	473.0	414.4	257.1	147.9	145.9	142.5	99.9
2016	579.7	518.3	519.4	497.3	473.0	414.4	257.1	147.9	145.9	142.5	100.0
2017	591.9	529.2	530.3	507.7	482.9	423.1	262.5	151.0	149.0	145.5	102.1
2018	610.9	546.1	547.3	524.0	498.4	436.6	270.9	155.9	153.8	150.2	103.2
2019	617.6	552.1	553.3	529.8	503.8	441.4	273.9	157.6	155.5	151.9	101.1
2020	618.8	553.2	554.4	530.9	504.8	442.3	274.5	157.9	155.8	152.2	100.2

3-7 主要年份全区农业生产资料价格总指数
Price Indices for Means of Agricultural Production in Main Years

年 份 Year	以1957年价格为100 Year of 1957=100	以1965年价格为100 Year of 1965=100	以1970年价格为100 Year of 1970=100	以1978年价格为100 Year of 1978=100	以1980年价格为100 Year of 1980=100	以1985年价格为100 Year of 1985=100	以1990年价格为100 Year of 1990=100	以1995年价格为100 Year of 1995=100	以2000年价格为100 Year of 2000=100	以2005年价格为100 Year of 2005=100	以上年价格为100 Preceding Year=100
1978	92.7	91.8	99.7								99.7
1979	93.4	92.5	100.5	100.8							100.8
1980	94.8	93.9	102.0	102.3	101.5						101.5
1981	95.4	94.5	102.6	102.9	102.1						100.6
1982	95.8	94.9	103.0	103.3	102.5						100.4
1983	99.1	98.2	106.6	107.0	106.1						103.5
1984	104.6	103.6	112.5	112.8	111.9						105.5
1985	108.6	107.5	116.8	117.1	116.2						103.8
1986	110.5	109.5	118.9	119.2	118.3	101.8					101.8
1987	118.9	117.8	127.9	128.3	127.3	109.5					107.6
1988	136.8	135.4	149.8	150.2	149.0	128.3					117.1
1989	162.0	160.3	177.3	177.9	176.5	151.9					118.4
1990	171.0	169.3	187.3	187.8	186.3	160.4					105.6
1991	178.9	177.1	195.9	196.5	194.9	167.8	104.6				104.6
1992	186.1	184.2	203.7	204.3	202.7	174.5	108.8				104.0
1993	216.4	214.2	236.9	237.6	235.8	202.9	126.5				116.3
1994	266.8	264.1	292.1	293.0	290.7	250.2	156.0				123.3
1995	347.9	344.4	380.9	382.1	379.1	326.2	203.4				130.4
1996	379.2	375.4	415.2	416.5	413.2	355.6	221.7	109.0			109.0
1997	372.4	368.6	407.8	409.0	405.7	349.2	217.7	107.0			98.2
1998	357.9	354.2	391.9	393.0	389.9	335.6	209.2	102.9			96.1
1999	334.3	330.8	366.0	367.1	364.2	313.4	195.4	96.1			93.4
2000	320.9	317.6	351.4	352.4	349.6	300.9	187.6	92.2			96.0
2001	327.3	324.0	358.4	359.5	356.6	306.9	191.4	94.1	102.0		102.0
2002	338.8	335.3	370.9	372.0	369.1	317.6	198.1	97.4	105.6		103.5
2003	336.7	333.3	368.7	369.8	366.9	315.7	196.9	96.8	104.9		99.4
2004	382.2	378.3	418.5	419.7	416.4	358.4	223.5	109.9	119.1		113.5
2005	417.7	413.5	457.4	458.8	455.1	391.7	244.2	120.1	130.2		109.3
2006	421.1	416.8	461.0	462.4	458.8	394.8	246.2	121.0	131.2	100.8	100.8
2007	472.5	467.6	517.3	518.9	514.7	443.0	276.2	135.8	147.2	113.1	112.2
2008	596.2	590.1	652.8	654.8	649.6	559.1	348.6	171.4	185.8	142.7	126.2
2009	574.2	568.3	628.7	630.6	625.6	538.4	335.7	165.0	178.9	137.4	96.3
2010	599.5	593.4	656.4	658.4	653.1	562.1	350.5	172.3	186.8	143.5	104.4
2011	683.4	676.4	748.3	750.5	744.6	640.8	399.6	196.4	213.0	163.6	114.0
2012	735.4	727.8	805.1	807.6	801.2	689.5	429.9	211.4	229.2	176.0	107.6
2013	747.1	739.5	818.0	820.5	814.0	700.5	436.8	214.7	232.8	178.8	101.6
2014	724.0	716.5	792.7	795.0	788.7	678.8	423.3	208.1	225.6	173.3	96.9
2015	714.5	707.2	782.4	784.7	778.5	670.0	417.8	205.4	222.7	171.0	98.7
2016	702.4	695.2	769.1	771.4	765.2	658.6	410.7	201.9	218.9	168.1	98.3
2017	724.2	716.8	792.9	795.3	788.9	679.0	423.4	208.2	225.7	173.3	103.1
2018	764.7	756.9	837.3	839.8	833.1	717.0	447.1	219.9	238.3	183.0	105.6
2019	795.3	787.2	870.8	873.4	866.4	745.7	465.0	228.7	247.8	190.3	104.0
2020	825.5	817.1	903.9	906.6	899.3	774.0	486.3	237.4	257.2	197.5	103.8

3-8 2020年城乡居民消费价格分类指数

Consumer Price Indices by Category (2020)

(以上年价格为100) (preceding year=100)

项目名称	Item	全 区 General	城 市 Urban Household	农 村 Rural Household
居民消费价格总指数	**Consumer Price Index**	**101.5**	**101.7**	**101.0**
服务价格指数	**Service Items Price Index**	**100.7**	**101.0**	**99.9**
消费品价格指数	**Consumer Goods Price Index**	**102.0**	**102.1**	**101.5**
一、食品烟酒	Food, Tobacco and Liquor	105.4	105.5	105.1
1.食品	Food	106.6	106.9	105.8
(1)粮食	Grain	101.7	103.1	100.3
大　米	Rice	101.5	103.0	100.2
面　粉	Flour	100.6	101.6	100.0
其他粮食	Other Grain	104.2	105.8	100.2
粮食制品	Cereal Product	102.7	103.4	101.4
(2)薯类	Tubers	101.1	108.5	90.1
薯　类	Tubers	101.1	108.5	90.1
(3)豆类	Beans	102.8	103.6	100.7
干　豆	Beans	103.3	105.8	100.6
豆 制 品	Bean Products	102.7	103.5	100.8
(4)食用油	Edible Oil	100.6	100.3	100.9
食用植物油	Edible Vegetable Oil	100.3	100.1	100.7
食用动物油	Edible Animal Oil	113.5	110.1	143.5
(5)菜	Vegetables	113.5	114.2	111.9
鲜　菜	Fresh Vegetables	114.1	114.7	112.4
干菜及菜制品	Dried Vegetables and Processed Products	100.1	100.2	99.8
(6)畜肉类	Livestock Meat	120.2	120.2	120.2
猪　肉	Pork	142.7	141.7	145.8
牛　肉	Beef	112.0	111.9	112.2
羊　肉	Mutton	109.0	107.7	111.2
畜肉副产品	Byproducts	127.7	122.5	140.9
其他畜肉及制品	Other Livestock Meat Processed Products	111.7	111.4	113.0
(7)禽肉类	Poultry	105.6	106.2	104.4
鸡	Chicken	103.5	102.6	105.1
鸭	Duck	107.4	106.9	109.2
其他禽肉及制品	Other Poultry Meat Processed Products	111.9	114.7	101.0
(8)水产品	Aquatic Products	101.7	101.7	101.5
淡 水 鱼	Freshwater Fish	102.5	102.6	102.0
海 水 鱼	Seawater Fish	103.6	104.3	100.1
虾 蟹 类	Shrimp and Crab	96.8	96.5	98.7
其他水产品及制品	Others Aquatic and Processed Products	103.1	103.2	102.8
(9)蛋类	Eggs	88.8	88.0	90.7
鸡　蛋	Fresh Egg	88.3	87.4	90.3
其他蛋及制品	Other Egg and Processed Products	99.0	98.5	100.9
(10)奶类	Milk	99.1	99.0	99.7
鲜　奶	Fresh Milk	99.0	99.2	98.4

3-8 续表 1 continued

(以上年价格为100) (preceding year=100)

项目名称	Item	全 区 General	城 市 Urban Household	农 村 Rural Household
酸 奶	Yoghourt	98.4	97.9	100.0
奶 粉	Milk Powder	99.1	98.4	101.2
其他奶制品	Other Milk Products	101.4	101.5	101.0
(11)干鲜瓜果类	Dried and Fresh Melons and Fruits	93.9	93.6	94.6
鲜 瓜 果	Fresh Melons and Fruits	91.2	90.4	92.9
坚 果	Nuts	103.8	104.3	102.4
瓜果制品	Melons and Fruits Products	99.7	99.3	101.1
(12)糖果糕点类	Candy and Cake	99.9	100.0	99.6
食 糖	Sugar	100.2	101.9	98.5
糖 果	Candy	101.3	101.7	99.9
糕 点	Cake	99.3	99.1	100.5
其他糖果糕点	Other Candy and Cake	99.1	98.7	100.0
(13)调味品	Flavoring	101.1	101.7	100.0
食 用 盐	Salt	99.2	100.0	98.2
酱 油	Soy	100.6	100.8	100.0
食 醋	Vinegar	100.9	101.3	100.0
调 味 酱	Bechamel	104.2	104.6	100.2
味 精	Aginomoto	100.4	100.5	100.1
其他调味品	Others	102.7	103.5	101.8
(14)其他食品类	Other Food	99.1	98.9	99.7
方便食品	Convenient Food	99.3	99.1	99.8
淀粉及制品	Starch and Products	99.0	98.4	100.6
膨化食品	Puffed Food	99.0	99.1	98.5
2.茶及饮料	Tea and Beverages	100.6	99.7	102.4
茶 叶	Tea	101.6	100.1	103.5
固体咖啡	Solid Coffee	101.1	101.1	100.8
其他固体饮料	Other Solid Beverages	99.7	98.6	103.2
饮 用 水	Potable Water	97.5	96.6	100.6
果汁饮料	Juice Beverage	99.6	99.5	100.0
其他液体饮料	Other Liquid Beverages	102.0	102.0	101.9
3.烟酒	Tobacco and Liquor	100.4	100.4	100.4
(1)烟草	Tobacco	100.2	100.2	100.4
烟 草	Tobacco	100.2	100.2	100.4
(2)酒类	Liquor	100.9	101.0	100.6
白 酒	Spirit	101.8	102.1	100.3
葡 萄 酒	Wine	97.9	97.7	98.4
啤 酒	Beer	99.8	98.8	101.5
其他酒类	Others	98.8	98.6	100.0
4.在外餐饮	Dining Out	103.9	103.8	104.2
正 餐	Dinner	103.3	103.5	102.8
快 餐	Fast Food	103.1	102.1	106.7
地方小吃	Local Snack	106.5	107.6	100.7
其他在外餐饮	Others	105.1	102.7	119.0

3-8 续表 2 continued

(以上年价格为100) (preceding year=100)

项目名称	Item	全 区 General	城 市 Urban Household	农 村 Rural Household
二、衣着	Clothing	98.9	99.8	95.9
1.服装	Garments	99.3	100.6	94.7
(1)男式服装	Men's	99.1	100.7	93.7
男式西服	Men's Western-style Clothes	100.9	101.0	100.2
男式冬衣	Men's Winter Clothes	100.1	103.3	87.1
男式夹克衫	Men's Jacket	97.1	99.2	92.7
男式毛线衣	Men's Sweater	99.1	100.6	94.2
男式运动装	Men's Sportswear	100.3	100.2	100.4
男式衬衫T恤	Men's Shirt and T-shirt	97.7	99.3	92.4
男式裤子	Men's Trousers	99.4	101.6	93.8
男式内衣	Men's Underclothes	99.1	99.2	98.0
(2)女式服装	Women's	99.2	100.3	95.6
女式外套	Women's Coat	97.7	97.7	97.7
女式冬衣	Women's Winter Clothes	100.1	103.4	87.1
女式毛线衣	Women's Sweater	100.1	100.4	99.2
女式运动装	Women's Sportswear	99.8	100.2	98.3
女式衬衫T恤	Women's Shirt and T-shirt	99.4	100.7	93.9
女式裤子	Women's Trousers	96.0	96.5	94.7
女式裙子	Women's Skirt	101.8	102.3	98.9
女式内衣	Women's Underclothes	99.6	99.8	99.0
(3)儿童服装	Children's	100.1	102.4	94.5
婴幼服装	Infant's Wear	100.1	99.5	101.2
儿童上衣	Children's Coat	101.7	106.2	90.7
儿童裤子	Children's Trousers	98.7	99.4	97.2
儿童裙子	Children's Skirt	97.8	100.2	90.6
2.服装材料	Clothing Material	100.6	100.8	100.0
服装材料	Clothing Material	100.6	100.8	100.0
3.其他衣着及配件	Other Clothing and Accessories	99.2	99.0	99.9
袜 子	Socks	100.4	100.6	100.0
帽 子	Hats	99.6	99.5	100.0
其他衣着配件	Other Clothing and Accessories	97.4	97.0	99.5
4.衣着加工服务费	Service Fee for Dressing	101.2	100.8	102.9
衣着洗涤保养	Washing and Maintenance for Dressing	101.0	100.8	102.8
衣着加工	Processing for Dressing	101.4	100.8	103.1
5.鞋类	Shoes	97.5	97.1	98.8
(1)鞋	Shoes	97.5	97.1	98.8
男 鞋	Shoes of Men	98.5	98.4	98.9
女 鞋	Shoes of Women	96.2	94.8	100.2
童 鞋	Shoes of Children	99.1	100.5	94.3
(2)鞋类加工服务	Shoes Processing Services	100.2	100.0	101.3
鞋类加工服务	Shoes Processing Services	100.2	100.0	101.3

3-8 续表 3 continued

(以上年价格为100) (preceding year=100)

项目名称	Item	全 区 General	城 市 Urban Household	农 村 Rural Household
三、居住	Residence	100.3	101.3	98.0
1.租赁房房租	Renting	98.1	98.2	97.0
公房房租	Public Rent	100.0	100.0	100.0
私房房租	Private Rent	97.8	97.9	96.8
2.住房保养维修及管理	Housing Maintenance and Management	100.2	100.5	99.8
(1)住房装潢材料	Building Decoration Materials	99.9	100.1	99.6
木 地 板	Wooden Floor	100.0	100.0	100.0
瓷　砖	Brick	99.8	99.7	100.0
水　泥	Cement	99.6	102.3	96.2
涂　料	Dope	99.9	99.9	100.1
板　材	Veneer	99.4	100.1	98.2
管　材	Tubular Product	99.7	99.3	100.2
厨卫设备	Kitchen Equipment	99.8	99.6	100.0
门　窗	Doors and Windows	100.5	100.5	100.5
其他住房装潢材料	Other Building Decoration Materials	100.0	100.0	100.0
(2)物业管理费	Estate Management Fees	99.8	99.7	100.0
物业管理费	Estate Management Fees	99.8	99.7	100.0
(3)住房装潢维修	Housing Decoration and Maintenance	101.1	101.8	100.0
装潢维修费	Fees of Decoration and Maintenance	101.3	102.2	100.0
其他住房费用	Other Housing Fees	100.0	100.0	100.0
3.水电燃料	Water, Electricity and Fuels	102.9	104.7	98.0
(1)水	Water	100.4	100.0	101.9
水	Water	100.4	100.0	101.9
(2)电	Electricity	100.0	100.0	100.0
电	Electricity	100.0	100.0	100.0
(3)燃气	Fuel Gas	99.0	99.4	97.3
管道燃气	Pipeline Fuel Gas	99.4	99.4	99.5
液化石油气	Liquefied Petroleum Gas	98.2	99.5	96.4
(4)取暖费	Heating Fees	112.3	114.5	100.0
取 暖 费	Heating Fees	112.3	114.5	100.0
(5)其他燃料	Other Fuels	97.3	100.6	95.1
其他燃料	Other Fuels	97.3	100.6	95.1
4.自有住房	Private Housing	98.5	99.2	96.9
自有住房	Private Housing	98.5	99.2	96.9
四、生活用品及服务	Household Facilities, Articles and Services	99.6	99.6	99.3
1.家具及室内装饰品	Furniture and Interior Decorations	100.2	100.0	100.5
(1)家具	Furniture	100.3	100.4	100.2
柜	Cupboard	101.1	101.6	100.2
床	Bed	99.6	99.6	99.5
桌	Desk	99.8	99.5	100.5
椅	Chair	101.8	102.0	101.4
沙　发	Sofa	99.8	99.8	99.8
其他家具	Others	101.2	100.4	102.1

3-8 续表 4 continued

(以上年价格为100) (preceding year=100)

项目名称	Item	全 区 General	城 市 Urban Household	农 村 Rural Household
(2)室内装饰品	Interior Decorations	99.7	97.6	102.0
灯　　具	Lamp	100.1	98.0	102.9
其他室内装饰品	Other Interior Decorations	98.4	96.2	100.0
2.家用器具	Household Appliances	98.4	98.4	98.5
(1)大型家用器具	Big Household Appliances	98.4	98.2	98.6
洗 衣 机	Washing Machine	98.0	97.4	98.9
电冰箱(柜)	Refrigerator	98.4	98.1	98.9
抽油烟机	Ventilator	99.0	99.5	98.0
空 调 器	Air Conditioner	95.5	94.9	99.9
热 水 器	Water Heater for Shower	98.4	97.9	99.1
炉具灶具	Stove and Oven	99.2	100.4	97.6
微 波 炉	Microwave Oven	100.6	101.6	98.2
其他大型家用器具	Other Big Household Appliances	99.1	100.4	97.7
(2)小家电	Small Household Appliances	98.7	98.9	98.1
厨房小家电	Kitchen Small Household Appliances	98.1	98.2	97.6
生活小家电	Living Small Household Appliances	99.8	100.0	98.9
3.家用纺织品	Housing Textiles	100.2	100.4	99.7
(1)床上用品	Bed Articles	100.2	100.3	100.0
被　　子	Quilt	100.1	100.1	100.0
床单被套	Bed Sheet and Cover	100.3	100.4	100.0
其他床上用品	Other Bed Articles	100.1	100.2	100.0
(2)窗帘门帘	Curtain	99.9	100.2	98.9
窗帘门帘	Curtain	99.9	100.2	98.9
(3)其他家用纺织品	Other Housing Textile	100.9	101.1	100.0
其他家用纺织品	Other Housing Textile	100.9	101.1	100.0
4.家庭日用杂品	Daily Use Household Articles	99.3	99.0	100.1
(1)洗涤卫生用品	Washing Hygiene Articles	99.4	99.1	100.3
清洗用品	Cleaning Supplies	100.8	100.7	101.0
清洁用具	Cleaning Equipment	99.9	99.8	100.0
清洁用纸	Hygiene Paper	98.0	97.2	99.8
(2)厨具餐具茶具	Kitchen Utensils and Tableware	98.8	98.5	99.8
厨　　具	Kitchen Ware	98.2	97.9	99.6
餐　　具	Tableware	99.6	99.5	100.0
茶　　具	Tea Set	99.0	98.5	100.0
(3)家用手工工具	Hand Tools	99.3	99.1	100.0
家用手工工具	Hand Tools	99.3	99.1	100.0
(4)其他家庭日用杂品	Other Daily Use Household Articles	99.5	99.3	100.0
配电附件	Electricity Distribution Accessory	99.8	99.7	100.0
雨　　具	Rain Gear	97.2	96.5	99.9
其他日用杂品	Other Daily Use Household Articles	100.2	100.2	100.1

3-8 续表 5 continued

(以上年价格为100) (preceding year=100)

项目名称	Item	全 区 General	城 市 Urban Household	农 村 Rural Household
5.个人护理用品	Personal-Care Supplies	99.7	100.1	97.4
(1)化妆品	Cosmetics	99.6	100.3	96.1
清洁化妆品	Cleansing Cosmetics	100.5	101.4	96.7
护肤化妆品	Skin-Care Cosmetics	99.2	99.9	95.6
彩妆化妆品	Make-Up Cosmetics	100.0	100.7	96.1
化妆器具	Make-Up Appliances	99.7	99.7	100.0
(2)其他护理用品类	Other Nursing materials	99.9	99.9	100.0
清洁类护理用品	Nursing Materials	100.8	101.0	100.1
护发美发用品	Hair Care Products	99.9	99.9	99.9
护理器具	Nursing Appliances	99.1	99.0	100.0
其他护理用品	Other Nursing Materials	98.4	98.1	100.1
6.家庭服务	Family Services	102.0	102.4	99.8
家政服务	Housekeeping Services	102.5	102.9	99.5
家庭维修服务	Maintenance Services	101.1	101.4	100.0
五、交通通信	Transport and Communications	96.9	97.0	96.8
1.交通	Transport	94.8	94.7	95.2
(1)交通工具	Transport Facility	96.2	95.9	97.0
小型汽车	Car	95.1	95.1	95.0
电动自行车	Electric Bicycle	98.7	99.4	98.0
自 行 车	Bicycle	101.6	102.6	100.6
其他交通工具	Other Transportation Facility	100.3	99.6	100.6
(2)交通工具用燃料	Transport Fuels	86.5	86.4	86.7
汽 油	Gasoline	85.7	85.7	85.7
柴 油	Diesel Oil	84.4	84.4	84.4
其他车用能源	Other Transport Fuels	93.9	93.4	95.2
(3)交通工具使用和维修	Transport Use and Maintenance	100.6	100.9	99.3
停 车 费	Parking Fee	104.5	104.9	100.0
车辆使用费	Vehicle Usage Fee	100.0	100.0	100.0
交通工具零配件	Transportation Parts	97.3	97.5	96.8
车辆修理与保养	Vehicles Repair and Maintenance	100.5	100.4	100.9
(4)交通费	Traffic Fare	97.0	96.2	99.1
市内公共交通	Bus Ticket	99.6	99.3	100.0
出租汽车	Taxi	100.0	100.0	100.0
飞 机 票	Plane Ticket	83.5	83.5	83.6
火 车 票	Train Ticket	100.0	100.0	99.9
长途汽车	Long-distance Bus	100.0	100.0	100.0
其他交通费	Other Traffic Fare	102.4	105.2	100.0
2.通信	Communications	100.9	101.2	100.0
(1)通信工具	Communication Tools	102.8	103.7	100.9
固定电话机	Telephone	100.1	100.1	100.1
移动电话机	Mobile Telephone	103.2	104.1	100.9
通信工具零配件	Communication Tools Spare Parts	98.2	97.3	100.0

3-8 续表 6 continued

(以上年价格为100) (preceding year=100)

项目名称	Item	全 区 General	城 市 Urban Household	农 村 Rural Household
(2)通信服务	Communication Service	100.1	100.3	99.5
固定电话费	Fixed Telephone Fee	100.2	100.2	100.0
移动通信费	Mobile Telephone Communication Expenses	100.0	100.0	100.0
上 网 费	Internet Fee	100.5	101.1	97.7
其他通信服务	Other Communication Service	100.2	100.2	100.0
(3)邮递服务	Postal Service	99.7	99.8	99.1
邮政邮寄	Post	99.2	100.1	93.1
快递服务	Express Services	100.0	99.7	101.4
六、教育文化娱乐	Education, Cultural and Recreation	101.0	100.8	101.5
1.教育	Education	102.3	102.0	102.8
(1)教育用品	Education Articles	100.3	100.2	101.0
工 具 书	Reference Books	102.5	102.9	100.0
教 材	Teaching Materials	99.9	99.6	101.6
参考资料	Reference Books	101.0	101.0	101.1
其他教育用品	Other Education Articles	96.0	95.8	99.2
(2)教育服务	Tuition and Child Care	102.5	102.3	102.8
学前教育	Preschool Education	100.0	99.9	100.4
小学初中教育	Primary and Junior High School Education	118.1	118.2	117.6
高中中职教育	Senior High School and Vocational School Education	104.1	104.3	103.7
高等教育	Higher Education	100.9	100.3	101.8
课外教育	Extracurricular Education	101.5	100.7	103.4
专业技能培训	Professional Skill Training	100.6	101.0	99.9
2.文化娱乐	Cultural and Recreation	98.7	99.0	97.6
(1)文娱耐用消费品	Durable Consumer Goods for Cultural and Recreational Use	99.3	99.9	97.0
电 视 机	TV Set	95.4	96.3	92.9
照 相 机	Camera	101.4	101.5	101.3
台式计算机	Desktop Computer	99.6	99.2	101.0
笔记本平板	Notebook Tablet	105.1	105.9	100.2
乐 器	Musical Instrument	102.1	102.4	100.1
音 响	Sound Equipment	92.9	92.1	98.7
其他文娱耐用消费品	Other Durable Consumer Goods	100.9	101.2	99.8
(2)其他文娱用品	Other Goods for Cultural and Recreational Use	99.8	99.6	100.4
书报杂志	Newspapers and Magazines	100.8	101.1	100.0
纸张文具	Paper and Stationery	99.4	99.1	100.0
体育户外用品	Sports and Outdoor Articles	100.0	99.9	100.1
游戏用品和玩具	Games Supplies and Toys	99.1	98.7	100.1
园艺花卉及用品	Horticulture and Flower Articles	99.3	98.1	104.2
宠物及用品	Pet Articles	100.2	100.3	100.0
其他文化娱乐用品	Other Goods for Cultural and Recreational Use	99.4	99.0	100.0
(3)文化娱乐服务	Cultural and Recreation Services	98.5	98.9	96.3
电 影 票	Movie Ticket	102.2	102.2	102.2

3-8 续表 7 continued

(以上年价格为100) (preceding year=100)

项目名称	Item	全 区 General	城 市 Urban Household	农 村 Rural Household
景点门票	Scenery Spot Entrance Ticket	86.5	87.4	82.5
有线电视	Wired TV	99.6	99.5	100.0
健身活动	Fitness Activities	102.5	102.7	100.0
其他文娱服务	Others Cultural and Entertainment Services	101.1	101.3	100.0
(4)旅游	Touring and Outing	97.4	97.4	97.3
旅行社收费	Travel Agency Fees	96.9	96.9	96.9
其他旅游	Others	99.6	99.5	100.0
七、医疗保健	Health Care and Medical Services	100.6	100.6	100.4
1.药品及医疗器具	Medicines and Medical Instruments	100.0	100.0	100.1
(1)中药	Traditional Chinese Medicine	102.2	103.3	99.4
中 药 材	Traditional Chinese Medicinal Materials	102.9	105.2	98.2
中 成 药	Chinese Patent Medicine	101.8	102.4	100.1
(2)西药	Western Medicine	98.5	97.7	100.4
抗微生物药	Antimicrobial Drugs	95.7	94.5	97.8
消化系统用药	Digest System Drugs	100.6	101.0	99.7
呼吸系统用药	Breathe System Drugs	101.3	102.4	98.5
解热镇痛药	Antipyretic and Analgesic	101.4	102.0	100.2
抗肿瘤药	Antineoplastic Drugs	106.1	104.7	112.9
激素及影响内分泌药	Hormone Drugs	96.9	100.9	87.8
心血管系统用药	Cardiovascular System Drugs	91.1	86.2	100.0
血液系统用药	Blood System Drugs	86.1	84.5	90.2
治疗精神障碍药	Dysphrenia Drugs	95.7	92.2	106.3
神经系统用药	Central Nervous System Drugs	105.9	100.3	114.1
消毒防腐及创伤外科用药	Disinfection and Trauma Drugs	101.1	100.5	102.2
泌尿系统用药	Urinary System Drugs	100.0	100.0	100.4
维生素、矿物质类药	Professional Drugs	100.2	100.4	99.3
调节水、电解质及酸碱平衡药	Adjust Water, Electrolyte and Acid-Base Balance Drugs	101.4	102.2	98.8
(3)滋补保健品	Health Products	100.0	100.1	99.4
滋补保健品	Health Products	100.0	100.1	99.4
(4)医疗卫生器具	Medical Treatment and Public Health Appliances	101.1	101.3	100.7
医疗卫生器具	Medical Treatment and Public Health Appliances	101.1	101.3	100.7
(5)保健器具	Health Care Appliances	99.5	99.5	100.0
保健器具	Health Care Appliances	99.5	99.5	100.0
2.医疗服务	Health Care Services	101.1	101.3	100.8
(1)综合医疗类	Integrative Medical Treatment	100.4	100.5	100.0
一般医疗服务	General Health Care Services	100.1	100.1	100.0
一般治疗操作	General Cure Operation	100.5	100.7	100.0
护 理	Nursing	100.8	101.2	100.0
其他综合医疗服务	Other Integrative Medical Treatment	100.0	100.0	100.0
(2)诊断类	Diagnosis	99.6	99.4	100.0
病理学诊断	Pathology Diagnosis	100.0	100.0	100.0

3-8 续表 8 continued

(以上年价格为100) (preceding year=100)

项目名称	Item	全区 General	城市 Urban Household	农村 Rural Household
实验室诊断	Laboratory Diagnosis	100.0	100.0	100.0
影像学诊断	Imaging Diagnosis	100.0	99.9	100.0
临床诊断	Clinic Diagnosis	97.8	96.8	100.0
(3)治疗类	Cure	104.4	105.2	102.9
临床手术治疗	Clinic Operative Treatment	109.5	110.1	108.0
临床非手术治疗	Clinic Non-Operative Treatment	100.1	100.2	100.0
(4)康复类	Recovery	100.0	100.0	100.0
康复医疗	Recovery Medical Treatment	100.0	100.0	100.0
(5)中医医疗服务类	Traditional Chinese Medicine Services	101.4	101.7	100.0
中医治疗	Traditional Chinese Medicine	101.4	101.7	100.0
(6)其他医疗服务	Other Health Care Services	99.8	99.6	100.0
其他医疗服务	Other Health Care Services	99.8	99.6	100.0
八、其他用品及服务	Miscellaneous Goods and Services	103.2	102.5	105.1
1.其他用品类	Other Products	108.3	107.1	111.7
(1)首饰手表	Jewelry and Watches	112.7	111.3	116.3
金 饰 品	Gold Jewelry	121.8	122.7	120.1
银 饰 品	Silver Jewelry	106.3	101.2	115.3
铂金饰品	Platinum Jewelry	97.8	98.0	96.4
手 表	Watches	99.9	99.9	100.0
(2)其他杂项用品	Other Products	98.6	98.4	99.3
箱 包	Luggage	97.2	96.7	99.4
母婴用品	Mother and Baby Products	100.1	100.6	98.5
眼 镜	Glasses	99.5	99.4	100.0
2.其他服务类	Other Services	98.8	98.6	99.1
(1)旅馆住宿	Hotel Accommodation	104.8	106.0	95.3
宾馆住宿	Hotel Accommodation	102.0	102.4	98.6
其他住宿	Other Accommodation	110.3	112.7	87.3
(2)美容美发洗浴	Beauty Hairdressing and Bath	100.0	99.2	101.7
美 容	Beauty	98.3	97.7	100.0
美 发	Hairdressing	99.8	99.8	100.0
洗 浴	Bath	102.8	100.1	107.4
(3)养老服务	Endowment Services	100.0	100.0	100.0
养老服务	Endowment Services	100.0	100.0	100.0
(4)金融保险	Finance and Insurance	94.8	93.4	97.9
金融服务	Financial Services	97.4	96.5	100.0
车辆保险	Vehicle Insurance	93.4	93.6	92.9
旅行保险	Travel Insurance	100.0	100.0	100.0
其他保险	Other Insurance	94.5	91.9	98.6
(5)其他服务类	Other Services	99.3	98.7	100.3
中介服务	Intermediary Services	98.4	97.9	100.0
其他服务	Other Services	100.2	100.0	100.4

3-9　2020年城乡商品零售价格分类指数
Retail Price Indices by Category of Commodities (2020)

(以上年价格为100)　　(preceding year=100)

项目名称	Item	全　区 General	城　市 Urban	农　村 Rural
商品零售价格指数	**Retail Price Index**	**100.6**	**100.6**	**100.2**
一、食品	Food	104.9	104.8	105.6
1.粮食	Grain	102.4	102.7	100.3
大　　米	Rice	102.6	103.0	100.4
面　　粉	Flour	101.4	101.6	100.1
其他粮食	Others	105.0	105.4	100.1
粮食制品	Cereal Product	102.8	103.0	100.6
2.薯类	Tubers	105.4	108.0	91.3
薯　　类	Tubers	105.4	108.0	91.3
3.豆类	Beans	104.3	104.6	101.1
干　　豆	Beans	107.1	107.6	101.0
豆 制 品	Bean Products	103.6	103.7	101.1
4.食用油	Edible Oil	102.3	102.3	101.7
食用植物油	Edible Vegetable Oil	100.3	100.2	100.7
食用动物油	Edible Animal Oil	109.4	108.9	171.2
5.菜	Vegetables	111.8	111.7	113.1
鲜　　菜	Fresh Vegetables	113.8	113.8	113.6
干菜及菜制品	Dried Vegetables and Processed Products	100.3	100.3	99.8
6.畜肉类	Livestock Meat	120.9	120.8	121.6
猪　　肉	Pork	143.2	142.7	146.2
牛　　肉	Beef	112.5	112.3	114.1
羊　　肉	Mutton	108.4	108.2	109.9
畜肉副产品	Byproducts	122.0	121.7	124.2
其他畜肉及制品	Other Livestock Meat Processed Products	111.1	110.8	115.5
7.禽肉类	Poultry	103.6	103.2	108.4
鸡	Chicken	100.7	99.8	109.5
鸭	Duck	108.0	107.7	112.7
其他禽肉及制品	Other Poultry Meat Processed Products	112.0	112.6	101.7
8.水产品	Aquatic Products	102.4	102.4	102.2
淡 水 鱼	Freshwater Fish	102.9	102.8	103.1
海 水 鱼	Seawater Fish	104.3	104.3	100.1
虾 蟹 类	Shrimp and Crab	96.7	96.7	98.1
其他水产品及制品	Others Aquatic and Processed Products	103.0	103.0	104.8
9.蛋类	Eggs	89.6	89.4	93.5
鸡　　蛋	Fresh Egg	87.8	87.5	93.1
其他蛋及制品	Other Egg and Processed Products	98.6	98.6	102.0
10.奶类	Milk	99.0	98.9	100.0
鲜　　奶	Fresh Milk	99.2	99.3	99.0
酸　　奶	Yoghourt	98.0	97.8	100.0
奶　　粉	Milk Powder	98.8	98.6	101.7
其他奶制品	Other Milk Products	101.6	101.6	101.4
11.干鲜瓜果类	Dried and Fresh Melons and Fruits	93.7	93.7	93.9
鲜 瓜 果	Fresh Melons and Fruits	90.6	90.5	91.4
坚　　果	Nuts	103.8	103.8	103.9

3-9 续表 1 continued

(以上年价格为100) (preceding year=100)

项目名称	Item	全 区 General	城 市 Urban	农 村 Rural
瓜果制品	Melons and Fruits Products	98.7	98.5	102.0
12.糖果糕点类	Candy and Cake	100.2	100.2	99.5
食 糖	Sugar	101.7	102.2	98.4
糖 果	Candy	101.5	101.6	99.9
糕 点	Cake	99.1	99.0	100.5
其他糖果糕点	Other Candy and Cake	98.9	98.8	100.0
13.调味品	Flavoring	101.6	101.9	99.2
食 用 盐	Salt	99.1	100.0	96.0
酱 油	Soy	100.8	100.9	100.0
食 醋	Vinegar	101.6	101.8	100.0
调 味 酱	Bechamel	104.9	105.1	100.8
味 精	Aginomoto	100.7	100.6	100.9
其他调味品	Others	103.4	103.6	103.1
14.其他食品类	Other Food	99.4	99.4	99.2
方便食品	Convenient Food	99.3	99.2	99.3
淀粉及制品	Starch and Products	100.5	100.5	100.5
膨化食品	Puffed Food	98.6	98.8	97.0
15.在外餐饮	Dining Out	103.7	103.8	102.6
正 餐	Dinner	103.7	103.8	102.6
快 餐	Fast Food	101.6	101.5	104.2
地方小吃	Local Snack	107.4	108.0	101.1
其他在外餐饮	Others	102.8	102.7	103.5
二、饮料、烟酒	Beverages Tobacco and Liquor	100.5	100.4	101.6
1.茶及饮料	Tea and Beverages	100.5	100.3	104.5
茶 叶	Tea	100.5	100.0	106.3
固体咖啡	Solid Coffee	101.4	101.4	101.6
其他固体饮料	Other Solid Beverages	98.8	98.7	104.1
饮 用 水	Potable Water	97.2	97.0	100.8
果汁饮料	Juice Beverage	99.4	99.4	100.1
其他液体饮料	Other Liquid Beverages	102.5	102.5	104.6
2.烟草	Tobacco	100.3	100.2	100.8
烟 草	Tobacco	100.3	100.2	100.8
3.酒类	Liquor	100.7	100.6	101.1
白 酒	Spirit	102.2	102.3	100.6
葡 萄 酒	Wine	97.2	97.2	96.9
啤 酒	Beer	99.5	99.1	103.1
其他酒类	Others	97.7	97.7	100.0
三、服装、鞋帽	Garments, Shoes and Hats	98.9	99.2	95.6
1.服装	Garments	99.8	100.3	94.7
(1)男士服装	Men's	99.7	100.3	94.2
男式西服	Men's Western-style Clothes	100.9	100.9	99.8
男式冬衣	Men's Winter Clothes	100.3	101.3	91.3

3-9 续表 2 continued

(以上年价格为100) (preceding year=100)

项目名称	Item	全 区 General	城 市 Urban	农 村 Rural
男式夹克衫	Men's Jacket	98.2	99.3	91.4
男式毛线衣	Men's Sweater	100.2	100.7	95.1
男式运动装	Men's Sportswear	100.4	100.5	97.9
男式衬衫T恤	Men's Shirt and T-shirt	98.5	99.1	92.2
男式裤子	Men's Trousers	100.1	101.0	94.2
男式内衣	Men's Underclothes	99.1	99.1	98.7
(2)女士服装	Women's	99.6	100.1	95.4
女式外套	Women's Coat	97.9	98.1	96.9
女式冬衣	Women's Winter Clothes	101.0	102.1	89.2
女式毛线衣	Women's Sweater	100.4	100.5	99.2
女式运动装	Women's Sportswear	100.1	100.4	95.0
女式衬衫T恤	Women's Shirt and T-shirt	100.1	100.7	93.6
女式裤子	Women's Trousers	96.1	96.2	96.0
女式裙子	Women's Skirt	101.7	102.1	97.1
女式内衣	Women's Underclothes	99.7	99.9	97.6
(3)儿童服装	Children's	100.8	101.9	93.4
婴幼服装	Infant's Wear	99.8	99.8	100.4
儿童上衣	Children's Coat	103.5	105.4	90.7
儿童裤子	Children's Trousers	98.6	99.5	93.3
儿童裙子	Children's Skirt	99.2	100.0	91.9
2.鞋帽袜	Footgear and Hats	97.2	97.2	97.3
(1)鞋	Shoes	96.7	96.7	96.9
男 鞋	Shoes of Men	98.2	98.3	96.8
女 鞋	Shoes of Women	95.0	94.8	97.8
童 鞋	Shoes of Children	99.9	100.5	93.9
(2)袜子	Socks	100.2	100.2	100.0
袜 子	Socks	100.2	100.2	100.0
(3)帽子	Hats	98.5	98.4	100.0
帽 子	Hats	98.5	98.4	100.0
3.其他衣着配件	Other Clothing and Accessories	97.0	96.8	99.0
其他衣着配件	Other Clothing and Accessories	97.0	96.8	99.0
四、纺织品	Textiles	100.1	100.1	100.0
1.服装材料	Clothing Material	100.2	100.2	100.0
服装材料	Clothing Material	100.2	100.2	100.0
2.床上用品	Bed Articles	100.1	100.1	100.0
被 子	Quilt	100.1	100.1	100.0
床单被套	Bed Sheet and Cover	100.2	100.2	100.0
其他床上用品	Other Bed Articles	100.0	100.0	100.0
五、家用电器及音像器材	Household Appliances, Music and Video Equipment	98.0	98.1	96.9
1.家庭设备	Household Facilities	98.2	98.2	97.9
洗 衣 机	Washing Machine	97.1	97.0	98.4
电冰箱(柜)	Refrigerator	98.0	98.0	97.9
抽油烟机	Ventilator	99.6	99.7	98.2
空 调 器	Air Conditioner	95.0	94.8	99.8

3-9 续表 3 continued

(以上年价格为100) (preceding year=100)

项目名称	Item	全区 General	城市 Urban	农村 Rural
热水器	Water Heater for Shower	97.8	97.8	98.0
炉具灶具	Stove and Oven	99.8	100.3	96.8
微波炉	Microwave Oven	101.1	101.3	97.2
厨房小家电	Kitchen Small Household Appliances	98.1	98.2	96.5
生活小家电	Living Small Household Appliances	99.8	99.9	98.1
其他大型家用器具	Other Big Household Appliances	100.4	100.5	98.1
2.文娱用耐用消费品	Durable Consumer Goods for Cultural and Recreational Use	97.3	97.4	95.3
电视机	TV Set	95.6	95.9	92.8
照相机	Camera	101.3	101.3	101.3
音响	Sound Equipment	91.6	91.4	97.2
其他文娱耐用消费品	Other Durable Consumer Goods	101.0	101.0	99.6
3.专业音像器材	Special Sound and Image Facilities	100.9	100.9	101.1
专业音响器材	Special Sound Facilities	101.2	101.2	101.4
专业声像器材	Special Acoustic Image Facilities	100.2	100.2	100.0
六、文化办公用品	Cultural and Office Appliances	101.3	101.3	100.9
纸张文具	Paper and Stationery	99.2	99.1	100.0
台式计算机	Desktop Computer	99.6	99.6	100.4
笔记本平板	Notebook Tablet	105.5	105.7	100.7
电脑附件	Computer Parts	99.7	99.7	100.0
打印复印机	Print and Copy Machine	101.1	100.8	104.0
教学设备	Teaching Device	99.5	99.5	99.6
七、日用品	Articles for Daily Use	99.5	99.4	100.2
1.日用百货	General Merchandise for Daily Use	99.3	99.4	98.6
电动自行车	Electric Bicycle	97.8	98.1	95.9
自行车	Bicycle	102.8	102.9	101.1
雨具	Rain Gear	97.2	96.9	99.7
护理器具	Nursing Appliances	99.9	99.9	100.1
清洁用纸	Hygiene Paper	98.5	98.2	99.7
化妆器具	Make-up Appliances	99.9	99.9	100.0
2.厨具餐具茶具	Kitchen Utensils and Tableware	98.6	98.5	99.7
厨具	Kitchen Ware	98.0	97.8	99.3
餐具	Tableware	99.6	99.6	100.0
茶具	Tea Set	98.4	98.3	100.0
3.清洗用品	Cleaning Supplies	100.8	100.7	102.1
清洗用品	Cleaning Supplies	100.8	100.7	102.1
4.其他日用品	Other Articles for Daily Use	98.7	98.6	100.6
灯具	Lamp	98.4	98.1	105.5
箱包	Luggage	96.8	96.7	99.6
母婴用品	Mother and Baby Products	100.7	100.8	99.1
眼镜	Glasses	98.6	98.5	100.0
其他护理用品	Nursing Materials	98.7	98.6	100.1
其他日用杂品	Other Articles for Daily Use	100.0	99.9	100.2
八、体育娱乐用品	Sports and Recreation Articles	99.9	99.8	100.6
1.体育户外用品	Sports and Outdoor Articles	100.0	100.0	100.1
体育户外用品	Sports and Outdoor Articles	100.0	100.0	100.1

3-9 续表 4 continued

(以上年价格为100) (preceding year=100)

项目名称	Item	全区 General	城市 Urban	农村 Rural
2.娱乐用品	Recreational Goods	99.8	99.7	100.7
乐　器	Musical Instrument	101.5	101.6	100.2
游戏用品和玩具	Games Supplies and Toys	98.8	98.7	100.1
园艺花卉及用品	Horticulture and Flower Articles	98.5	98.2	103.7
宠物及用品	Pet Articles	100.3	100.3	100.0
其他文化娱乐用品	Other Goods for Cultural and Recreational Use	99.2	99.1	100.1
九、交通、通信用品	Transport and Communications Articles	99.1	99.1	98.5
1.交通运输机械	Transport Machinery	96.9	97.0	96.0
小型汽车	Car	95.1	95.2	95.0
大中型客车	Large and Middle-Size Coach	99.7	99.7	99.7
交通工具零配件	Transport Parts	97.3	97.4	95.7
2.通信器材	Communication Tools	102.7	102.6	103.7
固定电话机	Telephone	100.1	100.1	101.0
移动电话机	Mobile Telephone	104.5	104.5	104.4
其他通信器材	Other Communication Tools	99.6	99.5	100.8
十、家具	Furniture	100.2	100.2	99.7
柜	Cupboard	101.1	101.2	99.1
床	Bed	99.3	99.3	99.2
桌	Desk	99.4	99.4	99.6
椅	Chair	101.5	101.6	100.7
沙　发	Sofa	99.8	99.8	99.7
其他家具	Others	100.2	100.2	101.5
十一、化妆品	Cosmetics	99.9	100.3	94.1
清洁化妆品	Cleansing Cosmetics	100.3	100.9	92.8
护肤化妆品	Skin-Care Cosmetics	99.3	99.9	90.8
彩妆化妆品	Make-Up Cosmetics	99.8	100.3	93.2
清洁类护理用品	Nursing Materials	101.0	101.0	100.1
护发美发用品	Hair Care Products	100.0	100.0	99.9
十二、金银饰品	Gold and Silver Jewelry	113.3	113.0	117.2
金 饰 品	Gold Jewelry	122.2	122.3	120.6
银 饰 品	Silver Jewelry	102.0	101.2	112.4
铂金饰品	Platinum Jewelry	97.9	97.9	97.5
十三、中西药品及医疗保健用品	Traditional Chinese and Western Medicines, Health Care Articles	99.8	99.8	99.7
1.医疗卫生器具	Medical Treatment and Public Health Appliances	101.3	101.3	101.0
医疗卫生器具	Medical Treatment and Public Health Appliances	101.3	101.3	101.0
2.中药	Traditional Chinese Medicine	103.2	103.7	99.4
中 药 材	Traditional Chinese Medicinal Materials	104.9	105.5	97.8
中 成 药	Chinese Patent Medicine	101.8	102.1	100.2
3.西药	Western Medicine	97.6	97.3	99.7
抗微生物药	Antimicrobial Drugs	94.9	94.1	98.7
消化系统用药	Digest System Drugs	100.7	100.9	99.6
呼吸系统用药	Breathe System Drugs	101.5	101.9	98.4
解热镇痛药	Antipyretic and Analgesic	101.8	101.9	100.9
抗肿瘤药	Antineoplastic Drugs	104.0	103.6	112.5

3-9 续表 5 continued

(以上年价格为100) (preceding year=100)

项目名称	Item	全 区 General	城 市 Urban	农 村 Rural
激素及影响内分泌药	Hormone Drugs	99.8	101.0	86.8
心血管系统用药	Cardiovascular System Drugs	86.1	84.4	100.0
血液系统用药	Blood System Drugs	84.5	84.4	85.4
治疗精神障碍药	Dysphrenia Drugs	94.2	93.1	104.5
神经系统用药	Central Nervous System Drugs	101.3	100.2	108.0
消毒防腐及创伤外科用药	Disinfection and Trauma Drugs	100.6	100.4	101.7
泌尿系统用药	Urinary System Drugs	100.0	100.0	100.6
维生素、矿物质类药	Professional Drugs	100.6	100.6	100.0
调节水、电解质及酸碱平衡药	Adjust Water, Electrolyte and Acid-Base Balance Drugs	101.9	102.3	98.4
4.保健器具及用品	Health Care Appliances and Products	100.0	100.0	99.3
保健器具	Health Care Appliances	99.6	99.6	100.0
滋补保健品	Health Products	100.1	100.2	99.1
十四、书报杂志及电子出版物	Book, Newspapers, Magazines and Electronic Publications	101.0	101.0	101.0
1.教材及参考书	Teaching Materials and Reference Books	100.9	100.8	101.3
工 具 书	Reference Books	102.3	102.6	100.0
教　　材	Teaching Materials	100.2	99.8	103.5
参考资料	Reference Books	101.9	101.9	101.4
其他教育用品	Other Education Articles	96.0	95.4	98.2
2.书报杂志	Newspapers and Magazines	100.9	101.0	100.0
书报杂志	Newspapers and Magazines	100.9	101.0	100.0
3.计算机办公软件	Computer Software	102.4	102.3	102.9
计算机办公软件	Computer Software	102.4	102.3	102.9
十五、燃料	Fuels	91.7	91.8	90.9
1.煤炭及制品	Coal and Related Products	100.4	102.0	95.0
原　　煤	Coal	100.8	105.5	94.0
煤 制 品	Related Products	100.0	100.0	100.0
2.石油及制品	Oil and Products	90.1	90.2	88.6
管道燃气	Pipeline Fuel Gas	99.5	99.4	99.6
液化石油气	Liquefied Petroleum Gas	98.8	99.1	92.4
汽　　油	Gasoline	85.7	85.7	85.7
柴　　油	Diesel Oil	84.4	84.4	84.4
十六、建筑材料及五金电料	Building Materials and Hardware	100.0	100.0	99.9
1.建筑装潢材料	Building Decoration Materials	100.1	100.1	99.9
木 地 板	Wooden Floor	100.0	100.0	100.0
瓷　　砖	Brick	99.9	99.9	100.0
水　　泥	Cement	101.6	102.2	100.1
涂　　料	Dope	99.9	99.9	100.1
板　　材	Veneer	99.7	99.9	98.1
管　　材	Tubular Product	99.5	99.4	100.2
厨卫设备	Kitchen Equipment	99.5	99.5	100.0
门　　窗	Doors and Windows	100.4	100.4	100.3
其他住房装潢材料	Other Building Decoration Materials	100.3	100.4	100.0
2.五金水暖	Water and Heating Hardware	99.7	99.7	99.7
家用手工工具	Household Hand Tools	99.2	99.1	100.0
配电附件	Electricity Distribution Accessory	99.5	99.5	100.0
水暖器材	Heating Equipment	100.0	100.0	99.4

3-10 2020年全区农业生产资料价格分类指数

Price Indices for Means of Agricultural Production by Category (2020)

项目名称	Item	上年同期=100	2015年=100
农业生产资料价格指数	**General Index**	**103.8**	**117.5**
一、农用手工工具	Farm Handtools	100.0	112.6
农用手工工具	Farm Handtools	100.0	112.6
二、饲料	Forage	109.4	113.9
混合饲料	Mix Forage	103.5	107.7
其他饲料	Others	115.3	119.8
三、仔畜幼禽及产品畜	Young Poult, Livestock and Commodity Animals	122.3	186.9
仔　　畜	Young Livestock	149.1	219.2
幼　　禽	Young Poult	101.0	135.5
产 品 畜	Commodity Livestock	116.5	189.3
四、半机械化农具	Semi-mechanized Farm Tools	100.0	110.5
半机械化农具	Semi-mechanized Farm Tools	100.0	110.5
五、机械化农具	Mechanized Farm Machinery	100.0	101.3
机械化农具	Mechanized Farm Machinery	100.0	101.3
六、化学肥料	Chemical Fertilizer	95.6	108.3
氮　　肥	Nitrogenous Fertilizer	95.6	108.9
磷　　肥	Phosphatic Fertilizer	95.3	104.1
钾　　肥	Potassic Fertilizer	96.4	101.7
复合肥料	Compound Fertilizer	95.5	110.0
七、农药及农药器械	Pesticide and Its Appliances	99.9	101.8
1.化学农药	Chemistry Pesticide	99.8	101.5
杀 虫 剂	Insecticide	99.6	108.4
杀 菌 剂	Germicide	99.8	101.7
除 草 剂	Herbicide	100.1	93.1
生长调节剂	Growth Regulator	100.0	100.0
2.农药器械	Pesticide Appliances	100.5	104.2
农药器械	Pesticide Appliances	100.5	104.2
八、农机用油	Oil for Farm Machinery	86.3	100.4
农用柴油	Agricultural Diesel Oil	84.6	100.3
润 滑 油	Lube	100.0	100.8
九、其他农用生产资料	Other Means of Agricultural Production	99.1	99.4
农用种子	Farm Seed	100.3	97.6
农用薄膜	Farm Film	94.7	103.9
未列名的其他农用生产资料	Others	99.6	103.6
十、农业生产服务	Service for Agricultural Product	99.3	102.7
排 灌 费	Drain and Irrigate Fees	100.0	102.3
机械作业费	Machinery Operating Cost	98.3	104.5
农业用电	Agricultural Electricity	100.0	100.8
农业用工	Agricultural Labor	100.0	99.6

3-11 2020年全区各月居民消费价格指数
Monthly Consumer Price Indices (2020)

(以上年同月价格为100) (the same month of preceding year=100)

月 份 Month	居民消费价格总指数 Consumer Price Indices	食品烟酒 Food, Tobacco and Liquor	衣着 Clothing	居住 Residence	生活用品及服务 Household Facilities, Articles and Services	交通通信 Transport and Communi-cations	教育文化娱乐 Education, Cultural and Recreation	医疗保健 Health Care and Medical Services	其他用品及服务 Miscella-neous Goods and Services
一 月 Jan.	**103.0**	109.1	98.4	100.3	99.5	99.8	101.1	100.9	103.0
二 月 Feb.	**103.0**	109.1	99.4	100.2	99.7	98.7	100.8	100.9	104.4
三 月 Mar.	**102.5**	107.4	99.6	100.8	100.2	96.5	102.1	100.8	103.7
四 月 Apr.	**101.9**	106.1	100.3	100.6	99.9	95.6	101.6	100.4	102.4
五 月 May	**101.1**	103.6	99.8	100.8	99.9	95.3	101.9	100.4	103.0
六 月 June	**100.9**	103.3	99.5	100.7	99.2	95.5	101.6	100.4	102.8
七 月 July	**101.2**	104.5	100.0	100.2	99.2	96.6	100.7	100.5	102.6
八 月 Aug.	**101.9**	107.0	100.0	100.3	99.2	96.1	100.3	100.5	103.7
九 月 Sept.	**101.9**	106.4	98.8	100.5	99.6	96.8	101.3	100.6	103.1
十 月 Oct.	**100.9**	103.7	97.5	100.7	99.1	97.4	100.4	100.6	103.5
十一月 Nov.	100.0	101.8	96.8	99.2	99.6	97.2	100.2	100.5	103.7
十二月 Dec.	100.5	102.9	96.8	99.7	99.4	97.4	100.4	100.5	102.9

3-12 2020年全区各月商品零售及农业生产资料价格指数

Monthly Price Indices for Retail and Agricultural Production (2020)

(以上年同月价格为100) (the same month of preceding year=100)

月份 Month	商品零售价格总指数 Retail Price Indices	食品 Food	饮料、烟酒 Beverages, Tobacco, Liquor	服装、鞋帽 Garments, Shoes and Hats	纺织品 Textiles	家用电器及音像器材 Household Appliances, Music and Video Equipment	文化办公用品 Cultural and Office Appliances	日用品 Articles for Daily Use	体育娱乐用品 Sports and Recreation Articles
一　月 Jan.	102.3	108.7	101.3	98.0	100.6	96.3	100.0	101.9	100.3
二　月 Feb.	102.1	108.8	101.4	98.8	100.5	96.6	99.7	101.8	100.0
三　月 Mar.	101.0	106.7	101.3	99.9	100.5	97.2	100.2	101.3	99.7
四　月 Apr.	100.4	105.6	101.8	100.4	99.7	97.2	100.9	100.7	99.7
五　月 May	99.7	102.9	101.3	99.6	99.9	97.3	101.4	99.5	99.3
六　月 June	99.7	102.5	101.1	99.6	99.9	97.6	102.0	98.7	99.9
七　月 July	100.3	100.5	99.8	99.2	99.9	100.2	99.5	99.5	99.7
八　月 Aug.	101.4	106.9	99.9	99.7	99.9	98.2	102.9	97.6	99.9
九　月 Sept.	100.9	106.0	98.8	98.6	99.9	99.2	102.9	97.9	99.9
十　月 Oct.	99.9	103.6	99.0	97.6	99.8	99.0	101.0	98.0	100.1
十一月 Nov.	99.3	101.3	99.6	96.8	100.4	99.7	101.3	98.7	99.8
十二月 Dec.	100.0	102.4	99.5	97.3	100.2	100.2	101.6	99.0	99.9

3-12 续表 continued

(以上年同月价格为100) (the same month of preceding year=100)

月份 Month	交通、通信用品 Transport and Communi-cations Articles	家具 Furniture	化妆品 Cosmetics	金银饰品 Gold and Silver Jewelry	中西药品及医疗保健用品 Traditional Chinese and Western Medicines and Health Care Articles	书报杂志及电子出版物 Books, Newspapers, Magazines and Electronic Publications	燃料 Fuels	建筑材料及五金电料 Building Materials and Hardware	农业生产资料价格指数 Agricultural Production Price Index
一　月 Jan.	96.8	99.6	100.1	111.3	99.9	100.8	104.5	99.8	104.4
二　月 Feb.	96.5	99.6	100.9	117.7	100.0	100.8	99.0	99.9	104.3
三　月 Mar.	96.9	99.3	102.1	115.4	99.8	100.9	91.6	99.8	103.0
四　月 Apr.	97.5	99.3	101.0	112.9	99.1	100.9	87.9	100.7	103.5
五　月 May	98.9	99.7	100.1	115.9	99.8	101.0	86.8	100.6	103.6
六　月 June	99.1	99.6	98.4	114.8	99.9	100.6	88.5	100.2	104.3
七　月 July	100.8	100.7	98.5	114.8	100.1	100.8	90.5	99.7	105.0
八　月 Aug.	100.9	100.8	99.6	117.6	100.1	101.3	91.3	99.5	104.2
九　月 Sept.	100.9	100.7	100.1	110.4	100.1	101.3	90.9	99.6	103.2
十　月 Oct.	100.2	100.6	99.0	108.9	100.0	101.3	89.5	99.6	103.3
十一月 Nov.	99.9	100.9	99.4	109.7	99.5	101.4	89.4	100.0	102.7
十二月 Dec.	100.8	101.3	99.1	110.9	99.4	101.4	91.1	100.4	103.6

3-13　2020年调查市县居民消费价格指数

Consumer Price Indices by City and County (2020)

(以上年价格为100)　　(preceding year =100)

分类名称	Item	银川市辖区 Yinchuan	石嘴山市辖区 Shizuishan	利通区 Litong	原州区 Yuanzhou	沙坡头区 Shapotou	平罗县 Pingluo	海原县 Haiyuan
居民消费价格总指数	**Consumer Price Index**	**101.8**	**101.5**	**101.4**	**101.8**	**101.5**	**101.0**	**101.0**
消费品价格指数	**Consumer Goods Price Index**	**102.1**	**102.2**	**102.0**	**102.3**	**102.2**	**101.8**	**101.3**
一、食品烟酒	Food, Tobacco and Liquor	105.3	105.4	105.5	106.1	105.3	106.5	104.0
1.食品	Food	107.1	106.0	106.7	106.6	106.3	107.7	104.2
(1)粮食	Grain	104.5	101.8	100.1	102.1	99.6	100.3	100.2
大　米	Rice	104.6	101.7	100.2	100.9	98.1	100.9	100.0
面　粉	Flour	102.3	100.2	98.4	102.7	102.1	100.1	100.0
其他粮食	Other Grain	106.7	105.7	99.9	102.2	103.1	100.1	100.7
粮食制品	Cereal Product	104.9	101.3	101.8	102.6	96.9	100.0	103.8
(2)薯类	Tubers	111.2	98.9	109.2	103.2	106.7	93.4	87.3
薯　类	Tubers	111.2	98.9	109.2	103.2	106.7	93.4	87.3
(3)豆类	Beans	102.2	109.4	98.7	103.4	110.0	101.5	100.0
干　豆	Beans	109.1	102.1	102.5	103.8	106.0	101.1	100.0
豆 制 品	Bean Products	102.0	109.7	98.1	103.4	110.5	101.6	100.0
(4)食用油	Edible Oil	100.3	101.2	97.6	103.4	99.3	101.2	100.6
食用植物油	Edible Vegetable Oil	100.0	100.8	97.5	103.0	98.8	100.8	100.6
食用动物油	Edible Animal Oil	106.3	152.9	121.2	130.7	127.9	174.7	100.0
(5)菜	Vegetables	116.2	106.4	110.4	113.1	115.4	114.2	109.4
鲜　菜	Fresh Vegetables	116.9	106.7	110.7	113.8	115.9	114.9	109.8
干菜及菜制品	Dried Vegetables and Processed Products	100.5	99.2	97.4	101.1	100.8	99.7	100.0
(6)畜肉类	Livestock Meat	119.5	122.3	119.5	119.6	119.8	122.8	117.3
猪　肉	Pork	139.8	147.2	146.4	144.4	141.1	146.5	144.3
牛　肉	Beef	110.8	115.9	114.7	111.6	110.7	117.3	110.2
羊　肉	Mutton	107.0	107.8	110.8	107.5	107.8	108.1	113.6
畜肉副产品	Byproducts	123.5	122.1	118.1	128.0	113.1	114.0	163.1
其他畜肉及制品	Other Livestock Meat Processed Products	112.2	106.3	129.0	110.2	111.0	120.2	107.6
(7)禽肉类	Poultry	111.4	97.5	94.0	98.8	92.1	112.0	98.7
鸡	Chicken	108.2	95.9	91.4	97.0	87.3	113.2	98.3
鸭	Duck	111.5	91.6	95.2	80.3	87.6	112.8	100.0
其他禽肉及制品	Other Poultry Meat Processed Products	118.4	102.5	108.9	103.1	109.9	103.1	100.1
(8)水产品	Aquatic Products	101.1	103.3	104.5	99.9	105.6	102.7	100.0
淡 水 鱼	Freshwater Fish	101.1	106.3	106.3	98.6	107.7	103.6	100.0
海 水 鱼	Seawater Fish	105.7	99.7	99.9	105.8	105.2	100.1	100.0
虾 蟹 类	Shrimp and Crab	96.3	94.8	100.8	101.2	98.5	97.9	100.0
其他水产品及制品	Others Aquatic and Processed Products	103.5	101.4	100.5	101.2	102.6	106.4	100.0
(9)蛋类	Eggs	87.8	86.0	87.2	91.7	93.0	95.9	87.5
鸡　蛋	Fresh Egg	87.0	85.6	86.7	91.2	92.8	95.8	87.2
其他蛋及制品	Other Egg and Processed Products	98.6	95.3	99.7	103.3	99.3	102.4	100.0
(10)奶类	Milk	98.3	100.3	100.1	101.2	100.4	100.6	98.9
鲜　奶	Fresh Milk	98.9	98.9	100.6	100.8	99.9	99.5	97.4
酸　奶	Yoghourt	96.9	100.1	101.6	100.3	100.0	100.0	100.0
奶　粉	Milk Powder	97.0	105.0	97.6	100.8	101.9	102.8	100.0
其他奶制品	Other Milk Products	102.2	98.5	99.8	108.4	100.2	102.1	100.0

3-13 续表 1 continued

(以上年价格为100) (preceding year =100)

分类名称	Item	银川市辖区 Yinchuan	石嘴山市辖区 Shizuishan	利通区 Litong	原州区 Yuanzhou	沙坡头区 Shapotou	平罗县 Pingluo	海原县 Haiyuan
(11)干鲜瓜果类	Dried and Fresh Melons and Fruits	93.7	92.4	98.8	92.2	94.8	92.8	96.0
鲜瓜果	Fresh Melons and Fruits	89.6	89.4	97.0	88.4	93.3	89.9	95.0
坚果	Nuts	105.4	101.8	102.2	101.6	101.7	105.4	100.0
瓜果制品	Melons and Fruits Products	97.5	102.6	109.0	112.1	100.0	102.8	100.0
(12)糖果糕点类	Candy and Cake	100.3	100.9	96.8	101.5	96.7	99.4	100.0
食糖	Sugar	103.2	100.1	97.4	101.0	99.5	98.1	100.0
糖果	Candy	102.1	99.9	101.5	103.9	97.4	99.9	100.0
糕点	Cake	99.3	101.5	94.1	100.6	95.9	100.7	100.0
其他糖果糕点	Other Candy and Cake	98.1	100.0	105.1	100.0	94.7	100.0	100.0
(13)调味品	Flavoring	101.8	101.3	100.5	101.2	102.5	99.9	100.0
食用盐	Salt	100.0	100.0	100.0	100.0	100.0	95.0	100.0
酱油	Soy	100.6	101.4	103.9	99.9	99.9	100.0	100.0
食醋	Vinegar	102.8	100.4	97.6	100.1	99.4	100.0	100.0
调味酱	Bechamel	105.9	100.9	101.6	100.5	103.6	100.9	100.0
味精	Aginomoto	99.9	101.1	100.0	104.0	100.0	101.2	100.0
其他调味品	Others	102.4	106.0	100.0	104.7	107.7	105.9	100.0
(14)其他食品类	Other Food	98.3	102.3	98.5	101.9	98.2	100.4	97.0
方便食品	Convenient Food	98.7	101.6	99.1	101.2	97.2	100.2	95.8
淀粉及制品	Starch and Products	97.0	106.3	100.9	102.8	100.0	100.8	100.0
膨化食品	Puffed Food	99.3	100.2	96.5	102.2	97.2	100.1	94.8
2.茶及饮料	Tea and Beverages	99.8	100.7	97.7	99.3	101.2	106.2	100.0
茶叶	Tea	100.4	100.7	93.4	99.1	102.0	109.2	100.0
固体咖啡	Solid Coffee	101.0	102.6	102.5	100.1	99.7	102.9	100.0
其他固体饮料	Other Solid Beverages	98.2	100.3	93.7	102.3	101.9	104.8	100.0
饮用水	Potable Water	95.6	100.0	100.0	98.0	97.1	101.0	100.0
果汁饮料	Juice Beverage	98.8	101.6	99.2	98.6	100.8	100.1	100.0
其他液体饮料	Other Liquid Beverages	103.0	100.0	98.9	100.0	102.6	107.5	100.0
3.烟酒	Tobacco and Liquor	100.0	101.5	100.8	100.9	100.4	101.2	100.0
(1)烟草	Tobacco	100.0	101.0	100.0	100.0	100.0	101.1	100.0
烟草	Tobacco	100.0	101.0	100.0	100.0	100.0	101.1	100.0
(2)酒类	Liquor	100.1	102.7	103.6	102.9	101.2	101.6	100.0
白酒	Spirit	101.5	103.6	103.5	102.9	102.6	100.7	100.0
葡萄酒	Wine	96.2	99.8	101.0	105.6	99.9	96.5	100.0
啤酒	Beer	98.4	99.2	105.4	101.9	97.4	104.3	100.0
其他酒类	Others	96.7	104.8	107.2	100.5	99.2	100.0	100.0
4.在外餐饮	Dining Out	103.2	105.5	103.9	107.2	104.5	102.1	106.1
正餐	Dinner	103.1	104.9	105.6	107.0	101.1	102.4	103.2
快餐	Fast Food	99.4	103.4	101.2	105.3	113.7	102.1	109.8
地方小吃	Local Snack	106.7	112.1	104.8	111.7	108.5	101.2	100.0
其他在外餐饮	Others	102.9	104.1	100.0	103.0	100.0	100.0	133.3

3-13 续表 2 continued

(以上年价格为100) (preceding year =100)

分类名称	Item	银川市辖区 Yinchuan	石嘴山市辖区 Shizuishan	利通区 Litong	原州区 Yuanzhou	沙坡头区 Shapotou	平罗县 Pingluo	海原县 Haiyuan
二、衣着	Clothing	100.4	97.8	99.3	98.7	99.7	94.8	96.9
1.服装	Garments	101.4	98.6	99.7	98.0	100.1	94.4	95.0
(1)男式服装	Men's	101.3	99.3	98.4	98.8	100.7	94.1	93.5
男式西服	Men's Western-style Clothes	101.1	102.0	97.9	102.4	102.4	99.5	100.6
男式冬衣	Men's Winter Clothes	106.1	94.3	97.6	100.8	99.4	96.0	82.4
男式夹克衫	Men's Jacket	98.2	101.6	97.0	99.4	100.4	90.0	94.9
男式毛线衣	Men's Sweater	101.1	100.1	103.3	95.2	98.9	96.4	93.5
男式运动装	Men's Sportswear	100.9	98.0	102.6	92.6	101.1	95.3	103.3
男式衬衫T恤	Men's Shirt and T-shirt	99.5	99.4	95.6	99.6	100.8	92.2	92.5
男式裤子	Men's Trousers	103.0	99.9	93.7	98.4	102.6	94.4	92.8
男式内衣	Men's Underclothes	99.3	97.7	100.7	98.1	98.2	99.5	97.3
(2)女式服装	Women's	101.4	98.3	99.4	97.5	99.0	95.1	95.9
女式外套	Women's Coat	95.4	99.6	101.8	98.9	97.5	96.2	99.8
女式冬衣	Women's Winter Clothes	108.1	96.8	92.7	96.2	96.4	91.7	83.4
女式毛线衣	Women's Sweater	100.2	97.1	107.9	95.0	102.1	99.3	99.1
女式运动装	Women's Sportswear	101.7	100.5	96.3	90.3	101.0	92.1	107.0
女式衬衫T恤	Women's Shirt and T-shirt	100.7	100.0	104.8	99.7	98.0	93.2	95.0
女式裤子	Women's Trousers	97.3	94.6	87.6	98.1	101.1	97.7	93.0
女式裙子	Women's Skirt	103.9	100.8	101.7	98.6	97.9	95.2	102.2
女式内衣	Women's Underclothes	99.4	98.1	103.4	99.9	102.6	96.0	101.2
(3)儿童服装	Children's	102.5	98.2	106.9	97.5	104.5	91.7	96.6
婴幼服装	Infant's Wear	99.5	95.0	104.3	102.2	101.0	98.8	102.4
儿童上衣	Children's Coat	106.7	99.0	116.5	94.2	108.3	90.8	90.5
儿童裤子	Children's Trousers	98.6	100.9	95.6	102.3	102.4	88.1	106.9
儿童裙子	Children's Skirt	100.9	97.1	99.5	95.5	100.9	94.4	88.3
2.服装材料	Clothing Material	101.1	100.0	98.2	98.2	100.4	100.0	100.0
服装材料	Clothing Material	101.1	100.0	98.2	98.2	100.4	100.0	100.0
3.其他衣着及配件	Other Clothing and Accessories	98.0	100.4	103.8	98.8	99.9	99.8	100.0
袜　　子	Socks	100.0	101.3	103.1	100.0	99.5	100.0	100.0
帽　　子	Hats	97.8	101.6	106.5	99.7	100.7	100.0	100.0
其他衣着配件	Other Clothing and Accessories	96.5	98.7	98.7	96.0	99.6	98.9	100.0
4.衣着加工服务费	Service Fee for Dressing	100.0	99.8	105.8	105.2	102.9	106.1	100.0
衣着洗涤保养	Washing and Maintenance for Dressing	100.0	100.0	106.1	106.7	103.7	105.5	100.0
衣着加工	Processing for Dressing	100.0	99.3	105.4	100.0	101.5	106.5	100.0
5.鞋类	Shoes	97.3	94.7	96.9	100.5	98.2	94.7	102.2
(1)鞋	Shoes	97.3	94.6	96.8	100.5	98.2	94.6	102.2
男　　鞋	Shoes of Men	97.8	96.2	103.3	99.5	99.7	94.7	102.5
女　　鞋	Shoes of Women	95.4	93.0	89.3	99.7	96.1	94.9	103.3
童　　鞋	Shoes of Children	100.0	98.5	101.8	103.7	105.1	93.6	95.2
(2)鞋类加工服务	Shoes Processing Services	100.0	100.0	100.0	100.0	99.5	102.9	100.0
鞋类加工服务	Shoes Processing Services	100.0	100.0	100.0	100.0	99.5	102.9	100.0

3-13 续表 3 continued

(以上年价格为100)　　(preceding year =100)

分类名称	Item	银川市辖区 Yinchuan	石嘴山市辖区 Shizuishan	利通区 Litong	原州区 Yuanzhou	沙坡头区 Shapotou	平罗县 Pingluo	海原县 Haiyuan
三、居住	Residence	101.9	100.2	98.1	100.2	99.1	95.6	100.0
1.租赁房房租	Renting	98.1	100.0	97.1	100.1	97.5	90.6	100.7
公房房租	Public Rent	100.0	100.0	100.0	100.0	100.0	100.0	100.0
私房房租	Private Rent	97.6	100.0	96.8	100.2	96.5	89.9	100.7
2.住房保养维修及管理	Housing Maintenance and Management	100.5	102.0	99.2	100.1	98.9	99.9	99.6
(1)住房装潢材料	Building Decoration Materials	100.3	100.7	98.4	99.3	99.7	99.9	99.4
木地板	Wooden Floor	100.2	100.2	100.0	100.2	97.5	100.0	100.0
瓷砖	Brick	99.7	100.7	101.5	98.0	99.0	100.0	100.0
水泥	Cement	102.6	105.4	95.8	103.9	100.0	101.0	95.3
涂料	Dope	100.0	100.0	100.0	99.1	99.0	100.2	100.0
板材	Veneer	100.6	100.0	95.3	97.3	101.1	98.0	98.4
管材	Tubular Product	99.1	101.0	100.0	95.5	100.6	100.1	100.2
厨卫设备	Kitchen Equipment	99.9	101.0	90.4	100.2	102.9	100.0	100.0
门窗	Doors and Windows	100.6	100.0	101.3	100.4	99.1	100.0	101.0
其他住房装潢材料	Other Building Decoration Materials	100.0	101.1	102.3	97.3	99.0	100.0	100.0
(2)物业管理费	Estate Management Fees	100.0	100.0	100.0	100.0	93.5	100.0	100.0
物业管理费	Estate Management Fees	100.0	100.0	100.0	100.0	93.5	100.0	100.0
(3)住房装潢维修	Housing Decoration and Maintenance	101.5	104.8	100.0	102.3	100.0	100.0	100.0
装潢维修费	Fees of Decoration and Maintenance	101.7	105.9	100.0	103.0	100.0	100.0	100.0
其他住房费用	Other Housing Fees	100.0	100.0	100.0	100.0	100.0	100.0	100.0
3.水电燃料	Water, Electricity and Fuels	106.7	99.9	99.9	100.6	99.9	95.4	100.4
(1)水	Water	100.0	100.0	101.0	100.0	100.0	103.8	100.0
水	Water	100.0	100.0	101.0	100.0	100.0	103.8	100.0
(2)电	Electricity	100.0	100.0	100.0	100.0	100.0	100.0	100.0
电	Electricity	100.0	100.0	100.0	100.0	100.0	100.0	100.0
(3)燃气	Fuel Gas	99.5	99.0	98.5	99.9	99.5	95.9	100.0
管道燃气	Pipeline Fuel Gas	99.4	99.6	99.4	99.2	99.4	99.5	100.4
液化石油气	Liquefied Petroleum Gas	100.0	95.4	96.2	100.0	100.0	90.7	100.0
(4)取暖费	Heating Fees	123.0	100.0	100.0	100.0	100.0	100.0	100.0
取暖费	Heating Fees	123.0	100.0	100.0	100.0	100.0	100.0	100.0
(5)其他燃料	Other Fuels	100.0	100.0	104.7	103.9	100.0	88.2	101.0
其他燃料	Other Fuels	100.0	100.0	104.7	103.9	100.0	88.2	101.0
4.自有住房	Private Housing	99.3	99.5	96.1	100.0	98.7	92.9	100.0
自有住房	Private Housing	99.3	99.5	96.1	100.0	98.7	92.9	100.0
四、生活用品及服务	Household Facilities, Articles and Services	99.6	99.9	99.6	100.1	99.7	98.1	100.4
1.家具及室内装饰品	Furniture and Interior Decorations	100.5	99.3	99.2	100.2	98.6	99.2	101.6
(1)家具	Furniture	101.0	99.3	99.2	100.3	99.0	98.3	102.0
柜	Cupboard	102.8	99.7	98.1	100.2	99.0	97.5	101.6
床	Bed	100.2	97.0	99.3	100.2	99.6	97.6	101.8
桌	Desk	99.6	100.0	98.2	99.4	98.8	98.7	101.6
椅	Chair	102.8	100.6	99.6	101.1	100.0	100.0	102.3
沙发	Sofa	99.9	100.0	100.0	99.6	98.3	98.4	101.7
其他家具	Others	100.3	100.0	100.1	103.1	98.5	98.9	103.8

3-13 续表 4 continued

(以上年价格为100) (preceding year =100)

分类名称	Item	银川市辖区 Yinchuan	石嘴山市辖区 Shizuishan	利通区 Litong	原州区 Yuanzhou	沙坡头区 Shapotou	平罗县 Pingluo	海原县 Haiyuan
(2)室内装饰品	Interior Decorations	97.3	99.1	99.5	99.4	94.9	105.5	100.0
灯　　具	Lamp	98.0	98.0	99.7	100.7	94.7	107.4	100.0
其他室内装饰品	Other Interior Decorations	93.8	101.1	98.6	95.6	95.8	100.0	100.0
2.家用器具	Household Appliances	98.3	98.9	96.9	98.5	98.8	96.9	100.1
(1)大型家用器具	Big Household Appliances	98.2	98.9	96.3	98.6	98.7	97.0	100.2
洗 衣 机	Washing Machine	97.2	100.3	91.0	98.3	98.2	97.8	100.0
电冰箱(柜)	Refrigerator	98.5	99.7	95.5	96.5	96.5	97.0	100.7
抽油烟机	Ventilator	99.9	96.4	101.7	99.3	100.3	98.4	97.7
空 调 器	Air Conditioner	94.4	97.1	93.9	97.3	96.4	99.7	100.0
热 水 器	Water Heater for Shower	97.3	96.3	97.0	101.8	101.9	96.0	101.3
炉具灶具	Stove and Oven	100.0	100.0	101.9	101.3	101.0	96.1	100.0
微 波 炉	Microwave Oven	101.9	97.7	102.0	102.8	100.1	95.9	100.0
其他大型家用器具	Other Big Household Appliances	100.7	100.5	100.0	95.6	101.4	93.6	100.0
(2)小家电	Small Household Appliances	98.9	99.0	100.2	97.9	100.1	95.5	100.0
厨房小家电	Kitchen Small Household Appliances	97.9	98.8	100.3	97.2	100.4	94.9	100.0
生活小家电	Living Small Household Appliances	100.1	99.5	100.0	98.7	99.8	97.0	100.0
3.家用纺织品	Housing Textiles	100.3	100.0	100.5	102.3	100.4	100.0	99.5
(1)床上用品	Bed Articles	100.0	99.4	100.9	103.2	99.9	100.0	100.0
被　　子	Quilt	100.0	100.9	100.7	98.6	100.4	100.0	100.0
床单被套	Bed Sheet and Cover	100.0	98.2	100.6	108.2	99.3	100.0	100.0
其他床上用品	Other Bed Articles	100.0	100.0	101.6	99.1	100.0	100.0	100.0
(2)窗帘门帘	Curtain	100.0	101.5	100.0	98.6	102.2	100.0	97.8
窗帘门帘	Curtain	100.0	101.5	100.0	98.6	102.2	100.0	97.8
(3)其他家用纺织品	Other Housing Textile	101.2	101.7	98.9	100.0	99.8	100.0	100.0
其他家用纺织品	Other Housing Textile	101.2	101.7	98.9	100.0	99.8	100.0	100.0
4.家庭日用杂品	Daily Use Household Articles	98.4	100.5	100.0	100.0	99.7	100.2	100.0
(1)洗涤卫生用品	Washing Hygiene Articles	98.8	99.4	99.7	100.3	99.9	100.6	100.0
清洗用品	Cleaning Supplies	100.5	100.3	101.9	100.5	101.8	102.8	100.0
清洁用具	Cleaning Equipment	100.6	98.5	96.8	100.8	97.5	100.0	100.0
清洁用纸	Hygiene Paper	96.3	99.2	98.7	99.6	99.5	99.6	100.0
(2)厨具餐具茶具	Kitchen Utensils and Tableware	97.5	102.2	100.1	99.7	98.9	99.6	100.0
厨　　具	Kitchen Ware	96.7	102.5	99.2	100.0	96.3	99.0	100.0
餐　　具	Tableware	98.7	102.6	101.2	99.0	100.1	100.0	100.0
茶　　具	Tea Set	97.3	100.0	100.4	100.0	104.8	100.0	100.0
(3)家用手工工具	Hand Tools	98.7	101.4	99.4	100.0	100.0	100.0	100.0
家用手工工具	Hand Tools	98.7	101.4	99.4	100.0	100.0	100.0	100.0
(4)其他家庭日用杂品	Other Daily Use Household Articles	98.8	100.2	100.5	99.8	99.8	100.1	100.0
配电附件	Electricity Distribution Accessory	98.5	100.1	103.3	99.5	100.0	100.0	100.0
雨　　具	Rain Gear	94.7	100.0	100.0	100.0	100.2	99.6	100.0
其他日用杂品	Other Daily Use Household Articles	100.4	100.4	98.2	100.0	99.6	100.2	100.0

3-13 续表 5 continued

(以上年价格为100) (preceding year =100)

分类名称	Item	银川市辖区 Yinchuan	石嘴山市辖区 Shizuishan	利通区 Litong	原州区 Yuanzhou	沙坡头区 Shapotou	平罗县 Pingluo	海原县 Haiyuan
5.个人护理用品	Personal-care Supplies	100.0	100.2	100.4	100.5	100.8	93.1	100.0
(1)化妆品	Cosmetics	100.3	100.9	99.7	100.6	100.3	89.4	100.0
清洁化妆品	Cleansing Cosmetics	102.2	100.7	98.4	100.0	100.3	90.0	100.0
护肤化妆品	Skin-care Cosmetics	99.1	101.3	100.8	100.8	100.6	88.1	100.0
彩妆化妆品	Make-up Cosmetics	101.1	100.5	97.4	100.0	98.3	89.9	100.0
化妆器具	Make-up Appliances	100.0	97.7	100.0	100.0	100.0	100.0	100.0
(2)其他护理用品类	Other Nursing Materials	99.5	99.3	101.3	100.5	101.8	100.1	100.0
清洁类护理用品	Nursing Materials	101.4	99.3	102.0	98.8	101.9	100.2	100.0
护发美发用品	Hair Care Products	99.7	98.7	100.9	102.0	102.9	99.9	100.0
护理器具	Nursing Appliances	98.2	100.1	100.9	103.4	100.0	100.1	100.0
其他护理用品	Other Nursing Materials	96.9	99.6	100.9	100.0	100.3	100.1	100.0
6.家庭服务	Family Services	102.5	102.0	104.3	101.8	99.9	99.6	100.0
家政服务	Housekeeping Services	103.4	102.3	101.5	100.0	99.9	99.3	100.0
家庭维修服务	Maintenance Services	100.8	101.5	109.8	104.1	100.0	100.0	100.0
五、交通通信	Transport and Communications	96.8	97.6	96.8	96.4	97.1	97.8	96.1
1.交通	Transport	95.0	94.5	94.0	94.7	95.1	95.2	95.0
(1)交通工具	Transport Facility	95.6	96.5	94.9	96.1	97.5	96.0	97.7
小型汽车	Car	95.0	95.0	95.0	95.1	96.0	95.0	95.0
电动自行车	Electric Bicycle	99.3	102.7	90.8	97.1	101.0	94.1	100.8
自 行 车	Bicycle	102.7	101.1	103.7	100.0	108.5	101.5	100.0
其他交通工具	Other Transport Facility	99.5	99.0	105.3	100.0	97.2	114.3	99.7
(2)交通工具用燃料	Transport Fuels	86.6	86.9	86.2	86.1	86.5	86.6	86.9
汽 油	Gasoline	85.7	85.7	85.7	85.7	85.7	85.7	85.7
柴 油	Diesel Oil	84.4	84.4	84.4	84.5	84.4	84.4	84.4
其他车用能源	Other Transport Fuels	93.1	97.6	89.7	93.4	93.8	97.6	94.5
(3)交通工具使用和维修	Transport Use and Maintenance	101.5	100.1	101.1	98.4	99.2	98.6	100.0
停 车 费	Parking Fee	106.1	100.0	100.0	98.6	100.0	100.0	100.0
车辆使用费	Vehicle Usage Fee	100.0	100.0	100.0	100.0	100.0	100.0	100.0
交通工具零配件	Transport Parts	97.1	99.7	99.1	96.1	96.1	94.7	100.0
车辆修理与保养	Vehicles Repair and Maintenance	100.1	100.7	104.1	98.2	100.8	101.7	100.0
(4)交通费	Traffic Fare	96.0	94.9	95.6	97.8	97.8	99.1	99.2
市内公共交通	Bus Ticket	100.0	86.4	100.0	100.0	100.0	100.0	100.0
出租汽车	Taxi	100.0	100.0	100.0	100.0	100.0	100.0	100.0
飞 机 票	Plane Ticket	83.5	83.5	83.5	83.5	83.5	83.7	83.5
火 车 票	Train Ticket	100.0	100.0	100.0	100.0	100.0	100.0	99.8
长途汽车	Long-distance Bus	100.0	100.0	100.0	100.0	100.0	100.0	100.0
其他交通费	Other Traffic Fare	110.3	103.8	100.0	98.5	100.0	100.0	100.0
2.通信	Communications	100.8	102.7	102.1	99.4	101.5	102.1	98.3
(1)通信工具	Communication Tools	101.5	107.9	107.7	98.2	104.8	106.8	97.4
固定电话机	Telephone	100.0	101.1	100.0	101.5	100.0	101.1	100.0
移动电话机	Mobile Telephone	102.2	108.1	108.1	98.3	105.0	107.3	97.1
通信工具零配件	Communication Tools Spare Parts	96.6	100.0	98.1	96.3	103.3	100.0	100.0

3-13 续表 6 continued

(以上年价格为100) (preceding year =100)

分类名称	Item	银 川 市辖区 Yinchuan	石嘴山 市辖区 Shizuishan	利通区 Litong	原州区 Yuanzhou	沙坡头区 Shapotou	平罗县 Pingluo	海原县 Haiyuan
(2)通信服务	Communication Service	100.6	100.0	99.9	99.6	100.0	100.0	99.1
固定电话费	Fixed Telephone Fee	100.0	100.0	102.6	100.0	100.0	100.0	100.0
移动通信费	Mobile Telephone Communication Expenses	100.0	100.0	100.0	100.0	100.0	100.0	100.0
上 网 费	Internet Fee	102.0	100.0	99.1	98.4	100.0	100.0	96.2
其他通信服务	Other Communication Service	100.0	100.0	100.0	109.4	100.0	100.0	100.0
(3)邮递服务	Postal Service	100.1	99.7	98.2	100.6	98.9	103.0	97.4
邮政邮寄	Post	100.4	99.3	100.0	102.7	94.3	99.3	89.5
快递服务	Express Services	100.0	100.0	97.1	100.0	100.0	104.9	100.0
六、教育文化娱乐	Education, Cultural and Recreation	100.7	101.5	100.4	101.0	100.9	102.9	100.6
1.教育	Education	101.6	103.6	102.1	102.6	102.4	104.4	101.5
(1)教育用品	Education Articles	99.6	100.0	102.8	102.2	103.2	103.1	99.4
工 具 书	Reference Books	104.1	100.0	100.0	100.2	105.3	100.0	100.0
教 材	Teaching Materials	99.4	99.7	100.6	102.8	99.3	106.1	98.3
参考资料	Reference Books	99.8	101.5	110.3	102.2	106.4	102.3	100.0
其他教育用品	Other Education Articles	93.6	95.9	99.8	102.1	97.3	98.0	100.0
(2)教育服务	Tuition and Child Care	102.0	104.2	102.0	102.6	102.2	104.5	101.6
学前教育	Preschool Education	99.5	100.5	101.2	101.7	100.0	99.0	101.6
小学初中教育	Primary and Junior High School Education	117.6	117.6	117.6	136.5	117.6	117.6	117.6
高中中职教育	Senior High School and Vocational School Education	103.2	115.7	100.0	100.0	100.0	110.3	100.0
高等教育	Higher Education	100.0	102.2	100.0	100.0	100.0	104.5	100.0
课外教育	Extracurricular Education	100.0	100.0	102.7	100.0	105.3	101.5	105.6
专业技能培训	Professional Skill Training	101.1	100.0	98.6	103.3	103.1	99.5	100.0
2.文化娱乐	Cultural and Recreation	99.4	98.3	97.8	98.9	98.2	97.6	97.7
(1)文娱耐用消费品	Durable Consumer Goods for Cultural and Recreational Use	100.5	100.1	96.0	98.0	99.8	96.3	97.4
电 视 机	TV Set	97.2	96.5	91.0	95.7	93.9	92.8	93.0
照 相 机	Camera	101.3	103.8	100.1	95.3	101.7	101.3	101.3
台式计算机	Desktop Computer	98.3	99.9	100.7	99.4	104.2	100.0	101.5
笔记本平板	Notebook Tablet	107.4	102.7	96.9	100.5	105.2	100.9	100.0
乐 器	Musical Instrument	103.0	100.7	100.0	101.7	100.0	100.3	100.0
音 响	Sound Equipment	90.3	96.3	95.2	100.0	95.0	96.3	100.0
其他文娱耐用消费品	Other Durable Consumer Goods	101.1	103.8	101.0	97.3	100.0	99.2	100.0
(2)其他文娱用品	Other Goods for Cultural and Recreational Use	99.5	100.6	98.0	99.2	100.8	100.4	100.4
书报杂志	Newspapers and Magazines	100.0	102.7	100.0	102.2	108.1	100.0	100.0
纸张文具	Paper and Stationery	98.9	100.0	98.4	100.0	99.0	100.0	100.0
体育户外用品	Sports and Outdoor Articles	100.0	100.0	100.4	100.0	98.8	100.1	100.0
游戏用品和玩具	Games Supplies and Toys	98.9	101.2	94.7	101.1	94.9	100.1	100.0
园艺花卉及用品	Horticulture and Flower Articles	98.6	99.6	87.6	94.5	104.7	102.6	106.6
宠物及用品	Pet Articles	100.9	100.0	101.0	91.8	100.0	100.0	100.0
其他文化娱乐用品	Other Goods for Cultural and Recreational Use	98.6	100.0	100.0	100.0	98.1	100.2	100.0
(3)文化娱乐服务	Cultural and Recreation Services	100.3	95.8	100.2	92.1	96.2	96.8	95.5
电 影 票	Movie Ticket	103.0	96.7	102.0	106.0	101.4	104.4	98.6

3-13 续表 7 continued

(以上年价格为100) (preceding year =100)

分类名称	Item	银 川 市辖区 Yinchuan	石嘴山 市辖区 Shizuishan	利通区 Litong	原州区 Yuanzhou	沙坡头区 Shapotou	平罗县 Pingluo	海原县 Haiyuan
景点门票	Scenery Spot Entrance Ticket	91.6	82.4	95.2	62.5	75.2	85.9	75.2
有线电视	Wired TV	100.0	100.0	100.0	90.9	100.0	100.0	100.0
健身活动	Fitness Activities	104.5	100.0	98.4	99.0	96.2	100.0	100.0
其他文娱服务	Others Cultural and Entertainment Services	100.0	100.0	105.9	99.8	107.5	100.0	100.0
(4)旅游	Touring and Outing	96.8	97.1	97.0	107.6	96.9	98.1	96.7
旅行社收费	Travel Agency Fees	96.3	96.6	96.3	108.0	96.3	97.8	96.3
其他旅游	Others	99.4	100.0	99.4	100.0	100.0	100.0	100.0
七、医疗保健	Health Care and Medical Services	100.4	99.5	102.8	102.3	101.1	99.3	101.4
1.药品及医疗器具	Medicines and Medical Instruments	100.1	98.3	100.7	101.5	101.4	98.6	101.4
(1)中药	Traditional Chinese Medicine	104.1	102.5	101.5	100.9	100.5	99.2	99.6
中 药 材	Traditional Chinese Medicinal Materials	106.3	98.0	103.3	103.3	100.1	96.9	99.3
中 成 药	Chinese Patent Medicine	102.9	103.1	100.6	99.7	100.6	100.3	99.9
(2)西药	Western Medicine	97.0	96.3	99.9	102.7	101.8	97.7	102.5
抗微生物药	Antimicrobial Drugs	100.0	72.2	100.0	100.0	104.3	100.0	95.8
消化系统用药	Digest System Drugs	101.4	100.8	101.2	100.0	100.0	99.4	100.0
呼吸系统用药	Breathe System Drugs	103.8	100.0	99.7	101.5	100.0	98.2	98.7
解热镇痛药	Antipyretic and Analgesic	102.3	104.0	101.1	100.0	100.0	101.8	100.0
抗肿瘤药	Antineoplastic Drugs	100.0	97.6	100.0	138.1	115.1	112.3	115.1
激素及影响内分泌药	Hormone Drugs	101.5	100.0	100.0	100.0	100.0	82.8	95.5
心血管系统用药	Cardiovascular System Drugs	70.3	100.4	100.0	101.9	99.3	100.0	100.0
血液系统用药	Blood System Drugs	76.2	72.8	99.6	96.6	101.2	78.6	100.0
治疗精神障碍药	Dysphrenia Drugs	89.9	88.3	98.7	102.9	96.3	100.4	108.5
神经系统用药	Central Nervous System Drugs	100.0	100.8	100.0	101.5	100.0	97.3	123.9
消毒防腐及创伤外科用药	Disinfection and Trauma Drugs	100.0	100.0	98.8	106.2	102.1	100.6	102.9
泌尿系统用药	Urinary System Drugs	99.9	100.0	100.4	100.0	100.0	100.8	100.0
维生素、矿物质类药	Professional Drugs	100.0	103.1	98.0	100.0	100.0	100.6	96.6
调节水、电解质及酸碱平衡药	Adjust Water, Electrolyte and Acid-Base Balance Drugs	101.0	105.4	100.1	100.0	105.4	97.9	100.0
(3)滋补保健品	Health Products	100.0	100.0	100.0	100.0	103.0	98.8	100.0
滋补保健品	Health Products	100.0	100.0	100.0	100.0	103.0	98.8	100.0
(4)医疗卫生器具	Medical Treatment and Public Health Appliances	101.4	100.0	104.6	100.0	100.0	101.4	100.0
(5)保健器具	Health Care Appliances	100.0	100.0	100.0	93.4	100.0	100.0	100.0
保健器具	Health Care Appliances	100.0	100.0	100.0	93.4	100.0	100.0	100.0
2.医疗服务	Health Care Services	100.7	100.8	105.5	103.4	100.9	100.0	101.4
(1)综合医疗类	Integrative Medical Treatment	100.0	100.0	105.8	102.9	100.0	100.0	100.0
一般医疗服务	General Health Care Services	100.0	100.0	101.7	100.0	100.0	100.0	100.0
一般治疗操作	General Cure Operation	100.0	100.0	110.6	103.4	100.0	100.0	100.0
护 理	Nursing	100.0	100.0	110.0	109.4	100.0	100.0	100.0
其他综合医疗服务	Other Integrative Medical Treatment	100.0	100.0	100.0	100.0	100.0	100.0	100.0
(2)诊断类	Diagnosis	99.0	99.6	100.5	100.1	100.7	100.0	100.0
病理学诊断	Pathology Diagnosis	100.0	100.0	100.0	100.0	100.0	100.0	100.0

3-13 续表 8 continued

(以上年价格为100) (preceding year =100)

分类名称	Item	银 川 市辖区 Yinchuan	石嘴山 市辖区 Shizuishan	利通区 Litong	原州区 Yuanzhou	沙坡头区 Shapotou	平罗县 Pingluo	海原县 Haiyuan
实验室诊断	Laboratory Diagnosis	100.0	100.0	100.0	100.0	100.0	100.0	100.0
影像学诊断	Imaging Diagnosis	100.0	98.7	99.3	100.0	101.4	100.0	100.0
临床诊断	Clinic Diagnosis	94.2	100.0	104.8	100.3	101.0	100.0	100.0
(3)治疗类	Cure	105.1	103.8	106.8	109.7	102.9	100.0	105.8
临床手术治疗	Clinic Operative Treatment	111.7	107.4	106.9	114.0	107.6	100.0	118.9
临床非手术治疗	Clinic Non-Operative Treatment	100.0	100.0	106.3	100.0	100.0	100.0	100.0
(4)康复类	Recovery	100.0	100.0	100.0	99.9	100.0	100.0	100.0
康复医疗	Recovery Medical Treatment	100.0	100.0	100.0	99.9	100.0	100.0	100.0
(5)中医医疗服务类	Traditional Chinese Medicine Services	100.0	100.0	118.6	100.0	100.0	100.0	100.0
中医治疗	Traditional Chinese Medicine	100.0	100.0	118.6	100.0	100.0	100.0	100.0
(6)其他医疗服务	Other Health Care Services	100.0	100.0	93.8	100.0	100.0	100.0	100.0
其他医疗服务	Other Health Care Services	100.0	100.0	93.8	100.0	100.0	100.0	100.0
八、其他用品及服务	Miscellaneous Goods and Services	101.5	105.3	103.2	103.0	102.8	106.0	104.2
1.其他用品类	Other Products	104.6	114.2	108.8	109.5	109.6	111.5	111.8
(1)首饰手表	Jewelry and Watches	107.3	122.2	110.9	113.4	114.9	117.6	114.9
金 饰 品	Gold Jewelry	120.5	125.6	122.4	126.3	124.8	121.5	118.0
银 饰 品	Silver Jewelry	99.6	116.2	108.8	100.8	100.1	107.8	122.1
铂金饰品	Platinum Jewelry	97.6	102.0	98.4	99.3	97.8	98.6	94.1
手 表	Watches	99.8	100.0	100.5	100.8	100.2	100.0	100.0
(2)其他杂项用品	Other Products	98.4	98.4	101.2	96.7	99.6	99.0	100.0
箱 包	Luggage	96.7	93.0	100.0	92.7	100.0	99.2	100.0
母婴用品	Mother and Baby Products	101.1	97.8	104.0	101.2	98.0	98.0	100.0
眼 镜	Glasses	97.7	102.6	99.8	99.7	100.0	100.0	100.0
2.其他服务类	Other Services	99.1	97.8	98.0	98.0	96.2	96.6	100.5
(1)旅馆住宿	Hotel Accommodation	110.7	102.4	99.3	97.6	90.1	92.4	96.5
宾馆住宿	Hotel Accommodation	104.6	104.2	99.0	97.2	91.0	98.3	98.7
其他住宿	Other Accommodation	121.1	99.6	100.0	99.3	88.4	83.9	88.8
(2)美容美发洗浴	Beauty Hairdressing and Bath	98.9	98.4	100.6	100.5	100.0	100.0	102.6
美 容	Beauty	96.3	98.2	100.0	100.6	101.3	100.0	100.0
美 发	Hairdressing	100.0	98.1	101.2	100.5	99.3	100.0	100.0
洗 浴	Bath	100.0	102.5	100.0	100.0	100.0	100.0	108.1
(3)养老服务	Endowment Services	100.0	100.0	100.0	100.0	100.0	100.0	100.0
养老服务	Endowment Services	100.0	100.0	100.0	100.0	100.0	100.0	100.0
(4)金融保险	Finance and Insurance	92.7	93.8	94.9	94.4	97.0	93.9	99.7
金融服务	Financial Services	94.0	100.0	100.0	100.0	100.0	100.0	100.0
车辆保险	Vehicle Insurance	94.7	90.1	89.1	92.0	94.2	90.1	94.1
旅行保险	Travel Insurance	100.0	100.0	100.0	100.0	100.0	100.0	100.0
其他保险	Other Insurance	90.3	93.7	96.0	93.5	97.7	93.7	100.9
(5)其他服务类	Other Services	98.2	100.0	100.0	100.0	100.0	100.0	100.5
中介服务	Intermediary Services	96.5	100.0	100.0	100.0	100.0	100.0	100.0
其他服务	Other Services	100.0	100.0	100.0	100.0	100.0	100.0	101.0

3-14 2020年调查市县商品零售价格指数
Retail Price Indices by City and County (2020)

(以上年价格为100) (preceding year =100)

分类名称	Item	银 川 市辖区 Yinchuan	石嘴山 市辖区 Shizuishan	利通区 Litong	原州区 Yuanzhou	沙坡头区 Shapotou	平罗县 Pingluo	海原县 Haiyuan
商品零售价格指数	**Retail Price Index**	**100.5**	**101.1**	**100.7**	**101.1**	**100.9**	**100.3**	**100.5**
一、食品	Food	104.5	105.5	104.3	106.1	104.3	107.0	103.8
1.粮食	Grain	104.0	101.8	99.8	102.1	99.6	100.3	100.2
大 米	Rice	104.6	101.7	100.2	100.9	98.1	100.9	100.0
面 粉	Flour	102.3	100.2	98.4	102.7	102.1	100.1	100.0
其他粮食	Others	106.7	105.7	99.9	102.2	103.1	100.1	100.7
粮食制品	Cereal Product	104.9	101.3	101.8	102.6	96.9	100.0	103.8
2.薯类	Tubers	111.2	98.9	109.2	103.2	106.7	93.4	87.3
薯 类	Tubers	111.2	98.9	109.2	103.2	106.7	93.4	87.3
3.豆类	Beans	104.4	109.4	99.0	103.4	110.4	101.5	100.0
干 豆	Beans	109.1	102.1	102.5	103.8	106.0	101.1	100.0
豆 制 品	Bean Products	102.0	109.7	98.1	103.4	110.5	101.6	100.0
4.食用油	Edible Oil	102.4	101.2	105.7	103.4	99.3	102.5	100.6
食用植物油	Edible Vegetable Oil	100.0	100.8	97.5	103.0	98.8	100.8	100.6
食用动物油	Edible Animal Oil	106.3	152.9	121.2	130.7	127.9	174.7	100.0
5.菜	Vegetables	112.8	106.4	109.3	113.1	115.2	114.2	109.4
鲜 菜	Fresh Vegetables	116.9	106.7	110.7	113.8	115.9	114.9	109.8
干菜及菜制品	Dried Vegetables and Processed Products	100.5	99.2	97.4	101.1	100.8	99.7	100.0
6.畜肉类	Livestock Meat	121.0	122.3	118.3	120.0	120.0	125.6	117.3
猪 肉	Pork	139.8	147.2	146.4	144.4	141.1	146.5	144.3
牛 肉	Beef	110.8	115.9	114.7	111.6	110.7	117.3	110.2
羊 肉	Mutton	107.0	107.8	110.8	107.5	107.8	108.1	113.6
畜肉副产品	Byproducts	123.5	122.1	118.1	128.0	113.1	114.0	163.1
其他畜肉及制品	Other Livestock Meat Processed Products	112.2	106.3	129.0	110.2	111.0	120.2	107.6
7.禽肉类	Poultry	110.9	97.5	93.7	98.8	92.1	112.3	98.7
鸡	Chicken	108.2	95.9	91.4	97.0	87.3	113.2	98.3
鸭	Duck	111.5	91.6	95.2	80.3	87.6	112.8	100.0
其他禽肉及制品	Other Poultry Meat Processed Products	118.4	102.5	108.9	103.1	109.9	103.1	100.1
8.水产品	Aquatic Products	101.7	103.3	104.3	99.9	106.2	102.4	100.0
淡 水 鱼	Freshwater Fish	101.1	106.3	106.3	98.6	107.7	103.6	100.0
海 水 鱼	Seawater Fish	105.7	99.7	99.9	105.8	105.2	100.1	100.0
虾 蟹 类	Shrimp and Crab	96.3	94.8	100.8	101.2	98.5	97.9	100.0
其他水产品及制品	Others Aquatic and Processed Products	103.5	101.4	100.5	101.2	102.6	106.4	100.0
9.蛋类	Eggs	90.5	86.0	87.5	91.7	93.0	96.2	87.5
鸡 蛋	Fresh Egg	87.0	85.6	86.7	91.2	92.8	95.8	87.2
其他蛋及制品	Other Egg and Processed Products	98.6	95.3	99.7	103.3	99.3	102.4	100.0
10.奶类	Milk	98.1	100.3	100.2	101.2	100.3	100.3	98.9
鲜 奶	Fresh Milk	98.9	98.9	100.6	100.8	99.9	99.5	97.4
酸 奶	Yoghourt	96.9	100.1	101.6	100.3	100.0	100.0	100.0
奶 粉	Milk Powder	97.0	105.0	97.6	100.8	101.9	102.8	100.0
其他奶制品	Other Milk Products	102.2	98.5	99.8	108.4	100.2	102.1	100.0
11.干鲜瓜果类	Dried and Fresh Melons and Fruits	93.6	92.4	98.8	91.6	94.8	93.0	96.0
鲜 瓜 果	Fresh Melons and Fruits	89.6	89.4	97.0	88.4	93.3	89.9	95.0
坚 果	Nuts	105.4	101.8	102.2	101.6	101.7	105.4	100.0
瓜果制品	Melons and Fruits Products	97.5	102.6	109.0	112.1	100.0	102.8	100.0
12.糖果糕点类	Candy and Cake	100.8	100.9	96.9	101.5	96.7	99.2	100.0

3-14 续表 1 continued

(以上年价格为100) (preceding year =100)

分类名称	Item	银 川 市辖区 Yinchuan	石嘴山 市辖区 Shizuishan	利通区 Litong	原州区 Yuanzhou	沙坡头区 Shapotou	平罗县 Pingluo	海原县 Haiyuan
食　　糖	Sugar	103.2	100.1	97.4	101.0	99.5	98.1	100.0
糖　　果	Candy	102.1	99.9	101.5	103.9	97.4	99.9	100.0
糕　　点	Cake	99.3	101.5	94.1	100.6	95.9	100.7	100.0
其他糖果糕点	Other Candy and Cake	98.1	100.0	105.1	100.0	94.7	100.0	100.0
13.调味品	Flavoring	102.6	101.3	100.5	100.6	100.6	98.8	100.0
食 用 盐	Salt	100.0	100.0	100.0	100.0	100.0	95.0	100.0
酱　　油	Soy	100.6	101.4	103.9	99.9	99.9	100.0	100.0
食　　醋	Vinegar	102.8	100.4	97.6	100.1	99.4	100.0	100.0
调 味 酱	Bechamel	105.9	100.9	101.6	100.5	103.6	100.9	100.0
味　　精	Aginomoto	99.9	101.1	100.0	104.0	100.0	101.2	100.0
其他调味品	Others	102.4	106.0	100.0	104.7	107.7	105.9	100.0
14.其他食品类	Other Food	98.6	102.3	98.5	101.7	98.2	100.4	97.0
方便食品	Convenient Food	98.7	101.6	99.1	101.2	97.2	100.2	95.8
淀粉及制品	Starch and Products	97.0	106.3	100.9	102.8	100.0	100.8	100.0
膨化食品	Puffed Food	99.3	100.2	96.5	102.2	97.2	100.1	94.8
15.在外餐饮	Dining Out	102.9	105.5	103.3	107.5	104.2	101.8	106.1
正　　餐	Dinner	103.1	104.9	105.6	107.0	101.1	102.4	103.2
快　　餐	Fast Food	99.4	103.4	101.2	105.3	113.7	102.1	109.8
地方小吃	Local Snack	106.7	112.1	104.8	111.7	108.5	101.2	100.0
其他在外餐饮	Others	102.9	104.1	100.0	103.0	100.0	100.0	133.3
二、饮料、烟酒	Beverages, Tobacco and Liquor	99.9	101.4	100.6	100.7	100.8	102.1	100.0
1.茶及饮料	Tea and Beverages	100.5	100.7	97.8	99.3	101.6	106.4	100.0
茶　　叶	Tea	100.4	100.7	93.4	99.1	102.0	109.2	100.0
固体咖啡	Solid Coffee	101.0	102.6	102.5	100.1	99.7	102.9	100.0
其他固体饮料	Other Solid Beverages	98.2	100.3	93.7	102.3	101.9	104.8	100.0
饮 用 水	Potable Water	95.6	100.0	100.0	98.0	97.1	101.0	100.0
果汁饮料	Juice Beverage	98.8	101.6	99.2	98.6	100.8	100.1	100.0
其他液体饮料	Other Liquid Beverages	103.0	100.0	98.9	100.0	102.6	107.5	100.0
2.烟草	Tobacco	100.0	101.0	100.0	100.0	100.0	101.1	100.0
烟　　草	Tobacco	100.0	101.0	100.0	100.0	100.0	101.1	100.0
3.酒类	Liquor	99.3	102.7	103.6	102.9	101.2	101.2	100.0
白　　酒	Spirit	101.5	103.6	103.5	102.9	102.6	100.7	100.0
葡 萄 酒	Wine	96.2	99.8	101.0	105.6	99.9	96.5	100.0
啤　　酒	Beer	98.4	99.2	105.4	101.9	97.4	104.3	100.0
其他酒类	Others	96.7	104.8	107.2	100.5	99.2	100.0	100.0
三、服装、鞋帽	Garments, Shoes and Hats	99.5	97.7	99.1	98.5	99.6	95.1	97.0
1.服装	Garments	101.3	98.6	99.9	97.9	100.0	94.5	95.1
(1)男士服装	Men's	101.1	99.3	98.4	98.8	100.7	94.4	93.5
男式西服	Men's Western-style Clothes	101.1	102.0	97.9	102.4	102.4	99.5	100.6
男式冬衣	Men's Winter Clothes	106.1	94.3	97.6	100.8	99.4	96.0	82.4
男式夹克衫	Men's Jacket	98.2	101.6	97.0	99.4	100.4	90.0	94.9
男式毛线衣	Men's Sweater	101.1	100.1	103.3	95.2	98.9	96.4	93.5
男式运动装	Men's Sportswear	100.9	98.0	102.6	92.6	101.1	95.3	103.3
男式衬衫T恤	Men's Shirt and T-shirt	99.5	99.4	95.6	99.6	100.8	92.2	92.5
男式裤子	Men's Trousers	103.0	99.9	93.7	98.4	102.6	94.4	92.8

3-14 续表 2 continued

(以上年价格为100) (preceding year =100)

分类名称	Item	银川市辖区 Yinchuan	石嘴山市辖区 Shizuishan	利通区 Litong	原州区 Yuanzhou	沙坡头区 Shapotou	平罗县 Pingluo	海原县 Haiyuan
男式内衣	Men's Underclothes	99.3	97.7	100.7	98.1	98.2	99.5	97.3
(2)女士服装	Women's	101.3	98.3	99.4	97.4	99.0	95.1	95.9
女式外套	Women's Coat	95.4	99.6	101.8	98.9	97.5	96.2	99.8
女式冬衣	Women's Winter Clothes	108.1	96.8	92.7	96.2	96.4	91.7	83.4
女式毛线衣	Women's Sweater	100.2	97.1	107.9	95.0	102.1	99.3	99.1
女式运动装	Women's Sportswear	101.7	100.5	96.3	90.3	101.0	92.1	107.0
女式衬衫T恤	Women's Shirt and T-shirt	100.7	100.0	104.8	99.7	98.0	93.2	95.0
女式裤子	Women's Trousers	97.3	94.6	87.6	98.1	101.1	97.7	93.0
女式裙子	Women's Skirt	103.9	100.8	101.7	98.6	97.9	95.2	102.2
女式内衣	Women's Underclothes	99.4	98.1	103.4	99.9	102.6	96.0	101.2
(3)儿童服装	Children's	101.9	98.2	106.9	97.3	104.6	91.7	96.6
婴幼服装	Infant's Wear	99.5	95.0	104.3	102.2	101.0	98.8	102.4
儿童上衣	Children's Coat	106.7	99.0	116.5	94.2	108.3	90.8	90.5
儿童裤子	Children's Trousers	98.6	100.9	95.6	102.3	102.4	88.1	106.9
儿童裙子	Children's Skirt	100.9	97.1	99.5	95.5	100.9	94.4	88.3
2.鞋帽袜	Footgear and Hats	97.5	95.1	96.7	100.4	98.4	95.3	101.9
(1)鞋	Shoes	96.9	94.6	95.9	100.5	98.2	94.6	102.2
男　鞋	Shoes of Men	97.8	96.2	103.3	99.5	99.7	94.7	102.5
女　鞋	Shoes of Women	95.4	93.0	89.3	99.7	96.1	94.9	103.3
童　鞋	Shoes of Children	100.0	98.5	101.8	103.7	105.1	93.6	95.2
(2)袜子	Socks	100.0	101.3	103.1	100.0	99.5	100.0	100.0
袜　子	Socks	100.0	101.3	103.1	100.0	99.5	100.0	100.0
(3)帽子	Hats	97.8	101.6	106.5	99.7	100.7	100.0	100.0
帽　子	Hats	97.8	101.6	106.5	99.7	100.7	100.0	100.0
3.其他衣着配件	Other Clothing and Accessories	96.5	98.7	98.7	96.0	99.6	98.9	100.0
其他衣着配件	Other Clothing and Accessories	96.5	98.7	98.7	96.0	99.6	98.9	100.0
四、纺织品	Textiles	100.2	99.4	99.7	102.2	99.8	100.0	100.0
1.服装材料	Clothing Material	101.1	100.0	98.2	98.2	100.4	100.0	100.0
服装材料	Clothing Material	101.1	100.0	98.2	98.2	100.4	100.0	100.0
2.床上用品	Bed Articles	100.0	99.4	100.7	103.2	99.8	100.0	100.0
被　子	Quilt	100.0	100.9	100.7	98.6	100.4	100.0	100.0
床单被套	Bed Sheet and Cover	100.0	98.2	100.6	108.2	99.3	100.0	100.0
其他床上用品	Other Bed Articles	100.0	100.0	101.6	99.1	100.0	100.0	100.0
五、家用电器及音像器材	Household Appliances, Music and Video Equipment	98.2	99.3	96.1	97.8	98.2	96.3	98.5
1.家庭设备	Household Facilities	98.3	98.8	96.2	98.5	98.7	97.2	100.2
洗衣机	Washing Machine	97.2	100.3	91.0	98.3	98.2	97.8	100.0
电冰箱(柜)	Refrigerator	98.5	99.7	95.5	96.5	96.5	97.0	100.7
抽油烟机	Ventilator	99.9	96.4	101.7	99.3	100.3	98.4	97.7
空调器	Air Conditioner	94.4	97.1	93.9	97.3	96.4	99.7	100.0
热水器	Water Heater for Shower	97.3	96.3	97.0	101.8	101.9	96.0	101.3
炉具灶具	Stove and Oven	100.0	100.0	101.9	101.3	101.0	96.1	100.0
微波炉	Microwave Oven	101.9	97.7	102.0	102.8	100.1	95.9	100.0
厨房小家电	Kitchen Small Household Appliances	97.9	98.8	100.3	97.2	100.4	94.9	100.0
生活小家电	Living Small Household Appliances	100.1	99.5	100.0	98.7	99.8	97.0	100.0
其他大型家用器具	Other Big Household Appliances	100.7	100.5	100.0	95.6	101.4	93.6	100.0

3-14 续表 3 continued

(以上年价格为100) (preceding year =100)

分类名称	Item	银川市辖区 Yinchuan	石嘴山市辖区 Shizuishan	利通区 Litong	原州区 Yuanzhou	沙坡头区 Shapotou	平罗县 Pingluo	海原县 Haiyuan
2.文娱用耐用消费品	Durable Consumer Goods for Cultural and Recreational Use	97.4	99.4	95.1	96.5	97.1	94.8	96.1
电视机	TV Set	97.2	96.5	91.0	95.7	93.9	92.8	93.0
照相机	Camera	101.3	103.8	100.1	95.3	101.7	101.3	101.3
音响	Sound Equipment	90.3	96.3	95.2	100.0	95.0	96.3	100.0
其他文娱耐用消费品	Other Durable Consumer Goods	101.1	103.8	101.0	97.3	100.0	99.2	100.0
3.专业音像器材	Special Sound and Image Facilities	100.8	102.3	101.1	99.3	100.0	101.4	100.0
专业音响器材	Special Sound Facilities	101.4	101.4	101.4	100.0	100.0	102.0	100.0
专业声像器材	Special Acoustic Image Facilities	99.8	103.8	99.8	92.1	100.0	100.0	99.8
六、文化办公用品	Cultural and Office Appliances	101.6	100.7	100.3	100.2	102.9	100.9	100.9
纸张文具	Paper and Stationery	98.9	100.0	98.4	100.0	99.0	100.0	100.0
台式计算机	Desktop Computer	98.3	99.9	100.7	99.4	104.2	100.0	101.5
笔记本平板	Notebook Tablet	107.4	102.7	96.9	100.5	105.2	100.9	100.0
电脑附件	Computer Parts	98.7	100.0	100.0	99.2	104.6	100.0	100.0
打印复印机	Print and Copy Machine	99.4	100.6	107.2	102.9	101.1	104.1	103.5
教学设备	Teaching Device	99.5	99.5	100.2	100.0	98.9	99.5	100.0
七、日用品	Articles for Daily Use	99.0	100.3	99.9	99.3	100.5	100.3	100.1
1.日用百货	General Merchandise for Daily Use	99.2	100.9	98.1	98.9	101.7	98.0	100.3
电动自行车	Electric Bicycle	99.3	102.7	90.8	97.1	101.0	94.1	100.8
自行车	Bicycle	102.7	101.1	103.7	100.0	108.5	101.5	100.0
雨具	Rain Gear	94.7	100.0	100.0	100.0	100.2	99.6	100.0
护理器具	Nursing Appliances	98.2	100.1	100.9	103.4	100.0	100.1	100.0
清洁用纸	Hygiene Paper	96.3	99.2	98.7	99.6	99.5	99.6	100.0
化妆器具	Make-up Appliances	100.0	97.7	100.0	100.0	100.0	100.0	100.0
2.厨具餐具茶具	Kitchen Utensils and Tableware	97.5	102.2	100.2	99.7	99.8	99.6	100.0
厨具	Kitchen Ware	96.7	102.5	99.2	100.0	96.3	99.0	100.0
餐具	Tableware	98.7	102.6	101.2	99.0	100.1	100.0	100.0
茶具	Tea Set	97.3	100.0	100.4	100.0	104.8	100.0	100.0
3.清洗用品	Cleaning Supplies	100.5	100.3	101.9	100.5	101.8	102.8	100.0
清洗用品	Cleaning Supplies	100.5	100.3	101.9	100.5	101.8	102.8	100.0
4.其他日用品	Other Articles for Daily Use	98.2	98.2	100.4	98.9	98.6	101.0	100.0
灯具	Lamp	98.0	98.0	99.7	100.7	94.7	107.4	100.0
箱包	Luggage	96.7	93.0	100.0	92.7	100.0	99.2	100.0
母婴用品	Mother and Baby Products	101.1	97.8	104.0	101.2	98.0	98.0	100.0
眼镜	Glasses	97.7	102.6	99.8	99.7	100.0	100.0	100.0
其他护理用品	Nursing Materials	96.9	99.6	100.9	100.0	100.3	100.1	100.0
其他日用杂品	Other Articles for Daily Use	100.4	100.4	98.2	100.0	99.6	100.2	100.0
八、体育娱乐用品	Sports and Recreation Articles	100.1	100.2	98.6	99.1	99.8	100.5	101.0
1.体育户外用品	Sports and Outdoor Articles	100.0	100.0	100.4	100.0	98.8	100.1	100.0
体育户外用品	Sports and Outdoor Articles	100.0	100.0	100.4	100.0	98.8	100.1	100.0
2.娱乐用品	Recreational Goods	100.2	100.3	97.2	98.4	100.0	100.6	101.1
乐器	Musical Instrument	103.0	100.7	100.0	101.7	100.0	100.3	100.0
游戏用品和玩具	Games Supplies and Toys	98.9	101.2	94.7	101.1	94.9	100.1	100.0
园艺花卉及用品	Horticulture and Flower Articles	98.6	99.6	87.6	94.5	104.7	102.6	106.6
宠物及用品	Pet Articles	100.9	100.0	101.0	91.8	100.0	100.0	100.0
其他文化娱乐用品	Other Goods for Cultural and Recreation Use	98.6	100.0	100.0	100.0	98.1	100.2	100.0

3-14 续表 4 continued

(以上年价格为100) (preceding year =100)

分类名称	Item	银　川市辖区 Yinchuan	石嘴山市辖区 Shizuishan	利通区 Litong	原州区 Yuanzhou	沙坡头区 Shapotou	平罗县 Pingluo	海原县 Haiyuan
九、交通、通信用品	Transport and Communications Articles	98.9	100.4	100.2	96.7	98.7	99.1	96.7
1.交通运输机械	Transport Machinery	97.6	96.6	96.8	95.3	96.4	95.9	96.3
小型汽车	Car	95.0	95.0	95.0	95.1	96.0	95.0	95.0
大中型客车	Large and Middle-Size Coach	99.7	99.7	99.7	99.7	99.7	99.7	99.7
交通工具零配件	Transport Parts	97.1	99.7	99.1	96.1	96.1	94.7	100.0
2.通信器材	Communication Tools	100.9	107.1	105.1	98.9	103.2	106.2	97.7
固定电话机	Telephone	100.0	101.1	100.0	101.5	100.0	101.1	100.0
移动电话机	Mobile Telephone	102.2	108.1	108.1	98.3	105.0	107.3	97.1
其他通信器材	Other Communication Tools	99.9	100.0	93.3	105.1	100.0	101.8	100.0
十、家具	Furniture	101.1	99.3	99.2	100.3	99.1	98.3	102.0
柜	Cupboard	102.8	99.7	98.1	100.2	99.0	97.5	101.6
床	Bed	100.2	97.0	99.3	100.2	99.6	97.6	101.8
桌	Desk	99.6	100.0	98.2	99.4	98.8	98.7	101.6
椅	Chair	102.8	100.6	99.6	101.1	100.0	100.0	102.3
沙　　发	Sofa	99.9	100.0	100.0	99.6	98.3	98.4	101.7
其他家具	Others	100.3	100.0	100.1	103.1	98.5	98.9	103.8
十一、化妆品	Cosmetics	100.2	100.3	99.6	100.5	100.8	91.1	100.0
清洁化妆品	Cleansing Cosmetics	102.2	100.7	98.4	100.0	100.3	90.0	100.0
护肤化妆品	Skin-care Cosmetics	99.1	101.3	100.8	100.8	100.6	88.1	100.0
彩妆化妆品	Make-up Cosmetics	101.1	100.5	97.4	100.0	98.3	89.9	100.0
清洁类护理用品	Nursing Materials	101.4	99.3	102.0	98.8	101.9	100.2	100.0
护发美发用品	Hair Care Products	99.7	98.7	100.9	102.0	102.9	99.9	100.0
十二、金银饰品	Gold and Silver Jewelry	110.0	123.7	113.5	116.0	114.3	117.5	116.6
金 饰 品	Gold Jewelry	120.5	125.6	122.4	126.3	124.8	121.5	118.0
银 饰 品	Silver Jewelry	99.6	116.2	108.8	100.8	100.1	107.8	122.1
铂金饰品	Platinum Jewelry	97.6	102.0	98.4	99.3	97.8	98.6	94.1
十三、中西药品及医疗保健用品	Traditional Chinese and Western Medicines, Health Care Articles	99.8	98.2	100.6	101.7	101.3	99.0	101.4
1.医疗卫生器具	Medical Treatment and Public Health	101.4	100.0	104.6	100.0	100.0	101.4	100.0
医疗卫生器具	Appliances Medical Treatment and Public Health Appliances	101.4	100.0	104.6	100.0	100.0	101.4	100.0
2.中药	Traditional Chinese Medicine	105.2	102.5	101.8	100.9	100.5	99.4	99.6
中 药 材	Traditional Chinese Medicinal Materials	106.3	98.0	103.3	103.3	100.1	96.9	99.3
中 成 药	Chinese Patent Medicine	102.9	103.1	100.6	99.7	100.6	100.3	99.9
3.西药	Western Medicine	95.8	96.3	99.9	102.7	101.8	98.3	102.5
抗微生物药	Antimicrobial Drugs	100.0	72.2	100.0	100.0	104.3	100.0	95.8
消化系统用药	Digest System Drugs	101.4	100.8	101.2	100.0	100.0	99.4	100.0
呼吸系统用药	Breathe System Drugs	103.8	100.0	99.7	101.5	100.0	98.2	98.7
解热镇痛药	Antipyretic and Analgesic	102.3	104.0	101.1	100.0	100.0	101.8	100.0
抗肿瘤药	Antineoplastic Drugs	100.0	97.6	100.0	138.1	115.1	112.3	115.1
激素及影响内分泌药	Hormone Drugs	101.5	100.0	100.0	100.0	100.0	82.8	95.5
心血管系统用药	Cardiovascular System Drugs	70.3	100.4	100.0	101.9	99.3	100.0	100.0
血液系统用药	Blood System Drugs	76.2	72.8	99.6	96.6	101.2	78.6	100.0
治疗精神障碍药	Dysphrenia Drugs	89.9	88.3	98.7	102.9	96.3	100.4	108.5
神经系统用药	Central Nervous System Drugs	100.0	100.8	100.0	101.5	100.0	97.3	123.9
消毒防腐及创伤外科用药	Disinfection and Trauma Drugs	100.0	100.0	98.8	106.2	102.1	100.6	102.9
泌尿系统用药	Urinary System Drugs	99.9	100.0	100.4	100.0	100.0	100.8	100.0
维生素、矿物质类药	Professional Drugs	100.0	103.1	98.0	100.0	100.0	100.6	96.6

3-14 续表 5 continued

(以上年价格为100) (preceding year =100)

分类名称	Item	银川市辖区 Yinchuan	石嘴山市辖区 Shizuishan	利通区 Litong	原州区 Yuanzhou	沙坡头区 Shapotou	平罗县 Pingluo	海原县 Haiyuan
调节水、电解质及酸碱平衡药	Adjust Water, Electrolyte and Acid-Base Balance Drugs	101.0	105.4	100.1	100.0	105.4	97.9	100.0
4.保健器具及用品	Health Care Appliances and Products	100.0	100.0	100.0	98.2	102.8	99.0	100.0
保健器具	Health Care Appliances	100.0	100.0	100.0	93.4	100.0	100.0	100.0
滋补保健品	Health Products	100.0	100.0	100.0	100.0	103.0	98.8	100.0
十四、书报杂志及电子出版物	Book, Newspapers, Magazines and Electronic Publications	100.1	101.4	102.0	101.9	106.0	101.4	99.9
1.教材及参考书	Teaching Materials and Reference Books	99.6	100.0	104.5	102.0	104.0	101.9	99.4
工 具 书	Reference Books	104.1	100.0	100.0	100.2	105.3	100.0	100.0
教　　材	Teaching Materials	99.4	99.7	100.6	102.8	99.3	106.1	98.3
参考资料	Reference Books	99.8	101.5	110.3	102.2	106.4	102.3	100.0
其他教育用品	Other Education Articles	93.6	95.9	99.8	102.1	97.3	98.0	100.0
2.书报杂志	Newspapers and Magazines	100.0	102.7	100.0	102.2	108.1	100.0	100.0
书报杂志	Newspapers and Magazines	100.0	102.7	100.0	102.2	108.1	100.0	100.0
3.计算机办公软件	Computer Software	102.9	100.0	102.9	100.0	102.9	102.9	102.9
计算机办公软件	Computer Software	102.9	100.0	102.9	100.0	102.9	102.9	102.9
十五、燃料	Fuels	91.4	91.2	95.2	90.8	92.1	88.5	95.7
1.煤炭及制品	Coal and Related Products	100.0	100.0	107.1	106.7	100.0	87.2	101.0
原　　煤	Coal	100.0	100.0	109.3	106.7	100.0	82.4	101.0
煤 制 品	Related Products	100.0	100.0	100.0	97.3	100.0	100.0	100.0
2.石油及制品	Oil and Products	90.7	90.7	89.5	88.0	90.0	88.8	88.4
管道燃气	Pipeline Fuel Gas	99.4	99.6	99.4	99.2	99.4	99.5	100.4
液化石油气	Liquefied Petroleum Gas	100.0	95.4	96.2	100.0	100.0	90.7	100.0
汽　　油	Gasoline	85.7	85.7	85.7	85.7	85.7	85.7	85.7
柴　　油	Diesel Oil	84.4	84.4	84.4	84.5	84.4	84.4	84.4
十六、建筑材料及五金电料	Building Materials and Hardware	100.0	100.7	99.1	99.5	99.8	100.0	99.6
1.建筑装潢材料	Building Decoration Materials	100.3	100.7	98.4	99.5	99.8	100.0	99.5
木 地 板	Wooden Floor	100.2	100.2	100.0	100.2	97.5	100.0	100.0
瓷　　砖	Brick	99.7	100.7	101.5	98.0	99.0	100.0	100.0
水　　泥	Cement	102.6	105.4	95.8	103.9	100.0	101.0	95.3
涂　　料	Dope	100.0	100.0	100.0	99.1	99.0	100.2	100.0
板　　材	Veneer	100.6	100.0	95.3	97.3	101.1	98.0	98.4
管　　材	Tubular Product	99.1	101.0	100.0	95.5	100.6	100.1	100.2
厨卫设备	Kitchen Equipment	99.9	101.0	90.4	100.2	102.9	100.0	100.0
门　　窗	Doors and Windows	100.6	100.0	101.3	100.4	99.1	100.0	101.0
其他住房装潢材料	Other Building Decoration Materials	100.0	101.1	102.3	97.3	99.0	100.0	100.0
2.五金水暖	Water and Heating Hardware	99.3	100.4	100.9	99.6	100.0	99.6	100.0
家用手工工具	Household Hand Tools	98.7	101.4	99.4	100.0	100.0	100.0	100.0
配电附件	Electricity Distribution Accessory	98.5	100.1	103.3	99.5	100.0	100.0	100.0
水暖器材	Heating Equipment	100.0	100.6	100.0	99.5	100.0	99.2	100.0

3-15 2020年调查市县农业生产资料价格指数

Price Indices for Means of Agricultural Production by City and County (2020)

(以上年价格为100) (preceding year=100)

分类名称	Item	平罗县 Pingluo	海原县 Haiyuan
农业生产资料价格指数	**General Index**	**102.5**	**104.7**
一、农用手工工具	Farm Handtools	100.0	100.0
农用手工工具	Farm Handtools	100.0	100.0
二、饲料	Forage	110.7	107.4
混合饲料	Mix Forage	104.8	101.2
其他饲料	Others	118.0	112.4
三、仔畜幼禽及产品畜	Young Poult, Livestock and Commodity Animals	128.3	119.3
仔　畜	Young Livestock	146.4	150.3
幼　禽	Young Poult	121.6	88.2
产 品 畜	Commodity Livestock	123.8	110.8
四、半机械化农具	Semi-mechanized Farm Tools	100.0	100.0
半机械化农具	Semi-mechanized Farm Tools	100.0	100.0
五、机械化农具	Mechanized Farm Machinery	100.0	100.0
机械化农具	Mechanized Farm Machinery	100.0	100.0
六、化学肥料	Chemical Fertilizer	97.2	92.0
氮　肥	Nitrogenous Fertilizer	95.9	94.5
磷　肥	Phosphatic Fertilizer	99.2	85.4
钾　肥	Potassic Fertilizer	99.2	91.0
复合肥料	Compound Fertilizer	98.9	91.1
七、农药及农药器械	Pesticide and Its Appliances	99.8	99.9
1.化学农药	Chemistry Pesticide	99.7	100.0
杀 虫 剂	Insecticide	99.2	99.6
杀 菌 剂	Germicide	100.0	100.0
除 草 剂	Herbicide	100.1	100.0
生长调节剂	Growth Regulator	100.0	100.0
2.农药器械	Pesticide Appliances	101.3	100.0
农药器械	Pesticide Appliances	101.3	87.3
八、农机用油	Oil for Farm Machinery	85.5	84.6
农用柴油	Agricultural Diesel Oil	84.6	
润 滑 油	Lube	100.0	100.0
九、其他农用生产资料	Other Means of Agricultural Production	96.0	100.8
农用种子	Farm Seed	99.0	101.2
农用薄膜	Farm Film	81.2	100.0
未列名的其他农用生产资料	Others	99.1	100.0
十、农业生产服务	Service for Agricultural Product	98.7	100.0
排 灌 费	Drain and Irrigate Fees	100.0	100.0
机械作业费	Machinery Operating Cost	97.8	100.0
农业用电	Agricultural Electricity	100.0	100.3
农业用工	Agricultural Labor	100.0	100.0

3-16 主要年份全区农产品生产者价格指数

指　标	Item	2002	2003	2004	2005	2006	2007
合　计		**93.40**	**104.40**	**114.23**	**103.26**	**101.20**	**114.95**
一、农业产品	Farm Products		108.80	120.21	103.00	103.23	111.89
(一)谷物	Grain (Unprocessed)		101.10	125.85	106.62	103.63	108.11
1.稻谷	Rice		100.00	129.29	108.92	103.66	104.05
2.小麦	Wheat		100.00	129.63	108.51	99.43	101.60
3.玉米	Corn		100.00	119.32	99.36	107.99	118.93
4.谷子	Millet						
5.高粱	Sorghum						
6.荞麦	Buckwheat						
7.其他谷物	Other Grains						
(二)薯类	Tubers		103.80	97.65	109.32	118.70	100.55
(三)油料	Oil-bearing		105.90	116.54	99.89	109.54	119.54
(四)豆类	Soybeans		100.00	110.01	93.03	97.57	118.06
(五)未加工烟草	Tobacco						
(六)饲料作物	Feed Crops						
(七)蔬菜及食用菌	Vegetables and Edible Fungi		122.60	112.08	93.41	103.77	112.05
1.蔬菜	Vegetables		122.60	112.08	93.41	103.77	112.05
①叶菜类蔬菜	Leaf Vegetables		97.80	106.76	95.23	100.81	96.80
②白菜类蔬菜	Cabbage Vegetables						
③根茎类蔬菜	Roots and Tubers		101.40	123.40	107.99	112.10	113.25
④瓜菜类蔬菜	Melon Vegetables		119.00	101.08	79.28	95.57	102.57
⑤豆类蔬菜	Beans for Vegetable Use		85.90	148.00	104.71	106.68	136.84
⑥茄果类蔬菜	Eggplant Fruit		144.50	104.35	85.11	105.40	140.19
⑦葱蒜类蔬菜	Shallot and Garlic		100.00	108.38	103.13	113.93	109.41
2.食用菌	Edible Fungi						
(八)花卉	Flowers						
(九)盆景及园艺产品	Bonsai and Horticultural						
(十)水果及坚果	Fruits and Nuts		107.60	119.24	105.69	85.67	119.00
1.水果(园林水果)	Garden Fruits		107.60	119.24	83.60	102.21	121.09
2.食用坚果	Nuts						
(十一)香料原料	Spice Materials						
(十二)中草药材	Chinese Medicinal Plant				93.96	112.26	144.85
二、饲养动物及其产品	Animal Husbandry (Animal Products)		101.00	109.22	103.47	99.11	118.36
(一)活牲畜	Feeding of Livestock		100.90	105.48	99.80	102.20	114.12
1.猪	Feeding of Hog		90.50	122.59	104.92	91.82	130.05
2.牛	Feeding of Cattle		106.60	102.61	102.16	101.18	115.53
3.马	Horse						
4.驴	Donkey						
5.羊	Feeding of Sheep		98.40	101.76	100.36	101.62	116.67
(二)活家禽	Poultry		97.10	109.39	113.24	95.23	122.46
1.活鸡	Chickens		97.10	109.39	113.24	95.23	122.46
2.活鸭	Ducks						
3.其他活家禽	Other Poultry						
(三)畜禽产品	Livestock and Poultry Products						
1.生奶	Milk				97.68	103.02	111.99
2.禽蛋	Eggs		97.70	111.02	109.14	92.47	123.61
3.天然蜂蜜及副产品	Natural Honey and By-products						
4.动物毛类	Animal Hair				114.33	106.69	99.55
5.生皮	Raw Hides						
6.其他畜禽产品	Other Livestock and Poultry						
(四)其他饲养动物	Other Breeding Animals						
三、渔业产品	Fishery		103.20	132.87	106.33	96.64	111.65
(一)淡水养殖产品	Freshwater Aquaculture Products		103.20	132.87	106.33	96.64	111.65
1.养殖淡水鱼	Fresh Water Fish		103.20	132.87	106.33	96.64	111.65
2.淡水养殖蟹	Fresh Water Shrimp and Crab						

Producer Price Indices for Farm Products in Main Years

2008	2009	2010	2011	2012	2013	2014	2015	2016	2017	2018	2019	2020
118.70	**99.39**	**117.03**	**111.34**	**103.61**	**106.69**	**98.27**	**98.37**	**98.72**	**99.30**	**104.99**	**106.38**	**113.08**
110.60	106.27	118.69	107.15	103.85	106.08	100.11	104.92	96.42	99.14	103.95	98.50	110.66
107.70	104.85	114.12	108.59	103.34	102.42	101.96	100.76	90.89	102.03	104.49	97.06	113.30
104.10	108.58	117.47	106.62	99.70	100.36	98.22	107.45	94.13	100.58	99.83	93.74	116.13
113.20	110.12	108.78	110.79	103.71	104.89	108.64	103.8	95.42	101.58	102.94	96.85	106.41
105.40	97.37	118.58	108.62	105.55	102.48	100.97	95.24	86.77	103.12	108.06	99.19	114.83
93.80	102.99	162.68	82.46	108.18	136.36	101.6	76.56	147.61	89.06	82.99	128.21	99.33
114.00	97.33	111.37	115.75	108.20	108.65	89.5	112.18	85.29	104.97	108.89	111.4	110.47
115.70	92.41	106.33										
113.60	115.88	114.43	102.67	107.52	109.39	90.77	122.30	99.36	100.14	110.2	86.56	120.51
113.60	115.88	114.43	102.67	107.52	109.39	90.77	122.30	99.36	100.14	110.2	86.56	120.51
120.40	114.01	110.22	106.60	115.95	113.09	77.59	127.55	106.00	121.78	106.53	82.08	123.23
									84.81	123.23	74.84	136.20
130.80	103.82	125.65	113.01	90.33	100.38	92.08	106.79	91.63	107.55	95.85	94.12	115.13
111.80	123.75	111.19	106.37	99.86	114.53	80.43	114.57	91.86	108.83	104.22	99.2	95.52
137.50	110.93	104.26	103.21	108.73	92.44	99.82	109.74	111.73	100.25	108.18	106.76	
80.20	122.91	118.31	104.38	109.88	96.49	95.07	107.70	95.85	97.96	107.94	88.46	118.74
120.00	119.47		119.01	96.99	108.23	85.72	108.99	118.44	90.57	112.79	103.98	100.34
127.30	120.21	109.16	115.82	109.03	98.49	99.57	114.69	92.04	92.62	113.59	81.86	99.29
88.10	93.89	137.31	115.82	109.03	98.49	99.57	114.69	92.04	92.62	113.59	81.86	99.29
104.00	69.35	161.25	113.45	83.26	99.08	117.2	112.79	89.82	90.55	91.35	111.39	98.58
127.80	91.78	115.59	115.84	102.75	108.93	96.22	91.28	101.27	99.19	106.00	115.75	116.19
126.40	89.18	122.21	115.84	107.17	109.69	93.13	95.78	103.63	100.34	105.1	121.02	126.88
146.80	85.46	99.87	138.80	93.67	97.99	87.74	111.46	123.84	83.83	85.44	151.88	163.71
133.70	97.65	103.93	112.48	113.32	116.86	98.97	95.4	96.41	101.66	107.4	108.99	116.12
125.80	97.13	104.10	115.60	110.91	110.53	90.22	82.63	95.42	113.00	119.23	109.82	108.83
118.50	103.96	107.34	111.17	101.29	105.61	106.44	95.19	102.6	91.53	113.39	110.82	96.48
118.50	103.96	107.34	111.17	101.29	105.61	106.44	95.19	102.6	91.53	113.39	110.82	96.48
									99.48	105.36	108.23	103.78
123.20	78.88	145.79	106.81	96.90	110.48	98.12	82.44	97.70	97.18	104.23	109.69	105.76
119.40	106.04	107.48	115.96	89.63	101.90	111.11	85.68	93.61	89.29	128	108.45	77.72
114.80	90.61								129.93	114.58	65.3	84.81
103.70	104.94	102.96	110.22	112.13	84.38	99.92	100.7	97.08	103.16	106.33	91.80	105.42
103.70	104.94	102.96	110.22	112.13	84.38	99.92	100.7	97.08	103.16	106.33	91.8	105.42
103.70	104.94	102.96	110.22	112.13	84.38	99.92	100.7	97.08	103.16	106.33	91.8	105.42

3-17 主要年份全区工业生产者出厂价格指数

指 标	Item	2001	2002	2003	2004	2005
全部工业品	**Total Industry Products**	**100.29**	**99.68**	**103.85**	**109.97**	**106.23**
其中：轻工业	Light Industry	100.73	98.84	101.37	102.6	102.47
以农产品为原料	Raw Material of Agricultural Products	100.72	98.81	101.37	103.61	104.14
以非农产品为原料	Raw Material of Non-agricultural Products	100.94	99.08	101.43	101.73	100.74
重工业	Heavy Industry	100.2	99.84	104.86	112.72	107.48
采掘	Mining & Quarrying	100.99	108.64	102.05	128.62	123.78
原材料	Raw Material	100.44	97.65	105.4	111.55	108.74
加工	Processing	99.75	100	104.44	112.43	99.41
其中：生产资料	Means of Production	100.33	99.82	104.26	110.57	106.47
采掘	Mining & Quarrying	100.94	108.39	101.57	133.6	128.56
原材料	Raw Material	100.4	97.59	105.92	109.07	106.18
加工	Processing	100	99.98	102.93	107.4	100.62
生活资料	Consumer Goods	100.1	98.77	100.36	103.21	103.44
食品	Food	99.57	98.69	99.68	104.55	104.86
衣着	Clothing	103.62	100.42	103.12	101.02	98.78
一般日用品	Articles for Daily Use	101.65	97.73	97.19	100.35	102.67
耐用消费品	Durable Consumer Goods	100.69	92.47	97.16	97.47	99.55
按工业部门分	**By Industry Branch**					
冶金工业	Metallurgy Industry	96.12	92.84	103.25	113.56	96.87
电力工业	Electric Power Industry	106.07	100.81	103.32	107.21	104.32
煤炭及炼焦工业	Coal and Coking Industry	102.02	112.16	103.02	133.53	127.73
石油工业	Petroleum Industry	99.41	96.58	116.52	110.72	118.86
化学工业	Chemistry Industry	99.39	101.55	104.5	106.58	104.72
机械工业	Machinery Industry	100.79	97.9	99.13	102.8	106.02
建筑材料工业	Building Materials Industry	99.78	102.16	100.85	105.36	99.34
森林工业	Forest Industry	100.38	100.54	97.71	95.12	98.84
食品工业	Food Industry	99.31	98.66	100.02	105.03	103.84
纺织工业	Textile Industry	98.42	82.01	101.47	105.15	111.83
缝纫工业	Sewing Industry	103.67	98.95	100.76	100.91	98.79
皮革工业	Leather Industry	101.33	99.34	113.12	103.76	103.56
造纸工业	Papermaking Industry	103.94	99.13	98.01	100.92	103.56
文教艺术用品工业	Culture and Education Articles Industry		99.41	100.89	100.05	100.78
其他工业	Other Industry	113.09	103.14	101.56	107.65	106.93
按工业行业分	**By Industry Sector**					
煤炭开采和洗选业	Mining and Washing of Coal	101.06	113.21	101.58	133.66	128.63
石油和天然气开采业	Extraction of Petroleum and Natural Gas	99.51	98.88			
黑色金属矿采选业	Mining and Dressing of Ferrous Metal					
有色金属矿采选业	Mining and Dressing of Non-ferrous Metal					
非金属矿采选业	Mining and Processing of Non-ferrous Metal Ores	101.38	99.44	99.92	97.82	95.62
其他采矿业	Other Mining and Dressing					
农副食品加工业	Processing of Food from Agricultural Products	100.11	97.68	101.38	109.92	103.15
食品制造业	Manufacture of Foods	99.29	97.74	98.44	101.43	106.44
酒、饮料及精制茶制造业	Manufacture of Liquor, Beverages and Tea	98.04	101.01	100.01	104.25	101.92
烟草制品业	Processing of Tobacco		100.06	100	100.06	100.01

Producer Price Indices for Industrial Products in Main Years

2006	2007	2008	2009	2010	2011	2012	2013	2014	2015	2016	2017	2018	2019	2020
106.17	**103.70**	**112.85**	**93.93**	**109.13**	**109.5**	**97.4**	**96.0**	**96.3**	**93.7**	**99.1**	**112.1**	**107.3**	**99.4**	**96.9**
102.48	103.47	112.07	97.50	107.14	114.4	100.4	99.4	99.9	98.8	98.1	100.8	101.9	101.5	100.5
101.09	102.83	110.46	93.76	110.71	114.8	101.3	100.8	100.4	98.9	97.9	100.8	101.9	101.8	100.3
103.92	104.14	113.89	101.81	102.77	111.6	94.7	89.6	96.2	98.5	99.7	100.4	101.5	99.4	102.9
107.38	103.77	113.12	92.98	109.78	108.6	96.9	95.4	95.6	92.9	99.3	114.3	108.2	99.0	96.2
110.21	105.90	131.66	100.25	116.13	107.3	97.8	91.6	96.1	92.2	96.7	119.0	107.7	96.6	97.3
109.21	103.65	110.33	92.57	110.17	109.6	97.4	95.5	95.5	92.5	98.2	114.5	108.9	99.6	95.7
101.66	103.53	115.29	91.46	105.46	106.6	95.3	96.5	95.8	94.1	103.1	111.6	106.5	98.4	97.1
106.60	103.61	113.39	93.53	109.37	109.4	97.4	95.8	96.1	93.4	99.2	113.4	107.7	98.9	96.4
111.29	106.98	136.30	93.92	114.37	107.3	97.8	91.6	96.1	92.2	96.7	119.0	107.7	96.6	97.3
108.80	103.13	106.87	93.40	109.65	109.6	97.5	95.6	95.4	92.1	98.2	114.7	108.4	99.2	95.4
102.26	103.27	115.33	93.55	106.52	109.5	97.2	97.2	97.3	95.9	101.8	109.3	106.1	98.9	98.2
101.75	104.51	107.74	98.50	106.56	110.4	97.9	98.7	98.5	98.2	98.1	100.9	103.7	104.5	100.4
103.61	106.15	108.33	99.29	108.1	108.7	100.4	102.7	99.8	97.9	97.9	100.7	103.0	103.8	100.3
96.15	100.76	98.02	96.25	105.61	124.8	111.4	105.1	106.6	95.1	90.5	99.0	95.6	104.9	99.7
101.21	102.88	113.10	97.88	102.39	114.1	90	87.0	92.7	99.4	99.6	102.0	107.6	107.6	101.4
99.15	99.79	105.77	100.25	112.74	100.6	99.7	98.6	100.1	100.3	99.7	100.1	99.7	98.3	98.4
108.65	103.83	109.12	82.89	110.72	115.6	91.3	95.4	94.7	91.8	106.7	115.7	105.0	97.9	97.2
103.36	102.87	101.21	101.48	104.57	101.1	102.9	99.7	98.9	98.2	98.5	107.6	101.6	100.0	100.4
111.00	107.12	135.60	93.60	114.41	108.7	96.5	89.6	92.3	88.7	95.6	129.7	110.2	98.6	95.4
121.52	103.46	120.26	97.39	113.65	113.5	107.2	97.7	97.2	80.8	95.4	111.4	119.9	100.6	82.7
100.42	103.40	117.64	90.66	109.25	111.9	92.0	92.9	94.5	96.4	98.1	109.6	111.9	96.6	97.8
106.77	102.01	106.39	97.19	100.19	102.7	99.9	98.2	99.0	98.7	98.8	100.2	100.0	99.9	99.9
101.72	102.46	114.14	114.92	97.42	97.9	93.7	99.6	96.1	92.5	99.3	110.0	104.5	102.1	102.1
99.15	101.05	102.84	100.26	104.36	100.5	100.4	100.6	100.4	100.8	100.2	100.0	100.0	99.4	99.0
101.89	105.26	111.56	99.25	108.79	108.8	100.6	103.0	100.0	97.6	97.7	100.7	102.7	103.7	100.5
103.33	100.99	98.71	86.79	116.15	126.4	102.9	99.4	100.5	100.0	98.1	99.1	100.1	100.2	101.0
95.77	100.32	98.02	96.22	104.81	110.1	105.5	100.5	104.4	100.5	100.0	100.3	99.9	100.0	97.7
100.43	101.67	99.56	93.44	104.56	129.5	113.0	107.8	105.9	91.5	89.7	98.8	95.3	105.6	100.2
101.23	101.33	119.83	86.91	108.46	107.3	98.5	98.2	100.6	99.9	99.8	113.1	108.3	92.4	94.6
103.71	110.34	110.72	97.19	98.85	101.9	101.7	101.6	100.1	99.4	100.2	87.9	79.6	94.0	100.5
106.89	108.24	121.09	92.09	107.51	104.8	96.8	96.3	97.4	97.2	99.0	115.7	123.2	106.9	93.3
111.34	107.06	136.70	93.91	114.48	110.2	96.9	89.3	93.1	91.1	96.5	127.2	109.8	98.5	96.1
					128.9	113.2	105.3	97.0	71.0					
					124.4	88.4	88.2	99.3	89.3	100.2	103.0	101.9	108.1	104.3
98.40	100.00	100.00	105.82	99.25	103.3	106.5	100.0	106.8	108.4	100.1	121.1	100.0	100.0	99.4
103.61	110.89	112.77	96.92	109.85	113.6	99.2	104.5	99.9	98.3	100.3	101.0	100.8	100.7	101.7
99.89	101.88	114.25	99.51	111.09	110.3	96.6	94.3	96.5	93.7	94.7	100.9	104.3	106.5	100.1
102.11	101.86	107.99	103.00	102.45	106.9	103.4	100.4	99.5	100.7	100.3	100.1	102.7	101.8	99.0
99.97	100.07	100.50	98.24	99.58	100.3	101.1	100.8	100.6	106.7	100.3	100.0	100.0	105.7	101.5

3-17 续表

指 标	Item	2001	2002	2003
纺织业	Manufacture of Textile	99.08	83.72	101.65
纺织服装、服饰业	Manufacture of Textile Apparel and Costume	116.14	100.42	99.99
皮革、毛皮、羽毛及其制品和制鞋业	Manufacture of Leather, Fur, Feather and Related Products and Shoes	101.33	96.19	113.12
木材加工和木、竹、藤、棕、草制品业	Processing of Timber, Manufacture of Wood, Bamboo, Rattan, Palm and Straw Products			
家具制造业	Manufacture of Furniture	100.69	92.47	96.48
造纸和纸制品业	Manufacture of Paper and Paper Products	103.88	99.09	98.01
印刷和记录媒介复制业	Printing, Reproduction of Recording Media	102.98	102.03	101.07
文教体育用品制造业	Manufacture of Articles for Culture, Education and Sport Activities		96.94	88.89
石油、煤炭及其他燃料加工业	Oil, Coal and other Fuel Processing Industries	105.22	98.12	117.37
化学原料和化学制品制造业	Manufacture of Raw Chemical Materials and Chemical Products	99.18	102.58	105.99
医药制造业	Manufacture of Medicines	102.85	101.44	100.19
化学纤维制造业	Manufacture of Chemical Fibers	102.21	87.86	95.49
橡胶和塑料制品业	Manufacture of Rubber and Plastic Products			
非金属矿物制品业	Manufacture of Non-metallic Mineral Products	99.76	102.18	100.95
黑色金属冶炼和压延加工业	Smelting and Pressing of Ferrous Metals	104.99	99.53	114.58
有色金属冶炼和压延加工业	Smelting and Pressing of Non-ferrous Metals	89.52	90.65	99.37
金属制品业	Manufacture of Metal Products	98.05	93.09	106.27
通用设备制造业	Manufacture of General Purpose Machinery	103.06	96.76	96.97
专用设备制造业	Manufacture of Special Purpose Machinery	89.92	104.21	102.82
交通运输设备制造业	Manufacture of Transport Equipment		104.44	101.31
电气机械和器材制造业	Manufacture of Electrical Machinery and Equipment	99.46	96.54	99.86
通信设备、计算机及其他电子设备制造业	Manufacture of Communication Equipment, Computers and Other Electronic Equipment		86.83	100.25
仪器仪表制造业	Manufacture of Instruments and Apparatus	99.04	96.15	99.75
工艺品及其他制造业	Manufacture of Artwork and Other Manufacturing		99.47	106.6
废弃资源和废旧材料回收加工业	Recycling and Pressing of Abandoned Resources and Waste and Scrap			
电力、热力的生产和供应业	Production and Supply of Electric Power, Steam and Hot Water	106.08	100.81	103.32
燃气生产和供应业	Production and Supply of Gas		100.5	104.66
水的生产和供应业	Production and Supply of Tap Water	117.47	104.25	100.73
全部原材料	**Total Raw Materials**	**102.49**	**97.81**	**106.83**
燃料、动力类	Fuels and Powers	103.54	103.67	108.03
黑色金属材料类	Ferrous Metals Materials	98.92	97.98	110.15
其中：钢材	Steels	99	97.58	109.13
其他	Others	97.9	99.36	114.26
有色金属材料及电线类	Non-Ferrous Metals Materials and Electric Wires	84.88	69.99	108.43
化工原料类	Chemical Raw Materials	98.5	98.61	103.11
木材及纸浆类	Timbers and Pulps	103.12	100.51	100.59
建筑材料及非金属矿类	Building Materials and Non-metallic Mineral	103.92	99.89	101.1
其他工业原材料及半成品类	Other Industry Raw Materials and Semi-manufactures	110.57	98.41	99.45
农副产品类	Agricultural Products	123.65	97.39	115.05
纺织原料类	Textile Raw Materials	98.07	79.22	80.52

continued

2004	2005	2006	2007	2008	2009	2010	2011	2012	2013	2014	2015	2016	2017	2018	2019	2020
104.56	106	99.65	100.68	98.23	91.36	115.46	126.2	102.9	99.4	100.6	100.0	98.1	99.1	100.0	100.2	101.0
99.2	100.03	100.07	100.12	100.88	103.26	100.3	103	102.2	101.7	101.0	100.0	100.2	100.0	100.0	100.0	97.7
103.76	103.56	100.43	101.67	99.56	93.44	104.56	129.5	113	107.8	105.9	91.5	89.7	98.8	95.3	105.6	100.2
			102.50	100.00	101.34	101.04	98.9	100.3	100.7	100.6	101.1	100.2	100.0	100.0	100.1	102.6
97.25	99.75	99.15	99.84	106.14	100.23	105.87	102	100.4	100.6	100.2	100.4	100.2	100.0	100.0	99.1	97.5
100.92	103.56	101.23	101.33	119.83	86.92	108.46	107.3	98.5	98.2	100.6	99.9	99.8	113.1	108.3	92.4	94.6
100.05	100.78	103.71	110.34	110.72	97.12	97.7	102.2	101.7	101.6	100.1	99.4	100.2	87.9	79.6	94.0	100.5
111.71	118.26	121.33	103.78	123.14	96.36	114.07	110.1	103.2	95.5	94.2	78.8	95.3	118.2	117.6	100.2	85.0
112.75	107.44	96.96	102.93	122.35	88.52	110.46	111.1	93.6	94.4	95.6	96.6	97.8	110.4	111.5	93.5	96.3
99.11	98.56	99.16	106.31	110.49	98.17	102.72	106.8	88.7	93.8	98.0	102.7	101.8	106.2	125.5	114.6	104.2
115.78	104.11	98.45	101.67	99.86	94.10	90.89										
												95.4	107.9	103.2	100.5	99.3
105.87	99.75	101.98	103.21	121.67	109.27	101.36	100.2	94.4	98.2	96.1	93.4	99.1	112.5	110.7	104.1	99.2
119.54	87.85	98.75	109.13	129.70	81.58	113.84	110.5	92.9	95.7	95.1	87.8	110.1	118.4	111.2	93.8	93.7
110.62	101.58	114.72	100.61	96.66	82.93	110.4	119	90.1	95.1	94.3	93.7	104.9	113.0	100.7	100.5	99.2
122.45	98.89	103.60	105.49	121.98	94.18	97.73	107.3	96.1	97.1	97.0	93.1	97.6	112.3	103.8	99.3	98.3
101.43	102.68	102.01	101.20	106.13	98.80	101.49	103.9	100.3	99.9	99.9	99.9	99.1	99.8	100.2	100.1	99.8
114.16	115.65	122.90	104.80	113.90	93.92	101.78	104.8	100.3	98.2	97.9	96.5	97.6	100.0	99.3	102.1	99.3
100	100	100.53	103.02	104.15	101.05	107.54	104.1	97.8	99.7	100.0	100.0					
105.89	102.92	110.66	101.98	103.28	97.59	96.22	99	98.8	95.1	99.0	98.8	99.5	100.7	100.0	98.6	99.8
101.75	99.93	93.72	95.53	92.69	91.71	104.81	108.1	94	99.5	95.5	100.1					
91.1	106.79	100.16	100.72	103.16	98.17	98.81	101.2	102.7	100.7	99.0	100.0	95.5	99.6	100.8	100.3	102.6
100.16	106.01	102.70	100.00	100.00												
107.21	104.32	103.36	102.87	101.21	101.48	104.57	101.1	102.9	99.7	98.9	98.2	98.5	107.6	101.6	100.0	100.4
111	126.37	103.38	105.12	105.59	100.33	99.18	99.4	111	104.9	112.0	102.2	85.8	117.6	126.2	100.9	83.4
104.93	113.2	113.40	111.82	102.33	99.94	100.63	100.5	100.1	101.3	101.4	102.1	100.4	101.7	112.9	101.9	100.0
117.29	**109.69**	**108.48**	**107.14**	**121.80**	**94.69**	**114.06**	**112.8**	**99.5**	**97.0**	**97.0**	**92.1**	**96.9**	**112.9**	**106.5**	**97.5**	**94.7**
116.52	113.62	107.86	107.45	126.78	103.47	112.34	112.2	101.3	96.1	96.4	89.0	95.0	116.1	108.1	98.4	90.6
134.44	105.75	90.17	108.36	136.56	81.08	111.74	108.7	92.5	92.6	93.4	88.7	104.3	119.0	111.0	94.4	92.2
133.29	103.77	89.67	106.52	133.33	81.70	108.98	109.9	93	90.6	94.8	90.6	100.0	117.2	107.5	95.9	98.0
139.65	114.35	94.48	116.06	148.75	77.52	118.76	105.4	91.1	98.0	89.9	83.2	110.5	119.6	116.1	92.1	83.8
114.75	101.93	129.64	108.40	105.07	81.22	129.89	111.8	91.4	96.0	97.2	96.3	94.3	114.9	101.4	88.9	95.7
114.53	110.46	99.17	104.31	116.73	93.26	109.25	117	100.3	94.7	95.6	92.5	98.3	114.3	106.0	88.4	96.9
108.49	117.2	101.22	102.99	113.04	93.48	107.87	104.1	98.2	98.0	98.3	99.8	98.4	106.0	115.8	99.8	98.5
110.98	109.49	105.01	104.55	127.00	103.56	103.69	120.2	100.5	97.5	95.1	95.5	100.5	110.5	106.6	101.0	95.9
109.57	103.81	105.62	106.29	113.66	92.35	108.96	109.5	101.5	102.1	98.2	96.2	99.0	102.8	103.3	101.3	102.3
117.27	108.76	102.49	108.74	125.96	89.49	118.7	115.3	101.3	101.8	101.0	96.3	98.2	104.8	102.7	102.5	101.9
100.67	122.67	100.67	100.85	99.52	95.57	108.6	108.5	98.5	99.4	100.3	99.9	98.3	103.7	100.1	99.1	102.9

主要指标解释

居民消费价格指数（CPI） 居民消费价格指数是度量一组代表性消费商品及服务项目价格水平随着时间而变动的相对数，反映居民家庭购买的消费品及服务价格水平的变动情况。它是宏观经济分析和决策、价格总水平监测和调控以及国民经济核算的重要指标。其按年度计算的变动率通常被用来作为反映通货膨胀（或紧缩）程度的指标。

商品零售价格指数 商品零售价格是商品在流通过程中最后一个环节的价格，是工业、商业、餐饮业和其他零售企业向城乡居民、机关团体出售生活消费品和办公用品的价格。商品零售价格调查的任务是系统地调查、搜集和整理市场商品零售价格资料，编制商品零售价格指数，以此反映市场商品零售价格的变动趋势和变动程度。其目的在于掌握商品价格的变动趋势，为国家宏观调控和国民经济核算提供参考依据。同时，还可以在此基础上编制其他派生价格指数。

农业生产资料价格指数 农业生产资料价格是农业生产资料在流通领域的最后一个环节价格，是工业、商业及其他单位和个人向农民出售农业生产资料的价格。农业生产资料价格调查的任务是系统地调查、搜集和整理市场农业生产资料价格资料，编制农业生产资料价格指数，据此测定全国市场农业生产资料价格变动趋势和变动程度。其目的在于掌握农业生产资料的平均价格水平，为国家制定经济政策提供依据；同时，为研究城乡市场流通和国民经济核算提供参考依据。

农产品生产者价格指数 反映一定时期内，农产品生产者出售的农产品价格水平变动趋势及幅度的相对数。农产品生产者价格是指农产品生产者第一手（直接）出售其产品时实际获得的单位产品价格。

工业生产者出厂价格指数（PPI） PPI是工业生产者出厂价格指数（Producer Price Index）的简称，反映工业企业产品第一次出售时的出厂价格的变化趋势和变动幅度。与CPI相比，CPI是从消费者的角度反映市场物价的变化趋势，PPI是从生产者的角度反映产品的价格变动情况。

工业生产者购进价格指数（IPI） IPI是工业生产者购进价格指数的简称，反映工业企业作为中间投入的原材料、燃料、动力的购进价格的变化趋势和变动幅度。

固定资产投资价格指数 反映全社会及各类工程固定资产投资中涉及的各类投资品和取费项目价格的变动趋势和变动幅度。

建筑安装工程价格指数 反映建筑安装工程产值中建筑材料、人工费以及各种费用标准变动趋势及变动幅度的相对数。

Explanatory Notes on Main Statistical Indicators

Consumer Price Indices (CPI) reflect the relative change in prices of consumer goods and services in a certain period of time. Formation of consumer price index aims to study the impact of consumer price changes on the actual living cost of urban and rural residents and to provide scientific basis for central government and relevant departments to draw up consumer policy, price policy, wage policy and monetary policy and to account the nation economy. It is also a key index reflecting the inflation rate.

Retail Price Indices reflect the prices at which industrial, commercial, catering and other retail enterprises sell daily consumer goods to urban and rural residents and products for office use to institutions and social organizations. It reflects the general change in prices of retail commodities in a certain period of time. Formation of retail price index aims to keep abreast of price fluctuation of retail commodities and provide the reference basis for the central government to work out economic policies. At the same time, it can also compile other derived price index on this basis.

Price Indices for Means of Agricultural Production reflect the prices at which industrial, commercial, catering and other retail enterprises sell agricultural means of production to peasants for office use to institutions and social organizations. It reflects the general change in prices of agricultural means of production in a certain period of time. Formation of retail price index aims to keep abreast of price fluctuation of agricultural means of production and provide the reference basis for the central government to work out economic policies. At the same time, it can also provide the reference for the study of circulation of urban and rural markets and national economic accounting.

Producer Prices Indices for Farm Products reflect the trend and degree of changes in the prices of the means of agricultural production during a given period. It is the actual price of the unit product sold by producer of agricultural products firsthand.

Producer Price Indices for Industrial Products (PPI) PPI is the abbreviation of Producer Price Index for industrial products, which is reflecting the trend and degree of changes in the prices for industrial products sold firsthand. Comparing with CPI, CPI reflects the trend of market price from the consumer perspective. PPI reflects the degree of changes in the prices for industrial products from the producer perspective.

Purchasing Price Indices for Industrial Producers (IPI) IPI is the abbreviation of purchasing price indices for industrial producers, which is reflecting the trend and degree of changes in the intermediate input raw materials, fuel, power purchase price.

Price Indices for Investment in Fixed Assets reflect the trend and degree of relative changes in fixed assets involved in the various types of investment products and costs of project price of whole society and all kinds of engineering investment.

Price Indices for Construction and Installation Engineering reflect the trend and degree of relative changes in the building materials costs, labor costs and other costs for construction and installation engineering.

第四篇
农业调查
Agriculture Survey

简要说明

粮食及畜牧业生产调查数据包括粮食播种面积、粮食产量，猪、牛、羊、家禽存出栏数及产品产量等。其中粮食播种面积、粮食产量是根据抽样方法抽取的分布在全区 21 个市县（区）范围的 203 个调查村样本资料分级推算加总取得；猪、牛、羊、家禽存出栏数及产品产量调查点分布在全区 22 个市县（区），调查对象为全区范围内的所有大型养殖场（户）和抽中的 566 个村内的 1 万多户中小型养殖场（户），自治区、市、县（市、区）数据是根据调查样本分级推算加总取得。

Brief Introduction

Data of agriculture and animal husbandry include sown area of crops, grain yield, number of livestock bred and slaughtered of pork, beef, mutton and poultry, output of livestock products. Data of sown area of crops and grain yield are collected according to the sampling method. This method chooses 203 survey villages at 21 cities and counties in Ningxia and amounts the data. Survey points of bred and slaughtered livestock number of pork, beef, mutton and poultry and output of livestock products distribute at 22 cities and counties in Ningxia. Survey objects include all scale households and production units, as well as 566 scattered households involving 10 thousand small and medium size farmers. Data at all levels are achieved based on survey sample calculating and amounting.

2020 年宁夏主要畜禽生产稳中向好

2020 年宁夏畜牧业生产围绕乡村振兴战略转型升级、提质增效，全区主要畜禽生产稳中向好，发展势头明显加快。据宁夏调查总队监测显示：2020 年宁夏主要畜禽肉产量 33.4 万吨，其中：猪肉产量 8.0 万吨，增长 2.5%；牛肉产量 11.4 万吨，下降 0.2%；羊肉产量 11.1 万吨，增长 6.6%；禽肉产量 2.9 万吨，下降 19.1%。生牛奶产量 215.3 万吨，增长 17.4%；禽蛋产量 13.9 万吨，与上年基本持平。宁夏特色牛羊肉产量占比接近七成，产品结构逐步优化。

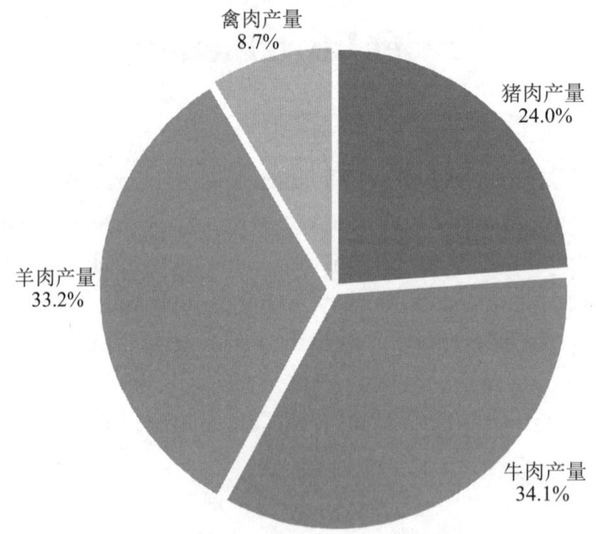

图 1　2020 年宁夏主要畜禽肉产量结构图

一、生猪产能恢复，存栏量持续增长

2020 年在政策推动和高收益行情拉动下，宁夏生猪养殖户积极补栏，生猪生产恢复形势持续向好，生猪和能繁母猪存栏环比连续增长，产能恢复情况好于预期。截至 2020 年末生猪存栏达 90 万头，同比增长 22.7%，其中：能繁母猪存栏 11.6 万头，同比增长 32.3%。全年肥猪出栏 98.6 万头，同比增长 2.1%。各大型和中小型生猪养殖场（户）存栏均呈现增长势头。

二、政策助推肉牛养殖稳步发展，存栏量再创新高

近年来，围绕农业高质量发展、乡村振兴，国家出台关于促进乡村产业振兴的指导意见，自治区政府也出台推进农业高质量发展，促进乡村产业振兴的实施意见，宁夏沿黄灌区及中南部地区，大力扶持牛产业发展，目前沿黄灌区大力发展奶牛、中南部地区重点发展肉牛的生产形势已初具规模。2020 年自治区各级政府借力脱贫攻坚政策持续发力，加大对养殖户尤其是建档立卡户的产业扶持力度，积极落实基础母牛补贴、标准化圈棚补贴、青贮池补贴，实施节本增效项目，“见犊补母”政策惠及所有养殖户，进一步提升了农户养殖信心。据宁夏调查总队畜禽监测显示：2020 年末宁夏牛存栏达到 178.0 万头，同比增长 26.4%，其中：肉牛存栏约 120.7 万头，同比增长 24.2%。

三、奶牛规模化优势明显，奶产量再上新台阶

2019 年自治区政府出台关于推进奶产业高质量发展的实施意见，提出加快高产奶牛培育、打造优质牛

奶生产加工集聚区，乳品质量和产业竞争力达到全国领先水平。据宁夏调查总队畜禽监测显示：2020 年末，宁夏奶牛存栏达 57.4 万头，同比增长 31.2%。生牛奶产量 215.3 万吨，同比增长 17.4%。

四、肉羊养殖效益凸显，饲养量持续增加

近年来宁夏各地积极鼓励肉羊养殖，肉羊养殖量持续增加，特别是 2020 年新冠肺炎疫情发生后，影响农民工外出务工，多选择在本地务工就业，而肉羊养殖准入门槛低、繁殖速度快、利润空间大，是农民首选的养殖产业。据主要畜禽监测显示：2020 年末宁夏羊存栏 596.1 万只，同比增长 4.9%；其中绵羊存栏 503.5 万只，同比增长 9.5%。全年羊出栏 625.1 万只，同比增长 7.8%；其中绵羊出栏 515.4 万只，同比增长 18.2%。

五、家禽养殖行情低迷，农户谨慎观望

2019 年底，鸡蛋价格高位运行，许多养殖户扩大规模，积极补栏，蛋鸡规模化养殖程度大幅提高，蛋鸡存栏增加明显。2020 年受新冠肺炎疫情及市场供过于求等因素影响，鸡蛋价格低迷，部分养殖户缩小养殖规模甚至退出养殖市场，以规避市场风险，造成家禽存栏量明显减少。据主要畜禽监测显示：2020 年末，宁夏家禽存栏 1181.8 万只，同比下降 8.0%。其中：蛋鸡存栏 903.9 万只，同比下降 3.7%；肉鸡存栏 269.7 万只，同比下降 20.8%。全年家禽出栏 1386.7 万只，同比下降 19.6%。

（潘　瑜）

2020年宁夏粮食总产量380.49万吨

2020年，宁夏各级党委政府坚决落实“六保”任务，深入实施“藏粮于地、藏粮于技”战略，严守耕地红线，加大粮食生产政策支持力度，克服新冠肺炎疫情和局部地区干旱带来的不利影响，全年粮食生产增产丰收，实现了面积、单产、总产“齐增”。根据对全区22个县（市、区）抽样调查和农业生产经营单位的全面统计，2020年全区粮食总产量380.49万吨，比2019年增加7.34万吨，增长2.0%，为历史第二高产年。

一、粮食生产总体平稳

（一）稳面积，粮食播种面积稳中略增

宁夏持续调整优化粮食作物种植结构，适当调减低产低效小麦和高耗低质水稻面积，扩大粮饲兼用玉米、高产抗旱小杂粮种植规模，鼓励新型农业经营主体推进规模化种植。2020年全区粮食播种面积1018.75万亩，比上年增加2.7万亩，增长0.3%。其中，小麦139.39万亩，比上年减少22.27万亩，下降13.8%；稻谷91.22万亩，比上年减少10.86万亩，下降10.6%；受养殖需求和收益上升拉动，玉米生产“由降转增”，播种面积484.09万亩，达历史最高水平，比上年增加34.42万亩，增长7.7%；马铃薯142.66万亩，比上年增加3.59万亩，增长2.6%。

（二）提单产，粮食单产水平创历史新高

全区粮食单产实现新突破，粮食单产373公斤/亩，比上年增加6.2公斤/亩，增长1.7%。因单产提高，增产粮食6.32万吨。分品种看，除小麦单产受局部地区旱情影响下降外，主要秋粮作物单产水平普遍提高。其中，玉米单产515公斤/亩，比上年增加1.5公斤/亩，增长0.3%；稻谷单产541公斤/亩，比上年增加1.8公斤/亩，增长0.3%；马铃薯单产291公斤/亩，比上年增加7.6公斤/亩，增长2.7%。

（三）增总产，粮食安全压舱石作用更稳

2020年宁夏粮食总产量再次超过380万吨大关，总产量连续9年稳定在370万吨以上。

1. 夏减秋增，秋粮比重逐年提高。分季节看，全区夏粮产量29.05万吨，比上年减少7.11万吨，下降19.7%；秋粮产量351.45万吨，比上年增加14.45万吨，增长4.3%，秋粮产量占全年粮食总产量的比重由上年的90.3%提高至92.4%。

2. 两减两增，玉米增产优势明显。分品种看，玉米产量249.07万吨，比上年增加18.6万吨，增长8.1%，占粮食总产量的比重达65.5%，比上年提高3.7个百分点；马铃薯41.54万吨，比上年增加2.11万吨，增长5.3%；小麦、稻谷产量分别为27.79万吨和49.39万吨，比上年分别减少6.83万吨和5.7万吨，下降19.7%和10.3%。

3. 川增山减，粮食生产呈现新格局。分区域看，川区粮食产量209.52万吨，比上年增加7.55万吨，增长3.7；山区粮食产量170.98万吨，比上年减少0.21万吨，下降0.1%。分地区看，全区有20个县（市、区）粮食增产，2个县（区）粮食减产，粮食总产量排在前五位的依次是西吉县、平罗县、同心县、中宁县和青铜峡市，五个县（市）粮食播种面积441.81万亩，占全区43.4%；粮食产量170.36万吨，占全区44.8%；贡献了76.7%的增产粮食。

表 1　2020 年宁夏粮食播种面积、总产量及单位面积产量

指　　标	播种面积（万亩）	总产量（万吨）	单位面积产量（公斤/亩）
全年粮食	1018.75	380.49	373
一、分季节			
1. 夏粮	153.38	29.05	189
2. 秋粮	865.38	351.45	406
二、分品种			
其中：小麦	139.39	27.79	199
稻谷	91.22	49.39	541
玉米	484.09	249.07	515
马铃薯	142.66	41.54	291

注：由于计算机自动进位原因，分项数合计与全年数据略有差异。

表 2　2020 年全区及各县（市、区）粮食产量

指　　标	播种面积（万亩）	总产量（万吨）	单位面积产量（公斤/亩）
全区总计	1018.75	380.49	373
一、分区域			
川　区	380.50	209.52	551
山　区	638.26	170.98	268
二、分县区			
兴庆区	9.05	4.77	527
金凤区	2.30	1.27	552
西夏区	15.01	9.68	645
永宁县	38.82	22.19	572
贺兰县	31.11	16.35	526
灵武市	25.42	14.98	589
大武口区	3.67	1.63	443
惠农区	20.38	10.23	502
平罗县	82.07	38.93	474
利通区	25.45	15.14	595
红寺堡	30.69	15.34	500
盐池县	61.00	7.94	130
同心县	121.90	33.14	272
青铜峡市	43.81	28.03	640
原州区	73.10	21.07	288
西吉县	138.21	39.75	288
隆德县	27.35	8.15	298
泾源县	1.60	0.28	176
彭阳县	74.68	22.07	295
沙坡头区	27.58	15.81	573
中宁县	55.81	30.52	547
海原县	109.73	23.25	212

注：1. 因计算机自动进位原因，分县合计数与全区数略有差异；

2. 个别分县数据较小，表中均保留 2 位小数。

二、粮食增产的主要因素

（一）粮食播种面积稳定增加为粮食增产奠定坚实基础

今年以来，受新冠肺炎疫情、部分地区洪涝灾害以及国际粮价影响，我国粮食价格从年初开始持续稳定上涨，为保障粮食安全，宁夏精准落实粮食生产扶持政策，农户和各类经营主体种粮积极性提高。海原县对种植秋杂作物每亩给予150元补贴，对高标准示范基地生产的谷子、糜子等由国有公司以高于市场价30%收购，农户种粮不吃亏，产粮更放心。同时，为应对盐池、同心等地的春夏旱情，各地积极组织抗旱，引导农户抢抓农时，适时改种补种，增加“麦后复种”，“以秋补夏”扩大小杂粮种植面积，确保了粮食面积的稳定，为粮食稳产奠定了基础。

（二）高产作物面积增加为粮食增产提供强力支撑

作为高产作物，玉米对宁夏粮食增产的贡献率最大。今年以来，随着生猪生产的逐步恢复和牛羊存栏量快速增加，规模生产者和普通农户种养结合、粮草兼顾，为增加种养效益首选种植玉米。同时，籽粒玉米和青贮价格一路飙升，种植效益提升为农户扩大玉米种植面积提振了信心，玉米面积大幅增加，总产量创历史新高。2020年宁夏玉米播种面积占粮食作物总播种面积的比重为47.5%，比上年提高了3.2个百分点。

（三）气象条件有利，病虫害发展轻，助力粮食增产丰收

一是气候条件总体适宜。除中部干旱带的盐池、同心、红寺堡等地出现阶段性旱情外，全区大部分地区气象及土壤水分条件适宜，秋粮作物播种质量高，重要产量形成期长势好。二是病虫害灾害损失少。宁夏全面推广测土配方施肥、病虫害专业化统防统治和绿色防控，今年全区玉米红蜘蛛、粘虫、锈病、大斑病偏轻发生，均得到有效防控，灾害损失较少。

三、粮食生产存在的问题

（一）农业基础设施存在短板，抵御自然灾害能力弱

宁夏地处西北干旱地区，干旱是影响全区农业生产最主要的自然灾害之一。近年来，全区先后在中部干旱带实施了调蓄水库、扬水灌区大型泵站和输水工程更新改造工程，不断增强水资源保障能力。但在使用过程中，一些水利灌溉设施损毁失修、管理粗放和维修养护投入不足的问题依然存在，农田水利基础设施的建设维护与现实需要还有一定差距。特别是今年宁夏中部干旱带局部地区出现重度旱情，粮食生产受到严重影响，盐池县2020年粮食减产5.25万吨，降幅达39.8%。

（二）老年劳动力比重高，农业劳动力不足问题凸显

随着农村青年劳动力的外流，“老人种地”成为当前农村普遍存在的农业生产形态，这种形态对农业投入和产出均产生了较大的负面影响。一是种粮劳力不足，影响生产进度。盐池县摆宴井村村民王琨反映，自己今年65岁，8月中旬几场降雨后，打算100亩耕地都抢种荞麦，但因农时紧、劳力不足，只种了30亩。二是传统精耕细作的生产方式被“懒人种粮”替代，田间管理粗放，生产效率低下，复种、套种模式减少。三是劳动能力和文化程度整体偏低，粮食生产新技术、新品种、新机械推广应用难，无法带来粮食生产的增量价值。

（三）农业技术推广力度仍待提高，粮食生产科技支撑不强

一是部分地区基层农技推广人员缺乏、年龄老化、专业技能不足的问题较为突出。隆德调查队反映，调查的红旗村、东光村、永丰村、田滩村、许沟村5个行政村，只有红旗村有1名农技人员；吴忠市利通区高闸镇仅有的3名农技人员中2人年龄在50岁以上。二是农技推广形式单一、效率不高，粮食生产的新技术、新品种、新模式推广较慢，粮食生产能力提高不快。三是农民接受农业科技服务的意识淡薄，配方施肥和节水灌溉等技术得不到广泛使用，制约了粮食生产科技水平的进一步提高。

（四）粮食生产比较效益偏低，农户种粮积极性不高

粮食生产与务工等其他经济活动相比，比较效益偏低的问题依然存在。以目前种植收益最高的粮食作

物玉米测算，种植一亩玉米可获得685元的净收益，按人均粮食种植面积3.65亩计算，农村居民人均种粮收益最高为2500元，而今年前三季度宁夏农村居民人均工资性收入为3508元，打工收益远高于种粮收益。由于耕地有限，农户小规模种粮增收有限，粮食生产口粮化、兼业化趋势加剧。

四、措施建议

一是加快补齐农业基础设施短板，加大农田水利建设资金投入和政策倾斜力度，整合农田水利建设专项资金，加强抗旱应急水源工程及配套设施、抗旱服务体系、旱情监测系统建设，适度扩大节水灌溉面积；探索节水农业分区，根据水情条件，确定不同类型区的种植栽培模式和节水集成技术；加大中低产田升级改造，建设旱能灌、涝可排的高产稳产粮田，抓好农田水利基础设施管护，增强粮食生产抵御自然灾害风险的能力。

二是通过政策引导鼓励土地流转，促进耕地向粮食生产专业合作社、种粮大户和种粮能手集中，推进规模种植、规模作业、规模经营，降低种粮劳动强度和生产成本，提高粮食生产效益。培育和扶持粮食生产社会化服务组织，积极推进农业机械化，强化农资配送、机械化服务、专业植保等粮食生产环节的技术服务，促进粮食专业化分工与产业化经营，着力解决农村青壮年劳动力转移后粮食生产能力不足的问题。加大各类生产经营主体培训，培养和造就一批种粮能手和经营能人。

三是建立以政府为主导、各方广泛参与的农业科技服务体系，健全农业技术推广网络，健全完善科技推广人员激励机制，强化基层基础服务，抓住“种管收”重要生产环节，组织农技人员现场指导、技术观摩。支持农业龙头企业、专业合作社等发展订单农业进行技术指导，多渠道、多形式地加大农业技术推广力度。利用互联网技术，采用在线讲解与网络平台直播等方式，深化农业技术培训和宣传。

四是落实粮食生产扶持政策，提高种粮收益。设置复种专项财政补贴，在降水、日照、温度适宜以及灌溉便利的地区适度扩大耕地复种面积，确保粮食生产能力和农户种植收益“双提升”。加快发展粮食生产专业合作社等经济合作组织，延长产前农资采购、产中生产耕作和产后流通加工服务链条，不断提高粮食生产的组织化程度。强化粮食市场动态监测分析，及时发布供求信息，适时调控供给数量，科学指导产粮大县及重点地区进行粮食生产。

（白文娟）

4-1 主要年份全区粮食生产情况
Basic Statistics of Grain Production in Main Years

单位：万亩、公斤、万吨 (10000 mu,kg,10000 tons)

年份 Year	粮食 Grain			一、夏粮 Summer Harvest			#小麦 Wheat			二、秋粮 Autumn Harvest		
	播种面积 Sown Area	亩产 Yield per Unit	总产量 Total Output	播种面积 Sown Area	亩产 Yield per Unit	总产量 Total Output	播种面积 Sown Area	亩产 Yield per Unit	总产量 Total Output	播种面积 Sown Area	亩产 Yield per Unit	总产量 Total Output
1984	1021.21	151	154.50	540.01	149	80.31	462.18	162	74.90	481.21	154	73.91
1985	968.90	148	143.00	496.70	137	68.00	426.80	146	62.50	472.20	159	75.00
1986	985.40	158	155.50	519.20	151	78.10	438.80	164	71.80	466.20	166	77.40
1987	1008.10	142	143.00	433.70	121	52.30	363.30	132	47.90	574.40	158	90.70
1988	1055.21	156	164.86	523.09	132	69.09	433.60	148	64.10	532.12	180	95.77
1989	1058.86	167	176.54	542.37	143	77.36	448.90	158	71.10	516.49	192	99.17
1990	1083.21	177	191.70	555.90	150	83.08	460.70	169	78.00	527.31	206	108.62
1991	1088.22	184	199.78	560.63	164	92.18	470.72	182	85.46	527.59	204	107.60
1992	1094.57	171	186.81	460.10	163	75.13	372.75	186	69.28	634.47	176	111.68
1993	1096.35	187	205.28	579.46	164	94.95	470.03	183	86.01	516.89	213	110.33
1994	1105.05	182	201.22	555.84	148	82.42	435.72	159	69.23	549.21	216	118.81
1995	1142.65	178	203.25	526.87	142	74.71	441.52	156	68.87	615.77	209	128.54
1996	1172.85	220	257.87	562.87	173	97.20	470.84	185	87.29	609.98	263	160.66
1997	1172.75	219	256.60	564.28	160	90.05	468.55	175	82.16	608.47	274	166.55
1998	1226.07	241	294.86	561.24	181	101.58	475.24	197	93.83	664.83	291	193.28
1999	1255.03	234	293.28	465.05	181	84.12	402.60	194	78.21	789.97	265	209.16
2000	1210.61	209	252.74	498.39	156	77.66	438.88	170	74.46	712.22	246	175.08
2001	1172.11	234	274.80	532.73	164	87.25	448.88	186	83.60	639.38	293	187.55
2002	1321.70	228	301.91	673.84	158	106.32	556.31	173	96.12	647.86	302	195.60
2003	1207.98	224	270.17	619.13	135	83.70	478.92	158	75.61	588.85	317	186.47
2004	1187.48	245	290.49	515.29	170	87.70	418.54	192	80.42	672.20	302	202.79
2005	1163.87	258	299.81	492.79	172	84.60	414.03	192	79.41	671.08	321	215.21
2006	1193.42	261	310.94	398.15	202	80.24	322.10	216	69.45	795.27	290	230.70
2007	1266.65	255	323.49	371.73	169	62.96	350.60	176	61.60	894.92	291	260.53
2008	1212.39	272	329.22	360.24	183	66.06	306.43	209	64.07	852.15	309	263.16
2009	1207.73	282	340.61	371.03	202	75.05	327.69	224	73.56	836.70	317	265.56
2010	1222.48	292	356.39	360.91	199	71.82	317.06	222	70.33	861.57	330	284.58
2011	1224.19	293	358.84	338.14	190	64.17	303.15	208	62.98	886.05	333	294.67
2012	1181.70	317	374.97	300.83	210	63.14	268.47	231	62.04	880.87	354	311.83
2013	1133.68	329	373.29	249.60	190	47.32	223.24	207	46.32	884.08	369	325.97
2014	1092.47	345	376.59	216.78	191	41.49	191.20	212	40.55	875.70	383	335.10
2015	1092.22	341	372.60	209.00	194	40.46	183.68	216	39.64	883.22	376	332.14
2016	1076.89	344	370.65	193.00	202	39.00	176.00	216	38.00	883.89	375	331.65
2017	1083.77	341	370.05	200.70	193	38.82	184.70	205	37.82	883.07	375	331.23
2018	1103.51	356	392.58	214.69	202	43.35	192.89	216	41.58	888.82	393	349.23
2019	1016.05	367	373.15	179.00	202	36.16	161.66	214	34.61	837.05	403	337.00
2020	1018.75	373	380.49	153.38	189	29.05	139.39	199	27.79	865.38	406	351.45

注：根据全国第三次农业普查反馈数据对宁夏2007-2017年全区及分县区粮食数据进行了修订。

Note: Data of grain by city and county 2007-2017 had been revised according to the feedback data from the third national agricultural census.

4-1 续表 continued

单位：万亩、公斤、万吨 (10000 mu,kg,10000 tons)

年 份 Year	#1.水稻 Rice			2.玉米 Corn			3.马铃薯 Tubers		
	播种面积 Sown Area	亩产 Yield per Unit	总产量 Total Output	播种面积 Sown Area	亩产 Yield per Unit	总产量 Total Output	播种面积 Sown Area	亩产 Yield per Unit	总产量 Total Output
1984	76.25	548	41.77	48.41	237	11.47			
1985	73.80	569	42.00	53.17	267	14.21			
1986	76.10	552	42.00	69.48	249	17.31			
1987	78.50	558	43.80	94.55	307	29.05			
1988	81.50	558	45.30	112.70	259	29.20			
1989	85.20	567	48.30	99.60	334	33.30			
1990	90.40	601	54.30	113.20	332	37.60			
1991	90.71	618	56.06	113.84	327	37.23			
1992	93.68	462	43.26	107.73	380	40.98			
1993	93.99	463	43.52	105.16	415	43.61			
1994	85.38	545	46.51	118.20	419	49.47			
1995	93.15	496	46.15	142.52	427	60.85			
1996	96.07	562	53.99	182.29	437	79.67			
1997	100.84	594	59.93	197.65	421	83.19			
1998	99.74	630	62.86	214.79	464	99.58			
1999	106.28	619	65.75	244.04	441	107.62			
2000	115.09	542	62.38	196.62	417	81.95	114.62	154	17.65
2001	111.33	555	61.82	221.63	428	94.77	121.74	164	19.92
2002	114.55	573	65.67	232.59	448	104.27	113.81	143	16.22
2003	70.07	529	37.04	264.50	453	119.93	131.53	172	22.61
2004	96.57	543	52.46	281.78	418	117.69	155.35	170	26.42
2005	106.87	571	61.06	267.58	454	121.42	175.90	157	27.52
2006	122.50	579	70.94	261.77	464	121.54	280.36	116	32.46
2007	115.50	524	60.50	309.00	474	146.60	291.75	142	41.40
2008	120.43	551	66.38	312.79	479	149.94	326.06	130	42.28
2009	117.37	550	64.55	322.62	485	156.38	297.00	132	39.06
2010	124.74	561	69.99	335.11	495	165.80	293.40	145	42.50
2011	125.91	562	70.76	346.66	497	172.43	287.70	155	44.52
2012	126.51	564	71.33	368.84	518	191.18	267.90	158	42.24
2013	123.22	559	68.89	393.03	525	206.24	259.20	170	44.00
2014	117.07	528	61.83	433.13	517	224.08	206.85	204	42.11
2015	111.51	545	60.75	452.66	501	226.88	192.75	193	37.20
2016	121.29	560	67.88	469.84	469	220.47	185.00	185	34.20
2017	121.63	566	68.85	459.49	468	214.87	178.00	198	35.20
2018	117.02	569	66.55	466.19	503	234.62	164.89	221	36.38
2019	102.08	540	55.09	449.67	513	230.47	139.07	284	39.43
2020	91.22	541	49.39	484.09	515	249.07	142.66	291	41.54

4-2 主要年份各市县粮食产量
Output of Grain by City and County in Main Years

单位：万吨 (10000 tons)

市 县	Region	2007	2008	2009	2010	2011	2012	2013	2014	2015	2016	2017	2018	2019	2020
全 区	**Total**	**323.49**	**329.22**	**340.61**	**356.39**	**358.84**	**374.97**	**373.29**	**376.58**	**372.60**	**370.65**	**370.05**	**392.58**	**373.15**	**380.49**
沿黄地区	**Plain**	**202.55**	**214.72**	**220.00**	**215.98**	**217.75**	**225.39**	**221.43**	**214.20**	**218.95**	**221.41**	**220.71**	**223.52**	**201.97**	**209.52**
中南部地区	**Mountain Area**	**120.94**	**114.50**	**120.62**	**140.41**	**141.09**	**149.59**	**151.86**	**162.38**	**153.65**	**149.24**	**149.34**	**169.06**	**171.18**	**170.98**
银川市	**Yinchuan**	**81.55**	**88.53**	**90.56**	**86.45**	**86.09**	**88.52**	**85.32**	**80.32**	**83.45**	**82.33**	**83.29**	**82.42**	**66.29**	**69.23**
兴庆区	Xingqing	6.85	6.93	6.75	6.53	6.89	7.06	6.24	5.75	6.30	6.98	7.45	5.69	4.51	4.77
金凤区	Jinfeng	4.36	4.05	3.36	3.75	3.48	3.50	2.79	2.58	2.61	2.38	2.06	1.86	1.21	1.27
西夏区	Xixia	9.52	10.56	10.48	10.82	11.32	11.84	11.87	11.73	11.19	11.02	9.58	12.14	8.84	9.68
永宁县	Yongning	19.55	24.37	25.05	23.69	23.76	24.80	26.22	25.64	26.20	26.94	26.38	26.03	21.61	22.19
贺兰县	Helan	26.57	24.21	25.26	23.93	23.85	24.61	21.22	18.08	20.40	19.32	21.21	19.39	15.85	16.35
灵武市	Lingwu	14.70	18.41	19.66	17.73	16.80	16.70	16.99	16.53	16.73	15.69	16.62	17.31	14.27	14.98
石嘴山市	**Shizuishan**	**41.73**	**42.28**	**44.92**	**44.34**	**44.59**	**45.75**	**46.03**	**46.64**	**46.50**	**44.55**	**47.43**	**52.33**	**48.96**	**50.78**
大武口区	Dawukou	1.54	1.66	1.41	1.21	1.25	1.27	1.17	1.22	1.21	1.46	1.54	1.79	1.69	1.63
惠农区	Huinong	7.95	7.09	7.61	6.98	7.18	7.64	7.41	7.71	7.79	7.49	8.18	9.33	9.89	10.23
平罗县	Pingluo	32.23	33.53	35.90	36.15	36.15	36.84	37.45	37.71	37.50	35.59	37.71	41.21	37.38	38.93
吴忠市	**Wuzhong**	**87.94**	**85.66**	**87.02**	**92.38**	**94.38**	**94.84**	**95.10**	**98.88**	**96.79**	**102.15**	**102.36**	**103.59**	**102.32**	**99.58**
利通区	Litong	18.04	19.07	18.42	18.55	18.01	18.51	18.59	17.69	17.79	20.30	19.20	15.36	14.12	15.14
红寺堡区	Hongsipu	11.55	10.10	10.43	10.84	10.40	10.78	11.30	12.16	11.43	11.98	12.00	13.69	15.15	15.34
盐池县	Yanchi	9.06	7.68	9.01	9.94	10.45	9.71	10.75	11.61	10.35	10.91	11.68	12.74	13.19	7.94
同心县	Tongxin	22.64	21.32	21.89	26.70	28.72	27.98	27.71	31.27	30.83	30.67	32.00	32.83	32.97	33.14
青铜峡市	Qingtongxia	26.65	27.50	27.28	26.35	26.80	27.85	26.74	26.15	26.40	28.29	27.48	28.97	26.89	28.03
固原市	**Guyuan**	**60.66**	**59.01**	**63.28**	**73.22**	**71.41**	**78.65**	**78.66**	**83.64**	**78.36**	**75.53**	**71.66**	**84.29**	**87.31**	**91.31**
原州区	Yuanzhou	14.27	13.14	14.56	17.33	16.70	18.17	18.67	19.67	18.18	16.97	16.00	19.38	20.22	21.07
西吉县	Xiji	21.90	20.08	21.17	24.69	24.83	26.96	27.18	30.31	28.94	27.94	29.50	35.72	37.17	39.75
隆德县	Longde	6.25	7.72	8.00	8.62	8.19	8.84	8.55	7.97	7.21	8.13	8.00	8.72	7.98	8.15
泾源县	Jingyuan	3.83	3.87	3.85	3.77	3.33	2.96	2.54	2.38	1.68	1.54	1.16	0.85	0.22	0.28
彭阳县	Pengyang	14.41	14.21	15.71	18.81	18.36	21.72	21.70	23.30	22.35	20.95	17.00	19.62	21.73	22.07
中卫市	**Zhongwei**	**51.61**	**53.73**	**54.82**	**60.00**	**62.36**	**67.21**	**68.18**	**67.11**	**67.50**	**66.10**	**65.31**	**69.95**	**68.27**	**69.58**
沙坡头区	Shapotou	14.44	13.66	13.98	14.31	14.75	15.06	15.47	14.34	15.45	16.22	16.18	15.70	15.39	15.81
中宁县	Zhongning	20.13	23.67	24.84	25.98	27.52	29.70	29.28	29.06	29.37	29.72	27.13	28.73	30.32	30.52
海原县	Haiyuan	17.03	16.40	16.01	19.71	20.10	22.46	23.44	23.70	22.68	20.16	22.00	25.51	22.56	23.25

注：从2018年开始，区属部分按照属地原则统计在各市、县(区)，不再单列。银川市辖区按三区统计。

Note: From 2018, the subordinate parts of the districts are counted in the cities and counties (districts) according to the principle of territoriality, and are no longer listed separately. Yinchuan municipal districts are counted by three districts.

4-3 2020年各市县粮食生产情况

Basic Statistics of Grain Production by City and County (2020)

单位：万亩、公斤、万吨 (10000 mu,kg,10000 tons)

市 县	Region	播种面积 Sown Area	亩产 Yield per Unit	总产量 Total Output
全 区	**Total**	**1018.75**	**373**	**380.49**
沿黄地区	**Plain**	**380.50**	**551**	**209.52**
中南部地区	**Mountain Area**	**638.26**	**268**	**170.98**
银川市	**Yinchuan**	**121.71**	**569**	**69.23**
兴庆区	Xingqing	9.05	527	4.77
金凤区	Jinfeng	2.30	552	1.27
西夏区	Xixia	15.01	645	9.68
永宁县	Yongning	38.82	572	22.19
贺兰县	Helan	31.11	526	16.35
灵武市	Lingwu	25.42	589	14.98
石嘴山市	**Shizuishan**	**106.13**	**478**	**50.78**
大武口区	Dawukou	3.67	443	1.63
惠农区	Huinong	20.38	502	10.23
平罗县	Pingluo	82.07	474	38.93
吴忠市	**Wuzhong**	**282.85**	**352**	**99.58**
利通区	Litong	25.45	595	15.14
红寺堡区	Hongsipu	30.69	500	15.34
盐池县	Yanchi	61.00	130	7.94
同心县	Tongxin	121.90	272	33.14
青铜峡市	Qingtongxia	43.81	640	28.03
固原市	**Guyuan**	**314.94**	**290**	**91.31**
原州区	Yuanzhou	73.10	288	21.07
西吉县	Xiji	138.21	288	39.75
隆德县	Longde	27.35	298	8.15
泾源县	Jingyuan	1.60	176	0.28
彭阳县	Pengyang	74.68	295	22.07
中卫市	**Zhongwei**	**193.12**	**360**	**69.58**
沙坡头区	Shapotou	27.58	573	15.81
中宁县	Zhongning	55.81	547	30.52
海原县	Haiyuan	109.73	212	23.25

注：从2018年开始，区属部分按照属地原则统计在各市、县(区)，不再单列。银川市辖区按三区统计。
Note: From 2018, the subordinate parts of the districts are counted in the cities and counties (districts) according to the principle of territoriality, and are no longer listed separately. Yinchuan municipal districts are counted by three districts.

4-4　2020年各市县小麦生产情况

Basic Statistics of Wheat Production by City and County (2020)

单位：万亩、公斤、万吨　　(10000 mu,kg,10000 tons)

市　县	Region	播种面积 Sown Area	亩产 Yield per Unit	总产量 Total Output
全　区	**Total**	**139.39**	**199**	**27.79**
沿黄地区	**Plain**	**40.45**	**329**	**13.29**
中南部地区	**Mountain Area**	**98.93**	**147**	**14.50**
银川市	**Yinchuan**	**13.94**	**367**	**5.12**
兴庆区	Xingqing	0.94	340	0.32
金凤区	Jinfeng	0.20	330	0.07
西夏区	Xixia	0.23	337	0.08
永宁县	Yongning	5.40	378	2.04
贺兰县	Helan	6.75	365	2.46
灵武市	Lingwu	0.42	351	0.15
石嘴山市	**Shizuishan**	**18.95**	**347**	**6.58**
大武口区	Dawukou	1.20	325	0.39
惠农区	Huinong	4.98	371	1.85
平罗县	Pingluo	12.77	340	4.34
吴忠市	**Wuzhong**	**31.37**	**77**	**2.41**
利通区	Litong	0.40	380	0.15
红寺堡区	Hongsipu	2.49	130	0.32
盐池县	Yanchi	1.80	9	0.02
同心县	Tongxin	25.50	58	1.47
青铜峡市	Qingtongxia	1.18	385	0.45
固原市	**Guyuan**	**60.32**	**192**	**11.59**
原州区	Yuanzhou	14.40	180	2.59
西吉县	Xiji	25.51	208	5.30
隆德县	Longde	4.50	205	0.92
泾源县	Jingyuan	0.13	185	0.02
彭阳县	Pengyang	15.78	175	2.76
中卫市	**Zhongwei**	**14.81**	**141**	**2.09**
沙坡头区	Shapotou	2.82	99	0.28
中宁县	Zhongning	3.16	224	0.71
海原县	Haiyuan	8.83	125	1.10

注：从2018年开始，区属部分按照属地原则统计在各市、县(区)，不再单列。银川市辖区按三区统计。

Note: From 2018, the subordinate parts of the districts are counted in the cities and counties (districts) according to the principle of territoriality, and are no longer listed separately. Yinchuan municipal districts are counted by three districts.

4-5　2020年各市县水稻生产情况

Basic Statistics of Rice Production by City and County (2020)

单位：万亩、公斤、万吨　　(10000 mu, kg, 10000 tons)

市　县	Region	播种面积 Sown Area	亩产 Yield per Unit	总产量 Total Output
全　区	**Total**	**91.22**	**541**	**49.39**
沿黄地区	**Plain**	**91.22**	**541**	**49.39**
中南部地区	**Mountain Area**			
银川市	**Yinchuan**	**42.37**	**550**	**23.29**
兴庆区	Xingqing	5.78	540	3.12
金凤区	Jinfeng	0.40	520	0.21
西夏区	Xixia	3.78	552	2.09
永宁县	Yongning	6.80	586	3.98
贺兰县	Helan	15.01	537	8.06
灵武市	Lingwu	10.60	550	5.83
石嘴山市	**Shizuishan**	**26.63**	**470**	**12.52**
大武口区	Dawukou	0.54	429	0.23
惠农区	Huinong	0.88	439	0.39
平罗县	Pingluo	25.20	472	11.90
吴忠市	**Wuzhong**	**15.71**	**610**	**9.59**
利通区	Litong	5.25	585	3.07
红寺堡区	Hongsipu			
盐池县	Yanchi			
同心县	Tongxin			
青铜峡市	Qingtongxia	10.46	623	6.51
固原市	**Guyuan**			
原州区	Yuanzhou			
西吉县	Xiji			
隆德县	Longde			
泾源县	Jingyuan			
彭阳县	Pengyang			
中卫市	**Zhongwei**	**6.52**	**614**	**4.00**
沙波头区	Shapotou	4.24	620	2.63
中宁县	Zhongning	2.28	602	1.37
海原县	Haiyuan			

注：从2018年开始，区属部分按照属地原则统计在各市、县(区)，不再单列。银川市辖区按三区统计。

Note: From 2018, the subordinate parts of the districts are counted in the cities and counties (districts) according to the principle of territoriality, and are no longer listed separately. Yinchuan municipal districts are counted by three districts.

4-6 2020年各市县玉米生产情况
Basic Statistics of Corn Production by City and County (2020)

单位：万亩、公斤、万吨　　(10000 mu, kg, 10000 tons)

市 县	Region	播种面积 Sown Area	亩产 Yield per Unit	总产量 Total Output
全 区	**Total**	**484.09**	**515**	**249.07**
沿黄地区	**Plain**	**236.58**	**618**	**146.20**
中南部地区	**Mountain Area**	**247.51**	**416**	**102.87**
银川市	**Yinchuan**	**64.80**	**630**	**40.80**
兴庆区	Xingqing	2.33	571	1.33
金凤区	Jinfeng	1.70	586	1.00
西夏区	Xixia	11.00	683	7.51
永宁县	Yongning	26.02	620	16.13
贺兰县	Helan	9.35	623	5.83
灵武市	Lingwu	14.40	625	9.00
石嘴山市	**Shizuishan**	**57.79**	**545**	**31.52**
大武口区	Dawukou	1.93	520	1.01
惠农区	Huinong	14.36	556	7.98
平罗县	Pingluo	41.49	543	22.53
吴忠市	**Wuzhong**	**141.83**	**569**	**80.75**
利通区	Litong	19.50	610	11.89
红寺堡区	Hongsipu	26.80	556	14.90
盐池县	Yanchi	18.20	360	6.56
同心县	Tongxin	45.50	580	26.39
青铜峡市	Qingtongxia	31.83	660	21.01
固原市	**Guyuan**	**125.01**	**347**	**43.40**
原州区	Yuanzhou	40.30	350	14.11
西吉县	Xiji	29.48	287	8.46
隆德县	Longde	11.45	362	4.14
泾源县	Jingyuan	0.78	180	0.14
彭阳县	Pengyang	43.00	385	16.56
中卫市	**Zhongwei**	**94.67**	**556**	**52.60**
沙波头区	Shapotou	19.90	645	12.84
中宁县	Zhongning	42.77	658	28.14
海原县	Haiyuan	32.00	363	11.62

注：从2018年开始，区属部分按照属地原则统计在各市、县(区)，不再单列。银川市辖区按三区统计。

Note: From 2018, the subordinate parts of the districts are counted in the cities and counties (districts) according to the principle of territoriality, and are no longer listed separately. Yinchuan municipal districts are counted by three districts.

4-7 2020年各市县马铃薯生产情况

Basic Statistics of Tubers Production by City and County (2020)

单位：万亩、公斤、万吨 (10000 mu, kg, 10000 tons)

市　县	Region	播种面积 Sown Area	亩产 Yield per Unit	总产量 Total Output
全　区	**Total**	**142.66**	**291**	**41.54**
沿黄地区	**Plain**	**1.57**	**20**	**0.03**
中南部地区	**Mountain Area**	**141.09**	**294**	**41.51**
银川市	**Yinchuan**			
兴庆区	Xingqing			
金凤区	Jinfeng			
西夏区	Xixia			
永宁县	Yongning			
贺兰县	Helan			
灵武市	Lingwu			
石嘴山市	**Shizuishan**			
大武口区	Dawukou			
惠农区	Huinong			
平罗县	Pingluo			
吴忠市	**Wuzhong**	**13.23**	**188**	**2.49**
利通区	Litong			
红寺堡区	Hongsipu	0.33	140	0.05
盐池县	Yanchi	3.00	200	0.60
同心县	Tongxin	9.90	186	1.84
青铜峡市	Qingtongxia			
固原市	**Guyuan**	**94.86**	**337**	**31.93**
原州区	Yuanzhou	13.50	280	3.78
西吉县	Xiji	63.31	370	23.42
隆德县	Longde	8.50	315	2.68
泾源县	Jingyuan	0.65	173	0.11
彭阳县	Pengyang	8.90	217	1.93
中卫市	**Zhongwei**	**34.57**	**206**	**7.13**
沙波头区	Shapotou			
中宁县	Zhongning	1.57	20	0.03
海原县	Haiyuan	33.00	215	7.10

注：从2018年开始，区属部分按照属地原则统计在各市、县(区)，不再单列。银川市辖区按三区统计。

Note: From 2018, the subordinate parts of the districts are counted in the cities and counties (districts) according to the principle of territoriality, and are no longer listed separately. Yinchuan municipal districts are counted by three districts.

4-8 2020年各市县猪、牛、羊、禽存栏情况
Breeding Stock of Livestock by City and County (2020)

市 县	Region	存栏 Livestock in Stock						
		生猪(头) Hog (head)	#能繁母猪 Sow	牛(头) Cattle and Buffaloes (head)	#奶牛 Dairy Cow	羊(只) Sheep (head)	家禽(百只) Poultry (100 heads)	#蛋鸡 Egg-laying
全 区	**Total**	**900220**	**115876**	**1780320**	**573774**	**5961127**	**118182**	**90387**
沿黄地区	**Plain**	**628407**	**84009**	**955266**	**557308**	**2333964**	**94471**	**76095**
中南部地区	**Mountain Area**	**271813**	**31867**	**825054**	**16466**	**3627163**	**23710**	**14292**
银川市	**Yinchuan**	**161537**	**23478**	**299716**	**170150**	**783563**	**23481**	**17006**
银川市辖区	District	33524	4350	96324	61399	104681	3044	2751
兴庆区	Xingqingqu	17177	2451	44449	32732	55232	925	883
金凤区	jingfenqu	2506	204	12591	5364	21674	489	484
西夏区	Xixiaqu	13841	1695	39284	23303	27775	1631	1384
永宁县	Yongning	24831	3565	43401	9279	105490	9052	6571
贺兰县	Helan	24819	4035	71443	50067	126214	7983	6701
灵武市	Lingwu	78363	11528	88548	49405	447178	3402	983
石嘴山市	**Shizuishan**	**60019**	**5019**	**123133**	**53129**	**671852**	**8736**	**2589**
大武口区	Dawukouqu	8775	1236	3931	305	31931	1038	358
惠农区	Huinongqu	14890	1542	33867	25711	221094	1179	375
平罗县	Pingluo	36354	2241	85335	27113	418827	6519	1856
吴忠市	**Wuzhong**	**171397**	**20963**	**535318**	**272920**	**2713829**	**33577**	**28921**
利通区	Litong	23538	3599	256718	167767	212254	2009	1077
红寺堡区	Hongsipu	9618	814	68485	2140	358621	2105	582
盐池县	Yanchi	46194	2746	19367	13082	1173265	1420	1194
同心县	Tongxin	9099	577	68846	233	824983	2195	1258
青铜峡市	Qingtongxia	82948	13227	121902	89698	144706	25848	24810
固原市	**Guyuan**	**179192**	**23297**	**572611**	**40**	**784888**	**15463**	**8730**
原州区	Yuanzhou	79208	10477	132901	40	273755	8724	4570
西吉县	Xiji	47542	5877	229973		261852	924	451
隆德县	Longde	21769	3269	53259		22839	683	670
泾源县	Jingyuan	983	137	50321		8224	168	26
彭阳县	Pengyang	29690	3537	106157		218218	4964	3014
中卫市	**Zhongwei**	**328075**	**43119**	**249542**	**77535**	**1006995**	**36924**	**33140**
沙波头区	Shapotou	196737	23814	75058	46502	234060	31653	28380
中宁县	Zhongning	103628	14872	78739	30062	287529	2744	2234
海原县	Haiyuan	27710	4433	95745	971	485406	2527	2527

注：从2012年开始，区属部分按照属地原则统计在各市、县(区)，不再单列。

Note: From 2012, the subordinate parts of the districts are counted in the cities and counties (districts) according to the principle of territoriality, and are no longer listed separately.

4-8 续表 continued

市　县	Region	比2019年增减% Growth 猪 Hog	#能繁母猪 Sow	牛 Cattle and Buffaloes	#奶牛 Dairy Cow	羊 Sheep	家禽 Poultry	#蛋鸡 Egg-laying
全　区	**Total**	**22.7**	**32.2**	**26.4**	**31.2**	**4.9**	**-8.0**	**-3.7**
沿黄地区	**Plain**	**26.9**	**26.6**	**25.9**	**30.6**	**5.2**	**-8.3**	**-0.8**
中南部地区	**Mountain Area**	**13.9**	**49.9**	**27.0**	**57.3**	**4.6**	**-6.7**	**-16.4**
银川市	**Yinchuan**	**18.8**	**25.5**	**29.5**	**31.7**	**13.1**	**-18.8**	**-20.0**
银川市辖区	District	15.8	26.2	14.7	20.0	32.8	-62.5	-61.6
兴庆区	Xingqingqu							
金凤区	jingfenqu							
西夏区	Xixiaqu							
永宁县	Yongning	70.0	54.0	29.8	-7.8	7.1	10.8	12.6
贺兰县	Helan	20.1	61.3	18.2	8.4	19.8	3.7	-7.3
灵武市	Lingwu	9.3	10.4	65.3	127.2	9.0	-31.1	-4.4
石嘴山市	**Shizuishan**	**13.8**	**2.7**	**43.8**	**63.7**	**10.5**	**-19.9**	**-22.0**
大武口区	Dawukouqu	68.7	15.0	18.4	-6.7	5.7	47.5	1.8
惠农区	Huinongqu	12.0	-12.5	13.9	16.2	-4.3	-27.9	-31.9
平罗县	Pingluo	6.1	9.4	62.3	171.0	20.8	-23.9	-23.2
吴忠市	**Wuzhong**	**10.3**	**25.9**	**24.2**	**31.4**	**1.6**	**-9.3**	**9.7**
利通区	Litong	13.6	16.5	17.0	16.7	-9.8	-74.8	-22.3
红寺堡区	Hongsipu	18.2	33.7	35.9	26.6	-2.5	63.4	6.4
盐池县	Yanchi	-4.4	3.4	80.4	64.3	-0.7	61.2	41.6
同心县	Tongxin	87.1	534.1	25.1	49.4	12.1	-52.8	-57.2
青铜峡市	Qingtongxia	13.0	29.6	27.8	65.7	-4.2	16.3	20.2
固原市	**Guyuan**	**12.2**	**43.2**	**25.9**		**3.9**	**-3.1**	**-17.0**
原州区	Yuanzhou	37.5	83.7	24.1		2.8	51.5	9.5
西吉县	Xiji	6.3	39.2	35.4		5.6	-51.5	-67.3
隆德县	Longde	-22.1	1.2	12.3		2.1	-50.1	2.8
泾源县	Jingyuan	65.2	52.2	42.7		18.5	-77.5	-93.0
彭阳县	Pengyang	2.7	16.9	11.7		2.9	-19.7	-23.8
中卫市	**Zhongwei**	**42.8**	**38.6**	**21.3**	**14.0**	**5.3**	**3.7**	**2.4**
沙坡头区	Shapotou	50.5	34.4	12.0	13.0	-0.3	10.2	5.9
中宁县	Zhongning	27.2	26.4	31.5	14.7	-2.8	-35.6	-32.8
海原县	Haiyuan	57.5	172.6	21.5	46.0	14.0	-4.2	12.9

4-9 2020年各市县猪、牛、羊、禽出栏情况

Slaughtered of Livestock by City and County (2020)

市 县	Region	出栏 Slaughtered Livestock				比2019年增减% Growth			
		生猪(头) Hog (head)	牛(头) Cattle and Buffaloes (head)	羊(只) Sheep (head)	家禽(百只) Poultry (100 heads)	猪 Hog	牛 Cattle and Buffaloes	羊 Sheep	家禽 Poultry
全 区	**Total**	**986018**	**719921**	**6251300**	**138670**	**2.1**	**0.1**	**7.8**	**-19.6**
沿黄地区	**Plain**	**704232**	**306742**	**2310220**	**103965**	**3.0**	**-4.2**	**1.2**	**-20.9**
中南部地区	**Mountain Area**	**281786**	**413179**	**3941080**	**34705**	**-0.1**	**3.7**	**12.2**	**-15.4**
银川市	**Yinchuan**	**189037**	**117777**	**895656**	**30317**	**-11.5**	**-1.3**	**5.6**	**-34.7**
银川市辖区	**District**	**37331**	**26713**	**54854**	**3188**	**-20.6**	**-30.4**	**-30.9**	**-72.3**
兴庆区	Xingqingqu	21284	11111	29608	1287				
金凤区	jingfenqu	4862	5033	8084	498				
西夏区	Xixiaqu	11185	10569	17162	1403				
永宁县	Yongning	21545	37183	184696	9869	11.5	33.9	58.2	-26.2
贺兰县	Helan	29378	24875	110854	7013	2.6	3.4	49.4	-25.6
灵武市	Lingwu	100783	29006	545252	10247	-15.0	-0.2	-5.6	-15.7
石嘴山市	**Shizuishan**	**66802**	**52327**	**561234**	**19206**	**-8.8**	**-0.1**	**-1.1**	**0.4**
大武口	**Dawukouqu**	4395	1661	13878	1472	-41.2	1.9	-39.9	-9.1
惠农区	**Huinongqu**	14037	11149	160567	2228	-18.6	1.9	-20.9	-53.1
平罗县	Pingluo	48370	39517	386789	15506	-0.3	-0.7	13.4	21.6
吴忠市	**Wuzhong**	**184080**	**190232**	**3152303**	**39973**	**-7.1**	**2.1**	**13.0**	**-23.7**
利通区	Litong	17728	67102	271256	13189	-34.2	7.2	-12.4	-31.1
红寺堡区	Hongsipu	7316	41035	345870	4006	-40.5	3.0	10.0	64.6
盐池县	Yanchi	57570	3695	1296462	700	1.8	-0.1	12.3	-36.0
同心县	Tongxin	4681	51954	1109400	5915	-20.3	-3.4	25.8	-6.0
青铜峡市	Qingtongxia	96785	26446	129315	16162	0.3	0.4	-0.9	-31.1
固原市	**Guyuan**	**193458**	**263493**	**765890**	**22019**	**3.6**	**4.0**	**-4.6**	**-22.5**
原州区	Yuanzhou	87218	57399	221407	10318	8.7	3.1	0.3	5.5
西吉县	Xiji	39673	87110	256869	1647	8.5	1.7	-6.4	-52.6
隆德县	Longde	31490	27203	28182	1293	0.8	4.1	3.5	-34.1
泾源县	Jingyuan	1727	28043	7430	1136	43.8	13.3	-11.3	-42.3
彭阳县	Pengyang	33350	63738	252002	7625	-10.8	4.1	-7.3	-32.1
中卫市	**Zhongwei**	**352641**	**96092**	**876217**	**27155**	**19.9**	**-10.7**	**11.1**	**4.3**
沙波头区	Shapotou	224109	22921	185550	20197	47.3	-24.7	1.0	11.3
中宁县	Zhongning	109771	20169	267209	4894	-9.6	-31.1	9.7	-3.5
海原县	Haiyuan	18761	53002	423458	2065	-8.7	10.6	17.2	-26.4

注：从2012年开始，区属部分按照属地原则统计在各市、县(区)，不再单列。

Note: From 2012, the subordinate parts of the districts are counted in the cities and counties (districts) according to the principle of territoriality, and are no longer listed separately.

4-10　2020年各市县猪、牛、羊、禽肉产量
Output of Livestock Products by City and County (2020)

单位：吨　　　　(ton)

市　县	Region	猪 Hog	牛 Cattle and Buffaloes	羊 Sheep	家禽 Poultry
全　区	**Total**	**80143**	**114378**	**110939**	**28862**
沿黄地区	**Plain**	**57168**	**49042**	**42125**	**21271**
中南部地区	**Mountain Area**	**22975**	**65336**	**68813**	**7591**
银川市	**Yinchuan**	**15775**	**19124**	**16113**	**6598**
银川市辖区	District	3215	4625	1105	725
兴庆区	Xingqingqu	1811	1961	591	270
金凤区	jingfenqu	405	881	175	104
西夏区	Xixiaqu	999	1783	338	350
永宁县	Yongning	1744	5695	2949	2089
贺兰县	Helan	2383	4036	1874	1496
灵武市	Lingwu	8434	4767	10185	2288
石嘴山市	**Shizuishan**	**5285**	**8345**	**10071**	**3979**
大武口区	Dawukouqu	377	247	236	379
惠农区	Huinongqu	1083	1857	3031	654
平罗县	Pingluo	3825	6241	6804	2946
吴忠市	**Wuzhong**	**15423**	**30060**	**54580**	**7823**
利通区	Litong	1466	10306	5042	2629
红寺堡区	Hongsipu	648	6543	5999	869
盐池县	Yanchi	4609	564	22739	214
同心县	Tongxin	411	8461	18340	1103
青铜峡市	Qingtongxia	8289	4187	2460	3008
固原市	**Guyuan**	**15712**	**41408**	**14182**	**4886**
原州区	Yuanzhou	7012	9209	4201	2292
西吉县	Xiji	3280	13562	4685	398
隆德县	Longde	2436	4158	515	239
泾源县	Jingyuan	135	4334	140	251
彭阳县	Pengyang	2849	10145	4642	1706
中卫市	**Zhongwei**	**27948**	**15441**	**15993**	**5574**
沙坡头区	Shapotou	17064	3749	3564	4054
中宁县	Zhongning	9289	3331	4876	1002
海原县	Haiyuan	1595	8361	7553	518

注：从2012年开始，区属部分按照属地原则统计在各市、县(区)，不再单列。
Note: From 2012, the subordinate parts of the districts are counted in the cities and counties (districts) according to the principle of territoriality, and are no longer listed separately.

4-11 主要年份各市县猪、牛、羊、禽肉产量
Output of Livestock Products by City and County in Main Years

单位：吨 (ton)

市 县	Region	1978	1980	1990	2000	2005	2006	2007	2008	2009
全 区	**Total**	**12253**	**21491**	**62791**	**159364**	**222783**	**216001**	**228062**	**232396**	**251855**
沿黄地区	**Plain**	**7703**	**14224**	**38107**	**118955**	**146647**	**129029**	**133729**	**137409**	**146333**
中南部地区	**Mountain Area**	**4550**	**7267**	**24684**	**40409**	**76136**	**86972**	**94333**	**94987**	**105522**
银川市	**Yinchuan**	**2191**	**4935**	**11543**	**35144**	**38812**	**35634**	**35905**	**38679**	**41923**
银川市辖区	District	454	1098	2917	9149	11347	7468	8792	9723	9587
兴庆区	Xingqingqu									
金凤区	jingfenqu									
西夏区	Xixiaqu									
永宁县	Yongning	681	1167	4060	7322	11170	13035	11661	11558	12704
贺兰县	Helan	567	1161	3065	6429	8234	8156	7272	7443	7891
灵武市	Lingwu	489	1509	1501	12244	8061	6976	8180	9955	11741
石嘴山市	**Shizuishan**	**1402**	**2442**	**6571**	**19009**	**22026**	**21428**	**20977**	**20208**	**19654**
大武口区	Dawukou	493	976	2427	4942	7103	1433	1358	1221	1394
惠农区	Huinong						5236	5240	5409	4921
平罗县	Pingluo	748	1229	3585	12611	14923	14759	14379	13578	13339
吴忠市	**Wuzhong**	**2862**	**4147**	**14388**	**39857**	**58899**	**58884**	**60935**	**61907**	**68272**
利通区	Litong	1190	1759	5198	7096	11719	12828	12287	12506	13491
红寺堡区	Hongsipu	405	813	1395	9763	12822	2344	3526	3557	4403
盐池县	Yanchi	498	476	3191	6920	9897	11081	12207	12141	12821
同心县	Tongxin	344	1958	3457	3182		10546	10206	10525	13192
青铜峡市	Qingtongxia	769	1099	4604	15734	21279	22085	22709	23178	24365
固原市	**Guyuan**	**2352**	**4339**	**13350**	**22354**	**39532**	**47360**	**58014**	**58076**	**63858**
原州区	Yuanzhou	1118	2853	2774	5133	11783	12044	13838	13928	14832
西吉县	Xiji	693	990	2563	4239	9126	11057	15426	15299	15774
隆德县	Longde	496	419	3170	5266	5441	5263	6180	6224	7679
泾源县	Jingyuan	45	77	1044	1606	4447	5157	6010	6232	6992
彭阳县	Pengyang			3799	6110	8735	13839	16560	16393	18581
中卫市	**Zhongwei**	**2202**	**3111**	**14863**	**38907**	**58076**	**47337**	**47225**	**47937**	**52164**
沙波头区	Shapotou	1002	1364	6626	17195	21586	17442	13511	13123	16113
中宁县	Zhongning	690	1054	5292	18017	24684	19612	23334	24126	24803
海原县	Haiyuan	510	693	2945	3695	11806	10283	10380	10688	11248
区 属	**Qushu**	**1244**	**2517**	**2076**	**4093**	**5438**	**5358**	**5006**	**5589**	**5984**

注：从2012年开始，区属部分按照属地原则统计在各市、县(区)，不再单列；惠农区数据包含大武口区。根据第三次全国农业普查结果重新修订2013—2017年分市县数据。

Note: From 2012, the subordinate parts of the districts are counted in the cities and counties (districts) according to the principle of territoriality, and are no longer listed separately; Data of Huinong contain Dawukou. Data of livestock 2013-2017 by city and county had been revised according to the data from the third national agricultural census.

4-11 续表 continued

单位：吨 (ton)

市 县	Region	2010	2011	2012	2013	2014	2015	2016	2017	2018	2019	2020
全 区	**Total**	**254182**	**247448**	**261244**	**279506**	**293101**	**299502**	**318682**	**331524**	**338268**	**332476**	**334321**
沿黄地区	**Plain**	**141369**	**134079**	**136609**	**154658**	**161451**	**163720**	**174363**	**180413**	**183183**	**174445**	**169606**
中南部地区	**Mountain Area**	**112813**	**113369**	**124635**	**124847**	**131650**	**135782**	**144319**	**151112**	**155085**	**158031**	**164714**
银川市	**Yinchuan**	**44589**	**45055**	**49323**	**62147**	**62553**	**60772**	**63336**	**63944**	**63269**	**61598**	**57611**
银川市辖区	District	11128	10900	10707	14359	13688	13607	13887	14679	14246	13776	9669
兴庆区	Xingqingqu											4633
金凤区	jingfenqu											1565
西夏区	Xixiaqu											3471
永宁县	Yongning	12803	12518	12603	9498	9910	10415	10481	10383	10581	11073	12477
贺兰县	Helan	7562	7086	7261	9580	10047	9263	10527	10038	10155	9558	9790
灵武市	Lingwu	13096	14548	18752	28710	28909	27487	28440	28844	28286	27192	25675
石嘴山市	**Shizuishan**	**20372**	**20268**	**19483**	**22364**	**23403**	**24377**	**25502**	**27311**	**29568**	**28194**	**27681**
大武口区	Dawukou	1379	1491								1573	1238
惠农区	Huinong	5349	5418	5613	6806	7484	7630	8597	9296	9893	7902	6626
平罗县	Pingluo	13644	13358	13871	15558	15919	16747	16905	18014	19675	18719	19816
吴忠市	**Wuzhong**	**63968**	**60796**	**73289**	**81191**	**85073**	**85939**	**92640**	**99006**	**103365**	**106501**	**107885**
利通区	Litong	12080	10446	11253	14341	15166	16816	18539	19512	20024	21334	19442
红寺堡区	Hongsipu	4034	4365	5636	9315	9379	10076	11886	13279	13460	13260	14058
盐池县	Yanchi	15201	15054	16450	19312	21774	21607	23580	24878	25521	27123	28126
同心县	Tongxin	14427	15714	20214	20597	20714	21129	20470	22079	23494	25753	28315
青铜峡市	Qingtongxia	18226	15216	19735	17625	18040	16311	18165	19258	20866	19030	17944
固原市	**Guyuan**	**66963**	**66269**	**68706**	**62692**	**66117**	**69195**	**74139**	**76498**	**77523**	**75786**	**76188**
原州区	Yuanzhou	15578	15405	16651	17677	19020	19792	21276	22064	22276	21491	22713
西吉县	Xiji	16336	15775	16200	16081	16566	17781	19768	21341	21944	22160	21925
隆德县	Longde	8480	8557	9291	6722	7228	7314	7594	7599	7938	7598	7348
泾源县	Jingyuan	7580	7894	9465	4175	4590	5242	5700	5353	5084	4612	4860
彭阳县	Pengyang	18989	18636	17100	18036	18714	19066	19799	20141	20281	19925	19341
中卫市	**Zhongwei**	**51999**	**48804**	**50413**	**51112**	**55954**	**59219**	**63065**	**64765**	**64543**	**60397**	**64956**
沙波头区	Shapotou	16106	14266	11720	17375	20484	22403	24752	26265	25783	24025	28432
中宁县	Zhongning	23705	22573	25064	20806	21805	23041	24069	24122	23672	20264	18497
海原县	Haiyuan	12188	11967	13629	12931	13666	13775	14244	14378	15088	16108	18027
区 属	**Qushu**	**6291**	**6256**									

4-12 主要年份各市县牛奶产量

Output of Milk by City and County in Main Years

单位：吨 (ton)

市 县	Region	1978	1980	1990	2000	2005	2006	2007	2008	2009
全 区	**Total**	**3720**	**4152**	**40704**	**236042**	**578500**	**636667**	**795033**	**893830**	**811437**
沿黄地区	**Plain**	**3662**	**4061**	**40250**	**233462**	**563609**	**621096**	**778768**	**878860**	**801172**
中南部地区	**Mountain Area**	**58**	**91**	**454**	**2580**	**14891**	**15571**	**16265**	**14970**	**10265**
银川市	**Yinchuan**	**578**	**706**	**17344**	**68049**	**168727**	**156540**	**215570**	**266499**	**248632**
银川市辖区	District	491	572	12166	20948	68994	55124	102934	141659	131832
兴庆区	Xingqingqu									
金凤区	jingfenqu									
西夏区	Xixiaqu									
永宁县	Yongning	35	65	2372	16943	27873	29175	35697	41737	41439
贺兰县	Helan	28	36	2649	6380	22911	23608	23611	26162	25807
灵武市	Lingwu	24	33	157	23778	48949	48634	53328	56941	49554
石嘴山市	**Shizuishan**	**135**	**183**	**188**	**5739**	**20393**	**8967**	**26555**	**36372**	**29777**
大武口区	Dawukou	57	74	97	4802	13819	1225	886	881	
惠农区	Huinong						30	17791	24050	18395
平罗县	Pingluo	78	105	91	925	6574	7712	7878	11441	11382
吴忠市	**Wuzhong**	**620**	**723**	**13197**	**135884**	**308910**	**356026**	**445992**	**470627**	**411679**
利通区	Litong	515	708	11951	120600	263721	299163	382532	399837	342150
红寺堡区	Hongsipu					1611	654	852	542	719
盐池县	Yanchi		15	72	2404	8732	10035	10184	8070	6932
同心县	Tongxin				85	27	20	34	142	139
青铜峡市	Qingtongxia	105		1174	12795	34819	46154	52390	62036	61739
固原市	**Guyuan**	**58**	**68**	**379**	**91**	**4301**	**4632**	**4965**	**5654**	**2389**
原州区	Yuanzhou	40	48	131	90	3572	4018	4404	5062	1656
西吉县	Xiji			108		20	22	30	68	
隆德县	Longde	4	1			99	110	115	137	156
泾源县	Jingyuan	14	19	140		379	262	200	235	
彭阳县	Pengyang				1	231	220	216	152	577
中卫市	**Zhongwei**	**83**	**111**	**330**	**7945**	**25602**	**30426**	**31337**	**33538**	**31921**
沙波头区	Shapotou	48	44	230	3044	6634	15743	7161	13877	12738
中宁县	Zhongning	35	67	100	4901	18748	14454	23946	19099	19097
海原县	Haiyuan					220	230	230	562	86
区 属	**Qushu**	**2246**	**2361**	**9266**	**18334**	**50567**	**80075**	**70614**	**81140**	**87039**

注：从2012年开始，区属部分按照属地原则统计在各市、县(区)，不再单列；惠农区数据包含大武口区。根据第三次全国农业普查结果重新修订2013-2017年分市县数据。

Note: From 2012, the subordinate parts of the districts are counted in the cities and counties (districts) according to the principle of territoriality, and are no longer listed separately; Data of Huinong contain Dawukou. Data of livestock 2013-2017 by city and county had been revised according to the data from the third national agricultural census.

4-12 续表 continued

单位：吨 (ton)

市　县	Region	2010	2011	2012	2013	2014	2015	2016	2017	2018	2019	2020
全　区	**Total**	**845882**	**960602**	**1034945**	**1087659**	**1417016**	**1425275**	**1455906**	**1600659**	**1682882**	**1833601**	**2153441**
沿黄地区	**Plain**	**837823**	**955396**	**1029291**	**1079155**	**1404030**	**1412943**	**1436472**	**1572010**	**1656565**	**1806440**	**2111477**
中南部地区	**Mountain Area**	**8059**	**5207**	**5654**	**8503**	**12986**	**12332**	**19434**	**28649**	**26317**	**27162**	**41964**
银川市	**Yinchuan**	**271455**	**293280**	**401076**	**409512**	**517552**	**480152**	**471194**	**504038**	**539463**	**568718**	**652377**
银川市辖区	District	144260	153220	214892	214858	259648	218306	217937	217569	214584	207220	243931
兴庆区	Xingqingqu											124935
金凤区	jingfenqu											21022
西夏区	Xixiaqu											97974
永宁县	Yongning	44330	48586	59369	48660	55984	50351	47873	45450	41149	37914	27359
贺兰县	Helan	33619	38913	59475	69380	106884	119510	133791	178414	214977	242267	244267
灵武市	Lingwu	49246	52561	67340	76613	95037	91985	71593	62605	68753	81317	136820
石嘴山市	**Shizuishan**	**38562**	**43759**	**54743**	**69133**	**87514**	**94832**	**85513**	**99779**	**124901**	**141978**	**161941**
大武口区	Dawukou	1244	1257								1001	671
惠农区	Huinong	26085	30114	38488	45975	55803	60765	49998	63652	76119	107772	111494
平罗县	Pingluo	11233	12388	16255	23158	31711	34067	35515	36127	48782	33481	49776
吴忠市	**Wuzhong**	**397931**	**468240**	**526607**	**517753**	**682601**	**694534**	**709590**	**774495**	**783161**	**862002**	**1046780**
利通区	Litong	329883	384094	424384	406235	531904	530627	544552	581340	581331	607544	698822
红寺堡区	Hongsipu	738	649	764	544	467	534	302	511	194		
盐池县	Yanchi	5669	3138	2991	3087	6166	6089	6788	16907	18130	24731	36469
同心县	Tongxin	108	120	25	1176	1303	811	934	641	654	578	643
青铜峡市	Qingtongxia	61533	80239	98442	106710	142762	156472	157014	175097	182852	229150	310845
固原市	**Guyuan**	**1474**	**1299**	**1743**	**3578**	**5050**	**4898**	**3962**	**2076**	**2115**	**763**	**59**
原州区	Yuanzhou	1050	1225	1603	2783	4583	4458	3593	1711	1242	488	45
西吉县	Xiji				427	310	292	252	221	383	0	14
隆德县	Longde	126	74	139	258	157	148	106	144	254	0	
泾源县	Jingyuan				110			10		70		
彭阳县	Pengyang	298								166		
中卫市	**Zhongwei**	**36948**	**37690**	**51687**	**87683**	**124298**	**150860**	**185647**	**220271**	**233242**	**260141**	**292283**
沙波头区	Shapotou	14997	14870	20809	48101	71082	97110	115084	144698	159829	174967	186832
中宁县	Zhongning	21881	22820	30747	39465	53216	53750	63115	67059	68189	84083	100659
海原县	Haiyuan	70		131	118			7447	8515	5224	1090	4792
区　属	**Qushu**	**99512**	**116334**									

4-13 主要年份主要畜禽生产情况

Basic Statistics of Livestock Production in Main Years

单位：万头、万只、万吨 (10000 heads, 10000 tons)

年份 Year	存栏 Number of Livestock in Stock								
	一、生猪 Hog	其中:能繁母猪 Sow	二、牛 Cattle and Buffaloes	1.肉牛 Beef Cattle	2.奶牛 Dairy Cow	三、羊 Sheep	1.山羊 Goat	2.绵羊 Sheep	四、家禽 Poultry
2006	83.8	9.8	90.2	68.3	21.9	348.3	61.1	287.1	635.5
2007	82.6	9.8	96.6	70.3	26.3	385.2	66.9	318.3	758.2
2008	89.5	12.9	93.4	62.6	30.8	461.3	142.5	318.8	972.7
2009	91.7	13.7	92.1	64.8	27.3	470.2	138.2	332.0	963.0
2010	73.7	9.0	90.7	63.8	26.9	473.7	130.6	343.1	956.9
2011	68.3	8.3	91.8	61.9	29.8	479.5	125.9	353.6	1127.8
2012	71.4	9.6	94.4	61.0	33.4	495.7	100.0	395.7	1043.4
2013	79.6	10.7	95.8	61.2	34.6	546.4	101.0	445.4	1340.8
2014	81.9	9.6	103.1	63.8	39.3	574.2	96.8	477.5	1523.2
2015	73.1	8.6	107.6	69.7	37.9	540.0	104.1	435.9	1446.5
2016	79.1	9.1	113.5	73.8	39.8	522.3	100.5	421.8	1730.8
2017	81.0	9.4	118.3	77.5	40.8	506.6	99.8	406.8	1150.7
2018	73.8	8.1	124.6	84.5	40.1	534.3	107.2	427.1	1143.1
2019	73.4	8.8	140.9	97.2	43.7	568.5	108.8	459.7	1284.4
2020	90.0	11.6	178.0	120.6	57.4	596.1	92.7	503.4	1181.8

4-13 续表 continued

单位：万头、万只、万吨 (10000 heads, 10000 tons)

年份 Year	出栏 Slaughtered Livestock				产品产量 Output of Livestock					
	一、生猪 Hog	二、牛 Cattle and Buffaloes	三、羊 Sheep	四、家禽 Poultry	一、猪肉产量 Pork	二、牛肉产量 Beef	三、羊肉产量 Mutton	四、禽肉产量 Poultry	五、禽蛋产量 Poultry Egg	六、生牛奶产量 Poultry Milk
2006	111.9	39.7	319.1	1239.2	8.0	5.6	5.5	2.1	5.2	59.6
2007	115.3	45.6	329.3	1170.9	8.3	6.5	5.7	2.1	6.0	80.9
2008	118.5	47.7	341.9	1305.9	8.5	6.8	5.9	2.3	7.1	93.1
2009	127.2	50.9	395.3	1275.5	9.2	7.3	6.8	2.3	8.7	84.7
2010	120.2	52.1	425.1	1378.6	8.5	7.5	7.3	2.5	8.3	88.3
2011	99.7	52.0	443.9	1463.9	7.3	7.5	7.9	2.7	9.3	100.2
2012	106.2	57.0	465.0	1455.0	7.9	7.9	8.3	2.7	8.3	108.0
2013	101.0	59.5	499.7	1702.9	7.5	8.7	8.7	3.1	10.5	108.8
2014	109.9	58.7	518.0	1777.0	8.3	8.8	8.9	3.3	12.3	141.7
2015	102.0	64.4	532.5	1578.4	7.9	9.7	9.3	3.0	13.6	142.5
2016	110.3	68.2	538.0	1769.6	8.6	10.4	9.5	3.4	15.7	145.6
2017	113.7	71.0	560.0	1796.0	8.9	10.9	9.9	3.4	15.3	160.1
2018	112.5	74.8	558.8	1848.7	8.8	11.5	9.9	3.6	14.4	168.3
2019	96.6	71.9	579.7	1723.9	7.8	11.5	10.4	3.6	13.9	183.4
2020	98.6	72.0	625.1	1386.7	8.0	11.4	11.1	2.9	13.9	215.3

4-14 2013-2020年各市县生猪生产情况
Basic Statistics of Hog Production (2013-2020)

单位：头、吨 (head,ton)

市 县	Region	2013		2014		2015		2016	
		生猪存栏 Hog in Stock	#能繁母猪 Sow	生猪存栏 Hog in Stock	#能繁母猪 Sow	生猪存栏 Hog in Stock	#能繁母猪 Sow	生猪存栏 Hog in Stock	#能繁母猪 Sow
全 区	**Total**	**795550**	**106925**	**818930**	**96454**	**730520**	**85803**	**790767**	**91107**
沿黄地区	**Plain**	**570539**	**84674**	**591875**	**75809**	**541365**	**68088**	**593313**	**71722**
中南部地区	**Mountain Area**	**225011**	**22251**	**227055**	**20645**	**189155**	**17715**	**197454**	**19385**
银川市	**Yinchuan**	**202586**	**28319**	**214485**	**28455**	**191823**	**26157**	**217653**	**26815**
银川市区	District	48693	6483	55985	6660	42772	5479	55700	6939
兴庆区	Xingqingqu								
金凤区	jingfenqu								
西夏区	Xixiaqu								
永宁县	Yongning	20667	3093	23875	3187	15990	2033	15290	1890
贺兰县	Helan	26513	3089	24037	2880	23133	2868	27819	2662
灵武市	Lingwu	106712	15653	110588	15728	109928	15777	118844	15324
石嘴山市	**Shizuishan**	**47714**	**4831**	**47469**	**4438**	**44775**	**4233**	**47635**	**5202**
石嘴山市辖区	District	13973	1812	16384	1864	14640	1896	16478	2541
大武口区	Dawukouqu								
惠农区	Huinongqu								
平罗县	Pingluo	33741	3019	31084	2574	30135	2338	31157	2661
吴忠市	**Wuzhong**	**176487**	**24949**	**163335**	**20762**	**151761**	**17603**	**160987**	**19135**
利通区	Litong	27859	4494	25597	4096	23590	3608	24898	3404
红寺堡	Hongsipu	8290	842	9835	873	10400	843	9798	793
盐池县	Yanchi	40083	4694	37062	4069	38117	3904	41000	4165
同心县	Tongxin	6311	72	6980	76	5557	90	5254	87
青铜峡市	Qingtongxia	93945	14847	83861	11648	74098	9159	80037	10686
固原市	**Guyuan**	**148111**	**14602**	**152373**	**14133**	**116701**	**11349**	**124986**	**12566**
原州区	Yuanzhou	61288	5303	64052	5404	46502	4131	50135	4842
西吉县	Xiji	22425	2247	26516	2343	19227	1693	19981	1831
隆德县	Longde	31209	3857	31534	3958	20402	3088	23828	3483
泾源县	Jingyuan	1458	53	1531	61	1018	67	961	135
彭阳县	Pengyang	31731	3142	28739	2367	29552	2371	30081	2275
中卫市	**Zhongwei**	**220652**	**34224**	**241269**	**28666**	**225460**	**26460**	**239506**	**27390**
沙坡头区	Shapotou	99448	13778	117348	13799	101298	13042	119052	12694
中宁县	Zhongning	98988	18405	103115	13373	105782	11889	104038	12922
海原县	Haiyuan	22217	2041	20806	1493	18381	1529	16416	1774

4-14 续表 1 continued

单位：头、吨 (head,ton)

市 县	Region	2017 生猪存栏 Hog in Stock	2017 #能繁母猪 Sow	2018 生猪存栏 Hog in Stock	2018 #能繁母猪 Sow	2019 生猪存栏 Hog in Stock	2019 #能繁母猪 Sow	2020 生猪存栏 Hog in Stock	2020 #能繁母猪 Sow
全 区	**Total**	**810351**	**94061**	**737537**	**80930**	**733718**	**87632**	**900220**	**115876**
沿黄地区	**Plain**	**605178**	**74218**	**522007**	**59782**	**495021**	**66378**	**628407**	**84009**
中南部地区	**Mountain Area**	**205173**	**19843**	**215530**	**21148**	**238697**	**21254**	**271813**	**31867**
银川市	**Yinchuan**	**222637**	**28406**	**178954**	**21459**	**135941**	**18710**	**161537**	**23478**
银川市区	District	57713	7506	43033	3979	28947	3448	33524	4350
兴庆区	Xingqingqu							17177	2451
金凤区	jingfenqu							2506	204
西夏区	Xixiaqu							13841	1695
永宁县	Yongning	17244	1937	15220	1925	14605	2315	24831	3565
贺兰县	Helan	27841	3336	20101	2495	20664	2501	24819	4035
灵武市	Lingwu	119839	15627	100600	13060	71725	10446	78363	11528
石嘴山市	**Shizuishan**	**49637**	**5384**	**51658**	**4930**	**52760**	**4887**	**60019**	**5019**
石嘴山市辖区	District	17534	2790	20600	3070	18503	2838		
大武口区	Dawukouqu							8775	1236
惠农区	Huinongqu							14890	1542
平罗县	Pingluo	32103	2594	31058	1860	34257	2049	36354	2241
吴忠市	**Wuzhong**	**164990**	**19383**	**147884**	**16623**	**155462**	**16647**	**171397**	**20963**
利通区	Litong	25583	3557	19902	2644	20721	3089	23538	3599
红寺堡	Hongsipu	10169	819	8740	807	8136	609	9618	814
盐池县	Yanchi	39554	4128	46200	4672	48344	2655	46194	2746
同心县	Tongxin	5364	89	5082	80	4864	91	9099	577
青铜峡市	Qingtongxia	84320	10790	67960	8420	73397	10203	82948	13227
固原市	**Guyuan**	**133194**	**13290**	**138258**	**13859**	**159757**	**16273**	**179192**	**23297**
原州区	Yuanzhou	46206	4679	51200	5440	57606	5703	79208	10477
西吉县	Xiji	30903	2414	30585	2215	44728	4223	47542	5877
隆德县	Longde	23057	3088	22019	3041	27928	3231	21769	3269
泾源县	Jingyuan	828	138	594	77	595	90	983	137
彭阳县	Pengyang	32200	2971	33860	3086	28900	3026	29690	3537
中卫市	**Zhongwei**	**239893**	**27598**	**220783**	**24059**	**229798**	**31115**	**328075**	**43119**
沙坡头区	Shapotou	120566	13436	118491	13309	130739	17721	196737	23814
中宁县	Zhongning	102435	12645	85042	9020	81463	11768	103628	14872
海原县	Haiyuan	16892	1517	17250	1730	17596	1626	27710	4433

注：根据第三次农业普查结果重新修订2013-2017年分市县数据。
Note: Data of livestock 2013-2017 by city and county had been revised according to the data from the third national agricultural census.

4-14 续表 2 continued

单位：头、吨 (head,ton)

市 县	Region	生猪出栏 Slaughtered of Livestock of Hog							
		2013	2014	2015	2016	2017	2018	2019	2020
全 区	**Total**	**1009723**	**1098673**	**1020500**	**1102660**	**1137454**	**1124531**	**965621**	**986018**
沿黄地区	**Plain**	**779661**	**827009**	**776470**	**839176**	**876065**	**841359**	**683673**	**704232**
中南部地区	**Mountain Area**	**230062**	**271664**	**244030**	**263484**	**261389**	**283172**	**281948**	**281786**
银川市	**Yinchuan**	**284839**	**290780**	**254681**	**268520**	**277822**	**242673**	**213492**	**189037**
银川市区	District	59534	55885	57376	61914	72426	54456	47003	37331
兴庆区	Xingqingqu								21284
金凤区	jingfenqu								4862
西夏区	Xixiaqu								11185
永宁县	Yongning	39967	39189	31029	30387	27944	25826	19316	21545
贺兰县	Helan	43019	46947	37877	37343	37105	31259	28620	29378
灵武市	Lingwu	142320	148759	128399	138877	140347	131133	118553	100783
石嘴山市	**Shizuishan**	**62168**	**75193**	**71061**	**73631**	**77478**	**89163**	**73221**	**66802**
石嘴山市辖区	District	13026	17733	15122	17872	21050	27103	24724	
大武口区	Dawukouqu								4395
惠农区	Huinongqu								14037
平罗县	Pingluo	49142	57461	55939	55759	56428	62060	48497	48370
吴忠市	**Wuzhong**	**210167**	**233747**	**192115**	**222145**	**241296**	**253286**	**198140**	**184080**
利通区	Litong	32632	37313	30646	36282	42503	41826	26943	17728
红寺堡	Hongsipu	10862	12667	11551	13800	13129	13409	12296	7316
盐池县	Yanchi	34901	47751	39610	46184	52082	62845	56537	57570
同心县	Tongxin	6002	6359	5078	5762	5770	6005	5875	4681
青铜峡市	Qingtongxia	125771	129657	105230	120118	127812	129200	96489	96785
固原市	**Guyuan**	**157037**	**180164**	**166528**	**171718**	**164121**	**176372**	**186684**	**193458**
原州区	Yuanzhou	51688	63216	65896	71671	69084	75189	80253	87218
西吉县	Xiji	24709	28500	26921	26195	27321	31083	36581	39673
隆德县	Longde	33813	41885	34024	35794	32820	33685	31243	31490
泾源县	Jingyuan	2504	2496	2319	2396	2258	1734	1201	1727
彭阳县	Pengyang	44323	44066	37367	35662	32638	34681	37406	33350
中卫市	**Zhongwei**	**295511**	**318789**	**336115**	**366645**	**376737**	**363036**	**294084**	**352641**
沙坡头区	Shapotou	112010	132240	148115	164332	172882	165144	152153	224109
中宁县	Zhongning	162241	161826	166738	176293	177568	173352	121375	109771
海原县	Haiyuan	21261	24724	21263	26021	26287	24540	20556	18761

4-14 续表 3 continued

单位：头、吨 (head,ton)

市 县	Region	猪肉产量 Output of Pork Production							
		2013	2014	2015	2016	2017	2018	2019	2020
全 区	**Total**	**74916.8**	**83067.1**	**79033.9**	**85617.5**	**89079.8**	**88399.0**	**78159.1**	**80142.7**
沿黄地区	**Plain**	**57737.4**	**62539.3**	**60050.1**	**65155.3**	**68610.3**	**66244.1**	**55701.9**	**57168.1**
中南部地区	**Mountain Area**	**17179.4**	**20527.8**	**18983.8**	**20462.2**	**20469.5**	**22154.9**	**22457.1**	**22974.5**
银川市	**Yinchuan**	**21064.6**	**22082.7**	**19783.7**	**20885.1**	**21807.4**	**19338.5**	**17391.9**	**15775.5**
银川市区	District	4409.4	4284.7	4414.7	4824.6	5604.1	4325.0	3842.6	3214.6
兴庆区	Xingqingqu								1810.6
金凤区	jingfenqu								405.0
西夏区	Xixiaqu								999.0
永宁县	Yongning	2975.2	2991.1	2438.1	2375.2	2207.9	2066.8	1628.4	1744.0
贺兰县	Helan	3191.8	3591.9	2963.5	2914.2	2907.8	2519.4	2363.2	2383.2
灵武市	Lingwu	10488.2	11215.0	9967.4	10771.1	11087.5	10427.3	9557.6	8433.7
石嘴山市	**Shizuishan**	**4591.1**	**5616.3**	**5457.9**	**5911.3**	**6356.6**	**7002.7**	**5929.0**	**5284.8**
石嘴山市辖区	District	976.0	1329.3	1185.4	1647.1	1753.1	2136.3	1983.5	
大武口区	Dawukouqu								376.7
惠农区	Huinongqu								1083.4
平罗县	Pingluo	3615.1	4287.0	4272.5	4264.2	4603.5	4866.5	3945.5	3824.6
吴忠市	**Wuzhong**	**15708.8**	**17561.3**	**14907.9**	**17211.0**	**18826.2**	**19793.8**	**16112.8**	**15422.5**
利通区	Litong	2440.8	2821.0	2350.3	2781.8	3270.7	3232.3	2202.0	1465.8
红寺堡	Hongsipu	812.8	964.5	900.3	1072.4	1023.6	1051.7	983.7	648.0
盐池县	Yanchi	2649.2	3604.0	3086.9	3602.2	4102.8	4852.8	4559.1	4608.9
同心县	Tongxin	432.9	471.7	394.4	448.0	453.0	468.7	466.8	411.1
青铜峡市	Qingtongxia	9373.0	9700.0	8176.0	9306.6	9976.1	10188.2	7901.3	8288.7
固原市	**Guyuan**	**11713.6**	**13602.0**	**12930.4**	**13316.6**	**12849.6**	**13830.0**	**14781.8**	**15711.7**
原州区	Yuanzhou	3910.6	4782.8	5110.9	5541.5	5407.4	5897.0	6309.6	7011.5
西吉县	Xiji	1827.4	2149.5	2086.2	2029.1	2091.1	2359.7	2841.9	3280.4
隆德县	Longde	2501.0	3149.6	2645.8	2778.4	2564.0	2645.6	2466.3	2435.8
泾源县	Jingyuan	183.2	190.6	180.5	186.7	178.3	138.0	96.4	134.9
彭阳县	Pengyang	3291.4	3329.5	2907.1	2780.9	2608.8	2789.6	3067.8	2849.1
中卫市	**Zhongwei**	**21838.7**	**24204.8**	**25954.0**	**28293.4**	**29239.9**	**28433.9**	**23943.6**	**27948.2**
沙坡头区	Shapotou	8242.9	10017.6	11354.6	12652.3	13418.5	12885.8	12177.9	17064.4
中宁县	Zhongning	12024.8	12301.7	12927.6	13618.1	13781.0	13596.4	10099.8	9289.0
海原县	Haiyuan	1570.9	1885.5	1671.8	2022.9	2040.4	1951.7	1665.9	1594.8

4-15 2013-2020年各市县牛生产情况
Basic Statistics of Cattle and Buffaloes Production (2013-2020)

单位：头、吨 (head,ton)

市 县	Region	2013		2014		2015		2016	
		牛存栏 Cattle and Buffaloes in Stock	#奶牛存栏 Dairy Cow	牛存栏 Cattle and Buffaloes in Stock	#奶牛存栏 Dairy Cow	牛存栏 Cattle and Buffaloes in Stock	#奶牛存栏 Dairy Cow	牛存栏 Cattle and Buffaloes in Stock	#奶牛存栏 Dairy Cow
全 区	**Total**	**958026**	**346459**	**1031158**	**393063**	**1075661**	**379116**	**1135250**	**397570**
沿黄地区	**Plain**	**532825**	**343560**	**585230**	**388754**	**594276**	**371905**	**632328**	**389001**
中南部地区	**Mountain Area**	**425201**	**2899**	**445928**	**4309**	**481385**	**7211**	**502922**	**8569**
银川市	**Yinchuan**	**204544**	**130141**	**209920**	**138911**	**200556**	**122011**	**197592**	**119567**
银川市区	District	91845	66222	89756	66305	82646	55509	82780	57622
兴庆区	Xingqingqu								
金凤区	jingfenqu								
西夏区	Xixiaqu								
永宁县	Yongning	26566	14280	28679	14857	27693	12415	27963	11219
贺兰县	Helan	39173	24772	48340	33287	50393	33355	51379	34310
灵武市	Lingwu	46959	24866	43145	24463	39824	20732	35470	16416
石嘴山市	**Shizuishan**	**50812**	**21667**	**55015**	**23840**	**65184**	**27422**	**64090**	**22942**
石嘴山市辖区	District	20247	13108	20258	14513	26984	17814	26878	13774
大武口区	Dawukouqu								
惠农区	Huinongqu								
平罗县	Pingluo	30565	8559	34757	9327	38200	9608	37212	9168
吴忠市	**Wuzhong**	**270098**	**161538**	**303698**	**186341**	**317366**	**178805**	**342709**	**178521**
利通区	Litong	144942	126851	169292	141990	168137	130937	180087	135517
红寺堡	Hongsipu	26921	192	26968	79	33340	94	40198	76
盐池县	Yanchi	2959	1029	2952	2037	5454	3741	6207	3888
同心县	Tongxin	42096	18	41485	266	42975	272	44530	274
青铜峡市	Qingtongxia	53180	33448	63000	41970	67460	43761	71687	38766
固原市	**Guyuan**	**308245**	**1660**	**324276**	**1927**	**347797**	**1501**	**353823**	**1441**
原州区	Yuanzhou	67145	1310	68281	1460	71212	1049	71375	860
西吉县	Xiji	113448	210	122372	310	130724	300	136908	249
隆德县	Longde	28578	127	32185	157	37100	152	35582	107
泾源县	Jingyuan	28996	13	31123		32807		33266	40
彭阳县	Pengyang	70078		70314		75954		76692	185
中卫市	**Zhongwei**	**124327**	**31452**	**138249**	**42043**	**144757**	**49376**	**177036**	**75099**
沙坡头区	Shapotou	36852	17926	45917	24756	51714	32767	73889	54617
中宁县	Zhongning	42494	13526	42086	17287	41224	15007	44983	17592
海原县	Haiyuan	44980		50246		51819	1602	58164	2890

注：根据第三次农业普查结果重新修订2013-2017年分市县数据。
Note: Data of livestock 2013-2017 by city and county had been revised according to the data from the third national agricultural census.

4-15 续表 1 continued

单位：头、吨 (head,ton)

市 县	Region	2017		2018		2019		2020	
		牛存栏 Cattle and Buffaloes in Stock	#奶牛存栏 Dairy Cow	牛存栏 Cattle and Buffaloes in Stock	#奶牛存栏 Dairy Cow	牛存栏 Cattle and Buffaloes in Stock	#奶牛存栏 Dairy Cow	牛存栏 Cattle and Buffaloes in Stock	#奶牛存栏 Dairy Cow
全 区	**Total**	**1183334**	**408148**	**1246381**	**401483**	**1408549**	**437329**	**1780320**	**573774**
沿黄地区	**Plain**	**650556**	**396860**	**657111**	**392446**	**758927**	**426858**	**955266**	**557308**
中南部地区	**Mountain Area**	**532778**	**11288**	**589270**	**9037**	**649622**	**10471**	**825054**	**16466**
银川市	**Yinchuan**	**212297**	**129494**	**212618**	**126637**	**231446**	**129157**	**299716**	**170150**
银川市区	District	85823	57155	79294	51350	83999	51181	96324	61399
兴庆区	Xingqingqu							44449	32732
金凤区	jingfenqu							12591	5364
西夏区	Xixiaqu							39284	23303
永宁县	Yongning	30244	12899	32558	11015	33432	10059	43401	9279
贺兰县	Helan	59509	43576	61096	46222	60431	46169	71443	50067
灵武市	Lingwu	36721	15864	39670	18050	53584	21748	88548	49405
石嘴山市	**Shizuishan**	**66548**	**23977**	**78293**	**31720**	**85630**	**32461**	**123133**	**53129**
石嘴山市辖区	District	27360	14250	29475	18380	33046	22455		
大武口区	Dawukouqu							3931	305
惠农区	Huinongqu							33867	25711
平罗县	Pingluo	39188	9727	48818	13340	52584	10006	85335	27113
吴忠市	**Wuzhong**	**362771**	**195037**	**360039**	**183781**	**431063**	**207703**	**535318**	**272920**
利通区	Litong	183722	141119	173124	128344	219510	143759	256718	167767
红寺堡	Hongsipu	44178	1403	43658	1604	50394	1690	68485	2140
盐池县	Yanchi	6495	5465	7425	5855	10737	7960	19367	13082
同心县	Tongxin	50995	170	52182	178	55020	156	68846	233
青铜峡市	Qingtongxia	77381	46880	83650	47800	95402	54138	121902	89698
固原市	**Guyuan**	**373259**	**950**	**415247**	**550**	**454682**		**572611**	**40**
原州区	Yuanzhou	74814	717	96100	320	107106		132901	40
西吉县	Xiji	144317	121	156365	137	169865		229973	
隆德县	Longde	38562	112	40371	93	47407		53259	
泾源县	Jingyuan	33325		36431		35261		50321	
彭阳县	Pengyang	82241		85980		95043		106157	
中卫市	**Zhongwei**	**168459**	**58690**	**180184**	**58795**	**205728**	**68008**	**249542**	**77535**
沙坡头区	Shapotou	60406	36650	59926	39445	67041	41144	75058	46502
中宁县	Zhongning	50202	18740	49500	18500	59898	26199	78739	30062
海原县	Haiyuan	57851	3300	70758	850	78789	665	95745	971

4-15 续表 2 continued

单位：头、吨 (head,ton)

市 县	Region	牛出栏 Slaughtered of Livestock of Cattle and Buffaloes							
		2013	2014	2015	2016	2017	2018	2019	2020
全 区	**Total**	**594918**	**587110**	**643956**	**681853**	**709851**	**748013**	**718977**	**719921**
沿黄地区	**Plain**	**256020**	**253642**	**282801**	**297166**	**308447**	**323188**	**320353**	**306742**
中南部地区	**Mountain Area**	**338898**	**333468**	**361155**	**384687**	**401404**	**424825**	**398624**	**413179**
银川市	**Yinchuan**	**114525**	**112501**	**117239**	**119695**	**121027**	**123354**	**119287**	**117777**
银川市区	District	40647	38603	38479	37608	38871	38855	38408	26713
兴庆区	Xingqingqu								11111
金凤区	jingfenqu								5033
西夏区	Xixiaqu								10569
永宁县	Yongning	21986	23354	25231	25625	25759	27223	27764	37183
贺兰县	Helan	20230	21171	21057	24396	23722	26146	24051	24875
灵武市	Lingwu	31662	29373	32472	32065	32675	31129	29064	29006
石嘴山市	**Shizuishan**	**38255**	**36695**	**41644**	**42840**	**45920**	**54332**	**52380**	**52327**
石嘴山市辖区	District	9850	9779	10611	10635	11651	11970	12570	
大武口区	Dawukouqu								1661
惠农区	Huinongqu								11149
平罗县	Pingluo	28405	26916	31034	32205	34269	42362	39810	39517
吴忠市	**Wuzhong**	**130702**	**126282**	**146175**	**162699**	**172564**	**182738**	**186289**	**190232**
利通区	Litong	34185	35749	49945	52743	51862	55073	62619	67102
红寺堡	Hongsipu	29714	27512	30875	36875	41382	42334	39837	41035
盐池县	Yanchi	1123	1043	1413	1697	1848	2038	3697	3695
同心县	Tongxin	44247	40128	42203	45372	49165	55298	53799	51954
青铜峡市	Qingtongxia	21433	21849	21739	26012	28307	27993	26337	26446
固原市	**Guyuan**	**223245**	**222606**	**245249**	**260226**	**267771**	**280986**	**253365**	**263493**
原州区	Yuanzhou	43607	42657	46996	50786	52752	57984	55653	57399
西吉县	Xiji	77281	75962	82335	89457	95855	99407	85622	87110
隆德县	Longde	21741	20841	24729	26006	26435	28609	26128	27203
泾源县	Jingyuan	23776	26148	29875	31176	28054	27244	24746	28043
彭阳县	Pengyang	56840	56996	61314	62802	64675	67741	61216	63738
中卫市	**Zhongwei**	**88191**	**89025**	**93648**	**96392**	**102569**	**106603**	**107656**	**96092**
沙坡头区	Shapotou	23586	20793	26224	27472	31583	33182	30438	22921
中宁县	Zhongning	24036	26054	26010	28403	29748	29254	29292	20169
海原县	Haiyuan	40569	42179	41414	40517	41238	44168	47926	53002

4-15 续表 3 continued

单位：头、吨 (head,ton)

市 县	Region	牛肉产量 Output of Beef Production							
		2013	2014	2015	2016	2017	2018	2019	2020
全 区	**Total**	**86715.0**	**87941.0**	**97467.0**	**104239.4**	**109178.9**	**115158.4**	**114557.9**	**114377.7**
沿黄地区	**Plain**	**37472.0**	**38278.7**	**42957.6**	**45517.4**	**47219.8**	**49487.9**	**50715.9**	**49041.7**
中南部地区	**Mountain Area**	**49243.0**	**49662.3**	**54509.4**	**58722.0**	**61959.1**	**65670.5**	**63842.0**	**65336.0**
银川市	**Yinchuan**	**16694.5**	**16977.5**	**17787.6**	**18338.1**	**18630.6**	**18993.2**	**19227.3**	**19123.6**
银川市区	District	5982.0	5871.9	5865.2	5772.1	5901.6	5869.6	6056.7	4624.8
兴庆区	Xingqingqu								1960.5
金凤区	jingfenqu								881.0
西夏区	Xixiaqu								1783.2
永宁县	Yongning	3198.0	3491.7	3817.5	3906.0	4067.9	4307.6	4559.7	5695.0
贺兰县	Helan	2922.4	3224.8	3214.2	3742.2	3669.4	4032.2	3905.0	4036.4
灵武市	Lingwu	4592.1	4389.1	4890.6	4917.9	4991.8	4783.9	4705.9	4767.5
石嘴山市	**Shizuishan**	**5604.8**	**5505.0**	**6295.6**	**6532.1**	**7039.8**	**8321.2**	**8195.4**	**8345.2**
石嘴山市辖区	District	1449.7	1467.0	1609.0	1623.1	1783.6	1834.9	1984.8	
大武口区	Dawukouqu								246.7
惠农区	Huinongqu								1857.1
平罗县	Pingluo	4155.1	4038.0	4686.6	4909.1	5256.2	6486.3	6210.6	6241.4
吴忠市	**Wuzhong**	**19066.9**	**18931.4**	**22146.6**	**24817.0**	**26285.5**	**27946.7**	**29273.4**	**30060.0**
利通区	Litong	4953.7	5325.0	7531.1	8058.7	7860.0	8363.7	9738.3	10305.8
红寺堡	Hongsipu	4355.2	4101.9	4658.3	5582.6	6274.3	6463.8	6281.9	6542.6
盐池县	Yanchi	179.2	169.0	226.1	270.8	297.0	329.5	589.7	564.0
同心县	Tongxin	6426.8	6010.1	6388.1	6921.8	7604.0	8589.4	8627.2	8460.5
青铜峡市	Qingtongxia	3152.1	3325.4	3342.9	3983.1	4250.3	4200.3	4036.2	4187.1
固原市	**Guyuan**	**32419.7**	**33107.0**	**36974.7**	**39720.9**	**41415.1**	**43474.9**	**40739.1**	**41407.6**
原州区	Yuanzhou	6607.9	6527.6	7248.4	7770.7	8266.6	9042.3	9003.1	9208.9
西吉县	Xiji	10957.1	11002.5	12069.3	13498.8	14525.4	15103.8	13779.5	13562.2
隆德县	Longde	3320.3	3206.0	3817.6	3945.8	4078.8	4439.4	4268.3	4158.0
泾源县	Jingyuan	3419.9	3855.2	4477.1	4792.0	4440.0	4295.2	3939.8	4333.8
彭阳县	Pengyang	8114.5	8515.7	9362.2	9713.6	10104.4	10594.2	9748.4	10144.7
中卫市	**Zhongwei**	**12929.1**	**13420.2**	**14262.6**	**14831.2**	**15807.9**	**16422.4**	**17122.7**	**15441.2**
沙坡头区	Shapotou	3472.4	3168.2	4025.2	4235.5	4881.3	5126.5	4870.7	3749.3
中宁县	Zhongning	3594.5	3977.7	3975.3	4369.8	4557.9	4483.0	4647.9	3330.6
海原县	Haiyuan	5862.2	6274.3	6262.2	6225.9	6368.7	6812.9	7604.1	8361.3

4-16 2013-2020年各市县羊生产情况

Basic Statistics of Sheep Production(2013-2020)

单位：只、吨 (head,ton)

市 县	Region	羊存栏 Sheep in Stock							
		2013	2014	2015	2016	2017	2018	2019	2020
全 区	**Total**	**5464324**	**5742262**	**5399672**	**5222910**	**5065894**	**5342810**	**5684575**	**5961127**
沿黄地区	**Plain**	**2260762**	**2383775**	**2261843**	**2135421**	**2148953**	**2137744**	**2217904**	**2333964**
中南部地区	**Mountain Area**	**3203562**	**3358488**	**3137829**	**3087489**	**2916941**	**3205066**	**3466671**	**3627163**
银川市	**Yinchuan**	**721011**	**737020**	**733176**	**695644**	**703883**	**643091**	**693018**	**783563**
银川市区	District	98168	111896	112595	101850	94405	84363	78837	104681
兴庆区	Xingqingqu								55232
金凤区	jingfenqu								21674
西夏区	Xixiaqu								27775
永宁县	Yongning	68212	79370	73911	69561	92384	95165	98526	105490
贺兰县	Helan	76053	78334	78917	79280	90011	97763	105319	126214
灵武市	Lingwu	478578	467421	467753	444953	427083	365800	410336	447178
石嘴山市	**Shizuishan**	**580495**	**616545**	**583689**	**546064**	**556107**	**622948**	**608064**	**671852**
石嘴山市辖区	District	240582	263564	268246	251539	266063	262000	261335	
大武口区	Dawukouqu								31931
惠农区	Huinongqu								221094
平罗县	Pingluo	339913	352981	315444	294525	290044	360948	346729	418827
吴忠市	**Wuzhong**	**2534302**	**2500980**	**2373396**	**2441975**	**2256316**	**2437315**	**2671716**	**2713829**
利通区	Litong	231467	269463	250437	252159	224874	222251	235337	212254
红寺堡	Hongsipu	266190	311857	317558	330377	324197	344251	367829	358621
盐池县	Yanchi	1122722	1026980	1032652	1100661	964911	1112451	1181542	1173265
同心县	Tongxin	699268	691508	585380	586957	575318	601346	735991	824983
青铜峡市	Qingtongxia	214656	201172	187369	171821	167016	157016	151017	144706
固原市	**Guyuan**	**729607**	**866394**	**790061**	**729427**	**694024**	**709363**	**755667**	**784888**
原州区	Yuanzhou	264496	301270	273812	245901	223121	212000	266281	273755
西吉县	Xiji	204267	256239	240542	225515	229944	250870	248006	261852
隆德县	Longde	31359	34029	25781	23691	22747	22019	22378	22839
泾源县	Jingyuan	6987	8018	8132	7080	5328	6074	6939	8224
彭阳县	Pengyang	222498	266838	241794	227240	212884	218400	212063	218218
中卫市	**Zhongwei**	**898909**	**1021323**	**919349**	**809800**	**855564**	**930093**	**956110**	**1006995**
沙坡头区	Shapotou	202315	249506	215125	221302	247419	252481	234657	234060
中宁县	Zhongning	310818	310068	292046	248431	249654	239957	295811	287529
海原县	Haiyuan	385776	461749	412178	340067	358491	437655	425642	485406

注：根据第三次农业普查结果重新修订2013-2017年分市县数据。

Note: Data of livestock 2013-2017 by city and county had been revised according to the data from the third national agricultural census.

4-16 续表 1 continued

单位：只、吨 (head,ton)

市 县	Region	羊出栏 Slaughtered of Livestock of Sheep							
		2013	2014	2015	2016	2017	2018	2019	2020
全 区	**Total**	**4997486**	**5179971**	**5325307**	**5380260**	**5600001**	**5588251**	**5796583**	**6251300**
沿黄地区	**Plain**	**2235728**	**2228572**	**2261954**	**2271531**	**2324233**	**2327055**	**2282525**	**2310220**
中南部地区	**Mountain Area**	**2761759**	**2951399**	**3063353**	**3108730**	**3275768**	**3261196**	**3514058**	**3941080**
银川市	**Yinchuan**	**864486**	**808719**	**805241**	**826726**	**827438**	**862627**	**847858**	**895656**
银川市区	District	105034	95547	98251	100936	102006	103884	79401	54854
兴庆区	Xingqingqu								29608
金凤区	jingfenqu								8084
西夏区	Xixiaqu								17162
永宁县	Yongning	71128	73884	80783	82141	87715	95037	116716	184696
贺兰县	Helan	74198	71483	65549	72798	72565	70497	74187	110854
灵武市	Lingwu	614126	567805	560658	570850	565152	593210	577554	545252
石嘴山市	**Shizuishan**	**525373**	**527724**	**533347**	**529620**	**558311**	**575557**	**567300**	**561234**
石嘴山市辖区	District	212008	212438	208232	225406	236051	233204	226159	
大武口区	Dawukouqu								13878
惠农区	Huinongqu								160567
平罗县	Pingluo	313365	315286	325115	304214	322260	342353	341141	386789
吴忠市	**Wuzhong**	**2257733**	**2411147**	**2451893**	**2449873**	**2628812**	**2600853**	**2790472**	**3152303**
利通区	Litong	228121	244599	246564	253684	283285	271927	309672	271256
红寺堡	Hongsipu	226314	231958	246079	277845	318602	313084	314333	345870
盐池县	Yanchi	873108	975487	984979	1045180	1080942	1076117	1154091	1296462
同心县	Tongxin	714746	753514	768322	676372	741785	762638	881829	1109400
青铜峡市	Qingtongxia	215444	205589	205949	196792	204198	177088	130547	129315
固原市	**Guyuan**	**668659**	**706228**	**760383**	**788357**	**812490**	**768739**	**802596**	**765890**
原州区	Yuanzhou	241042	250195	269984	279767	277184	239439	220665	221407
西吉县	Xiji	155076	167261	181048	196618	215810	212170	274578	256869
隆德县	Longde	28381	28896	29656	26479	27635	26725	27226	28182
泾源县	Jingyuan	8323	8418	9021	9531	8788	8256	8372	7430
彭阳县	Pengyang	235838	251458	270674	275963	283073	282149	271755	252002
中卫市	**Zhongwei**	**681235**	**726153**	**774443**	**785684**	**772950**	**780474**	**788357**	**876217**
沙坡头区	Shapotou	163609	177980	193073	206130	203682	202694	183636	185550
中宁县	Zhongning	238695	263961	277780	258578	247319	237162	243512	267209
海原县	Haiyuan	278931	284212	303590	320976	321949	340618	361209	423458

4-16 续表 2 continued

单位：只、吨 (head,ton)

市　县	Region	羊肉产量 Mutton Production							
		2013	2014	2015	2016	2017	2018	2019	2020
全　区	**Total**	**86612.7**	**89274.6**	**92889.0**	**94645.8**	**99060.3**	**99048.6**	**104064.8**	**110938.7**
沿黄地区	**Plain**	**38028.1**	**37919.3**	**39111.0**	**39584.9**	**40754.1**	**40859.7**	**40815.6**	**42125.3**
中南部地区	**Mountain Area**	**48584.6**	**51355.3**	**53778.0**	**55060.9**	**58306.2**	**58188.9**	**63249.2**	**68813.4**
银川市	**Yinchuan**	**14773.8**	**13886.8**	**13965.1**	**14400.6**	**14484.2**	**15111.7**	**15156.7**	**16113.1**
银川市区	District	1796.7	1639.9	1695.3	1745.1	1771.9	1806.7	1431.0	1104.9
兴庆区	Xingqingqu								591.4
金凤区	jingfenqu								175.0
西夏区	Xixiaqu								338.5
永宁县	Yongning	1223.6	1271.7	1395.7	1426.8	1535.2	1673.5	2064.2	2949.0
贺兰县	Helan	1245.5	1208.8	1136.9	1273.7	1271.5	1233.3	1333.7	1874.2
灵武市	Lingwu	10507.9	9766.4	9737.2	9954.9	9905.6	10398.1	10327.8	10185.0
石嘴山市	**Shizuishan**	**8833.1**	**8878.7**	**9143.0**	**9129.0**	**9690.1**	**9980.3**	**10028.6**	**10071.0**
石嘴山市辖区	District	3621.0	3629.9	3614.2	3904.1	4113.0	4062.0	4040.2	
大武口区	Dawukouqu								236.1
惠农区	Huinongqu								3030.7
平罗县	Pingluo	5212.0	5248.9	5528.8	5224.8	5577.1	5918.3	5988.4	6804.2
吴忠市	**Wuzhong**	**39920.4**	**42250.6**	**43338.7**	**43742.9**	**47147.6**	**46726.3**	**50527.3**	**54579.6**
利通区	Litong	3920.3	4208.0	4288.9	4427.6	4977.2	4792.4	5521.5	5041.8
红寺堡	Hongsipu	3713.9	3832.9	4111.5	4676.9	5394.3	5371.2	5474.7	5998.6
盐池县	Yanchi	16235.9	17760.1	18102.9	19477.6	20244.3	20098.9	21738.5	22739.5
同心县	Tongxin	12344.0	12921.8	13275.6	11747.8	12966.3	13311.9	15456.2	18339.9
青铜峡市	Qingtongxia	3706.4	3527.7	3559.8	3413.0	3565.5	3151.9	2336.3	2459.9
固原市	**Guyuan**	**11477.9**	**11987.4**	**13064.2**	**13653.3**	**14154.1**	**13487.8**	**14292.3**	**14182.4**
原州区	Yuanzhou	4113.0	4226.5	4619.8	4850.3	4825.2	4216.7	3964.0	4200.6
西吉县	Xiji	2607.6	2791.3	3073.4	3373.5	3726.5	3697.6	4860.1	4684.9
隆德县	Longde	481.5	487.5	507.9	460.3	485.8	476.8	484.4	515.3
泾源县	Jingyuan	142.9	144.2	155.8	165.3	155.5	149.1	152.6	140.0
彭阳县	Pengyang	4132.9	4337.9	4707.3	4804.0	4961.2	4947.5	4831.3	4641.7
中卫市	**Zhongwei**	**11607.6**	**12271.1**	**13377.9**	**13720.0**	**13584.3**	**13742.6**	**14060.0**	**15992.6**
沙坡头区	Shapotou	2792.6	3026.9	3358.1	3631.3	3611.8	3579.1	3360.1	3563.8
中宁县	Zhongning	4002.1	4391.2	4796.1	4583.5	4425.4	4244.3	4412.4	4875.7
海原县	Haiyuan	4812.9	4853.0	5223.7	5505.2	5547.1	5919.2	6287.5	7553.1

4-17 2013-2020年各市县家禽生产情况
Basic Statistics of Poultry Production(2013-2020)

单位：只、吨 (head,ton)

市 县	Region	2013		2014		2015		2016	
		家禽存栏 Poultry in Stock	#蛋鸡存栏 Egg Laying	家禽存栏 Poultry in Stock	#蛋鸡存栏 Egg Laying	家禽存栏 Poultry in Stock	#蛋鸡存栏 Egg Laying	家禽存栏 Poultry in Stock	#蛋鸡存栏 Egg Laying
全 区	**Total**	**13408172**	**7998871**	**15231688**	**9121714**	**14465438**	**9323317**	**17308465**	**10989380**
沿黄地区	**Plain**	**10195500**	**6431880**	**11969730**	**7566861**	**11369514**	**7673614**	**13005347**	**8637683**
中南部地区	**Mountain Area**	**3212671**	**1566991**	**3261957**	**1554853**	**3095924**	**1649703**	**4303118**	**2351696**
银川市	**Yinchuan**	**3627803**	**1851049**	**4776438**	**2838655**	**4117298**	**2569712**	**5296781**	**2957099**
银川市区	District	920500	308589	1190516	798684	1033807	714666	1149937	786601
兴庆区	Xingqingqu								
金凤区	jingfenqu								
西夏区	Xixiaqu								
永宁县	Yongning	752200	560970	1448600	1054988	1175300	916065	1244451	293271
贺兰县	Helan	1051511	817082	1045348	774532	891187	743348	1903429	1713222
灵武市	Lingwu	903592	164408	1091975	210451	1017004	195633	998964	164004
石嘴山市	**Shizuishan**	**1066809**	**628478**	**1142380**	**607078**	**1107634**	**618743**	**1347586**	**713536**
石嘴山市辖区	District	415539	251637	500755	269802	466440	255698	609269	319632
大武口区	Dawukouqu								
惠农区	Huinongqu								
平罗县	Pingluo	651270	376840	641624	337276	641193	363045	738317	393904
吴忠市	**Wuzhong**	**3278599**	**1487564**	**3280182**	**1374864**	**3457350**	**1527457**	**3053143**	**1601742**
利通区	Litong	896156	156111	893695	177187	928930	199508	1096879	206924
红寺堡	Hongsipu	123032	109427	151523	99257	175829	123280	192301	110031
盐池县	Yanchi	89597	48873	87723	44460	88785	48854	101,875	53519
同心县	Tongxin	452713	123094	444840	111095	494206	177315	487434	213866
青铜峡市	Qingtongxia	1717100	1050059	1702400	942866	1769600	978500	1174654	1017402
固原市	**Guyuan**	**2061209**	**1033285**	**2098439**	**1060075**	**1862728**	**1026705**	**3061529**	**1665278**
原州区	Yuanzhou	968734	689902	962686	722635	798036	638637	1230806	1027555
西吉县	Xiji	191878	98038	231809	121983	213120	162253	704606	293079
隆德县	Longde	170620	93944	168944	75219	210538	91052	269244	145622
泾源县	Jingyuan	74877	50247	83740	49250	100353	59020	124675	101571
彭阳县	Pengyang	655099	101154	651260	90988	540681	75742	732198	97451
中卫市	**Zhongwei**	**3373752**	**2998496**	**3934249**	**3241042**	**3920428**	**3580699**	**4549426**	**4051725**
沙坡头区	Shapotou	2469458	2379840	2956348	2588992	2948238	2885283	3514002	3267538
中宁县	Zhongning	418174	366344	498469	412083	497814	421867	575445	475185
海原县	Haiyuan	486120	252312	479431	239967	474376	273549	459979	309002

注：根据第三次农业普查结果重新修订2013-2017年分市县数据。
Note: Data of livestock 2013-2017 by city and county had been revised according to the data from the third national agricultural census.

4-17 续表 1 continued

单位: 只、吨 (head,ton)

市 县	Region	2017		2018		2019		2020	
		家禽存栏 Poultry in Stock	#蛋鸡存栏 Egg Laying	家禽存栏 Poultry in Stock	#蛋鸡存栏 Egg Laying	家禽存栏 Poultry in Stock	#蛋鸡存栏 Egg Laying	家禽存栏 Poultry in Stock	#蛋鸡存栏 Egg Laying
全 区	**Total**	**11506807**	**8106015**	**11431308**	**8134763**	**12843792**	**9383882**	**11818163**	**9038673**
沿黄地区	**Plain**	**8868897**	**6557755**	**8854502**	**6582590**	**10302251**	**7674372**	**9447147**	**7609479**
中南部地区	**Mountain Area**	**2637911**	**1548260**	**2576806**	**1552173**	**2541541**	**1709510**	**2371016**	**1429194**
银川市	**Yinchuan**	**2845968**	**1969306**	**3059165**	**1974702**	**2892377**	**2125818**	**2348139**	**1700553**
银川市区	District	607213	545130	711550	558018	811457	716837	304417	275113
兴庆区	Xingqingqu							92472	88310
金凤区	jingfenqu							48859	48404
西夏区	Xixiaqu							163086	138399
永宁县	Yongning	1152775	778411	1169650	878714	817362	583452	905235	657125
贺兰县	Helan	657896	553009	622465	435720	770067	722757	798270	670057
灵武市	Lingwu	428084	92756	555500	102250	493491	102772	340217	98258
石嘴山市	**Shizuishan**	**908685**	**572634**	**796949**	**363900**	**1090923**	**331902**	**873590**	**258932**
石嘴山市辖区	District	314327	206890	259900	58900	233838	90182		
大武口区	Dawukouqu							103768	35834
惠农区	Huinongqu							117892	37456
平罗县	Pingluo	594359	365744	537049	305000	857085	241720	651930	185642
吴忠市	**Wuzhong**	**2876677**	**1587793**	**2958851**	**2021237**	**3702039**	**2636515**	**3357717**	**2892125**
利通区	Litong	595608	182476	625895	145338	797456	138608	200873	107664
红寺堡	Hongsipu	99114	47726	96473	53720	128819	54716	210503	58226
盐池县	Yanchi	86459	70133	71500	56300	88106	84329	141993	119379
同心县	Tongxin	432670	106030	522157	214451	464692	294295	219501	125843
青铜峡市	Qingtongxia	1662826	1181428	1642826	1551428	2222966	2064567	2584847	2481013
固原市	**Guyuan**	**1725618**	**1053892**	**1627976**	**1013702**	**1596073**	**1052319**	**1546300**	**873027**
原州区	Yuanzhou	599290	530400	549892	499892	575882	417508	872425	456986
西吉县	Xiji	420573	231738	323847	311580	190433	137809	92382	45075
隆德县	Longde	238202	165922	179384	119756	136769	65167	68285	66965
泾源县	Jingyuan	74101	49392	67901	17124	74400	36426	16761	2568
彭阳县	Pengyang	393453	76440	506952	65350	618589	395409	496447	301433
中卫市	**Zhongwei**	**3149859**	**2922391**	**2988367**	**2761222**	**3562380**	**3237328**	**3692417**	**3314036**
沙坡头区	Shapotou	2355352	2259143	2182213	2051302	2872296	2680921	3165277	2837962
中宁县	Zhongning	500457	392768	547454	495920	426233	332556	274421	223355
海原县	Haiyuan	294050	270480	258700	214000	263851	223851	252719	252719

4-17 续表 2 continued

单位：只、吨 (head,ton)

市 县	Region	家禽出栏 Slaughtered of Livestock of Poultry							
		2013	2014	2015	2016	2017	2018	2019	2020
全 区	**Total**	**17028902**	**17769801**	**15783859**	**17696469**	**17960245**	**18486528**	**17239435**	**13867008**
沿黄地区	**Plain**	**11849787**	**12372374**	**11418672**	**12623941**	**12634361**	**13970557**	**13136223**	**10396510**
中南部地区	**Mountain Area**	**5179116**	**5397426**	**4365187**	**5072528**	**5325883**	**4515971**	**4103212**	**3470498**
银川市	**Yinchuan**	**5225444**	**5105773**	**4805443**	**5037142**	**4707411**	**5077496**	**4644054**	**3031711**
银川市区	District	1196505	1002818	822609	787551	722332	1120698	1148966	318776
兴庆区	Xingqingqu								128664
金凤区	jingfenqu								49794
西夏区	Xixiaqu								140318
永宁县	Yongning	1141096	1172291	1513188	1506221	1406334	1361523	1337226	986923
贺兰县	Helan	1221158	1068358	971285	1310032	1131055	1223881	942107	701338
灵武市	Lingwu	1666685	1862306	1498361	1433338	1447691	1371393	1215755	1024674
石嘴山市	**Shizuishan**	**1805863**	**1803777**	**1792520**	**2008762**	**2175462**	**2168794**	**1912037**	**1920590**
石嘴山市辖区	District	390400	543285	605342	692818	815256	913903	637195	
大武口区	Dawukouqu								147172
惠农区	Huinongqu								222821
平罗县	Pingluo	1415462	1260492	1187179	1315944	1360206	1254892	1274842	1550597
吴忠市	**Wuzhong**	**3636448**	**3439220**	**2905363**	**3546084**	**3557138**	**4668288**	**5240285**	**3997309**
利通区	Litong	1708642	1525279	1389197	1676226	1777904	1897579	1913344	1318941
红寺堡	Hongsipu	230132	251846	206787	284036	306389	293181	243378	400582
盐池县	Yanchi	137365	131535	95868	113524	116146	117327	109446	70041
同心县	Tongxin	778841	701490	546805	687426	559413	594413	629225	591504
青铜峡市	Qingtongxia	781468	829069	666706	784871	797285	1765789	2344892	1616241
固原市	**Guyuan**	**3713793**	**4017394**	**3249863**	**3731948**	**4121765**	**3299543**	**2840525**	**2201903**
原州区	Yuanzhou	1505580	1755622	1324748	1452596	1716515	1474171	978143	1031769
西吉县	Xiji	489620	445932	401330	475205	566072	420619	347218	164705
隆德县	Longde	254416	229988	202514	227875	261971	198134	196075	129311
泾源县	Jingyuan	222869	208385	221455	284961	300290	252890	196782	113596
彭阳县	Pengyang	1241308	1377468	1099815	1291311	1276916	953730	1122307	762522
中卫市	**Zhongwei**	**2647356**	**3403636**	**3030669**	**3372533**	**3398469**	**3272406**	**2602534**	**2715495**
沙坡头区	Shapotou	1704965	2523751	2079032	2362742	2452364	2348285	1814999	2019655
中宁县	Zhongning	623406	584725	685773	754197	723934	712615	506897	489372
海原县	Haiyuan	318985	295160	265864	255594	222170	211506	280638	206468

4-17 续表 3 continued

单位：只、吨 (head,ton)

市 县	Region	禽肉产量 Poultry Production							
		2013	2014	2015	2016	2017	2018	2019	2020
全区	**Total**	**31261.1**	**32818.4**	**30111.8**	**34179.3**	**34205.4**	**35661.9**	**35694.1**	**28861.6**
沿黄地区	**Plain**	**21420.7**	**22713.8**	**21600.8**	**24105.2**	**23828.3**	**26590.9**	**27211.7**	**21271.1**
中南部地区	**Mountain Area**	**9840.4**	**10104.6**	**8511.0**	**10074.1**	**10377.1**	**9071.0**	**8482.4**	**7590.5**
银川市	**Yinchuan**	**9613.8**	**9606.5**	**9235.4**	**9711.8**	**9022.3**	**9825.1**	**9821.7**	**6598.5**
银川市区	District	2170.6	1891.4	1631.8	1545.7	1401.7	2244.9	2445.5	724.8
兴庆区	Xingqingqu								270.4
金凤区	jingfenqu								104.5
西夏区	Xixiaqu								350.0
永宁县	Yongning	2101.3	2155.6	2763.3	2772.9	2572.2	2533.3	2820.2	2089.0
贺兰县	Helan	2220.1	2021.4	1948.8	2597.1	2189.6	2370.4	1955.7	1496.3
灵武市	Lingwu	3121.8	3538.1	2891.5	2796.1	2858.8	2676.4	2600.4	2288.4
石嘴山市	**Shizuishan**	**3335.1**	**3403.1**	**3480.4**	**3929.8**	**4224.3**	**4263.9**	**4041.0**	**3979.5**
石嘴山市辖区	District	759.0	1057.4	1221.1	1423.0	1646.8	1859.9	1466.6	
大武口区	Dawukouqu								378.8
惠农区	Huinongqu								654.5
平罗县	Pingluo	2576.1	2345.6	2259.3	2506.8	2577.6	2404.0	2574.4	2946.2
吴忠市	**Wuzhong**	**6494.5**	**6330.3**	**5545.6**	**6869.3**	**6746.6**	**8898.1**	**10587.2**	**7822.9**
利通区	Litong	3026.1	2812.3	2645.8	3270.6	3404.5	3635.8	3871.8	2629.0
红寺堡	Hongsipu	433.3	480.0	406.0	554.3	586.6	573.6	520.0	869.0
盐池县	Yanchi	247.9	240.6	191.3	229.2	233.6	239.4	236.0	213.6
同心县	Tongxin	1393.5	1310.5	1070.5	1352.4	1055.7	1123.7	1203.0	1103.3
青铜峡市	Qingtongxia	1393.6	1486.8	1232.0	1462.7	1466.2	3325.7	4756.4	3008.0
固原市	**Guyuan**	**7080.8**	**7420.8**	**6225.5**	**7447.9**	**8079.4**	**6730.6**	**5973.1**	**4886.3**
原州区	Yuanzhou	3045.3	3483.3	2812.9	3113.8	3564.7	3120.2	2214.5	2292.0
西吉县	Xiji	689.2	622.2	552.3	866.8	997.6	782.9	678.3	397.6
隆德县	Longde	419.3	384.7	342.3	409.8	470.5	375.8	379.0	239.2
泾源县	Jingyuan	429.3	399.5	428.7	556.4	579.7	501.8	423.7	251.4
彭阳县	Pengyang	2497.7	2531.1	2089.4	2501.0	2466.9	1949.8	2277.6	1706.0
中卫市	**Zhongwei**	**4736.9**	**6057.8**	**5624.9**	**6220.6**	**6132.8**	**5944.3**	**5271.1**	**5574.4**
沙坡头区	Shapotou	2867.4	4271.0	3665.5	4232.4	4353.0	4191.8	3616.4	4054.0
中宁县	Zhongning	1184.6	1134.1	1341.7	1498.0	1358.0	1348.6	1104.4	1002.0
海原县	Haiyuan	684.9	652.7	617.6	490.2	421.8	403.8	550.3	518.4

4-17 续表 4 continued

单位：只、吨 (head,ton)

市 县	Region	禽蛋产量 Egg Production							
		2013	2014	2015	2016	2017	2018	2019	2020
全区	**Total**	**104570.9**	**122503.2**	**135935.6**	**156999.0**	**152711.8**	**143769.8**	**138601.4**	**138585.0**
沿黄地区	**Plain**	**84500.2**	**94521.5**	**107386.0**	**124042.3**	**121616.9**	**113934.3**	**111818.0**	**116693.0**
中南部地区	**Mountain Area**	**20070.7**	**27981.7**	**28549.6**	**32956.7**	**31094.9**	**29835.5**	**26783.4**	**21892.0**
银川市	**Yinchuan**	**26300.4**	**29720.5**	**36791.0**	**39897.8**	**38292.8**	**38321.7**	**35831.0**	**27541.7**
银川市区	District	6513.0	7311.3	10314.7	11077.1	12570.7	13190.4	11803.6	6303.6
兴庆区	Xingqingqu								2424.7
金凤区	jingfenqu								1500.5
西夏区	Xixiaqu								2378.5
永宁县	Yongning	6026.0	9902.8	11208.3	12334.7	12771.1	12807.9	10582.0	10012.6
贺兰县	Helan	11917.9	9807.0	11579.9	13599.4	11036.0	10268.8	11239.4	9478.2
灵武市	Lingwu	1843.5	2699.4	3688.0	2886.6	1915.0	2054.6	2206.0	1747.2
石嘴山市	**Shizuishan**	**6608.5**	**9173.6**	**8903.6**	**9816.3**	**11270.5**	**9573.9**	**6182.5**	**4677.1**
石嘴山市辖区	District	3044.5	3838.8	3965.5	4141.0	5599.4	4675.0	1723.5	
大武口区	Dawukouqu								676.1
惠农区	Huinongqu								530.8
平罗县	Pingluo	3564.0	5334.8	4938.1	5675.4	5671.1	4898.9	4459.0	3470.2
吴忠市	**Wuzhong**	**21171.3**	**23849.5**	**21328.0**	**26587.2**	**29611.0**	**28390.9**	**33008.5**	**35629.7**
利通区	Litong	1992.4	2326.5	2543.7	3021.3	2494.9	2802.1	3243.2	1098.1
红寺堡	Hongsipu	1043.4	1411.0	1211.4	1210.4	889.4	871.4	844.2	352.3
盐池县	Yanchi	631.7	768.7	625.2	815.0	1076.6	958.0	1479.2	2067.4
同心县	Tongxin	5196.6	6525.7	3476.0	3075.0	3082.3	3122.4	3674.2	3095.5
青铜峡市	Qingtongxia	12307.3	12817.6	13471.7	18465.5	22067.8	20637.0	23767.6	29016.3
固原市	**Guyuan**	**10039.7**	**15460.9**	**19268.5**	**24095.3**	**22657.3**	**21426.5**	**17529.9**	**12560.3**
原州区	Yuanzhou	6506.7	7962.0	10355.1	17575.3	13367.3	11320.1	7596.4	5680.8
西吉县	Xiji	2317.7	2398.4	2199.1	3121.2	3021.4	3038.0	2297.0	1081.6
隆德县	Longde	428.4	2732.7	4388.3	1002.1	1460.2	1783.6	1378.7	1260.8
泾源县	Jingyuan	325.1	1123.5	889.8	1243.3	1250.8	1227.3	1112.4	161.6
彭阳县	Pengyang	461.8	1244.2	1436.2	1153.4	3557.6	4057.5	5145.3	4375.5
中卫市	**Zhongwei**	**40451.0**	**44298.7**	**49644.5**	**56602.4**	**50880.2**	**46056.9**	**46049.4**	**58176.3**
沙坡头区	Shapotou	33003.9	35407.3	40276.2	46310.6	40697.6	35359.7	36588.4	52008.2
中宁县	Zhongning	4287.8	5076.0	5399.9	6530.8	6793.3	7240.0	6205.2	2351.7
海原县	Haiyuan	3159.3	3815.5	3968.5	3761.0	3389.3	3457.2	3255.8	3816.4

主要指标解释

农作物播种面积 指实际播种或移植有农作物的面积。凡是实际种植有农作物的面积，不论种植在耕地上还是种植在非耕地上，均包括在农作物播种面积中。在播种季节基本结束后，因遭灾而重新改种和补种的农作物面积，也包括在内。它是反映我国耕地面积利用情况的一个重要指标。目前，农作物播种面积主要包括粮食、棉花、油料、糖料、麻类、烟叶、蔬菜和瓜类、药材和其他农作物九大类。

粮食产量 指农业生产经营者日历年度内生产的全部粮食数量。按收获季节包括夏收粮食、早稻和秋收粮食，按作物品种包括谷物、薯类和豆类。其中谷物包括小麦、玉米、早稻、中稻和一季晚稻、双季晚稻、大麦、高粱、谷子、荞麦等禾本科和蓼科粮食作物；薯类只包括马铃薯、甘薯，木薯统计在其他农作物，芋头等其他薯统计在其他蔬菜；豆类包括大豆、绿豆、红小豆、杂豆等。谷物产量按脱粒后的原粮计算，山区生产的薯类按鲜薯重量的5∶1折算为原粮，豆类按去荚后的干豆计算。

肉类总产量 指调查期内各种牲畜及家禽、兔等动物肉产量总计。猪、牛、羊、马、驴、骡、骆驼肉产量按去掉头蹄下水后带骨肉的胴体重量计算,兔禽肉产量按屠宰后去毛和内脏后的重量计算。猪牛羊禽四个品种肉产量由主要畜禽监测抽样调查获得。

当年出栏的畜禽数 指当年（报告期内）乡村各种经济组织和国营农场、农民个人、机关、团体、学校、工矿企业、部队等单位以及城镇居民饲养的，已屠宰或以消费为目的出售的畜禽数，包括集市上出售和农民自食的部分。不包括个别地区习惯吃的“烤小猪”以及为取得“二毛皮”而宰杀的羔羊。

期初(末)畜禽存栏头(只)数 指报告期初（末）农村各种经济组织和国营农场、农民个人、机关、团体、学校、工矿企业、部队等单位以及城镇居民饲养的大牲畜、猪、羊、家禽等畜禽的存栏数。不分大小、公母、品种和用途，一律包括在内。

Explanatory Notes on Main Statistical Indicators

Sown Area of Crops refers to area of land sown or trans-planted with crops regardless of being in cultivated area or non-cultivated area. Area of land sown due to natural disasters is also included. At present, the sown area of crops mainly include the following 9 categories of crops: grain, cotton, oil-bearing crops, sugar crops, fiber crops, tobacco, vegetables and melons, medicinal materials and other farm crops.

Grain Output refers to the total output of grains produced by agricultural producers within a calendar year. It includes summer grain, early rice and autumn grain if classified by harvest seasons; it covers cereal, tubers and beans if classified by type of crops. Cereal include wheat, corn, early rice, semilate rice, one season rice, two season rice, barley, sorghum, millet, buckwheat. The tubers include potatoes and sweet potatoes, not including taros and cassava. Beans include soybean, mung bean, red bean, mixed beans and so on. Output of cereal should be limited to husked grain only. The output of tubers are converted into that of grain at the ratio 5∶1. Output of beans refers to dry beans without pods.

Total Meat Output refers to the total production of various livestock and poultry, rabbits and other animal meat during the investigation period. Meat output refers to the meat of slaughtered hogs, cattle, sheep, horses, donkeys, mules and camels with head, feet and offal taken away. Meat output refers to the meat of slaughtered rabbit and poultry with hair and offal taken away. The data on the main livestock such as hog, cattle, sheep and poultry became the official data based on the sampling survey.

Number of Livestock or Poultry Slaughtered refers to the numbers of slaughtered or sold livestock and poultry bred by rural cooperative organizations, state farms, rural individuals, government agencies, schools, industrial and mining enterprises, army and urban residents. It includes numbers sold on markets and ate by farmers and not includes obtaining the "two fur" to slaughter the lamb.

Number of Livestock or Poultry in Stock at Beginning (or End) of Period refers to the total number of large animals, pigs, sheep, fowls, etc. raised by rural cooperative organizations, state farms, rural individuals, government agencies, schools, industrial and mining enterprises, army, and urban residents at the beginning (or end) of the reference period. Regardless of size, male or female, variety and use, shall be included.

第五篇

农民工调查

Migrant Workers Survey

简要说明

农民工监测调查以第六次人口普查为抽样框资料，以全区为总体，采用多层、多阶段、PPS 抽样方法随机抽选调查小区，在全区 22 个县（市、区）抽中调查点 110 个，共有 1100 户调查户数据资料参与汇总推算，调查数据结果主要反映农民工数量、流向、结构、就业、收支、生活、社会保障及创业等情况。农民工指的是户口性质为本地农业户口且在本年度的从业状况为外出农民工或本地农民工或期末举家外出的农村劳动力。外出农民工指的是外出从业 6 个月及以上的农村劳动力；本地农民工指的是从事本地非农活动（包括本地非农务工和非农自营活动）6 个月及以上的农村劳动力。

Brief Introduction

Migrant workers monitoring survey base on the sixth census data as sampling frame, overall for district, by adopting the method of multi-level, multi-stage, PPS sampling, randomly selected survey area, selected 110 deals in 22 counties (cities, districts), participate in the summary estimate total of 1100 households, results mainly reflects the number of migrant workers, flow, structure, employment, income, life, social security and business, and so on and so forth. Migrant workers refer to the rural labor force whose household registration is local agricultural household and whose employment status in this year is going out for work or local migrant workers or whole family members going out at the end of the term. Migrant workers refer to the rural labor force who have been out of work for 6 months or more；Local migrant workers refer to the rural labor force engaged in local non-agricultural activities (including local non-agricultural work and non-agricultural self-employment) for 6 months or more.

就业总量有回调　存在问题需关注

——2020年宁夏农民工监测调查报告

2020年，宁夏各级政府努力克服新冠肺炎疫情对经济社会发展带来的冲击，积极落实"六稳""六保"各项任务，多措并举保障农民工返岗复工、务工就业，宁夏农民工就业呈逐季向好态势，月均收入水平实现稳步增长，但存在的老龄化现状加重、外出从业劳动合同签订率低和节后返岗流动性强等问题仍需关注。

一、疫情影响农民工总量减少8万人

据宁夏调查总队抽样调查结果显示，2020年，全区农民工总量98.1万人，比2019年减少8.0万人，下降7.5%。其中，在户籍所在乡镇以外从业的外出农民工76.9万人，比2019年减少5.8万人，下降7.0%；在户籍所在乡镇内从事非农行业的本地农民工21.2万人，比2019年减少2.2万人，下降9.4%。宁夏农民工仍以外出从业为主，占农民工总量的78.4%，本地农民工占21.6%。

表1　近三年宁夏农民工规模

单位：万人

指　　标	2018年	2019年	2020年
农民工总数	100.5	106.1	98.1
1. 外出农民工	77.3	82.7	76.9
(1)住户中外出农民工	49.5	53.5	47.1
(2)举家外出农民工	27.8	29.2	29.8
2. 本地农民工	23.2	23.4	21.2

农民工总量下降的主要因素，一是受疫情影响，农村从业劳动力人数下降；二是部分农村劳动力就业不稳定，工作时断时续，加之一季度返岗复工较往年延迟，全年从业时间累积少于6个月，达不到农民工从业6个月及以上的统计口径；三是受农牧业生产效益较好的影响，部分农民工返乡创业从事农牧业自营。

二、农民工就业的基本特征

（一）女性农民工占比下降

2020年，男性农民工占67.2%，女性占32.8%，女性人数占比较上年下降0.6个百分点。受疫情影响，就业机会相对减少，外出就业有风险，孩子在家上网课需要照顾等因素促使更多女性选择照顾家庭，出门就业人数减少，女性农民工占比下降。

（二）年龄结构有所老化

从年龄结构看，宁夏农民工仍以30-50岁的劳动力为主，占比为54.2%，比2019年提高2个百分点；51岁及以上的大龄农民工占比为18.2%，比2019年提高0.5个百分点，比2018年提高3.1个百分点；29岁及以下的农民工占比为27.5%，比2019年下降2.6个百分点。总体来看，农民工仍以中青年为主，年龄结构持续趋于老化，老龄化现状加重。

表 2　近三年宁夏农民工年龄构成

单位：%

年　龄	2018 年	2019 年	2020 年
16-19 岁	3.7	2.3	1.4
20-29 岁	27.8	27.8	26.1
30-40 岁	24.0	23.5	23.5
41-50 岁	29.4	28.7	30.7
51 岁及以上	15.1	17.7	18.2

（三）文化程度有所变化

从受教育程度看，农民工的学历仍以初中为主，占比 49.6%，比 2019 年提高 0.7 个百分点；小学及以下文化程度占比 24.2%，比 2019 年降低 0.3 个百分点；高中文化程度占比 12.8%，比 2019 年下降 1 个百分点；大专及以上文化程度占比 13.5%，比 2019 年提高 0.7 个百分点。

表 3　近三年宁夏农民工文化程度构成

单位：%

指　　标	2018 年	2019 年	2020 年
未上过学	3.3	3.8	2.8
小　　学	20.5	20.7	21.4
初　　中	50.8	48.9	49.6
高　　中	14.7	13.8	12.8
大专及以上	10.8	12.8	13.5

（四）接受非农职业技能培训比例提高

2020 年以来，各地继续加强对农民工的职业技能培训工作，通过线上培训、线下面授等方式，提升农民工技能水平，增强农民工就业能力。调查结果显示，2020 年，农民工中接受过非农职业技能培训的人数占比为 29.0%，比 2019 年提高 10.7 个百分点；另有 14.1%的农民工接受过农业职业技能培训。

三、农民工流向分布

（一）外出流向相对平稳，县内就业比重增加

为应对疫情影响，各地积极采取有效措施，通过有序组织劳动力输出、增加就近吸纳农民工就业岗位、加大乡村公益性岗位开发力度等多项政策共同发力，稳步推进农民工外出和本地就业，全年农民工流向保持平稳态势。调查结果显示，2020 年，宁夏 76.9 万外出农民工中，流向自治区外的人数比重为 14.7%，与 2019 年基本持平；在乡外县内从业的占 44.0%，比上年增长 3.6 个百分点，外出离家较近在县城内就业，方便照顾家庭是农民工理想的就业模式。

（二）跨省外出以东西部为主，江苏内蒙古新疆人数最多

从转移到区外就业情况看，跨省外出以东、西部省份为主，分别占 6.4%和 7.6%，中部省份仅占 0.7%。其中外出省份以江苏、内蒙古、新疆、甘肃、陕西、浙江人数最多，分别占 1.9%、2.3%、1.9%、1.4%、1.3%和 1.2%。受疫情影响，跨省外出农民工出省距离有所缩短，去往广东省人员减少，流向江浙人数增多。

表 4　近三年宁夏农民工地区分布及构成

指　标	2018 年		2019 年		2020 年	
	人数（万人）	占比（%）	人数（万人）	占比（%）	人数（万人）	占比（%）
全部农民工	100.5	100.0	106.1	100.0	98.1	100.0
本地农民工	23.2	23.1	23.4	22.1	21.2	21.6
外出农民工	77.3	76.9	82.7	77.9	76.9	78.4
1.省内流动	66.1	65.8	70.4	66.4	65.6	66.9
(1)乡外县内	31.0	30.9	33.4	31.5	33.8	34.5
(2)县外省内	35.1	34.9	37.0	34.9	31.8	32.4
2.去往省外	11.2	11.1	12.3	11.6	11.3	11.5
(1)西部地区	6.4	6.4	7.1	6.7	5.8	5.9
西北四省	3.2	3.2	4.4	4.1	3.7	3.8
(2)东部地区	4.0	4.0	4.5	4.2	4.9	5.0
(3)中部地区	0.7	0.7	0.7	0.7	0.6	0.6
(4)其他	0.1	0.1	0	0	0	0

（三）住宿和餐饮业从业受疫情影响较大

调查结果显示，2020 年，宁夏农民工中，从事第二产业的占 30.2%，比上年降低 0.3 个百分点。其中，制造业占 12.1%，比上年提高 0.7 个百分点；建筑业占 13.6%，比上年降低 0.8 个百分点。从事第三产业的农民工占 67.5%，比上年下降 1 个百分点。其中，批发和零售业占 13.4%，交通运输、仓储和邮政业占 11.4%，分别比上年提高 0.2、0.3 个百分点；住宿餐饮业受疫情影响较大，占比为 8.8%，较上年下降 1.5 个百分点；居民服务、修理和其他服务业占 15.2%，比上年降低 0.9 个百分点。住宿餐饮业从业人数减少是造成从事第三产业农民工占比下降的主要原因。

表 5　近三年宁夏农民工就业行业分布

单位：%

指　标	2018 年	2019 年	2020 年
第一产业	0.6	1.0	2.3
第二产业	30.7	30.5	30.2
其中：制造业	10.6	11.4	12.1
建筑业	15.9	14.4	13.6
第三产业	68.7	68.5	67.5
其中：批发和零售业	13.9	13.2	13.4
交通运输、仓储和邮政业	13.0	11.1	11.4
住宿和餐饮业	9.4	10.3	8.8
居民服务、修理和其他服务业	14.3	16.1	15.2

四、农民工收入保障情况

（一）外出农民工收入稳定增长

“十三五”期间，转移就业的常态化，使劳务经济成为农民收入增长的主要动力。2015 年以来，近八成的外出农民工收入保持稳定增长，工资性收入在农村居民人均可支配收入中的比重越来越大，逐渐占据主导地位。调查结果显示，2015-2020 年，宁夏外出农民工月均收入由 3489 元增长到 4791 元，年均增加 260 元，年均增长 6.5%，其中 2020 年月均收入为 4791 元，比上年增加 289 元，增长 6.4%。

（二）本地非农务工收入增长迟滞

农民在本乡镇内从事非农行业务工，如盖房装修、修路挖渠、绿化维护、公益岗位、扶贫车间等工作，多数是在兼顾农牧业生产后，利用空余时间打打零工。相对于外出打工，本地非农务工收入增长迟滞。调查结果显示，2015 年和 2020 年，宁夏本地非农务工农民工月均收入分别为 2632 元和 2672 元，基本持平。2016 年和 2017 年期间，月均收入增长至 2724 元和 2995 元，2018 年后回调，2020 年恢复至 2015 年水平。

（三）农民工社会保障水平提高

从社会保障情况看，宁夏农民工参保意识有所提高，养老、医疗、失业保险覆盖面继续扩大。据农民工监测调查结果显示，2020 年，宁夏农民工医疗、养老保险参保率分别为 99.7%和 74.8%，分别比上年提高 0.1 和 0.6 个百分点。单位或雇主自觉为外出农民工缴纳工伤、失业、生育保险的人数比重分别为 14.3%、13.6%、11.9%，分别比上年提高 0.1、1.1、1.5 个百分点。

五、需关注的几个问题

（一）老龄化加重有隐忧

调查结果显示，2018-2020 年，宁夏新增低龄农民工（16-19 岁）呈逐年下降趋势，占比由 2018 年的 3.7%下降至 2020 年的 1.4%，51 岁及以上农民工占比由 15.1%上升到 18.2%（详见表 2），老龄化趋势渐趋明显。高龄农民工因长年从事体力劳动，身体疾病隐患多，因伤因病致贫返贫隐患依然存在。

（二）工作不稳定，劳动合同签订率有待提升

受疫情影响，2020 年外出农民工工作稳定性较差，人均从业时间 8.8 个月，比上年减少 0.4 个月，下降 4.3%。外出从业但没有签订劳动合同的人数比重为 56.4%，比上年提高 2.1 个百分点。从走访调研结果看，宁夏外出农民工中，在小微企业、建筑包工、个体工商户就业的，多数未签订劳动合同，仅有口头协议，工作任务完成后当场结算工资，单位或雇主不会为其缴纳任何社会保险或人身意外险，基本权益得不到保障。

（三）人员流动和节后就业需关注

春节临近，农民工流动性强，节前返乡和节后返岗会对各地疫情防控造成一定的影响；劳动力密集的住宿餐饮业、居民服务业受疫情防控政策影响较大，将会影响节后农民工返岗复工和就业，如何统筹节后疫情防控与农民工就业，需要密切关注。

（潘　晶）

5-1　2020年全区农民工监测调查资料

Migrant Workers Monitoring Survey Data (2020)

指 标 名 称	Item	单位	Unit	数量
一、农民工主要推算数据(加权汇总)	**Basic Calculating Statistics of Migrant Workers**			
(一)总量	Total	万人	10000 persons	98.10
其中：外出农民工	Migrant Workers out	万人	10000 persons	76.90
本地农民工	Local Migrant Workers	万人	10000 persons	21.20
(二)外出从业时间	Working Time of Migrant Workers out	月	month	8.80
(三)外出从业月均收入	Average Monthly Income of Migrant Workers out	元	yuan	4791.00
二、农民工基本情况(调查样本数据)	**Basic Statistics of Migrant Workers**			
(一)性别	Gender	人	person	839
1.男性	Male	人	person	566
2.女性	Female	人	person	273
(二)年龄	Age	人	person	839
1.5岁及以下	Aged 5 and under	人	person	
2.6-15岁	Aged 6-15	人	person	
3.16-19岁	Aged 16-19	人	person	12
4.20-24岁	Aged 20-24	人	person	102
5.25-29岁	Aged 25-29	人	person	123
6.30-34岁	Aged 30-34	人	person	109
7.35-40岁	Aged 35-40	人	person	100
8.41-50岁	Aged 41-50	人	person	249
9.51-60岁	Aged 51-60	人	person	127
10.61-65岁	Aged 61-65	人	person	10
11.66岁及以上	Aged 66 and over	人	person	7
(三)6周岁及以上住户成员受教育程度	Culture Level of Household Member 6 Years of Age and Older	人	person	839
1.未上过学	Illiterate and Semi-illiterate	人	person	26
2.小学	Primary School	人	person	183
3.初中	Junior Middle School	人	person	406
4.高中	Senior Middle School	人	person	108
5.大学专科	Junior College	人	person	84
6.大学本科	Undergraduate College	人	person	32
7.研究生	Postgraduate	人	person	
(四)参加医疗保险情况	Condition of Joining Medical Insurance	人	person	839
1.新型农村合作医疗	New Rural Co-operative Medical System	人	person	94
2.城镇职工基本医疗保险	Basic Medical Insurance for Urban Employee	人	person	89
3.城乡居民基本医疗保险	Basic Medical Insurance for Urban and Rural Residents	人	person	653
4.公费医疗	Free Medical Insurance	人	person	
5.商业医疗保险	Commercial Medical Insurance	人	person	35
6.其他医疗保险	Other Medical Insurance	人	person	
7.没有参加任何医疗保险	No Medical Insurance	人	person	2
(五)参加养老保险情况	Condition of Joining Pension Insurance	人	person	839
1.城镇职工基本养老保险	Basic Pension Insurance for Urban Employee	人	person	115
2.城乡居民基本养老保险	Basic Pension Insurance for Urban and Rural Residents	人	person	458
3.企业年金(职业年金)	Urban Household Social Pension Insurance	人	person	2
4.商业养老保险	Commercial Pension Insurance	人	person	8
5.其他养老保险	Other Pension Insurance	人	person	47
6.没有参加任何养老保险	No Pension Insurance	人	person	213

5-1 续表 1 continued

指 标 名 称	Item	单位	Unit	数量
三、农民工全年从业情况(调查样本数据)	**Basic Statistics of Migrant Workers Employment**			
(一)本年度主要从业地区	Main Working Region this Year	人	person	839
1.乡内	Town	人	person	263
2.乡外县内	Town out County in	人	person	239
3.县外省内	County out Province in	人	person	243
4.省外国内	Province out Nation in	人	person	94
5.国外及港澳台地区	Nation out and Hong Kong, Macao, Taiwan Region	人	person	
(二)本年度从事主要行业	Working on Main Industry This Year	人	person	839
1.第一产业	Primary Industry	人	person	17
(1)农、林、牧、渔业	Agriculture, Forestry, Animal Husbandry and Fishery	人	person	17
2.第二产业	Secondary Industry	人	person	258
(2)采矿业	Mining	人	person	18
(3)制造业	Manufacturing	人	person	101
(4)电力、热力、燃气及水的生产和供应业	Production and Supply of Electricity, Gas and Water	人	person	23
(5)建筑业	Construction	人	person	116
3.第三产业	Tertiary Industry	人	person	564
(6)批发和零售业	Wholesale and Retail Trades	人	person	111
(7)交通运输、仓储和邮政业	Transport, Storage and Post	人	person	96
(8)住宿和餐饮业	Hotels and Catering Services	人	person	75
(9)信息传输、软件和信息技术服务业	Information Transmission, Computer Services and Software	人	person	16
(10)金融业	Financial Intermediation	人	person	12
(11)房地产业	Real Estate	人	person	2
(12)租赁和商务服务业	Leasing and Business Services	人	person	4
(13)科学研究和技术服务	Scientific Research and Technical Services	人	person	
(14)水利、环境和公共设施管理业	Management of Water Conservancy, Environment and Public Facilities	人	person	17
(15)居民服务、修理和其他服务业	Services to Households and Other Services	人	person	118
(16)教育	Education	人	person	19
(17)卫生、社会工作	Health and Social Work	人	person	29
(18)文化、体育和娱乐业	Culture, Sports and Entertainment	人	person	14
(19)公共管理、社会保障和社会组织	Public Management, Social Securities and Organizations	人	person	51
(20)国际组织	International Organizations	人	person	
四、外出从业农民工情况(调查样本数据)	**Basic Statistics of Migrant Workers Employment out**			
(一)外出地区	Working Region	人	person	577
1.本省	Province in	人	person	485
(1)乡外县内	Town out County in	人	person	242
(2)县外省内	County out Province in	人	person	243
2.省外	Province out	人	person	92
(1)东部地区	Eastern Provinces	人	person	39
北京	Beijing	人	person	5
天津	Tianjin	人	person	
河北	Hebei	人	person	2
辽宁	Liaoning	人	person	
上海	Shanghai	人	person	1
江苏	Jiangsu	人	person	10
浙江	Zhejiang	人	person	8
福建	Fujian	人	person	4
山东	Shandong	人	person	1

5-1 续表 2 continued

指标名称	Item	单位	Unit	数量
广东	Guangdong	人	person	8
海南	Hainan	人	person	
(2)中部地区	Central Provinces	人	person	5
山西	Shanxi	人	person	1
吉林	Jilin	人	person	
黑龙江	Heilongjiang	人	person	
安徽	Anhui	人	person	2
江西	Jiangxi	人	person	
河南	Henan	人	person	2
湖北	Hubei	人	person	
湖南	Hunan	人	person	
(3)西部地区	Western Provinces	人	person	48
内蒙古	Inner Mongolia	人	person	13
广西	Guangxi	人	person	1
重庆	Chongqing	人	person	1
四川	Sichuan	人	person	1
贵州	Guizhou	人	person	
云南	Yunnan	人	person	
西藏	Tibet	人	person	1
陕西	Shaanxi	人	person	9
甘肃	Gansu	人	person	9
青海	Qinghai	人	person	1
宁夏	Ningxia	人	person	485
新疆	Xinjiang	人	person	12
(4)其他地区	Others	人	person	
港澳台	Hong Kong, Macao and Taiwan	人	person	
国外	Foreign	人	person	
(二)外出地区类型	Type of out Working Region	人	person	577
1.直辖市	Municipality Directly under the Central Government	人	person	6
2.省会城市	Provincial Capital	人	person	172
3.地级市	Cities at Prefecture Level	人	person	65
4.县市城区	County	人	person	237
5.建制镇	Towns	人	person	90
6.村委会	Village Committee	人	person	7
7.其他地区	Others	人	person	
(三)外出方式	Pattern of out Working	人	person	577
1.政府(单位)组织	Organized by Government	人	person	8
2.中介组织介绍	Introduced by Intermediary Agent	人	person	8
3.亲朋好友介绍	Introduced by Relatives and Friends	人	person	127
4.自发	Spontaneous	人	person	430
5.其他	Others	人	person	4
(四)本年度从事主要行业	Working on Main Industry this Year	人	person	577
1.第一产业	Primary Industry	人	person	17
(1)农、林、牧、渔业	Agriculture, Forestry, Animal Husbandry and Fishery	人	person	17
2.第二产业	Secondary Industry	人	person	212
(2)采矿业	Mining	人	person	15
(3)制造业	Manufacturing	人	person	69

5-1 续表 3 continued

指标名称	Item	单位	Unit	数量
(4)电力、热力、燃气及水的生产和供应业	Production and Supply of Electricity, Gas and Water	人	person	19
(5)建筑业	Construction	人	person	109
3.第三产业	Tertiary Industry	人	person	348
(6)批发和零售业	Wholesale and Retail Trades	人	person	75
(7)交通运输、仓储和邮政业	Transport, Storage and Post	人	person	72
(8)住宿和餐饮业	Hotels and Catering Services	人	person	47
(9)信息传输、软件和信息技术服务业	Information Transmission, Computer Services and Software	人	person	14
(10)金融业	Financial Intermediation	人	person	12
(11)房地产业	Real Estate	人	person	3
(12)租赁和商务服务业	Leasing and Business Services	人	person	4
(13)科学研究和技术服务	Scientific Research and Technical Services	人	person	
(14)水利、环境和公共设施管理业	Management of Water Conservancy, Environment and Public Facilities	人	person	13
(15)居民服务、修理和其他服务业	Services to Households and Other Services	人	person	70
(16)教育	Education	人	person	10
(17)卫生、社会工作	Health and Social Work	人	person	18
(18)文化、体育和娱乐业	Culture, Sports and Entertainment	人	person	2
(19)公共管理、社会保障和社会组织	Public Management, Social Securities and Organizations	人	person	8
(20)国际组织	International Organizations	人	person	
(五)外出从业住所类型	Type of Residence out Working	人	person	577
1.单位宿舍	Employer's Dormitory	人	person	142
2.工地工棚	Working Shed in Construction Sites	人	person	42
3.生产经营场所	The Sites of Production and Business Operation	人	person	31
4.与人合租住房	Renting Room with Others	人	person	42
5.独立租赁住房	Renting a Room Oneself	人	person	44
6.务工地自购房	Buying House in Working Place	人	person	32
7.乡外从业但回家居住(老家)	Working out of Village but Living in Old Home	人	person	228
8.其他	Others	人	person	16
(六)外出从业时间	Time of Working outside	人	person	577
1.从事当前工作的时间	Time of Working outside at Present	月	month	23245
其中：1年以下	1 Year and under	人	person	179
1-2年	1-2 Years	人	person	124
2-5年	2-5 Years	人	person	159
5年及以上	5 Years and over	人	person	115
2.每月平均工作的天数	Working Days on Average per Month	天	day	14637
其中：15天以下	15 Days and under	人	person	9
15-22天	15-22 Days	人	person	109
22-26天	22-26 Days	人	person	240
26天以上	26 Days and over	人	person	219
3.每天平均工作的小时数	Working Hours on Average per Day	小时	hour	5055
其中：6小时以下	6 Hours and under	人	person	4
6-8小时	6-8 Hours	人	person	16
8-10小时	8-10 Hours	人	person	364
其中：8小时	8 Hours	人	person	338
10-12小时	10-12 Hours	人	person	166
12小时及以上	12 Hours and over	人	person	27

5-1 续表 4 continued

指 标 名 称	Item	单位	Unit	数量
(七)外出月收支情况	Condition of Income and Expenses per Month	人	person	577
1.每月平均收入	Income on Average per Month	元	yuan	2794288.00
其中：800元以下	Less than 800 Yuan	人	person	1
800-1000元	800-1000 Yuan	人	person	1
1000-1500元	1000-1500 Yuan	人	person	7
1500-2000元	1500-2000 Yuan	人	person	14
2000-3000元	2000-3000 Yuan	人	person	103
3000-5000元	3000-5000 Yuan	人	person	251
5000元及以上	5000 Yuan and over	人	person	200
(八)社会保障与福利情况	Social Security and Welfare Condition	人	person	577
1.外出从业的劳动关系	Labor Relation of Working outside	人	person	577
①无固定期限劳动合同工	Labor Contract with Non-fixed Term	人	person	23
②一年及以上劳动合同工	A Year or More Labor Contract	人	person	112
③一年以下劳动合同工	A Year and under Labor Contract	人	person	20
④没有劳动合同	No Labor Contract	人	person	326
⑤自营	Self-support	人	person	94
⑥其他	Others	人	person	2
2.单位或雇主提供伙食情况	Condition of Meals Providing by Employers	人	person	481
①每天提供三顿	Three Meals per Day	人	person	138
②每天提供两顿	Two Meals per Day	人	person	56
③每天提供一顿	One Meal per Day	人	person	52
④不提供，但补贴部分伙食费	No Providing but with some Subsidies	人	person	18
⑤不提供，也没有补贴	No Providing and Subsidies	人	person	217
3.单位或雇主提供住宿情况	Condition of Accommodation Providing by Employers	人	person	481
①提供住宿	Providing Accommodation	人	person	219
②不提供住宿，但住房有补贴	No Accommodation but with some Subsidies	人	person	6
③不提供住宿，也没有住房补贴	No Accommodation and Subsidies	人	person	256
4.单位或雇主拖欠工资情况	Condition of Unpaid Wages by Employers	人	person	
①被拖欠工资人数	Numbers of Unpaid Wages	人	person	16
②被拖欠工资的金额	Sum of Unpaid Wages	元	yuan	188720
5.五险一金缴纳情况	Condition of Social Security Payment	人	person	577
①缴纳养老保险	Pension Insurance Payment	人	person	76
②缴纳工伤保险	Injury Insurance Payment	人	person	83
③缴纳医疗保险	Medical Insurance Payment	人	person	83
④缴纳失业保险	Unemployment Insurance Payment	人	person	80
⑤缴纳生育保险	Maternity Insurance Payment	人	person	71
⑥缴纳住房公积金	Housing Fund Payment	人	person	33
(九)务工期间更换工作人数	Changing Jobs during Working Time	人	person	115
1.更换工作的次数	Times of Changing Jobs	人	person	148
2.更换过工作的人数	Numbers of Changing Jobs	人	person	115
其中：换过1次工作	Changing Jobs for One Time	人	person	92
换过2次工作	Changing Jobs Twice	人	person	14
换过超3次以上工作	Changing Jobs Three Times and More	人	person	9

第六篇

农村贫困调查

Rural Poverty Survey

简要说明

贫困监测调查在盐池、同心、原州、西吉、隆德、泾源、彭阳和海原 8 县（区）开展，主要监测居民现金和实物收支情况、住户成员及劳动力从业情况、居民家庭住房和耐用消费品拥有情况、家庭经营和生产投资情况、社区基本情况、县（市）社会经济基本情况和到县扶贫项目实施情况以及村和户的扶贫参与情况等。本书提供的宁夏扶贫重点县相关数据资料均为贫困监测调查 77 个调查点数据简单汇总所得。

Brief Introduction

Poverty monitoring survey carried out in Yanchi, Tongxin, Yuanzhou, Xiji, Longde, Jingyuan, Pengyang and Haiyuan, mainly monitoring the condition of residents in cash and in-kind, household members and labor employment, resident housing and consumer durables, investment and production, community basic situation, social and economic situation of the county (city) and poverty alleviation project implementation, poverty participation of village and household, etc. The yearbook provides the related data of key poverty county of Ningxia which simply consolidated as 77 poverty monitoring survey areas.

6-1　2020年扶贫重点县住户基本情况

Basic Statistics of Key Poverty Alleviation County (2020)

指标名称	Item	单位	Unit	总计
调查户类别	**Category of Households Surveyed**			
一、调查户数	Numbers of Households Surveyed	户	household	770
二、低保户	Households Enjoying the Minimum Living Guarantee	户	household	256
三、五保户	Households Enjoying the Five Guarantees	户	household	
四、建档立卡户	Households Establishing Files	户	household	1064
五、退耕还林户	Households Returning the Grain Plots to Forestry	户	household	385
住房及生活设施	**Housing and Domestic Installation**			
一、期末现住房情况	Owning House Condition of Term End			
(一)本住户居住类型	Residence Type	户	household	770
1.普通住宅	General Residence	户	household	770
2.集体宿舍和工棚	Dormitory and Shed	户	household	
3.工作地住宿	Working Places	户	household	
(二)本住户居住空间样式	House Construction Space Style	户	household	770
1.单栋楼房	Single Building	户	household	11
2.单栋平房	Single Bungalow	户	household	732
3.四居室及以上单元房	House with Four Bedrooms and Above	户	household	
4.三居室单元房	House with Three Bedrooms	户	household	15
5.二居室单元房	House with Two Bedrooms	户	household	6
6.一居室单元房	House with One Bedrooms	户	household	4
7.筒子楼或连片平房	Tube-shaped or Closely Bungalow	户	household	
8.其他	Others	户	household	2
(三)主要建筑材料	Main Building Materials	户	household	770
1.钢筋混凝土	Reinforced Concrete	户	household	34
2.砖混材料	Brick and Concrete	户	household	233
3.砖瓦砖木	Brick and Wood	户	household	488
4.竹草土坯	Bamboo Grass Adobe	户	household	11
5.其他	Others	户	household	4
(四)现住房房屋来源	Source of Current Housing	户	household	770
1.租赁公房	Public House Leasing	户	household	2
2.租赁私房	Private House Leasing	户	household	9
3.自建住房	Self-Built Housing	户	household	709
4.购买商品房	Commercial Residential Building	户	household	19
5.购买房改住房	Reformed Housing	户	household	
6.购买保障性住房	Security Housing	户	household	1
7.拆迁安置房	Removal Settlement Housing	户	household	16
8.继承或获赠住房	Inheritance or Gift Housing	户	household	

6-1 续表 1 continued

指标名称	Item	单位	Unit	总计
9.免费借用房	Borrow Housing for Free	户	household	1
10.雇主提供免费住房	Free Housing of Employer Offer	户	household	
11.其他来源	Others	户	household	13
(五)现住房建筑面积	Floor Space of Current Residential Buildings	平方米	sq.m	
1.10平方米以内	Less than 10 sq.m	户	household	
2.10-20平方米	10-20 sq.m	户	household	
3.20-30平方米	20-30 sq.m	户	household	
4.30-60平方米	30-60 sq.m	户	household	47
5.60-90平方米	60-90 sq.m	户	household	152
6.90-120平方米	90-120 sq.m	户	household	257
7.120-200平方米	120-200 sq.m	户	household	281
8.200平方米以上	200 sq.m Above	户	household	33
(六)住宅外道路路面情况	Road Pavement Outside Housing	户	household	770
1.水泥或柏油路面	Cement or Asphalt	户	household	622
2.沙石或石板等硬质路面	Hard Surfacing of Gravel or Slabstone	户	household	122
3.其他	Others	户	household	26
(七)住户主要饮用水来源情况	Source of Drinking Water for Household	户	household	770
1.经过净化处理的自来水	Tap Water for Cleaning Treatment	户	household	734
2.受保护的井水和泉水	Well Water and Spring for Protected	户	household	23
3.不受保护的井水和泉水	Well Water and Spring for Non-protected	户	household	
4.江河湖泊水	Rivers and Lakes	户	household	
5.收集雨水	Rainwater	户	household	13
6.桶装水	Barreled Water	户	household	
7.其他水源	Others	户	household	
(八)住户获取饮用水的主要困难	Main Difficulty for Gaining Drinking Water	户	household	770
1.单次取水往返时间超过半小时	More than Half an Hour of Getting Water from a Single Round-trip Time	户	household	
2.间断或定时供水	Water Supply for Gap or Timing	户	household	
3.当年连续缺水时间超过16天	More than 16 Days for Continuous Hydropenia of the Year	户	household	
4.无上述困难	No Difficulty	户	household	770
(九)住户饮用水使用前采取的主要处理措施	Main Treatment Measure before Drinking	户	household	770
1.煮沸	Boiling	户	household	730
2.加漂白剂/氯等	Adding Bleach or Chlorine	户	household	
3.使用水过滤器	Using Water Filter	户	household	370
4.其他处理措施	Other Treatment Measures	户	household	1
5.没有任何水处理措施	No Any Treatment Measures	户	household	2

6-1 续表 2 continued

指标名称	Item	单位	Unit	总计
(十)住户厕所类型	Residence Toilet Type	户	household	770
1.水冲式卫生厕所(冲入下水道)	Sanitary Water Flush Toilet (Flush into Sewer)	户	household	67
2.水冲式卫生厕所(冲入化粪池)	Sanitary Water Flush Toilet (Flush into Septic Tank)	户	household	58
3.水冲式卫生厕所(冲入防渗厕坑)	Sanitary Water Flush Toilet (Flush into Seepage Proof Toilet Pit)	户	household	7
4.水冲式非卫生厕所(冲入其他地方)	Non Sanitary Water Flush Toilet (Flush into Other Places)	户	household	54
5.卫生旱厕	Sanitary Latrine	户	household	102
6.普通旱厕	Ordinary Latrine	户	household	477
7.无厕所	No Toilets	户	household	5
(十一)住户厕所使用情况	Using Condition of Residence Toilet	户	household	770
1.住宅内独用	Exclusive use in house	户	household	338
2.住宅内合用	Sharing in house	户	household	2
3.院内独用	Exclusive use in yard	户	household	378
4.院内合用	Sharing in yard	户	household	9
5.其他地方独用	Exclusive use in other place	户	household	36
6.其他地方合用	Sharing in other place	户	household	
7.公用厕所	Public toilets	户	household	7
(十二)住户洗澡设施情况	Residence Shower Equipment Condition	户	household	770
1.统一供热水	Unified Supply Hot Water	户	household	4
2.家庭自装热水器	House Self-Installing Water Heater	户	household	683
3.其他	Others	户	household	14
4.无洗澡设施	No Shower Equipment	户	household	69
(十三)住户主要取暖设备状况	Residence Main Heating Equipment Condition	户	household	770
1.由市政或小区集中供暖	Central Heating by Government or Housing Estate	户	household	26
2.自行供暖	Self Heating	户	household	732
3.无取暖设备	No Heating Equipment	户	household	12
(十四)住户主要取暖用能源状况	Residence Main Heating Energy Condition	户	household	770
1.柴草	Firewood	户	household	1
2.煤炭	Coal	户	household	709
3.罐装液化石油气	Liquefied Petroleum Gas of Can Pack	户	household	1
4.管道液化石油气	Liquefied Petroleum Gas of Pipeline	户	household	
5.管道煤气	Coal Gas of Pipeline	户	household	
6.管道天然气	Natural Gas of Pipeline	户	household	1
7.电	Electricity	户	household	23
8.燃料用油	Fuel Oils	户	household	
9.沼气	Biogas	户	household	
10.其他	Others	户	household	
11.无取暖行为	No Heating Behavior	户	household	35
(十五)主要炊用能源状况	Main Condition of Cooking Energy	户	household	770
1.柴草	Firewood	户	household	35
2.煤炭	Coal	户	household	116
3.罐装液化石油气	Liquefied Petroleum Gas of Can Pack	户	household	18
4.管道液化石油气	Liquefied Petroleum Gas of Pipeline	户	household	
5.管道煤气	Coal Gas of Pipeline	户	household	
6.管道天然气	Natural Gas of Pipeline	户	household	6
7.电	Electricity	户	household	594

6-1 续表 3 continued

指标名称	Item	单位	Unit	总计
8.燃料用油	Fuel Oils	户	household	
9.沼气	Biogas	户	household	1
10.其他	Others	户	household	
11.无炊用行为	No Heating Behavior	户	household	
二、自有现住房情况	Condition of Own Current Housing	--	--	
(一)自有现住房建筑年份	Year of Built	年	year	
1.当年新建	New Construction of the Year	户	household	13
2.1-5年	1-5 Years	户	household	295
3.6-10年	6-10 Years	户	household	219
4.11-20年	11-20 Years	户	household	147
5.21-50年	21-50 Years	户	household	71
6.51-99年	51-99 Years	户	household	
7.100年以上	More than 100 Years	户	household	
(二)购(建)房总金额	Amount of Built	万元	10000 yuan	6665
(三)购(建)房时借贷款总额(不含利息)	Total Loan of Built	万元	10000 yuan	754
其中：按揭贷款金额	Mortgage Loan	万元	10000 yuan	182
(四)购(建)房时借贷款总利息	Loan Interest of Built	万元	10000 yuan	83
(五)借贷款还款总年限	Loan Years	年	year	
1.10年以下	Below 10 Years	户	household	149
2.11-20年	11-20 Years	户	household	1
3.21-30年	21-30 Years	户	household	
4.30年以上	More than 30 Years	户	household	
(六)现在是否还在还款	Whether in the Payment at Present	户	household	727
1.现在还在还款	Yes	户	household	21
2.现在已经还完借贷款	Pay Off the Loans at Present	户	household	706
三、租赁住房情况	Condition of Leasing Housing	--	--	
(一)租赁住房房屋来源	Source of Leasing Housing	户	household	
1.租赁公房	Public House Leasing	户	household	2
2.租赁私房	Private House Leasing	户	household	9
(二)租赁住房实际月租金	The Market Rent per Month of Leasing Housing	元	yuan	
1.租赁公房实际月租金	The Market Rent per Month of Public House Leasing	元	yuan	256
2.租赁私房实际月租金	The Market Rent per Month of Private House Leasing	元	yuan	4020
四、期内新建住房情况	Condition of Newly Built Residential Buildings During Period	--	--	
(一)期内新建住房竣工建筑面积	Floor Space of Newly Built Residential Buildings	平方米	sq.m	
1.10平方米以内	Less than 10 sq.m	户	household	
2.10-20平方米	10-20 sq.m	户	household	2
3.20-30平方米	20-30 sq.m	户	household	6
4.30-60平方米	30-60 sq.m	户	household	29
5.60-90平方米	60-90 sq.m	户	household	14
6.90-120平方米	90-120 sq.m	户	household	4
7.120-200平方米	120-200 sq.m	户	household	6
8.200平方米以上	More than 200 sq.m	户	household	
(二)新建住房建成时间	Purchasing Date	年	year	
(三)新建住房总费用	Total Cost	万元	10000 yuan	331
(四)新建住房资金来源	Capital Source of Newly Built Residential Buildings	万元	10000 yuan	331
1.银行信用社贷款	Loans from Bank and Credit Cooperative	万元	10000 yuan	46
2.亲友借款	Debt from Relatives and Friends	万元	10000 yuan	55
3.自筹资金	Self-collected Funds	万元	10000 yuan	204
4.其他资金	Others	万元	10000 yuan	27
五、期内住房大修或装修费用	**Housing overhaul cost**	**万元**	**10000 yuan**	**26**

6-2 2020年扶贫重点县耐用消费品拥有情况

Ownership of Durable Consumer Goods of Key Poverty Alleviation County (2020)

单位：百户均 (per 100 households)

指标名称	Item	单位	Unit	总计
家用汽车	Family Car	辆	unit	33
摩托车	Motorcycle	辆	unit	65
助力车	Moped	台	set	58
洗衣机	Washing Machine	台	set	103
电冰箱(柜)	Refrigerator	台	set	98
微波炉	Microwave Oven	台	set	13
彩色电视机	Color TV Set	台	set	108
空调	Air Conditioner	台	set	1
热水器	Water Heater	台	set	103
洗碗机	Dishwasher	台	set	
排油烟机	Ventilator	台	set	28
固定电话	Telephone	线	set	1
移动电话	Mobile Telephone	部	set	314
其中：接入互联网	Internet Mobile Telephone	部	set	307
计算机	Computer	台	set	26
其中：接入互联网	Internet Computer	台	set	21
照相机	Camera	台	set	1
中高档乐器	Middle and Top Grade Instruments	架	set	3
健身器材	Body-building Apparatus	台	set	1
空气净化器(含新风系统)	Air Cleaner(incl. Fresh air system)	台	set	
吸尘器	Vacuum Cleaner	台	set	1

6-3 2020年扶贫重点县社区基础设施和基本社会服务情况

Base Installation and Community Service of Key Poverty Alleviation County (2020)

指标名称	Item	单位	Unit	总计
一、社区基础设施和基本社会服务情况	**Base Installation and Community Service of the Community**	--	--	
(一)本社区的土地性质主要属于	Land Status	--	--	
1.国有土地	State Owned	户	household	470
2.集体土地	Collective	户	household	300
(二)本社区是否通公路	Whether Connected Roads	--	--	
1.通公路	Yes	户	household	700
2.不通公路	No	户	household	
(三)本社区能否便利地乘坐公共汽车	Whether Conveniently by Bus	--	--	
1.能便利地乘坐公共汽车	Yes	户	household	740
2.不能便利地乘坐公共汽车	No	户	household	30
(四)本社区是否通电	Whether Electrify	--	--	
1.通电	Yes	户	household	770
2.不通电	No	户	household	
(五)本社区是否通电话	Whether on the Phone	--	--	
1.通电话	Yes	户	household	770
2.不通电话	No	户	household	
(六)本社区能否接收有线电视信号	Whether Receive Cable TV Signal	--	--	
1.能接收有线电视信号	Yes	户	household	770
2.不能接收有线电视信号	No	户	household	
(七)本社区饮用水是否经过集中净化处理	Whether Purified of Drinking Water	--	--	
1.饮用水经过集中净化处理	Yes	户	household	770
2.饮用水没有经过集中净化处理	No	户	household	
(八)本社区主要饮用水水源中是否含有化学污染	Whether Chemical Contamination in Drinking Water	--	--	
1.高氟	Fluoride	户	household	
2.高砷	Arsenic	户	household	
3.其他化学污染	Other Chemical Pollution	户	household	
4.没有化学污染	None Chemical Pollution	户	household	770
(九)本社区是否开通了管道燃气	Whether Launched Pipeline Gas	--	--	
1.开通管道燃气	Yes	户	household	
2.未开通管道燃气	No	户	household	
(十)本社区是否有市政或小区集中供暖	Whether Central Heating by Municipal or Community	--	--	
1.有市政或小区集中供暖	Yes	户	household	10
2.没有市政或小区集中供暖	No	户	household	630
3.不适用	Inapplicability	户	household	130
(十一)进入社区道路的路面状况	Road Condition Outside the Community	--	--	
1.水泥或柏油路面	Cement or Asphalt	户	household	760
2.沙石或石板等硬质路面	Hard Surfacing of Gravel or Slabstone	户	household	10
3.其他	Others	户	household	
(十二)社区内主要道路路面状况	Road Condition in the Community	--	--	
1.水泥或柏油路面	Cement or Asphalt	户	household	730
2.沙石或石板等硬质路面	Hard Surfacing of Gravel or Slabstone	户	household	40
3.其他	Others	户	household	
(十三)社区内主要道路是否有路灯	Whether Have Street Light	--		
1.主要道路有路灯	Yes	户	household	630
2.主要道路没有路灯	No	户	household	140

6-3 续表 1 continued

指 标 名 称	Item	单位	Unit	总计
(十四)社区内垃圾是否能够做到集中处理	Whether Centralized Processing of Rubbish	--	--	
1.垃圾集中处理	Yes	户	household	720
2.垃圾不能集中处理	No	户	household	50
(十五)社区内是否有健身器材	Whether Have Fitness Equipment	--	--	
1.有健身器材	Yes	户	household	740
2.没有健身器材	No	户	household	30
(十六)社区内是否有绿化园林景观设计	Whether Have Garden Design	--	--	
1.有绿化园林景观设计	Yes	户	household	340
2.没有绿化园林景观设计	No	户	household	430
(十七)社区是否有卫生站(室)	Whether Have Health Station	--	--	
1.有卫生站(室)	Yes	户	household	770
2.没有卫生站(室)	No	户	household	
(十八)上幼儿园或学前班的便利程度如何	How Convenient is Kindergarten or Preschool	--	--	
1.社区内有，且便利	Yes, and Convenient	户	household	450
2.社区内无，但入园较便利	No, but Kindergarten is Convenient	户	household	230
3.不便利	Inconvenience	户	household	90
(十九)上小学的便利程度如何	How Convenient is in Primary School	--	--	
1.社区内有，且便利	Yes, and Convenient	户	household	530
2.社区内无，但入学较便利	No, but Entrance is Convenient	户	household	180
3.不便利	Inconvenience	户	household	60
(二十)社区是否在本年度发生过盗窃或其他刑事案件	Whether Happened Theft or Other Criminal Cases This Year	--	--	
1.发生过盗窃或其他刑事案件	Yes	户	household	80
2.没有发生过盗窃或其他刑事案件	No	户	household	690
(二十一)社区是否有专职安全保卫人员	Whether Have Full-time Security Personnel	--	--	
1.有专职安全保卫人员	Yes	户	household	480
2.没有专职安全保卫人员	No	户	household	290
(二十二)本社区是否通宽带	Whether Through Broadband Network	--	--	
1.已通宽带	Yes	户	household	770
2.未通宽带	No	户	household	
(二十三)本村所处地势	Village Terrain	--	--	
1.平原	Plain	户	household	170
2.丘陵(半山区)	Hill	户	household	100
3.山区	Mountainous	户	household	500
(二十四)本村是否少数民族村	Whether is Minority Village	--	--	
1.少数民族村	Yes	户	household	400
2.不是少数民族村	No	户	household	370
(二十五)本村是否开展退耕还林还草工作	Whether Returning Farmland to Forest and Grass	--	--	
1.开展退耕还林还草工作	Yes	户	household	620
2.没有开展退耕还林还草工作	No	户	household	150
(二十六)本村到最近县城的距离	Distance of the Village to the Nearest County	--	--	
1.2公里以内	Less than 2 km	户	household	30
2.2-5公里	2-5 km	户	household	70
3.5-10公里	5-10 km	户	household	50
4.10-20公里	10-20 km	户	household	180
5.20公里以上	More than 20 km	户	household	440

6-3 续表 2 continued

指标名称	Item	单位	Unit	总计
(二十七)本村到最近乡镇的距离	Distance of the Village to the Nearest Town	--	--	
1.2公里以内	Less than 2 km	户	household	120
2.2-5公里	2-5 km	户	household	210
3.5-10公里	5-10 km	户	household	310
4.10-20公里	10-20 km	户	household	80
5.20公里以上	More than 20 km	户	household	50
(二十八)本村到最近火车站/汽车站/码头的距离	Distance of the Village to the Nearest Railway Station or Bus Station	--	--	
1.2公里以内	Less than 2 km	户	household	200
2.2-5公里	2-5 km	户	household	150
3.5-10公里	5-10 km	户	household	130
4.10-20公里	10-20 km	户	household	140
5.20公里以上	More than 20 km	户	household	150
(二十九)本村到最近邮局的距离	Distance of the Village to the Nearest Post-office	--	--	
1.2公里以内	Less than 2 km	户	household	100
2.2-5公里	2-5 km	户	household	240
3.5-10公里	5-10 km	户	household	310
4.10-20公里	10-20 km	户	household	100
5.20公里以上	More than 20 km	户	household	20
(三十)本村到最近集市的距离	Distance of the Village to the Nearest Market	--	--	
1.2公里以内	Less than 2 km	户	household	140
2.2-5公里	2-5 km	户	household	220
3.5-10公里	5-10 km	户	household	290
4.10-20公里	10-20 km	户	household	100
5.20公里以上	More than 20 km	户	household	20
(三十一)本村是否有拥有合法行医证的医生	Whether Have a Legal Certificate of Practicing Medicine Doctor	--	--	
1.有拥有合法行医证的医生	Yes	户	household	750
2.没有拥有合法行医证的医生	No	户	household	20
(三十二)本村是否有合格接生员	Whether Have a Qualified Midwives	--	--	
1.有合格接生员	Yes	户	household	240
2.没有合格接生员	No	户	household	530
(三十三)本村是否有政府组织的文化服务	Whether Have a Government-organised Cultural Service	--	--	
1.有政府组织的文化服务	Yes	户	household	710
2.没有政府组织的文化服务	No	户	household	60
(三十四)本村到最近快递收发点的距离	Distance of the Village to the Delivery point	--	--	
1.2公里以内	Less than 2 km	户	household	320
2.2-5公里	2-5 km	户	household	160
3.5-10公里	5-10 km	户	household	170
4.10-20公里	10-20 km	户	household	20
5.20公里以上	More than 20 km	户	household	20

第七篇

附录

Appendix

附-1 主要年份全国各省、自治区、直辖市全体居民人均可支配收入(新口径)

Per Capita Disposable Income of Urban and Rural Households by Region in Main Years (New Caliber)

单位：元 (yuan)

省\自治区\直辖市	Region	1990	2000	2005	2006	2007	2008	2009	2010
全 国	**National**	**904**	**3721**	**6385**	**7229**	**8584**	**9957**	**10977**	**12520**
北 京	Beijing	1741	9230	16853	19296	21458	24371	26571	29228
天 津	Tianjin	1466	6728	10255	11526	13116	15444	16967	19266
河 北	Hebei	771	3315	5581	6295	7233	8365	9267	10428
山 西	Shanxi	802	2924	5518	6235	7282	8333	8911	10149
内蒙古	Inner Mongolia	804	3379	5985	6876	8340	9923	11015	12538
辽 宁	Liaoning	1202	4024	6979	7937	9421	11125	12183	13953
吉 林	Jilin	984	3388	6010	6757	7791	8921	9671	10798
黑龙江	Heilongjiang	976	3602	6048	6748	7656	8877	9643	10846
上 海	Shanghai	2008	11056	17738	19647	22459	25385	27500	30436
江 苏	Jiangsu	1009	4928	8712	9947	11574	13237	14653	17006
浙 江	Zhejiang	1359	6719	12093	13550	15351	17073	18528	21159
安 徽	Anhui	685	2855	4777	5573	6724	7893	8683	9955
福 建	Fujian	975	4940	8042	8948	10138	11785	12985	14566
江 西	Jiangxi	775	2972	5223	5894	7097	8208	9094	10217
山 东	Shandong	895	4095	6860	7795	9085	10411	11398	12922
河 南	Henan	640	2649	4668	5409	6493	7637	8426	9520
湖 北	Hubei	888	3608	5628	6304	7430	8643	9496	11069
湖 南	Hunan	804	3345	5664	6364	7587	8804	9745	10861
广 东	Guangdong	1506	6899	10150	11147	12238	13605	14728	16579
广 西	Guangxi	780	3013	4870	5353	6614	7839	8655	9739
海 南	Hainan	925	3479	5322	6084	7186	8325	9151	10342
重 庆	Chongqing		3414	5942	6632	7520	8756	9688	10984
四 川	Sichuan	745	3001	4703	5247	6322	7413	8214	9373
贵 州	Guizhou	607	2290	3625	4016	4817	5533	6099	7226
云 南	Yunnan	686	2623	4197	4664	5469	6492	7170	8184
西 藏	Tibet	761	2521	3630	3828	4609	5249	5807	6628
陕 西	Shaanxi	711	2637	4395	5029	5974	7263	8122	9412
甘 肃	Gansu	600	2299	3962	4428	5037	5782	6454	7358
青 海	Qinghai	759	2706	4587	5113	5916	6808	7553	8659
宁 夏	**Ningxia**	**797**	**2777**	**4918**	**5576**	**6630**	**7924**	**8742**	**9864**
新 疆	Xinjiang	923	3024	4707	5290	6273	7012	7656	9042

注：本表收入为空格者均无资料，2013年以前的人均可支配收入国家统计局按照2013年城乡一体化住户调查新口径重新测算。

Note: The blank space means that no data is unavailable in this table. Data before 2013 are recalculated according to the integration of urban and rural reform in 2013.

附-1 续表 continued

单位：元 (yuan)

省\自治区\直辖市	Region	2011	2012	2013	2014	2015	2016	2017	2018	2019	2020
全 国	**National**	**14551**	**16510**	**18311**	**20167**	**21966**	**23821**	**25974**	**28228**	**30733**	**32189**
北 京	Beijing	33176	36817	40830	44489	48458	52530	57230	62361	67756	69434
天 津	Tianjin	21714	24030	26359	28832	31291	34074	37022	39506	42404	43854
河 北	Hebei	12059	13647	15190	16647	18118	19725	21484	23446	25665	27136
山 西	Shanxi	11959	13592	15120	16538	17854	19049	20420	21990	23828	25214
内蒙古	Inner Mongolia	14715	16800	18693	20559	22310	24127	26212	28376	30555	31497
辽 宁	Liaoning	16429	18761	20818	22820	24576	26040	27835	29701	31820	32738
吉 林	Jilin	12621	14395	15998	17520	18684	19967	21368	22798	24563	25751
黑龙江	Heilongjiang	12605	14302	15903	17404	18593	19838	21206	22726	24254	24902
上 海	Shanghai	34731	38550	42174	45966	49867	54305	58988	64183	69442	72232
江 苏	Jiangsu	19820	22432	24776	27173	29539	32070	35024	38096	41400	43390
浙 江	Zhejiang	24195	27020	29775	32658	35537	38529	42046	45840	49899	52397
安 徽	Anhui	11873	13593	15154	16796	18363	19998	21863	23984	26415	28103
福 建	Fujian	16909	19141	21218	23331	25404	27608	30048	32644	35616	37202
江 西	Jiangxi	11870	13567	15100	16734	18437	20110	22031	24080	26262	28017
山 东	Shandong	15077	17127	19008	20864	22703	24685	26930	29205	31597	32886
河 南	Henan	11206	12772	14204	15695	17125	18443	20170	21964	23903	24810
湖 北	Hubei	12941	14809	16472	18283	20026	21787	23757	25815	28319	27881
湖 南	Hunan	12612	14391	16005	17622	19317	21115	23103	25241	27680	29380
广 东	Guangdong	18916	21268	23421	25685	27859	30296	33003	35810	39014	41029
广 西	Guangxi	11054	12644	14082	15557	16873	18305	19905	21485	23328	24562
海 南	Hainan	12392	14180	15733	17476	18979	20653	22553	24579	26679	27904
重 庆	Chongqing	13037	14924	16569	18352	20110	22034	24153	26386	28920	30824
四 川	Sichuan	11130	12753	14231	15749	17221	18808	20580	22461	24703	26522
贵 州	Guizhou	8594	9850	11083	12371	13697	15121	16704	18430	20397	21795
云 南	Yunnan	9739	11233	12578	13772	15223	16720	18348	20084	22082	23295
西 藏	Tibet	7510	8568	9740	10730	12254	13639	15457	17286	19501	21744
陕 西	Shaanxi	11229	12885	14372	15837	17395	18874	20635	22528	24666	26226
甘 肃	Gansu	8463	9768	10954	12185	13467	14670	16011	17488	19139	20335
青 海	Qinghai	10024	11470	12948	14374	15813	17302	19001	20757	22618	24037
宁 夏	**Ningxia**	**11480**	**13104**	**14566**	**15907**	**17329**	**18832**	**20562**	**22400**	**24412**	**25735**
新 疆	Xinjiang	10443	12151	13670	15097	16859	18355	19975	21500	23103	23845

附-2 主要年份全国各省、自治区、直辖市全体居民人均生活消费支出

Per Capita Annual Consumption Expenditure of Urban and Rural Households by Region in Main Years

单位：元 (yuan)

省\自治区\直辖市	Region	1990	2000	2005	2006	2007	2008	2009	2010
全　国	**National**	**768**	**2914**	**5035**	**5634**	**6592**	**7548**	**8377**	**9378**
北　京	Beijing	1469	7644	13289	15123	15933	17447	19381	21834
天　津	Tianjin	1225	5018	8227	9072	10352	11641	12974	14711
河　北	Hebei	638	2215	4181	4769	5477	6241	6846	7583
山　西	Shanxi	649	2163	3902	4560	5319	5984	6449	7011
内蒙古	Inner Mongolia	670	2648	4746	5385	6578	7706	8873	10209
辽　宁	Liaoning	1020	3216	5657	6182	7241	8652	9587	10462
吉　林	Jilin	811	2782	4677	5183	6010	6817	7677	8176
黑龙江	Heilongjiang	809	2772	4727	5085	5883	7008	7863	8619
上　海	Shanghai	1709	8565	14135	15284	18001	20345	22230	24758
江　苏	Jiangsu	906	3667	6451	7416	8487	9621	10717	12266
浙　江	Zhejiang	1151	5170	9740	10780	11695	12794	13943	15634
安　徽	Anhui	634	2120	3742	4290	5045	5887	6510	7297
福　建	Fujian	862	3842	6290	7068	8084	9358	10287	11474
江　西	Jiangxi	660	2240	4011	4433	5185	5874	6585	7291
山　东	Shandong	734	2982	4740	5443	6249	7128	7794	8560
河　南	Henan	534	1938	3294	3849	4676	5420	6065	6831
湖　北	Hubei	784	2839	4442	4970	5817	6607	7091	8090
湖　南	Hunan	709	2917	4805	5370	6098	6951	7615	8308
广　东	Guangdong	1319	5544	8221	8771	9952	10860	11615	12907
广　西	Guangxi	656	2452	3983	4001	4778	5574	6080	6697
海　南	Hainan	761	2577	3888	4657	5479	6283	6837	7517
重　庆	Chongqing		2866	5117	5603	6138	7074	7843	8810
四　川	Sichuan	665	2430	3926	4302	5048	5804	7078	7490
贵　州	Guizhou	539	1880	2872	3158	3691	4123	4594	5507
云　南	Yunnan	603	2202	3379	3855	4415	5129	5524	6204
西　藏	Tibet		2020	3398	3141	3693	3927	4347	4809
陕　西	Shaanxi	615	2241	3735	4366	5050	5972	6708	7625
甘　肃	Gansu	491	1848	3392	3630	4130	4670	5258	5846
青　海	Qinghai	643	2275	4105	4434	5184	5952	6619	7713
宁　夏	**Ningxia**	**673**	**2338**	**3996**	**4479**	**4981**	**6172**	**6746**	**7745**
新　疆	Xinjiang	701	2375	3777	4134	4937	5591	6122	7126

注：本表收入为空格者均无资料，2013年以前的人均可支配收入国家统计局按照2013年城乡一体化住户调查新口径重新测算。

Note: The blank space means that no data is unavailable in this table. Data before 2013 are recalculated according to the integration of urban and rural reform in 2013.

附-2 续表 continued

单位：元 (yuan)

省\自治区\直辖市	Region	2011	2012	2013	2014	2015	2016	2017	2018	2019	2020
全 国	**National**	**10820**	**12054**	**13220**	**14491**	**15712**	**17111**	**18322**	**19853**	**21559**	**21210**
北 京	Beijing	24298	26562	29176	31103	33803	35416	37425	39843	43038	38903
天 津	Tianjin	16796	18542	20419	22343	24163	26129	27841	29903	31854	28461
河 北	Hebei	8852	9773	10872	11932	13031	14247	15437	16722	17987	18037
山 西	Shanxi	8404	9446	10118	10864	11729	12683	13664	14810	15863	15733
内蒙古	Inner Mongolia	11920	13475	14878	16258	17179	18072	18946	19665	20743	19794
辽 宁	Liaoning	11954	13489	14950	16068	17200	19853	20463	21398	22203	20672
吉 林	Jilin	9442	10737	12054	13026	13764	14773	15632	17200	18075	17318
黑龙江	Heilongjiang	9967	10750	12037	12769	13403	14446	15577	16994	18111	17056
上 海	Shanghai	26858	28152	30400	33065	34784	37458	39792	43351	45605	42536
江 苏	Jiangsu	14635	16500	17926	19164	20556	22130	23469	25007	26697	26225
浙 江	Zhejiang	17874	18931	20610	22552	24117	25527	27079	29471	32026	31295
安 徽	Anhui	8683	9878	10544	11727	12840	14712	15752	17045	19137	18877
福 建	Fujian	13218	14843	16177	17645	18850	20167	21249	22996	25314	25126
江 西	Jiangxi	8361	9182	10053	11089	12403	13259	14459	15792	17650	17955
山 东	Shandong	9853	10902	11897	13329	14578	15926	17281	18780	20427	20940
河 南	Henan	7968	9103	10003	11000	11835	12712	13730	15169	16332	16143
湖 北	Hubei	9589	10756	11761	12928	14317	15889	16938	19538	21567	19246
湖 南	Hunan	9713	10806	11946	13289	14267	15750	17160	18808	20479	20998
广 东	Guangdong	14459	16002	17421	19206	20976	23448	24820	26054	28995	28492
广 西	Guangxi	7816	8910	9597	10274	11401	12295	13424	14935	16418	16357
海 南	Hainan	8859	10161	11193	12471	13575	14275	15403	17528	19555	18972
重 庆	Chongqing	10263	11468	12600	13811	15140	16385	17898	19248	20774	21678
四 川	Sichuan	8751	9837	11055	12368	13632	14839	16180	17664	19338	19783
贵 州	Guizhou	6452	7247	8288	9303	10414	11932	12970	13798	14780	14874
云 南	Yunnan	7135	8192	8824	9870	11005	11769	12658	14250	15780	16792
西 藏	Tibet	5063	5468	6307	7317	8246	9319	10320	11520	13029	13225
陕 西	Shaanxi	9026	10175	11217	12204	13087	13943	14900	16160	17465	17418
甘 肃	Gansu	6920	7937	8943	9875	10951	12254	13120	14624	15879	16175
青 海	Qinghai	9032	10386	11577	12605	13611	14775	15503	16557	17545	18284
宁 夏	**Ningxia**	**9010**	**10009**	**11292**	**12485**	**13816**	**14965**	**15350**	**16715**	**18297**	**17506**
新 疆	Xinjiang	8575	10171	11392	11904	12867	14066	15087	16189	17397	16512

附-3 主要年份全国各省、自治区、直辖市城镇居民人均可支配收入(新口径)

Per Capita Disposable Income of Urban Households by Region in Main Years (New Caliber)

单位：元 (yuan)

省/自治区/直辖市	Region	1978	1979	1980	1981	1982	1983	1984	1985	1986	1987
全 国	**National**	**343**	**405**	**478**	**500**	**535**	**565**	**652**	**739**	**901**	**1002**
北 京	Beijing	365	415	501	555	561	591	694	908	1068	1182
天 津	Tianjin	388	425	527	540	577	604	728	876	1070	1187
河 北	Hebei	276	313	401	402	433	449	519	631	766	855
山 西	Shanxi	301		380	401	433	452	517	595	718	807
内蒙古	Inner Mongolia	301	350	407	449	453	474	549	686	774	820
辽 宁	Liaoning	363		494	508	529	549	636	704	882	992
吉 林	Jilin			368	444	431	451	499	616	755	852
黑龙江	Heilongjiang	455	458	420	424	460	518	580	742	830	889
上 海	Shanghai	406	481	637	637	659	686	834	1075	1293	1437
江 苏	Jiangsu	288		433	448	484	498	626	766	910	1005
浙 江	Zhejiang	332		488	523	530	551	669	904	1104	1228
安 徽	Anhui				425	453	488	559	642	815	925
福 建	Fujian	371		450	452	520	573	582	733	929	1021
江 西	Jiangxi	305		386	407	425	439	499	583	730	792
山 东	Shandong	391	420	448	495	525	537	639	748	854	987
河 南	Henan	291		342	395	402	422	467	601	668	744
湖 北	Hubei	325	324	414	456	481	511	591	704	851	952
湖 南	Hunan	324		476	505	519	564	645	735	904	1018
广 东	Guangdong	412	416	473	561	631	714	818	954	1102	1321
广 西	Guangxi	289		455	460	427	444	563	745	784	899
海 南	Hainan								778		986
重 庆	Chongqing		355	412	481	505	536	616	762	984	1109
四 川	Sichuan	338	369	391	457	445	493	581	700	849	948
贵 州	Guizhou	261	280	344	453	460	483	558	631	824	912
云 南	Yunnan	328	362	420	446	493	533	608	752	872	989
西 藏	Tibet	565	625	683	715	768	840	915	983	1026	1229
陕 西	Shaanxi	310		407	427	452	488	552	650	814	905
甘 肃	Gansu	408	418	403	448	474	491	572	641	777	871
青 海	Qinghai				455			685	747	1002	1084
宁 夏	**Ningxia**	**346**	**358**	**464**	**481**	**521**	**530**	**629**	**697**	**884**	**951**
新 疆	Xinjiang	319		427	581	513	548	649	697	843	920

注：本表收入为空格者均无资料，2013年以前的人均可支配收入国家统计局按照2013年城乡一体化住户调查新口径重新测算。

Note: The blank space means that no data is unavailable in this table. Data before 2013 are recalculated according to the integration of urban and rural reform in 2013.

附-3 续表 1 continued

单位：元 (yuan)

省/自治区/直辖市	Region	1988	1989	1990	1991	1992	1993	1994	1995	1996	1997
全 国	**National**	**1180**	**1374**	**1510**	**1701**	**2027**	**2577**	**3496**	**4283**	**4839**	**5160**
北 京	Beijing	1437	1597	1902	2170	2556	3547	5085	6235	7332	7813
天 津	Tianjin	1330	1478	1639	1845	2238	2769	3982	4930	5967	6609
河 北	Hebei	1080	1257	1397	1489	1763	2201	3008	3674	4430	4959
山 西	Shanxi	945	1176	1291	1410	1623	1957	2566	3306	3703	3990
内蒙古	Inner Mongolia	916	1053	1149	1294	1495	1893	2498	2863	3432	3945
辽 宁	Liaoning	1204	1417	1551	1706	1949	2314	3063	3707	4207	4518
吉 林	Jilin	987	1109	1230	1395	1637	1953	2561	3175	3806	4191
黑龙江	Heilongjiang	1004	1138	1211	1389	1630	1960	2597	3375	3768	4091
上 海	Shanghai	1723	1976	2183	2486	3009	4277	5868	7172	8159	8439
江 苏	Jiangsu	1218	1372	1464	1623	2138	2774	3779	4634	5186	5765
浙 江	Zhejiang	1589	1797	1932	2143	2619	3626	5066	6221	6956	7359
安 徽	Anhui	1075	1248	1355	1485	1808	2248	3048	3795	4513	4599
福 建	Fujian	1236	1555	1749	1953	2351	2923	3935	4853	5574	6144
江 西	Jiangxi	938	1082	1188	1295	1585	1985	2777	3377	3780	4071
山 东	Shandong	1163	1349	1466	1688	1974	2515	3444	4264	4890	5191
河 南	Henan	862	1015	1268	1385	1608	1963	2619	3299	3755	4094
湖 北	Hubei	1128	1263	1427	1593	1874	2439	3346	4017	4350	4673
湖 南	Hunan	1255	1493	1439	1715	2094	2688	3888	4699	5052	5210
广 东	Guangdong	1583	2086	2303	2752	3477	4632	6367	7439	8158	8562
广 西	Guangxi	1158	1304	1588	1794	2104	2895	3981	4792	5033	5110
海 南	Hainan	1196	1367	1650	1799	2318	3072	3920	4770	4926	4850
重 庆	Chongqing	1278	1449	1691	1892	2195	2781	3634	4375	5023	5302
四 川	Sichuan	1130	1349	1488	1703	2001	2421	3311	4003	4483	4763
贵 州	Guizhou	1102	1275	1327	1481	1900	2313	3220	3931	4221	4442
云 南	Yunnan	1156	1305	1515	1703	2062	2639	3434	4065	4978	5558
西 藏	Tibet	1376	1477	1613	2381	2083	2348	4014	4000	6556	5135
陕 西	Shaanxi	1040	1239	1369	1498	1705	2102	2684	3310	3810	4001
甘 肃	Gansu	979	1133	1197	1369	1708	2003	2658	3153	3354	3592
青 海	Qinghai	1154	1275	1321	1449	1806	2127	2813	3320	3834	3999
宁 夏	**Ningxia**	**1084**	**1236**	**1421**	**1565**	**1821**	**2171**	**2986**	**3383**	**3612**	**3837**
新 疆	Xinjiang	1068	1176	1421	1614	1952	2423	3170	4163	4650	4845

附-3 续表 2 continued

单位：元 (yuan)

省/自治区/直辖市	Region	1998	1999	2000	2001	2002	2003	2004	2005	2006	2007
全　国	**National**	**5418**	**5839**	**6256**	**6824**	**7652**	**8406**	**9335**	**10382**	**11620**	**13603**
北　京	Beijing	8536	9322	10590	11939	12949	14535	16502	18775	21415	23752
天　津	Tianjin	7053	7527	7946	8672	8968	9823	10831	11839	13266	15062
河　北	Hebei	5079	5353	5642	5957	6641	7188	7886	9020	10194	11550
山　西	Shanxi	4096	4337	4715	5377	6214	6977	7866	8866	9967	11487
内蒙古	Inner Mongolia	4360	4785	5152	5568	6096	7076	8208	9247	10499	12566
辽　宁	Liaoning	4631	4929	5408	5871	6629	7381	8190	9346	10677	12710
吉　林	Jilin	4194	4452	4765	5273	6159	6869	7662	8464	9488	10916
黑龙江	Heilongjiang	4288	4638	4981	5528	6246	6870	7722	8592	9583	10744
上　海	Shanghai	8788	10972	11781	12976	13367	15026	16891	18912	21001	24048
江　苏	Jiangsu	6005	6510	6756	7311	8088	9140	10319	12098	13799	16009
浙　江	Zhejiang	7825	8402	9236	10399	11624	13055	14387	16089	18007	20250
安　徽	Anhui	4766	5054	5277	5645	6001	6735	7456	8399	9677	11350
福　建	Fujian	6443	6770	7285	8092	8883	9601	10655	11667	12932	14478
江　西	Jiangxi	4255	4729	5116	5525	6363	6937	7605	8679	9625	11551
山　东	Shandong	5361	5766	6417	6995	7473	8212	9191	10422	11780	13726
河　南	Henan	4210	4513	4735	5221	6176	6833	7584	8512	9611	11217
湖　北	Hubei	4823	5205	5512	5838	6762	7287	7978	8730	9733	11394
湖　南	Hunan	5450	5849	6274	6861	7061	7811	8799	9754	10791	12669
广　东	Guangdong	8766	8975	9518	10068	10673	11759	12829	13783	14815	16228
广　西	Guangxi	5401	5597	5800	6612	7242	7692	8568	9138	9720	11953
海　南	Hainan	4845	5320	5332	5800	6764	7185	7643	8013	9250	10807
重　庆	Chongqing	5431	5818	6152	6544	7000	7773	8793	9700	10878	11758
四　川	Sichuan	5125	5473	5886	6348	6595	7022	7684	8354	9310	11045
贵　州	Guizhou	4564	4930	5117	5444	5933	6555	7303	8127	9086	10638
云　南	Yunnan	6027	6147	6277	6729	7149	7528	8713	9078	9840	11202
西　藏	Tibet	5446	6930	7459	7915	8137	8841	9196	9538	9053	11289
陕　西	Shaanxi	4213	4638	5098	5447	6277	6737	7403	8159	9125	10578
甘　肃	Gansu	4024	4508	4970	5461	6264	6803	7566	8323	9215	10380
青　海	Qinghai	4254	4734	5221	5931	6272	6879	7489	8271	9270	10620
宁　夏	**Ningxia**	**4107**	**4462**	**4894**	**5516**	**6030**	**6482**	**7155**	**8013**	**9074**	**10723**
新　疆	Xinjiang	5023	5367	5721	6512	7058	7370	7743	8283	9239	10794

附-3　续表 3　continued

单位：元　　　　(yuan)

省/自治区/直辖市	Region	2008	2009	2010	2011	2012	2013	2014	2015	2016	2017	2018	2019	2020
全　国	**National**	**15549**	**16901**	**18779**	**21427**	**24127**	**26467**	**28844**	**31195**	**33616**	**36396**	**39251**	**42359**	**43834**
北　京	Beijing	26918	29329	32132	36365	40306	44564	48532	52859	57275	62406	67990	73849	75602
天　津	Tianjin	17726	19371	21800	24158	26586	28980	31506	34101	37110	40278	42976	46119	47659
河　北	Hebei	13263	14505	16009	18006	20222	22227	24141	26152	28249	30548	32977	35738	37286
山　西	Shanxi	13021	13883	15510	17965	20232	22258	24069	25828	27352	29132	31035	33262	34793
内蒙古	Inner Mongolia	14676	16140	18050	20813	23611	26004	28350	30594	32975	35670	38305	40782	41353
辽　宁	Liaoning	14924	16396	18487	21362	24238	26697	29082	31126	32876	34993	37342	39777	40376
吉　林	Jilin	12367	13457	14759	17043	19352	21331	23218	24901	26530	28319	30172	32299	33396
黑龙江	Heilongjiang	12205	13305	14741	16699	18894	20848	22609	24203	25736	27446	29191	30945	31115
上　海	Shanghai	27204	29461	32584	37079	41130	44878	48841	52962	57692	62596	68034	73615	76437
江　苏	Jiangsu	18215	19996	22273	25570	28808	31585	34346	37173	40152	43622	47200	51056	53102
浙　江	Zhejiang	22334	24148	26802	30340	33846	37080	40393	43714	47237	51261	55574	60182	62699
安　徽	Anhui	12836	13903	15566	18345	20729	22789	24839	26936	29156	31640	34393	37540	39442
福　建	Fujian	16649	18023	19914	22772	25650	28174	30722	33275	36014	39001	42121	45620	47160
江　西	Jiangxi	12990	14168	15656	17692	20085	22120	24309	26500	28673	31198	33819	36546	38556
山　东	Shandong	15628	17006	18971	21678	24496	26882	29222	31545	34012	36789	39549	42329	43726
河　南	Henan	12901	13982	15463	17661	19843	21741	23672	25576	27233	29558	31874	34201	34750
湖　北	Hubei	13037	14229	15891	18183	20623	22668	24852	27051	29386	31889	34455	37601	36706
湖　南	Hunan	14288	15641	17229	19599	22173	24352	26570	28838	31284	33948	36698	39842	41698
广　东	Guangdong	17930	19432	21332	24010	26981	29537	32148	34757	37684	40975	44341	48118	50257
广　西	Guangxi	13829	15074	16613	18356	20681	22689	24669	26416	28324	30502	32436	34745	35859
海　南	Hainan	12367	13465	15229	17954	20446	22411	24487	26356	28453	30817	33349	36017	37097
重　庆	Chongqing	13321	14502	16032	18517	21003	23058	25147	27239	29610	32193	34889	37939	40006
四　川	Sichuan	12567	13759	15364	17787	20180	22228	24234	26205	28335	30727	33216	36154	38253
贵　州	Guizhou	11710	12804	14073	16413	18608	20565	22548	24580	26743	29080	31592	34404	36096
云　南	Yunnan	12876	13980	15528	17956	20371	22460	24299	26373	28611	30996	33488	36238	37500
西　藏	Tibet	12677	13775	15258	16496	18362	20394	22016	25457	27802	30671	33797	37410	41156
陕　西	Shaanxi	12613	13836	15343	17836	20269	22346	24366	26420	28440	30810	33319	36098	37868
甘　肃	Gansu	11413	12457	13820	15707	17979	19873	21804	23767	25693	27763	29957	32323	33822
青　海	Qinghai	12071	13205	14462	16287	18336	20352	22307	24542	26757	29169	31515	33830	35506
宁　夏	**Ningxia**	**12751**	**13813**	**15093**	**17291**	**19507**	**21476**	**23285**	**25186**	**27153**	**29472**	**31895**	**34328**	**35720**
新　疆	Xinjiang	12021	12948	14480	16464	19019	21091	23214	26275	28463	30775	32764	34664	34838

附-4 主要年份全国各省、自治区、直辖市城镇居民人均生活消费支出(新口径)

Per Capita Annual Consumption Expenditure of Urban Households by Region in Main Years (New Caliber)

单位：元 (yuan)

省\自治区\直辖市	Region	1978	1979	1980	1981	1982	1983	1984	1985	1986	1987
全　国	**National**	**311**	**.**	**412**	**457**	**471**	**506**	**559**	**673**	**799**	**884**
北　京	Beijing	360	409	490	511	535	574	667	923	1067	1148
天　津	Tianjin	345	385	475	486	497	521	600	771	949	1071
河　北	Hebei	402	423	460	401	401	420	476	606	718	800
山　西	Shanxi	275	305	357	373	390	394	433	533	635	708
内蒙古	Inner Mongolia	269	351	353	378	397	411	449	595	680	712
辽　宁	Liaoning	337		426	455	460	487	545	619	756	883
吉　林	Jilin				348	367	397	425	554	662	715
黑龙江	Heilongjiang			361	378	405	459	505	651	726	771
上　海	Shanghai	357	429	553	585	576	615	726	992	1170	1282
江　苏	Jiangsu	276		435	441	452	487	578	720	867	953
浙　江	Zhejiang	301		428	476	471	484	562	795	969	1101
安　徽	Anhui				392	403	435	479	566	700	806
福　建	Fujian	285	339	392	405	466	504	494	675	790	893
江　西	Jiangxi			382	374	374	387	436	521	631	703
山　东	Shandong	340	367	396	450	455	473	521	670	751	813
河　南	Henan			384	396	408	431	460	605	654	711
湖　北	Hubei			369	423	431	465	516	644	752	836
湖　南	Hunan	290		426	466	449	493	541	685	715	811
广　东	Guangdong	400	425	486	517	592	660	744	890	999	1216
广　西	Guangxi				423	399	427	492	664	740	861
海　南	Hainan								711	863	921
重　庆	Chongqing										
四　川	Sichuan	314	340	364	396	407	457	517	680	787	889
贵　州	Guizhou	247	274	333	393	404	426	480	618	693	761
云　南	Yunnan	303	343	381	412	456	480	527	704	814	884
西　藏	Tibet				519	522	602	619	909	820	1008
陕　西	Shaanxi	268		371	379	392	417	457	585	698	772
甘　肃	Gansu			399	433	447	482	552	625	737	829
青　海	Qinghai						450	581	679	777	828
宁　夏	**Ningxia**	**300**	**383**	**403**	**423**	**471**	**449**	**533**	**645**	**747**	**792**
新　疆	Xinjiang				446	456	472	564	651	722	765

注：本表支出为空格者均无资料，2013年以前的人均可支配收入国家统计局按照2013年城乡一体化住户调查新口径重新测算。

Note: The blank space means that no data is unavailable in this table. Data before 2013 are recalculated according to the integration of urban and rural reform in 2013.

附-4 续表 1 continued

单位：元 (yuan)

省\自治区\直辖市	Region	1988	1989	1990	1991	1992	1993	1994	1995	1996	1997
全 国	**National**	**1104**	**1211**	**1279**	**1454**	**1672**	**2111**	**2851**	**3538**	**3919**	**4186**
北 京	Beijing	1456	1520	1646	1748	2135	2940	4134	5020	5730	6532
天 津	Tianjin	1279	1291	1440	1586	1907	2322	3301	4064	4680	5204
河 北	Hebei	1119	1188	1278	1336	1612	1984	2613	3257	3424	4004
山 西	Shanxi	856	993	1048	1171	1303	1560	2043	2641	3036	3229
内蒙古	Inner Mongolia	844	913	982	1081	1254	1585	2111	2482	2768	3032
辽 宁	Liaoning	1128	1276	1346	1485	1639	1977	2588	3113	3493	3720
吉 林	Jilin	879	967	1054	1179	1375	1596	2096	2598	3037	3408
黑龙江	Heilongjiang	933	1004	1051	1375	1378	1660	2164	2776	3111	3213
上 海	Shanghai	1648	1812	1937	2167	2509	3530	4669	5868	6763	6820
江 苏	Jiangsu	1239	1301	1339	1592	1769	2311	3080	3772	4058	4534
浙 江	Zhejiang	1453	1556	1604	1806	2154	2856	4079	5263	5764	6170
安 徽	Anhui	1020	1138	1182	1307	1521	1846	2551	3161	3607	3694
福 建	Fujian	1077	1340	1431	1659	1942	2418	3351	4132	4568	4936
江 西	Jiangxi	876	978	984	1110	1276	1586	2201	2712	2942	3200
山 东	Shandong	1026	1161	1229	1407	1599	1947	2635	3285	3771	4041
河 南	Henan	895	964	1068	1232	1343	1609	2155	2674	3009	3378
湖 北	Hubei	1059	1131	1220	1380	1578	2098	2733	3434	3714	3856
湖 南	Hunan	1049	1121	1162	1381	1654	2087	3138	3886	4098	4317
广 东	Guangdong	1507	1921	1984	2389	2831	3777	5181	6254	6736	6853
广 西	Guangxi	1198	1296	1338	1641	1740	2303	3327	4046	4339	4453
海 南	Hainan	1030	1196	1382	1589	1851	2404	3014	3760	3815	3909
重 庆	Chongqing									4467	4920
四 川	Sichuan	1086	1184	1281	1520	1651	2034	2806	3429	3788	4093
贵 州	Guizhou	1020	1064	1109	1325	1564	1876	2532	3251	3573	3556
云 南	Yunnan	1143	1141	1272	1423	1704	2186	2844	3448	4007	4537
西 藏	Tibet	1211	1432			1887				4537	
陕 西	Shaanxi	983	1066	1117	1290	1405	1714	2246	2838	3211	3462
甘 肃	Gansu	1026	1065	1031	1270	1457	1680	2209	2618	2839	2946
青 海	Qinghai	1048	1069	1118	1272	1533	1870	2422	2870	3178	3300
宁 夏	**Ningxia**	**1014**	**1089**	**1212**	**1347**	**1506**	**1877**	**2478**	**2868**	**3039**	**3271**
新 疆	Xinjiang	956	977	1104	1261	1491	1835	2479	3187	3457	3887

附-4 续表 2 continued

单位：元 (yuan)

省\自治区\直辖市	Region	1998	1999	2000	2001	2002	2003	2004	2005	2006	2007
全 国	**National**	**4340**	**4633**	**5027**	**5350**	**6089**	**6587**	**7280**	**8068**	**8851**	**10196**
北 京	Beijing	7069	7712	8866	9443	11050	12122	13487	14851	16869	17682
天 津	Tianjin	5482	5875	6158	7045	7265	7964	8930	9813	10745	12280
河 北	Hebei	3859	4080	4439	4604	5249	5673	6112	7091	7829	8845
山 西	Shanxi	3278	3516	3982	4178	4791	5210	5790	6518	7395	8385
内蒙古	Inner Mongolia	3106	3469	3928	4195	4859	5418	6218	6927	7665	9280
辽 宁	Liaoning	3910	4030	4423	4750	5483	6272	6787	7685	8373	9941
吉 林	Jilin	3450	3662	4021	4338	4975	5493	6071	6797	7355	8564
黑龙江	Heilongjiang	3328	3535	3914	4324	4638	5256	5882	6579	7143	8137
上 海	Shanghai	6935	8430	9162	9747	11046	11777	13628	15022	16272	19243
江 苏	Jiangsu	4922	5077	5429	5680	6246	6982	7684	9102	10236	11470
浙 江	Zhejiang	6255	6600	7150	8153	8990	10087	11116	12894	14135	15014
安 徽	Anhui	3748	3840	4132	4373	4548	4823	5392	5960	6767	7844
福 建	Fujian	5190	5285	5668	6057	6690	7434	8263	8919	9965	11254
江 西	Jiangxi	3267	3482	3623	3894	4548	4913	5336	6107	6643	7807
山 东	Shandong	4136	4497	4991	5209	5539	5994	6577	7333	8309	9464
河 南	Henan	3423	3512	3855	4145	4553	5005	5374	6143	6816	7999
湖 北	Hubei	4066	4323	4617	4767	5552	5891	6308	6628	7263	8525
湖 南	Hunan	4390	4843	5290	5648	5701	6250	7108	7784	8513	9413
广 东	Guangdong	6997	7396	7821	7839	8624	9169	10088	11044	11530	13177
广 西	Guangxi	4362	4545	4785	5127	5287	5602	6234	6768	6508	7768
海 南	Hainan	3837	4027	4096	4387	5492	5541	5849	5983	7202	8391
重 庆	Chongqing	4943	5345	5424	5658	6267	6991	7806	8417	9146	9596
四 川	Sichuan	4378	4489	4839	5153	5383	5720	6321	6829	7448	8592
贵 州	Guizhou	3801	3967	4283	4280	4606	4960	5508	6177	6871	7787
云 南	Yunnan	5025	4927	5162	5222	5785	5971	6766	6914	7282	7805
西 藏	Tibet		5309	5610	6117	7174	8394	8786	9170	6635	8165
陕 西	Shaanxi	3534	3943	4260	4614	5343	5623	6177	6588	7466	8318
甘 肃	Gansu	3106	3697	4153	4458	5119	5367	6026	6641	7109	8045
青 海	Qinghai	3631	4014	4364	4969	5407	5870	6346	6978	7395	8634
宁 夏	**Ningxia**	**3387**	**3564**	**4231**	**4639**	**5166**	**5407**	**5919**	**6527**	**7362**	**8006**
新 疆	Xinjiang	3740	4228	4526	5088	5865	5807	6098	6608	7221	8522

附-4 续表 3 continued

单位：元 (yuan)

省\自治区\直辖市	Region	2008	2009	2010	2011	2012	2013	2014	2015	2016	2017	2018	2019	2020
全　国	**National**	**11489**	**12558**	**13821**	**15554**	**17107**	**18488**	**19968**	**21392**	**23079**	**24445**	**26112**	**28063**	**27007**
北　京	Beijing	19253	21230	23999	26467	28949	31632	33717	36642	38256	40346	42926	46358	41726
天　津	Tianjin	13732	15174	17015	18928	20572	22306	24290	26230	28345	30284	32655	34811	30895
河　北	Hebei	9832	10547	11324	12741	13752	14970	16204	17587	19106	20600	22127	23483	23167
山　西	Shanxi	9145	9747	10236	11869	12765	13763	14637	15819	16993	18404	19790	21159	20332
内蒙古	Inner Mongolia	10826	12367	13991	15874	17712	19244	20885	21876	22744	23638	24437	25383	23888
辽　宁	Liaoning	11909	13137	14229	15847	17780	19318	20520	21557	24996	25379	26448	27355	24849
吉　林	Jilin	9733	10920	11685	13017	14621	15941	17156	17973	19166	20051	22394	23394	21623
黑龙江	Heilongjiang	9409	10593	11847	13367	14398	15704	16467	17152	18145	19270	21035	22165	20397
上　海	Shanghai	21875	23929	26737	28929	30256	32447	35182	36946	39857	42304	46015	48272	44839
江　苏	Jiangsu	12912	14276	15690	18339	20573	22262	23476	24966	26433	27726	29462	31329	30882
浙　江	Zhejiang	16252	18003	19391	22192	23395	25254	27242	28661	30068	31924	34598	37508	36197
安　徽	Anhui	8681	9251	10317	11812	13452	14594	16107	17234	19606	20740	21523	23782	22683
福　建	Fujian	12749	13742	15096	17052	19030	20565	22204	23520	25006	25980	28145	30946	30487
江　西	Jiangxi	8713	9735	10613	11741	12769	13843	15142	16732	17696	19244	20760	22714	22134
山　东	Shandong	10752	11711	12761	14164	15349	16647	18323	19854	21495	23072	24798	26731	27291
河　南	Henan	9052	9820	11151	12692	14128	15249	16184	17154	18088	19422	20989	21972	20645
湖　北	Hubei	9266	10044	11149	12817	14114	15335	16681	18192	20040	21276	23996	26422	22885
湖　南	Hunan	10461	11443	12555	14230	15510	16867	18335	19501	21420	23163	25064	26924	26796
广　东	Guangdong	14152	15233	16565	18144	20065	21622	23612	25673	28613	30198	30924	34424	33511
广　西	Guangxi	9126	9765	10784	12059	13369	14470	15045	16321	17268	18349	20159	21591	20907
海　南	Hainan	9531	10230	11095	12838	14679	15834	17514	18448	19015	20372	22971	25317	23560
重　庆	Chongqing	10781	11710	12818	14394	15931	17124	18279	19742	21031	22759	24154	25785	26464
四　川	Sichuan	9557	10710	11923	13491	14824	16098	17760	19277	20660	21991	23484	25367	25133
贵　州	Guizhou	8383	9088	10106	11407	12646	13768	15255	16914	19202	20348	20788	21402	20587
云　南	Yunnan	8928	10019	10859	12011	13615	14862	16268	17675	18622	19560	21626	23455	24569
西　藏	Tibet	9118	10000	10831	11629	12507	13679	15669	17022	19440	21088	23029	25637	24927
陕　西	Shaanxi	9633	10539	11623	13550	15074	16399	17546	18464	19369	20388	21966	23514	22866
甘　肃	Gansu	8504	9119	10171	11500	13205	14411	15942	17451	19539	20659	22606	24454	24615
青　海	Qinghai	9548	10382	11519	13127	14794	16223	17493	19201	20853	21473	22998	23799	24315
宁　夏	**Ningxia**	**9815**	**10580**	**11694**	**13305**	**14513**	**15807**	**17216**	**18984**	**20364**	**20219**	**21977**	**24161**	**22379**
新　疆	Xinjiang	9459	10258	11305	13126	15401	16858	17685	19415	21229	22797	24191	25594	22952

附-5 主要年份全国各省、自治区、直辖市农村居民人均可支配收入(新口径)

Per Capita Disposable Income of Rural Households by Region in Main Years(New Caliber)

单位：元 (yuan)

省/自治区/直辖市	Region	1978	1979	1980	1981	1982	1983	1984	1985	1986	1987
全　国	**National**	**134**	**160**	**191**	**223**	**270**	**310**	**355**	**398**	**424**	**463**
北　京	Beijing	225		290	351	433	519	664	775	823	916
天　津	Tianjin	153	179	278	298	326	412	505	565	635	749
河　北	Hebei	114	136	176	204	239	298	345	385	408	444
山　西	Shanxi	102	145	156	180	227	276	339	358	345	377
内蒙古	Inner Mongolia	100		181	225	273	294	336	360	340	389
辽　宁	Liaoning	185		273	307	334	452	477	468	533	599
吉　林	Jilin	179		236	293	333	462	487	414	457	523
黑龙江	Heilongjiang	172	191	205	224	252	388	432	398	476	474
上　海	Shanghai	290	360	401	444	530	563	785	806	937	1059
江　苏	Jiangsu	155	200	218	258	309	357	448	493	561	627
浙　江	Zhejiang	165		219	286	346	359	446	549	609	725
安　徽	Anhui	113		185	246	269	305	323	369	397	429
福　建	Fujian	138	142	172	232	268	302	345	396	419	485
江　西	Jiangxi	141		181	227	270	302	334	377	396	429
山　东	Shandong	115	160	210	252	300	361	395	408	449	518
河　南	Henan	101		161	216	217	272	301	329	433	378
湖　北	Hubei	111	160	170	217	286	299	392	421	445	461
湖　南	Hunan	143		220	242	284	316	348	395	440	471
广　东	Guangdong	193	223	274	325	382	396	425	495	546	662
广　西	Guangxi	120		174	204	235	262	267	303	316	354
海　南	Hainan										
重　庆	Chongqing										
四　川	Sichuan	117		188	221	256	258	287	315	338	369
贵　州	Guizhou	108		161	209	223	225	261	288	304	342
云　南	Yunnan	131	125	150	178	232	267	310	338	338	365
西　藏	Tibet								353	344	348
陕　西	Shaanxi	133		142	177	218	236	263	295	299	329
甘　肃	Gansu	101	112	153	159	174	213	221	257	283	303
青　海	Qinghai	113		129	158	201	252	294	343	369	392
宁　夏	**Ningxia**	**116**		**178**	**202**	**229**	**289**	**313**	**321**	**374**	**383**
新　疆	Xinjiang	119		198	236	227	307	363	394	420	453

注：本表收入为空格者均无资料，2013年以前的人均可支配收入国家统计局按照2013年城乡一体化住户调查新口径重新测算。

Note: The blank space means that no data is unavailable in this table. Data before 2013 are recalculated according to the integration of urban and rural reform in 2013.

附-5 续表 1 continued

单位：元 (yuan)

省/自治区/直辖市	Region	1988	1989	1990	1991	1992	1993	1994	1995	1996	1997
全　国	**National**	**545**	**602**	**686**	**709**	**784**	**922**	**1221**	**1578**	**1926**	**2090**
北　京	Beijing	1063	1231	1297	1422	1572	1883	2401	3224	3562	3662
天　津	Tianjin	891	1020	1069	1169	1309	1473	1836	2406	3000	3244
河　北	Hebei	547	589	622	657	682	804	1107	1669	2055	2286
山　西	Shanxi	439	514	604	568	627	718	884	1208	1557	1738
内蒙古	Inner Mongolia	500	478	607	618	672	778	970	1208	1602	1780
辽　宁	Liaoning	700	740	836	897	995	1161	1423	1756	2150	2301
吉　林	Jilin	628	624	804	748	807	892	1272	1610	2126	2186
黑龙江	Heilongjiang	553	535	760	735	949	1028	1394	1766	2182	2308
上　海	Shanghai	1301	1520	1665	2003	2226	2727	3437	4246	4846	5277
江　苏	Jiangsu	797	876	884	921	1061	1267	1832	2457	3029	3270
浙　江	Zhejiang	902	1011	1099	1211	1359	1746	2225	2966	3463	3684
安　徽	Anhui	486	516	539	446	574	725	973	1303	1608	1809
福　建	Fujian	613	697	764	850	984	1211	1578	2049	2492	2786
江　西	Jiangxi	488	559	670	703	768	870	1218	1537	1870	2107
山　东	Shandong	584	631	680	764	803	953	1320	1715	2086	2292
河　南	Henan	401	457	527	539	588	696	910	1232	1579	1734
湖　北	Hubei	498	572	671	627	678	783	1170	1511	1864	2102
湖　南	Hunan	515	558	664	689	739	852	1155	1425	1792	2037
广　东	Guangdong	809	955	1043	1143	1308	1675	2182	2699	3183	3468
广　西	Guangxi	424	483	639	658	732	892	1107	1446	1703	1875
海　南	Hainan	567	674	696	730	843	992	1305	1520	1746	1917
重　庆	Chongqing									1479	1692
四　川	Sichuan	449	494	558	590	634	698	946	1158	1459	1681
贵　州	Guizhou	398	430	435	466	506	580	787	1087	1277	1299
云　南	Yunnan	430	478	541	573	618	675	803	1011	1229	1376
西　藏	Tibet	374	397	650	707	830	889	976	1200	1353	1195
陕　西	Shaanxi	404	434	530	534	559	653	805	963	1165	1273
甘　肃	Gansu	345	376	431	446	489	551	724	880	1101	1210
青　海	Qinghai	493	458	560	556	603	673	869	1030	1174	1321
宁　夏	**Ningxia**	**472**	**522**	**578**	**590**	**591**	**636**	**867**	**999**	**1398**	**1513**
新　疆	Xinjiang	496	546	683	703	740	778	947	1136	1290	1504

附-5 续表 2 continued

单位：元 (yuan)

省/自治区/直辖市	Region	1998	1999	2000	2001	2002	2003	2004	2005	2006	2007
全　国	**National**	**2171**	**2229**	**2282**	**2407**	**2529**	**2690**	**3027**	**3370**	**3731**	**4327**
北　京	Beijing	3932	4183	4533	4921	5259	5429	5948	7041	7888	8948
天　津	Tianjin	3388	3396	3598	3911	4229	4502	4938	5475	6096	6845
河　北	Hebei	2407	2445	2484	2611	2695	2865	3187	3501	3826	4324
山　西	Shanxi	1874	1800	1950	2018	2236	2410	2738	3082	3420	3975
内蒙古	Inner Mongolia	1988	2016	2058	1999	2120	2312	2667	3070	3444	4089
辽　宁	Liaoning	2573	2488	2338	2532	2716	2889	3247	3614	3995	4648
吉　林	Jilin	2387	2266	2029	2192	2315	2549	3025	3296	3682	4244
黑龙江	Heilongjiang	2249	2158	2136	2262	2381	2479	2962	3168	3486	4046
上　海	Shanghai	5399	5394	5572	5837	6178	6595	6993	8149	9015	9992
江　苏	Jiangsu	3375	3492	3591	3778	3972	4229	4740	5258	5791	6533
浙　江	Zhejiang	3838	3996	4332	4697	5096	5594	6210	7003	7763	8805
安　徽	Anhui	1875	1925	1972	2073	2187	2211	2617	2784	3152	3804
福　建	Fujian	2951	3100	3245	3401	3565	3767	4132	4503	4900	5549
江　西	Jiangxi	2053	2140	2151	2254	2335	2495	2837	3194	3541	4152
山　东	Shandong	2454	2552	2663	2810	2955	3159	3519	3946	4387	5009
河　南	Henan	1872	1965	2011	2133	2262	2292	2630	2970	3389	4021
湖　北	Hubei	2186	2246	2313	2414	2525	2669	3027	3268	3631	4276
湖　南	Hunan	2076	2151	2234	2351	2465	2619	2952	3262	3567	4134
广　东	Guangdong	3513	3601	3612	3711	3836	3960	4247	4544	4901	5403
广　西	Guangxi	1992	2091	1921	2024	2116	2225	2476	2708	3038	3579
海　南	Hainan	2026	2104	2208	2262	2472	2651	2898	3102	3376	3949
重　庆	Chongqing	1804	1841	1900	1982	2112	2233	2536	2842	2911	3560
四　川	Sichuan	1797	1860	1929	2022	2155	2290	2599	2905	3126	3711
贵　州	Guizhou	1342	1379	1399	1446	1535	1622	1796	1971	2097	2526
云　南	Yunnan	1396	1457	1508	1575	1663	1766	1954	2155	2392	2821
西　藏	Tibet	1231	1309	1330	1402	1460	1688	1858	2073	2429	2780
陕　西	Shaanxi	1415	1475	1472	1529	1648	1741	1953	2162	2396	2824
甘　肃	Gansu	1403	1433	1458	1550	1645	1742	1942	2091	2269	2493
青　海	Qinghai	1429	1476	1504	1577	1695	1828	2001	2206	2427	2771
宁　夏	**Ningxia**	**1734**	**1779**	**1760**	**1873**	**1984**	**2129**	**2435**	**2651**	**2938**	**3411**
新　疆	Xinjiang	1609	1488	1644	1747	1914	2176	2332	2593	2876	3364

附-5 续表 3 continued

单位：元 (yuan)

省/自治区/直辖市	Region	2008	2009	2010	2011	2012	2013	2014	2015	2016	2017	2018	2019	2020
全 国	**National**	**4999**	**5435**	**6272**	**7394**	**8389**	**9430**	**10489**	**11422**	**12363**	**13432**	**14617**	**16021**	**17131**
北 京	Beijing	10052	10942	12368	13742	15365	17101	18867	20569	22310	24240	26490	28928	30126
天 津	Tianjin	7705	8441	9764	11941	13593	15353	17014	18482	20076	21754	23065	24804	25691
河 北	Hebei	4833	5194	6014	7187	8158	9188	10186	11051	11919	12881	14031	15373	16467
山 西	Shanxi	4480	4677	5263	6225	7064	7949	8809	9454	10082	10788	11750	12902	13878
内蒙古	Inner Mongolia	4834	5143	5780	6942	7956	8985	9976	10776	11609	12584	13803	15283	16567
辽 宁	Liaoning	5415	5770	6671	8011	9061	10161	11191	12057	12881	13747	14656	16108	17450
吉 林	Jilin	5001	5346	6341	7634	8741	9781	10780	11326	12123	12950	13748	14936	16067
黑龙江	Heilongjiang	4743	5075	6040	7382	8367	9369	10453	11095	11832	12665	13804	14982	16168
上 海	Shanghai	11250	12256	13702	15737	17452	19208	21192	23205	25520	27825	30375	33195	34911
江 苏	Jiangsu	7322	7962	9067	10744	12133	13521	14958	16257	17606	19158	20845	22675	24198
浙 江	Zhejiang	9927	10798	12277	14197	15806	17494	19373	21125	22866	24956	27302	29876	31930
安 徽	Anhui	4529	4887	5776	6811	7826	8850	9916	10821	11720	12758	13996	15416	16620
福 建	Fujian	6299	6801	7573	8952	10164	11405	12650	13793	14999	16335	17821	19568	20880
江 西	Jiangxi	4835	5238	5991	7133	8103	9089	10117	11139	12138	13242	14460	15796	16981
山 东	Shandong	5671	6154	7034	8395	9506	10687	11882	12930	13954	15118	16297	17775	18753
河 南	Henan	4672	5064	5846	6989	7963	8969	9966	10853	11697	12719	13831	15164	16108
湖 北	Hubei	5018	5464	6375	7540	8582	9692	10849	11844	12725	13812	14978	16391	16306
湖 南	Hunan	4808	5262	6063	7082	8024	9029	10060	10993	11930	12936	14093	15395	16585
广 东	Guangdong	6122	6580	7484	8889	9999	11068	12246	13360	14512	15780	17168	18818	20143
广 西	Guangxi	4143	4517	5214	6003	6894	7793	8683	9467	10359	11325	12435	13676	14815
海 南	Hainan	4593	4984	5566	6801	7816	8802	9913	10858	11843	12902	13989	15113	16279
重 庆	Chongqing	4193	4557	5378	6605	7526	8493	9490	10505	11549	12638	13781	15133	16361
四 川	Sichuan	4334	4714	5400	6505	7432	8381	9348	10247	11203	12227	13331	14670	15929
贵 州	Guizhou	2996	3240	3768	4499	5159	5898	6671	7387	8090	8869	9716	10756	11642
云 南	Yunnan	3348	3661	4327	5170	5930	6724	7456	8242	9020	9862	10768	11902	12842
西 藏	Tibet	3166	3519	4123	4886	5698	6553	7359	8244	9094	10330	11450	12951	14598
陕 西	Shaanxi	3373	3722	4477	5484	6285	7092	7932	8689	9396	10265	11213	12326	13316
甘 肃	Gansu	2938	3237	3747	4278	4931	5589	6277	6936	7457	8076	8804	9629	10344
青 海	Qinghai	3171	3477	4028	4806	5594	6462	7283	7933	8664	9462	10393	11499	12342
宁 夏	**Ningxia**	**3978**	**4405**	**5125**	**5931**	**6776**	**7599**	**8410**	**9119**	**9852**	**10738**	**11708**	**12858**	**13889**
新 疆	Xinjiang	3723	4150	4993	5853	6876	7847	8724	9425	10183	11045	11975	13122	14056

附-6 主要年份全国各省、自治区、直辖市农村居民人均生活消费支出(新口径)

Per Capita Living Expenditure of Rural Households by Region in Main Years (New Caliber)

单位：元 (yuan)

省/自治区/直辖市	Region	1978	1979	1980	1981	1982	1983	1984	1985	1986	1987
全　国	**National**	**116**	**135**	**162**	**191**	**220**	**248**	**274**	**317**	**357**	**398**
北　京	Beijing			253	313	362	384	435	510	644	706
天　津	Tianjin	132	135	208	249	267	336	371	426	480	539
河　北	Hebei	95	116	142	165	175	225	243	298	333	365
山　西	Shanxi	91	118	134	148	168	203	224	273	287	313
内蒙古	Inner Mongolia			157	177	205	227	246	291	307	349
辽　宁	Liaoning			228	259	266	307	335	402	434	472
吉　林	Jilin			216	246	253	275	336	364	389	442
黑龙江	Heilongjiang	125	147	164	175	201	220	239	307	338	361
上　海	Shanghai	193	247	322	390	445	512	619	778	896	977
江　苏	Jiangsu	140	169	195	226	261	322	360	416	499	579
浙　江	Zhejiang	157		192	267	302	326	369	474	561	659
安　徽	Anhui			163	193	240	258	263	299	340	383
福　建	Fujian	112	133	158	199	231	262	288	351	394	443
江　西	Jiangxi			156	194	220	252	270	303	341	390
山　东	Shandong	94	128	165	202	230	264	287	322	365	406
河　南	Henan			136	166	178	196	220	260	292	310
湖　北	Hubei	107	149	153	184	227	252	305	335	374	409
湖　南	Hunan			193	208	249	274	293	348	386	435
广　东	Guangdong	185	205	222	266	312	329	346	388	454	545
广　西	Guangxi			151	171	210	224	238	268	284	309
海　南	Hainan										
重　庆	Chongqing										
四　川	Sichuan			159	184	208	231	252	276	311	348
贵　州	Guizhou			139	163	187	185	209	255	272	304
云　南	Yunnan			125	138	186	224	261	267	305	326
西　藏	Tibet								270	258	246
陕　西	Shaanxi			140	148	169	203	214	233	263	286
甘　肃	Gansu			127	135	141	163	178	205	233	253
青　海	Qinghai				153	153	202	225	275	314	345
宁　夏	**Ningxia**			**135**	**142**	**179**	**209**	**232**	**265**	**301**	**335**
新　疆	Xinjiang			151	169	203	228	251	290	317	360

注：本表支出为空格者均无资料，2013年以前的人均可支配收入国家统计局按照2013年城乡一体化住户调查新口径重新测算。

Note: The blank space means that no data is unavailable in this table. Data before 2013 are recalculated according to the integration of urban and rural reform in 2013.

附-6 续表 1 continued

单位：元 (yuan)

省/自治区/直辖市	Region	1988	1989	1990	1991	1992	1993	1994	1995	1996	1997
全 国	**National**	**477**	**535**	**585**	**620**	**659**	**770**	**1017**	**1310**	**1572**	**1617**
北 京	Beijing	883	976	981	1100	1149	1255	1584	2336	2565	2693
天 津	Tianjin	714	781	733	796	847	938	1161	1548	1957	1882
河 北	Hebei	446	495	486	558	579	697	779	1104	1399	1395
山 西	Shanxi	354	409	488	496	493	599	674	928	1174	1145
内蒙古	Inner Mongolia	404	448	492	571	600	695	835	1180	1438	1560
辽 宁	Liaoning	567	668	679	767	799	940	1241	1472	1764	1790
吉 林	Jilin	516	563	633	648	643	670	854	1495	1513	1624
黑龙江	Heilongjiang	424	482	586	619	674	751	1043	1480	1537	1549
上 海	Shanghai	1229	1319	1262	1540	1967	2200	2715	3368	3868	4228
江 苏	Jiangsu	747	811	787	878	953	1059	1501	1938	2414	2488
浙 江	Zhejiang	839	927	946	1027	1112	1263	1680	2378	2702	2839
安 徽	Anhui	455	498	515	475	502	609	934	1071	1309	1337
福 建	Fujian	571	653	708	747	821	1070	1440	1794	2034	2120
江 西	Jiangxi	477	520	577	597	648	712	1031	1256	1553	1569
山 东	Shandong	482	513	547	613	656	724	996	1338	1653	1626
河 南	Henan	347	390	438	455	473	565	732	929	1206	1271
湖 北	Hubei	451	540	608	615	612	722	1013	1245	1636	1660
湖 南	Hunan	481	516	609	656	708	817	1089	1367	1737	1816
广 东	Guangdong	685	871	933	942	1060	1391	1882	2255	2584	2618
广 西	Guangxi	362	419	537	581	616	705	926	1203	1399	1376
海 南	Hainan	466	578	566	560	672	726	1019	1080	1289	1287
重 庆	Chongqing									1328	1390
四 川	Sichuan	426	474	509	552	569	647	904	1093	1358	1440
贵 州	Guizhou	360	407	403	420	454	550	684	931	1068	1066
云 南	Yunnan	389	436	485	501	536	625	765	981	1209	1318
西 藏	Tibet	271	290	491	490	541	638	564	897	773	805
陕 西	Shaanxi	345	383	477	487	498	560	737	914	1098	1215
甘 肃	Gansu	277	296	339	403	420	538	674	915	986	976
青 海	Qinghai	400	413	475	486	496	639	746	914	1052	1085
宁 夏	**Ningxia**	**398**	**461**	**484**	**508**	**545**	**557**	**807**	**1063**	**1236**	**1250**
新 疆	Xinjiang	414	453	507	580	611	704	850	942	1347	1395

附-6 续表 2 continued

单位：元 (yuan)

省/自治区/直辖市	Region	1998	1999	2000	2001	2002	2003	2004	2005	2006	2007
全 国	**National**	**1604**	**1604**	**1714**	**1803**	**1917**	**2050**	**2326**	**2749**	**3072**	**3536**
北 京	Beijing	2873	3123	3426	3553	3733	4149	4619	5318	5728	6403
天 津	Tianjin	2008	1963	2088	2179	2334	2543	2945	3442	3850	4142
河 北	Hebei	1314	1373	1420	1507	1578	1734	2019	2420	2831	3208
山 西	Shanxi	1064	1062	1175	1259	1407	1502	1728	2000	2421	2908
内蒙古	Inner Mongolia	1602	1582	1694	1656	1784	1950	2337	2796	3225	3860
辽 宁	Liaoning	1701	1614	1747	1777	1770	1870	2054	2776	3030	3322
吉 林	Jilin	1473	1351	1560	1671	1692	1831	1991	2333	2736	3111
黑龙江	Heilongjiang	1470	1381	1558	1629	1707	1701	1888	2629	2716	3248
上 海	Shanghai	4180	3820	4059	4629	5126	5444	6034	6888	7523	8253
江 苏	Jiangsu	2350	2320	2378	2430	2699	2803	3121	3747	4373	5096
浙 江	Zhejiang	2908	2840	3292	3568	3811	4453	4873	5723	6423	7261
安 徽	Anhui	1355	1345	1387	1508	1603	1764	2042	2521	2829	3278
福 建	Fujian	2225	2320	2522	2659	2786	2973	3356	3722	4125	4732
江 西	Jiangxi	1558	1651	1711	1816	1911	2072	2309	2780	3040	3452
山 东	Shandong	1587	1662	1743	1865	1945	2066	2301	2619	2992	3426
河 南	Henan	1251	1183	1351	1425	1517	1591	1772	2034	2422	2938
湖 北	Hubei	1727	1623	1630	1758	1893	1986	2345	2780	3182	3664
湖 南	Hunan	1913	1952	2017	2092	2203	2306	2703	3056	3385	3846
广 东	Guangdong	2697	2673	2686	2758	2898	3018	3360	3866	4073	4428
广 西	Guangxi	1430	1490	1537	1620	1782	1871	2085	2573	2672	3078
海 南	Hainan	1259	1289	1536	1419	1698	1762	1892	2161	2480	2876
重 庆	Chongqing	1436	1426	1452	1556	1601	1716	2041	2394	2498	2906
四 川	Sichuan	1457	1458	1535	1566	1684	1870	2185	2496	2660	3090
贵 州	Guizhou	1103	1087	1123	1134	1184	1243	1371	1658	1752	2080
云 南	Yunnan	1322	1287	1298	1375	1433	1468	1654	1899	2352	2849
西 藏	Tibet	716	782	1154	1172	1052	1095	1584	1878	2205	2468
陕 西	Shaanxi	1192	1181	1285	1380	1561	1537	1726	2043	2374	2815
甘 肃	Gansu	949	899	1121	1179	1220	1432	1587	1999	2061	2267
青 海	Qinghai	1135	1169	1276	1417	1499	1719	1874	2248	2520	2877
宁 夏	**Ningxia**	**1331**	**1276**	**1429**	**1404**	**1438**	**1665**	**1965**	**2143**	**2305**	**2602**
新 疆	Xinjiang	1466	1309	1275	1409	1489	1563	1825	2104	2247	2631

附-6 续表 3 continued

单位：元 (yuan)

省/自治区/直辖市	Region	2008	2009	2010	2011	2012	2013	2014	2015	2016	2017	2018	2019	2020
全 国	**National**	**4054**	**4464**	**4945**	**5892**	**6667**	**6626**	**8383**	**9223**	**10130**	**10955**	**12124**	**13328**	**13713**
北 京	Beijing	7289	8904	9262	11086	11888	13553	14535	15811	17329	18810	20195	21881	20913
天 津	Tianjin	4550	5167	6072	8273	10254	10155	13739	14739	15912	16386	16863	17843	16844
河 北	Hebei	3651	3968	4624	5666	6451	6134	8248	9023	9798	10536	11383	12372	12644
山 西	Shanxi	3386	3642	4070	5096	6184	5813	6992	7421	8029	8424	9172	9728	10290
内蒙古	Inner Mongolia	4364	4870	5572	6880	7972	7268	9972	10637	11463	12184	12661	13816	13594
辽 宁	Liaoning	3757	4184	4410	5311	5892	7159	7801	8873	9953	10787	11455	12030	12311
吉 林	Jilin	3500	3973	4228	5409	6307	7380	8140	8783	9521	10279	10826	11457	11864
黑龙江	Heilongjiang	4025	4459	4635	5630	6035	6814	7830	8391	9424	10524	11417	12495	12360
上 海	Shanghai	8453	9025	9336	10103	10947	14235	14820	16152	17071	18090	19965	22449	22095
江 苏	Jiangsu	5710	6260	7104	8788	9921	9910	11820	12883	14428	15612	16567	17716	17022
浙 江	Zhejiang	8096	8360	9721	10849	11598	11760	14498	16108	17359	18093	19707	21352	21555
安 徽	Anhui	3986	4516	5048	6235	6988	5725	7981	8975	10287	11106	12748	14546	15024
福 建	Fujian	5534	6048	6736	8013	9068	8151	11056	11961	12911	14003	14943	16281	16339
江 西	Jiangxi	3871	4191	4710	5611	6176	5654	7548	8486	9128	9870	10885	12497	13579
山 东	Shandong	3835	4132	4472	5489	6304	7393	7962	8748	9519	10342	11270	12309	12660
河 南	Henan	3375	3793	4161	4881	5686	5628	7277	7887	8587	9212	10392	11546	12201
湖 北	Hubei	4414	4576	5114	6264	7159	6280	8681	9803	10938	11633	13946	15328	14472
湖 南	Hunan	4393	4703	5108	6138	6956	6610	9025	9691	10630	11534	12721	13969	14974
广 东	Guangdong	5164	5348	5908	7205	7990	8343	10043	11103	12415	13200	15411	16949	17132
广 西	Guangxi	3383	3704	4006	4882	5720	5206	6675	7582	8351	9437	10617	12045	12431
海 南	Hainan	3284	3559	4020	4860	5572	5466	7029	8210	8921	9599	10956	12418	13169
重 庆	Chongqing	3368	3722	4359	5414	6035	5796	7983	8938	9954	10936	11977	13112	14140
四 川	Sichuan	3562	4785	4550	5458	6265	6309	8301	9251	10192	11397	12723	14056	14953
贵 州	Guizhou	2374	2679	3184	3857	4355	4740	5970	6645	7533	8299	9170	10222	10818
云 南	Yunnan	3257	3208	3759	4424	5045	4744	6030	6830	7331	8027	9123	10260	11069
西 藏	Tibet	2472	2725	3061	3146	3406	3574	4822	5580	6070	6691	7452	8418	8917
陕 西	Shaanxi	3310	3758	4300	5091	5797	5724	7252	7901	8568	9306	10071	10935	11376
甘 肃	Gansu	2733	3188	3430	4273	4834	4850	6148	6830	7487	8030	9065	9694	9923
青 海	Qinghai	3467	3906	4675	5619	6613	6060	8235	8566	9222	9903	10352	11343	12134
宁 夏	**Ningxia**	**3195**	**3466**	**4168**	**4909**	**5558**	**6465**	**7676**	**8415**	**9138**	**9982**	**10790**	**11465**	**11724**
新 疆	Xinjiang	3050	3383	4014	5105	6154	6119	7365	7698	8277	8713	9421	10318	10778

附-7 2020年全国各省、自治区、直辖市居民消费和商品零售价格指数

Price Indices for Consumer and Retail by Region (2020)

省/自治区/直辖市	Region	居民消费价格指数 Consumer Price Index		商品零售价格指数 Retail Price Index	
		2015年=100	上年同期=100	2015年=100	上年同期=100
全　国	**National**	**111.5**	**102.5**	**107.5**	**101.4**
北　京	Beijing	110.0	101.7	100.2	101.0
天　津	Tianjin	110.7	102.0	104.9	101.0
河　北	Hebei	111.3	102.1	108.4	101.4
山　西	Shanxi	110.3	102.9	107.0	100.9
内蒙古	Inner Mongolia	109.8	101.9	105.6	100.5
辽　宁	Liaoning	110.9	102.4	106.5	101.1
吉　林	Jilin	111.4	102.3	108.7	100.7
黑龙江	Heilongjiang	110.8	102.3	106.5	101.5
上　海	Shanghai	111.1	101.7	105.0	100.9
江　苏	Jiangsu	112.6	102.5	110.5	101.8
浙　江	Zhejiang	112.2	102.3	108.8	101.2
安　徽	Anhui	110.6	102.7	108.2	101.6
福　建	Fujian	109.2	102.2	105.8	101.3
江　西	Jiangxi	112.1	102.6	106.0	101.6
山　东	Shandong	112.7	102.8	109.1	102.0
河　南	Henan	112.3	102.8	108.4	100.9
湖　北	Hubei	111.1	102.7	106.7	102.2
湖　南	Hunan	110.7	102.3	108.4	101.3
广　东	Guangdong	111.8	102.6	106.6	100.8
广　西	Guangxi	112.7	102.8	108.0	101.4
海　南	Hainan	114.3	102.3	110.4	101.6
重　庆	Chongqing	109.7	102.3	107.6	102.2
四　川	Sichuan	111.7	103.2	108.2	102.7
贵　州	Guizhou	108.6	102.6	106.5	101.6
云　南	Yunnan	110.5	103.6	107.7	102.4
西　藏	Tibet	111.6	102.2	109.8	102.0
陕　西	Shaanxi	111.0	102.5	108.2	101.9
甘　肃	Gansu	109.9	102.0	107.9	101.3
青　海	Qinghai	112.0	102.6	108.8	102.4
宁　夏	**Ningxia**	**110.1**	**101.5**	**108.2**	**100.6**
新　疆	Xinjiang	110.2	101.5	105.2	100.6

附-8 2020年全国居民消费、商品零售和农业生产资料价格指数

Price Indices for Consumer and Retail and Means of Agricultural Production of Nation (2020)

项目名称	Item	上年同期=100			2015年=100		
		合计 General	城市 Urban	农村 Rural	合计 General	城市 Urban	农村 Rural
居民消费价格总指数	**Consumer Price Index**	**101.5**	**101.7**	**101.0**	**110.1**	**110.2**	**110.1**
一、食品烟酒	Food, Tobacco and Liquor	105.4	105.5	105.1	118.6	118.3	119.4
粮　食	Grain	101.7	103.1	100.3	105.0	107.0	103.0
鲜　菜	Fresh Vegetables	114.1	114.7	112.4	146.6	147.7	144.1
畜　肉	Livestock Meat	120.2	120.2	120.2	155.6	149.5	169.5
水产品	Aquatic Products	101.7	101.7	101.5	102.6	104.7	94.5
蛋	Eggs	88.8	88.0	90.7	105.1	102.9	110.2
鲜　果	Fresh Fruits	91.2	90.4	92.9	124.2	125.5	121.6
二、衣着	Clothing	98.9	99.8	95.9	104.0	105.3	99.9
三、居住	Residence	100.3	101.3	98.0	106.8	108.1	103.8
四、生活用品及服务	Household Facilities, Articles and Services	99.6	99.6	99.3	104.2	105.0	101.9
五、交通通信	Transport and Communications	96.9	97.0	96.8	98.5	98.5	98.4
六、教育文化和娱乐	Education, Cultural and Recreation	101.0	100.8	101.5	107.0	106.5	108.5
七、医疗保健	Health Care and Medical Services	100.6	100.6	100.4	115.2	115.9	113.5
八、其他用品及服务	Miscellaneous Goods and Services	103.2	102.5	105.1	114.3	110.2	127.4
商品零售价格总指数	**Retail Price Index**	**100.6**	**100.6**	**100.2**	**108.2**	**108.2**	**107.8**
一、食品	Food	104.9	104.8	105.6	117.9	117.7	119.8
二、饮料、烟酒	Beverages, Tobacco and Liquor	100.5	100.4	101.6	104.7	104.7	104.4
三、服装、鞋帽	Garments, Shoes and Hats	98.9	99.2	95.6	103.0	103.3	99.8
四、纺织品	Textiles	100.1	100.1	100.0	110.0	110.6	104.2
五、家用电器及音像器材	Household Appliances, Music and Video Equipment	98.0	98.1	96.9	98.3	98.5	95.8
六、文化办公用品	Cultural and Office Appliances	101.3	101.3	100.9	102.8	102.8	104.2
七、日用品	Articles for Daily Use	99.5	99.4	100.2	103.5	103.4	104.4
八、体育娱乐用品	Sports and Recreation Articles	99.9	99.8	100.6	102.7	102.7	104.0
九、交通、通信用品	Transport and Communications Appliances	99.1	99.1	98.5	97.3	97.5	95.1
十、家具	Furniture	100.2	100.2	99.7	107.8	108.4	98.1
十一、化妆品	Cosmetics	99.9	100.3	94.1	102.0	102.7	92.7
十二、金银饰品	Gold, Silver and Jewelry	113.3	113.0	117.2	128.2	127.9	133.1
十三、中西药品及医疗保健用品	Traditional Chinese and Western Medicines and Health Care Articles	99.8	99.8	99.7	109.8	109.7	110.8
十四、书报杂志及电子出版物	Books, Newspapers, Magazines and Electronic Publications	101.0	101.0	101.0	123.5	124.7	109.5
十五、燃料	Fuels	91.7	91.8	90.9	104.2	104.0	105.4
十六、建筑材料及五金电料	Building Materials and Hardware	100.0	100.0	99.9	110.5	111.0	106.8
农业生产资料价格指数	**Agricultural Production Index**	**103.8**			**117.5**		

附-9　2020年全国各省、自治区、直辖市工业生产者价格指数
Producer Price Indices for Manufactured Goods by Region (2020)

省/自治区/直辖市	Region	出　厂 Manufacturer's Price Index	购　进 Purchasing Price Index
全　国	**National**	**98.2**	**97.7**
北　京	Beijing	99.1	99.5
天　津	Tianjin	97.1	96.9
河　北	Hebei	98.5	98.4
山　西	Shanxi	96.7	97.2
内 蒙 古	Inner Mongolia	99.7	99.5
辽　宁	Liaoning	97.0	98.2
吉　林	Jilin	98.6	98.7
黑 龙 江	Heilongjiang	93.4	95.1
上　海	Shanghai	98.3	96.9
江　苏	Jiangsu	97.8	96.5
浙　江	Zhejiang	96.9	95.9
安　徽	Anhui	99.1	98.5
福　建	Fujian	98.4	98.6
江　西	Jiangxi	98.3	97.0
山　东	Shandong	98.1	97.5
河　南	Henan	99.2	99.4
湖　北	Hubei	99.1	98.4
湖　南	Hunan	99.0	98.9
广　东	Guangdong	99.0	97.4
广　西	Guangxi	99.4	98.5
海　南	Hainan	93.8	92.0
重　庆	Sichuan	99.1	99.9
四　川	Guizhou	98.8	98.1
贵　州	Yunnan	98.3	98.6
云　南	Tibet	98.6	97.3
西　藏	Chongqing	99.4	
陕　西	Shaanxi	95.1	97.6
甘　肃	Gansu	93.9	94.1
青　海	Qinghai	96.6	96.1
宁　夏	**Ningxia**	**96.9**	**94.7**
新　疆	Xinjiang	91.6	93.4

附-10 2020年全国各省、自治区、直辖市粮食生产情况

Basic Statistics of Grain Production by Region (2020)

单位：千公顷、公斤/公顷、万吨 (1000 ha, kg/ha, 10000 tons)

省/自治区/直辖市	Region	播种面积 Sown Area	亩产 Yield per Unit	总产量 Total Output
全国总计	**National**	**116768**	**5734**	**66949**
北京	Beijing	49	6244	31
天津	Tianjin	350	6516	228
河北	Hebei	6389	5941	3796
山西	Shanxi	3130	4550	1424
内蒙古	Inner Mongolia	6833	5362	3664
辽宁	Liaoning	3527	6631	2339
吉林	Jilin	5682	6694	3803
黑龙江	Heilongjiang	14438	5223	7541
上海	Shanghai	114	8003	91
江苏	Jiangsu	5406	6898	3729
浙江	Zhejiang	993	6097	606
安徽	Anhui	7290	5514	4019
福建	Fujian	834	6020	502
江西	Jiangxi	3772	5736	2164
山东	Shandong	8282	6577	5447
河南	Henan	10739	6356	6826
湖北	Hubei	4645	5871	2727
湖南	Hunan	4755	6341	3015
广东	Guangdong	2205	5749	1268
广西	Guangxi	2806	4882	1370
海南	Hainan	271	5373	145
重庆	Chongqing	2003	5399	1081
四川	Sichuan	6313	5588	3527
贵州	Guizhou	2754	3840	1058
云南	Yunnan	4167	4549	1896
西藏	Tibet	182	5648	103
陕西	Shanxi	3001	4248	1275
甘肃	Gansu	2638	4557	1202
青海	Qinghai	290	3704	107
宁夏	**Ningxia**	**679**	**5602**	**380**
新疆	Xinjiang	2230	71	1583

注：由于小数位计算机自动进位问题，分省数合计与全国数略有差异。
Note: Due to the "self-instructed problem", the total number by province are different with the total number by nation .

附-11　2020年全国70个大中城市新建商品住宅价格指数

Price Indices for Newly Built Commercial House by 70 Large and Medium-Sized Cities (2020)

(上年=100)　　(preceding year=100)

城　市	City	一月 January	二月 February	三月 March	四月 April	五月 May	六月 June	七月 July	八月 August	九月 September	十月 October	十一月 November	十二月 December
北　京*	Beijing	104.1	104.4	104.1	103.3	103.1	103.6	103.3	103.4	103.8	104.2	102.4	102.3
天　津	Tianjin	101.3	100.5	100.1	99.6	99.7	100	100.7	100.9	100.8	100.8	101.1	101.1
石家庄	Shijiazhuang	108.8	107.6	106.5	106.7	105.6	104.6	104.9	103.6	103.3	103.1	103.6	102.8
太　原	Taiyuan	102.9	102.1	101.7	101.3	101.4	101.4	101.2	100.1	99.3	99	98.5	99
呼和浩特	Hohhot	114.8	113.9	113.7	113.7	113.8	112	111.8	109.9	109	107	105.9	105.1
沈　阳	Shenyang	109.2	109.2	108.7	108.8	108.8	108.7	109	109.2	108.2	106.8	106	105
大　连	Dalian	108.4	106.9	106.1	105.9	105.3	105	104.5	104.2	105	105.1	104.9	104.8
长　春	Changchun	108.6	107.8	108	107.9	107.8	107.2	107.3	107	106.3	104.8	103.4	102.3
哈尔滨	Harbin	109.4	108.8	108.1	108.2	107.5	106.5	106	105.3	104.1	102.8	101.9	100.8
上　海	Shanghai	102.7	102.3	102.4	102.7	103.5	103.7	104.2	104.5	104.5	104.4	104.1	104.2
南　京	Nanjing	103.3	103.2	103.3	104.5	105	106.1	104.9	105.1	104.3	104.5	104.8	104.9
杭　州	Hangzhou	105	104.4	105.4	105.2	105.1	105.2	104.9	105.3	105.1	105.2	105.1	104.5
宁　波	Ningbo	108.2	107.4	106.5	105.8	106.1	106	105.7	105.4	105.1	104.9	104.9	104.4
合　肥	Hefei	103.7	102.9	102.3	101.3	101.1	101.4	101.1	100.6	101.4	102.2	103.1	103.6
福　州	Fuzhou	103.5	104	104	103.8	103.4	103.7	103.6	103.3	103.2	103.1	103.5	104.4
厦　门	Xiamen	104.4	104.2	103.5	102.8	103	103.1	102.4	101.9	102.8	103.7	104.4	104.5
南　昌	Nanchang	103.3	103.3	102.3	102.1	101.9	102	101.7	101	100.5	100.2	100.4	100.8
济　南	Jinan	99.7	99	97.8	96.8	96.9	96.9	96.8	96.7	97.1	97.9	98.3	99
青　岛	Qingdao	103.7	103.3	102.3	102.4	101.9	102.5	102.3	102.5	102.9	102.9	102.8	102.8
郑　州	Zhengzhou	101.4	101.1	100.5	100.2	99.8	99.6	99.3	99.6	99.3	98.8	99	99.2
武　汉	Wuhan	111.5	110.3	109.5	108.3	107.4	107.9	107.4	106.8	106.4	105.8	105.1	104.5
长　沙	Changsha	104.6	104.7	105	105.3	104.8	105.4	105.7	106.3	106.5	106.4	105.8	105
广　州	Guangzhou	104.2	103	101.7	100.7	100.2	100.5	101	101.6	102.1	102.7	104.1	105.2
深　圳	Shenzhen	104.3	104.3	105.2	104.8	104.9	105.3	105.9	106.2	105.3	105.1	104.9	104.1
南　宁	Nanning	112	111.3	110.5	110	110.2	110.9	111.2	109.6	108	106	105.6	105.2
海　口	Haikou	106.6	106.3	105.8	105.3	103.8	102.9	102.4	103.2	103.1	102.3	102.8	102.7
重　庆	Chongqing	107.5	106.5	106.2	106	105	105.2	104.6	105.3	105.3	105.4	104.7	104.6
成　都	Chengdu	110	110.6	110.5	110.3	110.4	110	109.6	109.9	109.5	108	107.2	106.3
贵　阳	Guiyang	104.4	103.6	102.6	101.3	100.6	100	99.1	99.4	99.9	100.5	101.5	102.5
昆　明	Kunming	110.5	109.5	108.6	108.4	108.3	108.3	107.5	107.3	106.1	105.4	105	105.6
西　安	Xian	112.8	111.6	111	110.4	108.8	107.8	107.3	108	108	107.6	107.1	106.9
兰　州	Lanzhou	104.7	104.5	104.1	104.6	104.4	104.7	104.5	105.3	105.6	105.8	105.3	105.2
西　宁	Xi'an	114.7	112.7	113.2	113.4	113.9	114.4	113.2	113.4	112.7	110.3	109.5	109.1
银　川	**Yinchuan**	**112.8**	**112**	**112.5**	**113**	**114.7**	**115.7**	**117.6**	**117.6**	**116.8**	**116.6**	**115**	**114.2**
乌鲁木齐	Urumqi	101.1	100.3	99.9	100.2	100.6	100.8	101.3	101.7	101.7	102.5	103.7	103.1

附-11 续表 continued

(上年=100) (preceding year=100)

城市	City	一月 January	二月 February	三月 March	四月 April	五月 May	六月 June	七月 July	八月 August	九月 September	十月 October	十一月 November	十二月 December
唐山	Tangshan	113.6	113.2	113.2	114.7	115	115.3	116.1	115.4	115.4	113.4	111.7	111.2
秦皇岛	Qinhuangdao	110.4	109.1	108.1	106.9	107	106.6	106	105.6	106	104.7	103.9	103.5
包头	Baotou	105.9	105.1	104.4	103.4	103.7	103.9	104.3	104	103.8	103.4	103.2	102.6
丹东	Dandong	107.9	107.8	106.2	106.2	106	106	106.7	106.9	106.7	106.3	106.5	106.6
锦州	Jinzhou	108.5	108.9	107.5	107.9	108.2	108.7	109.7	111.5	110.6	109.7	108.5	107.5
吉林	Jilin	109.2	109	108.8	108.9	108.3	108.4	108	107.7	107.5	106.3	105.1	104.1
牡丹江	Mudanjiang	105.1	104.9	104.5	103.5	102.3	102.1	100.8	101	101.3	100.3	100	99
无锡	Wuxi	109	109.5	109	109.5	109.1	109	109.6	110	108.7	107.8	107.1	106.3
扬州	Yangzhou	110.5	110.1	109.5	109.5	109.5	109.3	109.1	108.3	107.5	107.7	107.1	106.6
徐州	Xuzhou	111.5	111.1	111.3	111.6	111.1	111.2	111.6	111.6	111.9	111.9	111.4	110
温州	Wenzhou	104.5	103.9	102.4	103.3	103.4	104.5	105.1	106.1	105.6	105	104.4	104.3
金华	Jinhua	107.9	107.5	107.1	106.6	105.9	106.3	105.4	105.7	105.7	105.5	104.9	105
蚌埠	Bengbu	103.4	103.7	103.8	103.7	103.6	104.1	103.8	104.3	104.3	104.5	104.8	105.3
安庆	Anqing	102.1	101.7	100	99.5	98.8	98	97.7	96.9	96.5	96.8	97.5	98
泉州	Quanzhou	103.5	103.5	103.7	103.6	104.5	105.2	105.2	105.6	106.1	105.5	105.6	105.5
九江	Jiujiang	108.6	108.6	107.7	107.6	107.5	107.5	107.3	106.3	106.1	105.2	104.7	104.1
赣州	Ganzhou	102.7	103	103.2	104	104	104.7	104.5	105	104.3	104.2	104.4	104.2
烟台	Yantai	109.7	109.9	109.6	109.2	108.7	108.1	107.5	107.7	107.1	106.7	106.3	105.5
济宁	Jining	109.3	107.9	107.8	107.7	107.3	106.8	107.4	107.4	107.2	107.2	107.9	108.3
洛阳	Luoyang	112.4	111.9	111.5	110.7	109	106.6	106.9	106.6	104.8	103.1	102.5	102.1
平顶山	Pingdingshan	108.6	107.4	106.2	105.6	105.5	105.2	103.9	103.9	104.3	103.7	103.8	103.4
宜昌	Yichang	100.1	99.3	98.4	98.2	98.2	98.9	99.3	99.9	100.3	101.3	102.1	102.5
襄阳	Xiangyang	110	109.2	108.7	107.8	107.1	106.9	107	106.4	105.9	105.1	104.8	104
岳阳	Yueyang	97.9	97.9	97.7	98	98.6	99	99.1	99.7	100.5	100.2	100.4	101
常德	Changde	103.4	103.7	101.8	100.7	100.7	100	100.3	99.5	99.4	98.4	98.4	98.6
惠州	Huizhou	105	105.2	104.9	105.1	105.7	106.8	107.3	108.7	109.2	109	108.1	107.6
湛江	Zhanjiang	104.1	103.1	101.9	101.5	100.7	100.2	100.1	100.1	100.7	100.5	101.4	100.5
韶关	Shaoguan	99.5	99.1	99.2	99.3	98	97.8	97.1	98.4	98.4	99	99.4	99.6
桂林	Guilin	106.7	105.7	104.9	105.5	105.1	104.2	103.1	101.7	101.4	101.5	100.9	100.9
北海	Beihai	107.7	107.2	106	104.7	103.5	102.2	101.2	99.5	99.1	98.2	97.9	97
三亚	Sanya	106.7	106.6	105.8	105.6	104.6	104.1	104.6	105	105.5	105.9	105.9	105.7
泸州	Luzhou	97.9	96.8	96.4	96.2	96.5	97.2	97.4	98.3	98.7	99.4	99.6	99.8
南充	Nanchong	102	101.1	100.5	100.7	101.3	100.3	100.2	99.6	99.2	98.9	98.7	99.1
遵义	Zunyi	104.2	102.5	102.2	101.6	101.1	100.9	100.5	100.3	99.7	99.8	100.6	100.1
大理	Dali	114.1	112.1	110.9	110.3	108.2	106	104.9	104.7	104.2	103.5	102.5	101.7

附-12 2020年全国70个大中城市二手住宅价格指数

Price Indices for Second-Hand House by 70 Large and Medium-Sized Cities (2020)

(上年=100) (preceding year=100)

城市	City	一月 January	二月 February	三月 March	四月 April	五月 May	六月 June	七月 July	八月 August	九月 September	十月 October	十一月 November	十二月 December
北京	Beijing	100	99.6	99.3	99.8	101.5	102.2	102.5	103.6	104.5	105.4	106.4	106.3
天津	Tianjin	99.2	98.2	97.7	96.7	95.7	95.4	95.8	95.5	95.4	95.8	95.6	96
石家庄	Shijiazhuang	100.3	99.7	99.1	98.5	97.9	97.6	97.5	97	97.6	97.5	97.5	97.5
太原	Taiyuan	103.3	102.4	103.8	101.9	100.4	99.1	97.7	97.7	96.6	96.5	96.7	96.9
呼和浩特	Hohhot	109.5	107.9	106.3	104.7	102.3	101.4	101	101	100.4	99.7	99.3	99.2
沈阳	Shenyang	109.9	109.3	109	110	110.4	110.4	110.3	109.4	108.8	109.1	108.3	107.8
大连	Dalian	105	104.4	103.8	104	103.9	104.1	104.6	104.8	105.1	105.5	105.7	106.1
长春	Changchun	107.3	107.3	106.5	105.7	105.3	105.3	104.5	103.8	102.7	101.8	100.9	99.8
哈尔滨	Harbin	112.2	111.7	111.5	110.8	110	108.3	106.7	104.9	102.6	100.4	98.4	97
上海	Shanghai	101.4	101.6	101.6	102.3	102.8	103.3	103.3	104.1	104.6	105.2	105.5	106.3
南京	Nanjing	105.6	105.3	104.6	105	105.3	105.7	105.2	104.9	103.9	103.8	104	104.5
杭州	Hangzhou	103	103.1	103.1	103.2	102.7	103.3	104.6	105.4	105.9	106.4	106.5	106.9
宁波	Ningbo	108.8	108.3	108.1	108.1	108.2	108.6	108.3	107.7	107.7	107.8	107.9	108.5
合肥	Hefei	103.1	103.1	103.1	103	103.3	103.2	102.5	102.6	103	103.5	104.4	104.7
福州	Fuzhou	103.8	103.5	102.7	103	103.4	103.7	103.5	104.4	104.8	103.6	102.8	102.5
厦门	Xiamen	105.9	105.6	104.1	103.3	103.8	104.3	103.5	103.3	103.3	104.2	104.9	104.8
南昌	Nanchang	101.5	101.1	100	99.3	99.4	99.6	99.4	99.1	98.9	99	99.7	99.6
济南	Jinan	97.2	96.4	95.9	96.1	96.4	96.4	96.7	97.1	96.9	97.3	97.5	97.2
青岛	Qingdao	94.5	94.2	94.1	94.3	94.5	95.4	95.8	96.6	97	97.2	97.7	97.9
郑州	Zhengzhou	96.6	97	96.6	96	95.3	95.5	95.4	95.6	95.5	95.5	95.7	96.4
武汉	Wuhan	97.8	97.8	97.7	97.7	98	98.1	98.8	99	100.1	100.5	100.5	100.2
长沙	Changsha	98.8	98.7	98.7	98.1	98.3	98.9	99.5	99.7	100	100.3	100.7	101.3
广州	Guangzhou	98.7	98.8	99.1	99.5	100.1	101	102.2	103.9	104.9	105.7	106.7	107.5
深圳	Shenzhen	108.8	108.8	109.7	110.3	112	114.3	114.9	115.9	115.7	115.5	114.6	114.1
南宁	Nanning	109	107.7	106.8	105.5	104.4	103.9	104.1	103.7	103.2	103.6	103.7	103.7
海口	Haikou	98.6	98.6	98.2	97.2	97.1	97.1	98	99.5	100.7	101.1	101.9	102.4
重庆	Chongqing	100.9	100.1	99.3	98.4	98.1	97.7	97.7	98.6	99.5	99.4	99.3	99.4
成都	Chengdu	100.6	101	101.8	104.1	104.9	105.4	105.2	107.5	108.1	108.4	109	108.2
贵阳	Guiyang	97.2	96.8	96.6	96.1	95.5	95.5	95	95.3	95.8	95.9	96.2	96.5
昆明	Kunming	105.7	105.3	105.5	106	105.5	105.2	104.8	103.3	103.1	103.3	102.9	103
西安	Xi'an	100.3	100.4	99	98.1	97.7	97.7	98.1	99	100.2	101.2	101.7	102.4
兰州	Lanzhou	108.6	108.4	107	107.4	106.4	106.3	106.2	105.5	105.3	104.7	104.4	104.3
西宁	Xining	112.8	111.7	110.4	109.2	109.1	109.7	109.5	109.5	108.7	108.3	107.7	107.9
银川	**Yinchuan**	**107**	**107**	**106.3**	**107.2**	**108.3**	**109.2**	**109.6**	**109.1**	**108.9**	**109.2**	**108.8**	**108.5**
乌鲁木齐	Urumqi	101.5	100.3	101.4	100.9	101	101.3	101.9	103	104	104.1	105	105.8

附-12 续表 continued

(上年=100) (preceding year=100)

城市	City	一月 January	二月 February	三月 March	四月 April	五月 May	六月 June	七月 July	八月 August	九月 September	十月 October	十一月 November	十二月 December
唐山	Tangshan	116.1	116.6	116.4	115.6	115.2	115	115.3	114.6	112.2	110.8	109.3	108.3
秦皇岛	Qinhuangdao	108.8	107.6	106.2	104.8	104.9	104.4	104.9	104.5	104.3	103.6	103.2	102.7
包头	Baotou	106.1	105.4	104.3	103	103.6	103.4	102.5	102.2	102.2	102.7	102.2	101.9
丹东	Dandong	108.9	108.4	107.8	107.2	106.5	106.1	106	106.1	105.9	105.7	105.2	104.7
锦州	Jinzhou	102.5	102.2	102.5	101.5	101.1	101.5	100.6	101	100.1	100	99.6	99.3
吉林	Jilin	108	107.6	106.5	105.7	105.3	105	104.6	103.6	102.1	100.5	99.7	98.5
牡丹江	Mudanjiang	99.3	98.3	97.8	96	94.5	93	91.9	90.7	90.9	90.6	90.5	90
无锡	Wuxi	109.3	109.1	109.3	110	109.8	110	109.9	109.2	108.9	107.8	107.6	107.4
扬州	Yangzhou	105.1	104.7	104.9	104.6	104.5	103.9	103.5	103.7	104	104.6	104.3	104.7
徐州	Xuzhou	104.8	105.4	105.1	105.8	106.3	106.5	107	107.3	107.7	107.6	108	108.5
温州	Wenzhou	103.3	103.1	102.7	102.9	103.1	103.7	104.7	105.2	105	104.9	104.6	105.2
金华	Jinhua	101.4	101.2	101.3	101	100.6	100.5	100.7	101.6	102.6	103	103.7	104.5
蚌埠	Bengbu	104.5	104.4	103.9	104	104.1	103.8	103.1	103	102.8	103.5	103.8	103.9
安庆	Anqing	96.3	96.1	96.4	97.7	97.5	97.7	97.5	98.3	98.6	98.6	98.4	98.4
泉州	Quanzhou	102.3	102.2	101.6	101.7	102.3	102.6	102.4	102.6	103.5	103.7	103.9	104.5
九江	Jiujiang	107.1	107	106.5	105.9	105.9	106	105.2	104.6	103.7	102.5	102.5	101.8
赣州	Ganzhou	105.4	105	104.3	104.1	104.1	104.4	104.3	104.4	104.3	104.1	103.6	102.8
烟台	Yantai	103.4	102.3	101	100	98.8	97.9	96.8	96.4	96.6	97.1	97.8	98.7
济宁	Jining	108.2	107.6	107.1	106.5	105.9	106	105.9	105.9	105.5	105.3	105.3	105.3
洛阳	Luoyang	109.6	109.7	110.2	109.1	108.5	107.9	107.1	106.9	105.1	104.6	103.7	103.2
平顶山	Pingdingshan	106.7	106	106.1	105.6	105.3	105.3	105.2	105.8	105.5	105.1	104.4	103.4
宜昌	Yichang	96.3	96.1	95.5	95.4	95.3	96.1	97.1	97.9	98.6	99	99.2	99.2
襄阳	Xiangyang	104.6	103.7	102.7	101.5	100.8	100.1	99.2	99.1	99	98.6	98.7	98.7
岳阳	Yueyang	98.6	98.2	98.2	98.6	98.5	98.8	98.5	99.1	99.7	99.9	100.7	100.8
常德	Changde	98.6	98.6	97.7	97.8	97.5	97.7	97.5	97.8	97.9	98	98.2	98.5
惠州	Huizhou	103.4	103.5	103.1	102.6	102.8	102.9	102.8	102.9	103.6	104.1	103.7	103.6
湛江	Zhanjiang	97.6	97.3	96.4	96	95.9	95.9	95.8	95.8	96.8	97	97.4	97.9
韶关	Shaoguan	99.9	99.3	99.1	98.4	97.9	97.9	97.5	97.5	98	98.3	99.6	99.2
桂林	Guilin	105.1	105.3	104.4	104.1	103.9	103.6	103.6	103	102.7	102.1	102.5	102.5
北海	Beihai	101.7	101	100	99	98	97.8	97	96.5	96.9	96.5	96.5	96.5
三亚	Sanya	99.7	98.9	97.5	96.6	95.6	96.5	97.1	97.3	98.3	98.9	99.4	100
泸州	Luzhou	100	99.1	98.6	98.8	98.3	98.7	98.6	98.1	97.6	97.6	97.6	96.9
南充	Nanchong	99.7	99	99.5	99.2	98.5	97.4	97	96.4	95.6	95.4	95	94.6
遵义	Zunyi	96.6	95.6	95.6	95.5	95.6	96.1	96.7	97.5	98	98.3	98.8	99
大理	Dali	110.6	109.2	107.5	106.8	105.9	105.4	104.9	105.2	104.5	104	103.3	102.5